झारखंड

इंटरमीडिएट प्रशिक्षित सहायक आचार्य (कक्षा-1 से 5)

नवीनतम संस्करण अभ्यास किट

18 टेस्ट्स
18 प्रैक्टिस टेस्ट्स

वास्तविक परीक्षा प्रारूप पर आधरित टेस्ट

✓ पूर्णतः संशोधित और अद्यतन
✓ सभी बहुविकल्पीय प्रश्नो का विस्तृत विश्लेषण

शीर्षक	: झारखंड इंटरमीडिएट प्रशिक्षित सहायक आचार्य (कक्षा-1 से 5)
लेखक का नाम	: Mr. Rohit Manglik
प्रकाशक	: EduGorilla Community Pvt. Ltd.
प्रकाशक का पता	: 12/651 प्रथम तल, अरविन्दो पार्क के सामने, निकट जामा मस्जिद, इंदिरा नगर लखनऊ, उत्तर प्रदेश, 226016, भारत।

कॉपीराइट EduGorilla

अस्वीकरण EduGorilla

यद्यपि लेखक और प्रकाशक ने इस पुस्तक में जानकारी की सटीकता सुनिश्चित करने के लिए हर संभव प्रयास किया है, लेखक और प्रकाशक त्रुटियों के लिए जिम्मेदार नहीं हैं और इस त्रुटि या चूक के कारण किसी भी पार्टी को हुए किसी भी नुकसान, क्षति, या व्यवधान के लिए किसी भी दायित्व को अस्वीकार करते हैं।

Compiled and created by EduGorilla Community Pvt. Ltd

EduGorilla Community Pvt. Ltd. द्वारा मुद्रित

रोहित मांगलिक
सीईओ, **EduGorilla**

प्रिय छात्रों,

एक बहुत ही प्रचलित कहावत है कि "सफलता उन्हीं को मिलती है जो उसके लिए कड़ी मेहनत करते हैं।" लेकिन मैंने लोगों को उनकी परीक्षाओं के लिए दिन-रात एक करके मेहनत करते हुए देखा है, पर फिर भी वे सफल नहीं हो पाते। तो वहीं दूसरी ओर, कुछ लोग बस आधी मेहनत करके परीक्षा में सफलता प्राप्त करते हैं। तो, क्या वे किस्मत वाले हैं? नहीं मेरा मानना है, कि ऐसा इसलिए है क्योंकि वे सिर्फ कड़ी नहीं बल्कि कुशल तरीके से अपनी तैयारी करते हैं। इसी तरह आपको भी अपनी परीक्षाओं की तैयारी के लिए अपनी योजना बनानी चाहिए, ताकि आपकी भी सफलता की संभावना बढ़ सके। तो तैयार हो जाइये EduGorilla के साथ अपनी परीक्षा में चयन होने की संभावना को 16 गुना बढ़ाने के लिए।

EduGorilla आपको न केवल कड़ी मेहनत करने में मदद करता है, बल्कि एक स्मार्ट और योजनाबद्ध तरीके से तैयारी करने में भी सहायता प्रदान करता है। EduGorilla की तैयारी पैकेज के साथ आप अपने परीक्षा में चयन होने के रास्ते को सहज और मनोरंजक बना सकते हैं। अपनी तैयारी के लिए सही रास्ता खोजना मुश्किल हो सकता है, यदि आप ये नहीं जानते कि आपको किस दिशा में जाना है। चिंता न करें हम आपके साथ खड़े हैं! EduGorilla आपकी सफलता में आपका मार्गदर्शक बनेगा। हमारे तैयारी पैकेज के साथ आप रणनीतिक रूप से तैयारी कर, अपनी परीक्षा में सिर्फ एक ही प्रयास में सफल हो सकते हैं।

EduGorilla के तैयारी पैकेज में शामिल हैं-

• टेस्ट सीरीज़　　　　　• किताबें

हमारे तैयारी पैकेज को सभी तरह के नये बदलवों, विशेषज्ञों की राय एवं छात्रों के प्रतिक्रिया के अनुसार तैयार किया गया है। जो आपको परीक्षा के प्रत्येक चरण की चयन प्रक्रिया को पार करने के योग्य बनाता है।

हमारी किताबें शिक्षकों और विशेषज्ञों द्वारा आपकी परीक्षा के लिए तैयार की गई हैं, 150+ वर्षों के अनुभव के साथ; ताकि आपको आसान, कुशल और प्रभावी शिक्षण प्रदान किया जा सके। हमारी स्मार्ट किताबें न सिर्फ आपको प्रश्नों के उत्तर देने की समझ देती हैं, अपितु आपके अभ्यास के लिए समान रूप के प्रश्न भी प्रदान करती हैं।

EduGorilla की सक्षम टेस्ट सीरीज आपको वास्तविक अनुभव और आत्मविश्वास प्रदान करती हैं, जिसके माध्यम से आप केवल एक प्रयास में अपनी ऑफलाइन अथवा ऑनलाइन परीक्षा पास कर सकते हैं। वर्तमान में हम 109,000+मॉक टेस्ट्स और 1,510+ प्रतियोगी एवं शैक्षणिक परीक्षाओं की तैयारी कराते हैं।

अर्थात, EduGorilla आपकी तैयारी में आपकी सहायता करने का कोई भी मौका नहीं छोड़ता है और परीक्षा के सभी चरणों को कवर करता है, ताकि परीक्षा की तैयारी के लिए आपको कहीं और भटकना ना पड़े।

हम आपको डिफेन्स, बैंकिंग, टीचिंग और अन्य राष्ट्रीय एवं राज्य स्तरीय परीक्षाओं के लिए सम्पूर्ण तैयारी पैकेज प्रदान करते हैं। अत: इससे कोई फर्क नहीं पड़ता कि आप किस परीक्षा के लिए तैयारी कर रहे हैं, क्योंकि आप सफलता हासिल करेंगे।

आपको परीक्षा की शुभकामनाएं!

रोहित मांगलिक,
संस्थापक और मुख्य कार्यकारी अधिकारी, **EduGorilla**

EduGorilla छात्रों को उनकी परीक्षा में सफल होने के लिए मार्गदर्शन प्रदान करता है। जिसको ध्यान में रखते हुए हमारे कुल 150+ वर्षों का अनुभव रखने वाले प्रतिष्ठित विशेषज्ञों ने कड़े प्रयासों के द्वारा "झारखंड : इंटरमीडिएट प्रशिक्षित सहायक आचार्य (कक्षा-1 से 5)" को तैयार किया है। इस किताब के प्रश्नों को हाल ही में परीक्षा के पाठ्यक्रम और पैटर्न में हुए सभी बदलावों को ध्यान में रखकर बनाया गया है। वो प्रश्न जिनकी झारखंड इंटरमीडिएट प्रशिक्षित सहायक आचार्य परीक्षा में आने कि संभवना काफी प्रबल है, उनको इस किताब मे रखा गया है। आप EduGorilla की "झारखंड : इंटरमीडिएट प्रशिक्षित सहायक आचार्य (कक्षा-1 से 5)" के माध्यम से अपनी सफलता की संभावना को 16 गुना बढ़ा सकते हैं।

EduGorilla ये अपनी संपूर्ण तैयारी पैकेज के माध्यम से साकार करता है। इस किट में आपको प्रश्न अच्छी तरह अवधारित एवं संरचित रूप मे मिलेंगे जिन्हे आपकी जरूरतों के अनुसार बनाया गया है। इसके माध्यम से आपको स्मार्ट तरीके से परीक्षा के लिए अभ्यास करने में मदद मिलेगी। साथ ही आपको सहायक, समाधान और स्मार्ट उत्तर पत्रिका भी प्रदान की जायेंगी। जिससे आप अपना मूल्यांकन स्वयं कर सकते हैं। आप स्वयं की समीक्षा कर, उन सभी बिन्दुओं पर खुद को बेहतर तरीके से तैयार कर सकते हैं।

EduGorilla आपको अपनी परीक्षा में सफ़लता दिलाने और आपके लक्ष्य को हासिल करने में आपकी सहायता करने का वादा करता हैं। हम अपने प्रतिभागियों पर पूरा भरोसा करते हैं और उन्हें मेरिट सूची के शीर्ष पर देखते हैं। शीर्ष स्थान की ओर आपका पहला कदम है हमारे साथ तैयारी शुरू करना। EduGorilla की "झारखंड : इंटरमीडिएट प्रशिक्षित सहायक आचार्य (कक्षा-1 से 5)" की विशेषताएं कुछ इस प्रकार हैं।

➤ अच्छी तरह से शोध किया हुआ पाठ्यक्रम

➤ उच्च गुणवत्ता

➤ विस्तृत उत्तर और विश्लेषण

➤ स्मार्ट उत्तर पत्रिका

➤ परीक्षा सुसंगत प्रश्न

इस प्रकार EduGorilla आपकी तैयारी को मजबूत और आपको परीक्षा में सफल होने के योग्य बनाता है।

झारखंड इंटरमीडिएट प्रशिक्षित सहायक आचार्य
परीक्षा की योग्यता, परीक्षा पैटर्न, विषय को जानने
के लिए QR कोड को स्कैन करें।

Book ID: 1416

Ques (1-4): निर्देश : दिए गए गद्यांश को ध्यानपूर्वक पढ़िए तथा पूछे गए प्रश्नों के उत्तर के लिए सबसे उपयुक्त विकल्प का चयन कीजिए।

उपवास रखना केवल धार्मिक विधि विधान या कर्मकांड का अंग नहीं है। उपवास-व्रत भारतीय संस्कृति में पूर्ण स्वास्थ्य के सूत्र हैं। ऋतु परिवर्तन के समय व्रत इसलिए रखे जाते हैं कि बदलते मौसम में कई किस्म की बीमारियाँ आती हैं। बीमारियों से लड़ने की रोग प्रतिरोधक शक्ति तभी प्राप्त होगी, जब शारीरिक और मानसिक शुद्धता होगी। इसी से जीवनी-शक्ति भी प्राप्त होती है, इससे बल व बुद्धि का बराबर संतुलन बना रहता है। उपवास के दौरान शरीर के पाचन-संस्थान को पूर्णरूप से विश्राम मिलता है तथा शरीर में विद्यमान पुराने खाद्य अवशेष तथा दूषित पदार्थ नष्ट होकर मल के द्वारा निकालने का प्रयत्न करते हैं, तो भूख स्वत: समाप्त हो जाती है। अत: उस समय उपवास करना अनिवार्य हो जाता है। भोजन लेने से तीव्र निष्कासन क्रिया रुक जाती है। भूख न रहने पर भोजन न किया जाए तो पूर्णरूप से शारीरिक सफाई होकर रोग का कारण जड़ से समाप्त हो जाता है। उसके पश्चात् नियमित तथा उपयुक्त उचित आहार देने पर रोग के लौटने की आशंका नहीं रहती।

1. 'उपवास' का संबंध किससे है?
   1. केवल धार्मिक अनुष्ठानों से
   2. केवल स्वास्थ्य से
   3. धार्मिक अनुष्ठानों तथा स्वास्थ्य दोनों से
   4. रीति-रिवाजों से

   (a) 1   (b) 2
   (c) 3   (d) 4

2. बदलते मौसम का प्रभाव किस पर पड़ता है?
   1. स्वास्थ्य पर
   2. धार्मिक विधि-विधान पर
   3. केवल पाचन शक्ति पर
   4. हृदय पर

   (a) 1   (b) 2
   (c) 3   (d) 4

3. शारीरिक और मानसिक शुद्धता से क्या प्राप्त होता है?
   1. रोगों से लड़ने की शक्ति।
   2. ईश्वर की प्राप्ति।
   3. तीव्र भूख लगती है।
   4. विजातीय पदार्थ शरीर से निकल जाते हैं।

   (a) 1   (b) 2
   (c) 3   (d) 4

4. उपवास के दौरान शरीर के पाचन-संस्थान को पूर्ण <u>विश्राम</u> मिलता है। रेखांकित वाक्यांश से क्या तात्पर्य है?
   1. पाचन अंगों को थोड़ा आराम मिल जाता है।
   2. पाचन अंग निष्क्रिय हो जाते हैं।
   3. पाचन अंगों को पूरी तरह आराम मिल जाता है।
   4. पाचन अंग अति सक्रिय हो जाते हैं।

   (a) 1   (b) 2
   (c) 3   (d) 4

Ques (5-12): निर्देश : नीचे दिए गद्यांश को ध्यानपूर्वक पढ़िए तथा पूछे गए प्रश्नों के उत्तर के लिए सबसे उपयुक्त विकल्प का चयन कीजिए।

22 मई 1894 की शाम थी। डरबन स्थित अब्दुल्ला के घर पर महात्मा गाँधी की विदाई व रात्रिभोज का आयोजन था। इस आयोजन में प्रिटोरिया डरबन और नेटाल के भारतीय आए थे। अब्दुल्ला एंड कंपनी के मुकदमे को निपटाने के बाद महात्मा गाँधी वापसी आने के लिए तैयार थे। तभी एक भारतीय व्यापारी ने महात्मा गाँधी को 'नेटाल मर्करी' नामक एक समाचार पत्र दिया और उनसे 'इंडियन फ्रेंचाईज़' नामक शीर्षक से छपा लेख पढ़ने के लिए कहा। लेख पढ़ने के बाद महात्मा गाँधी गंभीर हो गए। दरअसल यह लेख नेटाल विधानसभा में पेश किए गए मताधिकार संशोधन विधेयक कै विषय में जिसमें भारतीयों को मताधिकार से वंचित करने के सभी पक्षों की विवेचना थी। इसका सारांश यह था कि जिन लोगों ने अपने देश में मताधिकार का उपयोग नहीं किया उन्हें दूसरे देश में मताधिकार देने का कोई मतलब नहीं है। इसका वास्तविक उद्देश्य तो भारतीयों के व्यापार को रोकना था। हालात को बद से बदतर बनाने वाले कानून की जानकारी ने भारतीयों के होश उड़ा दिए। अब विदाई समारोह विधेयक परिचर्चा में बदल गया। विदा करने आए लोग गाँधी जी से रुकने

का आग्रह करने लगे। भारतीयों की पीड़ा और परेशानी देखकर गाँधी जी काफी व्यथित हो गए। उन्होंने भारतीयों के निवेदन को स्वीकार करते हुए कहा कि विधेयक का विरोध सार्वजनिक कार्य है और इसके लिए वह किसी भी प्रकार का शुल्क नहीं लेंगे। उन्होंने समारोह को नेटाल इंडियन कांग्रेस में बदलकर भारतीयों के अधिकारों के लिए संघर्ष किया।

5. गाँधी जी किसका मुकदमा लड़ने के लिए डरबन गए थे?
   1. अब्दुल्ला एंड कंपनी
   2. अब्दुल्ला मर्चेंट कंपनी
   3. अब्दुल्ला एंड संस कंपनी
   4. अब्दुल्ला सॉफ्टवेयर कंपनी

   (a) 1   (b) 2
   (c) 3   (d) 4

6. गद्यांश में किस समाचार पत्र का उल्लेख किया गया है?
   1. नेटाल मर्करी
   2. इंडियन फ्रेंचाइज़
   3. इंडियन एक्सप्रेस
   4. नेटाल टाइम्स

   (a) 1   (b) 2
   (c) 3   (d) 4

7. मताधिकार संशोधन विधेयक का क्या उद्देश्य था?
   1. भारतीयों को मताधिकार देना
   2. भारतीयों को मताधिकार से वंचित करना
   3. भारतीयों को व्यापार के अधिक अवसर उपलबध कराना
   4. भारतीयों को सत्ता में भागीदारी देना

   (a) 1   (b) 2
   (c) 3   (d) 4

8. लोग गाँधीजी से रुकने का आग्रह करने लगे क्योंकि:
   1. वे गाँधीजी से प्रेम करने लगे थे।
   2. उन्हें गाँधीजी का स्वभाव बहुत पसंद था।
   3. वे चाहते थे कि गाँधीजी उनके लिए मताधिकार संशोधन विधेयक का विरोध करें।
   4. वे गाँधीजी से मताधिकार संशोधन विधेयक के लिए समर्थन चाहते थे।

   (a) 1   (b) 2
   (c) 3   (d) 4

9. गाँधीजी ने मताधिकार संशोधन विधेयक का विरोध करने के लिए कोई शुल्क क्यों नहीं लिया?
   1. उन्हें विरोध करना प्रिय था।
   2. यह सार्वजनिक कार्य था।
   3. यह व्यक्तिगत कार्य था।
   4. यह सरकारी कार्य था।

   (a) 1   (b) 2
   (c) 3   (d) 4

10. 'होश उड़ना' मुहावरे का अर्थ है:
   1. बेहोश हो जाना
   2. होश में आना
   3. घबरा जाना
   4. समझ आना

   (a) 1   (b) 2
   (c) 3   (d) 4

11. 'स्वदेश' का विलोम शब्द है:
   1. अपना देश
   2. विदेश
   3. देश
   4. पड़ोसी देश

   (a) 1   (b) 2

(c) 3   (d) 4

12. 'भारतीय' शब्द में प्रत्यय है:
    1. य
    2. तीय
    3. ईय
    4. इय

    (a) 1   (b) 2
    (c) 3   (d) 4

Ques (13-20): निर्देश : निम्नलिखित गद्यांश को पढ़कर पूछे गए प्रश्न के सबसे उपयुक्त उत्तर वाले विकल्प को चुनिए।

लखनऊ की एक छोटी-सी गली में, सादिक अपने अब्बा की खाने की दुकान पर बैठा था। वह बिरयानी की परात से मक्खियाँ उड़ा रहा था। तभी उसने देखा कि रेशमी अचकन में एक आदमी उनके दरवाज़े पर घोड़े से उतर रहा था।

'अमीर लगता है, क्या वह हमारी दुकान पर आ रहा है?' सादिक ने सोचा। उसके पीछे आते दो नौकरों को देख उसने सोचा, 'यकीनन, बड़ा आदमी है।'

सादिक के अब्बा मियाँ, मुहम्मद कादिर, ने भी जो एक बड़ी अँगीठी पर कबाब भूनने में मशगूल थे, नज़र उठाकर देखा। तभी एक नौकर ने तेज़ी से आगे आकर कहा, "नवाब हसन अली तशरीफ़ लाए हैं।"

अचकन वाला शख़्स दुकान में घुसा, चारों तरफ़ नज़र घुमाकर उनकी छोटीसी दुकान का जायज़ा लिया और बेदिली से बोला, "सुना है, तुम मशहूर बावर्ची मुहम्मद कादिर हो। हमें नई-नई चीज़ों का स्वाद चखने का शौक है। इसी लिहाज़ से हम तुम्हारी दुकान पर आए हैं। तुम क्या चीज़ सबसे उम्दा बनाते हो?"

"दाल", सादिक के अब्बा ने कबाब भूनते-भूनते ही जवाब दिया।

"दाल?" नवाब साहब ने हैरानी से पूछा, "सिर्फ़ दाल?"

"मैं बिरयानी, कोरमा और बाकी सब रिवायती चीज़ें भी बनाता हूँ, मगर आपने पूछा है कि मैं क्या चीज़ सबसे उम्दा बनाता हूँ", कादिर ने तसल्ली से जवाब दिया।

"मगर दाल! बात कुछ दिलचस्प-सी नहीं लगती। हमारे दोस्तों ने तो तुम्हारे खाने की बहुत तारीफ़ की थी। हम तो कुछ बेहतर चीज़ की उम्मीद लगाए थे।"

"पर आपने वह दाल चखी ही कहाँ है, जो मैं बनाता हूँ।"

"बहुत खूब, हम चखेंगे। तुम कौन-सी दाल बनाते हो?"

"उड़द की । "

13. 'दाल' उत्तर पाकर नवाब साहब को हैरानी क्यों हुई होगी?
    1. नवाब लोग दाल नहीं खाते हैं।
    2. उस क्षेत्र में दाल जैसे भोज्य पदार्थ का चलन न था।
    3. दाल विशेष पकवान की श्रेणी में नहीं आती है।
    4. नवाब को दाल खाना पसंद न था।

    (a) 1   (b) 2
    (c) 3   (d) 4

14. "यकीनन बड़ा आदमी है।" सादिक का 'बड़े आदमी' से क्या आशय रहा होगा?
    1. पहलवान
    2. लंबा
    3. धनाढ्य
    4. प्रसिद्ध

    (a) 1   (b) 2
    (c) 3   (d) 4

15. 'कादिर ने <u>तसल्ली</u> से जवाब दिया।' वाक्य में रेखांकित शब्द के स्थान पर कौन-सा शब्द प्रयुक्त किया जा सकता है-
    1. धैर्य
    2. तपाक
    3. जोर
    4. बेरुखी

    (a) 1   (b) 2
    (c) 3   (d) 4

16. 'एक बड़ी अँगीठी पर कबाब भूनने में <u>मशगूल</u> थे' रेखांकित शब्द के स्थान पर लिखा जा सकता है-
    1. चिन्तित
    2. व्यस्त
    3. योग्य

4. प्रसिद्ध

    (a) 1   (b) 2
    (c) 3   (d) 4

17. 'और <u>बेदिली</u> से बोला' रेखांकित शब्द के स्थान पर लिखा जा सकता है-
    1. बेरहमी
    2. बेढबी
    3. बेशर्मी
    4. बेरुखी

    (a) 1   (b) 2
    (c) 3   (d) 4

18. नवाब मुहम्मद कादिर की दुकान पर क्यों आए थे?
    1. उन्हें नए पकवानों के स्वाद चखने का शौक था।
    2. उन्हें दाल खाने का बहुत शौक था।
    3. उन्हें मुहम्मद कादिर से कोई विशेष काम था।
    4. उन्हें नए पकवान बनाने का शौक था।

    (a) 1   (b) 2
    (c) 3   (d) 4

19. किस वाक्य में गुणवाचक विशेषण का प्रयोग हुआ है?
    1. नवाब हसन तशरीफ़ लाए हैं।
    2. पर आपने वह दाल चखी ही कहाँ है?
    3. यकीनन, बड़ा आदमी है।
    4. वह बिरयानी की परात से मक्खियाँ उड़ा रहा था।

    (a) 1   (b) 2
    (c) 3   (d) 4

20. सादिक के अब्बा किस पकवान के लिए मशहूर थे?
    1. बिरयानी
    2. उड़द की दाल
    3. कोरमा
    4. कबाब

    (a) 1   (b) 2
    (c) 3   (d) 4

21. शालिभद्र सूरी की रचना का नाम हैः
    (a) नेमिनाथ रास   (b) भरतेश्वर बाहुबली रास
    (c) सुमतिगण दास   (d) जयमयंक जसचंद्रिका

22. पहेलियाँ और मुकरियां किस रचनाकार की है?
    (a) अमीर खुसरो   (b) विद्यापति
    (c) कुशललाभ   (d) शालिभद्र सूरी

23. विद्यापति की कौन सी रचना सदैव अप्रकाशित रही है?
    (a) कीर्तिलता   (b) कीर्तिपताका
    (c) पदावली   (d) केवल (A) और (C)

24. राउल वेल किसकी रचना है?
    (a) रोड़ा   (b) हेमचन्द्र
    (c) आसगु   (d) शालिभद्र सूरी

25. आदिकाल को वीरगाथाकाल किसने कहा है?
    (a) हजारी प्रसाद द्विवेदी   (b) डॉ. नगेन्द्र
    (c) रामचन्द्र शुक्ल   (d) राहुल सांकृत्यान

26. दिए गए विकल्पों में से हिंदी का प्रथम महाकाव्य किसे कहा जाता है?
    (a) रामचरितमानस   (b) पृथ्वीराज रासो
    (c) पद्मावत   (d) रामचंद्रिका

27. 'सखि। पिया को जो मैं न देखूँ,
    तो कैसे काटूँ अंधेरी रितयाँ।'
    उपर्युक्त काव्य पंक्तियाँ किस कवि की हैं?

(a) विद्यापति	(b) नरपति नाल्ह
(c) अमीर खुसरो	(d) भट्ट केदार

28. पउमचरिउ किसकी रचना है?

(a) सरहपा	(b) स्वयंभू
(c) देवसेन	(d) पुष्य दंत

29. 'रत्नसेन' किस सूफ़ी प्रेमाख्यान का नायक है?

(a) चंदायन	(b) मधुमालती
(c) सत्यवती कथा	(d) पद्मावत

30. "अजगर करें ना चाकरी पंछी करे ना काम" पंक्ति है:

(a) दादू दयाल	(b) कबीर दास
(c) रैदास	(d) मलूक दास

31. 'प्रभु जी तुम चंदन हम पानी' इस पंक्ति के रचनाकार है?

(a) चंदनदास	(b) मलूकदास
(c) नानक	(d) संत रैदास

32. 'भँवर गीत' किसकी रचना है?

(a) सूरदास	(b) नंद दास
(c) चतुर्भुजदास	(d) कृष्णदास

33. काव्यकल्पद्रुम किसकी रचना है?

(a) केशवदास	(b) सेनापति
(c) सूरदास	(d) जायसी

34. बिहारी सतसई में लगभग कितने दोहे माने जाते हैं?

(a) 700	(b) 799
(c) 713	(d) 749

35. "रूपमंजरी" के कवि है?

(a) केशवदास	(b) नंददास
(c) सूरदास	(d) भिखारी दास

36. कौन-सी कहानी निराला के लिखी है?

(a) पद्मा	(b) रोज
(c) उत्रमदिनी	(d) गोधूलि

37. आचार्य महावीर प्रसाद द्विवेदी कब 'सरस्वती' के संपादक बने?

(a) सन् 1913	(b) सन् 1903
(c) सन् 1905	(d) सन् 1900

38. गोस्वामी हित हरिवंश के दो हिन्दी ग्रंथ हैं:

(a) महावाणी, सिद्धांतरत्नांजलि	(b) हित चौरासी, स्फुटवाणी
(c) सेवक चरित्र, गीता चरित्र	(d) यमुनाष्टक, गीताष्टक

39. हिन्दी नाटक को साहित्यिक भूमिका प्रदान करने का प्रयास सर्वप्रथम किसने किया था?

(a) लक्ष्मीनारायण मिश्र	(b) गंगाप्रसाद अरोड़ा
(c) जयशंकर प्रसाद	(d) भारतेन्दु हरिश्चन्द्र

40. 'निर्मला' उपन्यास में मुख्तः किस बात का चित्रण है?

(a) ग्रामीण स्थितियों का चित्रण
(b) दहेज प्रथा और वृद्ध विवाह से होने वाला पारिवारिक विघटन
(c) कृषक जीवन की समस्याओं का चित्रण
(d) मनोरंजन, पराधीनता, अशिक्षा का चित्रण

41. 1964 में प्रेमचंद की जीवनी 'कलम का सिपाही' के नाम से लिखी गई थी। किसने लिखी थी?

(a) राहुल सांस्कृत्यायन	(b) स्वामी दयानन्द सरस्वती
(c) रामविलास शर्मा	(d) अमृत राय

42. 'भक्ति धर्म का रसात्मक रूप है' किसकी पंक्ति है?

(a) आचार्य हज़ारी प्रसाद द्विवेदी	(b) आचार्य रामचंद्र शुक्ल
(c) नामवर सिंह	(d) सूरदास

43. ''कलिकौतुक'' के रचयिता कौन हैं?

(a) भारतेन्दु हरिश्चन्द्र	(b) प्रताप नारायण मिश्र
(c) बालकृष्ण भट्ट	(d) बालमुकुंद गुप्त

44. 'सुनीता' किसका प्रसिद्ध उपन्यास है?

(a) जैनेन्द्र	(b) अज्ञेय
(c) प्रेमचंद	(d) यशपाल

45. 'अप्सरा' किसका उपन्यास है?

(a) प्रेमचंद	(b) जयशंकर प्रसाद
(c) निराला	(d) अज्ञेय

46. आषाढ का एक दिन' नामक नाटक के रचयिता हैं:

(a) जयशंकर प्रसाद	(b) सुरेन्द्र वर्मा
(c) लक्ष्मीनारायण मिश्र	(d) मोहन राकेश

47. अंधा युग नाटक का नायक कौन है?

(a) श्री कृष्ण	(b) अर्जुन
(c) दुर्योधन	(d) अश्वत्थामा

48. जगदीश चन्द्र माथुर का नाटक है:

(a) अभिमन्यु	(b) शुतुरमुर्ग
(c) कोणार्क	(d) राधा चरण गोस्वामी

49. नारी समस्या का चित्रण प्रसाद के किस नाटक में है:

(a) विशाख	(b) स्कन्दगुप्त
(c) चन्द्रगुप्त	(d) ध्रुवस्वामिनी

50. 'उसने कहा था' किसकी कहानी है?

(a) प्रेमचंद	(b) चन्द्रधर शर्मा गुलेरी
(c) जयशंकर प्रसाद	(d) हरिवंशराय बच्चन

51. " सिक्का बदल गया" प्रसिद्ध रचना है:

(a) मन्नू भंडारी	(b) कृष्णा सोबती
(c) महादेवी वर्मा	(d) सुभद्रा कुमारी चौहान

52. 'यही सच है' की कहानीकार कौन हैं?

(a) कृष्णा सोबती	(b) उषा प्रियंवदा
(c) मन्नु भंडारी	(d) मृदुला गर्ग

53. नासिरा शर्मा जी की कहानी कौनसी नहीं है:

(a) खुदा की वापसी	(b) दूसरा ताजमहल
(c) संगसार	(d) अपना-अपना भाग्य

54. 'पहाड़ों में प्रेममय संगीत' रिपोर्ताज के लेखक हैं?

(a) निर्मल वर्मा	(b) उपेन्द्रनाथ अश्क
(c) रेणु	(d) शिवदान सिंह चौहान

55. हरिवंशराय बच्चन ने 'नए पुराने झरोखे' संस्मरण किस वर्ष में लिखा?

(a) 1957 ई.	(b) 1962 ई.
(c) 1946 ई.	(d) 1975 ई.

56. गाथा सप्तशती निम्नलिखित में से किसकी रचना है?

(a) अमरूक	(b) हाल
(c) गोवर्धन आचार्य	(d) पदम सिंह शर्मा

57. अपभ्रंश भाषा का प्रथम रास काव्य निम्नलिखित में से कौनसा है?

(a) खुमान रासो	(b) पृथ्वीराज रासो

(c) उपदेश रसायन रास   (d) विसलदेव रासो

58. राउल वेल किसकी रचना है?
(a) कवि रोड़ा   (b) हेमचन्द्र
(c) आसगु   (d) शालिभद्र सूरी

59. सन्देश रासक किस कवि की रचना है?
(a) पुष्य दंत   (b) अब्दुल रहमान
(c) मुल्ला दाऊद   (d) विद्यापति

60. रामध्यानमंजरी किसकी रचना है?
(a) नाभादास   (b) अग्रदास
(c) तुलसीदास   (d) केशवदास

61. तुलसीदास की प्रथम रचना कौन सी है?
(a) विनयपत्रिका   (b) कृष्णगीतावली
(c) जानकी मंगल   (d) वैराग्य संदीपनी

62. इसमें से कौन सी रचना रहीमदास की नहीं है?
(a) दोहावली   (b) नगर शोभा
(c) मदनाष्टक   (d) अनेकार्थ मंजरी

63. इनमें से कौन सी रचना ब्रजभाषा में नहीं है?
(a) विनय पत्रिका   (b) कवितावली
(c) दोहावली   (d) रामचरितमानस

64. "रूपमंजरी" के कवि है?
(a) केशवदास   (b) नंददास
(c) सूरदास   (d) भिखारी दास

65. रस प्रबोध निम्नलिखित में से किसकी रचना है?
(a) रसलीन   (b) भीखारी दास
(c) देव   (d) मतिराम

66. 'भागों वाले तालु आदि स्थानों में जो स्वर निचले भाग में बोला जाये, उसकी संज्ञा है:
(a) उदात्त   (b) अनुदात्त
(c) स्वरित   (d) इनमें से कोई नहीं

67. निम्न में से व्यक्तिवाचक संज्ञा कौन नहीं है?
(a) राम   (b) पटना
(c) औरत   (d) गंगा

68. अनिश्चयवाचक सर्वनाम किस वाक्य में है?
(a) यह पुस्तक मेरी है।   (b) मुझे कुछ रूपये चाहिए।
(c) आप क्या लायें है।   (d) बाहर कोई खड़ा है।

69. निम्नलिखित में से कौन सी भाववाचक संज्ञा सर्वनाम से बनी है?
(a) एकता   (b) ताजगी
(c) दासता   (d) चुनाव

70. किस विकल्प में क्रिया के "सातप्यबोधक पक्ष" का प्रयोग हुआ है?
(a) वह मुश्किल से सोने पाया; जाने न पाया
(b) हमें गरीबों को अपनाना चाहिए
(c) वह पढ़ने लगा
(d) राम कितना अच्छा खेल रहा है

71. किस वाक्य में अधिकरण कारक (परसर्ग) का प्रयोग किया गया है?
(a) मंजू ने पुस्तक पढ़ रही है   (b) उसने पेंसिल से चित्र बनाया
(c) गीता को बुखार है   (d) घर पर बैठो

72. ऐ रमेश ! यहा आओ । इस वाक्य में कौन सा कारक है?
(a) अधिकरण   (b) कर्ता
(c) संबोधन   (d) करण

73. कर्म कारक के लिए प्रयुक्त होने वाला चिन्ह है?
(a) ने   (b) का
(c) को   (d) से

74. 'मुझे लाल गुलाब अच्छा लगता है।' इस वाक्य में विशेष्य शब्द कौन सा है ?
(a) अच्छा   (b) गुलाब
(c) लाल   (d) मुझे

75. विशेषणों की तीन अवस्थाएं मानी गई हैं इनमें से कौन सी एक विशेषण की अवस्था नहीं है?
(a) मूलावस्था   (b) उत्तरावस्था
(c) मध्यमावस्था   (d) उत्तमावस्था

76. "राजपुत्र" में कौन-सा समास है?
(a) तत्पुरुष   (b) द्विगु
(c) द्वंद   (d) कर्मधारय

77. कृताकृत का समास है:
(a) तत्पुरूष   (b) अव्ययीभाव
(c) कर्मधारय   (d) द्विगु

78. निर्देश: उपयुक्त मुहावरों से वाक्य की पूर्ति कीजिए।
पढ़े फ़ारसी बेचे तेल, यह देखो कुदरत का खेल
(a) फ़ारसी पढ़े लोगो को प्राय: तेल बेचना पड़ता है
(b) शिक्षित होकर बेकार रहना
(c) योगिता होते हुए भी विवशता के कर्ण निम्न स्तर का कार्य करना
(d) विघा का अपमान करना

79. "हाथ कंगन को आरसी क्या" मुहावरें का अर्थ है?
(a) खटाई में पड़ना
(b) खेल खेलाना
(c) ख़टाई में डालना
(d) प्रत्यक्ष को साक्ष्य की जरूरत नहीं पडती

80. 'ई-मेल' किस जनसंचार माध्यम के अंतर्गत आता है?
(a) श्रव्य माध्यम के   (b) मुद्रण माध्यम के
(c) परंपरागत माध्यम के   (d) आधुनिक दृश्य माध्यम के

81. अर्द्धशासकीय पत्र में अधिकारी को संबोधित करने की शैली क्या होती है?
(a) सेवा में निदेशक   (b) प्रिय श्री
(c) महोदय   (d) मान्यवर

82. व्यावसायिक एवं प्रशासनिक क्षेत्र मे पत्र लेखन क्या कार्य करता है?
(a) कुशलमंगल पूछने का   (b) स्थायी प्रलेख का
(c) आमंत्रण देने का   (d) शिष्टाचार निभाने का

83. सरकारी पत्रों मे प्रेषक के हस्ताक्षर कहाँ होना चाहिए?
(a) पत्र के अन्त मे दाई ओर   (b) पत्र के अन्त मे बाई ओर
(c) पत्र के शीर्ष पर   (d) पत्र के आरम्भ मे दाई ओर

84. निम्न मे से किस प्रकार के पत्र मे सेवा मे लिखा जाता है?
(a) पारिवारिक पत्र   (b) औपचारिक पत्र
(c) अनौपचारिक पत्र   (d) वैयक्तिक पत्र

85. इनमे से कौन सी कविता माखनलाल चतुर्वेदी की है?
(a) पुष्प की अभिलाषा   (b) हम विषपायी जन्म के

(c) सूखा पत्ता   (d) नीम के पत्ते

86. 'सीढ़ियों पर धूप में' किसका काव्य संग्रह है?
- (a) दुष्यंत कुमार
- (b) रघुवीर सहाय
- (c) सर्वेश्वर दयाल सक्सेना
- (d) माखनलाल चतुर्वेदी

87. इनमें से कौन सी कविता 'अज्ञेय' की रचना है?
- (a) कुरुक्षेत्र
- (b) हुंकार
- (c) पवनदूत
- (d) हरी घास पर क्षण भर

88. तुलसी के किस ग्रन्थ में समन्वय की चेष्टा की गई है?
- (a) विनय पत्रिका
- (b) हनुमान बाहुक
- (c) रामचरित मानस
- (d) कवितावली

89. मीरा के गुरु कौन थे-
- (a) रैदास
- (b) वल्लभाचार्य
- (c) सूरदास
- (d) दादू

90. "हाँ, लेखनी ह्यत्पत्र पर लिखनी तुझे है यह कथा, द्वक्कालिमा में डूबकर तैयार होकर सर्वथा।"
यहाँ द्वक्कालिमा से तात्पर्य है-
- (a) सूक्ष्म अंधकार
- (b) अति विस्तृत अंधकार
- (c) दुर्भग्यपूर्ण वर्तमान
- (d) अंधकार में डूबा भविष्य

91. "भारतीयता की खोज का जैसा प्रयास 'भारत भारती' में दिखाई देता है, वैसा अन्य किसी रचना में नहीं" कथन है-
- (a) आचार्य रामचन्द्र शुक्ल
- (b) हजारी प्रसाद द्विवेदी
- (c) अज्ञेय
- (d) भारतेंदु

92. "बैठे हुए सुखद आतप में मृग रोमंथन करते हैं, वन के जीव विवर से बाहर हो विश्रब्ध विचरते हैं।"
उपर्युक्त पंक्तियों में किसका वर्णन है?
- (a) 'साकेत' में चित्रकूट का
- (b) असाध्यवीणा में वन-प्रान्तर का
- (c) रश्मिरथी में परशुराम आश्रम का
- (d) कामायनी' में सारस्वत-प्रदेश का

93. 'सखि! पिया को जो मैं न देखूँ,
तो कैसे काटूँ अंधेरी रतियाँ।'
उपर्युक्त काव्य पंक्तियाँ किस कवि की हैं?
- (a) विद्यापति
- (b) नरपति नाल्ह
- (c) अमीर खुसरो
- (d) भट्ट केदार

94. गोलानाथ किसको देखकर सिसकना भूल जाते थे?
- (a) अपनी माँ को
- (b) अपने पिता को
- (c) अपने भाई को
- (d) खेल के साथियों को

95. प्राथमिक स्तर की पाठ्य-पुस्तकों का निर्माण करते समय आप किस बिन्दु पर विशेष ध्यान देंगे?
- (a) प्रसिद्ध लेखकों की रचनाएँ शामिल हों।
- (b) हिन्दी भाषा के वैविध्यपूर्ण रूप शामिल हों।
- (c) उपदेशात्मक पाठ शामिल हों।
- (d) कहानियाँ अधिक-से-अधिक शामिल हों।

96. संगीता अकसर शब्दों को उल्टा लिखती है और लिखते समय कुछ अक्षरों को छोड़ देती है। उसे लिखने में कठिनाई होती है। वह ____ से सम्बन्धित है।
- (a) डिस्ग्राफिया
- (b) डिस्केलकुलिया
- (c) दृष्टिबाधिता
- (d) डिस्लेक्सिया

97. इनमें से कौन-सा प्राथमिक स्तर पर हिन्दी भाषा शिक्षण का उद्देश्य नहीं है?

- (a) सन्दर्भ के अनुसार अनुमान लगाकर पढ़ने का प्रयास करना।
- (b) चित्रकारी को स्वयं की अभिव्यक्ति का माध्यम बनाना।
- (c) बच्चों की घर की भाषा और स्कूल की भाषा में सम्बंध बनाते हुए उसे विस्तार देना।
- (d) सुनी गई बातों को ज्यों का त्यों दोहराना।

98. जिन बच्चों में 'तुतलाना' भाषा-विकार होता है :
- (a) वे वाक्यों को तोड़-तोड़कर बोलते हैं।
- (b) वे एक शब्द के स्थान पर दूसरे शब्द का प्रयोग करते हैं।
- (c) वे एक वाक्य के स्थान पर दूसरे वाक्य का प्रयोग करते हैं।
- (d) वे वाक्य के पहले शब्द की पुनरावर्ति करते हैं।

99. पढ़ना सीखने का वास्तव में सबसे अच्छा तरीका यह है कि बच्चे
- (a) बिना मात्रा वाले शब्दों की वर्तनी बता सकें।
- (b) चित्र के साथ अनुमान लगाना सीखें।
- (c) सबसे पहले वर्णों की पहचान करना सीखें।
- (d) बारहखड़ी अच्छी तरह से याद करें।

100. भाषा के व्याकरण की समझ का आकलन किया जाना चाहिए:
- (a) लघुतर प्रश्नों के माध्यम से।
- (b) संदर्भ पूरक प्रश्नों के माध्यम से।
- (c) निबंधात्मक प्रश्नों के माध्यम से।
- (d) वस्तुनिष्ठ प्रश्नों के माध्यम से।

// स्मार्ट उत्तर पुस्तिका //

सही उत्तर उन छात्रों का प्रतिशत जिन्होंने प्रश्न का सही उत्तर दिया।

छोड़ दिया उन छात्रों का प्रतिशत जिन्होंने प्रश्न को छोड़ दिया।

प्रश्न संख्या	उत्तर	सही उत्तर / छोड़ दिया	प्रश्न संख्या	उत्तर	सही उत्तर / छोड़ दिया	प्रश्न संख्या	उत्तर	सही उत्तर / छोड़ दिया
1	C	76.52% / 0.0%	2	A	86.48% / 0.0%	3	A	78.23% / 0.0%
4	C	49.77% / 1.55%	5	A	88.32% / 0.0%	6	A	89.01% / 0.0%
7	B	77.56% / 0.0%	8	C	84.81% / 0.0%	9	B	82.61% / 0.0%
10	C	80.29% / 0.0%	11	B	87.75% / 0.0%	12	C	89.08% / 0.0%
13	C	82.76% / 0.0%	14	C	88.0% / 0.0%	15	A	79.68% / 0.0%
16	B	69.33% / 1.59%	17	D	68.3% / 1.37%	18	A	62.11% / 1.2%
19	C	83.77% / 0.0%	20	B	81.99% / 0.0%	21	B	51.13% / 1.17%
22	A	60.71% / 1.23%	23	B	57.75% / 1.82%	24	A	69.71% / 1.11%
25	C	31.53% / 4.63%	26	B	47.62% / 1.64%	27	C	16.55% / 3.74%
28	B	57.28% / 1.14%	29	D	43.45% / 1.2%	30	D	46.01% / 1.98%
31	D	46.47% / 1.79%	32	B	50.63% / 1.51%	33	B	53.55% / 1.18%
34	C	46.88% / 1.21%	35	B	45.79% / 1.87%	36	A	41.03% / 1.85%
37	B	42.56% / 1.62%	38	B	56.6% / 1.19%	39	D	68.9% / 1.31%
40	B	56.4% / 1.01%	41	D	42.42% / 1.23%	42	B	58.93% / 1.29%
43	B	45.87% / 1.73%	44	A	52.95% / 1.26%	45	C	63.52% / 1.96%
46	D	67.14% / 1.26%	47	D	48.23% / 1.25%	48	C	66.13% / 1.05%
49	D	68.49%	50	B	28.63%	51	B	52.96%

No.	Ans		No.	Ans		No.	Ans	
		1.06%			3.04%			1.55%
52	C	47.47% / 1.91%	53	D	62.86% / 1.99%	54	B	65.75% / 1.45%
55	B	61.77% / 1.77%	56	B	49.03% / 1.71%	57	C	69.87% / 1.39%
58	A	47.99% / 1.05%	59	B	45.38% / 1.88%	60	B	48.64% / 1.78%
61	D	67.59% / 1.74%	62	D	66.56% / 1.91%	63	D	45.4% / 1.99%
64	B	59.98% / 1.62%	65	A	69.59% / 1.15%	66	B	69.6% / 1.19%
67	C	62.21% / 1.26%	68	D	60.07% / 1.27%	69	A	44.8% / 1.14%
70	D	40.95% / 1.33%	71	D	82.83% / 0.0%	72	C	47.75% / 1.84%
73	C	78.18% / 0.0%	74	B	50.61% / 1.05%	75	C	25.59% / 4.33%
76	A	64.54% / 1.78%	77	C	69.13% / 1.03%	78	C	67.95% / 1.17%
79	D	63.75% / 1.13%	80	D	22.21% / 3.44%	81	B	67.87% / 1.74%
82	C	62.05% / 1.09%	83	A	54.95% / 1.45%	84	B	53.08% / 1.66%
85	A	64.36% / 1.97%	86	B	29.6% / 4.59%	87	D	52.14% / 1.08%
88	C	60.78% / 1.01%	89	A	64.45% / 1.0%	90	B	69.28% / 1.33%
91	C	53.83% / 1.35%	92	C	65.06% / 1.88%	93	C	57.81% / 1.77%
94	D	41.5% / 1.32%	95	D	78.22% / 0.0%	96	A	67.19% / 1.01%
97	D	47.54% / 1.64%	98	D	81.53% / 0.0%	99	B	86.22% / 0.0%
100	B	76.95% / 0.0%						

// संकेत और समाधान //

1(C). उपर्युक्त गद्यांश के आधार पर 'उपवास' का संबंध धार्मिक अनुष्ठानों तथा स्वास्थ्य दोनों से है।

2(A). उपर्युक्त गद्यांश के आधार पर बदलते मौसम का प्रभाव स्वास्थ्य पर पड़ता है।

3(A). उपर्युक्त गद्यांश के आधार पर शारीरिक और मानसिक शुद्धता से रोगों से लड़ने की शक्ति प्राप्त होती है।
बीमारियों से लड़ने की रोग प्रतिरोधक शक्ति तभी प्राप्त होगी, जब शारीरिक और मानसिक शुद्धता होगी।

4(C). रेखांकित वाक्यांश विश्राम से तात्पर्य पाचन अंगों को पूरी तरह आराम मिल जाता है।

5(A). गद्यांश के अनुसार, "इस आयोजन में प्रिटोरिया डरबन और नेटाल के भारतीय आए थे। अब्दुल्ला एंड कंपनी के मुकदमे को निपटाने के बाद महात्मा गाँधी वापसी आने के लिए तैयार थे। तभी एक भारतीय व्यापारी ने महात्मा गाँधी को 'नेटाल मर्करी' नामक एक समाचार पत्र दिया और उनसे 'इंडियन फ्रेंचाईज़' नामक शीर्षक से छपा लेख पढ़ने के लिए कहा।"
इसलिए निष्कर्ष निकाला जा सकता है कि गाँधी जी अब्दुल्ला एंड कंपनी का मुकदमा लड़ने के लिए डरबन गए थे।

6(A). गद्यांश के अनुसार, "तभी एक भारतीय व्यापारी ने महात्मा गाँधी को 'नेटाल मर्करी' नामक एक समाचार पत्र दिया और उनसे 'इंडियन फ्रेंचाईज़' नामक शीर्षक से छपा लेख पढ़ने के लिए कहा।"
इसलिए निष्कर्ष निकाला जा सकता है कि गद्यांश में नेटाल मर्करी समाचार पत्र का उल्लेख किया गया है।

7(B). गद्यांश के अनुसार, "दरअसल यह लेख नेटाल विधानसभा में पेश किए गए मताधिकार संशोधन विधेयक के विषय में जिसमें भारतीयों को मताधिकार से वंचित करने के सभी पक्षों की विवेचना थी। इसका सारांश यह था कि

जिन लोगों ने अपने देश में मताधिकार का उपयोग नहीं किया उन्हें दूसरे देश में मताधिकार देने का कोई मतलब नहीं है।"
इसलिए निष्कर्ष निकाला जा सकता है कि मताधिकार संशोधन विधेयक का उद्देश्य भारतीयों को मताधिकार से वंचित करना था।

8(C). गद्यांश के अनुसार, "हालात को बद से बदतर बनाने वाले कानून की जानकारी ने भारतीयों के होश उड़ा दिए। अब विदाई समारोह विधेयक परिचर्चा में बदल गया। विदा करने आए लोग गाँधी जी से रुकने का आग्रह करने लगे। भारतीयों की पीड़ा और परेशानी देखकर गाँधी जी काफी व्यथित हो गए। उन्होंने भारतीयों के निवेदन को स्वीकार करते हुए कहा कि विधेयक का विरोध सार्वजनिक कार्य है और इसके लिए वह किसी भी प्रकार का शुल्क नहीं लेंगे।"
इसलिए निष्कर्ष निकाला जा सकता है कि लोग गाँधीजी से रुकने का आग्रह करने लगे क्योंकि वे चाहते थे कि गाँधीजी उनके लिए मताधिकार संशोधन विधेयक का विरोध करें।

9(B). गद्यांश के अनुसार, "उन्होंने भारतीयों के निवेदन को स्वीकार करते हुए कहा कि विधेयक का विरोध सार्वजनिक कार्य है और इसके लिए वह किसी भी प्रकार का शुल्क नहीं लेंगे। उन्होंने समारोह को नेटाल इंडियन कांग्रेस में बदलकर भारतीयों के अधिकारों के लिए संघर्ष किया।"
इसलिए निष्कर्ष निकाला जा सकता है कि गाँधीजी ने मताधिकार संशोधन विधेयक का विरोध करने के लिए कोई शुल्क नहीं लिया क्योंकि यह सार्वजनिक कार्य था।

10(C). 'होश उड़ना' मुहावरे का अर्थ घबरा जाना है।
वाक्य प्रयोग: घर के दरवाजे का टूटा हुआ ताला देखकर मेरे तो होश उड़ गए।

11(B). 'स्वदेश' का विलोम शब्द विदेश है।

12(C). 'भारतीय' शब्द में प्रत्यय ईय है।
- भारत + ईय = भारतीय
- 'भारत' मूल शब्द और 'ईय' प्रत्यय

प्रत्यय वे शब्द हैं जो दूसरे शब्दों के अन्त में जुड़कर, अपनी प्रकृति के अनुसार, शब्द के अर्थ में परिवर्तन कर देते हैं।

13(C). 'दाल' उत्तर पाकर नवाब साहब को हैरानी हुई होगी क्योंकि दाल विशेष पकवान की श्रेणी में नहीं आती है।
- "दाल?" नवाब साहब ने हैरानी से पूछा, "सिर्फ़ दाल?"
- "मैं बिरयानी, कोरमा और बाकी सब रिवायती चीजें भी बनाता हूँ, मगर आपने पूछा है कि मैं क्या चीज़ सबसे उम्दा बनाता हूँ", कादिर ने तसल्ली से जवाब दिया।

14(C). "यकीनन बड़ा आदमी है।" सादिक का 'बड़े आदमी' से आशय धनाढ्य रहा होगा।
- **धनाढ्य-** जिसके पास ख़ूब धन या रुपया हो, धनवान, धनी, समृद्ध, रईस, उच्चवित्त।
- अमीर लगता है, 'क्या वह हमारी दुकान पर आ रहा है?' सादिक ने सोचा।
- उसके पीछे आते दो नौकरों को देख उसने सोचा, 'यकीनन, बड़ा आदमी है।'

15(A). कादिर ने <u>तसल्ली</u> से जवाब दिया।' वाक्य में रेखांकित शब्द के स्थान पर धैर्य शब्द प्रयुक्त किया जा सकता है।
- तसल्ली- संतोष, सब्र, धीरज, दिलासा, संतुष्टि, ढाढ़स, सांत्वना, इत्मीनान, चैन।
- ऐसे शब्द जिनके अर्थ समान हों, पर्यायवाची शब्द कहलाते हैं।

16(B). 'एक बड़ी अँगीठी पर कबाब भूनने में <u>मशगूल</u> थे।' रेखांकित शब्द के स्थान पर व्यस्त लिखा जा सकता है।
- मशगूल- अरबी (विशेषण) किसी काम में लगा हुआ, कार्यरत।
- व्यस्त का विलोम शब्द- अव्यस्त
- ऐसे शब्द जिनके अर्थ समान हों, समानार्थक शब्द कहलाते हैं।
- किसी शब्द का विलोम शब्द उस शब्द के अर्थ से उल्टा अर्थ वाला होता है।

17(D). 'और <u>बेदिली से बोला</u>' रेखांकित शब्द के स्थान पर बेरूखी लिखा जा सकता है।

- बेदिली- दिल या मन न लगने की अवस्था,उदासी, खिन्नता।
- बेदिली- फ़ारसी भाषा- संज्ञा स्त्रीलिंग

18(A). नवाब मुहम्मद कादिर की दुकान पर आए थे क्योंकि उन्हें नए पकवानों के स्वाद चखने का शौक था।

- शौक- लालसा, सुख भोग।
- अचकन वाला शख़्स दुकान में घुसा, चारों तरफ़ नज़र घुमाकर उनकी छोटी सी दुकान का जायज़ा लिया और बेदिली से बोला, "सुना है, तुम मशहूर बावर्ची मुहम्मद कादिर हो।
- हमें नई-नई चीज़ों का स्वाद चखने का शौक है। इसी लिहाज़ से हम तुम्हारी दुकान पर आए हैं।

19(C). गुणवाचक विशेषण का प्रयोग किया गया हैं- यकीनन, बड़ा आदमी है।

- जो शब्द, किसी व्यक्ति या वस्तु के गुण, दोष, रंग, आकार, अवस्था, स्थिति, स्वभाव, दशा, दिशा, स्पर्श, गंध, स्वाद आदि का बोध कराए, 'गुणवाचक विशेषण' कहलाते हैं।
- जैसे:- ईमानदार, बेईमान, सरल, कठोर, विनम्र, बुद्धिमान, बलवान, कायर, छोटा, मोटा, पतला, लंबा, बौना, सुखा, गिला, पालतू, गरीब, रोगी, कंजूस, लालची, झूठा, बेईमान, चोर, घमंडी गोल, चोरस, समान, बड़ा, चपटा, मोटा, ऊंचा, पोला इत्यादि।

20(B). सादिक के अब्बा उइद की दाल पकतान के लिए गशहूर थे।

21(B). "भारतेश्वर बाहुबली रास" की रचना "शालिभद्र सूरी" ने की है।

- इसका रचनाकाल 1231 है।
- इसकी छन्द संख्या 203 है।
- इसमें जैन तीर्थंकर ऋषभदेव के पुत्रों भरतेश्वर और बाहुबलि में राजगद्दी के लिए हुए संघर्ष का वर्णन है।
- इस रचना के दो संस्करण मिलते हैं। पहला प्राच्य विद्या मन्दिर बड़ौदा से प्रकाशित किया गया है तथा दूसरा "रास" और "रासान्वयी काव्य" में प्रकाशित हुआ है।
- डॉ. गणपति चन्द्र गुप्त ने अपने ग्रन्थ "हिन्दी साहित्य का वैज्ञानिक इतिहास" में शालिभद्र सूरी को "हिन्दी का प्रथम कवि" माना है।

22(A). अमीर खुसरो की रचनाओं को 'पहेलियाँ अथवा 'मुकरियां कहा जाता है। अमीर खुसरो का रचनाकाल आदिकाल 1255 ई. है।
विद्यापति: पदावली, कीर्तिलता, कीर्तिपताका
कुशललाभ: ढोलामारू रा दोहा
शालिभद्र सूरी: भरतेश्वर बाहुबली रास

23(B). विद्यापति की "कीर्तिपताका" अप्रकाशित रही है। यह अवहट्ट भाषा में है।

- विद्यापति भारतीय साहित्य की 'शृंगार-परम्परा' के साथ-साथ 'भक्ति-परम्परा' के प्रमुख स्तंभों में से एक और मैथिली के सर्वोपरि कवि के रूप में जाने जाते हैं।
- इनके काव्यों में मध्यकालीन मैथिली भाषा के स्वरूप का दर्शन किया जा सकता है।
- इन्हें वैष्णव, शैव और शाक्त भक्ति के सेतु के रूप में भी स्वीकार किया गया है।
- मिथिला के लोगों को 'देसिल बयना सब जन मिट्टा' का सूत्र दे कर इन्होंने उत्तरी-बिहार में लोकभाषा की जनचेतना को जीवित करने का महान प्रयास किया है।

24(A). "राउल वेल" कवि रोड़ा की रचना है।

- इसकी रचना 10 वीं शताब्दी में की गई थी।
- यह एक शिलांकित कृति है जिन शिलाओं पर, यह लिखी गई थी वह मध्यप्रदेश के (मालवा क्षेत्र) धार जिले से प्राप्त हुई है और वर्तमान में मुम्बई के 'प्रिन्स ऑफ वेल्स संग्रहालय' में सुरक्षित रखी हुई है।
- यह एक चम्पू काव्य है यानि गद्य-पद्य मिश्रित रचना है।
- यह हिन्दी की प्राचीनतम चम्पू काव्य की कृति है यानि "हिन्दी का प्रथम चम्पू काव्य" ग्रंथ है।
- इसकी नायिका 'राउल' है, जिसके नख-शिख सौन्दर्य वर्णन मिलता है।

25(C). आदिकाल को वीरगाथाकाल रामचन्द्र शुक्ल ने कहा है।
हजारीप्रसाद द्विवेदी और नगेन्द्र ने आदिकाल को, आदिकाल की संज्ञा दी।
राहुल सांकृत्यान ने आदिकाल को - सिद्ध सामंत काल की संज्ञा दी।

26(B). हिन्दी भाषा का प्रथम महाकाव्य पृथ्वीराज रासो को कहा जाता है।

चंदबरदाई को हिंदी का पहला कवि और उनकी रचना पृथ्वीराज रासो को हिंदी की पहली रचना होने का सम्मान प्राप्त है। पृथ्वीराज रासो हिंदी का सबसे बड़ा काव्य-ग्रंथ है। इसमें 10,000 से अधिक छंद हैं और तत्कालीन प्रचलित 6 भाषाओं का प्रयोग किया गया है।

27(C). यह पंक्तियां अमीर खुसरो की हैं। अमीर खुसरो आदिकाल के कवि हैं।

- खड़ी बोली के आदि कवि
- गुरु - निजामुद्दीन औलिया
- ब्रज भाषा, खड़ी बोली आदि में रचना

28(B). "पउमचरिउ", "स्वयंभू" की रचना है।

- पउमचरिउ को पूरा स्वयंभू के पुत्र त्रिभुवन ने किया था।
- पउमचरिउ, रामकथा पर आधारित अपभ्रंश का एक महाकाव्य है।
- बारह हजार पद हैं।
- मूलरूप से इस रामायण में कुल 92 सर्ग थे, जिनमें स्वयंभू के पुत्र त्रिभुवन ने अपनी ओर से 16 सर्ग और जोड़े।
- गोस्वामी तुलसीदास के 'रामचरित मानस' पर महाकवि स्वयंभू रचित 'पउम चरिउ' का प्रभाव स्पष्ट दिखता है।

29(D). रत्नसेन पद्मावत सूफ़ी प्रेमाख्यान का नायक है। पद्मावत (1540 ई.) जायसी द्वारा रचित ग्रन्थ है जिसमें नागमती, पद्मावती और रत्नसेन की प्रेग कहानी है। पद्मावत का नागमती वियोग खंड हिंदी साहित्य की अनुपम निधि है। पद्मावत में रत्नसेन मन यानी आत्मा का प्रतीक है। जायसी की अन्य कृतियाँ हैं- आखिरी कलाम, चित्ररेखा, अखरावट, मसलानाम। विजयदेव नारायण साही ने पद्मावत को हिंदी में अपने ढंग की अकेली दुखद कृति कहा है।

30(D). उक्त पंक्ति मलूक दास द्वारा रचित है।
मलूक दास (1631 की वैशाख बदी 5 - 1739 वैशाख बदी 14)
मलूक दास द्वारा रचित ब्रज भाषा में अन्य रचनाएं निम्नलिखित है:

- भक्ति विवेक
- भक्तवच्छावली
- राम अवतार लीला
- बारह खड़ी
- सुख सागर
- शब्द

31(D). "संत रैदास", यहाँ उचित विकल्प है।
रैदास यहाँ दासी, दास, चकोर किसी की भक्ति नहीं करना चाहते है।
"प्रभु जी, तुम स्वामी हम दासा, ऐसी भक्ति करैं रैदासा"
रैदास सिर्फ राम को स्वामी मानकर और स्वयं को दास मानकर भक्ति करना चाहता है।

32(B). भंवर गीत नंद दास की रचना है।
नंद दास की अन्य रचनाएं:
रास पंचाध्यायी, सिद्धान्त पंचाध्यायी, अनेकार्थ मंजरी, मान मंजरी, रूप मंजरी, रस मंजरी, विरह मंजरी, गोवर्धन लीला, स्याम सगाई, रुक्मिणी मंगल, सुदामा चरित, भाषा दशमस्कन्ध, पदावली

33(B). काव्यकल्पद्रुम सेनापति की रचना है। सेनापति (1589 ई.) ब्रजभाषा के कवि हैं और इनका सर्वाधिक प्रिय अलंकार श्लेष है। काव्यकल्पद्रुम एक रीति ग्रन्थ है। सेनापति के गुरु का नाम हीरामणि दीक्षित था। कवित्त रत्नाकर भी इनका एक और ग्रन्थ हैं जिसमें राम कथा का वर्णन है।

34(C). "बिहारी सतसई" में लगभग "713" दोहे हैं।
बिहारी सतसई "कवि बिहारी" की रचना है। यह एक मुक्तक काव्य है। इसमें नीति, भक्ति और श्रृंगार से संबंधित दोहों का संकलन है। बिहारी सतसई पर हिंदी में 50 से अधिक टीका प्राप्त है।

35(B). "रूपमंजरी", "नंददास" की लिखी गई है।
रूपमंजरी का रचना वर्ष 1568 ई. है। यह ब्रज भाषा में लिखी गई है। इसमें प्रयुक्त छंद दोहा चौपाई है।

36(A). पद्मा कहानी निराला के लिखी है। सूर्यकान्त त्रिपाठी 'निराला' हिन्दी कहानियों के छायावादी युग के चार प्रमुख स्तंभों में से एक माने जाते हैं। ये हिन्दी में मुक्तछंद के प्रवर्तक भी माने जाते हैं। ये कवि, उपन्यासकार, कहानीकार, निबंधकार और अनुवादक थे। उनके कहानी संग्रह हैं: पद्मा, लिली, सखी, सुकुल की बीवी, चतुरी चमार, देवी पूर्व प्रकाशित संग्रहों से

संचयन, एकमात्र नयी कहानी 'जानकी !', सीखभरी कहानियों-ईसप की नीतिकथाएँ।

37(B). आचार्य महावीर प्रसाद द्विवेदी सन् 1903 में 'सरस्वती' के संपादक बने। आचार्य महावीर प्रसाद द्विवेदी हिन्दी के महान साहित्यकार, पत्रकार एवं युगप्रवर्तक थे। उन्होंने हिंदी साहित्य की अविस्मरणीय सेवा की और अपने युग की साहित्यिक और सांस्कृतिक चेतना को दिशा और दृष्टि प्रदान की। उनके इस अतुलनीय योगदान के कारण आधुनिक हिंदी साहित्य का दूसरा युग 'द्विवेदी युग' (1900–1920) के नाम से जाना जाता है। उन्होंने सत्रह वर्ष तक हिन्दी की प्रसिद्ध पत्रिका सरस्वती का सम्पादन किया। हिन्दी नवजागरण में उनकी महान भूमिका रही।

38(B). गोस्वामी हित हरिवंश ने ब्रज भाषा में हित चौरासी व स्फुटवाणी एवं संस्कृत भाषा में राधासुधानिधि व यमुनाष्टकनामक ग्रंथों का लिखा है। उनके यह ग्रंथ रसोपासना के आधार स्तम्भ हैं। गोस्वामी हित हरिवंश सोलहवीं शताब्दी में आविर्भूत विभूतियों में से एक अनन्यतम विभूति थे। इन्होंने अपने अद्भुत चरित और आचरणों के द्वारा उपासना, भक्ति, काव्य और संगीत आदि के क्षेत्र में क्रान्तिकारी मोड़ दिए।

39(D). हिन्दी नाटक को साहित्यिक भूमिका प्रदान करने का प्रयास सर्वप्रथम भारतेन्दु हरिश्चन्द्र ने किया था। भारतेन्दु के नाटक लिखने की शुरुआत बंगला के विद्यासुंदर (1837) नाटक के अनुवाद से होती है। यद्यपि नाटक उनके पहले भी लिखे जाते रहे किंतु नियमित रूप से खड़ीबोली में अनेक नाटक लिखकर भारतेन्दु ने ही हिंदी नाटक की नींव को सुदृढ़ बनाया।

40(B). 'निर्मला' उपन्यास में मुख्यत: 'दहेज प्रथा और वृद्ध विवाह से होने वाला पारिवारिक विघटन' का चित्रण किया गया है। 'निर्मला' उपन्यास में अनमेल विवाह और दहेज प्रथा की दुखान्त व मार्मिक कहानी है। उपन्यास का लक्ष्य अनमेल-विवाह तथा दहेज़ प्रथा के बुरे प्रभाव को अंकित करता है। निर्मला के माध्यम से भारत की मध्यवर्गीय युवतियों की दयनीय हालत का चित्रण हुआ है।

41(D). 1964 में प्रेमचंद की जीवनी 'कलम का सिपाही' हिन्दी के विख्यात साहित्यकार अमृत राय द्वारा रचित एक जीवनी है जिसके लिये उन्हें साहित्य अकादमी पुरस्कार से सम्मानित किया गया। अमृतराय आधुनिक कहानीकार हैं। अमृत राय प्रसिद्ध लेखक प्रेमचन्द के सुपुत्र हैं। ये प्रगतिशील साहित्यकारों में महत्त्वपूर्ण स्थान रखते हैं।

42(B). 'भक्ति धर्म का रसात्मक रूप है' पंक्ति उनकी प्रख्यात पुस्तक 'हिन्दी साहित्य का इतिहास' से ली गयी है।आचार्य शुक्ल - "यदि गद्य कवियों या लेखकों की कसौटी है तो निबंध गद्य की कसौटी है।" चिंतामणि भाग 1 सर्वप्रथम विचारवीथी के नाम से प्रकाशित हुआ। 'नामवर सिंह' तथा 'द्विवेदी जी' हिन्दी के महान रचनाकार व आलोचक रहे हैं, जिन्होंने हिन्दी से जुड़े हर पहलु पर अपने विचार व्यक्त किये हैं। 'सूरदास' भक्तिकाल के कवि हैं।

43(B). कलि कौतुक - 1886 (प्रहसन)
प्रताप नारायण मिश्र - भारतेन्दु मंडल के कवि, लेखक और पत्रकार
आचार्य शुक्ल ने हिंदी का एडीसन कहा।

44(A). 'सुनीता' जैनेन्द्र का प्रसिद्ध उपन्यास है।
इसका प्रकाशन 1935 में हुआ था। यह जैनेन्द्र का दूसरा प्रकाशित उपन्यास था। जैनेन्द्र के उपन्यास - 'परख', 'सुनीता', 'त्यागपत्र', 'कल्याणी', 'विवर्त', 'सुखदा', 'व्यतीत' तथा 'जयवर्धन' आदि।

45(C). 'अप्सरा' उपन्यास सूर्यकांत त्रिपाठी 'निराला' द्वारा रचित है।
निराला को हिन्दी साहित्य के छायावादी युग के चार प्रमुख स्तंभों में से एक माना जाता है, जिनमें अन्य नाम हैं- जयशंकर प्रसाद, महादेवी वर्मा और सुमित्रानंदन पंत हैं। निराला के अन्य उपन्यास हैं- अलका, प्रभावती, निरूपमा आदि।

46(D). 'आषाढ़ का एक दिन' नामक नाटक के रचयिता मोहन राकेश हैं
इसे कभी-कभी हिंदी नाटक के आधुनिक युग का प्रथम नाटक कहा जाता है। 1959 में इसे वर्ष का सर्वश्रेष्ठ नाटक होने के लिए संगीत नाटक अकादमी पुरस्कार से सम्मानित किया गया और कई प्रसिद्ध निर्देशक इसे मंच पर ला चुके हैं।

47(D). "अश्वत्थामा", "अंध युग नाटक" के नायक हैं।

अंधा युग नाटक धर्मवीर भारती का नाटक है। इसकी रचना 1955 में की गयी थी।
इसके प्रमुख पात्र अश्वत्थामा, धृतराष्ट्र, कृतवर्मा, संजय, वृद्धयाचक, व्यास, कृष्ण, युधिष्ठिर, विदुर, कृपाचार्य, युयुत्सु, गूंगा, भिखारी, बलराम थे।

48(C). कोणार्क जगदीश चंद्र माथुर का नाटक है।
कोणार्क (1951) नाटक से जगदीश चन्द्र माथुर जी को हिन्दी नाट्य में प्रतिष्ठा मिली। 1950 से 1960 के दशक में यह सर्वाधिक (प्रसिद्ध) मंचित नाटक रहा था। यह नाटक उड़ीसा के प्रसिद्ध सूर्य मंदिर पर आधारित है।

49(D). "ध्रुवस्वामिनी" में नारी समस्या का चित्रण किया गया है।
ध्रुवस्वामिनी का प्रकाशन 1933 में हुआ। नाटक में नारी के अस्तित्व, अधिकार, और पुनर्लगन, की समस्या को उठाया है। इस नाटक में पुरुष सत्तात्मक समाज के शोषण के प्रति नारी का विद्रोह है।

50(B). यह कहानी 'उसने कहा था' चन्द्रधर शर्मा गुलेरी गुलेरी की 3 कहानियों 'बुद्धू का काँटा' , 'उसने कहा था' तथा 'सुखमय जीवन' में से एक है। 'उसने कहा था' का रचनाकाल 1915 है। यह अपने समय एक मात्र सर्वश्रेष्ठ कहानी है। त्याग और प्रेम की सबसे अद्भुत कहानी है। इसके मुख्य पात्र लहना सिंह, वजीरा सिंह, हजारा सिंह आदि।

51(B). सिक्का बदल गया कृष्णा सोबती की रचना है।
सिक्का बदल गया का रचना वर्ष 1948 ईस्वी है। यह नानी का दर्द विभाजन की त्रासदी पर आधारित बनी हुई कहानी है। उन्हें 1980 में "साहित्य अकादमी पुरस्कार" तथा 1996 में "साहित्य अकादमी अध्येतावृत्ति" से सम्मानित किया गया था।

52(C). यही सच है' की कहानीकार मन्नु भंडारी हैं।
'यही सच है' की रचना मन्नू भंडारी ने 1966 में की थी। इन्हें आपका बंटी उपन्यास से लोकप्रियता प्राप्त हुई। इनकी अन्य कृतियाँ-एक प्लेट सैलाब,तीन निगाहों की एक तस्वीर,त्रिशंकु,अकेली,महाभोज,एक इंच मुस्कान आदि हैं।

53(D). "अपना अपना भाग्य", "नासिरा शर्मा" की कहानी नहीं है।
स्पर्धा, पत्नी, एक कैदी, गदर के बाद, बाहुबली, तत्सत, लाल सरोवर, मास्टर जी और जान्हवी जैनेन्द्र कुमार की अन्य चर्चित कहानियां है। जैनेंद्र की कहानियों के माध्यम से पहली बार हिंदी साहित्य में "व्यक्ति" को महत्व मिला। जैनेंद्र की प्रथम कहानी "खेल" 1928 विशाल भारत में प्रकाशित हुई।

54(B). 'पहाड़ों में प्रेममय संगीत' रिपोर्ताज के लेखक हैं - उपेन्द्रनाथ अश्क।
• हिंदी में रिपोर्ताज का जनक शिवदान सिंह चौहान को माना जाता है।
• रिपोर्ताज एक फ्रांसीसी शब्द है।
• निर्मल वर्मा - प्राग : एक स्वप्न।
• रेणु - ऋणजल धनजल , नेपाली क्रांति कथा , एकलव्य के नोट्स।
• शिवदान सिंह चौहान - लक्ष्मीपुरा , मौत के खिलाफ ज़िन्दगी की लड़ाई।

55(B). हरिवंशराय बच्चन ने 'नए पुराने झरोखे' संस्मरण 1962 ई. में लिखा।
हरिवंशराय बच्चन आधुनिक युग में उत्तर छायावाद के प्रमुख कवि माने जाते हैं।
हरिवंशराय बच्चन (27 नवम्बर 1907 – 18 जनवरी 2003) हिन्दी भाषा के एक कवि और लेखक थे। बच्चन हिन्दी कविता के उत्तर छायावद काल के प्रमुख कवियों में से एक हैं। उनकी सबसे प्रसिद्ध कृति मधुशाला है। भारतीय फिल्म उद्योग के प्रख्यात अभिनेता अमिताभ बच्चन उनके सुपुत्र हैं। उनकी मृत्यु 18 जनवरी 2003 में सांस की बीमारी के वजह से मुंबई में हुई थी।

56(B). "गाथा सप्तशती", "हाल" की रचना है।
• गाथा सप्तशती प्राकृत भाषा में लिखी गई है।
• हाल को शालीवाहन नाम से भी जाना जाता है।
• गाहा सत्तसई (संस्कृत: गाथासप्तशती) प्राकृत भाषा में गीतिसाहित्य की अनमोल निधि है।
• इसमें 700 गाथाएँ हैं।
• यह प्रगतिवादी कविता का प्रथम उदाहरण कही जा सकती है।
• इसका समय बारहवीं शती मानी जाती है।
• हाल' के अतिरिक्त 'गाहा सत्तसई' के कर्ता का नाम भी पाया जाता जाता है।

57(C). "अपभ्रंश भाषा" का "प्रथम रास काव्य " उपदेश रसायन रास है।
- रचनाकाल :- 1143 ईसवी
- पद्य संख्या :- 80 पद्य
- उपदेश रसायन रास को हिन्दी के साथ साथ जैन रास काव्या परम्परा का प्रथम ग्रंथ माना जाता है।
- इसके रचयिता "श्री जिनदत्त सूरि" हैं।
- कवि की एक और कृति "कालस्वरुप कुलक" 1200 वि. के आसपास की रही होगी।

58(A). "राउल वेल" रोड़ा की रचना है।
- इसकी रचना 10 वीं शताब्दी में की गई थी।
- यह एक शिलांकित कृति है जिन शिलाओं पर ,यह लिखी गई थी वह मध्यप्रदेश के(मालवा क्षेत्र) धार जिले से प्राप्त हुई है और वर्तमान में -मुम्बई के प्रिन्स ऑफ वेल्स संग्रहालय में सुरक्षित रखी हुई है।
- यह एक चम्पू काव्य है यानि गद्य-पद्य मिश्रित रचना है ।
- यह हिन्दी की प्राचीनतम चम्पू काव्य की कृति है यानि "हिन्दी का प्रथम चम्पू काव्य" ग्रंथ है ।
- इसकी नायिका 'राउल' है, जिसके नख-शिख सौन्दर्य वर्णन मिलता है।

59(B). "संदेश रासक", "अब्दुल रहमान" की रचना है।
- 223 छंदों का छोटा सा विरह काव्य है।
- अब्दुल रहमान का संदेश रासक पहला धर्मेतर रास ग्रंथ है।
- रचना 1000-1100 ई के आसपास है।
- यह ग्रंथ उस अपभ्रंश में है जिससे लहन्दा, पंजाबी और सिन्धी आदि पश्चिमी भारतीय भाषाएँ जन्मी हैं।
- इरा ग्रंथ की पाण्डुलिपियाँ मुनि जिनविजय ने जैन पुस्तकालयों से प्राप्त की थी।
- यह काव्य कालिदास द्वारा रचित मेघदूतम् से प्रेरित है।
- अपभ्रंश में किसी मुसलमान द्वारा रचित यह प्रथम और एकमात्र ग्रंथ है।
- इसकी हस्तलिखित प्रति पाटण के जैन भंडार में मिली है।

60(B).
- रामध्यानमंजरी अग्रदास की रचना है।
- अग्रदास ने रसिक सम्प्रदाय की स्थापना की।
- अग्रदास ने रामभक्ति परंपरा में रसिक भाव का समावेश किया।
- रसिक सम्प्रदाय में अग्रदास को अग्रअली भी कहा जाता है।

61(D). तुलसीदास की प्रथम रचना वैराग्य संदीपनी है। गोस्वामी तुलसीदास रामानुजाचार्य के श्री सम्प्रदाय से प्रभावित थे। तुलसीदास (1532 - 1623 ई.) रामभक्ति शाखा के प्रतिनिधि कवि हैं। शुक्ल तुलसीदास को स्मार्त वैष्णव मानते हैं।

62(D). अनेकार्थ मंजरी रहीमदास की रचना नहीं है। अनेकार्थ मंजरी नंददास की रचना है। रहीमदास नीति काव्य के प्रमुख कवि हैं और नंददास वल्लभ संप्रदाय के प्रमुख कवि हैं।

63(D). रामचरितमानस अवधी भाषा में रचित है। यह रचना तुलसीदास (1532 - 1623 ई.) द्वारा रचित है।
विनय पत्रिका, कवितावली और दोहावली भी तुलसीदास द्वारा रचित हैं।तुलसी के कुल 12 प्रामाणिक ग्रंथ हैं जिनमें 5 बड़े व 7 छोटे हैं। तुलसीदास ने राम के सगुण रूप की भक्ति की है।

64(B). "रूप मंजरी", "नंददास" की लिखी गई है। रूपमंजरी में इसी नाम की एक भक्त महिला का चरित्र वर्णित है। नंददास ने अनेक काव्य-रूपों में रचना की है। वे काव्य शास्त्र से सुपरिचित कवि ज्ञात होते हैं। राधा और कृष्ण के रूप एवं श्रृंगार के साथ-साथ उनके चरित का गुणगान इन कवियों का विषय रहा है।

65(A). "रस प्रबोध", "रसलीन" की रचना है। रसलीन का पूरा नाम सैयद गुलाम नबी था। इनका जन्म सन् 1689 ई. माना जाता है। इनकी मृत्यु सन् 1750 ई. में हुई थी।

66(B). 'भागों वाले तालु आदि स्थानों में जो स्वर निचले भाग में बोला जाये, उसकी अनुदात्त संज्ञा है।
वैदिक भाषा में मन्त्रोच्चारण में वैदिक स्वरों का प्रयोग किया जाता है।
- इन वैदिक स्वरों के विशेष चिह्न स्वरों पर चिह्नित होते हैं।
- इसलिए उपर्युक्त तालिका के आधार पर तालु आदि स्थानों में जो स्वर

निचले भाग से उच्चारित किये जाते हैं, वे अनुदात्त संज्ञक है।

67(C). औरत जातिवाचक संज्ञा है क्योंकि यहाँ सम्पूर्ण औरत जाति की बात की जा रही है। जिस संज्ञा शब्द से किसी व्यक्ति,वस्तुस्थान की संपूर्ण जाति का बोध हो उसे जातिवाचक संज्ञा कहते हैं। जैसे - मनुष्य, नदी,पर्वत, पशु पक्षी, लड़का, कुत्ता, गाय, घोड़ा, भैंस, बकरी, नारी, गाँव, शहर आदि।

68(D). 'बाहर कोई खड़ा है।' वाक्य में अनिश्चयवाचक सर्वनाम है।
जिस सर्वनाम से किसी निश्चित व्यक्ति या पदार्थ का बोध नहीं होता, उसे अनिश्चयवाचक सर्वनाम कहते हैं।

69(A). एकता भाववाचक संज्ञा सर्वनाम से बनी है। अन्य विकल्प असंगत है।
जिन शब्दों से किसी प्राणी या पदार्थ के गुण, भाव, स्वभाव या अवस्था का बोध होता है, उन्हें भाववाचक संज्ञा कहते हैं।
अन्य उदाहरण:
शांत = शांति
सभ्य = सभ्यता
एक = एकता

70(D). दिए गए विकल्पों में से 'राम कितना अच्छा खेल रहा है।' वाक्य में क्रिया के 'सातप्यबोधक पक्ष' का प्रयोग हुआ है। अन्य सभी विकल्प असंगत है। इसलिए, इसका सही उत्तर विकल्प (D) 'राम कितना अच्छा खेल रहा है।' है।
राम कितना अच्छा खेल रहा है। वाक्य में राम के खेलने की प्रक्रिया का चालू रहने का बोध है।
इसलिए, यह क्रिया का सातप्यबोधक पक्ष है।

71(D). विकल्प (D) घर पर बैठो। अधिकरण कारक का उदाहरण है। जिस शब्द से क्रिया के आधार का बोध हो, उसे अधिकरण कारक कहते हैं।अधिकरण कारक में अधिकरण का अर्थ होता है- आधार या आश्रय संज्ञा का वह रूप जिससे क्रिया के आधार का बोध हो उसे अधिकरण कारक कहते हैं।

72(C). ऐ रमेश ! यहा आओ। इस वाक्य में संबोधन कारक है । कारक ऐसे शब्दों को कहते हैं जो क्रिया के करने से होते हैं। उदाहरण के तौर पर वाक्य "राम को वनवास जाना था" देखा जा सकता है। इस वाक्य में यह देखा जा सकता है कि राम कर्ता हैं और जाना क्रिया, लेकिन क्रिया एवं करता को मिलाने वाला "को" है। इस वाक्य में "को" कारक है।

73(C). वह वस्तु या व्यक्ति जिस पर वाक्य में की गयी क्रिया का प्रभाव पड़ता है वह कर्म कहलाता है। कर्म कारक का विभक्ति चिन्ह 'को' होता है।

74(B). इस वाक्य में विशेष्य शब्द 'गुलाब' है।
वाक्य में संज्ञा अथवा सर्वनाम की विशेषता बताने वाले शब्दों को विशेषण कहते हैं। जैसे - लाल गुलाब। इस वाक्य में 'लाल' विशेषण है। जिस शब्द (संज्ञा अथवा सर्वनाम) की विशेषता बतायी जाती है उसे विशेष्य कहते हैं।

75(C). **विशेषणों की तीन अवस्थाएँ-**
मूलावस्था - इसमें विशेषणों का सामान्य प्रयोग होता है। यहाँ किसी के साथ तुलना नही की जाती।
उत्तरावस्था - इसमें दो वस्तुओं या व्यक्तियों की तुलना करके एक की न्यूनता अथवा अधिकता बतलाई जाती हैं। जैसे - राम श्याम से अधिक वीर है।
उत्तमावस्था - इसमें दो से अधिक वस्तुओं या व्यक्तियों की तुलना की जाती हैं।

76(A). जिस समास में अन्तिम पद प्रधान होता है उसे तत्पुरुष समास कहते हैं। सामान्यतः इसमें प्रथम पद विशेषण और दूसरा पद विशेष्य होता है

77(C). 'कृताकृत' में 'कर्मधारय तत्पुरुष' समास है। 'कृताकृत' का समास विग्रह करने पर 'किया-बेकिया' होगा। इसमें कृत एवं अकृत विशेषण - विशेष्य संबंध होने के कारण 'कर्मधारय समास' है।

78(C). लोकोक्ति का वाक्य प्रयोग – रमेश को एम.ए. करने के बाद भी कोई काम नहीं मिल रहा है। इसी को कहते हैं – 'पढ़े फारसी बेचे तेल, यह देखो कुदरत का खेल'।
मुहावरे: मुहावरे अरबी भाषा का शब्द है जिसका शाब्दिक अर्थ अभ्यास करना होता है "जो शब्द अपने साधारण अर्थ को छोड़ कर विशेष अर्थ को व्यक्त करते है हिन्दी में ऐसे वाक्यांश को मुहावरा कहा जाता हैं।"

मुहावरे किसी भाषा विशेष में प्रचलित उस अभिव्यक्तिक इकाई को कहते हैं जिसका प्रयोग प्रत्यक्षार्थ से अलग रूढ़ लक्ष्यार्थ के लिए किया जाता है।

79(D). "प्रत्यक्ष को साक्ष्य की जरूरत नही पडती " विकल्प सटीक उत्तर है ।
वाक्य प्रयोग: रामू के सामने ही लूटेरो ने गांव के लोगो को लूट लिया फिर भी गांव के लोग कहने लगे की हमें किसी ने नहीं लूटा यह सुन कर रामू ने कहा हाथ कंगन को आरसी क्या ।

80(D). 'ई-मेल' आधुनिक दृश्य माध्यम के जनसंचार माध्यम के अंतर्गत आता है। जनसंचार की विशेषताएँ:
- जनसंचार माध्यमों के जरिए प्रकाशित या प्रसारित संदेशों की प्रकृति सार्वजनिक होती है।
- जनसंचार के लिए औपचारिक संगठन होता है।
- इस माध्यम के लिए अनेक द्वारपाल होते हैं। द्वारपाल वह व्यक्ति या व्यक्तियों का समूह है जो जनसंचार माध्यमों से प्रकाशित या प्रसारित होने वाली सामग्री को नियंत्रित और निर्धारित करता है।

जनसंचार के कार्य:
- सूचना देना
- शिक्षित करना
- मनोरंजन करना
- एजेंडा तय करना
- निगरानी करना
- विचार-विमर्श के मंच

81(B). अर्द्धशासकीय पत्र में अधिकारी को संबोधित करने की शैली प्रिय श्री होती है । प्रिय श्री, प्रियवर (नाम) यह संबोधन का ढंग है। फिर अपनी बात लिखते रहें। बात की समाप्ति पर नीचे दाहिनी ओर ' सम्मान सहित' , 'सादर', 'शुभ कामनाओं सहित' आदि लिखकर और नीचे भवदीय, फिर हस्ताक्षर, प्रेषक का नाम, फिर पदनाम और (यदि पहले संकेत न किया हो) कार्यालय आदि का पता लिख दिया जाता है।

82(C). व्यावसायिक एवं प्रशासनिक क्षेत्र में पत्र लेखन आमंत्रण देने का कार्य करता है ।
'व्यावसायिक पत्र-लेखन' या वाणिजिक पत्र से आशय है व्यवसाय से सम्बन्धित, एक व्यवसायी द्वारा दूसरे व्यवसाय अथवा एक व्यक्ति द्वारा किसी व्यवसायी को पत्र लिखना अर्थात् माल के सम्बन्ध में पूछताछ करने, आदेश देने, रूपये का तकादा करने या अपने माल का प्रचार करने, आदि से सम्बन्धित बातें होती है।
प्रशासनिक पत्राचार- केन्द्रीय सरकार अथवा राज्य सरकार के विभिन्न कार्यालयों में प्रशासनिक उद्देश्य से जो पत्राचार किया जाता है, वह होता तो सरकारी ही है। लेकिन उसे प्रशासनिक पत्राचार भी कहा जा सकता है।

83(A). सरकारी पत्रों में प्रेषक के हस्ताक्षर पत्र के अन्त में दाई ओर होना चाहिए। पत्र के दाई ओर पत्र संख्या, नीचे सरकारी कार्यालय का नाम और तिथि लिखी जाती है। कुछ नीचे बायीं ओर प्रेषक का नाम और पद अंकित रह सकता है।

84(B). औपचारिक पत्र में सेवा में लिखा जाता है। औपचारिक पत्र उन्हें लिखा जाता है जिनसे हमारा कोई निजी संबंध ना हो। व्यवसाय से संबंधी, प्रधानाचार्य को लिखे प्रार्थना पत्र, आवेदन पत्र, सरकारी विभागों को लिखे गए पत्र, संपादक के नाम पत्र आदि औपचारिकपत्र कहलाते हैं। औपचारिक पत्रों की भाषा सहज और शिष्टापूर्ण होती है। इन पत्रों में केवल काम या अपनी समस्या के बारे में ही बात कही जाती है।

85(A). पुष्प की अभिलाषा कविता माखनलाल चतुर्वेदी की है।
माखनलाल चतुर्वेदी भारत के ख्यातिप्राप्त कवि, लेखक और पत्रकार थे जिनकी रचनाएँ अत्यंत लोकप्रिय हुईं। सरल भाषा और ओजपूर्ण भावनाओं के वे अनूठे हिंदी रचनाकार थे। माखनलाल चतुर्वेदी की 'पुष्प की अभिलाषा' उनके निजी जीवन का सार है।

86(B). 'सीढ़ियों पर धूप में' रघुवीर सहाय का काव्य संग्रह है।
रघुवीर सहाय हिन्दी के साहित्यकार व पत्रकार थे। रघुवीर सहाय का जन्म लखनऊ में हुआ था और उन्होंने लखनऊ विश्वविद्यालय से अंग्रेज़ी साहित्य में एम.ए. किया था। सीढ़ियों पर धूप में, आत्महत्या के विरुद्ध, हँसो हँसो जल्दी हँसो (कविता संग्रह), रास्ता इधर है (कहानी संग्रह), दिल्ली मेरा परदेश उनकी प्रमुख कृतियाँ हैं। 'सीढ़ियों पर धूप में ' संकलित कविताओं

में रोमानियत का प्रभाव है।

87(D). हरी घास पर क्षण भर कविता 'अज्ञेय' की रचना है।
अज्ञेय प्रयोगवादी कवि थे अतः उनकी कविताओं में प्रयोग का होना स्वाभाविक है। यह कविता अज्ञेय की नई चेतना का प्रतीक है। यह एक प्रकृतिबोध की कविता है। हरी घास पर क्षण भर कविता 'अज्ञेय' ने 14 अक्टूबर 1949 को इलाहाबाद में रची थी।

88(C). रामचरित मानस यहाँ उचित विकल्प है। रामचरित मानस, तुलसी के ग्रन्थ में समन्वय की चेष्ट की गई है। गोस्वामी तुलसीदास (1511 - 1623) हिंदी साहित्य के महान कवि थे। इन्हें आदि काव्य रामायण के रचयिता महर्षि वाल्मिकि का अवतार भी माना जाता है।

89(A). "मीराबाई" के गुरु का नाम "रैदास" है । गुरु मिल्या रैदास जी दीन्ही ज्ञान की गुटकी" उपयुक्त पंक्ति में मीरा ने रैदास जी को अपना गुरु बताया था। गुरू रविदास (रैदास) का जन्म काशी में संवत 1433 को हुआ था। रैदास के 40 पद "गुरु ग्रंथ साहब" में संकलित है। जीवन भर समाज में फैली कुरीति जैसे जात-पात के अंत के लिए काम किया। रविदास जी के सेवक इनको " सतगुरु", "जगतगुरू" आदि नामों से सत्कार करते हैं। रैदास रामानंद के शिष्य हैं।

90(B). उपर्युक्त पंक्तियाँ मैथिलीशरण गुप्त द्वारा रचित "भारत भारती" से अवतरित है। इस काव्यकृति में स्वदेश -प्रेम को दर्शाते हुए वर्तमान और भावी दुर्दशा से उबरने के लिए समाधान खोजने का सफल प्रयोग किया है। द्यक्कालिमा का तात्पर्य अति विस्तृत अंधकार(आँखों की कालिमा) है।

91(C). यह कथन 'अज्ञेय ' द्वारा लिखा गया है तथा यह भारत भारती के सन्दर्भ में एक महत्वपूर्ण कथन है। वह मैथिलीशरण गुप्त द्वारा रचित इस काव्य के बारे में कहते हैं " भारतीयता की खोज का जैसा प्रयास भारत भारती में दिखाई देता है, वैसा किसी अन्य रचना में नहीं।
अतः विकल्प (B) सही है।

92(C). रश्मिरथी में परशुराम आश्रम का वर्णन है। रामधारी सिंह दिनकर द्वारा रचित प्रसिद्ध खण्डकाव्य है। यह 1952 में प्रकाशित हुआ था।

93(C). सखि! पिया को जो मैं न देखूँ
तो कैसे काटूँ अंधेरी रतियाँ |"
पंक्तियाँ अमीर खुसरो की ज़िहाल-ए मिस्की मकुन तगाफुल से ली गयी है।

94(D). बच्चों की यह स्वाभाविक विशेषता होती है कि वे अत्यंत भोले-भाले, निश्छल तथा सरल होते हैं। अपनी मनपसंद की चीजें मिलते ही, अपने साथियों का साथ पाते ही अपने दुख-सुख तथा रोना-धोना भूल जाते हैं। उन्हें अपने समान उम्र वाले साथियों का साथ अच्छा लगता है। वे उन्हीं के साथ तरह-तरह के खेल खेलते हैं। अपने मन की हर बात तथा हर भाव को उनके साथ बाँटते हैं। भोलानाथ को भी जब साथी बालकों की टोली दिखाई देती है तो उनका खेलना-कूदना देखकर, वह गुरु जी की डाँट-फटकार तथा अपना सिसकना भूल जाता है और उनके साथ खेलने में मग्न हो जाता है। बच्चों के साथ उसे लगता है कि अब डर, भय और किसी तरह की चिंता की आवश्यकता नहीं रही। यही कारण है कि भोलानाथ अपने खेल के साथियों को देखकर सिसकना भूल जाता है।

95(D). प्राथमिक स्तर पर बच्चे भाषा सीखना प्रारम्भ करते हैं। इसलिए प्रारम्भिक स्तर पर प्राथमिक स्तर की पाठ्य पुस्तकों का निर्माण करते समय हमें हिन्दी भाषा में कहानियाँ अधिक-से-अधिक शामिल करनी चाहिए जिससे बच्चों को भाषा अर्जन में सरलता हो।
अत: विकल्प (D) सही है ।

96(A). प्रत्येक बच्चे की एक बौद्धिक सीमा होती है। कुशाग्र बुद्धि वाले बच्चे शब्दों को पहचानने व निरीक्षण करने में उनकी दृष्टि पैनी होती है। वह अक्षरों की बनावट, द्वस्व, दीर्घ मात्राओं का ध्यान रखकर लिखता है। इसके विपरीत मानसिक रुप से अक्षम बच्चे लेखन में अनावज्यक रुप से वर्णों का विपर्यय, आगम व लोप करता है जिससे त्रुटियाँ हो जाती हैं। संगीता के शब्दों को उल्टा और अक्षरों को लोप करना डिस्ग्राफिया से सम्बन्धित है, इसी मानसिक अस्वस्थता के कारण उसे लिखने में कठिनाई होती है।
अत: विकल्प (A) सही है ।

97(D). प्राथमिक स्तर पर हिन्दी भाषा शिक्षण का उद्देश्य वर्णमाला के लिपि वर्णों की पहचान कराना, पाठ के भावानुसार वाचन पैदा करने की क्षमता

विकसित करना, उच्चारण को शुद्ध बनाना, अर्थग्रहण की योग्यता का विकास करना, सन्दर्भ के अनुसार अनुमान लगाकर पढ़ने का प्रयास करना तथा घर व स्कूल की भाषा में संबंध बनाकर भाषा को विस्तार देना है। सुनी हुई बातों को ज्यों का त्यों दोहराना भाषा शिक्षण का उद्देश्य नहीं है।

अत: विकल्प (D) सही है।

98(D). हकलाने या तुतलाने का रोग अधिकतर नाड़ियों में किसी प्रकार से दोष उत्पन्न होने के कारण होता है। जिन बच्चों में 'तुतलाना' भाषा-विकार होता है वे वाक्य के पहले शब्द की पुनरावर्ती करते हैं।

अत: विकल्प (D) सही है।

99(B). पढ़ना सीखने का सबसे अच्छा तरीका यह है कि बच्चे चित्र के साथ अनुमान लगाना सीखे। इससे बच्चों की सोचने की क्षमता का विकास होता है। साथ ही साथ आत्मविश्वास भी बढ़ता है।

अत: विकल्प (B) सही है।

100(B). भाषा के व्याकरण की समझ का आकलन संदर्भ पूरक प्रश्नों के माध्यम से करना चाहिए क्योंकि इससे बच्चो में भाषा व्याकरण ज्ञान के बारे में पता चलता है। संदर्भ पूरक प्रश्न एक दूसरे से सम्बंधित होते है इसलिए भाषा व्याकरण ज्ञान के बारे में पता आसानी से चल जाता है।

अत: विकल्प (B) सही है।

Ques (1-4): निर्देशः: अधोलिखितं गद्यांशं पठित्वा तदाधारितप्रश्नानां विकल्पात्मकोत्तरेभ्यः समीचीनमुत्तरं चिनुत।

माता, मातृभूमिश्च द्वे एवैते श्रेष्ठे। बालकस्य कृते मातुः सहजं प्रेम वर्तते। बालकस्य कृते सा सर्वमपि वस्तुजातं त्यक्तुं शक्नोति। तस्याः सदैवायमभिलाषः यन्मम बालकः सदा सुखी, गुणवान् विद्वांश्च भवेत्। तत्कृते सा स्वकष्टं नैव चिन्तयति, सा स्वप्राणानपि दातुं समर्था। पुत्रोऽपि बाल्यादेव मातरं सर्वाधिकं मन्यते। यथा माता बालकं स्वसर्वस्वं मन्यते, तथैव पुत्रोऽपि मातरं स्वसर्वस्वं मन्यते। मानवः कदाचिदपि मातुरानृण्यं गन्तुं न समर्थः।

यत्र मानवः जन्म लभते सैव तस्य जन्मभूमिः। सा मानवस्य सर्वदैव आदरणीया जायते। मानवः विदेशे महान्तमादरं सम्मानं वा लभेत, किन्तु जन्मभूमिं सदा स्मरेत्येव। स्वदेश-दर्शनलालसा तस्य हृदये सर्वदैव जागर्ति। भारतभूरस्माकं देशः, स्वदेशं प्रति अस्माकमनुरागः, आदरश्च स्वाभाविक एव। सर्वोऽपि जनः अद्यत्वे स्वदेशोन्नत्यै संलग्नः दृश्यते। स्वदेशोन्नयनम् अस्माकं परमो धर्मः। अद्यास्माकं देशः स्वतन्त्रोऽस्ति। तस्योन्नतिः, रक्षा च अस्माकं परमो धर्मः।

देशं प्रति भक्तिर्देशोन्नत्याः मूलकारणम्। देशभक्तिभावनया प्रेरितो मानवो देशोन्नयनाय चेष्टते, समाजोद्धाराय प्रयतते, देशदारिद्रयं दूरीकरोति अशिक्षितान् शिक्षयति, व्यापारमुन्नयति, मातृभूमिरक्षणाय च स्वप्राणान् त्यजति। ये हि स्वार्थसिध्यर्थं देशस्योपकुर्वाणा इव दृश्यन्ते ते हि मिथ्याभक्ता देशापकारिणः। अतो निःस्वार्थं देशभक्तिभावना भव्या न तु विपरीता। महाराणाप्रतापस्य, दुर्धर्षाया लक्ष्मीदेव्याः, तेजस्विन्या दुर्गावत्याश्च पराक्रमवृत्तान्ता अस्मानुत्साहयन्ति। ते खलु अस्माकं पथप्रदर्शनायालम्।

1. अस्माकं परमो धर्मः कः?

- (a) दानम्
- (b) स्वदेशोन्नयनम्
- (c) अहिंसायाः पालनम्
- (d) सत्यवदनमेव परमो धर्मः

2. देशोन्नत्याः मूलकारणं किमस्ति?

- (a) देशं प्रति भक्तिः
- (b) मार्गाणां निर्माणम्
- (c) वैज्ञानिकं विकासम्
- (d) अन्नोत्पादनम्

3. जन्मभूमिः का भवति?

- (a) यत्र मानवो निवसति
- (b) यत्र मानवो वृत्तिमर्जयति
- (c) यत्र मानवो जन्मलभते
- (d) यत्र मानवः पठति

4. 'माता मातृभूमिश्च द्वे एवैते श्रेष्ठे' इत्यत्र 'एते' इत्यस्य व्युत्पत्तिः?

- (a) एतद् + पुंलिङ्गम् + प्रथमा विभक्तिः + द्विवचनम्
- (b) एतद् + स्त्रीलिङ्गम् + द्वितीया विभक्तिः + द्विवचनम्
- (c) इदम् + स्त्रीलिङ्गम् + द्वितीया विभक्तिः + द्विवचनम्
- (d) अदस् + नपुंसकलिङ्गम् + प्रथमा विभक्तिः + एकवचनम्

Ques (5-12): निर्देश: नीचे दिए गए गद्यांश को पढ़कर पूछे गए प्रश्न के सही/सबसे उपयुक्त उत्तर वाले विकल्प को चुनिए।

हमें स्वतंत्र हुए 15 वर्ष ही हुए थे कि पड़ोसी चीन ने हमारी पीठ में छुरा भोंक दिया। उत्तरी सीमा की सफेद बर्फ़ीली चोटियाँ शहीदों के खून से सनकर लाल हो गई। हज़ारों माँओं की गोदें सूनी हुई, हज़ारों की माँग का सिंदूर पुँछ गया और लाखों अभागे बच्चे पिता के प्यार से वंचित हो गए।

गणतंत्र दिवस निकट आ रहा था। देश का हौसला पस्त था। कोई उमंग नहीं रह गई थी पर्व मनाने की। तब यह सोचा गया कि जानी-मानी फिल्मी हस्तियाँ आयोजन में शामिल हों तो भीड़ उमड़ेगी। वहाँ कोई ऐसा गीत प्रस्तुत हो जो लोगों के दिलों को छूकर उन्हें झकझोर सके। चुनौती फिल्म जगत तक पहुँची। एक नौजवान गीतकार प्रदीप ने चुनौती स्वीकारने का मन बनाया और गीत लिखना शुरू किया। लेकिन सुर और स्वर के बिना गीत का क्या! प्रदीप संगीत निर्देशक सी० रामचंद्र के पास पहुँचे। उन्हें गीत पसंद आया और रक्षा मंत्रालय को सूचना दे दी गई।

26 जनवरी का शुभ दिन आया। लाखों की भीड़ बड़ी उत्सुकता से प्रतीक्षा कर रही थी। तब तक जो धुन बज रही थी वह हटी और थोड़ी देर शांति रही। तभी उस शांति को चीरता हुआ लता मंगेशकर का वेदना और चुनौती भरा स्वर सुनाई पड़ा- "ऐ मेरे वतन के लोगो, ज़रा आँख में भर लो पानी।" समय जैसे थम गया। सभी के मन एक ही भाव, एक ही रस में डूब गए। गीत समाप्त हुआ तो लगभग दो लाख लोग सिसक रहे थे। आँसू थे कि थमते ही न थे।

5. "ऐ मेरे वतन के लोगो" गीत के बारे में क्या सच नहीं है?

- (a) लता मंगेशकर ने स्वर दिया
- (b) प्रदीप ने लिखा
- (c) मन्ना डे ने सुर दिया
- (d) सी० रामचंद्र ने संगीत दिया

6. भारत में 26 जनवरी का पर्व मनाने की उमंग न रहने का कारण था:

- (a) चीन का दबाव
- (b) हज़ारों युवकों का शहीद होना
- (c) सैनिकों के द्वारा मार्च-पास्ट से इनकार
- (d) रक्षा मंत्रालय की अनिच्छा

7. रक्षा मंत्रालय को क्या सूचना दी गई होगी?

- (a) प्रदीप और सी० रामचंद्र भी दिल्ली आएँगे
- (b) 26 जनवरी का पर्व मनाया जाए
- (c) फिल्मी हस्तियाँ भाग लेंगी
- (d) गीत प्रस्तुत करने की चुनौती स्वीकार है

8. 'पीठ में छुरा भोंकना' का अर्थ है:

- (a) पराजित करना
- (b) युद्ध में घायल करना
- (c) आक्रमण करना
- (d) विश्वासघात करना

9. जानी-मानी फिल्मी हस्तियों को बुलाने का निर्णय क्यों लिया गया?

- (a) शहीदों को श्रद्धांजलि देने के लिए
- (b) गणतंत्र दिवस मनाने के लिए
- (c) भीड़ जुटाने के लिए
- (d) लता मंगेशकर का गीत सुनने के लिए

10. 'माँग का सिंदूर पुँछ जाना' मुहावरे का अर्थ है:

- (a) अभागिन होना
- (b) अनाथ हो जाना
- (c) विधवा हो जाना
- (d) वियोगिनी होना

11. देश का हौसला पस्त था, क्योंकि:

- (a) फिल्मी हस्तियाँ साथ नहीं दे रही थीं
- (b) चीन से मात खाई थी
- (c) तैयारियाँ नहीं की गई थीं
- (d) कोई उमंग शेष नहीं थी

12. 'उमड़ना' क्रिया का कौन-सा प्रयोग ठीक नहीं है?

- (a) आँसू उमड़ चले
- (b) भीड़ उमड़ पड़ी
- (c) नदी उमड़ आई
- (d) दूध उमड़ने लगा

Ques (13-20): निर्देश: दिए गए गद्यांश को ध्यानपूर्वक पढ़िए तथा पूछे गए प्रश्नों के उत्तर दीजिए।

उस धन को व्यर्थ समझा जाए जिसे सहेज-सहेज कर दशकों तक संचित किया गया और अंत में वह न तो अपने और न ही परिजनों के काम आ सका क्योंकि उसकी अब उतनी आवश्यकता न रही। धन की भाँति जिस ज्ञान, विद्या, कौशल या विचार को इनके किरदारों ने सीलबंद कर दिया, उसका लोप हो जाना भी निश्चित है। उसके पल्लवित होने, विस्तार पाने और निखरने के आसार ख़त्म कर दिए गए। नैतिक दृष्टि से ऐसे किरदारों को अपराधी या मानवता विरोधी कहना अनुचित ना होगा क्योंकि प्रकृति के दिए गुणों का लाभ ज़रूरतमंदों तक नहीं पहुँचाया गया। सही ज्ञान वही है जिसका उपयोग समाज के हित में किया जा सके। सेवानिवृत्ति या कारोबार को तिलांजलि देने के बाद बिस्तर पकड़ लेने वाले आराम परस्त व्यक्ति नीरस, उत्साहविहीन, मशीनी जीवन बिताने को अभिशप्त इसलिए होते हैं, क्योंकि वह बाँटने के लायक ज्ञान, अनुभव और हुनर स्वयं तक सीमित रखते हैं। यह प्राकृतिक विधान के प्रतिकूल है और इसका मूल्य चुकाना पड़ता है। ऐसी प्रवृत्ति के व्यक्ति को गुमसुमी या हताशा बड़ी आसानी से लील सकती है। समाज से सायास दूरी बनाने का अर्थ है - अलग-थलग पड़कर मन से बीमार होना।

13. किन व्यक्तियों का जीवन नीरस और उत्साहविहीन होता है?

1. जो अपने काम से निवृत्त हो जाते हैं।
2. जो अपने हुनर को स्वयं तक सीमित रखते हैं।
3. जो बहुत अधिक सफल होते हैं।
4. जो सदैव काम ही करते रहते हैं।

(a) 1   (b) 2
(c) 3   (d) 4

14. लेखक ने सही ज्ञान किसे माना है?
1. जिसके रहते व्यक्ति ज्ञानी कहलाए।
2. जिसके माध्यम से धन कमाया जा सके।
3. जिसके आधार पर सफलता प्राप्त की जा सके।
4. जिसका उपयोग समाज के हित में किया जा सके।

(a) 1   (b) 2
(c) 3   (d) 4

15. मन से बीमार हो जाने का प्रमुख कारण है -
1. स्वयं को अपराधी मानना।
2. केवल अपने परिजनों तक सीमित रहना।
3. समाज में घुलमिल कर रहना।
4. समाज का अभिन्न अंग बनकर रहना।

(a) 1   (b) 2
(c) 3   (d) 4

16. 'बिस्तर पकड़ लेना' का अर्थ है -
1. बिस्तर को कसकर जकड़ना।
2. बीमारी हो जाना।
3. बिस्तर का प्रबंध करना।
4. विश्राम के बारे में विचार करना।

(a) 1   (b) 2
(c) 3   (d) 4

17. "नतिक" शब्द में प्रत्यय है
1. इक
2. ईक
3. क
4. तिक

(a) 1   (b) 2
(c) 3   (d) 4

18. ज्ञान के संदर्भ में प्रकृति के नियमों के विरुद्ध क्या है?
1. दूसरों की भलाई के लिए ज्ञान का प्रयोग करना।
2. ज्ञान, स्वयं के अनुभव और विचारों को दूसरों के साथ साझा न करना।
3. स्वयं के अनुभव और विचारों को प्रसारित करना।
4. स्वयं के अनुभव और विचारों से लाभान्वित होना।

(a) 1   (b) 2
(c) 3   (d) 4

19. ज्ञान और कौशल कब विलुप्त हो जाते हैं?
1. जब उनका अधिकाधिक प्रयोग किया जाता है।
2. जब सभी तक इनकी पहुँच बनाई जाती हैं।
3. जब उन्हें स्वयं तक सीमित रखा जाता है।
4. जब इनमें नवाचार किया जाता है।

(a) 1   (b) 2
(c) 3   (d) 4

20. सेवानिवृत्ति का समास विग्रह है -
1. सेवा और निवृत्ति
2. सेवा से निवृत्ति
3. सेवा में निवृत्ति
4. सेवा के लिए निवृत्ति

(a) 1   (b) 2
(c) 3   (d) 4

21. निम्न में से किसकी रचना महादेवी वर्मा द्वारा की गई है?
(a) नीरजा   (b) दीपशिखा
(c) यामा   (d) इनमें से सभी

22. 'अंधा युग' किसकी रचना है?
(a) धर्मवीर भारती   (b) महादेवी वर्मा
(c) जयशंकर प्रसाद   (d) इनमें से कोई नहीं

23. 'निज भाषा उन्नति अहै, सब उन्नति कौ मूल।' पंक्ति किसकी है?
(a) रामधारी सिंह दिनकर   (b) मैथिलीशरण गुप्त
(c) भारतेन्दु हरिश्चंद्र   (d) प्रताप नारायण मिश्र

24. कौन-सी रचना जयशंकर प्रसाद की नहीं है?
(a) युगवाणी   (b) लहर
(c) आँसू   (d) झरना

25. दलपति विजय द्वारा रचित ग्रंथ है-
(a) परमाल रासो   (b) हम्मीर रासो
(c) खुमान रासो   (d) पृथ्वी राज रासो

26. "ढोला मारू रा दूहा" के मूल कवि का नाम है?
(a) मीरा बाई   (b) कल्लोल
(c) जगनिक   (d) विद्यापति

27. "काआ तरूवर पंच विडाल, चंचल चीए पईठो काल" उपर्युक्त पंक्तियां किसकी है?
(a) डोम्बिपा   (b) लुईपा
(c) सरहपा   (d) हेमचन्द्र

28. दोहा कोश किसकी रचना है?
(a) शबरपा   (b) लुईपा
(c) सरहपा   (d) डोम्बिपा

29. छायावाद युग के कवि है:
(a) रामचंद्र शुक्ल   (b) बदरीनारायण चौधरी 'प्रेमघन'
(c) मैथिलीशरण गुप्त   (d) जयशंकर प्रसाद

30. 'भारत-भारती' कविता के रचयिता का नाम क्या है?
(a) मैथिलीशरण गुप्त   (b) नागार्जुन
(c) जयशंकर प्रसाद   (d) दिनकर

31. भक्तिकाल के सगुण धारा के रामभक्ति शाखा के प्रमुख कवि हैं:
(a) कुम्भनदास   (b) तुलसीदास
(c) सूरदास   (d) मतिराम

32. "मौन भी अभिव्यंजना है" काव्य पंक्ति है?
(a) पहले मै सन्नाटा बुनता हूँ   (b) इन्द्रधनुष रौंदे हुए थे
(c) आँगन के पार द्वार   (d) हरी घास पर क्षण भर

33. 'इंद्र जिम जंभ पर बाडव ज्यों अंभ पर' काव्य-पंक्ति के रचनाकार हैं:
(a) देव   (b) सेनापति
(c) भूषण   (d) तुलसीदास

34. कवि और उसकी रचना का कौन-सा जोड़ा सही नहीं है?
(a) शिवराज भूषण-भूषण
(b) शब्द रसायन-देव
(c) परिमल-सूर्यकांत त्रिपाठी 'निराला'
(d) उद्धव शतक–भारतेंदु हरिश्चंद्र

35. महाकवि 'बिहारीलाल' का जन्म मध्यप्रदेश के किस जिले में हुआ?
(a) दमोह   (b) उज्जैन
(c) ग्वालियर   (d) गुना

36. 'नागरी प्रचारिणी सभा' की स्थापना की थी:
(a) आचार्य रामचन्द्र शुक्ल   (b) श्यामसुन्दर दास
(c) सम्पूर्णानन्द   (d) हजारीप्रसाद द्विवेदी

37. 'त्रिशंकु' किसकी रचना है?
 (a) जयशंकर प्रसाद
 (b) श्यामसुन्दर दास
 (c) सच्चिदानन्द हीरानन्द वात्स्यायन 'अज्ञेय'
 (d) इनमें से कोई नहीं

38. 'अशोक के फूल' के रचनाकार हैं:
 (a) भारतेन्दु हरिश्चन्द्र
 (b) आचार्य हजारी प्रसाद द्विवेदी
 (c) महावीर प्रसाद द्विवेदी
 (d) इनमें से कोई नहीं

39. 'एक बूँद सहसा उछली' किस विधा की रचना है?
 (a) उपन्यास
 (b) काव्य
 (c) नाटक
 (d) यात्रा-वृतांत

40. 'माटी की मूरतें' के रचनाकार कौन हैं?
 (a) प्रकाश चंद्र गुप्त
 (b) महादेवी वर्मा
 (c) रामवृक्ष बेनीपुरी
 (d) हरिवंश राय बच्चन

41. 'किन्नर देश में' किसका यात्रा-सहित्य है?
 (a) निर्मल वर्मा
 (b) अजेय
 (c) रामधारी सिंह दिनकर
 (d) राहल सांकृत्यायन

42. महाराणा प्रताप नाटक के लेखक कौन है?
 (a) राधाकृष्ण दास
 (b) प्रसाद
 (c) भारतेन्दु
 (d) रामकुमार वर्मा

43. 'मारेसि मोहि कुठाँव' किसका निबंध है?
 (a) रामचन्द्र शुक्ल
 (b) चन्द्रधर शर्मा गुलेरी
 (c) मिश्रबंधु
 (d) कुबेरनाथ

44. राहुल सांस्कृत्यान द्वारा रचित 'यात्रा के पन्ने' की रचना की विधा है:
 (a) निबंध
 (b) संस्मरण
 (c) रेखाचित्र
 (d) यात्रा साहित्य

45. निम्न में से कौन सा उपन्यास भगवतीचरण वर्मा का है?
 (a) यही सच है
 (b) ममता
 (c) सबहिं नचावत राम गोसाइ
 (d) अकेली

46. हिन्दी को पुरानी हिन्दी नाम किसने दिया था?
 (a) देवकी नंदन खत्री
 (b) चन्द्रधर शर्मा 'गुलेरी'
 (c) उदयशंकर भट्ट
 (d) भारतेन्दु हरिश्चन्द्र

47. महावीर प्रसाद द्विवेदी ने सरस्वती का संपादन कब संभाला था?
 (a) 1902 ई. में
 (b) 1903 ई. में
 (c) 1900 ई. में
 (d) 1901 ई. में

48. "कितना अकेला आकाश" यात्रा वृतांत है-
 (a) नगेन्द्र
 (b) नरेश मेहता
 (c) भारतेंदु
 (d) कमलेश्वर

49. 'अर्द्ध कथा' किसकी आत्मकथा है?
 (a) भगवती प्रसाद सिंह
 (b) नगेंद्र
 (c) बच्चन सिंह
 (d) रामचन्द्र शुक्ल

50. 'जो मैंने जिया' आत्मकथा है-
 (a) नगेन्द्र
 (b) बच्चन सिंह
 (c) रामचन्द्र शुक्ल
 (d) कमलेश्वर

51. छायावाद को 'स्थूल के प्रति सूक्ष्म का विद्रोह' किसने कहा?
 (a) रामचन्द्र शुक्ल
 (b) डॉ. नगेन्द्र
 (c) रामविलास शर्मा
 (d) हजारी प्रसाद द्विवेदी

52. निम्न में से सबसे बाद में कौनसा इतिहास लिखा गया था?
 (a) शिवसिंह सरोज
 (b) इस्त्वार - द - लितरेत्युर - एन्दुई - ए - हिन्दुस्तानी
 (c) मॉर्डन वरनाक्यूलर लिटरेचर ऑफ़ नॉर्दन हिन्दुस्तान
 (d) तजकिरा ए शुअरा हिन्दी

53. हिन्दी साहित्य के इतिहास-ग्रन्थ 'हिन्दी साहित्य-विमर्श' के लेखक है:
 (a) वियोगी हरि
 (b) सूर्यकान्त शास्त्री
 (c) डॉ. हजारीप्रसाद द्विवेदी
 (d) पदुमलाल पुन्नालाल बख्शी

54. दिए गए विकल्पों में कौन सी कहानी प्रेमचंद की नहीं है?
 (a) परदा
 (b) पूस की रात
 (c) पंच परमेश्वर
 (d) कफ़न

55. "पथ के साथी" किसकी रचना है-
 (a) नरेश मेहता
 (b) निर्मल वर्मा
 (c) पन्त
 (d) महादेवी

56. "परमाल रासो" किस कवि की रचना है?
 (a) जगनिक
 (b) कुंभनदास
 (c) तुलसीदास
 (d) नन्ददास

57. 'सेठ बांकेमल' किसकी रचना है?
 (a) पांडेयबेचन शर्मा 'उग्र'
 (b) यशपाल
 (c) अमृतलाल नागर
 (d) भगवतीचरण वर्मा

58. निम्न में से 'मेरा परिवार' के लेखक हैं?
 (a) सुभद्रा कुमारी चौहान
 (b) महादेवी वर्मा
 (c) शिवानी
 (d) मृदुला गर्ग

59. "अभिज्ञान शाकुन्तलम्" के लेखक कौन हैं?
 (a) सुमित्रा नन्दन पन्त
 (b) तुलसीदास
 (c) कबीर दास
 (d) कालिदास

60. हिंदी के प्रसिद्ध उपन्यास 'निर्मला' के लेखक कौन हैं?
 (a) प्रेमचंद
 (b) जयशंकर प्रसाद
 (c) सूर्यकान्त त्रिपाठी निराला
 (d) कबीर

61. प्रथम विश्व युद्ध की पृष्ठभूमि पर रचित कहानी कौन सी है?
 (a) सिक्का बदल गया
 (b) उसने कहा था
 (c) अमृतसर आ गया
 (d) परिंदे

62. "शतरंजशतिका" कृति के रचनाकार हैं:
 (a) भिखारीदास
 (b) देव
 (c) रसनिधि
 (d) चिन्तामणि

63. निम्नलिखित में से कौन-सा रेखाचित्र महादेवी वर्मा का नहीं है?
 (a) अतीत के चलचित
 (b) स्मृति की रेखाएँ
 (c) पथ के साथी
 (d) मंटो मेरा दुशमन

64. रचनाकाल की दृष्टि से निम्नलिखित कृतियों का सही अनुक्रम है-
 (a) कुकुरमुत्ता, दीपशिखा, पल्लव, कामायनी
 (b) दीपशिखा, पल्लव, कामायनी, कुकुरमुत्ता
 (c) पल्लव, कामायनी, दीपशिखा, कुकुरमुत्ता
 (d) कामायनी, पल्लव, दीपशिखा, कुकुरमुत्ता

65. मृगावती किसकी रचना है?
 (a) कुतुबन
 (b) उसमान
 (c) विद्यापति
 (d) मंझन

66. 'हमें स्वस्थ रहने के लिए घी खाना चाहिए।' में किस प्रकार की संज्ञा है?

(a) भाववाचक संज्ञा   (b) समूहवाचक संज्ञा
(c) जातिवाचक संज्ञा   (d) द्रव्यवाचक संज्ञा

67. इनमें से कौनसा वाक्य भाववाचक संज्ञा से बनी जातिवाचक संज्ञा का हैं ?
(a) मुझे पानी पीना है   (b) मुझे एक दर्जन केले खरीदने हैं
(c) मुझे सोने का हार खरीदना है   (d) ये सब कैसे अच्छे पहरावे है

68. 'कोई सज्जन आपको बुला रहा है", इस वाक्य में किस सर्वनाम का प्रयोग किया गया है?
(a) निश्चयवाचक सार्वनामिक विशेषण
(b) पुरुषवाचक सार्वनामिक विशेषण
(c) अनिश्चयवाचक सार्वनामिक विशेषण
(d) प्रश्नवाचक सार्वनामिक विशेषण

69. 'वह अपने <u>आप</u> ही चला गया।' - वाक्य में रेखांकित शब्द सर्वनाम के किस भेद का उदाहरण है।
(a) पुरुष वाचक   (b) निजवाचक
(c) निश्चयवाचक   (d) संबंधवाचक

70. निम्न में से कौन सी संयुक्त क्रिया है?
(a) प्रियंका ने दूध पी लिया।
(b) पिताजी अख़बार पढ चुके हैं।
(c) राम लक्ष्मण को गणित सिखाता है।
(d) रमा सब्जी बनाती है।

71. निम्नलिखित में किस वाक्य में सकर्मक क्रिया का प्रयोग हुआ है?
(a) हरीश फुटबॉल खेलता है।
(b) गाड़ी चलती है।
(c) श्याम टीवी देख रहा है।
(d) श्याम अपने भाई के साथ टीवी देख रहा है।

72. पेड़ से पत्ता गिरता है में कौन सा कारक है?
(a) अधिकरण   (b) कर्म
(c) करण   (d) अपादान

73. सम्प्रदान कारक में 'को' का प्रयोग किस अर्थ में होता है?
(a) के लिए   (b) पर
(c) से   (d) की अपेक्षा

74. अमरूद का अंदरूनी हिस्सा लाल है।- इस वाक्य में प्रयुक्त विशेषण कौन सा है?
(a) गुणवाचक विशेषण   (b) संबंधवाचक विशेषण
(c) तुलनाबोधक विशेषण   (d) सार्वनामिक विशेषण

75. 'मोहन ने अखिल से अच्छा भाषण दिया' - वाक्य में प्रयुक्त विशेषण कौन सा है?
(a) गुणवाचक विशेषण   (b) सम्बन्धवाचक विशेषण
(c) तुलनाबोधक विशेषण   (d) सार्वनामिक विशेषण

76. 'जलधि' में कौन-सा समास है?
(a) कर्मधारय   (b) तत्पुरुष
(c) अव्ययीभाव   (d) द्वन्द्व

77. इस समास में पहला पद संख्यावाचक होता है-
(a) अव्ययीभाव   (b) द्विगु
(c) द्वन्द्व   (d) कर्मधारय

78. 'सीधी उँगली से घी नहीं निकलता' लोकोक्ति का भावार्थ _______ है।
(a) उँगली टेढ़ी करके घी निकालना चाहिए
(b) कभी उँगली से घी नहीं निकालना चाहिए

(c) बहुत सीधा होने से काम नहीं चलता
(d) घी हमेशा चम्मच से ही निकलना चाहिए

79. मुहावरे के भावार्थ की दृष्टि से कौन सा विकल्प सही नहीं है?
(a) बाल की खाल निकालना = बहुत परिश्रम करना
(b) कलेजा ठंडा होना = शांति या संतोष प्राप्त होना
(c) कमर कसना = अच्छी तरह तैयार होना
(d) फटेहाल होना = बहुत गरीब होना

80. किस प्रकार के पत्र व्यवहार में अभिनिवेदन (समापन) 'भवदीय' का प्रयोग होता है?
(a) औपचारिक   (b) अनौपचारिक
(c) (A) और (B) दोनों   (d) इनमें से कोई नहीं

81. कार्यालय आदेश किसके लिए निकाले गए आदेशों की सूचना है?
(a) मंत्रालय   (b) संबद्ध विभाग-प्रभाग
(c) अनुभव   (d) इनमे से कोई नहीं

82. परिपत्र किस श्रेणी मे आता है?
(a) कार्यालयीन पत्र   (b) सामाजिक पत्र
(c) व्यक्तिगत पत्र   (d) पारिवारिक पत्र

83. पत्र लेखन मे सम्बोधन किसे कहा जाता है?
(a) हासिए
(b) प्रेषक का पता
(c) प्राप्तकर्ता के पते को
(d) प्राप्तकर्ता के प्रति सम्मान या स्नेह

84. किस प्रकार के पत्र में सन्दर्म देना अनिवार्य होता है?
(a) पारिवारिक पत्र   (b) नौकरी हेतु आवेदन पत्र
(c) कौटुंबिक पत्र   (d) इनमे से कोई नही

85. सायें में धूप कविता संग्रह किस रचनाकार की है?
(a) रघुवीर सहाय   (b) दुष्यंत कुमार
(c) नरेश मेहता   (d) धर्मवीर भारती

86. तरुवर फल नहिं खात है, सरवर पियहिं न पान। प्रस्तुत पंक्ति के रचयिता कौन हैं?
(a) रहीम   (b) कबीरदास
(c) रसखान   (d) बिहारी

87. बुंदेले हरबोलों के मुँह हमने सुनी कहानी थी, खूब लड़ी मर्दानी वह तो झाँसी वाली रानी थी॥ इन पंक्तियों के रचयिता कौन हैं?
(a) सत्यनारायण पाण्डेय   (b) मैथिलीशरण गुप्त
(c) सुभद्रा कुमारी चौहान   (d) महादेवी वर्मा

88. "भारतवर्ष का लोकनायक वही हो सकता है जो समन्वय करने का अपार धैर्य लेकर आया हो। " यह कथन तुलसीदास के बारे में किस विद्वान ने कहा है?
(a) रामधारी सिंह दिनकर   (b) धर्मवीर भारती
(c) रामविलास शर्मा   (d) हजारीप्रसाद द्विवेदी

89. ज्ञानचंद्र के आश्रय में मतिराम ने निम्नलिखित में से कौन से ग्रंथ की रचना की है?
(a) फूल मंजरी   (b) अलंकार पंचाशिका
(c) वृत्त कौमुदी   (d) साहित्य सार

90. रामसिंह निम्नलिखित में से किसके आश्रयदाता है?
(a) भूषण   (b) मतिराम
(c) कुलपति मिश्र   (d) तोष निधि

91. 'नहुष' नाटक के लेखक बाबू गिरधरदास का भारतेन्दु हरिश्चन्द्र से क्या

सम्बन्ध था?
- (a) पिता का
- (b) दादा का
- (c) परदादा का
- (d) भाई का

92. टूटते परिवेश नाटक के लेखक है?
- (a) विष्णु प्रभाकर
- (b) उदयशंकर भट्ट
- (c) मोहन राकेश
- (d) उपेन्द्र नाथ अश्क

93. 'राम की शक्तिपूजा' की रचना कब हुई?
- (a) सन् 1934 ई.
- (b) सन् 1935 ई.
- (c) सन् 1936 ई.
- (d) सन् 1937 ई.

94. भोलानाथ और उसके साथी अपने घरोंदे के किवाड़ किस चीज से बनाते थे?
- (a) पेड़ के पत्तों से
- (b) दिया सलाई की पेटियों से
- (c) उत्तर पुस्तिका के गत्ते से
- (d) टीन के टुकड़े से

95. नासिरा पढ़ते समय अनेक बार अटकती है। उसे पढ़ने में कठिनाई होती है। उसकी समस्या मुख्यतः ______ से सम्बन्धित है।
- (a) पठन-अरूचि
- (b) बुद्धि-लब्धि
- (c) डिस्लेक्सिया
- (d) डिस्ग्राफिया

96. स्वाभाविक अभिव्यक्ति, कल्पनाशीलता, कौशल और सोच को विकसित करना________ ।
- (a) भाषा-शिक्षण का उद्देश्य नहीं है।
- (b) भाषा-शिक्षण का एक महत्वपूर्ण उद्देश्य है।
- (c) भाषा-शिक्षण को किसी प्रकार की दिशा नहीं देता।
- (d) भाषा-शिक्षण का एक मात्र उद्देश्य है।

97. छह वर्षीय तूलिका बातचीत करते समय कभी-कभी अपनी मातृभाषा के शब्दों का प्रयोग करती है। यह किस ओर संकेत करता है?
- (a) तूलिका को भाषा की बिलकुल जानकारी नहीं है।
- (b) उसका शब्द-भंडार बहुत कम है।
- (c) वह भाषा सीखने की प्रक्रिया में है।
- (d) उसे केवल अपनी भाषा ही पसंद है।

98. उच्च माध्यमिक स्तर पर हिन्दी भाषा की पाठ्य-पुस्तक में हिंदीतर भाषाओं की रचनाओं को भी स्थान देने का मुख्य उद्देश्य ______ है।
- (a) अन्य भाषाओं के उत्कृष्ट साहित्य से परिचित कराना
- (b) अन्य भाषाओं के व्याकरण से परिचित कराना
- (c) अन्य भाषाओं के रचनाकारों से परिचित कराना
- (d) अन्य भाषाओं के साथ तुलना कराना

99. वाचन/पठन कौशल की ----------- में शब्द से सम्बन्धित वस्तु या चित्र दिखाकर पहले शब्द का ज्ञान कराया जाता है।
- (a) देखो और कहो विधि
- (b) कहानी विधि
- (c) वाक्य विधि
- (d) सम्पर्क विधि

100. भाषा की पाठ्य-पुस्तक में ऐसे पाठ रखे जाएँ जो-
- (a) केवल व्याकरणिक नियमों का ही अभ्यास कराते हो।
- (b) अत्यन्त छोटे हों।
- (c) सरल भाषा से युक्त हों।
- (d) बच्चो के परिवेश से जुड़े हों।

// स्मार्ट उत्तर पुस्तिका //

सही उत्तर उन छात्रों का प्रतिशत जिन्होंने प्रश्न का सही उत्तर दिया।

छोड़ दिया उन छात्रों का प्रतिशत जिन्होंने प्रश्न को छोड़ दिया।

प्रश्न संख्या	उत्तर	सही उत्तर / छोड़ दिया	प्रश्न संख्या	उत्तर	सही उत्तर / छोड़ दिया	प्रश्न संख्या	उत्तर	सही उत्तर / छोड़ दिया
1	B	48.1% / 1.89%	2	A	66.99% / 1.89%	3	C	42.49% / 1.5%
4	C	63.93% / 1.55%	5	C	43.2% / 1.17%	6	B	81.22% / 0.0%
7	D	81.48% / 0.0%	8	D	48.27% / 1.11%	9	C	79.52% / 0.0%
10	C	54.31% / 1.88%	11	B	87.58% / 0.0%	12	D	51.06% / 1.8%
13	B	81.42% / 0.0%	14	A	86.61% / 0.0%	15	C	63.82% / 1.87%
16	B	88.99% / 0.0%	17	A	76.26% / 0.0%	18	B	57.69% / 1.09%
19	C	59.47% / 1.37%	20	B	87.74% / 0.0%	21	D	84.31% / 0.0%
22	A	85.14% / 0.0%	23	C	80.59% / 0.0%	24	A	88.85% / 0.0%
25	C	44.75% / 1.11%	26	B	65.26% / 1.26%	27	B	62.3% / 1.79%
28	C	54.4% / 1.44%	29	D	60.38% / 1.02%	30	A	56.71% / 1.7%
31	B	32.14% / 3.39%	32	B	48.79% / 1.49%	33	C	49.15% / 1.19%
34	D	10.3% / 3.17%	35	C	51.29% / 1.18%	36	B	85.73% / 0.0%
37	C	59.2% / 1.92%	38	B	62.27% / 1.6%	39	D	23.28% / 4.74%
40	C	79.59% / 0.0%	41	D	81.62% / 0.0%	42	A	22.2% / 4.81%
43	B	11.4% / 3.42%	44	D	89.04% / 0.0%	45	C	43.79% / 1.03%
46	B	43.67% / 1.59%	47	B	45.49% / 1.83%	48	B	50.1% / 1.89%
49	B	48.4% / 1.54%	50	D	63.27% / 1.21%	51	B	49.4% / 1.02%
52	C	12.84% / 3.81%	53	D	55.64% / 1.85%	54	A	60.22% / 1.42%
55	D	40.81% / 1.92%	56	A	45.69% / 1.19%	57	C	47.78% / 1.3%
58	B	55.37% / 1.86%	59	D	45.64% / 1.08%	60	A	57.6% / 1.04%
61	B	82.17% / 0.0%	62	A	62.92% / 1.81%	63	D	56.34% / 1.03%
64	C	44.77% / 1.1%	65	A	49.94% / 1.84%	66	D	43.92% / 1.78%
67	D	68.39% / 1.33%	68	C	45.22% / 1.23%	69	B	64.26% / 1.72%
70	A	65.98% / 1.98%	71	A	63.49% / 1.42%	72	D	50.89% / 1.74%
73	A	52.9% / 1.31%	74	B	64.53% / 1.14%	75	C	77.56% / 0.0%
76	B	44.74% / 1.62%	77	B	49.65% / 1.2%	78	C	21.8% / 4.99%
79	A	27.25% / 4.39%	80	B	21.11% / 4.28%	81	D	53.05% / 1.77%
82	A	64.41% / 1.68%	83	D	61.68% / 1.64%	84	B	64.54% / 1.52%
85	B	54.68% / 1.75%	86	A	60.48% / 1.71%	87	C	77.66% / 0.0%
88	D	65.44% / 1.98%	89	B	65.47% / 1.79%	90	C	53.27% / 1.09%
91	A	46.01% / 1.24%	92	A	50.04% / 1.04%	93	C	89.93% / 0.0%
94	B	86.79% / 0.0%	95	C	81.55% / 0.0%	96	B	77.7% / 0.0%
97	C	84.6% / 0.0%	98	A	59.35% / 1.59%	99	A	42.12% / 1.28%
100	C	85.48% / 0.0%						

// संकेत और समाधान //

1(B). अस्माकं परमो धर्म: स्वदेशोत्रयनम्‌।

2(A). देशोत्रल्या: देशं प्रति भक्ति: देशोत्रल्या: मूलकारणं‌।

3(C). जन्मभूमि: यत्र मानवो जन्मलभते भवति।

4(C). इदम्‌ + स्त्रीलिङ्गम्‌ + द्वितीया विभक्ति: + द्विवचनम्‌

5(C). "ऐ मेरे वतन के लोगो" गीत के लेखक थे प्रदीप, संगीत निर्देशक थे सी रामचंद्र, गायक थीं लता मंगेशकर। इन तीनों ने ही मिलकर इस गीत को जन-जन के दिलों तक पहुँचाया। अतः सही विकल्प मन्ना डे ने सुर दिया है।

6(B). भारत की चीन के साथ हुई जंग ने पूरे भारत में बहुत-सी लाशें बिछा दीं। हजारों जवान शहीद हुए और इसी कारण उस वर्ष 26 जनवरी का पर्व मनाने के समय किसी के मन में कोई हर्ष कोई उमंग नहीं रह गया था।

7(D). गणतंत्र दिवस के अवसर पर गीत प्रस्तुत करने की चुनौती स्वीकार करने की सूचना रक्षा मंत्रालय को दी गई। गीतकार प्रदीप ने चुनौती स्वीकारने का मन बनाया था।

8(D). 'पीठ में छूरा भोंकना' एक मुहावरा है जिसका अर्थ है 'विश्वासघात करना'।

9(C). फिल्मी हस्तियों को देखने के कारण कुछ लोग भीड़ जुटाने के लिए गणतंत्र दिवस समारोह में एकत्र हो सकते थे। इस कारणवश उन्हें बुलाने का निर्णय लिया गया था।

10(C). माँग का सिन्दूर पुंछ जाना' मुहावरा है जिसका अर्थ है 'विधवा हो जाना'।

11(B). देश का हौसला बिलकुल टूट चूका था क्योंकि चीन के युद्ध में बहुत सी मौतें हुई थी। अतः चीन से मात खाई थी।

12(D). 'उमड़ना' शब्द का अर्थ है 'बढ़कर फैलना'। इस शब्द का प्रयोग 'आँसू', 'भीड़' तथा 'नदी' है। दूध के लिए 'उबलना' शब्द का प्रयोग किया जाता है।

13(B). उपर्युक्त गद्यांश के आधार पर उन व्यक्तियों का जीवन नीरस और उत्साहविहीन होता है जो अपने हुनर को स्वयं तक सीमित रखते हैं। गद्यांश के अनुसार, सेवानिवृत्ति या कारोबार को तिलांजलि देने के बाद बिस्तर पकड़ लेने वाले आराम परस्त व्यक्ति नीरस, उत्साहविहीन, मशीनी जीवन बिताने को अभिशप्त इसलिए होते हैं, क्योंकि वह बाँटने के लायक ज्ञान, अनुभव और हुनर स्वयं तक सीमित रखते हैं।

14(D). लेखक के अनुसार सही ज्ञान वह है जिसका उपयोग समाज के हित में किया जा सके। गद्यांश के अनुसार, नैतिक दृष्टि से ऐसे किरदारों को अपराधी या मानवता विरोधी कहना अनुचित ना होगा क्योंकि प्रकृति के दिए गुणों का लाभ ज़रूरतमंदों तक नहीं पहुँचाया गया। सही ज्ञान वही है जिसका उपयोग समाज के हित में किया जा सके।

15(B). मन से बीमार हो जाने का प्रमुख कारण केवल अपने परिजनों तक सीमित रहना, समाज से दूरी बना लेना है। गद्यांश के अनुसार, ऐसी प्रवृत्ति के व्यक्ति को गुमसुमी या हताशा बड़ी आसानी से लील सकती है। समाज से सायास दूरी बनाने का अर्थ है - अलग-थलग पड़कर मन से बीमार होना।

16(B). 'बिस्तर पकड़ लेना' का अर्थ है- बीमारी हो जाना। गद्यांश के अनुसार, सेवानिवृत्ति या कारोबार को तिलांजलि देने के बाद बिस्तर पकड़ लेने वाले आराम परस्त व्यक्ति नीरस, उत्साहविहीन, मशीनी जीवन बिताने को अभिशप्त इसलिए होते हैं, क्योंकि वह बाँटने के लायक ज्ञान, अनुभव और हुनर स्वयं तक सीमित रखते हैं।

17(A). 'नैतिक' शब्द में 'इक' प्रत्यय लगा है।
प्रत्यय: प्रत्यय वे शब्दांश या अव्यय होते हैं जो किसी शब्द के अन्त में जुड़कर उसके अर्थ में नवीनता ला देते हैं।
उदाहरण - समाज + इक = सामाजिक
सुगन्ध + इत = सुगन्धित

18(B). व्यक्ति जब ज्ञान, स्वयं के अनुभव और विचारों को दूसरों के साथ साझा नहीं करते तब वह ज्ञान के संदर्भ में प्रकृति के नियमों के विरुद्ध हो जाता है।
गद्यांश के अनुसार, सेवानिवृत्ति व्यक्ति नीरस, उत्साहविहीन, मशीनी जीवन बिताने को अभिशप्त इसलिए होते हैं, क्योंकि वह बाँटने के लायक ज्ञान, अनुभव और हुनर स्वयं तक सीमित रखते हैं। यह प्राकृतिक विधान के प्रतिकूल है और इसका मूल्य चुकाना पड़ता है। व्यक्ति जब अपने ज्ञान, स्वयं के अनुभव और विचारों को दूसरों के साथ साझा नहीं करते, तब वह ज्ञान के संदर्भ में प्रकृति के नियमों के विरुद्ध हो जाता है।

19(C). व्यक्ति जब अपने ज्ञान और कौशल को स्वयं तक सीमित रखता है तब वह विलुप्त हो जाता है।
गद्यांश के अनुसार, धन की भाँति जिस ज्ञान, विद्या, कौशल या विचार को इनके किरदारों ने सीलबंद कर दिया, उसका लोप हो जाना भी निश्चित है। अर्थात जिस प्रकार वह धन व्यर्थ है जो किसी ज़रूरतमंद के काम न आयी हो, उसी प्रकार ज्ञान, विद्या, कौशल या विचारो को स्वयं तक सीमित रखने से उसका विलुप्त हो जाना भी निश्चित है।

20(B). 'सेवानिवृत्ति' शब्द का समास विग्रह है- सेवा से निवृत्ति (अपादान तत्पुरुष समास)
सामासिक शब्दों के बीच के संबंधों को स्पष्ट करना समास विग्रह कहलाता है।
तत्पुरुष समास में पहला पद (पूर्व पद) गौण व बाद (उत्तर) पद प्रधान होता है और दोनों पदों के बीच का कारक चिह्न लुप्त हो जाता है तथा विग्रह करने पर प्रकट हो जाता है।
उदाहरण - गंगाजल - गंगा का जल।
काव्यनिपुण - काव्य में निपुण।

21(D). महादेवी वर्मा हिन्दी की सर्वाधिक प्रतिभावान कवयित्रियों में से हैं। वे हिन्दी साहित्य में छायावादी युग के प्रमुख स्तंभों जयशंकर प्रसाद, सूर्यकांत त्रिपाठी निराला और सुमित्रानंदन पंत के साथ महत्वपूर्ण स्तंभ मानी जाती हैं। उन्हें आधुनिक मीरा भी कहा गया है।
'नीहार', 'रश्मि', 'नीरजा', 'सांध्यगीत', 'यामा', 'दीपशिखा' आदि उनके कविता-संग्रह हैं। 'चाँद' और 'आधुनिक कवि' का उन्होंने सम्पादन किया।
अतः सही विकल्प (D) है।

22(A). 'अंधा युग' धर्मवीर भारती की रचना है।
धर्मवीर भारती का "अंधा युग" नयी कविता की प्रतिनिधि रचना है। अंधा युग का रचना काल सन्‌ 1954 ई. में हैं। कवि ने महाभारत के युद्ध का आश्रय लेकर महाभारत कालीन आत्म पीड़न, अविश्वास अनास्था, विघटन, गिरते मानवीय मूल्यों और नैतिक मानदण्डों की पृष्ठ भूमि में युगीन निराशा, अनास्था, विसंगति, प्रतिहिंसा का चित्रण किया है।

23(C). यह प्रसिद्ध पंक्ति भारतेन्दु हरिश्चन्द्र की प्रसिद्ध कविता निज भाषा से लिया गया है। हिन्दी सम्बन्धित आन्दोलनों और आयोजनों में यह पंक्ति अनिगनत बार प्रेरणास्रोत की तरह उद्धृत किया जाता रहा है। इसका अर्थ है- निज गानी अपनी भाषा से ही उन्नति संभव है, क्योंकि यही सारी उन्नतियों का मूलाधार है। मातृभाषा के ज्ञान के बिना हृदय की पीड़ा का निवारण संभव नहीं है।
अतः सही विकल्प (C) है।

24(A). जयशंकर प्रसाद हिन्दी कवि, नाटककार, कहानीकार, उपन्यासकार तथा निबन्ध-लेखक थे। वे हिन्दी के छायावादी युग के चार प्रमुख स्तंभों में से एक हैं। इनकी प्रमुख रचनाएं चित्राधार, झरना, आँसू, लहर, कामायनी आदि हैं।
युगवाणी की रचना सुमित्रानन्दन पंत ने किया है।
अतः सही विकल्प (A) है।

25(C). "खुमान रासो" "दलपति विजय" द्वारा लिखा गया है।
खुमान रासो का रचना काल 9वी शताब्दी है। खुमान रासो में 5000 छंद हैं। इस ग्रंथ की प्रामाणिक हस्तलिखित प्रति पूना के संग्रहालय में सुरक्षित हैं। वीर रस के साथ-साथ श्रृंगार रस की भी प्रधानता है। इसमें दोहा, सवैया, कवित्त आदि छंद प्रयुक्त हुए है। तथा इसकी भाषा राजस्थानी हिंदी है।

26(B). "ढोला मारू रा दूहा" के मूल कवि "कल्लोल" है।
कल्लोल ने इसकी रचना 11 वी शताब्दी में की थी। इसमे दोहा छंद प्रयुक्त हुआ है। 'ढोला मारू' की कथा राजस्थान की अत्यन्त प्रसिद्ध लोक गाथा है। मूलतः दोहों में रचित इस लोक काव्य को सत्रहवीं शताब्दी मे

कुशलराय वाचक ने कुछ चौपाईयां जोड़कर विस्तार दिया।

27(B). उपर्युक्त पंक्तियां "लुईपा" की है जो कि रहस्य भावना प्रधान है। 84 सिद्धों में लुईपा का स्थान सर्वोच्च है। साधना अवस्था से निकली सिद्धों की वाणी 'चरिया गीत/चर्यागीत' कहलाती है।

28(C). "दोहा कोश" "सरहपा" की रचना है।
सरहपा द्वारा 32 ग्रंथ रचे गए हैं। सरहपा को सरोजव्रज, राहुलभद्र आदि कई नामों से जाना जाता है। सरह या सरहपा या सिद्ध सरहपा हिन्दी के प्रथम कवि माने जाते हैं। उनको बौद्ध धर्म की वज्रयान और सहजयान शाखा का प्रवर्तक तथा आदि सिद्ध माना जाता है।

29(D). जयशंकर प्रसाद हिन्दी कवि, नाटककार, उपन्यासकार तथा निबन्धकार थे।
वे हिन्दी के छायावादी युग के चार प्रमुख स्तंभों में से एक हैं।
उन्होंने हिन्दी काव्य में एक तरह से छायावाद की स्थापना की जिसके द्वारा खड़ी बोली के काव्य में न केवल कमनीय माधुर्य की रससिद्ध धारा प्रवाहित हुई, बल्कि जीवन के सूक्ष्म एवं व्यापक आयामों के चित्रण की शक्ति भी संचित हुई और कामायनी तक पहुँचकर वह काव्य प्रेरक शक्तिकाव्य के रूप में भी प्रतिष्ठित हो गया।
बाद के, प्रगतिशील एवं नयी कविता दोनों धाराओं के, प्रमुख आलोचकों ने उसकी इस शक्तिमत्ता को स्वीकृति दी। इसका एक अतिरिक्त प्रभाव यह भी हुआ कि खड़ीबोली हिन्दी काव्य की निर्विवाद सिद्ध भाषा बन गयी।

30(A). 'भारत-भारती' कविता के रचयिता मैथिलीशरण गुप्त हैं।
- राष्ट्रकवि मैथिलीशरण गुप्त (3 अगस्त 1886 – 12 दिसम्बर 1964)
- उन्हें साहित्य जगत में "दद्दा" नाम से सम्बोधित किया जाता था।
- उनकी जयंती 3 अगस्त को हर वर्ष "कवि दिवस" के रूप में मनाया जाता है।
- सन 1954 में भारत सरकार ने उन्हें "पद्मभूषण" से सम्मानित किया।
- महात्मा गांधी ने उन्हें "राष्ट्रकवि" की पदवी भी दी थी।

31(B). भक्तिकाल के सगुण धारा के रामभक्ति शाखा के प्रमुख कवि तुलसीदास हैं।
तुलसीदास के कुल 13 ग्रंथ हैं:
1. दोहावली
2. कवितावली
3. गीतावली
4. कृष्ण गीतावली
5. विनय पत्रिका
6. राम लला नहछू
7. वैराग्य-संदीपनी
8. बरवै रामायण
9. पार्वती मंगल
10. जानकी मंगल
11. हनुमान बाहुक
12. रामाज्ञा प्रश्न
13. रामचरितमानस

32(B). "मौन भी अभिव्यंजना है" काव्य पंक्ति "इंद्रधनुष रौंदे हुए थे" से है।
मौन भी अभिव्यंजना है काव्य पंक्ति अज्ञेय जी की है।
यह उनका कविता संग्रह है 'इंद्रधनुष रौंदे हुए थे' (1957) से है।
यह पंक्ति "जितना तुम्हारा सच है" कविता की पंक्ति है। जोकि इंद्रधनुष रौंदे हुए थे में संकलित है।

33(C). 'इंद्र जिम जंभ पर बाडव ज्यों अंभ पर' काव्य-पंक्ति के रचनाकार भूषण हैं।
भूषण की अन्य रचनाएँ शिवराज भूषण, शिवा बावनी, छत्रसालदशक हैं।

34(D). "उद्धव शतक – भारतेंदु हरिश्चंद्र" का जोड़ा सही नहीं है। 'उद्धव शतक' के रचनाकार जगन्नाथदास 'रत्नाकर' हैं। 'उद्धव-शतक' दूतकाव्य की भ्रमरगीत परम्परा में रचित है। इसका प्रकाशन 1931 ई. में हुआ। अन्य विकल्पों के जोड़े सही हैं। अतः सही विकल्प 'उद्धव शतक – भारतेंदु हरिश्चंद्र' है।

35(C). महाकवि बिहारीलाल का जन्म 1603 के लगभग ग्वालियर में हुआ। उनके पिता का नाम केशवराय था, वे मथुर चौबे जाति से संबंध रखते थे। बिहारीलाल हिन्दी के रीति काल के प्रसिद्ध कवि थे।

36(B). नागरीप्रचारिणी सभा, हिन्दी भाषा और साहित्य तथा देवनागरी लिपि की उन्नति तथा प्रचार और प्रसार करनेवाली भारत की अग्रणी संस्था है। भारतेन्दु युग के अन्तर हिन्दी साहित्य की जो उल्लेखनीय प्रवृत्तियाँ रही हैं उन सबके नियमन, नियन्त्रण और संचालन में इस सभा का महत्वपूर्ण योग रहा है। इसकी स्थापना बाबू श्यामसुन्दर दास ने की थी।
अतः सही विकल्प (B) है।

37(C). सच्चिदानंद हीरानंद वात्स्यायन 'अज्ञेय' को कवि, शैलीकार, कथा-साहित्य को एक महत्त्वपूर्ण मोड़ देने वाले कथाकार, ललित-निबन्धकार, सम्पादक और अध्यापक के रूप में जाना जाता है। इनकी प्रमुख रचनाएं आगन के पार द्वार, हरी घास पर क्षण भर, बावरा अहेरी, त्रिशंकु, अरे यायावर रहेगा याद, एक बूँद सहसा उछली, चिंता, पूर्वा आदि हैं।

38(B). आचार्य हजारी प्रसाद द्विवेदी की प्रमुख रचनाएं अशोक के फूल, आलोक पर्व, विचार प्रवाह, कल्प लता, कबीर, कुटज, सूरदास, साहित्य का मर्म, अनामदास का पोथा, बाणभट्ट की आत्मकथा, हिंदी साहित्य की भूमिका, विचार और वितर्क, कालिदास की लालित्य योजना आदि हैं।

39(D). 'एक बूँद सहसा उछली' सच्चिदानन्द हीरानन्द वात्स्यायन 'अज्ञेय' द्वारा लिखा गया एक यात्रा वृतांत है। इसमें लेखक ने यूरोप के लगभग एक वर्ष के प्रवास के बारे में लिखा है। प्रस्तुत पुस्तक में सच्चिदानन्द हीरानन्द वात्स्यायन 'अज्ञेय' ने इटली, स्विट्ज़रलैंड, फ्रांस, नीदरलैंड, इंग्लैंड, स्कॉटलैंड, वेल्श, स्वीडन आदि देशों की अपनी यात्रा के बारे में लिखा है। भिन्न-भिन्न देशों में उनके अनुभव भी भिन्न ही रहे हैं।
अतः सही विकल्प (D) है।

40(C). "माटी की मूरतें" हिंदी लेखक 'रामवृक्ष बेनीपुरी' की रचना है। ये शब्द चित्र संग्रह विधा की रचना है, जिसमें लेखक ने जीवन के विविध रंगों को रेखांकित करते हुए शब्द-चित्र के माध्यम से जीवन की विविधता का वर्णन किया है।
अतः सही विकल्प (C) है।

41(D). किन्नर देश में राहुल सांकृत्यायन का यात्रा साहित्य है।
किन्नर देश में राहुल सांकृत्यायन ने किन्नर लोगों के बारे में विस्तार से प्रकाश डाला है। वे लिखते है किन्नर या कि पुरुष देवयोनि हैं। उनके देश की यात्रा का अर्थ है देवलोक में जाना। यह भी कहा जा सकता है कि जिस देश में कभी देवता रहते थे, वहाँ पीछे पिछड़े मनुष्य रहने लगे, और जो पिछड़े मनुष्यों का देश हो, वह फिर देवलोक बन जायेगा।
अतः सही विकल्प (D) है।

42(A). राधाकृष्ण दास हिन्दी के प्रमुख सेवक तथा साहित्यकार थे। इनकी रचनाएँ नागरीदास का जीवन चरित, हिंदी भाषा के पत्रों का सामयिक इतिहास, राजस्थान केसरी व महाराणा प्रताप सिंह नाटक, भारतेन्दु जी की जीवनी, रहिमन विलास आदि हैं।

43(B). मारसि मोहिं कुठाँउ, चन्द्रधर शर्मा गुलेरी द्वारा लिखा गया निबंध है। चन्द्रधर शर्मा 'गुलेरी' हिन्दी के कथाकार, व्यंगकार तथा निबन्धकार थे। विषय-वस्तु की व्यापकता की दृष्टि से गुलेरी जी का लेखन धर्म पुरातत्त्व, इतिहास और भाषाशास्त्र जैसे गम्भीर विषयों से लेकर काशी की नींद जैसे हलके-फुलके विषयों तक को समान भाव से समेटता है।

44(D). "यात्रा के पत्रे", "यात्रा साहित्य वृत" विधा की रचना है। "यात्रा वृत" 'राहुल सांस्कृत्यायन' द्वारा रचित एक अत्यंत सुंदर अलौकिक रचना है, यह रचना हमें हमारी संस्कृति, भूगोल, और इतिहास के बारे में परिचित कराती है। रचना हमें प्रकृति सौंदर्य और खूबसूरती का अलौकिक दर्शन दान करती है।

45(C). "सबहिं नचावत राम गोसाई" भगवतीचरण वर्मा का प्रसिद्ध उपन्यास है। इस उपन्यास की विषयवस्तु आजादी के बाद के भारत में कस्बाई मध्यवर्ग की महत्वाकांक्षाओं के विस्तार और उनके प्रतिफलन पर रोचक कथासूत्रों के माध्यम से प्रकाश डालती है। राधेश्याम, नाहर सिंह, जबर सिंह, आदि चरित्रों के माध्यम से यह उपन्यास आजाद भारत के तेजी से बदलते राजनीतिक-सामाजिक चेहरे को उजागर करता है।

46(B). हिन्दी भाषा का इतिहास लगभग एक हजार वर्ष पुराना माना गया है। सामान्यतः प्राकृत की अन्तिम अपभ्रंश अवस्था से ही हिन्दी साहित्य का आविर्भाव स्वीकार किया जाता है। उस समय अपभ्रंश के कई रूप थे और उनमें सातवीं-आठवीं शताब्दी से ही 'पद्य' रचना प्रारम्भ हो गयी थी।

हिन्दी भाषा व साहित्य के जानकार अपभ्रंश की अंतिम अवस्था 'अवहट्ट' से हिन्दी का उद्भव स्वीकार करते हैं। चन्द्रधर शर्मा 'गुलेरी' ने इसी अवहट्ट को 'पुरानी हिन्दी' नाम दिया था।

47(B). सरस्वती हिन्दी साहित्य की प्रसिद्ध रूपगुणसम्पन्न प्रतिनिधि पत्रिका थी। इस पत्रिका का प्रकाशन इण्डियन प्रेस, प्रयाग से प्रारम्भ हुआ था। 1903 ई. में महावीर प्रसाद द्विवेदी इसके संपादक हुए और 1920 ई. तक रहे।

48(B). "कितना अकेला आकाश", "नरेश मेहता" की रचना है।
नरेश मेहता को उनकी साहित्यिक सेवाओं के लिए 1992 में "ज्ञानपीठ पुरस्कार" से सम्मानित किया गया। नरेश मेहता दूसरा सप्तक के प्रमुख कवि के रूप में प्रसिद्ध हैं।

49(B). "अर्द्ध कथा", "नगेंद्र" जी की रचना है। इसका रचना वर्ष 1988 ई. है। नगेंद्र हिन्दी के प्रमुख आधुनिक आलोचकों में से एक थे। वे एक सुलझे हुए विचारक और गहन विश्लेषक थे।

50(D). "जो मैंने जिया" आत्मकथा "कमलेश्वर" जी की है। 1995 में कमलेश्वर को "पद्मभूषण" से नवाज़ा गया और 2003 में उन्हें "कितने पाकिस्तान" (उपन्यास) के लिए "साहित्य अकादमी पुरस्कार" से सम्मानित किया गया।

51(B). "डॉ. नगेंद्र" ने छायावाद को "स्थूल के प्रति सूक्ष्म का विद्रोह" कहा है।
- छायावाद हिन्दी साहित्य के स्वच्छंदतावादी शैली उत्थान की वह काव्य-धारा है जो लगभग 1917 से 1936 ईस्वी तक की प्रमुख युगवाणी रही।
- छायावाद नामकरण का श्रेय "मुकुटधर पाण्डेय" को जाता है।
- इसे "साहित्यिक खड़ीबोली का स्वर्णयुग" कहा जाता है।

52(C). मॉडर्न वरनाक्यूलर लिटरेचर ऑफ नॉर्दन हिन्दुस्तान - 1888 जॉर्ज ग्रियर्सन
शिवसिंह सरोज - 1883 शिव सिंह सेंगर
इस्त्वार - द - लितरेत्युर - एन्दुई - ए - हिन्दुस्तानी - प्रथम भाग - 1839, द्वितीय भाग - 1847 गार्सा द तासी
तजकिरा ए शुअरा हिन्दी - 1848 मौलवी करीमुद्दीन

53(D). हिन्दी साहित्य के इतिहास-ग्रन्थ 'हिन्दी साहित्य-विमर्श' के लेखक पदुमलाल पुन्नालाल बख्शी है।
- पदुमलाल पुन्नालाल बख्शी को मास्टर जी के नाम से भी जानते थे।
- निबन्ध-संग्रह- 'प्रबन्ध पारिजात', 'पंचपात्र', 'पद्यवन', 'मकरन्द बिन्दु', 'कुछ बिखरे पन्ने' आदि।
- कहानी-संग्रह- 'झलमला', 'अंजली'।
- आलोचना- 'विश्व साहित्य', 'हिन्दी साहित्य विमर्श', 'साहित्य शिक्षा'

54(A).
- 'दिए गए विकल्पों में से 'परदा' कहानी प्रेमचंद की नहीं है।
- परदा कहानी यशपाल की हैं।
- अन्य सभी कहानियाँ प्रेमचंद की हैं।
- प्रेमचंद की अन्य कहानियाँ हैं - बड़े घर की बेटी, बूढ़ी काकी, सौता, ठाकुर का कुआं, ईदगाह, सुजान भगत, नमक का दारोगा, इज्जत का खून, शूद्र, परीक्षा, नैराश्य आदि।
- यशपाल की कहानियाँ - मक्रील, धर्मरक्षा, आदमी का बच्चा, फूलों क कुर्ता, ज्ञानदान।

55(D). "पथ के साथी", "महादेवी वर्मा" की रचना है।
- महादेवी वर्मा (26 मार्च 1907 — 11 सितंबर 1987)
- उन्हें "आधुनिक मीरा" के नाम से भी जाना जाता है।
- कवि निराला ने उन्हें "हिन्दी के विशाल मन्दिर की सरस्वती" भी कहा है।
- 27 अप्रैल 1982 को "ज्ञानपीठ पुरस्कार" से सम्मानित किया गया।
- विधा: संस्मरण

56(A). परमाल रासो आदिकालीन हिंदी साहित्य का प्रसिद्ध वीरगाथात्मक रासोकाव्य है। वर्तमान समय में इसका केवल आल्ह खंड उपलब्ध है जो वीरगाथात्मक लोकगाथा के रूप में उत्तर भारत में बेहद लोकप्रिय रहा है। इसके रचयिता जगनिक हैं। वे कालिंजर तथा महोबा के शासक परमाल (परमर्दिदेव) के दरबारी कवि थे।
अत: विकल्प (A) सही है।

57(C). यशपाल के उपन्यास-दादा कामरेड (1941), देशद्रोही। (1943), दिव्या

58(B). 'मेरा परिवार' के रचनाकार महादेवी वर्मा हैं। महादेवी वर्मा की अन्य प्रमुख रचनाएँ पथ के साथी, मेरा परिवार, स्मृतिचित्र, संस्मरण आदि हैं। मेरा परिवार संस्मरण-संग्रह की रचयिता महादेवी वर्मा हैं। इसमें उन्होंने अपने पालतू पशुओं के संस्मरण लिखे हैं।
अत: विकल्प (B) सही है।

(1945), पार्टी कामरेड (1946), मनुष्य के रूप -949), अमिता (1956), झूठा सच (भाग-1, 1958 भाग-2960) बारह घण्टे (1962), अप्सरा का श्राप (1965), क्यों से? (1968), मेरी तेरी उसकी बात (1974)
'सेठ बांकेमल' हिंदी में चुटीले व्यंग्य और विनोदी लहजे की अप्रतिम रचना है। इसके लेखक अमर कथाशिल्पी अमृतलाल नागर हैं।
अत: विकल्प (C) सही है।

59(D). "अभिज्ञान शाकुन्तलम" के रचनाकार कालिदास है। कालिदास की अन्य प्रमुख रचनाएँ मेघदूतम्, कुमारसंभवम्, रघुवंशम्, मेघदूतम्, ऋतुसंहारम् आदि हैं। मेघदूतम् एक गीतिकाव्य है जिसमें यक्ष द्वारा मेघ से सन्देश ले जाने की प्रार्थना और उसे दूत बना कर अपनी प्रिय के पास भेजने का वर्णन है।
अत: विकल्प (D) सही है।

60(A). निर्मला हिंदी का एक सबसे महत्वपूर्ण उपन्यास है। निर्मला हिंदी के महान उपन्यासकार प्रेमचंद की रचना है। प्रेमचंद द्वारा लिखित हिंदी की अन्य महत्वपूर्ण रचनाएँ- गोदान, गबन, कफ़न, सेवासदन, कर्मभूमि रंगभूमि आदि है।
अत: विकल्प (A) सही है।

61(B). उसने कहा था यह प्रथम विश्व युद्ध की पृष्ठभूमि पर रचित कहानी है। इसमे युद्ध के परिवेश मे सैनिको की मनोस्थिति को दर्शाया गया है।
अत: विकल्प (B) सही है।

62(A). रीतिकालीन कवि भिखारीदास द्वारा रचित ग्रंथ शतरंजशतिका, नामकोश, रस सारांश, छंदार्णव पिंगल, काव्य निर्णय, श्रृंगार निर्णय, विष्णु पुराण भाषा तथा अमरकोश आदि हैं। देव की रचनाएँ, भाव विलास, भवानी विलास, कुशल विलास, देवचरित्र, अष्टयाम, राग रत्नाकर, जाति विलास, रस दिलास, सुजान विनोद, प्रेम तरंग, देवचरित, प्रेमचंद्रिका, काव्य रसायन, सुख सागर तरंग, देवमाया प्रपंच तथा देवशतक आदि हैं। जबकि चिन्तामणि की रचनाएँ निम्नवत् हैं - रस विलास, छंद विचार, पिंगल, श्रृंगार मंजरी, कविकल कल्पतरु, कृष्णचरित, काव्य विवेक, काव्य प्रकाश, कवित्त विचार तथा रामायण आदि हैं।
अत: विकल्प (A) सही है।

63(D). 'मंटो मेरा दुश्मन', 'रेखाएं और चित्र', 'ज्यादा अपनी कम पराई' उपेन्द्रनाथ अश्क के द्वारा लिखे गये रेखाचित्र हैं। अतीत के चलचित्र, स्मृति की रेखाएँ, पथ के साथी, मेरा परिवार महादेवी वर्मा द्वारा लिखे गए रेखाचित्र हैं।
अत: विकल्प (D) सही है।

64(C). पल्लव - सुमित्रानन्दन पंत
कामायनी - जयशंकर प्रसाद
दीपशिखा - महादेवी वर्मा
कुकुरमुत्ता - सूर्यकांत त्रिपाठी निराला
अत: विकल्प (C) सही है।

65(A). कुतुबन सूफी प्रेम काव्य परम्परा के कवि थे। इनका प्रसिद्ध ग्रंथ मृगावती है। इस ग्रंथ में लौकिक प्रेम की आड़ में अलौकिक प्रेम की बड़ी सुन्दर अभिव्यंजना हुई है। कवि की भाषा अवधी तथा छंद दोहा एवं चौपाई है।
अत: विकल्प (A) सही है।

66(D). 'हमें स्वस्थ रहने के लिए घी खाना चाहिए।' में द्रव्यवाचक संज्ञा है।
जिस वाक्य में किसी धातु, द्रव या पदार्थ का बोध होता है वे वाक्य द्रव्यवाचक संज्ञा के अंतर्गत आते हैं।
उपर्युक्त वाक्य में घी शब्द हमें एक द्रव्य का बोध करा रहा है। इसलिए घी एक द्रव्यवाचक संज्ञा है।

67(D). ये सब कैसे अच्छे पहरावे है। वाक्य भाववाचक संज्ञा से बनी जातिवाचक संज्ञा का हैं।
भाववाचक : जातिवाचक कभी-कभी भाववाचक संज्ञा का प्रयोग जातिवाचक संज्ञा में होता है। उपर्युक्त वाक्य- ये सब कैसे अच्छे पहरावे

है। यहाँ 'पहरावा' भाववाचक संज्ञा है, किन्तु प्रयोग जातिवाचक संज्ञा में हुआ। 'पहरावे' से 'पहनने के वस्त्र' का बोध होता है।

68(C). प्रस्तुत वाक्य में अनिश्चय वाचक सार्वनामिक विशेषण का प्रयोग किया गया है। अनिश्चित व्यक्ति या वस्तु का बोध कराने वाले सर्वनाम अनिश्चयवाचक सर्वनाम कहलाते हैं।
जैसे-कोई, कुछ आदि।

69(B). 'वह अपने आप ही चला गया।' वाक्य में रेखांकित शब्द 'आप' निजवाचक सर्वनाम का रूप है।
जिस सर्वनाम से कर्ता का बोध होता है, वह निजवाचक सर्वनाम कहलाता है।
पुरुषवाचक सर्वनाम हैं- मैं, तुम, वह, हम
निश्चयवाचक सर्वनाम हैं- यह, वह, ये, वे
संबंधवाचक सर्वनाम हैं- जो-सो

70(A). दिए गए विकल्पों में से 'प्रियंका ने दूध पी लिया।' शब्द सयुंक्त क्रिया है। अन्य विकल्प इसके त्रुटिपूर्ण उत्तर होंगे। इसलिए, इसका सही उत्तर विकल्प (A) 'प्रियंका ने दूध पी लिया।' है।
ऐसी क्रिया जो किन्ही दो क्रियाओं के मिलने से बनती है वह सयुंक्त क्रिया कहलाती है। अगर हम दूसरे शब्दों में कहें तो जब दो क्रिया मिलकर किसी तीसरी नयी क्रिया का निर्माण करती हैं, तो वह नयी क्रिया सयुंक्त क्रिया कहलाती है।

71(A). "हरीश फुटबॉल खेलता है।" वाक्य सकर्मक क्रिया का उदाहरण है।
सकर्मक क्रिया: उस प्रकार की क्रिया होती है जिसमें कर्ता द्वारा किया गया कार्य किसी अन्य चीज को प्रभावित करता है, तो वहां पर सकर्मक क्रिया होती है।

शब्द	परिभाषा	उदाहरण
क्रिया	जिन शब्दों में किसी कार्य का करना या होना था, किसी घटना में घटित होने का संज्ञान होता है, उसे क्रिया कहते हैं। क्रिया के दो भेद माने गए हैं - अकर्मक और सकर्मक।	मोर नाचता है = अकर्मक अनुराग ने फल खाए= सकर्मक
अकर्मक क्रिया - जिस क्रिया का फल कर्म पर नहीं करता पर पड़ता है उसे अकर्मक क्रिया कहते हैं।		
सकर्मक क्रिया - जिस क्रिया का फल कर्म पर पड़ता है तथा जिसके प्रयोग में कर्म की अनिवार्यता बनी रहती है, उसे सकर्मक क्रिया कहते हैं।		

72(D). "पेड़ से पत्ता गिरता है" में अपादान कारक है । कारक ऐसे शब्दों को कहते हैं जो क्रिया के करने से होते हैं। उदाहरण के तौर पर वाक्य "राम को वनवास जाना था" को देखा जा सकता है। इस वाक्य में यह देखा जा सकता है कि राम कर्ता हैं और जाना क्रिया, लेकिन क्रिया एवं करता को मिलाने वाला "को" है। इस वाक्य में "को" कारक है।

73(A). सम्प्रदान कारक में 'को' का प्रयोग " के लिए" अर्थ में होता है ।
सम्प्रदान कारक- सम्प्रदान का अर्थ 'देना' होता है। जब वाक्य में किसी को कुछ दिया जाए या किसी के लिए कुछ किया जाए तो वहां पर सम्प्रदान कारक होता है। सम्प्रदान कारक के विभक्ति चिन्ह के लिए या को हैं।

74(B). अमरूद का अंदरूनी हिस्सा लाल है।-वाक्य में 'संबंधवाचक विशेषण' है।
संबंधवाचक विशेषण- विशेषण शब्दों का प्रयोग करके किसी एक वस्तु या व्यक्ति का सम्बन्ध दूसरी वस्तु या व्यक्ति के साथ दर्शाया जाये।

75(C). 'मोहन ने अखिल से अच्छा भाषण दिया'-वाक्य में तुलनाबोधक विशेषण है।
तुलनाबोधक विशेषण- जब वस्तुओं के गुण- दोष की तुलना आपस में की जाये।

76(B). जलधि में तत्पुरुष समास का प्रयोग हुआ है।

77(B). जिस समास का प्रथम पद संख्यावाचक और अन्तिम पद संज्ञा होता है उसे 'द्विगु समास" कहते हैं। जैसे- त्रिफला - तीन फलों का समाहार

78(C). 'सीधी उँगली से घी नहीं निकलता' लोकोक्ति का भावार्थ 'बहुत सीधा होने से काम नहीं चलता' है।
लोकोक्ति का वाक्य प्रयोग – हमने राजी – वाजी से काम निकालना चाहा, पर ठीक ही कहते हैं – 'सीधी उँगली से घी नहीं निकलता'।

79(A). मुहावरा- 'बाल की खाल निकालना' अर्थ – अनावश्यक सूक्ष्म विश्लेषण करना।
वाक्य- तुम यहा से चले जाओ तुम्हारी आदद ही बाल की खाल निकालने वाली है अगर यहां रहोगे तो मै कुछ भी नही कर सकुगा।

80(B). पत्र की समाप्ति पर औपचारिक पत्रों में 'तुम्हारा शुभाकंक्षी, आपका स्नेहाकंक्षी' के स्थान पर भवदीय शब्द का प्रयोग होता है।
औपचारिक-पत्र के निम्नलिखित सात अंग होते हैं :
(1) पत्र प्रापक का पदनाम तथा पता।
(2) विषय- जिसके बारे में पत्र लिखा जा रहा है, उसे केवल एक ही वाक्य में शब्द-संकेतों में लिखें।
(3) संबोधन- जिसे पत्र लिखा जा रहा है- महोदय, माननीय आदि।
(4) विषय-वस्तु-इसे दो अनुच्छेदों में लिखें :
• पहला अनुच्छेद - अपनी समस्या के बारे में लिखें।
• दूसरा अनुच्छेद - आप उनसे क्या अपेक्षा रखते हैं, उसे लिखें तथा धन्यवाद के साथ समाप्त करें।
(5) हस्ताक्षर व नाम - भवदीय/भवदीया के नीचे अपने हस्ताक्षर करें तथा उसके नीचे अपना नाम लिखें।
(6) प्रेषक का पता- शहर का मुहल्ला/इलाका, शहर, पिनकोड।
(7) दिनांक।

81(D). कार्यालय आदेश किसी भी मंत्रालय, संबद्ध विभाग-प्रभाग, अनुभव एवं कार्यालय के कर्मचारियों के लिए समय-समय पर निकाले गए आदेशों की सूचना है। भारत सरकार ने 4 जून, 1989 को 'कार्यालय ज्ञापन' आदेश जारी किया था।
कार्यालयीय पत्र - संपादक के नाम पत्र, व्यावसायिक पत्र, शासकीय पत्र (सरकारी पत्र), टिप्पणी लेखन आदि।
कार्यालय आदेशों में किसी भी प्रकार की औपचारिकता का निर्वहन नही किया जा सकता कार्यालय आदेश में नीचें बाई ओर उन लोगों का उल्लेख किया जाता है जिनके निमित्ते यह कार्यालय आदेश दिया गया होता है।

82(A). परिपत्र कार्यालयीन पत्र की श्रेणी मे आता है। प्रत्येक संस्था का अपना एक कार्यालय होता है, जिसे उक्त संस्था का प्रशासन-केन्द्र कहा जा सकता है। जो पत्र कार्यालयों को अथवा कार्यालयों से भेजे जाते हैं उन्हें कार्यालयीन पत्र कहते हैं। ऐसे पत्रों का प्रयोग दो सरकारों के बीच, सचिवालय के अन्तर्गत दो कार्यालयों के बीच, दो संस्थाओं के बीच अथवा एक संस्था और उसके कर्मचारियों के बीच होता है।

83(D). पत्र लेखन मे सम्बोधन प्राप्तकर्ता के प्रति सम्मान या स्नेह को कहा जाता है । स्नेह, प्रणाम, औपचारिक पत्रों में संबोधन के रूप में प्रायः महोदय, प्रिय महोदय का प्रयोग किया जाता है।

84(B). नौकरी हेतु आवेदन पत्र में सन्दर्भ देना अनिवार्य होता है। आवेदन पत्र के आरंभ में स्थान (जहां से आप पत्र लिख रहे हैं), दिनांक, संबोधन, पदनाम, संस्था का नाम एवं पता और विषय लिखा जाता है। अंतिम भाग – आज्ञाकारी, नाम एवं पता, मोबाइल नंबर, ईमेल एड्रेस, हाशिये की पर्याप्त मात्रा छोड़ने के साथ-साथ आवेदन पत्र में विषय को लिखना अनिवार्य है।

85(B). सायें में धूप कविता संग्रह दुष्यंत कुमार की है।
यह उस दौर की रचना है, जब देश कुछ दशक पहले ही आज़ाद हुआ था, लेकिन राजनीति के प्रति निराशा समाज में और फिर साहित्य में साफ झलकने लगी थी। कुछ ऐसी ही भावना अज्ञेय जी की डायरी अंशों के संकलन 'कवि-मन' में भी देखने को मिली थी, लेकिन अज्ञेय जी वहाँ अधिक मुखर थे।

86(A). तरुवर फल नहिं खात है, सरवर पियहिं न पान। प्रस्तुत पंक्ति के रचयिता रहीम है।
तरुवर फल नहिं खात हैं, सरवर पियहिं न पान। कहि रहीम पर काज हित, संपति सँचहि सुजान॥ रहीम कहते हैं कि परोपकारी लोग परहित के लिए ही संपत्ति को संचित करते हैं। जैसे वृक्ष फलों का भक्षण नहीं करते हैं और ना ही सरोवर जल पीते हैं बल्कि इनकी सृजित संपत्ति दूसरों के काम ही आती है।

87(C). बुंदेले हरबोलों के मुँह हमने सुनी कहानी थी, खूब लड़ी मर्दानी वह तो झाँसी वाली रानी थी॥ इन पंक्तियों के रचयिता सुभद्रा कुमारी चौहान है। सुभद्रा कुमारी चौहान हिन्दी की सुप्रसिद्ध कवयित्री और लेखिका थीं। झाँसी की रानी नामक कविता उनकी प्रसिद्ध रचना है। सुभद्रा कुमारी चौहान ने अपनी रचना के मध्यम से राष्ट्रीय चेतना जगाने में एक महत्वपूर्ण भूमिका निभाई। स्वाधीनता संग्राम आंदोलन में हिस्सा लेने के लिए वह जेल भी गयी।

88(D). यह कथन तुलसीदास के बारे में हजारीप्रसाद द्विवेदी ने कहा है। तुलसीदास रामभक्ति शाखा के प्रमुख कवि हैं। आचार्य शुक्ल के अनुसार- "हिंदी काव्य की प्रौढ़ता के युग का आरम्भ" गोस्वामी तुलसीदास द्वारा हुआ।

89(B). "अलंकार पंचाशिका", "मतिराम" द्वारा ज्ञानचंद्र के आश्रम में लिखा गया है। इसका रचना वर्ष 1690 ईसवी है। यह एक अलंकार निरूपण ग्रंथ है। मतिराम का जन्म सन 1617 हुआ।

90(C). "रामसिंह", "कुलपति मिश्र" के आश्रयदाता है। कुलपति मिश्र का जन्म स्थान आगरा है। यह रीतिबद्ध कवि के अंतर्गत आते हैं। इनके पिता का नाम 'परशुराम मिश्र' था। महाकवि बिहारी के भानजे के रूप में प्रसिद्ध हैं। इनका 'रस रहस्य' 'मम्मट' के काव्य प्रकाश का छायानुवाद है।

91(A). "नहुष" नाटक के लेखक बाबू गिरधरदास का भारतेन्दु हरिश्चन्द से पिता का सम्बन्ध था। गोपालचन्द्र गिरिधरदास श्री काले हर्षचन्द्र के पुत्र तथा भारतेन्दु हरिश्चन्द के पिता थे। बाबू गोपालचन्द्र 'गिरिधरदास' का जन्म काशी में सन 1833 ई. में हुआ था। गिरिधर महाराज के कृपापात्र होने के कारण गोपालचन्द्र ने 'गिरिधरदास' उपनाम रखा था।

92(A). "टूटते परिवेश" नाटक के लेखक "विष्णु प्रभाकर" हैं। टूटते परिवेश की रचना 1974 ई. में हुई थी। प्रमुख पात्र:- मनीषा, विवेक, दीप्ति, विश्वजीत, करुणा, अशोक, जरीना, शरद, इंद्र, विमल आदि।

93(C). राम की शक्ति पूजा की रचना सन् 1936 ई. में हुई है।
- राम की शक्तिपूजा, सूर्यकान्त त्रिपाठी 'निराला' द्वारा रचित काव्य है।
- निराला जी ने इसका सृजन 23 अक्टूबर 1936 को सम्पूर्ण किया था।
- कहा जाता है कि इलाहाबाद से प्रकाशित दैनिक समाचारपत्र 'भारत' में पहली बार 26 अक्टूबर 1936 को उसका प्रकाशन हुआ था।
- इसका मूल निराला के कविता संग्रह 'अनामिका' के प्रथम संस्करण में छपा।
- यह कविता 312 पंक्तियों की एक ऐसी लम्बी कविता है, जिसमें निराला जी के स्वरचित छंद 'शक्ति पूजा' का प्रयोग किया गया है।

94(B). भोलानाथ और उसके साथियों ने एक दिन घर बनाने का खेल खेलने का निश्चय किया। तिनकों का छप्पर, दिया सलाई की पेटियों के किवाड़, घड़े के मुँह का चूल्हा-चक्की, दीए की कड़ाही और पूजा की आचमनी से कलछी बनाई जाती।
भोलानाथ और उसके साथी अपने घरोंदे के किवाड़ दिया सलाई की

पेटियों से बनाते थे।

95(C). नासिरा को पढ़ने में कठिनाई होती है, नासिरा की समस्या डिस्लेक्सिया है। एक भाषा-शिक्षक को ऐसे विद्यार्थियों को भाषा प्रयोग के अधिकाधिक अवसर व प्रोत्साहन देना चाहिए जिससे नासिरा को उत्साहवर्धन मिले जिससे वह शिक्षा ग्रहण कर सके।
डिस्लेक्सिया से पीड़ित बच्चों को पढ़ने, लिखने, स्पेलिंग लिखने या बोलने में कठिनाई होती है।
अत: विकल्प (C) सही है।

96(B). स्वाभाविक अभिव्यक्ति, कल्पनाशीलता, कौशल और सोच को विकसित करना भाषा-शिक्षण का एक महत्वपूर्ण उद्देश्य है।
प्राथमिक स्तर पर भाषा शिक्षण के मुख्य उद्देश्य हैं कि बच्चे का समझ के साथ सुनने में सक्षम होना, औपचारिक और अनौपचारिक दोनों तरह के माहौल की बातचीत में प्रभावशाली ढंग से बोलने में समर्थ होना, समझ निर्माण के साथ पढ़ना और विभिन्न तरह की निर्देश सामग्री को रुचि के साथ पढ़ना, साफ-साफ लिखने में सक्षम होना, तार्किक क्रम के साथ और रचनात्मकता के साथ लेखन में समर्थ होना, सुन और पढ़ करके विचारों को समझना, विभिन्न संदर्भों में व्याकरण का उपयोग करने में सक्षम होना।
अत: विकल्प (B) सही है।

97(C). छह वर्षीय तूलिका बातचीत करते समय कभी-कभी अपनी मातृभाषा के शब्दों का प्रयोग करती है। यह संकेत करता है वह भाषा सीखने की प्रक्रिया में है। तूलिका का हिन्दी पढ़ाने के लिए साहित्यिक विधाओं का परिचय देने के लिए प्रयास करना चाहिए।
अत: विकल्प (C) सही है।

98(A). उच्च माध्यमिक स्तर पर हिन्दी भाषा की पाठ्य-पुस्तक में हिंदीतर भाषाओं की रचनाओं को भी स्थान देने का मुख्य उद्देश्य अन्य भाषाओं के उत्कृष्ट साहित्य से परिचित कराना है क्योंकि इससे हिंदी भाषा की गुणवत्ता तथा महत्व का विकास होता है। हिन्दी भाषा को लगभग एक हजार वर्ष पुराना माना गया है तथा यह भाषा भारत की राष्ट्र भाषा है।
अत: विकल्प (A) सही है।

99(A). वाचन/पठन कौशल में देखो और कहो विधि में शब्द से सम्बन्धित वस्तु या चित्र दिखाकर पहले शब्द का ज्ञान कराया जाता है। चित्र के नीचे वस्तु का नाम लिखा होता है। चित्र परिचित होने के कारण बच्चे आसानी से शब्द से साहचर्य स्थापित कर लेते हैं और आसानी से याद कर लेते हैं। यह विधि मनोवैज्ञानिक है।
अत: विकल्प (A) सही है।

100(C). पाठ्य-पुस्तक सरल भाषा में होनी चाहिए। पाठ्य-पुस्तक शिक्षण प्रकरणों की सीमा का निर्धारण करता है। पाठ्य-पुस्तकों से कक्षा शिक्षण के प्रकरणों के अध्ययन करने तथा अभ्यास करने का अवसर मिलता है। यह बच्चों के मानसिक स्तर के अनुकूल होना चाहिए।
अत: विकल्प (C) सही है।

Ques (1-8): निर्देश : निम्नलिखित गद्यांश को पढ़कर पूछे गए प्रश्नों के सबसे उपयुक्त उत्तर वाले विकल्प चुनिए।

मेरे दिमाग में बात आयी कि प्रेमचंद के ज़माने में आचार्य रामचंद्र शुक्ल भी थे और प्रेमचंद ने कभी भी आचार्य शुक्ल की तरफ नहीं देखा। उनकी जरूरत नहीं महसूस की।

फणीश्वरनाथ रेणु के ज़माने में हिंदी कहानी के सबसे बड़े आलोचक नामवर सिंह थे - रेणु ने उनकी तरफ नहीं देखा। मुझे अपने लिए एक दूसरे आलोचक की तलाश करनी चाहिए, जिसे हम 'सामान्य पाठक' कहते हैं- ऐसा मुझे लगा। जिसे आम पाठक कहते हैं, कॉमन रीडर या सामान्य पाठक कहते हैं और जो लेखक उनकी स्मृतियों में और जुबान पर रह जाता है, कोई भी आलोचक उसे अनदेखा न करने के लिए मजबूर होता है। तो मैंने उस सामान्य पाठक को अपना आलोचक समझा। बाद के दिनों में जो कुछ भी लिखा, मैंने देखा कि उस आम पाठक की दिलचस्पी उसमें हो रही है।

जब मैंने लिखना शुरू किया था, तो ढेर सारे लोग लिख रहे थे हमारे साथ के। दिल्ली के लोग, चंडीगढ़ के लोग, इलाहाबाद के कथाकार-लेखक, जालंधर के कथाकार, पटना में और कलकत्ता में भी। लेकिन ज्यादातर लेखकों की नज़र दिल्ली या इलाहाबाद के उन लेखकों पर रहती थी, जो आधुनिक लेखक कहे जाते थे। मेरी भी कोशिश लगभग वैसी ही थी कि आधुनिक हो सकूँ और आधुनिक लेखन वह था, जो परम्परा से विद्रोह कर के किया जा रहा था, परम्परा को नकार कर किया जा रहा था। हम ऐसा नहीं सोच रहे थे। कहीं न कहीं मेरे भीतर लोक-परम्परा कहिए या प्रेमचंद की परंपरा- वह थी, लेकिन मैं वैसा दिखना चाह रहा था जैसा वे कह रहे थे, लिख रहे थे।

1. इनमें से कौन सबसे बड़े आलोचक हैं?
   1. रामचंद्र वर्मा
   2. प्रेमचंद
   3. फणीश्वरनाथ रेणु
   4. नामवर सिंह

   (a) 1   (b) 2
   (c) 2   (d) 4

2. लेखन ने सामान्य पाठक को ____________ की संज्ञा दी है।
   1. कॉमन रीडर
   2. आम पाठक
   3. आलोचक
   4. मजबूर

   (a) 1   (b) 2
   (c) 3   (d) 4

3. उस ज़माने में लेखकों की नज़र इलाहाबाद या दिल्ली के लेखकों पर रहती थीं, क्योंकि:
   1. वे प्रतिष्ठित थे ।
   2. वे पुरस्कृत लेखक थे।
   3. वे सर्वश्रेष्ठ लेखक कहे जाते थे ।
   4. वे आधुनिक लेखक कहे जाते थे ।

   (a) 1   (b) 2
   (c) 3   (d) 4

4. आधुनिक लेखक की पहचान है:
   1. परंपराओं का विरोध
   2. आधुनिक विचार
   3. परंपराओं का निर्माण
   4. आधुनिक लेखन शैली

   (a) 1   (b) 2
   (c) 3   (d) 4

5. लेखक ने अनुच्छेद में स्वयं के किस द्वंद्व की ओर संकेत किया है?
   1. लोक परम्परा और आलोचना
   2. लोक परम्परा और आधुनिक लेखन
   3. आलोचना और आधुनिक लेखन
   4. परंपरा, विद्रोह, नकारना

   (a) 1   (b) 2

   (c) 3   (d) 4

6. ____ शब्द के लिए 'आधुनिक' विशेषण का प्रयोग नहीं हो सकता।
   1. लेखक
   2. पाठक
   3. लोक परंपरा
   4. जीवन शैली

   (a) 1   (b) 2
   (c) 3   (d) 4

7. कौन-सा शब्द व्यक्तिवाचक संज्ञा का उदाहरण नहीं है?
   1. चंडीगढ़
   2. दिल्ली
   3. पटना
   4. राजधानी

   (a) 1   (b) 2
   (c) 3   (d) 4

8. कौन-सा शब्द समूह से भिन्न है?
   1. लिखना
   2. पढ़ना
   3. दिखना
   4. देखना

   (a) 1   (b) 2
   (c) 3   (d) 4

Ques (9-17): निर्देश: नीचे दिए गए गद्यांश को ध्यानपूर्वक पढ़िए तथा पूछे गए प्रश्नों के उत्तर के लिए सही विकल्प का चयन कीजिए।

मन में विश्वास रखें तो कोई हार नहीं सकता पर मन में शंका रहे तो कोई जीत नहीं सकता। ज़िंदगी हमें रोने के सौ मौके देती है तो मुस्कुराने के भी हज़ार बहाने देती है। प्रकृति ने हर चीज़ का एक जोड़ा बनाया हुआ है। रात और दिन, अंधेरा और उजाला, गोरा और काला, अच्छा और बुरा, उत्थान और पतन, हार और जीत। सभी को इन दो परस्पर विरोधी चीज़ों के बीच संघर्ष करते रहना होता है। संघर्ष अकेले ही करना होता है। भीड़ तो उमड़ती है जीत जाने के बाद। बस इतना सा हुनर सीखना है, ज़मीन पर रहकर आसमान को जीतना है। दूसरों को समझना बुद्धिमानी है, खुद को समझना असली ज्ञान है। दूसरों को काबू करना बल है और खुद को काबू करना वास्तविक शक्ति।

9. मन में विश्वास रखने से किसकी प्राप्ति होगी?
   1. जीत
   2. हार
   3. पराजय
   4. शंका

   (a) 1   (b) 2
   (c) 3   (d) 4

10. निम्नलिखित में से कौन-सा समूह से भिन्न हैं?
   1. दिन-रात
   2. अंधेरा-उजाला
   3. गोरा-काला
   4. तरह-तरह

   (a) 1   (b) 2
   (c) 3   (d) 4

11. 'संघर्ष अकेले करना होता है' का अर्थ है-
   1. संघर्ष में कोई अकेला नहीं छोड़ता है।
   2. संघर्ष में स्वयं ही जूझना होता है।
   3. संघर्ष से व्यक्तित्व निखरता है।
   4. सभी के जीवन में संघर्ष है।

   (a) 1   (b) 2
   (c) 3   (d) 4

12. वास्तविक ज्ञान किसे कह सकते हैं?

1. दूसरों के बारे में जानकारी प्राप्त करना।
2. अपने आप के बारे में समझ बनाना।
3. पुस्तकों से जानकारी प्राप्त करना।
4. धार्मिक ग्रंथों को पढ़ना।

(a) 1   (b) 2
(c) 3   (d) 4

13. कौन-सा जोड़ा गद्यांश में नहीं है?
1. रात और दिन
2. सुख और दुःख
3. अच्छा और बुरा
4. उत्थान और पतन

(a) 1   (b) 2
(c) 3   (d) 4

14. 'पतन' शब्द का विलोम है-
1. अधोगति
2. नीचे गिरना
3. उत्थान
4. उन्नति

(a) 1   (b) 2
(c) 3   (d) 4

15. 'ज़मीन पर रहकर आसमान को जीतना है।' का भाव है-
1. अन्तरिक्ष की सैर करना।
2. विनम्रता के साथ सफलता की ऊँचाइयों को छूना।
3. गगनचुम्बी इमारतों का निर्माण करना।
4. तकनीकी विकास की ऊँचाइयों पर जाना।

(a) 1   (b) 2
(c) 3   (d) 4

16. गद्यांश के अनुसार सच्ची शक्ति है-
1. दूसरों पर विजय प्राप्त करना।
2. दूसरों को नियंत्रण में रखना।
3. स्वयं पर नियंत्रण रखना।
4. सफलता प्राप्त करना।

(a) 1   (b) 2
(c) 3   (d) 4

17. "ज़िंदगी हमें रोने के सौ मौके देती है, तो मुस्कुराने के भी हज़ार बहाने देती है।" से तात्पर्य है-
1. ज़िंदगी में रोना तो होता ही है।
2. ज़िंदगी में सुख-दुःख दोनों ही होते हैं।
3. ज़िंदगी में सुख ही सुख होते हैं।
4. ज़िंदगी में दुःख के बाद ही सुख आते हैं।

(a) 1   (b) 2
(c) 3   (d) 4

Ques (18-20): निर्देश: नीचे दिए गए अनुच्छेद को पढ़कर पूछे गए प्रश्न के सही/ सबसे उपयुक्त उत्तर वाले विकल्प को चुनिए।

राष्ट्रीय पर्वों और सांस्कृतिक समारोहों के दौरान गीत गाए जाएँ, कविताएँ सुनी और सुनायी जाएँ, इसे लेकर माता-पिताओं, स्कूल और समाज में व्यापक सहमति है लेकिन गीत-कविताएँ बच्चों के जीवन में रच-बस जाएँ, वे उनका भरपूर आनंद लेने लगें, खुद तुकबंदियाँ करने लगें, रचने लगें, यह माता-पिता को मंजूर नहीं। माता को लगता है ऐसा करते हुए तो वे उस राह से भटक जाएँगे जिस राह पर वे उन्हें चलाना चाहते हैं। जिस राह से वे उन्हें अपनी सोची हुई मंज़िल पर पहुँचाना चाहते है। उनकी इस इच्छा में यह निहित है कि बच्चे वैसा कुछ भी नहीं करें जो वे करना चाहते हैं बल्कि वे वैसा करें जैसा माता-पिता चाहते हैं। उनके भीतर बच्चे के स्वतंत्रतापूर्वक सीखने की प्रक्रिया के प्रति सतत संदेह और गहरा डर बना रहता है। यही हाल स्कूल का भी है। गीत-कविता स्कूल और कक्षाओं की रोज़मर्रा की गतिविधि का हिस्सा बन जाए यह स्कूल को मंज़ूर नहीं। स्कूल को लगता है इस सबके लिए समय कहाँ है। यह पाठ्य-पुस्तक से बाहर की गतिविधि है। शिक्षक और शिक्षा अधिकारी चाहते हैं शिक्षक पहले परीक्षा परिणाम बेहतर लाने के लिए काम करें।

दूसरी ओर हमारी संस्कृति और समाज में गीत-कविता की जो जगहें थीं वे जगहें लगातार सीमित हुई हैं। गीत गाने, सुनने-सुनाने के अवसर हुआ करते थे, वे अवसर ही गीत-कविताओं को गुनगुनाते रह सकने के लिए याद करने को प्रेरित करते थे। सहेजने और रचने के लिए प्रेरित करते थे। उनमें कुछ जोड़ने के लिए प्रेरित करते थे। इस सबके लिए अतिरिक्त प्रयासों की ज़रूरत नहीं पड़ती थी, वह जीवन-शैली का स्वाभाविक हिस्सा था। बच्चों के लिए पढ़ाई से अधिक खेलने-कूदने के लिए समय और जगहें थीं। खेलने-कूदने की मस्ती के दौरान ही उनके बीच से स्वतः ही नये खेलों, तुकबंदियों और खेलगीतों और बालगीतों का सृजन भी हो जाया करता था। उनकी ये रचनाएँ चलन में आ जाया करती थीं, जबान पर चढ़ जाती थीं और सालों-साल उनकी टोलियों के बीच बनी रहती थीं। समय के साथ उनमें कुछ कमी पाए जाने पर संशोधित होती रहती थीं।

18. गीत-कविता बच्चों के जीवन में रच-बस जाएँ यह माता-पिता को पसंद नहीं है, क्योंकि इससे बच्चे:
(a) पढ़ाई-लिखाई में बहुत पिछड़ सकते हैं
(b) माता-पिता द्वारा तय लक्ष्य को प्राप्त न कर सकेंगे
(c) केवल आनंद में ही खोए रहेंगे
(d) केवल कविता ही लिखते रहेंगे

19. गीत-कविता स्कूलों को भी पसंद नहीं है, क्योंकि उन्हें लगता है कि:
(a) स्कूली पढ़ाई-लिखाई से इसका कोई संबंध नहीं है
(b) इससे बच्चों का बहुत समय नष्ट होता हैं
(c) इससे परीक्षा परिणाम देर से आएँगे
(d) यह सीखना बहुत ही कठिन काम है

20. गीत-कविता के बारे में कौन-सा कथन सही नहीं है?
(a) ये संस्कृति का अभिन्न हिस्सा हैं।
(b) ये जीवन-शैली का स्वाभाविक हिस्सा हैं।
(c) ये भाषा-सृजनात्मकता को पोषित करते हैं।
(d) समाज में इनकी व्यापक सहमति नहीं है।

21. खड़ी बोली के आदि कवि के नाम से निम्नलिखित में से किसे जाना जाता है?
(a) जगनिक   (b) विद्यापति
(c) अमीर खुसरो   (d) श्रीधर

22. इनमें से कौन सी कृति तुलसीदास जी की है?
(a) साकेत   (b) साहित्य लहरी
(c) गीतावली   (d) बरवै नायिका भेद

23. पृथ्वीराज रासो का सर्वाधिक विवादित पक्ष कौन सा है?
(a) भाषिक संरचना   (b) ऐतिहासिकता
(c) प्रबंधात्मकता   (d) चरित्रांकन

24. निम्न में से संत मलूकदास की रचना नहीं है:
(a) रतनखान   (b) अंगवधू
(c) भक्ति विवेक   (d) ज्ञानबोध

25. वारकरी सम्प्रदाय के संस्थापक किसे माना जाता है?
(a) संत ज्ञानेश्वर   (b) संत शंकरदेव
(c) संत चैतन्य महाप्रभु   (d) संत जगन्नाथ दास

26. जयदेव द्वारा लिखित ग्रन्थ है:
(a) पदमावत्   (b) गीत गोविन्द
(c) नीतिशतक   (d) लीलावती

27. आलवार भक्तों के पद किस भाषा में है:
(a) बांग्ला   (b) तमिल
(c) हिन्दी   (d) उर्दू

28. आचार्य रामचंद्र शुक्ल ने आदिकाल का क्या नामकरण किया है?
(a) आदिकाल   (b) सिद्ध सामंत काल
(c) वीरकाल   (d) वीरगाथा काल

29. किस भाषा को कवियों ने 'देसी भाषा' अथवा 'गामेल्ल भाषा' (ग्रामीण भाषा) कहा है:
(a) प्राकृत
(b) अपभ्रंश
(c) पिंगल
(d) डिंगल

30. "गुलेरी" किसे कहा जाता है?
(a) नन्दकवि
(b) चंद्रधर शर्मा
(c) स्वयम्भू
(d) चंदवर

31. "हिन्द का तोता" कहा जाता है:
(a) जगनिक
(b) विद्यापति
(c) अमीर खुसरो
(d) श्रीधर

32. राजा लक्ष्मणसिंह का खड़ी बोली के स्वरूप संबंधी मत क्या था?
(a) विशुद्ध उर्दू परक
(b) हिन्दी-उर्दू मिश्रित
(c) संस्कृत-उर्दू मिश्रित
(d) विशुद्ध संस्कृतनिष्ठ

33. उन्नीसवीं सदी के आरंभ में 4 ऐसे लेखक आविर्भूत हुए जिन्होंने हिंदी गद्य की आधारशिला रखी। इनमें से किसकी गद्य-शैली परवर्ती गद्य-लेखकों द्वारा अपनाई गई?
(a) इंशाअल्ला खाँ
(b) सदल मिश्र
(c) सदासुखलाल
(d) लल्लू लाल

34. किस आरंभिक खड़ी बोली के लेखक ने 'निसार' उपनाम से उर्दू में भी साहित्य-रचना की?
(a) मुंशी सदासुखलाल
(b) लल्लू लाल
(c) सदल मिश्र
(d) दौलतराम

35. संत रज्जब का पूरा नाम हैं:
(a) मोहम्मद रज्जब
(b) रज्जब अली खाँ
(c) रज्जबदास
(d) सैयद रज्जब खाँ

36. 'कस्तूरी कुंडल बसै' आत्मकथा है?
(a) शीला झुनझुनवाला
(b) मैत्रेयी पुष्पा की
(c) कुसुम अंचल की
(d) गोपाल प्रसाद व्यास की

37. 'दा साहेब' किस नाटक के पात्र है-
(a) महाभोज
(b) बकरी
(c) आधे-अधूरे
(d) आगरा बाज़ार

38. 'कथा सम्राट' किसे कहा जाता है?
(a) प्रेमचंद
(b) जैनेन्द्र कुमार
(c) अज्ञेय
(d) फणीश्वरनाथ 'रेणु'

39. 'क्या भूलूं क्या याद करूं' हरिवंशराय बच्चन की आत्मकथा श्रृंखला का कौन सा भाग है?
(a) चौथा
(b) तीसरा
(c) दूसरा
(d) पहला

40. नाटक स्कंदगुप्त की रचना किसने की?
(a) मालती जोशी
(b) जयशंकर प्रसाद
(c) जैनेन्द्र कुमार
(d) प्रेमचंद

41. 'मंटो मेरा दुश्मन' किस का संस्मरण है?
(a) जैनेन्द्र
(b) उपेन्द्रनाथ अश्क
(c) भगवतीचरण वर्मा
(d) हरिवंशराय बच्चन

42. लाला श्रीनिवास दास का नाटक नहीं है-
(a) रणधीर प्रेम मोहिनी
(b) प्रेम योगिनी
(c) तप्ता संवरण
(d) संयोगिता स्वयंवर

43. निर्मल वर्मा को कौन-सी कृति के लिए साहित्य अकादमी पुरस्कार दिया गया है?
(a) चीड़ो पर चाँदनी
(b) कौवे और काला पानी
(c) लन्दन की एक रात
(d) धूप का एक टुकड़ा

44. स्कन्दगुप्त नाटक में कितने दृश्य है-
(a) 12
(b) 22
(c) 33
(d) 43

45. 'आधे-अधूरे' नाटक के रचनाकार कौन हैं?
(a) महादेवी वर्मा
(b) मोहन राकेश
(c) डा. नगेन्द्र
(d) अज्ञेय

46. अमृत राय द्वारा लिखी हुई जीवनी है-
(a) अकाल पुरुष गांधी
(b) कलम का सिपाही
(c) कलम का मजदूर
(d) आवारा मसीहा

47. मोहन राकेश का यात्रा वृत्तांत है-
(a) आखिरी चट्टान तक
(b) चीड़ो पर चांदनी
(c) अप्रवासी की यात्राएँ
(d) खंडित यात्राएँ

48. "सृजन सुख दुःख का" किसका संस्मरण है-
(a) अमृतलाल नगर
(b) कृष्णा सोबती
(c) प्रतिभा अग्रवाल
(d) मृदुला

49. 'अल्मोड़े का बाजार' किस विधा की रचना है?
(a) जीवनी
(b) रिपोर्ताज
(c) प्रगीत
(d) यात्रावृत्त

50. निम्नलिखित रचनाओं को उनके प्रकाशनकाल से सुमेलित कीजिए:

सूची - I (रचनाएँ)	सूची - II (प्रकाशनकाल)
(a) मोहन राकेश की डायरी	(i) 2000 ई.
(b) डायरी के कुछ पत्रे	(ii) 1958 ई.
(c) मेरी कॉलेज डायरी	(iii) 1972 ई.
(d) एक कार्यकर्त्ता की डायरी	(iv) 1985 ई.
	(v) 1940 ई.

निम्नलिखित में से सही विकल्प चुनिए:
(a) (a) - (iv), (b) - (iii), (c) - (i), (d) - (v)
(b) (a) - (iii), (b) - (ii), (c) - (v), (d) - (iv)
(c) (a) - (iv), (b) - (v), (c) - (ii), (d) - (iii)
(d) (a) - (v), (b) - (iii), (c) - (ii), (d) - (i)

51. रामवृक्ष बेनीपुरी की कौन- सी कृति यात्रावृत्त है?
(a) सागर की लहरों पर
(b) अप्रवासी की यात्राएँ
(c) पैरों में पंख बांधकर
(d) मेरी यूरोप यात्रा

52. यात्रा साहित्य का पितामह किसे कहा गया है?
(a) राहुल सांकृत्यायन
(b) हरिवंश राय बच्चन
(c) अज्ञेय
(d) मुक्तिबोध

53. "ऋण जल धन जल" किस विधा की रचना है?
(a) डायरी
(b) उपन्यास
(c) रिपोर्ताज
(d) रेखाचित्र

54. किस पुस्तक का अंत एलोरा की गुफाओ में इतिहास खोजने की कोशिश से हुआ?
(a) मेरी तिब्बत यात्रा
(b) अरे यायावर याद रहेगा
(c) क्या भूलूं क्या याद करूं
(d) मूर्दहिया

55. "जब फव्वारें लहू रोते हैं" यात्रा वृत्तांत है:
(a) मृदुला गर्ग
(b) नासिरा शर्मा

    (c) मन्नू भण्डारी   (d) कृष्णा सोबती

56. इनमें से कौन-सी रचना कालिदास की नहीं है?
(a) अभिज्ञान शाकुन्तलम्   (b) मालविकाग्निमित्रम्
(c) विक्रमोर्वशीयम्   (d) प्रतिमा नाटकम्

57. ''मालती माधव' रचना के लेखक का नाम बताइये।
(a) भवभूति   (b) कालिदास
(c) भास   (d) श्री हर्ष

58. इनमें से कौन-सी रचना भारवि की है?
(a) अभिज्ञानशाकुन्तलम्   (b) रघुवंश महाकाव्यम्
(c) दशकुमार चरितम्   (d) किरातार्जुनीयम्

59. 'शिशुपालवध' के लेखक का नाम बताइये?
(a) माघ   (b) कालिदास
(c) हर्ष   (d) भास

60. इनमें से कौन-सी रचना दण्डी की है?
(a) दशकुमार चरित   (b) शिवराज विजय
(c) मेघदूत   (d) हर्षचरित

61. 'नैषधीयचरित' रचना के लेखक का नाम बताइये?
(a) श्री हर्ष   (b) दण्डी
(c) भास   (d) भवभूति

62. 'चौरासी वैष्णवन की वार्ता' किस लेखक की रचना है?
(a) नामदास   (b) वल्लभाचार्य
(c) नन्ददास   (d) गोस्वामी गोकुलनाथ

63. 'रानी केती की कहानी' के रचनाकार कौन थे?
(a) लल्लू लाल   (b) सदा सुख लाल
(c) इंशा अल्ला खाँ   (d) सदल मिश्र

64. इनमें से 'सदल मिश्र' की रचना कौन-सी है?
(a) रानी केतकी की कहानी (b) प्रेम सागर
(c) सुख सागर   (d) नासिकेतो - पाख्यान

65. 'सत्यार्थ प्रकाश' के लेखक का नाम क्या है?
(a) स्वामी दयानन्द   (b) स्वामी श्रद्धानन्द
(c) स्वामी विवेकानन्द   (d) केशव चन्द सेन

66. 'मुझे तुम पर काफी गुस्सा आ रहा है।' में किस प्रकार की संज्ञा है?
(a) समूहवाचक संज्ञा   (b) व्यक्तिवाचक संज्ञा
(c) जातिवाचक संज्ञा   (d) भाववाचक संज्ञा

67. निम्नलिखित में कौनसा शब्द व्यक्तिवाचक संज्ञा है?
(a) पहाड़   (b) आम
(c) यमुना   (d) गाय

68. किस वाक्य में संबंधवाचक सर्वनाम है?
(a) अयोध्या जाने के लिए किसके कहूँ?
(b) शर्माजी का घर यह नहीं, वह है।
(c) इस घड़ी को देखो, यह कितनी उपयोगी है।
(d) तेते पाँव पसारिये, जेती लाँबी सौर।

69. जो करेगा सो भरेगा। रेखांकित शब्द क्या है?
(a) क्रिया विशेषण   (b) संकेत वाचक सर्वनाम
(c) संबंध वाचक सर्वनाम   (d) गुण वाचक सर्वनाम

70. "जिस पक्ष में क्रिया पक्ष में क्रिया के पूरी तरह समाप्त होने का बोध हो" उसे कहते हैं?
(a) प्रगतिद्योतक पक्ष   (b) सातपय बोधक पक्ष
(c) पूर्णता द्योतक पक्ष   (d) इनमें से कोई नहीं

71. 'हथियाना' में कौन सा क्रिया है?
(a) प्रेरणार्थक   (b) संयुक्त
(c) अनुकरणात्मक   (d) नामधातु

72. संबंध कारक के लिए प्रयुक्त होने वाला चिन्ह है?
(a) में   (b) के लिए
(c) रा   (d) पर

73. "हिमालय से गंगा निकलती है।" इसमें कौन सा कारक है?
(a) संबंध कारक   (b) अपादान कारक
(c) करण कारक   (d) कर्ता कारक

74. ''वह बहुत खाता है।" इस वाक्य में 'बहुत' शब्द किस प्रकार का विशेषण है?
(a) निश्चित परिमाणवाचक विशेषण
(b) निश्चित संख्यावाचक विशेषण
(c) तुलनात्मक विशेषण
(d) अनिश्चित परिमाणवाचक विशेषण

75. निम्नलिखित वाक्यों में से वह वाक्य चुनिये, जिसमें गुणवाचक विशेषण का प्रयोग किया गया है:
(a) वह नटखट बालक संगीत नहीं सुन रहा है।
(b) वहाँ बहुत से पक्षी उड़ रहे है।
(c) मैंने दस मन गेहूँ खरीदा है।
(d) ऐसे आदमी लाखों में एक होते हैं।

76. वचनामृत समस्पतद का विग्रह होगा:
(a) अमृत रूपी वचन   (b) वचन और अमृत
(c) अमृत जैसी वाणी   (d) वचन रूपी अमृत

77. अव्ययीभाव समास का उदाहरण है:
(a) पल - पल   (b) अन्न - जल
(c) अंत - अनंत   (d) धर्मा - धर्म

78. निम्नलिखित प्रश्न में, चार विकल्पों में से, उस विकल्प का चयन करें जो दिए गए मुहावरे का सही अर्थ वाला विकल्प है।
हिसाब बैठना।
(a) सही लगना   (b) ध्यान देना
(c) पूछताछ करना   (d) सुभीता होना

79. 'किनारे लगना' मुहावरे का उपयुक्त अर्थ है:
(a) किसी कार्य का समाप्त होना
(b) डूबने से बचना
(c) लहरों द्वारा किसी वस्तु को किनारे फेंकना
(d) नदी पार करने में असफल होना

80. कौन सा पत्र 100 से अधिक संख्या में किसी को भी भेजा जा सकता है?
(a) परिपत्र   (b) कार्यालय पत्र
(c) अनुस्मारक   (d) निविदा सूचना

81. अपने मोहल्ले मे सफाई के अधिकारी को लिखे जाने वाले सम्बोधन का रूप क्या होगा?
(a) श्रीमान अध्यक्ष नगरपालिका (b) अध्यक्ष महोदय
(c) श्रीमान मुख्यमंत्री महोदय (d) श्रीमान प्रधानमंत्री महोदय

82. कार्यालयी पत्र मे सबसे ऊपर लिखा क्या जाता है?
(a) पत्र क्रमांक   (b) दिनांक
(c) कार्यालय का स्थान   (d) प्रेषिति को सम्बोधन

83. पूर्व मे प्रेषित पत्र की याद दिलाने के लिए भेजा जाने वाला पत्र क्या कहलाता है?
- (a) परिपत्र
- (b) अनुस्मारक पत्र
- (c) निविदा
- (d) विज्ञप्ति

84. निम्न मे से कौन सा पत्र उत्तम पुरूष शैली मे लिखा जाता है?
- (a) अर्द्धसरकारी पत्र
- (b) ज्ञापन
- (c) प्रतिवेदन
- (d) शासकीय पत्र

85. "तरनि तनूजा तट तमाल तरुवर बहु छाये"। प्रस्तुत पंक्ति के रचयिता कौन हैं?
- (a) भारतेन्दु हरिश्चंद्र
- (b) रामधारी सिंह दिनकर
- (c) माखनलाल चतुर्वेदी
- (d) राम नरेश त्रिपाठी

86. वीरगाथा काल के सर्वश्रेष्ठ कवि कौन माने जाते हैं?
- (a) चन्दबरदाई
- (b) जगनिक
- (c) दलपति विजय
- (d) विद्यापति

87. हिन्दी कविता को छंदों की परिधि से मुक्त कराने वाले कवि कौन थे?
- (a) सुमित्रानंदन पन्त
- (b) जयशंकर प्रसाद
- (c) महादेवी वर्मा
- (d) सूर्यकांत त्रिपाठी निराला

88. धर्मवीर भारती के सन्दर्भ में क्या सही नहीं है?
- (a) वे व्यक्ति स्वातन्य के विरोधी कवि हैं
- (b) वे व्यक्ति स्वातन्य के पक्षधर कवि हैं
- (c) वे केशोर भावुकता के लेखक हैं
- (d) वे मिथकीय सन्दर्भों पर आधारित कविता लिखने वाले कवि हैं

89. शगुन अपशगुन पर वर्णित आत्मकथा कौन सी है-
- (a) मुर्दहिया
- (b) माटी की मूरतें
- (c) आपहुदरी
- (d) ठकुरी बाबा

90. निम्न से दलित आत्मकथा है -
- (a) गर्दिश के दिन
- (b) मेरी पत्नी और भेड़िया
- (c) मुड़-मुड़ कर देखता हूँ
- (d) उपरोक्त सभी

91. अर्धकथा किसकी आत्मकथा है -
- (a) भगवती प्रसाद सिंह
- (b) नागेन्द्र
- (c) बच्चन सिंह
- (d) रामचंद्र शुक्ल

92. महावीर प्रसाद द्विवेदी को किस वर्ष 'सरस्वती पत्रिका' के सम्पादक के रूप में नियुक्त किया गया?
- (a) वर्ष 1900
- (b) वर्ष 1903
- (c) वर्ष 1906
- (d) वर्ष 1909

93. 'नयी कविता' के प्रथम अंक में 'निराला' की किस कविता का अनेक कविता का अनेक कवियों द्वारा सामूहिक रूपांतर प्रकाशित हुआ था?
- (a) वनवेला
- (b) यमुना के प्रति
- (c) वह तोड़ती पत्थर
- (d) जूही की कली

94. प्रत्यक्ष अनुभव की अपेक्षा कौन लेखन में मदद करता है?
- (a) अनुभूति
- (b) उनकी पत्नी
- (c) उनकी मेहनत
- (d) उनका समय नियोजन

95. प्राथमिक स्तर की कक्षा में भिन्न-भिन्न प्रान्तों के अलग-अलग भाषा बोलने वाले बच्चों का नामांकन हुआ है। ऐसी स्थिति में भाषा बच्चों के भाषाई विकास के संदर्भ में _________ ।
- (a) अवरोध ही प्रस्तुत करती है
- (b) बहुत बड़ी समस्या बन जाती है
- (c) अनमोल संसाधन के रूप में कार्य करती है
- (d) जटिल चुनौती के रूप में सामने आती है

96. भाषा की कक्षा में एक शिक्षक बच्चों से क्या अपेक्षा करता है?
- (a) बच्चे सवालों के बँधे-बँधाए जवाब दें ।
- (b) संस्कृतनिष्ठ भाषा में ही जवाब दें ।
- (c) बच्चे अपनी मातृभाषा का बिल्कुल भी प्रयोग न करें ।
- (d) बच्चों से स्वतः अर्जित भाषा का ज्ञान बाँटने की अपेक्षा करते हैं ।

97. कक्षा आठ के बच्चों का सतत आकलन करने में सबसे अधिक महत्वपूर्ण _________ है ।
- (a) मौखिक परीक्षा
- (b) व्याकरण की जानकारी
- (c) लिखित परीक्षा
- (d) भाषा-प्रयोग की क्षमता

98. मोना अकसर लिखते समय शब्दों के अक्षरों को छोड़ देती है, जैसे- 'पढ़ती' को 'पती', 'अभिनव' को 'अनव' लिखना । इसका सबसे अधिक कारण हो सकता है कि-
- (a) उसके विचारों में स्पष्टता न हो ।
- (b) उसे मात्राओं का ज्ञान न हो ।
- (c) उसे लिखना रुचिकर नहीं लगता हो ।
- (d) उसके विचार और लिखने की गति में सामंजस्य न हो ।

99. पाठ्य-पुस्तक का नया पाठ आरंभ करने से पहले अध्यापक के लिए आवश्यक है कि वह :
- (a) पाठ के मूल भाव पर बातचीत करें ।
- (b) पाठ के कठिन शब्दों को श्यामपट्ट पर लिखकर उनका अर्थ बताए ।
- (c) पाठ के रचनाकार का परिचय लिखवाए ।
- (d) पाठ से मिलने वाली सीख के बारे में बताए ।

100. वाईगोत्सकी के अनुसार किसी शब्द का अर्थ ______ ।
- (a) शब्दकोश के अनुसार होता है ।
- (b) सामाजिक-सांस्कृतिक संदर्भ से उपजता है ।
- (c) व्याकरण-आधारित होता है ।
- (d) वक्ता पर निर्भर होता है ।

// स्मार्ट उत्तर पुस्तिका //

सही उत्तर उन छात्रों का प्रतिशत जिन्होंने प्रश्न का सही उत्तर दिया।

छोड़ दिया उन छात्रों का प्रतिशत जिन्होंने प्रश्न को छोड़ दिया।

प्रश्न संख्या	उत्तर	सही उत्तर / छोड़ दिया	प्रश्न संख्या	उत्तर	सही उत्तर / छोड़ दिया	प्रश्न संख्या	उत्तर	सही उत्तर / छोड़ दिया
1	D	86.8% / 0.0%	2	C	52.01% / 1.78%	3	D	63.79% / 1.38%
4	A	81.48% / 0.0%	5	B	76.47% / 0.0%	6	C	45.91% / 1.69%
7	D	50.46% / 1.8%	8	C	64.87% / 1.01%	9	A	85.06% / 0.0%
10	D	82.11% / 0.0%	11	B	78.08% / 0.0%	12	B	89.42% / 0.0%
13	B	88.68% / 0.0%	14	C	84.18% / 0.0%	15	B	85.65% / 0.0%
16	C	68.69% / 1.59%	17	B	76.15% / 0.0%	18	B	84.88% / 0.0%
19	A	52.24% / 1.06%	20	D	68.57% / 1.18%	21	C	63.19% / 1.99%
22	C	63.87% / 1.44%	23	B	50.25% / 1.72%	24	B	52.84% / 1.86%
25	A	44.56% / 1.3%	26	B	67.2% / 1.19%	27	B	12.52% / 4.85%
28	D	85.51% / 0.0%	29	B	58.9% / 1.54%	30	B	26.73% / 4.14%
31	C	77.86% / 0.0%	32	D	40.2% / 1.63%	33	B	67.8% / 1.1%
34	A	79.9% / 0.0%	35	B	45.67% / 1.49%	36	B	65.49% / 1.16%

Q	Ans	%	%	Q	Ans	%	%	Q	Ans	%	%
37	A	47.84%	1.8%	38	A	67.83%	1.6%	39	D	55.51%	1.12%
40	B	50.54%	1.6%	41	B	44.72%	1.85%	42	B	63.67%	1.22%
43	B	48.99%	1.88%	44	C	65.26%	1.3%	45	B	47.33%	1.63%
46	B	40.5%	1.94%	47	A	43.24%	1.11%	48	C	54.82%	1.45%
49	B	48.04%	1.41%	50	C	63.73%	1.36%	51	C	53.54%	1.5%
52	A	50.08%	1.38%	53	C	58.62%	1.05%	54	B	67.66%	1.78%
55	B	41.44%	1.6%	56	D	50.42%	1.39%	57	A	63.59%	1.92%
58	D	61.47%	1.26%	59	A	52.54%	1.44%	60	A	46.76%	1.58%
61	A	55.63%	1.85%	62	D	56.09%	1.94%	63	C	69.86%	1.82%
64	D	61.73%	1.92%	65	A	56.95%	1.35%	66	D	46.5%	1.75%
67	C	84.95%	0.0%	68	D	55.55%	1.26%	69	C	23.38%	4.59%
70	C	47.36%	1.28%	71	D	32.02%	3.78%	72	C	44.61%	1.27%
73	B	59.76%	1.27%	74	D	52.77%	1.8%	75	A	68.78%	1.64%
76	D	59.66%	1.86%	77	A	78.29%	0.0%	78	D	46.48%	1.65%
79	A	84.92%	0.0%	80	A	26.49%	3.65%	81	A	43.9%	1.35%
82	C	16.32%	3.04%	83	B	61.15%	1.81%	84	A	67.43%	1.43%
85	A	55.97%	1.43%	86	A	63.17%	1.62%	87	D	47.18%	1.5%
88	A	45.43%	1.21%	89	A	51.77%	1.43%	90	B	88.46%	0.0%
91	B	67.46%	1.46%	92	B	47.35%	1.92%	93	D	26.96%	3.8%
94	A	45.7%	1.47%	95	C	61.38%	1.22%	96	D	85.01%	0.0%
97	D	49.19%	1.0%	98	D	85.89%	0.0%	99	A	43.88%	1.04%
100	B	41.88%	1.62%								

// संकेत और समाधान //

1(D). गद्यांश के अनुसार, "फणीश्वरनाथ रेणु के ज़माने में हिंदी कहानी के सबसे बड़े आलोचक नामवर सिंह थे -रेणु ने उनकी तरफ नहीं देखा।"
इसलिए यह निष्कर्ष निकाला जा सकता है कि सबसे बड़े आलोचक नामवर सिंह है।

2(C). गद्यांश के अनुसार, "मुझे अपने लिए एक दूसरे आलोचक की तलाश करनी चाहिए, जिसे हम 'सामान्य पाठक' कहते हैं - ऐसा मुझे लगा।"
इसलिए यह निष्कर्ष निकाला जा सकता है कि लेखन ने सामान्य पाठक को आलोचक की संज्ञा दी है।

3(D). गद्यांश के अनुसार, "लेकिन ज्यादातर लेखकों की नज़र दिल्ली या इलाहाबाद के उन लेखकों पर रहती थी, जो आधुनिक लेखक कहे जाते थे।"
इसलिए यह निष्कर्ष निकाला जा सकता है कि उस ज़माने में लेखकों की नज़र इलाहाबाद या दिल्ली के लेखकों पर रहती थीं, क्योंकि वे आधुनिक लेखक कहे जाते थे।

4(A). गद्यांश के अनुसार, "मेरी भी कोशिश लगभग वैसी ही थी कि आधुनिक हो सकूँ और आधुनिक लेखन वह था, जो परम्परा से विद्रोह कर के किया जा रहा था, परम्परा को नकार कर किया जा रहा था।"
इसलिए यह निष्कर्ष निकाला जा सकता है कि आधुनिक लेखक की पहचान परंपराओं का विरोध है।

5(B). गद्यांश के अनुसार, "मेरी भी कोशिश लगभग वैसी ही थी कि आधुनिक हो सकूँ और आधुनिक लेखन वह था, जो परम्परा से विद्रोह कर के किया जा रहा था, परम्परा को नकार कर किया जा रहा था। हम ऐसा नहीं सोच रहे थे।"
इसलिए यह निष्कर्ष निकाला जा सकता है कि लेखक ने अनुच्छेद में स्वयं के लोक परंपरा और आधुनिक लेखन की ओर संकेत किया है।

6(C). लोक परंपरा कभी भी 'आधुनिक' नहीं हो सकती है इसलिए लोक परंपरा शब्द के लिए 'आधुनिक' विशेषण का प्रयोग नहीं हो सकता है।

7(D). राजधानी शब्द व्यक्तिवाचक संज्ञा का उदाहरण नहीं है।
राजधानी शब्द जातिवाचक संज्ञा का उदाहरण है।
जिस शब्द से किसी प्राणी या वस्तु की समस्त जाति का बोध होता है,उन शब्दों को जातिवाचक संज्ञा कहते हैं। यथा- घोड़ा, फूल, मनुष्य,वृक्ष इत्यादि।

8(C). दिखना समूह से भिन्न है जबकि लिखना, पढ़ना, देखना आदि क्रिया है।

9(A). उपर्युक्त गद्यांश के अनुसार यदि मन में विश्वास रखें तो हम कभी हार नहीं सकते। लेकिन यदि मन में शंका रही तो हम कभी जीत भी नहीं पाएंगे।

10(D). तरह - तरह शब्द समूह से भिन्न शब्द है। तरह का विलोम तरह नहीं होता है।

11(B). उपर्युक्त गद्यांश के अनुसार, व्यक्ति जब संघर्ष करता है तब अकेला होता है तथा विपरीत परिस्थितियों से स्वयं ही लड़ता रहता है, लेकिन जब वह व्यक्ति विपरीत परिस्थितियों से जीत जाता है भीड़ तब उसके साथ में होती है।

12(B). उपर्युक्त गद्यांश के अनुसार, "दूसरों को समझना बुद्धिमानी है, खुद को समझना असली ज्ञान है।"

13(B). सुख और दुःख शब्द युग्म गद्यांश में नहीं है। सुख का विलोम दुःख होता है।

14(C). पतन शब्द का विलोम शब्द उत्थान है। पतन एक पुल्लिंग शब्द है।

15(B). "ज़मीन पर रहकर आसमान को जीतना" का भाव "विनम्रता के साथ सफलता की ऊँचाईयों को छूना" है।

16(C). लेखक के अनुसार, यदि हम दूसरों पर नियंत्रण पाते हैं तो वहां हम बल का प्रयोग करते हैं यदि हम अपनी वास्तविक शक्ति का प्रयोग करें तो हम स्वयं को नियंत्रित कर सकते हैं।

17(B). हमारे जीवन में सुख-दुख दोनों की परिस्थितियाँ रहती हैं, परंतु उपर्युक्त गद्यांश अनुसार सुख का भाग दुःख की अपेक्षा अधिक है।

18(B). गीत-कविता बच्चों के जीवन में रच-बस जाएँ यह माता-पिता को पसंद नहीं है, क्योंकि इससे बच्चे माता-पिता द्वारा तय लक्ष्य को प्राप्त न कर सकेंगे।

19(A). गीत-कविता स्कूलों को भी पसंद नहीं है, क्योंकि उन्हें लगता है कि स्कूली पढ़ाई-लिखाई से इसका कोई संबंध नहीं है।

20(D). गीत-कविता के बारे में कथन- "समाज में इनकी व्यापक सहमति नहीं है।" सही है।

21(C). "अमीर खुसरो" को "खड़ी बोली के आदि कवि" के नाम से जाना जाता है।
अमीर खुसरो (1253-1325) चौदहवीं सदी के लगभग दिल्ली के निकट रहने वाले एक प्रमुख कवि, शायर, गायक और संगीतकार थे। अमीर खुसरो के ग्रंथों की संख्या 100 बताई जाती है अमीर खुसरो "निजामुद्दीन औलिया" के शिष्य थे सबसे पहले उन्हीं ने अपनी भाषा के लिए हिन्दवी का उल्लेख किया था। अमीर खुसरो को "हिन्द का तोता" कहा जाता है।

22(C). "गीतावली" रचना तुलसीदास जी की है।
सूरदास जी के अनुकरण पर तुलसीदास ने गीतावली की रचना की।
तुलसी की अन्य रचनाएँ:- रामचरितमानस, दोहावली, विनय पत्रिका, कवितावली

23(B). पृथ्वीराज रासो में दिए हुए संवतों का अनेक स्थानों पर ऐतिहासिक तथ्यों के साथ मेल न खाने के कारण अनेक विद्वान पृथ्वीराज के समसामयिक किसी कवि की रचना होने में संदेह करते है और उसे 16वीं शताब्दी में

लिखा हुआ ग्रंथ ठहराते हैं।

24(B). संत मलूकदास की रचनाओं की संख्या 21 तक बताई जाती है और उनमें से 'अलखबानी', 'गुरुप्रताप', 'ज्ञानबोध', 'पुरुषविलास', 'भगत बच्छावली', 'भगत विरुदावली', 'रत्नखान', 'रामावतार लीला', 'साखी', 'सुखसागर', 'भक्ति विवेक' तथा 'दसरत्न' विशेष रूप में उल्लेखनीय हैं।

25(A). वारकरी सम्प्रदाय के संस्थापक ज्ञानदेव (संत ज्ञानेश्वर) माने जाते हैं। ये 'विठोबा के भक्त' नाम से प्रसिद्ध हुए। इनको निम्न तीन विद्वानों का सहयोग भी प्राप्त हुआ था।
1. नामदेव
2. एकनाथ
3. तुकाराम

26(B). 'गीत गोविन्द' मूलतः 12वीं शताब्दी के प्रसिद्ध कवि जयदेव का लगभग 300 श्लोकों में रचा गया संस्कृत काव्य ग्रंथ है, जिसमें श्रीकृष्ण की राधा व अन्य गोप बंधुओं संग हुई रास क्रीड़ाओं का मनोहर वर्णन है।

27(B). आलवार तमिल भाषा के इस शब्द का व्युत्पत्तिलभ्य अर्थ है- अध्यात्म ज्ञान के समुद्र में गोता लगाने वाला व्यक्ति। आलवार वैष्णव सम्प्रदाय के सन्त थे, जिन्होंने ईसा की सातवीं-आठवीं शताब्दी में दक्षिण भारत में 'भक्तिमार्ग' का प्रचार किया।
इनकी मातृभाषा तमिल थी जिसमें इन्होंने सहस्रों सरस और भक्तिस्निग्ध पदों की रचना कर सामान्य जनता के हृदय में भक्ति की मंदाकिनी बहा दी।

28(D). "आचार्य रामचंद्र शुक्ल" ने आदिकाल को "वीरगाथा काल" नाम दिया है। आदिकाल :- 1050-1375 वि.
इस समय का साहित्य मुख्यतः चार रूपों में मिलता है :
1. सिद्ध-साहित्य तथा नाथ-साहित्य
2. जैन साहित्य
3. चारणी-साहित्य
4. प्रकीर्णक साहित्य

29(B). कवियों ने अपभ्रंश भाषा को केवल 'भाषा', 'देसी भाषा' अथवा 'गामेल्ल भाषा' (ग्रामीण भाषा) कहा है, परन्तु संस्कृत के व्याकरणों और अलंकारग्रंथों में उस भाषा के लिए प्रायः 'अपभ्रंश' तथा कहीं-कहीं 'अपभ्रष्ट' संज्ञा का प्रयोग किया गया है। इस प्रकार अपभ्रंश नाम संस्कृत के आचार्यों का दिया हुआ है, जो आपाततः तिरस्कारसूचक प्रतीत होता है।

30(B). "गुलेरी" चंद्रधर शर्मा को कहा जाता है। चन्द्रधर शर्मा गुलेरी को हिन्दी साहित्य में सबसे अधिक प्रसिद्धि 1915 में 'सरस्वती' मासिक में प्रकाशित कहानी 'उसने कहा था' के कारण मिली। यह कहानी शिल्प एवं विषय-वस्तु की दृष्टि से आज भी 'मील का पत्थर' मानी जाती है।

31(C). अमीर खुसरो (1253-1325) चौदहवीं सदी के लगभग दिल्ली के निकट रहने वाले एक प्रमुख कवि, शायर, गायक और संगीतकार थे। अमीर खुसरो के ग्रंथों की संख्या 100 बताई जाती है अमीर खुसरो "निजामुद्दीन औलिया" के शिष्य थे सबसे पहले उन्हीं ने अपनी भाषा के लिए हिन्दवी का उल्लेख किया था। अमीर खुसरो को "हिन्द का तोता" कहा जाता है।

32(D). राजा लक्ष्मणसिंह का खड़ी बोली के स्वरूप संबंधी मत विशुद्ध संस्कृतनिष्ठ रुपी था। राजा लक्ष्मण सिंह की अधिक ख्याति अनुवादक के रूप में है। भाषा के संबंध में उनका मत था कि हिंदी और उर्दू अलग-अलग हैं। यह आवश्यक नहीं कि अरबी-फारसी के शब्दों के बिना हिंदी न बोली जाए। आप शब्द-प्रतिशब्द के अनुवाद को उचित मानते थे, यहाँ तक कि विभक्ति प्रयोग और पदविन्यास भी संस्कृत की पद्धति पर ही रहते थे।

33(B). सदल मिश्र की गद्य-शैली परवर्ती गद्य-लेखकों द्वारा अपनाई गई। इनका (जन्म- 1767-1768 ई., आरा, बिहार, भारत; मृत्यु- 1847-1848 ई., भारत) हिन्दी के पहले गद्यकार, जिनकी गद्य-शैली ही आगे चलकर हिन्दी में स्वीकृत हुई।

34(A). मुंशी सदासुखलाल (1746 - 1824) ऐसे आरंभिक खड़ी बोली के लेखक थे जिन्होंने 'निसार' उपनाम से उर्दू में भी साहित्य-रचना की। मुंशी सदासुखलाल हिन्दी लेखक थे। खड़ी बोली के प्रारंभिक गद्यलेखकों में उनका ऐतिहासिक महत्व है। फारसी एवं उर्दू के लेखक और कवि होते

हुए भी इन्होंने तत्कालीन शिष्ट लोगों के व्यवहार की भाषा को अपने गद्य-लेखन-कार्य के लिए अपनाया। इस भाषा में संस्कृत के तत्सम शब्दों का प्रयोग करके भाषा के जिस रूप को इन्होंने उपस्थित किया, उसमें खड़ी बोली के भावी साहित्यिक रूप का आभास मिलता है।

35(B). संत रज्जब का पूरा नाम रज्जब अली खाँ था। रज्जब, भक्ति आन्दोलन के एक सन्त कवि थे। ये दादूदयाल के प्रमुख शिष्यों में से एक हैं। ये न रामभक्त कवि हैं, न कृष्णभक्त। ये राम-रहीम और केशव-करीम की एकता के गायक निर्गुण संत हैं।

36(B). मैत्रेयी पुष्पा की सद्यःप्रकाशित आत्मकथा 'कस्तूरी कुंडल बसै' में यह सच्चाई हालांकि आत्मकथा का मुख्य उद्देश्य नहीं है। मुख्य मुद्दा तो पुरूषवादी व्यवस्था द्वारा स्त्री पर सदियों से लादी गई गुलामी से मुक्ति और स्त्री सशक्तिकरण ही है। लेकिन अप्रत्यक्ष रूप से आत्मकथा की अन्तर्धारा में यह सच्चाई प्रवहमान नज़र आती है।

37(A). महाभोज मन्नू भंडारी द्वारा लिखा गया एक हिंदी उपन्यास है, और इसी में मुख्य पात्र दा साहेब भी है। उपन्यास में अपराध और राजनीति के गठजोड़ का यथार्थवादी चित्रण किया गया है।

38(A). प्रेमचंद का जन्म 31 जुलाई 1880 को वाराणसी के लमही गाँव में हुआ था। प्रेमचंद ने लगभग बारह, उपन्यास तीन सौ के करीब कहानियाँ, कई लेख एवं नाटक लिखे हैं। उन्होंने कहानी के साथ-साथ उपन्यास लेखन किया। उनकी प्रसिद्धि का आलम यह है कि उन्हें कथानायक और उपन्यास सम्राट कहा जाता है।

39(D). 'क्या भूलूं क्या याद करूं' हरिवंशराय बच्चन की आत्मकथा श्रृंखला का पहला भाग है।
'क्या भूलूं क्या याद करूं' 1969 में हरिवंशराय बच्चन जी द्वारा रचित आत्मकथा है।
इस आत्मकथा के लिए उन्हें सरस्वती सम्मान दिया गया था।
हरिवंशराय बच्चन जी का जन्म 27 नवम्बर 1907 को इलाहाबाद में एक कायस्थ परिवार मे हुआ था।
इनको बाल्यकाल में 'बच्चन' कहा जाता था जिसका शाब्दिक अर्थ 'बच्चा' या 'संतान' होता है।
इनकी प्रमुख कृतियां- मधुशाला(1935), निशा निमंत्रण(1938), नीड़ का निर्माण फिर(1970), बसेरे से दूर(1977), दशद्वार से सोपान तक(1985), हलाहल(1946) आदि हैं।

40(B). यह हिंदी साहित्य के प्रसिद्ध साहित्यकार जयशंकर प्रसाद द्वारा रचित नाटक 'स्कंदगुप्त' का नायक है। यह एक स्वाभिमानी, नीतिज्ञ, देशप्रेमी, वीर और स्त्रियों के सम्मान की रक्षा करने वाला शासक है।

41(B). 'उपेन्द्रनाथ अश्क' का संस्मरण है 'मंटो मेरा दुश्मन'।
'जैनेन्द्र' का संस्मरण है 'गाँधी: कुछ स्मृतियाँ'
'भगवतीचरण वर्मा' का संस्मरण है 'अतीत के गर्त से'
तथा 'हरिवंशराय बच्चन' का संस्मरण है 'नए पुराने झरोखे'

42(B). प्रेम योगिनी लाला श्रीनिवास दास जी का नाटक नहीं है।
लाला श्रीनिवास दास (1850-1907) को हिंदी का पहला उपन्यास लिखने का गौरव प्राप्त है। इस उपन्यास का नाम परीक्षा गुरू (हिन्दी का प्रथम उपन्यास) है जो 25 नवम्बर 1882 को प्रकाशित हुआ। लाला श्रीनिवास दास भारतेंदु युग के प्रसिद्ध नाटकार भी थे। नाटक लेखन में भारतेंदु के समकक्ष माने जाते हैं। वे मथुरा के निवासी थे और हिंदी, उर्दू, संस्कृत, फारसी और अंग्रेजी के अच्छे ज्ञाता थे।

43(B). 'कौवे और काला पानी' उनका काव्य है, 'चीड़ो पर चाँदनी' उनका यात्रा वृत्तांत है, 'लन्दन की एक रात' तथा 'धूप का एक टुकड़ा' उनकी कहानी है। 'कौवे और काला पानी' के लिए उन्हें साहित्य अकादमी पुरस्कार से सम्मानित किया गया है।

44(C). जयशंकर प्रसाद द्वारा रचित 'स्कन्दगुप्त' नाटक में आये दृश्यों की संख्या 33 है। सभी दृश्य कथानक के अनुकूल हैं। नाटक के प्रथम अंक में सात दृश्य हैं, द्वितीय अंक में भी सात दृश्यों का विधान है, तृतीय अंक में छः दृश्य और चतुर्थ अंक में सात दृश्य रखे गये हैं। अन्तिम पाँचवें अंक में छः दृश्य रखे गये हैं।

45(B). 'आधे-अधूरे' मोहन राकेश द्वारा लिखित हिंदी का प्रसिद्ध नाटक है। मोहन राकेश हिन्दी के बहुमुखी प्रतिभा संपन्न नाट्य लेखक और

उपन्यासकार हैं। समाज के संवेदनशील व्यक्ति और समय के प्रवाह से एक अनुभूति क्षण चुनकर उन दोनों के सार्थक सम्बन्ध को खोज निकालना, राकेश की कहानियों की विषय-वस्तु है। मोहन राकेश की डायरी हिंदी में इस विधा की सबसे सुंदर कृतियों में एक मानी जाती है।

46(B). अमृत राय द्वारा लिखी हुई जीवनी- कलम का सिपाही है।
"कलम का सिपाही" में अमृतराय ने प्रेमचंद की जीवनी लिखी है।

47(A). 'आखिरी चट्टान तक' बहुआयामी रचनाकार मोहन राकेश का यात्रावृत्तान्त है। दिसम्बर 1952 से फरवरी 1953 के बीच मोहन राकेश ने गोआ से कन्याकुमारी तक की यात्रा की थी। कथाकार राकेश ने इस संचित सामग्री को मनुष्य, प्रकृति और विराट जीवन के विवेचन की तरह अपनाते हुए 'आखिरी चट्टान तक' की रचना की है।

48(C). "सृजन सुख-दुख का", "प्रतिभा अग्रवाल" का संस्मरण है।
रेखा चित्र एवं संस्मरण- पद्म पराग, गेहूं व गुलाब, लाल तारा, मील के पत्थर, चेतना के बिम्ब, रेखाएं और रंग, रेखा चित्र।

49(B). "अल्मोड़े का बाजार", "रिपोर्ताज विधा" की रचना है।
- रिपोर्ताज गद्य-लेखन की एक विधा है।
- रिपोर्ताज फ्रांसीसी भाषा का शब्द है।
- रिपोर्ट अंग्रेजी भाषा का शब्द है। रिपोर्ट किसी घटना के यथातथ्य वर्णन को कहते हैं। रिपोर्ट सामान्य रूप से समाचारपत्र के लिये लिखी जाती है और उसमें साहित्यिकता नहीं होती है।
- रिपोर्ट के कलात्मक तथा साहित्यिक रूप को रिपोर्ताज कहते हैं।
- हिंदी में रिपोर्ताज लेखन की परंपरा शिवदान सिंह चौहान की रचना "लक्ष्मीपुरा" (1938) से शुरू हुई।

50(C).

रचनाएँ	प्रकाशनकाल	रचनाकार
(a) मोहन राकेश की डायरी	(iv) 1985 ई.	मोहन राकेश
(b) डायरी के कुछ पन्ने	(v) 1940 ई.	घनश्यामदास बिड़ला
(c) मेरी कॉलेज डायरी	(ii) 1958 ई.	धीरेन्द्र वर्मा
(d) एक कार्यकर्त्ता की डायरी	(iii) 1972 ई.	सीताराम सेकसरिया

51(C). "पैरों में पंख बांधकर", "रामवृक्ष बेनीपुरी" की यात्रा वृत है।
- इसका रचना वर्ष 1952 ई. है।
- उड़ते चलो उड़ते चलो (1954) रामवृक्ष बेनीपुरी का अन्य यात्रा वृत्तांत है।
- रामवृक्ष बेनीपुरी (23 दिसंबर, 1889 - 7 सितंबर, 1968)
- वे हिन्दी साहित्य के शुक्लोत्तर युग के प्रसिद्ध साहित्यकार थे।
- उनके सम्मान में बिहार सरकार द्वारा वार्षिक अखिल भारतीय रामवृक्ष बेनीपुरी पुरस्कार दिया जाता है।

52(A). "राहुल सांकृत्यायन" को यात्रा साहित्य का "पितामह" कहा जाता है।
राहुल सांकृत्यायन (9 अप्रैल 1893 - 14 अप्रैल 1963) जिन्हें "महापंडित" की उपाधि दी जाती है हिन्दी के एक प्रमुख साहित्यकार थे। यह हिंदी यात्रा साहित्य के "पितामह" कहे जाते हैं।
राहुल सांकृत्यायन जी की कहानियाँ निम्नलिखित हैं:
- सतमी के बच्चे
- वोल्गा से गंगा
- बहुरंगी मधुपुरी
- कनैला की कथा

53(C). "ऋण जल धन", "रिपोर्ताज विधा" की रचना है।
ऋणजल-धनजल एक "रिपोर्ताज" है जिसके रचयिता "फणीश्वर नाथ रेणु" है।
फणीश्वर नाथ रेणु (4 मार्च 1921 औराही हिंगना, फारबिसगंज - 11 अप्रैल 1977)
इनके पहले उपन्यास "मैला आंचल" के लिए उन्हें "पद्मश्री पुरस्कार" से सम्मानित किया गया था।
फणीश्वर नाथ रेणु के उपन्यास निम्नलिखित हैं:
- मैला आंचल
- परती परिकथा
- जूलूस
- दीर्घतपा

- कितने चौराहे
- पलटू बाबू रोड

54(B). "अरे यायावर याद रहेगा" का अंत एलोरा की गुफाओं में इतिहास खोजने की कोशिश से हुआ।
- रचनाकार: अज्ञेय जी
- रचना वर्ष: 1953
- विधा: यात्रा साहित्य
- "एक बूंद सहसा उछली" अज्ञेय जी का अन्य यात्रा वृत्तांत है।

55(B). "जब फव्वारे लहू रोते हैं" यात्रा वृत्तांत नासिरा शर्मा की रचना है।
- प्रकाशन वर्ष- 2003 ई.
- नासिरा शर्मा (जन्म : 1948) हिन्दी की प्रमुख लेखिका हैं।
- वर्ष 2016 का "साहित्य अकादमी पुरस्कार" उनके उपन्यास पारिजात के लिए प्रदान किया गया।
- वर्ष 2019 का "व्यास सम्मान" इनके उपन्यास कागज की नाव के लिए दिया गया।

56(D). प्रतिमा नाटकम् रचना कालिदास की नहीं है। यह भास का रामायण पर आधारित नाटक है।

57(A). 'मालती माधव' रचना के लेखक भवभूति हैं।
यह 10 अंकों का प्रकरण है जिसमें मालती और माधव की कल्पनाप्रसूत प्रेमकथा है। युववस्था के उन्मादक प्रेम का इसमें उत्कृष्ट वर्णन है। इसमें स्थान स्थान पर प्रकृति का विशेष वर्णनचित्र प्राप्त होता है।

58(D). किरातार्जुनीयम् रचना भारवि की है।
किरातार्जुनीयम् (अर्थ: किरात और अर्जुन की कथा) महाकवि भारवि द्वारा सातवीं शती ई. में रचित महाकाव्य है जिसे संस्कृत साहित्य में महाकाव्यों 'वृहल्लयी' में स्थान प्राप्त है।

59(A). 'शिशुपालवध' के लेखक का नाम माघ था।
शिशुपालवध महाकवि माघ द्वारा रचित संस्कृत काव्य है। 20 सर्गों तथा 1800 अलंकारिक छन्दों में रचित यह ग्रंथ संस्कृत के छः महाकाव्यों में गिना जाता है। इसमें कृष्ण द्वारा शिशुपाल के वध की कथा का वर्णन है।

60(A). 'दशकुमार चरित' रचना दण्डी की है।
'दशकुमार चरित', दण्डी (षष्ठ या सप्तम शताब्दी ई.) द्वारा प्रणीत संस्कृत गद्यकाव्य है। इसमें दस कुमारों का चरित वर्णित होने के कारण इसका नाम 'दशकुमार चरित' है।

61(A). 'नैषधीयचरित' रचना के लेखक का नाम श्री हर्ष है।
श्रीहर्ष 12वीं सदी के संस्कृत के प्रसिद्ध कवि तथा दार्शनिक थे। उनमें उच्चकोटि की काव्यात्मक प्रतिभा थी तथा वे अलंकृत शैली के सर्वश्रेष्ठ कवि थे। वे श्रृंगार के कला पक्ष के कवि थे। महान कवि होने के साथ-साथ वे बड़े दार्शनिक भी थे। श्रीहर्ष का 'नैषधीयचरित' 'बृहत्लयी' में बृहत्तम महाकाव्य है। परम प्रौढ़ शास्त्रीय वैदुष्य से ओतप्रोत, कविप्रौढ़ोक्तिसिद्ध कल्पना से वैदग्ध्यपूर्ण और अलंकृत काव्यशैली के उत्कृष्टतम महाकाव्य के रूप में 'नैषधीयचरित' का संस्कृत महाकाव्यों में अद्वितीय स्थान है।

62(D). 'चौरासी वैष्णवन की वार्ता' 'गोस्वामी गोकुलनाथ' लेखक की रचना है।
यह गद्य ग्रंथ ब्रज भाषा में लिखा गया है। इसमें महाप्रभु वल्लभाचार्य जी के पुष्टि संप्रदाय के शिष्यों की कथाएं संकलित हैं। 'गोकुलनाथ' जिन्हें 'गोस्वामी गोकुलनाथ' के नाम से जाना जाता है, वल्लभ संप्रदाय की आचार्य परंपरा के यशस्वी प्रचारक लेखक रहे हैं। गोस्वामी गोकुलनाथ गोस्वामी विट्ठलनाथ के चौथे पुत्र थे। इनका जन्म विक्रम संवत 1608 को प्रयाग के पास एक गांव अडेल में हुआ था। यह भी अपने पिता के समान विद्वान थे और इन्होंने संस्कृत-हिंदी में शिक्षा प्राप्त करने के बाद लेखन कार्य शुरू किया। गोकुलनाथ ने हिंदी साहित्य में अपने रचनायें वार्ता साहित्य के रूप मे लिखीं। गोकुलनाथ ने दो वार्ता ग्रंथों की रचना की 'पहला चौरासी वैष्णवन की वार्ता' और दूसरा 'दो सौ बावन वैष्णवन की वार्ता'। उनके द्वारा रचित अन्य ग्रंथो में 'वनयात्रा', 'नैत्य-सेवा-प्रकार', 'बैठक चरित्र', 'घरू वार्ता', 'भावना', 'हास्य प्रसंग' आदि हैं।

63(C). 'रानी केती की कहानी' के रचनाकार इंशा अल्ला खाँ थे।
इंशा अल्ला खाँ हिंदी साहित्यकार और उर्दू कवि थे। वे लखनऊ और दिल्ली दरबार में कविता कर रहे थे। वह फिर से एक-नाम से उर्दू के व्याकरण की रचना की थी। हिंदी में वह रानी केतकी की कहानी कहा जाता है चार्ट

की रचना की है। यह उर्दू लिपि में लिखा गया है।

64(D). 'सदल मिश्र' की रचना नासिकेतो-पाख्यान है।
'नासिकेतो-पाख्यान' में नचिकेता ऋषि की कथा है। इसका मूल यजुर्वेद में तथा कथारूप में विस्तार कठोपनिषद् एवं पुराणों में मिलता है। कठोपनिषद् में ब्रह्मज्ञान निरूपण के लिये इस कथा का उपयोग किया गया है। अपने स्वतंत्र अनुवाद में मिश्र जी ने ब्रह्मज्ञान निरूपण को इतनी प्रधानता नहीं दी जितनी घटनाओं के कौतूहलपूर्ण वर्णन को।

65(A). 'सत्यार्थ प्रकाश' के लेखक का नाम स्वामी दयानन्द है।
सत्यार्थ प्रकाश आर्य समाज का प्रमुख ग्रन्थ है जिसकी रचना महर्षि दयानन्द सरस्वती ने 1875 ई. में हिन्दी में की थी। ग्रन्थ की रचना का कार्य स्वामी जी ने उदयपुर में किया। लेखन-स्थल पर वर्तमान में सत्यार्थ प्रकाश भवन बना है। समाज सुधारक स्वामी दयानन्द सरस्वती की इस रचना का मुख्य प्रयोजन सत्य को सत्य और मिथ्या को मिथ्या ही प्रतिपादन करना है।

66(D). दिए गए विकल्पों में से विकल्प (D) भाववाचक संज्ञा सही उत्तर है। अन्य विकल्प असंगत है। मुझे तुम पर काफी गुस्सा आ रहा है।, में भाववाचक संज्ञा होगी।
- जिस वाक्य में किसी धातु, द्रव या पदार्थ को छू नहीं सकते हैं; केवल अनुभव कर सकते हैं। वे वाक्य भाववाचक संज्ञा के अंतर्गत आते हैं।
- उपर्युक्त वाक्य में गुस्सा आना एक भाव को प्रदर्शित करता है, इस कारण यह भाववाचक संज्ञा का उदाहरण है।

भाववाचक संज्ञा	जो शब्द किसी चीज़ या पदार्थ की अवस्था, दशा या भाव का बोध कराते हैं, उन शब्दों को भाववाचक संज्ञा कहते हैं। जैसे- बचपन, बुढ़ापा, मोटापा, मिठास आदि।

67(C). यमुना, व्यक्तिवाचक संज्ञा है।
किसी भी विशेष व्यक्ति, वस्तु या स्थान के नाम का बोध कराने वाली संज्ञा ही व्यक्तिवाचक संज्ञा कहलाती हैं। यानी, व्यक्तिवाचक संज्ञा सभी व्यक्ति, वस्तु या स्थान की संपूर्ण जाती में से ख़ास का नाम बताती हैं। व्यक्ति- महात्मा गाँधी, भगत सिंह, रमेश, पवन, सीमा, विकास, यमुना, गंगा, कुरान, बाइबल, रामायण आदि।

68(D). जो सर्वनाम किसी दूसरी संज्ञा या सर्वनाम से संबंध दिखाने के लिए प्रयुक्त हो, उसे संबंधवाचक सर्वनाम कहते हैं। जैसे- जो करेगा सो भरेगा। इस वाक्य में 'जो' शब्द संबंधवाचक सर्वनाम है और 'सो' शब्द नित्य संबंधी सर्वनाम है। अधिकतर 'सो' के लिए सर्वनाम का प्रयोग होता है। तेते पाँव पसारिये, जेती लंबी सौर- यहाँ संबंधवाचक सर्वनाम इसलिए है क्योंकि इसका सम्बन्ध व्यक्ति के हैसियत से है।

69(C). 'जो करेगा सो भरेगा' में सम्बन्ध वाचक सर्वनाम है।
जिस सर्वनाम द्वारा किसी दूसरे सर्वनाम से सम्बन्ध स्थापित हो जाए, उसे संबंधवाचक सर्वनाम कहते हैं। जैसे - जो, सो।

70(C). दिए गए विकल्पों के अनुसार विकल्प (C) 'पूर्णता द्योतक पक्ष' वाक्य का सही उत्तर है अन्य विकल्प असंगत है। इसलिए, स्पष्ट है कि 'पूर्णता द्योतक पक्ष' विकल्प सटीक है।
इस क्रिया पक्ष में क्रिया के पूरी तरह समाप्त होने का बोध होता है पूर्णता द्योतक पक्ष कहलाता हैं।

71(D). 'हथियाना' में नामधातु क्रिया है।
वह क्रिया जो संज्ञा, सर्वनाम या विशेषण में प्रत्यय जोड़कर बनायी जाती है, नाम धातु क्रिया कहलाती है। जैसे- हाथ से - हथियाना, लात से - लतियाना, बात से - बतियाना, शर्म से - शरमाना

72(C). संज्ञा या सर्वनाम का वह रूप जो हमें किन्हीं दो वस्तुओं के बीच संबंध का बोध कराता है, वह संबंध कारक कहलाता है।
सम्बन्ध कारक के विभक्ति चिन्ह का, के, की, ना, ने, नो, **रा** , रे, री आदि हैं।

73(B). संज्ञा या सर्वनाम के जिस रूप से अलग होने, निकलने, डरने, रक्षा करने, सीखने, लजाने अथवा दो में से तुलना करने का भाव प्रकट हो तो उसे अपादान कारक कहते है।
"हिमालय से गंगा निकलती है।" इसमें अपादान कारक है।

76(D). वचनामृत समस्पतद का विग्रह 'वचन रूपी अमृत' होगा। 'वचनामृत' में 'कर्मधारय' समास है। इसमें 'रुपी' के प्रयोग के कारण 'कर्मधारय समास' है।

77(A). 'पल - पल' में अव्ययीभाव समास है। इसका समास 'प्रतिपल' होगा तथा इसमें 'प्रति' अव्यय होने से ये 'अव्ययीभाव समास' है।

78(D). "हिसाब बैठना" मुहावरे का सही अर्थ "सुभीता होना (ऐसी स्थिति जो किसी व्यक्ति या बात के लिए अनुकूल हो)" है।

79(A). 'किनारे लगना' मुहावरे का उपयुक्त अर्थ 'किसी कार्य का समाप्त होना' है।

80(A). 'परिपत्र' 100 से अधिक संख्या में किसी को भेजा जा सकता है। प्रत्येक कार्यालय में प्रायः कई सूचनाएं, आदेश, प्रसारित होते रहते हैं। जिन पत्रों के द्वारा सूचनाएँ और आदेश प्रसारित किए जाते है उन्हें परिपत्र कहा जाता है।

81(A). अपने मोहल्ले में सफाई के अधिकारी को लिखे जाने वाले सम्बोधन का रूप श्रीमान अध्यक्ष नगरपालिका होगा। लिखित रूप में अपने मन के भावों एवं विचारों को प्रकट करने का माध्यम 'पत्र' कहलाता हैं। 'पत्र' का शाब्दिक अर्थ हैं, 'ऐसा कागज जिस पर कोई बात लिखी अथवा छपी हो'। पत्र के द्वारा व्यक्ति अपनी बातों को दूसरों तक लिखकर पहुँचाता हैं। हम पत्र को अभिव्यक्ति का एक सशक्त माध्यम भी कह सकते हैं।

82(C). कार्यालयी पत्र में सबसे ऊपर कार्यालय का स्थान लिखा जाता है। कार्यालय आदेश पत्र लिखते समय निम्न बातों को ध्यान में रखना आवश्यक है।
- पत्र में ऊपर बाएं और अन्य सामान्य पत्र की तरह।
- प्रेषक का और पत्र प्राप्त करने वाले का नाम और पता तथा संबोधन उपयोग में नहीं लाया जाता है।
- नीचे समान सूचक शब्द जैसे भवदीय,
- आपका प्रिय जैसा स्वनिर्देशन भी इन पत्रों में लागू नहीं होता।

83(B). पूर्व में प्रेषित पत्र की याद दिलाने के लिए भेजा जाने वाला पत्र अनुस्मारक पत्र कहलाता है। पूर्व में लिखे गये किसी पत्र की अनुपालना न होने पर पत्र प्राप्त करने वाले को जब प्रेषक की ओ र से पुनः स्मरण कराया जाता हे अथति प्रत्युत्तर देने हेतु याद दिलाया जाता है तो ऐसे पत्रों को अनुस्मारक पत्र कहते हैं।
इसका प्रारूप स र कारी पत्र का ही होता है किन्तु विषय सामग्री संक्षिप्त होती है। इसमें विषय के नीचे संदर्भ थीर्षक लगाकर पूर्व पत्र के क्रमांक एवं दिनांक का उल्लेख अवश्य क र ना चाहिए।

84(A). अर्द्धसरकारी पत्र को उत्तम पुरुष शैली में लिखा जाता है। सरकारी पत्र प्रथम पुरुष में लिखा जाता है। जबकि अर्द्धसरकारी पत्र उत्तम पुरुष या द्वितीय पुरुष में लिखा जाता है। सरकारी पत्र की भाषा आदेशात्म होती है। जबकि अर्द्धसरकारी पत्र की भाषा मैत्रीपूर्ण, सौम्य तथा शालीन होती है।

85(A). "तरनि तनूजा तट तमाल तरुवर बहु छाये"। प्रस्तुत पंक्ति के रचयिता भारतेन्दु हरिश्चंद्र हैं।
भारतेन्दु हरिश्चन्द्र आधुनिक हिंदी साहित्य के पितामह कहे जाते हैं। वे हिन्दी में आधुनिकता के पहले रचनाकार थे। इनका मूल नाम 'हरिश्चन्द्र' था, 'भारतेन्दु' उनकी उपाधि थी। तरनि तनूजा तट तमाल तरुवर बहु छाए पंक्ति भारतेन्दु हरिश्चंद्र की प्रसिद्ध कविता यमुना-वर्णन से ली गयी है।

86(A). वीरगाथा काल के सर्वश्रेष्ठ कवि चन्दबरदाई माने जाते हैं।
चंदबरदाई हिन्दी साहित्य के आदिकालीन कवि तथा पृथ्वीराज चौहान के मित्र थे। उन्होने पृथ्वीराज 'रासो' नामक प्रसिद्ध हिन्दी ग्रन्थ की रचना की जिसमे उन्होंने महाराज पृथ्वीराज के युद्ध का वर्णन किया है। इसमें उनके वीरतापूर्ण युद्धों और प्रेम-प्रसंगों का कथन है। अत: इसमें वीर और श्रृंगार दो ही रस है।

87(D). हिन्दी कविता को छंदों की परिधि से मुक्त कराने वाले कवि सूर्यकांत त्रिपाठी निराला थे।
सूर्यकांत त्रिपाठी 'निराला' हिन्दी कविता के छायावादी युग के चार प्रमुख स्तंभों में एक माने जाते हैं। उन्होंने कई कहानियाँ, उपन्यास और निबंध भी लिखे हैं किन्तु उनकी ख्याति विशेषरुप से कविता के कारण ही है।

88(A). "धर्मवीर भारती स्वातंत्र्य के विरोधी कवि हैं" यह कथन यहाँ गलत है। धर्मवीर भारती पर आधारित प्रमुख बिंदु है-
आधुनिक लेखक और विचारक
गुनाहों का देवता उपन्यास में किशोर भावुकता का परिचय
कहानियों और कविताओं में मिथकीय संदर्भ

89(A). "शगुन अपशगुन" पर वर्णित आत्मकथा मुर्दहिया है। मुर्दहिया दलित साहित्यकार डॉ. तुलसीराम की आत्मकथा है।

90(B). "मेरी पत्नी और भेड़िया", "दलित आत्मकथा" है। मेरी पत्नी और भेड़िया "धर्मवीर" की रचना है।

91(B). "अर्द्ध कथा" ,"नगेंद्र" जी की रचना है। अतः उपर्युक्त विकल्पों में से विकल्प (B) नगेंद्र सही है तथा अन्य विकल्प असंगत हैं।

92(B). महावीर प्रसाद द्विवेदी को वर्ष 1903 में 'सरस्वती पत्रिका' के सम्पादक के रूप में नियुक्त किया गया।अन्य विकल्प असंगत है।सरस्वती हिन्दी साहित्य की प्रसिद्ध रूपगुणसम्पत्र प्रतिनिधि पत्रिका थी। इस पत्रिका का प्रकाशन इलाहाबाद से सन 1900 ई० के जनवरी मास में प्रारम्भ हुआ था। 32 पृष्ठ की क्राउन आकार की इस पत्रिका का मूल्य 4 आना मात्र था। 1903 ई० में महावीर प्रसाद द्विवेदी इसके संपादक हुए ओर 1920 ई० तक रहे ।

93(D). जूही की कली, नयी कविता के प्रथम अंक में प्रकाशित हुई थी।
- जूही की कली नयी कविता के प्रथम अंक में प्रकाशित हुई थी।
- जूही की कली कविता छायावादी कवि सूर्य कांत त्रिपाठी 'निराला' द्वारा उद्धृत है।
- जूही की कली कविता परिमल में संकलित है।
- जूही की कली' कविता में जूही की कली और पवन का मानवीकरण किया गया है
- नायिका जूही की कली नायक पवन के वियोग में है।
- नायक पवन उसे छोड़ कर दूर मलयगिरि को पर्वत पर चला गया है।

94(A). लेखक के अनुसार प्रत्यक्ष अनुभव वह होता है। जिसकी अनुभूति उसे लिखने के लिए प्रेरित करती है व स्वयं को जानने के लिए भी वह लिखने के लिए प्रेरित होता है। इसलिए लेखक, लेखन के लिए अनुभूति को अधिक महत्व देता है

95(C). प्राथमिक स्तर की कक्षा में भिन्न-भिन्न प्रान्तों के अलग-अलग भाषा बोलने वाले बच्चों का नामांकन हुआ है। ऐसी स्थिति में भाषा बच्चों के भाषाई विकास के संदर्भ में अनमोल संसाधन के रूप में कार्य करती है । यह इकाई कई कक्षाओं की उस वास्तविकता के बारे में है जहाँ विद्यार्थियों की मातृभाषा और विद्यालय की भाषा समान नहीं होती है। ऐसी परिस्थितियों को अक्सर चुनौतीपूर्ण माना जाता है। इस इकाई का उद्देश्य बहुभाषावाद के प्रति जागरूकता और सकारात्मक समझ को उजागर करना है।
अतः विकल्प (C) सही है ।

96(D). भाषा सम्प्रेषण द्वारा भाषा अभिव्यक्ति शब्दों के रूप में होती है। बच्चे भाषिक वातावरण द्वारा स्वतः भाषा अर्जित करते हैं तथा आपस में स्वच्छन्द विचारों से भाषा का आदान-प्रदान करते हैं। भाषा की कक्षा में शिक्षक बच्चों से स्वतः अर्जित भाषा का ज्ञान बाँटने की अपेक्षा करते हैं।
अतः विकल्प (D) सही है ।

97(D). भाषा-प्रयोग की क्षमता बच्चों का सतत् आकलन करने में सबसे महत्वपूर्ण है यह इकाई निर्माणात्मक आकलन के माध्यम से छात्रों के भाषा सीखने की सहायता करने के बारे में है। इस तरह का आकलन सतत् होता है और सारे स्कूली वर्ष के दौरान नियमित रूप से किया जाता है।
अतः विकल्प (D) सही है ।

98(D). लिखते समय शब्दों के अक्षरों को छोड़ देना जैसे-पढ़ती को पती, अभिनव को अनव लिखना- इसका सबसे अधिक कारण हो सकता है कि- बच्चों के विचार और लिखने की गति में सामंजस्य न होना ।
अतः विकल्प (D) सही है ।

99(A). भाषा व साक्षरता विद्यालय में पढ़ाए जाने वाले सभी विषय सीखने के लिए आवश्यक हैं। छात्र सुनने, बात करने, पढ़ने व लिखने के माध्यम से व विशेष विषयों से संबद्ध विशिष्ट शब्दों, वाक्यांशों व विन्यास को समझकर त उनका उपयोग करके ज्ञान को आत्मसात करते हैं। पाठ्य-पुस्तक का नया पाठ आरंभ करने से पहले अध्यापक के लिए आवश्यक है कि वह पाठ के मूल भाव पर बातचीत करें।
अतः विकल्प (A) सही है ।

100(B). वाईगोत्स्की के अनुसार किसी शब्द का अर्थ सामाजिक-सांस्कृतिक संदर्भ से उपजता है। संस्कृति और मानव सूमहों की अंतः क्रियाओं का नैरंतर्य सांस्कृतिक प्रगति एवं सामाजिक संबंध का प्रेरक होता है। सामाजिक संरचना और सांस्कृतिक प्रतिमान अंतसंबद्ध होते हैं। मानव समाज में इनका पृथक अस्तित्व असंभव है। यदि सामाजिक संरचना समान जीवनपद्धति है। यदि सामाजिक संरचना सामाजिक संबंधों का समुच्चय है तो संस्कृति इन संबंधों का आधार है।
अतः विकल्प (B) सही है ।

Ques (1-4): निर्देश : नीचे दिए गए गद्यांश को पढ़कर सबसे उचित विकल्प का चयन कीजिए:

एक धनी युवक संत के पास यह पूछने के लिए गया कि उसे अपने जीवन में क्या करना चाहिए | संत उसे कमरे की खिडकी तक ले गए और उससे पूछा, "तुम्हें काँच के परे क्या दिख रहा है?" "सडक पर लोग आ-जा रहे हैं और एक बेचारा गरीब व्यक्ति भीख माँग रहा है |"

इसके बाद संत ने उसे एक बडा दर्पण दिखाया और पूछा, "अब इस दर्पण में देखकर बताओ कि तुम क्या देखते हो |" "इसमें मैं खुद को देख रहा हूँ |"

"ठीक है, दर्पण में तुम दूसरों को नहीं देख सकते | तुम जानते हो कि खिडकी में लगा काँच और यह दर्पण एक ही मूल पदार्थ से बने हैं | तुम स्वयं की तुलना काँच के इन दोनों रूपों से करके देखो | जब यह साधारण है तो तुम्हें सभी दिखते हैं और उन्हें देखकर तुम्हारे भीतर करुणा जागती है और जब इस काँच पर चाँदी का लेप हो जाता है, तो तुम केवल स्वयं को देखने लगते हो |"

"तुम्हारा जीवन भी तभी महत्त्वपूर्ण बनेगा जब तुम अपनी आँखों पर लगी चाँदी की परत को उतार दो |"

1. संत ने युवक को काँच और दर्पण क्यों दिखाए?
- (a) काँच और दर्पण के मूल पदार्थ के बारे में बताने के लिए
- (b) सडक पर आने-जाने वाले लोगों के प्रति दया भाव जाग्रत करने के लिए
- (c) युवक को स्वयं का असली चेहरा दिखाने के लिए
- (d) यह समझने में युवक की मदद करने के लिए कि उसे क्या करना चाहिए

2. "दर्पण में हम दूसरों को नहीं देख सकते |" इस वाक्य का निहितार्थ है –
- (a) दर्पण हमें स्वयं तक सीमित कर देता है
- (b) दर्पण में तो देखने वाला ही देख सकता है
- (c) दूसरों को केवल खिडकी के काँच से देखा जा सकता है
- (d) दर्पण का प्रयोग बिल्कुल भी नहीं करना चाहिए

3. "...अपनी आँखों पर लगी चाँदी की परत को उतार दो |" इस वाक्य का निहितार्थ है –
- (a) चाँदी की परत हानिकारक है, इसे हटा देना चाहिए
- (b) निष्पक्ष भाव से चीजों, व्यक्तियों, घटनाओं को देखना
- (c) आँखों की देखभाल करना जरूरी है
- (d) ऐश्वर्य, साधनों से दूर रहना चाहिए

4. 'स्वयं को देखने लगते हो' का निहितार्थ है:
- (a) स्वयं को निहारना
- (b) हमारी सोच का स्व-केंद्रित होना
- (c) स्वयं के गुण-दोषों का विश्लेषण करना
- (d) अपनी कमियों को दूर करना

Ques (5-12): निर्देश: दिए गए गद्यांश को पढ़कर, पूछे गए प्रश्नों के लिए सबसे उपयुक्त विकल्प का चयन कीजिए।

मैं एक और उदाहरण देता हूँ। मैं हिंदी फिल्मों में काम करता हूँ और सभी जानते हैं कि इन फिल्मों के गीत और संवाद ज़्यादातर उर्दू में लिखे जाते हैं। उर्दू में लिखी फिल्म को हिंदी फिल्म कहते हैं तो माना जाना चाहिए कि हिंदी और उर्दू एक ही हैं। पर नहीं, क्योंकि हमारे ब्रिटिश मालिकों ने अपने समय पर इन्हें दो अलग भाषाएँ कहा था इसलिए ये अलग हैं। आज़ादी के पच्चीस साल बाद भी हमारी हुकूमत, हमारे विश्वविद्यालय, विद्वान हिंदी और उर्दू को अलग-अलग भाषा माने हुए हैं। क्या आपने संसार के किसी और देश में ऐसा सुना है कि वहाँ लोग बोलते एक भाषा हैं, पर लिखते समय वे ही दो भाषाएँ बन जाती हैं? कोई भी भाषा किसी भी लिपि में लिखी जा सकती है। मेरी मातृभाषा पंजाबी के लिए दो लिपियाँ कबूल की गयी हैं। हिन्दुस्तान में गुरुमुखी और पाकिस्तान में फारसी। दो लिपियों में लिखी जाने पर भी वह भाषा तो एक ही रहती है- पंजाबी! तो फिर दो लिपियों में लिखी जाने के कारण हिंदी और उर्दू अलग-अलग भाषाएं कैसे हो गयीं?

5. हिंदी और उर्दू को अलग - अलग भाषाओं में बाँटने का कार्य किया-
1. फिल्मों ने
2. कलाकारो ने
3. ब्रिटिशों ने
4. गीतों ने

- (a) 1
- (b) 2
- (c) 3
- (d) 4

6. गद्यांश के अनुसार हिंदी और उर्दू में केवल _____ का अंतर है।
1. ध्वनि
2. वाक्य
3. शब्द
4. लिपि

- (a) 1
- (b) 2
- (c) 3
- (d) 4

7. पंजाबी भाषा की किन दो लिपियों की बात गद्यांश में की गई है?
1. गुरुमुखी और फारसी
2. गुरुमुखी और देवनागरी
3. देवनागरी, फारसी
4. गुरुमुखी, अरबी

- (a) 1
- (b) 2
- (c) 3
- (d) 4

8. गद्यांश के अनुसार एक ही भाषा अलग लिपि में लिखे जाने पर-
1. अलग भाषा-परिवार हो जाती है
2. अलग भाषा बन जाती है
3. अलग भाषा नहीं बन जाती है
4. अलग बोली बन जाती है

- (a) 1
- (b) 2
- (c) 3
- (d) 4

9. गद्यांश में ब्रिटिशों द्वारा की _____ कुटिल राजनीति की चर्चा की गई है-
1. हिंदी
2. उर्दू
3. फारसी
4. भाषा

- (a) 1
- (b) 2
- (c) 3
- (d) 4

10. समूह में से भिन्न शब्द है-
1. हिंदी
2. उर्दू
3. फारसी
4. लिपि

- (a) 1
- (b) 2
- (c) 3
- (d) 4

11. गीत का बहुवचन रूप है-
1. गीतों
2. गीत
3. गीतियाँ
4. गीतें

- (a) 1
- (b) 2
- (c) 3
- (d) 4

12. ' कबूल की गयी है' वाक्यांश में रेखांकित अंश के स्थान पर कौन-सा शब्द आएगा?
1. स्वीकार
2. विकल्पि
3. निर्मित
4. उजागर

- (a) 1
- (b) 2
- (c) 3
- (d) 4

Ques (13-20): निर्देश: नीचे दिए गए गद्यांश को पढ़कर सबसे उचित विकल्प का चयन कीजिए:

समाज में पाठशालाओं, स्कूलों अथवा शिक्षा की दूसरी दुकानों की कोई कमी नहीं है। छोटे से छोटे बच्चे को माँ-बाप स्कूल भेजने की जल्दी करते हैं। दो-ढाई साल के बच्चे को भी स्कूल में बिठाकर आ जाने का आग्रह भी हर घर में बना हुआ है। इसके विपरीत हर घर की दूसरी सच्चाई यह भी है कि कोई भी माँ-बाप बालकों के बारे में, और साथ ही सच्चा एवं अच्छा माता-पिता अथवा अभिभावक होने का शिक्षण कहीं से भी प्राप्त नहीं करता। माता-पिता बनने से पहले किसी भी नौजवान जोड़े को यह नहीं सिखाया जाता है कि माँ – बाप बनने का अर्थ क्या है? इससे पहले किसी भी जोड़े को यह भी नहीं सिखाया जाता कि अच्छे और सच्चे दाम्पत्य की शुरुआत कैसे की जानी चाहिये? पति-पत्नी होने का अर्थ क्या है? यह भी कोई नहीं बताता। परिणाम साफ है कि जीवन शुरू होने से पहले ही घर टूटने – बिखरने लगते हैं। घर बसाने की शाला न आज तक कहीं खुली है और न खुलती दिखती है। समाज और सत्ता दोनों या तो इस संकट के प्रति सजग नहीं है या फिर इसे अनदेखा कर रहे हैं।

13. माता-पिता को बच्चों की सही शिक्षा के बारे में जानना क्यों जरूरी है?
- (a) ताकि बच्चों को उच्च डिग्रियाँ प्राप्त करवाई जा सकें।
- (b) ताकि बच्चे स्वयं प्रवेश लेने योग्य बन सकें।
- (c) जिससे बेहतर समाज का निर्माण किया जा सके।
- (d) बच्चों को ज्ञानवान बनाया जा सके।

14. समाज और सत्ता किसके प्रति सजग नहीं है?
- (a) ज्ञानवान समाज न बन पाने के घोर संकट के प्रति
- (b) घर बसाने की शिक्षा देने वाली शाला खोलने के प्रति
- (c) माता-पिता द्वारा बच्चों का पालन-पोषण न करने के प्रति
- (d) अभिभावकों के द्वारा शिक्षा प्राप्त न करने के प्रति

15. लेखक के अनुसार सबसे पहले क्या जानना ज़रूरी है?
- (a) बच्चों के बारे में
- (b) बच्चों की शिक्षा के बारे में
- (c) माता-पिता के शिक्षा-स्तर को
- (d) दाम्पत्य की शुरूआत कैसे की जानी चाहिए

16. 'माता-पिता' किस प्रकार का शब्द-युग्म है?
- (a) सार्थक शब्द युग्म
- (b) निरर्थक शब्द युग्म
- (c) पुनरुक्त शब्द युग्म
- (d) सार्थक-निरर्थक शब्द युग्म

17. 'भी' शब्द क्या है?
- (a) क्रिया-विशेषण
- (b) संबंधवाचक
- (c) निपात
- (d) क्रिया

18. 'इसके विपरीत हर घर की दूसरी <u>सच्चाई</u> यह भी है कि ___' वाक्य के रेखांकित अंश का समानार्थी शब्द क्या है?
- (a) तास्तिक
- (b) वास्तविकता
- (c) सद्वचन
- (d) सूक्ति

19. घर के टूटने-बिखरने का मुख्य कारण क्या है?
- (a) माता-पिता बनने का अर्थ न जानना
- (b) दाम्पत्य का अर्थ न जानना
- (c) घर बसाने की जल्दी करना
- (d) बच्चों के बारे में न जानना

20. हर घर में किस चीज़ का आग्रह बना हुआ है?
- (a) बहुत छोटे बच्चे को स्कूल में पढ़ाने का
- (b) बहुत छोटे बच्चे को दुकान भेजने का
- (c) बहुत छोटे बच्चे को स्कूल में बिठाकर आने का
- (d) बच्चों को स्कूल न भेजने का

21. रामचंद्रिका किसकी रचना है?
- (a) तुलसीदास
- (b) केशवदास
- (c) सूरदास
- (d) कबीरदास

22. "नैन नचाई, कहो मुस्काई, लला फिर आएवो खेलन होरी".....पंक्तियाँ

है:
- (a) ठाकुर
- (b) बोधा
- (c) आलम
- (d) पद्माकर

23. रीतिकाल के कवि कौन से नहीं है?
- (a) वृन्द कवि
- (b) ग्वाल कवि
- (c) भिखारी दास
- (d) नामदेव

24. 'संतन को कहाँ सीकरी सों काम' यह काव्य पंक्ति किसकी है?
- (a) सूरदास
- (b) छीतस्वामी
- (c) कुंभनदास
- (d) नंददास

25. इन्द्रावती किसकी रचना है?
- (a) कुतुबन
- (b) शेख नबी
- (c) नूर मुहम्मद
- (d) उसमान

26. मधुमालती के रचनाकार कौन हैं?
- (a) उसमान
- (b) नूर मुहम्मद
- (c) कुतुबन
- (d) मंझन

27. रामध्यानमंजरी किसकी रचना है?
- (a) नाभादास
- (b) अग्रदास
- (c) तुलसीदास
- (d) केशवदास

28. 'सरहपा' का संबंध निम्नांकित में से किससे है?
- (a) जैन काव्य
- (b) नाथ साहित्य
- (c) सिद्ध साहित्य
- (d) रासो काव्य

29. पृथ्वी राज रासो को किस रचनाकार ने पूर्ण किया था?
- (a) दलपति विजय
- (b) नरपति नाल्ह
- (c) नल्ल सिंह
- (d) जल्हण

30. विकल्पों में दिए गए लेखक और उनकी रचनाओं के युग्म में कौन सही सुमेलित नहीं है?
- (a) महादेवी वर्मा - नीहार
- (b) केशवदास - कविप्रिया
- (c) सुमित्रानन्दन पन्त - अनामिका
- (d) रामकुमार वर्मा - आकाशगंगा

31. विकल्पों में दिए गए लेखक और उनकी रचनाओं के युग्म में कौन सही सुमेलित नहीं है?
- (a) श्रीधर पाठक - कश्मीर सुषमा
- (b) महादेवी वर्मा - उर्वशी
- (c) कबीरदास - रमैनी
- (d) सभी विकल्प सही सुमेलित हैं

32. विकल्पों में दिए गए लेखक और उनकी रचनाओं के युग्म में कौन सही सुमेलित नहीं है?
- (a) सूर्यकान्त त्रिपाठी - कुकुरमुत्ता
- (b) सुभद्राकुमारी चौहान - मुकुल
- (c) धर्मवीर भारती - गुनाहों का देवता
- (d) उपरोक्त सभी सही सुमेलित हैं

33. 'नैन नचाय कही मुसकाय, लला फिर आइयो खेलन होरी' पंक्ति का रचयिता कौन है?
- (a) पद्माकर
- (b) घनानन्द
- (c) रसाकर
- (d) बिहारी

34. "इति आवत चली जात उत, चली, छसातक हाथ। चढी हिंडोरे सी रहे, लगी उसासनु साथ॥" पंक्तियाँ किस कवि की है?
- (a) बिहारी
- (b) चन्दबरदाई
- (c) रसखान
- (d) तुलसीदास

35. 'युग की गंगा' नामक संग्रह में क्या वर्णन है?
- (a) यथार्थवादी रचनाएं
- (b) धार्मिक रचनाएँ

(c) बौद्धिक दृष्टिकोण   (d) इनमें से कोई नहीं

36. 'वापसी' किसकी रचना है?
- (a) मन्नू भंडारी
- (b) उषा प्रियंवदा
- (c) उदय प्रकाश
- (d) मोहन राकेश

37. निम्न में से चन्द्रगुप्त नाटक का पात्र कौन है?
- (a) अलका
- (b) बाणभट्ट
- (c) भट्टिनी
- (d) निपुणिका

38. यह कथा ज्योति की है, अंधो के लिए- कथन है:
- (a) मुक्तिबोध
- (b) धर्मवीर भारती
- (c) दिनकर
- (d) महाप्राण निराला

39. कालिदास और मल्लिका से सम्बन्धित नाटक है:
- (a) एक और द्रोणाचार्य
- (b) आषाढ़ का एक दिन
- (c) लहरों के राजहंस
- (d) बकरी

40. रचनाकार और रचना से संबंधित कौन सा विकल्प सही नहीं है?
- (a) अलका सरावगी – कलिकथा : वाया बाईपास
- (b) कैलाश वाजपेयी – हवा में हस्ताक्षर
- (c) मनोहरश्याम जोशी – क्याप
- (d) अमरकांत – कितने पाकिस्तान

41. राही मासूम रजा के द्वारा रचित उपन्यास नहीं है-
- (a) टोपी शुक्ला
- (b) दिल एक सादा कागज
- (c) समर शेष है
- (d) कटरा बी आर्जू

42. सूर्यकांत त्रिपाठी निराला किस पत्रिका से सम्बन्धित नहीं थे?
- (a) सुधा
- (b) इंदु
- (c) समन्वय
- (d) मतवा

43. निम्न में से भारतेंदु जी का नाटक कौन सा है?
- (a) दुर्लभ बंधु
- (b) बकरी
- (c) महाभोज
- (d) स्कन्दगुप्त

44. आचार्य रामचंद्र शुक्ल ने रीतिकाल का समय माना है:
- (a) संवत् 1600 - 1800
- (b) संवत् 1700 - 1900
- (c) संवत् 1500 - 1750
- (d) संवत् 1600 - 1850

45. हिंदी साहित्य के आरंभिक काल को 'आदिकाल' किसने कहा?
- (a) आचार्य रामचंद्र शुक्ल
- (b) रामकुमार वर्मा
- (c) आचार्य हजारी प्रसाद द्विवेदी
- (d) इनमें से कोई नहीं

46. प्रिय-प्रवास किस युग की रचना है?
- (a) द्विवेदी युग
- (b) छायावाद युग
- (c) प्रगतिवाद युग
- (d) प्रयोगवाद युग

47. सन् 1975 के बाद की कविता को इनमें से क्या नाम दिया गया?
- (a) नयी कविता
- (b) समकालीन कविता
- (c) अकविता
- (d) नवगीत

48. खड़ी बोली में प्रथम महाकाव्य 'प्रियप्रवास' के रचयिता है:
- (a) भारतेंदु हरिश्चन्द्र
- (b) अयोध्या सिंह उपाध्याय 'हरिऔध'
- (c) माखनलाल चतुर्वेदी
- (d) केशवदास

49. निम्नलिखित काव्य पंक्तियाँ किस कृति की है-
"रह चिर दिन तू हरी भरी,
बढ़, सुख से बढ़, सृष्टि सुंदरी।"

- (a) साकेत
- (b) यशोधरा
- (c) पंचवटी
- (d) युगधारा

50. निम्नलिखित मे से कौन-सी कृति मुक्तिबोध की नहीं है-
- (a) चांद का मुंह टेढ़ा है
- (b) शुद्ध कविता की खोज
- (c) काठ का सपना
- (d) कामायनी: एक पुनर्विचार

51. अधिकार खोकर बैठना यह महादुष्कर्म है। इस पंक्ति के रचयिता है:
- (a) रामधारी सिंह दिनकर
- (b) मैथिलीशरण गुप्त
- (c) निराला
- (d) सुभद्रा कुमारी चौहान

52. 'साखी' किस कवि का काव्य-संग्रह है?
- (a) केदारनाथ सिंह
- (b) कुंवरनारायण
- (c) मलयज
- (d) विजयदेव नारायण साही

53. भारत-भारती का प्रकाशन किस वर्ष हुआ?
- (a) 1912 ई.
- (b) 1914 ई.
- (c) 1916 ई.
- (d) 1918 ई.

54. "अबला जीवन हाय तुम्हारी यही कहानी
आँचल में है दूध और आँखो में पानी।"
यह पंक्ति किस काव्यकृति की है?
- (a) कामायनी
- (b) साकेत
- (c) यशोधरा
- (d) वह तोड़ती पत्थर

55. महादेवी वर्मा का प्रथम काव्य संकलन है:
- (a) रश्मि
- (b) निहार
- (c) वाणी
- (d) यामा

56. रचनाकाल के अनुसार निम्नलिखित कवियों का सही अनुक्रम है:
- (a) सरहपा, पुष्पदंत, अददहमाण, लुइपा
- (b) लुइपा, सरहपा, अददहमाण, पुष्पदंत
- (c) पुष्पदंत, सरहपा, लुइपा, अददहमाण
- (d) सरहपा, लुइपा, पुष्पदंत, अददहमाण

57. "महापुराण" किसकी रचना है?
- (a) हेमचन्द्र
- (b) पुष्प दंत
- (c) देवसेन
- (d) शालिभद्र सूरी

58. जायसी की किस रचना का सम्बन्ध क़यामत के वर्णन से है?
- (a) चित्ररेखा
- (b) अखरावट
- (c) आखिरी कलाम
- (d) पद्मावत

59. सारे इश्तहार उतार लिए गए है, पंक्तियाँ है-
- (a) नक्सलबाड़ी
- (b) मोचीराम
- (c) अँधेरे में
- (d) ब्रह्मा राक्षस

60. निम्नलिखित में से ज्ञानेंद्रपति की रचना कौनसी है?
- (a) संशयात्मा
- (b) कहीं नहीं वहीं
- (c) कोई दूसरा नहीं
- (d) मोहनदास

61. निम्नलिखित में से कौन भारतीय ज्ञानपीठ पुरस्कार प्राप्त रचना नहीं है:
- (a) उर्वशी
- (b) चिदम्बरा
- (c) दीपशिखा
- (d) कितनी नावों में कितनी बार

62. "अबला जीवन हाय तुम्हारी यही कहानी
आँचल में है दूध और आँखो में पानी।"
यह पंक्ति किस काव्यकृति की है?
- (a) कामायनी
- (b) साकेत
- (c) यशोधरा
- (d) वह तोड़ती पत्थर

63. 'प्रेमशतक' के रचनाकार है-

(a) जगन्नाथदास रलाकर   (b) दुलारेलाल भार्गव
(c) वियोगी हरि   (d) अंबिकादत व्यास

64. 'नयी कविता' के प्रथम अंक में 'निराला' की किस कविता का अनेक कविता का अनेक कवियों द्वारा सामूहिक रूपांतर प्रकाशित हुआ था?
(a) वनवेला   (b) यमुना के प्रति
(c) वह तोड़ता पत्थर   (d) जूही की कली

65. 'अकाल में सारस' किसकी रचना है?
(a) अशोक बाजपेयी   (b) केदारनाथ सिंह
(c) विष्णु प्रभाकर   (d) अमरकांत

66. 'सुजन' से कौन सी भाववाचक संज्ञा बनती है?
(a) सौजन्यता   (b) साजनता
(c) सौजन्य   (d) सज्जनता

67. जातिवाचक संज्ञा बताएं:
(a) लड़का   (b) सेना
(c) श्याम   (d) दुःख

68. 'येभ्यः' पद में सर्वनाम शब्द है-
(a) इदम्   (b) या
(c) यत्   (d) एतत्

69. 'वह स्वतः ही जान जाएगा' में 'वह' सर्वनाम है –
(a) सम्बन्धित वाचक सर्वनाम   (b) अनिश्चयवाचक सर्वनाम
(c) निजवाचक सर्वनाम   (d) पुरुषवाचक सर्वनाम

70. किस वाक्य में 'अकर्मक' क्रिया नहीं है?
(a) बच्चा गहरी नींद में सो रहा था
(b) मजदूर छाया में सुस्ता रहा था
(c) बालक पतंग उड़ा रहा था
(d) दो छात्र बातें करते हुए जोर-जोर से हँस रहे थे

71. किस वाक्य में पूर्वकालिक क्रिया का प्रयोग हुआ है?
(a) वह नहाकर पढ़ेगा
(b) रेलगाड़ी स्टेशन पर पहुँच चुकी थी
(c) थोड़ी देर पहले पानी बरस रहा था
(d) घंटा लगते ही वह चल पड़ा

72. राम ने रोटी खाई में कौन सा कारक है?
(a) कर्ता कारक   (b) कर्म कारक
(c) सबध कारक   (d) करण कारक

73. "पेड़ से फल गिरा।" में कौन सा कारक है?
(a) संबंध कारक   (b) कर्म कारक
(c) करण कारक   (d) अपादान कारक

74. 'समुद्र का भीतरी हिस्सा रहस्यमयी है'- वाक्य में रेखांकित शब्द कौन सा विशेषण है?
(a) गुणवाचक   (b) संबंधवाचक
(c) तुलनाबोधक   (d) सार्वनामिक

75. के 'घना' शब्द में कौन सा विशेषण होगा?
(a) परिमाणवाचक विशेषण   (b) संख्यावाचक विशेषण
(c) गुणवाचक विशेषण   (d) सार्वनामिक विशेषण

76. जिस समास में पूर्व-पद गौण तथा उत्तर पद प्रधान हो, उसे कौन-सा समास कहते हैं?
(a) द्वंद्व समास   (b) बहुब्रीहि समास
(c) द्विगु समास   (d) तत्पुरुष समास

77. 'भलामानस' में कौन सा समास है?
(a) कर्मधारय समास   (b) तत्पुरुष समास
(c) अव्ययीभाव समास   (d) बहुव्रीहि समास

78. "खीरे-ककड़ी की तरह काटना" का अर्थ है:
(a) कठिन काम के लिए प्रेरित करना
(b) अत्यधिक प्रशंसा करना
(c) अप्रिय लगना
(d) अंधाधुंध मारना-काटना

79. "गिन-गिनकर पैर रखना" का अर्थ है:
(a) सुस्त चलना, हद से ज्यादा सावधानी बरतना
(b) क्रोध दबाना
(c) लापता होना
(d) गरीब के घर में गुणवान का उत्पत्र होना

80. किस प्रकार के पत्र मे संलग्रक का उल्लेख किया जाता है?
(a) सरकारी पत्र   (b) अनौपचारिक पत्र
(c) पारिवारिक पत्र   (d) व्यक्तिगत पत्र

81. विद्यालय में अवकाश के लिए प्रार्थना-पत्र किसे सम्बोधित कर लिखा जाता है?
(a) प्रधानाध्यापक   (b) कक्षा अध्यापक
(c) निरीक्षक   (d) कक्षा प्रतिनिधि

82. विद्युत आपूर्ति में बार-बार आने वाली बाधा को दूर करने के लिए प्रकार का पत्र लिखा जाएगा?
(a) प्रार्थना-पत्र   (b) निजी क्षेत्र
(c) शिकायती-पत्र   (d) व्यावसायिक-पत्र

83. कार्यालयी-पत्र में अधोलेख में निम्न में क्या नहीं हो सकता?
(a) प्रेषक का नाम   (b) विभाग का नाम
(c) स्थान का उल्लेख   (d) प्रेषिति का पदनाम

84. व्यक्तिगत शैली में लिखे जाने वाले शासकीय पत्र को क्या कहते हैं?
(a) कार्यालय आदेश   (b) कार्यालय ज्ञापन
(c) अर्धशासकीय पत्र   (d) राजाज्ञा या शासनादेश

85. इनमे से कौन 'युगांत' के रचयिता है?
(a) सूर्यकांत त्रिपाठी निराला   (b) बाल कृष्ण शर्मा नवीन
(c) सुमित्रानन्दन पंत   (d) माखन लाल चतुर्वेदी

86. निर्गुण भक्ति काव्य के प्रमुख कवि कौन थे?
(a) सूरदास   (b) तुलसीदास
(c) कबीरदास   (d) केशवदास

87. 'अतीत के चलचित्र' के रचयिता ________ हैं।
(a) जयशंकर प्रसाद   (b) सूर्यकांत त्रिपाठी 'निराला'
(c) महादेवी वर्मा   (d) सुमित्रानंदन पंत

88. अंधा युग नाटक का नायक कौन है?
(a) श्री कृष्ण   (b) अर्जुन
(c) दुर्योधन   (d) अश्वत्थामा

89. लाला भगवान दास की कहानी कौनसी है?
(a) रक्षाबन्धन
(b) दुनिया का सबसे अनमोल रतन
(c) चन्द्रलोक की यात्रा
(d) प्लेग की चुड़ैल

90. कमलेश्वर ने कहानी के किस आन्दोलन की शुरूआत की थी:

(a) अकहानी
(b) सहज कहानी
(c) सचेतन कहानी
(d) समांतर कहानी

91. "किसी बात का टोटा होने पर उसे पूरा करने की इच्छा होती है, दुःख होने पर उसे मिटाना चाहते हैं। यह स्वभाव है।"
उपर्युक्त कथन किस निबन्ध से उद्धृत है?

(a) प्रिया नीलकंठी (कुबेरनाथ राय)
(b) समाज और कर्तव्यपालन (गुलाब राय)
(c) कछुआ धर्म (चंद्रधर शर्मा गुलेरी)
(d) ताज (रघुवीर सहाय)

92. निम्नलिखित निबन्ध संग्रहों को उनके लेखकों के साथ सुमेलित कीजिए:

सूची-1	सूची-2
A. आस्था और सौन्दर्य	I. अध्यापक पूर्ण सिंह
B. अनुसंधान और आलोचना	II. नामवर सिंह
C. आचरण की सभ्यता	III. नगेन्द्र
D. वाद विवाद संवाद	IV. रामविलास शर्मा

(a) A-IV, B-III, C-I, D-II
(b) A-I, B-II, C-III, D-IV
(c) A-II, B-III, C-IV, D-I
(d) A-III, B-IV, C-II, D-I

93. "और अब तो हवा भी बुझ चुकी है
और सारे इश्तहार उतार लिए गए हैं
जिनमें कल आदमी -
अकाल था।......."
उपर्युक्त पंक्तियाँ किस कवि की हैं?

(a) नागार्जुन
(b) मुक्तिबोध
(c) धूमिल
(d) लीलाधर जगूड़ी

94. जार्ज पंचम की नाक के लिए हथियार बंद पहरेदार क्यों नियुक्त किए गए थे ?

(a) जार्ज पंचम की नाक बहुत सुंदर थी
(b) कुछ लोग उसकी नाक तोड़ देना चाहते थे
(c) वे जार्ज पंचम को इंग्लैंड भेजना चाहते थे
(d) वे नाक को दोबारा बनवाना चाहते थे

95. क्या भाषा शिक्षण की पद्धति नहीं है?

(a) मॉण्टेसरी
(b) किण्डरगार्टन
(c) डैब्राली
(d) अभिक्रमित अनुदेशन

96. 'बालक की प्रारम्भिक शिक्षा उसकी मातृभाषा में दी जाये' यह मानना था?

(a) महात्मा गाँधी का
(b) मॉण्टेसरी का
(c) प्रॉबेल का
(d) क्लिपैट्रिक का

97. व्याकरण शिक्षण के लिये उपयुक्त नहीं है?

(a) निगमन प्रणाली
(b) आगमन प्रणाली
(c) अव्याकृति प्रणाली
(d) कक्षाभिनय प्रणाली

98. हिन्दी गद्य-शिक्षण की पाठ-योजना में उद्देश्य कथन आता है?

(a) प्रस्तावना प्रश्न के पश्चात्
(b) पूर्वज्ञान
(c) आदर्श वाचन के पश्चात्
(d) मौन वाचन के पहले

99. शब्द का अर्थ स्पष्ट करने हेतु कौन सा तरीका सर्वाधिक उपयुक्त है?

(a) व्याख्यान
(b) वाक्य प्रयोग
(c) भ्रमण
(d) चित्र-निर्माण

100. वाचन के समय पुस्तक की आँखों से दूरी होनी चाहिए?

(a) 10 इंच
(b) 9 इंच
(c) 11 इंच
(d) 12 इंच

// स्मार्ट उत्तर पुस्तिका //

सही उत्तर — उन छात्रों का प्रतिशत जिन्होंने प्रश्न का सही उत्तर दिया।

छोड़ दिया — उन छात्रों का प्रतिशत जिन्होंने प्रश्न को छोड़ दिया।

प्रश्न संख्या	उत्तर	सही उत्तर / छोड़ दिया	प्रश्न संख्या	उत्तर	सही उत्तर / छोड़ दिया	प्रश्न संख्या	उत्तर	सही उत्तर / छोड़ दिया
1	D	16.21% / 3.28%	2	A	88.21% / 0.0%	3	B	46.97% / 1.32%
4	B	49.7% / 1.61%	5	C	68.16% / 1.91%	6	D	59.24% / 1.48%
7	A	48.49% / 1.53%	8	C	48.21% / 1.54%	9	D	69.0% / 2.0%
10	D	87.1% / 0.0%	11	B	60.16% / 1.65%	12	A	56.85% / 1.96%
13	C	89.04% / 0.0%	14	B	48.15% / 1.73%	15	D	42.35% / 1.71%
16	A	53.73% / 1.87%	17	C	40.07% / 1.67%	18	B	78.0% / 0.0%
19	B	53.05% / 1.75%	20	C	42.21% / 1.33%	21	B	45.38% / 1.38%
22	D	51.76% / 1.91%	23	D	66.51% / 1.92%	24	C	19.65% / 3.34%
25	C	55.65% / 1.57%	26	D	57.78% / 1.7%	27	B	42.09% / 1.33%
28	C	31.45% / 4.56%	29	D	63.64% / 1.31%	30	C	44.16% / 1.12%
31	B	81.01% / 0.0%	32	D	64.63% / 1.55%	33	A	78.01% / 0.0%
34	A	20.8% / 4.07%	35	A	63.9% / 1.04%	36	B	58.28% / 1.18%
37	A	45.41% / 1.58%	38	B	51.92% / 1.84%	39	B	46.49% / 1.11%
40	D	44.44% / 1.09%	41	C	48.51% / 1.55%	42	B	66.1% / 1.4%
43	A	58.4% / 1.02%	44	B	65.99% / 1.26%	45	C	51.98% / 1.78%
46	A	42.56% / 1.06%	47	B	69.74% / 1.37%	48	B	52.47% / 1.19%
49	A	58.87% / 1.48%	50	B	66.5% / 1.15%	51	B	41.26% / 1.46%
52	D	64.56% / 1.14%	53	A	57.02% / 1.41%	54	C	53.31% / 1.06%
55	B	60.25% / 1.37%	56	D	42.98% / 1.7%	57	B	40.05% / 1.98%
58	C	48.43% / 1.18%	59	A	68.28% / 1.81%	60	A	69.64% / 1.81%
61	C	51.31% / 1.4%	62	C	53.72% / 1.56%	63	C	43.93% / 1.66%
64	D	58.67% / 1.05%	65	B	55.51% / 1.38%	66	C	79.26% / 0.0%
67	A	82.52% / 0.0%	68	C	43.95% / 1.25%	69	D	65.01% / 1.25%
70	C	52.87% / 1.94%	71	A	44.25% / 2.0%	72	A	45.21% / 1.37%
73	D	46.7% / 1.78%	74	B	40.1% / 1.52%	75	C	55.45% / 1.74%
76	D	67.91% / 1.87%	77	A	59.38% / 1.97%	78	D	67.07% / 1.32%
79	A	55.02% / 1.11%	80	A	52.72% / 1.2%	81	A	87.87% / 0.0%
82	C	68.97% / 1.63%	83	D	22.85% / 4.98%	84	C	68.84% / 1.54%
85	C	65.13% / 1.19%	86	C	81.71% / 0.0%	87	C	52.3% / 1.84%
88	D	42.44% / 1.61%	89	D	64.77% / 1.54%	90	D	56.33% / 1.8%
91	C	68.74%	92	A	59.39%	93	C	76.03%

		1.42%				1.3%				0.0%
94	B	64.43%	95	D		25.51%	96	A		54.93%
		1.98%				3.54%				1.92%
97	D	15.93%	98	A		67.7%	99	B		25.67%
		3.72%				1.35%				3.13%
100	D	50.85%								
		1.85%								

// संकेत और समाधान //

1(D). गद्यांश के अनुसार, ""ठीक है, दर्पण में तुम दूसरों को नहीं देख सकते। तुम जानते हो कि खिड़की में लगा काँच और यह दर्पण एक ही मूल पदार्थ से बने हैं "।
संत ने युवक को काँच और दर्पण यह समझने में युवक की मदद करने के लिए कि उसे क्या करना चाहिए दिखाए।

2(A). उपर्युक्त गद्यांश के अनुसार दर्पण में हम दूसरों को नहीं देख सकते वाक्य में निहितार्थ यह है कि दर्पण हमें स्वयं तक सीमित कर देता है। दर्पण में लगा चांदी का लेप हमें दूसरों को देखने से रोक देता है।

3(B). उपयुक्त गद्यांश के अनुसार "अपनी आँखों पर लगी चांदी की परत को उतार दो" वाक्य का अर्थ निष्पक्ष भाव से "चीजों व्यक्तियों घटनाओं" को देखना है। संत ने धनी युवक को अपनी आँखों पर लगी चांदी की परत उतारने को कहा ताकि वह इस दुनिया को निष्पक्ष रुप से देख सके।

4(B). उपर्युक्त गद्यांश के अनुसार स्वयं को देखने लगते हो से अर्थ हमारी सोच का स्व केंद्रित हो जाना है। अर्थात जब हम दर्पण में स्वयं को देखने लगते हैं तब हम अपनी सोच से परे इस दुनिया को नहीं देख पाते।

5(C). हिंदी और उर्दू को अलग - अलग भाषाओं में बाँटने का कार्य ब्रिटिशों ने किया।
- क्योंकि हमारे ब्रिटिश मालिकों ने अपने समय पर इन्हें दो अलग अलग भाषाएँ कहा था इसलिए ये अलग हैं।
- 19वीं शताब्दी के अंतिम कुछ दशकों में हिंदी-उर्दू विवाद का विस्फोट हुआ।

6(D). गद्यांश के अनुसार, हिंदी और उर्दू में केवल लिपि का अंतर है।
- दो लिपियों में लिखी जाने पर भी वह भाषा तो एक ही रहती है।
- लिपि या लेखन प्रणाली- (1) लेखन की क्रिया। (2) ध्वनियों को लिखने के लिए जिन चिन्हों का प्रयोग किया जाता है, उसे लिपि कहते है।

7(A). पंजाबी भाषा की गुरुमुखी और फ़ारसी लिपियों की बात गद्यांश में की गई है।
- मेरी मातृभाषा पंजाबी के लिए दो लिपियाँ कबूल की गयी हैं। हिंदुस्तान में गुरुमुखी और पाकिस्तान में फारसी ।
- लिपि - किसी भी भाषा की लिखावट या लिखने का ढंग।
- विभिन्न भाषाओं को लिखने के लिए किसी भी लिपि का प्रयोग किया जा सकता है।

8(C). गद्यांश के अनुसार एक ही भाषा अलग लिपि में लिखे जाने पर, वह अलग भाषा नहीं बन जाती है।
- दो लिपियों में लिखी जाने पर भी वह भाषा तो एक ही रहती है।

9(D). गद्यांश में ब्रिटिशों द्वारा भाषा की कुटिल राजनीति की चर्चा की गई है ।
- क्योंकि हमारे ब्रिटिश मालिकों ने अपने समय पर इन्हें दो अलग भाषाएँ कहा था इसलिए ये अलग है।
- ब्रिटिशों ने भारत में हिंदी-उर्दू विवाद को जन्म दिया, राजसी कार्य उर्दू में किए जाने लगे जिससे हिंदी प्रेमियों के बीच विवाद की स्थिति बनी।

10(D). समूह में लिपि भिन्न शब्द है ।
- समूह के बाकी शब्द भाषा का रूप है।
- लिपि - लेखन प्रणाली/लिखने का ढंग। किसी भी भाषा को, किसी भी लिपि में लिखा जा सकता है। लिपि के विकास के साथ ही विभिन्न भाषाओं का विकास हुआ।

11(B). गीत का बहुवचन शब्द "गीत" ही है ।
- गीत शब्द का एकवचन व बहुवचन "गीत" ही है।
- गीत शब्द का एकवचन में प्रयोग: रमा ने गीत गया।
- गीत शब्द का बहुवचन में प्रयोग: किशोर कुमार द्वारा गाए गए गीत

12(A). ' कबूल की गयी हैं' वाक्यांश में रेखांकित अंश के स्थान पर स्वीकार शब्द आएगा।
- **कबूल** - अरबी शब्द है, जिसका अर्थ हैं- मानना, स्वीकार करना, अपनाना।
- इसका प्रयोग गद्यांश में हुआ है- मेरी मातृभाषा पंजाबी के लिए दो लिपियाँ कबूल की गयी हैं।
- विकल्प (संज्ञा) अर्थ- विभिन्नता, उपाय/वह अवस्था जिसमें कई विषयों या बातों में से कोई एक विषय या बात चुनने का अधिकार हो।
- **स्वीकार अर्थ** - अपनाने या ग्रहण करने का भाव,मंजूर होना,अंगीकार करना आदि।

13(C). माता-पिता को बच्चों की सही शिक्षा के बारे में जानना इसलिए आवश्यक है कि अच्छी शिक्षा-दीक्षा से वे एक बेहतर समाज का निर्माण कर सकते हैं। समाज से ही बढ़ते हुए एक अच्छे राष्ट्र का निर्माण भी संभव है।

14(B). समाज और सत्ता 'घर बसाने की शिक्षा देने वाली शाला खोलने के प्रति' सजग नहीं है।

15(D). गद्यांश की पंक्तियों "माता-पिता बनने से पहले किसी भी नौजवान जोड़े को यह नहीं सिखाया जाता है कि माँ – बाप बनने का अर्थ क्या है? इससे पहले किसी भी जोड़े को यह भी नहीं सिखाया जाता है कि अच्छे और सच्चे दाम्पत्य की शुरुआत कैसे की जानी चाहिये?" से स्पष्ट कि सबसे पहले 'दाम्पत्य की शुरूआत कैसे की जानी चाहिए' जानना ज़रूरी है।

16(A). 'माता-पिता' शब्द-युग्म एक 'सार्थक शब्द-युग्म' है।

17(C). 'भी' शब्द 'निपात' है। किसी भी बात पर अधिक भार देने के लिए जिन शब्दों का प्रयोग किया जाता है, निपात कहलाता है।

18(B). 'इसके विपरीत हर घर की दूसरी सच्चाई यह भी है कि____ ' वाक्य के रेखांकित अंश का समानार्थी शब्द 'वास्तविकता' है।

19(B). गद्यांश की पंक्तियों- परिणाम साफ है कि जीवन शुरू होने से पहले ही घर टूटने - बिखरने लगते हैं।" से स्पष्ट होता है कि घर के टूटने-बिखरने का मुख्य कारण 'दाम्पत्य का अर्थ न जानना' है।

20(C). गद्यांश की पंक्तियों- "दो-ढाई साल के बच्चे को भी स्कूल में बिठाकर आ जाने का आग्रह भी हर घर में बना हुआ है।" से स्पष्ट होता है कि हर घर में 'बहुत छोटे बच्चे को स्कूल में बिठाकर आने का' आग्रह बना हुआ है।

21(B). रामचंद्रिका केशवदास की रचना है। केशवदास का उपनाम वेदांती मिश्र था और यह निम्बार्क सम्प्रदाए के माने जाते हैं। रामचंद्रिका वर्ष 1601 ई. में लिखी गयी थी। रामचंद्रिका में 39 अध्याय हैं और यह एक प्रबंध काव्य है। रामचंद्रिका राम के चरित्र पर आधारित है। रामचंद्र शुक्ल ने रागचंद्रिका को कठिन काव्य का प्रेत कहा है। रामस्वरूप चतुर्वेदी ने रामचंद्रिका को छंदों का अजायबघर कहा है।

22(D). "नैन नचाई,कहो मुस्काई,लला फिर आएवो खेलन होरी"...पंक्तियाँ पद्माकर की है।
- रीतिकाल के ब्रजभाषा कवियों में पद्माकर (1753-1833) का महत्त्वपूर्ण स्थान है।
- पद्माकर रचित ग्रंथों में सबसे जाने माने संग्रहों में-हिम्मतबहादुर विरुदावली,पद्माभरण,जगद्विनोद,रामरसायन (अनुवाद),प्रतापसिंह विरूदावली, प्रबोध पचासा आदि हैं।
- पद्माकर ने सजीव मूर्त विधान करने वाली कल्पना के माध्यम से शौर्य,शृंगार,प्रेम,भक्ति,राजदरबार की सम्पन्न गतिविधियों,मेलो- उत्सवों,युद्धों और प्रकृति-सौन्दर्य का मार्मिक चित्रण किया है।
- पद्माकर रीतिबद्ध कवि है।

23(D). "नामदेव", "रीतिकाल" के कवि नहीं है।
- नामदेव भारत के प्रसिद्ध संत थे। इनके समय में नाथ और महानुभाव पंथों का महाराष्ट्र में प्रचार था।
- भक्त नामदेव महाराज का जन्म (26 अक्तूबर 1270- संवत 1407)
- संत नामदेव ने विसोबा खेचर को गुरु के रूप में स्वीकार किया था।
- इन्होंने मराठी के साथ ही साथ हिन्दी में भी रचनाएँ लिखीं।
- मुखबानी नामक पुस्तक में इनकी रचनाएँ संग्रहित हैं।

- जाति:- दरजी
- रचना:- अभंग(मराठी) ,गुरु ग्रंथ साहिब में(हिंदी)
- इनका परिवार भगवान विट्ठल का परम भक्त था।
- ये संत ज्ञानेश्वर के समकालीन थे और उम्र में उनसे 5 साल बड़े थे।
- नामदेव वारकरी संप्रदाय के प्रमुख संत माने जाते हैं।

24(C). 'संतन को कहाँ सीकरी सों काम' यह काव्य पंक्ति 'कुंभनदास' की है। कुंभनदास परम भगवद्भक्त, आदर्श गृहस्थ और महान विरक्त थे। वे पूरी तरह से विरक्त और धन, मान, मर्यादा की इच्छा से कोसों दूर थे।

25(C). इन्द्रावती नूर मुहम्मद की रचना है। इन्द्रावती अवधी (1744 ई.) भाषा में लिखी गयी है। नूर मुहम्मद दिल्ली के बादशाह मुहम्मदशाह के समकालीन थे। नूर मुहम्मद ने फ़ारसी भाषा में रौजतुल हकायक नामक ग्रन्थ लिखा। इन्द्रावती में कालिंजर के राजकुमार राजकुँवर और आगमपुर की राजकुमारी इन्द्रावती की प्रेम कहानी है। शुक्ल ने इन्द्रावती को सूफी आख्यान काव्यों की अखंडित परंपरा की समाप्ति माना है।

26(D). मधुमालती के रचनाकार मंझन हैं। मधुमालती हिंदी का प्रथम प्रेमाख्यान है जिसमें बहुपत्नीवाद का अभाव है। बनारसीदास जैन की आत्मकथा अर्द्धकथानक में मृगावती व मधुमालती का ज़िक्र मिलता है। मधुमालती (1545 ई.) की भाषा अवधी है। मधुमालती में प्रयुक्त छंद हैं - दोहा - चौपाई हैं। दक्षिण के शायर नुसरती ने गुलशने इश्क नामक कहानी मधुमालती के आधार पर लिखी।

27(B). रामध्यानमंजरी अग्रदास की रचना है। अग्रदास ने रसिक सम्प्रदाय की स्थापना की। अग्रदास ने रामभक्ति परंपरा में रसिक भाव का समावेश किया। रसिक सम्प्रदाय में अग्रदास को अग्रअली भी कहा जाता है। शुक्ल जी ने अग्रदास की कविता को कृष्ण भक्त कवि नंददास के समान बताया है। अग्रदास की भाषा सरस ब्रज है। नाभादास ने अपने गुरु अग्रदास को बाग - बगीचों का प्रेमी कहा है। अग्रदास ने स्वयं को सीता की सखी मानकर रामभक्ति में काव्य रचना की।

28(C). सरहपा का सम्बन्ध सिद्ध साहित्य से है। इनका मत सिद्धमत कहलाता है। सिद्धों मे सबसे पुराने सरहपा ही है। सरहपा का जन्म - 769 ई. में हुआ था। सरहपा को सरोजव्रज , राहुल भद्र आदि नामों से भी जाना जाता है। सरहपा को हिंदी का प्रथम कवि माना जाता है। सरहपा की प्रसिद्ध रचना "दोहाकोश" है। सरहपा दोहा- चौपाई छन्द के प्रथम प्रयोक्ता है।

29(D). 'जल्हण' यहाँ सही विकल्प है। क्योंकि इस रासो काव्य को जल्हण द्वारा पूरा किया गया था। 'जल्हण' चंदबरदाई के पुत्र थे। इस रासो का रचना काल: 1334 ई. माना गया है। 'जल्हण हत्थ दे चला' पंक्तियों से स्पष्ट है की चंदबरदाई अपने पुत्र को पृथ्वी राज रासो पुस्तक देकर गए थे।

30(C). दिए गए युग्मों में सुमित्रानन्दन पन्त - अनामिका गलत है। सुमित्रानंदन पंत हिंदी साहित्य में छायावादी युग के चार प्रमुख स्तंभों में से एक हैं। इस युग को जयशंकर प्रसाद, महादेवी वर्मा, सूर्यकांत त्रिपाठी 'निराला' और रामकुमार वर्मा जैसे कवियों का युग कहा जाता है। इनकी प्रमुख काव्य कृतियाँ हैं - ग्रन्थि, गुंजन, ग्राम्या, युगांत, स्वर्णकिरण, स्वर्णधूलि, कला और बूढ़ा चाँद, लोकायतन, चिदंबरा, सत्यकाम आदि। अनामिका, के लेखक सूर्यकान्त त्रिपाठी है।
अतः सही विकल्प (C) है।

31(B). दिए गए विकल्पों में "महादेवी वर्मा - उर्वशी" युग्म गलत है। उर्वशी महाकाव्य की रचना रामधारी सिंह 'दिनकर' द्वारा की गई है।
अतः सही विकल्प (B) है।

32(D). दिए गए विकल्पों में सभी युग्म सही सुमेलित हैं।
अतः सही विकल्प (D) है।

33(A). 'नैन नचाय कही मुसकाय, लला फिर आइयो खेलन होरी' पंक्ति के रचयिता पद्माकर हैं।
पद्माकर के वर्णन स्वाभाविक, मधुर, शब्दाडंबर से मुक्त, सुघ और सजीव हैं। हाव-भावों का चित्रांकन अद्वितीय है। इनके मुख्य ग्रंथ हैं 'जगद्विनोद, 'पद्माभरण, प्रबोध पचासा, हिम्मतबहादुर-विरुदावली तथा 'गंगा-लहरी। इनकी कविता में सौंदर्य, विविधता और व्यापकता है।
अतः सही विकल्प (A) है।

34(A). प्रश्न में दी गई पंक्ति बिहारी द्वारा रचित है। इसमें बिहारी ने वियोग का अतिशयोक्ति पूर्ण वर्णन किया है। यही कारण है कि उसमें स्वाभाविकता नहीं है, विरह में व्याकुल नायिका की दुर्बलता का चित्रण करते हुए उसे घड़ी के पेंडुलम जैसा बना दिया गया है।
बिहारी हिंदी के रीति काल के प्रसिद्ध कवि थे। बिहारी की एकमात्र रचना सतसई (सप्तशती) है। यह मुक्तक काव्य है। इसमें 719 दोहे संकलित हैं।

35(A). 'युग की गंगा' काव्य संग्रह कवि केदारनाथ अग्रवाल का पहला प्रकाशित काव्य संग्रह है। इसमें कुल 52 कविताएँ संकलित है। इस काव्य संग्रह की एक कविता 'युग की गंगा' के आधार पर इस काव्य संग्रह का नामकरण किया गया है। इस काव्य संग्रह की कविताओं से पता चलता है कि कवि की दृष्टि यथार्थवादी है परंतु वह साम्यवादी विचारों से प्रभावित है। कुछ कविताएं 'चन्द्रगहना से लौटती बेर', 'बसंती हवा', 'सावन का दृश्य, 'चांद-चांदनी' और 'बसंत' आदि कविताएं रोमानी रंग के प्राकृतिक चित्रण हैं। किंतु अधिकांश कविताओं में प्रकृति सामाजिक, धार्मिक और आर्थिक विषमताओं को प्रकट करने हेतु उपकरण के रूप में प्रकट हुई है।
मानव जीवन की पीड़ाओं से भरी जिन्दगी की छाया बड़ी विषाक्त, चोटीली और व्यंग्यात्मक रूप से काव्य में फैली हुई है। कवि समाज के सड़े-गले व्यवस्था रूपी कपड़े में पैबंद लगाने के लिए तैयार नहीं है बल्कि वह लाल क्रांति के सहारे समाज का आमूल-चूल परिवर्तन करने का प्रयत्न करते हुए दिखाई दे रहा है। उसका आग्रह नवीनता के लिए इतना प्रबल हैं कि वह पुराने को डूबो कर नव संसार स्थापित करना चाहता है। इसलिए कवि ने रस, अलंकार, और संगीत की तुकात्मक शैली को छोड़कर जनता की वाणी में जनता की गाथा गाने का प्रयास किया है।

36(B). 'उषा प्रियंवदा' वापसी कहानी की रचनाकार हैं। अतः सही विकल्प उषा प्रियंवदा है। इस कहानी में उन्होंने दो पीढ़ियों के बीच के अलगाव को दर्शाया है। इस कहानी के माध्यम से उन्होंने पारिवारिक विघटन को स्पष्ट किया है। इसके अतिरिक्त अन्य सभी नाम हिन्दी साहित्य रचनाकारों के हैं।

37(A). "अलका" - चन्द्रगुप्त नाटक की एक मुख्य नारी पात्र है।
चन्द्रगुप्त नाटक: जयशंकर प्रसाद द्वारा रचित प्रमुख नाटक है।
चन्द्रगुप्त का प्रकाशन वर्ष: सन् 1931 है।
नाटक के प्रमुख पुरुष पात्र हैं- चाणक्य, चन्द्रगुप्त, सिंहरण, पर्वतेश्वर, नन्द, सेल्यूकस, अलक्षेन्द्र, महात्मा, दाण्डयायन
नारी पात्रों में प्रमुख हैं- सुवासिनी, अलका, मालविका, कल्याणी, कार्नेलिया।

38(B). "यह कथा ज्योति की है, अंधों के लिए" कथन "धर्मवीर भारती" जी का है।
- यह कथन अँधा युग की भूमिका में है।
- अंधा युग एक गीतिनाट्य है।
- इसका प्रकाशन वर्ष 1954 ईस्वी है।
- यह महाभारत के बाद की कथा है।
- धर्मवीर भारती जी को 1972 में पद्मश्री से सम्मानित किया गया था।

39(B). "आषाढ़ का एक दिन", "कालिदास और मल्लिका" से सम्बन्धित नाटक है।
आषाढ़ का एक दिन (1958) मोहन राकेश का नाटक है।
प्रमुख पात्र:- अंबिका, मल्लिका, कालिदास, निक्षेप, विलोम, दन्तुल, अतुल, रंगिणी, संगिनी, अनुस्वार, अनुनासिक, प्रियंगु मंजरी

40(D). 'अमरकांत' – 'कितने पाकिस्तान' विकल्प सुम्मेलित नहीं हैं।
- कितने पाकिस्तान, कमलेश्वर की रचना है।
- प्रकाशन वर्ष- सन् 2000
- इसको 2003 में साहित्य अकादमी पुरस्कार भी मिला था।

41(C). राही मासूम रजा के द्वारा रचित समर शेष उपन्यास नहीं है।
- समर शेष है रामधारी सिंह दिनकर द्वारा लिखित कविता है।
- अंग्रेजों से युद्ध तो खत्म हो गया था पर अपने ही देश में रह रहे अपने ही भाईयों से समर (युद्ध) अभी बाकी था। इसी का वर्णन करते हुए कवि लिखते हैं-समर शेष है।
- रामधारी सिंह दिनकर की अन्य रचनायें- रेणुका, हुंकार, कुरुक्षेत्र, रश्मिरथी, उर्वशी, परशुराम की प्रतिक्षा, मेरी यात्राएं, आधुनिक बोध आदि हैं।

42(B). सूर्यकांत त्रिपाठी निराला की पत्रिका इंदु नही है।
इंदु के सम्पादक जयशंकर प्रसाद जी थे।

- हिंदी की साहित्यिक पत्रिकाएँ, हिंदी साहित्य की विभिन्न विधाओं के विकास और संवर्द्धन में उल्लेखनीय भूमिका निभाती रही हैं।
- कविता, कहानी, उपन्यास, निबंध, नाटक, आलोचना, यात्रावृत्तांत, जीवनी, आत्मकथा तथा शोध से संबंधित आलेखों का नियमित तौर पर प्रकाशन इनका मूल उद्देश्य है।
- अधिकांश पत्रिकाओं का संपादन कार्य अवैतनिक होता है।

43(A). "दुर्लभ बंधु", "भारतेंदु जी" का नाटक है।
- दुर्लभ बंधु नाटक का रचना वर्ष 1880 ईस्वी है।
- यह मूल नाटक मर्चेंट ऑफ वेनिस का अनुवाद है।
- इसके मूल नाटककार विलियम शेक्सपियर हैं।

44(B). आचार्य रामचंद्र शुक्ल ने रीतिकाल का समय संवत् 1700 - 1900 माना है। रीतिकाल यानि उत्तर मध्यकाल (संवत् 1700 से 1900) के संबंध में उन्होंने जो व्याख्या की है वह किसी से छिपी नहीं है। उनके अनुसार रीति का अर्थ काव्य रीति है। इसके अंतर्गत उन्होंने लक्षण-ग्रंथों का समावेश किया है और इस तरह की रचनाओं को उन्होंने रीतिबद्ध रचनाएँ माना है।

45(C). हिंदी साहित्य के आरंभिक काल को 'आदिकाल' आचार्य हजारी प्रसाद द्विवेदी ने कहा। हिन्दी साहित्य के इतिहास में लगभग 8वीं शताब्दी से लेकर 14वीं शताब्दी के मध्य तक के काल को आदिकाल कहा जाता है। इस युग को यह नाम डॉ. हजारी प्रसाद द्विवेदी से मिला।

46(A). दिए गए विकल्पों में 'प्रिय-प्रवास' द्विवेदी युग की रचना है। आधुनिक काल का द्वितीय युग 'द्विवेदी युग' के नाम से जाना जाता है। इसे 'जागरण सुधार काल' भी कहा गया है। 'प्रिय-प्रवास' कविवर हरिऔध की रचना है। इनकी अन्य रचनाएँ हैं- वैदेही तनतास, पारिजात, कृष्ण शतक, रसकलश आदि।

47(B). सन् 1975 के बाद की कविता को समकालीन कविता नाम दिया गया। समकालीन कविता, आधुनिक कविता के विकास में नई चेतना, नयी भाव-भूमि, नई संवेदना तथा नए शिल्प के बदलाव की सूचक काव्यधारा है। इस काव्य धारा का लक्ष्य आम-आदमी और समाज की वास्तविकता को प्रस्तुत करना है।

48(B). हरिऔध जी ने सन् 1909 से 1913 के बीच अपनी सबसे लोकप्रिय कृति 'प्रियप्रवास' की रचना की। यह एक विरह-काव्य है। अयोध्यासिंह उपाध्याय 'हरिऔध' (15 अप्रैल, 1865-16 मार्च, 1947) हिन्दी के कवि, निबन्धकार तथा सम्पादक थे। उन्होंने हिंदी साहित्य सम्मेलन के सभापति के रूप में कार्य किया। वे सम्मेलन द्वारा विद्यावाचस्पति की उपाधि से सम्मानित किये गए थे। उन्होंने प्रिय प्रवास नामक खड़ी बोली हिंदी का पहला महाकाव्य लिखा जिसे मंगलाप्रसाद पारितोषिक से सम्मानित किया गया था।

49(A). मैथिलीशरण गुप्त ने 'साकेत' (1929 ई.) की रचना की।
- राष्ट्रकवि मैथिलीशरण गुप्त (3 अगस्त 18886 – 12 दिसम्बर 1964)
- उन्हें साहित्य जगत में "दद्दा" नाम से सम्बोधित किया जाता था।
- उनकी जयंती 3 अगस्त को हर वर्ष "कवि दिवस" के रूप में मनाया जाता है।
- सन 1954 में भारत सरकार ने उन्हें "पद्मभूषण" से सम्मानित किया।
- महात्मा गांधी ने उन्हें "राष्ट्रकवि" की पदवी भी दी थी।

50(B). शुद्ध कविता की खोज मुक्तिबोध की नहीं है। इसके लेखक रामधारीसिंह दिनकर
- मुक्तिबोध का जन्म 13 नवम्बर,1917 को श्योपुर(मध्यप्रदेश) में हुआ।
- तारसप्तक के पहले कवि थे।
- हिंदी साहित्य के प्रमुख कवि,आलोचक,निबंधकार,कहानीकार तथा उपन्यासकार थे।

51(B). उपर्युक्त पंक्तियां "मैथिलीशरण गुप्त" की है।
- जयद्रथ वध: उक्त पंक्तियां ली गयी है।
- राष्ट्रकवि मैथिलीशरण गुप्त (3 अगस्त 18886 – 12 दिसम्बर 1964)
- उन्हें साहित्य जगत में "दद्दा" नाम से सम्बोधित किया जाता था।
- उनकी जयंती 3 अगस्त को हर वर्ष "कवि दिवस" के रूप में मनाया जाता है।

- सन 1954 में भारत सरकार ने उन्हें "पद्मभूषण" से सम्मानित किया।
- महात्मा गांधी ने उन्हें "राष्ट्रकवि" की पदवी भी दी थी।

52(D). "साखी", "विजय देवनारायण साही" की रचना है।
- साखी का प्रकाशन वर्ष 1982 है।
- यह विजयदेव नारायण साही के मरणोपरांत प्रकाशित हुई थी।
- जो कविता "तीसरा सप्तक" और "साखी" में ना आ पाई उन कविताओं को "संवाद तुमसे" में शामिल कर प्रकाशित किया गया।

53(A). "भारत भारती" का प्रकाशन वर्ष 1912 ई. है।
- भारत भारती, मैथिलीशरण गुप्तजी की प्रसिद्ध काव्यकृति है।
- यह काव्य 1912 में रचा गया और संशोधनों के साथ 1914 में प्रकाशित हुआ।
- यह अपूर्व काव्य मौलाना हाली के 'मुसद्दस' के ढंग का है।
- राजा रामपाल सिंह और रायकृष्णदास इसकी प्रेरणा में हैं।

54(C). उक्त पंक्तियाँ 'यशोधरा' महाकाव्य से ली गयी हैं। यशोधरा मैथिलीशरण गुप्त रचित महाकाव्य का नाम है। इसका प्रथम प्रकाशन सन् 1933 में हुआ था। 'यशोधरा' महाकाव्य में गौतम बुद्ध के गृह त्याग की कहानी को केन्द्र में रखकर यह महाकाव्य लिखा गया है। मैथिलीशरण गुप्त द्वारा रचित प्रसिद्ध प्रबंध काव्य, जिसका प्रकाशन सन् 1933 ई. में हुआ। अपने छोटे भाई सियारामशरण गुप्त के अनुरोध करने पर मैथिलीशरण गुप्त ने यह पुस्तक लिखी थी।

55(B). छायावादी युग के चार प्रमुख स्तंभों में से एक महादेवी वर्मा मानी जाती हैं। आधुनिक हिन्दी की सबसे सशक्त कवयित्रियों में से एक होने के कारण उन्हें आधुनिक मीरा के नाम से भी जाना जाता है। नीहार काव्य संकलन 1930 में रचा गया।

56(D). रचनाकाल के अनुसार कवियों का सही अनुक्रम- सरहपा, लुइपा, पुष्पदंत, अद्दहमाण है।
सरहपा के प्रथम कवि माने जाते हैं।
उनका मूल नाम 'राहुलभद्र' था और उनके 'सरोजवज्र', 'शरोरुहवज्र', 'पद्म' तथा 'पद्मवज्र' नाम भी मिलते हैं।
वे पालशासक धर्मपाल (770-810 ई.) के समकालीन थे।
लुइपा (773 ई. लगभग) ने लुइपादगीतिका की रचना की।

57(B). "महापुराण" "पुष्पदंत" की रचना है। महापुराण जैन धर्म से संबंधित दो भिन्न प्रकार के काव्य ग्रंथों का नाम है, जिनमें से एक की रचना संस्कृत में हुई है तथा दूसरे की अपभ्रंश में। संस्कृत में रचित 'महापुराण' के पूर्वार्ध (आदिपुराण) के रचयिता "आचार्य जिनसेन" हैं तथा उत्तरार्ध (उत्तरपुराण) के रचयिता "आचार्य गुणभद्र" है अपभ्रंश में रचित बृहत् ग्रंथ 'महापुराण' के रचयिता महाकवि पुष्पदन्त हैं। इसमें कुल 102 संधियाँ हैं जिनमें क्रमश: 24 जैन तीर्थंकरों, 12 चक्रवर्तियों, 9 वासुदेवों, 9 प्रतिवासुदेवों और 9 बलदेवों, इस प्रकार 63 शलाकापुरुषों अर्थात् महापुरुषों का चरित्र सुंदर काव्य की रीति से वर्णित है।

58(C). जायसी की रचना आखिरी कलाम में क़यामत का वर्णन है। जायसी सूफ़ी (1446 - 1542 ई.) सम्प्रदाय के प्रमुख कवि हैं , वह शेरशाह के समकालीन कवि थे।

59(A). सारे इश्तेहार उतार लिए गए है, नक्सलबाड़ी, कविता से दी गई पंक्तियाँ है।
उक्त पंक्तियाँ धूमिल द्वारा रचित है।

60(A). "संशयात्मा " ज्ञानेंद्रपति द्वारा रचित प्रमुख कृति है ।
ज्ञानेंद्रपति का जन्म 1 जनवरी 1950 को पथरगामा झारखंड में हुआ । ज्ञानेंद्रपति निराला की परम्परा के कवि है इनकी कविता रचनात्मक प्रतिरोध की कविता है ।

61(C). दीपशिखा महादेवी वर्मा जी की रचना है जिसे ज्ञानपीठ से सम्मानित नही किया गया है। महादेवी जी की यामा पुस्तक को 1982 में ज्ञान पीठ पुरस्कार मिला हुआ है।

62(C). उक्त पंक्तियाँ 'यशोधरा' महाकाव्य से ली गई हैं।
यशोधरा मैथिलीशरण गुप्त रचित महाकाव्य का नाम है। इसका प्रथम प्रकाशन सन् 1933 में हुआ था।
'यशोधरा' महाकाव्य में गौतम बुद्ध के गृह त्याग की कहानी को केन्द्र में रखकर यह महाकाव्य लिखा गया है।

मैथिलीशरण गुप्त द्वारा रचित प्रसिद्ध प्रबंध काव्य है, जिसका प्रकाशन सन् 1933 ई. में हुआ। अपने छोटे भाई सियारामशरण गुप्त के अनुरोध करने पर मैथिलीशरण गुप्त ने यह पुस्तक लिखी थी।

63(C). प्रेमशतक के रचनाकार वियोगी हरि हैं। ये आधुनिक ब्रजभाषा के प्रमुख कवि हैं। वीर सतसई के लिए इन्हें मंगलाप्रसाद पारितोषिक मिला था।

64(D). जूही की कली, नयी कविता के प्रथम अंक में प्रकाशित हुई थी।
जूही की कली नयी कविता के प्रथम अंक में प्रकाशित हुई थी। जूही की काली कविता छायावादी कवि सूर्य कांत त्रिपाठी ' निराला ' द्वारा उद्धृत है। जूही की कली कविता परिमल में संकलित है।

65(B). 'अकाल में सारस' यह रचना उपरोक्त विकल्पों में से 'केदारनाथ सिंह' की है। उनकी इस रचना को 1989 में हिन्दी साहित्य सम्मान प्रदान किया गया था।
केदारनाथ सिंह हिंदी के सुप्रसिद्ध कवि व साहित्यकार थे। वे अज्ञेय द्वारा सम्पादित तीसरा सप्तक के कवि रहे हैं। भारतीय ज्ञानपीठ द्वारा उन्हें वर्ष 2013 का 49वां ज्ञानपीठ पुरस्कार प्रदान किया गया था।

66(C). 'सुजन' से सौजन्य भाववाचक संज्ञा बनती है।
वह शब्द जिनसे हमें भावना का बोध होता हो, उन शब्दों को भाव वाचक संज्ञा कहा जाता है। अर्थात् वह शब्द जो किसी पदार्थ या फिर चीज का भाव, दशा या अवस्था का बोध कराते हो उन्हें भाववाचक संज्ञा कहते हैं।

67(A). जो शब्द किसी व्यक्ति, वस्तु या स्थान की संपूर्ण जाति का बोध कराते हैं, उन शब्दों को जातिवाचक संज्ञा कहते हैं। यानी, जातिवाचक संज्ञा शब्दों से एक जाति के अंतर्गत आने वाले सभी व्यक्तियों, वस्तुओं व स्थानों का बोध होता है। प्राणी – पक्षी, पशु, कुता, आदमी, गाय, जानवर, लड़का, लड़की, औरत आदि। वस्तु – कंप्यूटर, मोबाइल, टीवी, टेबल, कुर्सी, किताब, गाड़ी, बस, कार आदि।

68(C). येभ्यः पद में यत् सर्वनाम शब्द है।
येभ्यः यह रूप यत् सर्वनाम शब्द के पुल्लिंग और नपुंसकलिंग की चतुर्थी और पंचमी विभक्ति के बहुवचन में बनता है।
अतः विकल्प (A) सही है।

69(D). 'वह स्वतः ही जान जाएगा' वाक्य में पुरुषवाचक सर्वनाम है।
पुरुषवाचक सर्वनाम की परिभाषा: जिन सर्वनाम शब्दों का प्रयोग वक्ता द्वारा दूसरों के लिए या खुद के लिए किया जाता है, उसे पुरुषवाचक सर्वनाम कहते हैं। जैसे – मैं, हम (वक्ता द्वारा खुद के लिए), तुम और आप (सुनने वाले के लिए) और यह, वह, ये, वे (किसी और के बारे में बात करने के लिए) आदि।

70(C). 'बालक पतंग उड़ा रहा था' वाक्य में 'अकर्मक' क्रिया नहीं है।
अकर्मक क्रिया की परिभाषा: अकर्मक क्रिया वहां पर होती है जहां कर्ता द्वारा किया गया कार्य किसी अन्य चीज को प्रभावित नहीं करता है।
दूसरे शब्दों में जैसे नाम से ही पता चल रहा है 'अकर्मक' मतलब कर्म उपस्थित नहीं है।
जब किसी वाक्य में कर्ता हो और क्रिया भी हो लेकिन कर्म ना हो तो वहां पर अकर्मक क्रिया होती है।

71(A). 'वह नहाकर पढ़ेगा' वाक्य में पूर्वकालिक क्रिया का प्रयोग हुआ है।
इस वाक्य में पहले नहाने की क्रिया होगी फिर पढ़ने की क्रिया।
पूर्वकालिक का अर्थ होता है– पहले से हुआ।
जब कर्ता एक कार्य को समाप्त करके तुरंत दूसरे काम में लग जाता है, तब जो क्रिया पहले ही समाप्त हो जाती है, उसे पूर्वकालिक क्रिया कहते हैं। पूर्वकालिक क्रिया को धातु में कर या करके लगाकर बनाया जाता है।

72(A). कर्ता कारक- संज्ञा या सर्वनाम के जिस रूप से क्रिया करने वाले का बोध होता है, उसे कर्ता कारक कहते हैं।।
राम ने रोटी खाई में कर्ता कारक है।

73(D). संज्ञा या सर्वनाम के जिस रूप से अलग होने, निकलने, डरने, रक्षा करने, सीखने, लजाने अथवा दो में से तुलना करने का भाव प्रकट हो तो उसे अपादान कारक कहते है।
"पेड़ से फल गिरा।" में अपादान कारक है।

74(B). 'समुद्र का भीतरी हिस्सा रहस्यमयी है'–वाक्य में रेखांकित शब्द 'संबंधवाचक विशेषण' है।

जब विशेषण शब्दों का प्रयोग करके किसी एक वस्तु या व्यक्ति का संबंध दूसरी वस्तु या व्यक्ति के साथ बताया जाए तो वह संबंधवाचक विशेषण कहलाता है। इस तरह के विशेषण क्रिया क्रिया विशेषण आदि से बनते हैं।

75(C). 'घना' शब्द 'गुणवाचक विशेषण' का उदाहरण है।
जो शब्द, किसी व्यक्ति या वस्तु के गुण, दोष, रंग, आकार, अवस्था, स्थिति, स्वभाव, दशा, दिशा, स्पर्श, गंध, स्वाद आदि का बोध कराए, 'गुणवाचक विशेषण' कहलाते हैं।

76(D). जिस समास में पूर्व पद गौण तथा उत्तर पद प्रधान हो, तो उसे तत्पुरुष समास कहते हैं। इसके उदाहरण हैं- प्रेमसिक्त, कामचोर, राहखर्च, गोशाला, लोकोत्तर, खरारि, राजपुत्र, शास्त्रप्रवीण, आदि।

77(A). 'भलामानस' में कर्मधारय समास है।

78(D). **मुहावरा** – खीरे-ककड़ी की तरह काटना
अर्थ – अंधाधुंध मारना-काटना
वाक्य प्रयोग – 1857 की लड़ाई में रानी लक्ष्मीबाई ने अंग्रेजों को खीरे-ककड़ी की तरह काट दिया था।

79(A). **मुहावरा** – गिन-गिनकर पैर रखना
अर्थ – सुस्त चलना, हद से ज्यादा सावधानी बरतना
वाक्य प्रयोग – माना कि थक गये हो, मगर गिन-गिनकर पैर क्या रख रहे हो ? शाम के पहले घर पहुँचना है या नहीं?

80(A). सरकारी पत्र मे संलग्नक का उल्लेख किया जाता है। सरकार को कामकाज से सम्बन्धित पत्र सरकारी पत्र कहलाते हैं। इनका प्रयोग सरकारी विभागों/कार्यालयों द्वारा किया जाता है। सरकार के कामकाज के सम्बन्ध में विभिन्न तरह के पत्राचार किए जाते हैं। इस प्रक्रिया में प्रयोग होने वाले पत्राचार के अन्तर्गत सबसे अधिक प्रयोग सरकारी पत्रों का होता है।
कार्यलयी पत्र के प्रकार:
- शासनादेश
- कार्यालय आदेश
- परिपत्र
- अनुस्मारक या स्मरण पत्र
- अर्द्धशासकीय या अर्द्धसरकारी पत्र
- अधिसूचना
- कार्यालय ज्ञापन
- ज्ञापन

81(A). विद्यालय में अवकाश के लिए प्रार्थना-पत्र प्रधानाध्यापक को सम्बोधित कर लिखा जाता है।
प्रार्थना पत्र में किसी निश्चित विषय से संबंधित जानकारी का एक संक्षिप्त विवरण होना चाहिए। किसी भी प्रार्थना पत्र की शुरुआत हमेशा 'सेवा में' शब्द से होती है। जिस व्यक्ति या अधिकारी के लिए पत्र लिख रहे हैं तो उस अधिकारी या व्यक्ति के पद का नाम और संस्था का नाम जरूर लिखना चाहिए।

82(C). विद्युत आपूर्ति में बार-बार आने वाली बाधा को दूर करने के लिए "शिकायती-पत्र" प्रकार का पत्र लिखा जाएगा।
शिकायती पत्र किसी शिकायत से सम्बन्धित होते हैं। किसी सरकारी कर्मचारी की शिकायत बड़े अधिकारी से करने के लिए प्रायः इन पत्रों को लिखा जाता है।
उदाहरण- सड़क निर्माण में घटिया सामग्री प्रयुक्त करने की शिकायत का प्रारूप।

83(D). कार्यलयी-पत्र में अधोलेख में प्रेषिति का पदनाम नहीं हो सकता है।
कार्यालयी पत्र एक प्रकार से औपचारिक पत्राचार है, जिसका प्रयोग मंत्रालयों, विभागों/ कार्यालयों में सरकारी निर्णयों की सूचना देने अथवा प्राप्त करने हेतु किया जाता है।

84(C). व्यक्तिगत शैली में लिखे जाने वाले शासकीय पत्र को अर्धशासकीय पत्र कहते हैं।
जब किसी आवश्यक काम की ओर संबंधित अधिकारी का ध्यान तुरंत आकृष्ट कराना हो, सरकार के किसी आदेश का परिपालन शीघ्रता से कराना हो, किसी विभाग से कोई जानकारी अभिलंब लेना हो तब अर्धशासकीय पत्र भेजे जाते हैं। इन पत्रों में औपचारिकता का पालन नहीं

किया जाता है।

85(C). सुमित्रानन्दन पंत 'युगांत' के रचयिता है।
सुमित्रानन्दन पंत के काव्य संकलन युगांत का प्रकाशन 1936 में हुआ। यह सुमित्रानन्दन पंत का चौथा काव्य-संकलन है, जिसमें 1934 ई. से लेकर 1936 ई. तक की उनकी तैंतीस छोटी-बड़ी रचनाएँ संकलित हैं। इस रचना की भूमिका में पंत ने अपनी काव्यकला के नये मोड़ की अपने शब्दों में ही इसका विवरण दिया है।

86(C). कबीरदास निर्गुण भक्ति काव्य के प्रमुख कवि थे।
कबीर की भक्ति भावना में प्रेम को आकर्षक और प्रभावी महत्व दिया गया है। उनका मानना है कि मानव प्रेम में भी ईश्वर की कृपा होती है और कण-कण में समाया राम ही मानवतावादी दृष्टिकोण का प्रेरणाधार है। कबीर राम के सच्चे भक्त थे।

87(C). 'अतीत के चलचित्र' के रचयिता महादेवी वर्मा हैं।
अतीत के चलचित्र महादेवी वर्मा द्वारा रचित एक रेखाचित्र है। इसमें लेखिका हमारा परिचय रामा, भाभी, बिन्दा, सबिया, बिट्टो, बालिका माँ, घीसा, अभागी स्त्री, अलोपी, बबलू तथा अलोपा इन ग्यारह चरित्रों से करवाती हैं। सभी रेखा-चित्रों को उन्होंने अपने जीवन से ही लिया है, इसीलिए इनमें उनके अपने जीवन की विविध घटनाओं तथा चरित्र के विभिन्न पहलुओं का प्रत्यारोपण अनायास ही हुआ है।

88(D). "अश्वत्थामा", "अंधा युग नाटक" के नायक हैं। अंधा युग नाटक धर्मवीर भारती का नाटक है। अंधा युग नाटक की रचना 1974 ई. में हुई थी। प्रमुख पात्र:- अश्वत्थामा, धृतराष्ट्र, कृतवर्मा, संजय, वृद्धयाचक, व्यास, कृष्ण, युधिष्ठिर, विदुर, कृपाचार्य, युयुत्सु, गूंगा, भिखारी, बलरामै।

89(D). "प्लेग की चुड़ैल", "लाला भगवान दास" की कहानी है। इसकी रचना 1903 ईस्वी में हुई थी।

90(D). "कमलेश्वर" ने "समांतर कहानी आंदोलन" की शुरुआत की थी। 1972 में हिंदी साहित्य के पतन को देखते हुए समांतर कहानी आंदोलन की शुरुआत की। कमलेश्वर ने हिंदी साहित्य में रचनात्मकता लाने के लिए 'नई कहानी' जैसा आंदोलन चलाया। सारिका पत्रिका द्वारा चलाए इस आंदोलन से पहली बार दलित लेखन ने साहित्य में अपनी जगह बनाना शुरू की।

91(C). कछुआ धर्म(चन्द्रधर शर्मा गुलेरी) निबन्ध से उद्धृत है। धर्म का अर्थ उनके लिए "सार्वजनिक प्रीतिभाव है", जो साम्प्रदायिक ईर्ष्या-द्वेष को बुरा मानता है। मनुस्मृति में कहा गया है कि जहाँ गुरु की निन्दा या असत्कथा हो रही हो वहाँ पर भले आदमी को चाहिए कि कान बन्द कर ले या और कहीं उठ कर चला जाय। यह हिन्दुओं के या हिन्दुस्तानी सभ्यता के कछुआ धर्म का आदर्श है।

92(A).

सूची-1	सूची-2
A. आस्था और सौन्दर्य	IV. रामविलास शर्मा
B. अनुसंधान और आलोचना	III. नगेन्द्र
C. आचरण की सभ्यता	I. अध्यापक पूर्ण
D. वाद विवाद संवाद	II. नामवर सिंह

93(C). उपर्युक्त पंक्तियां धूमिल की कविता "नक्सलबाड़ी" की है।
* यह "संसद से सड़क तक" में संकलित है।
* इसका रचना वर्ष 1972 ई. है।
* संसद से सड़क तक, धूमिल का पहला काव्य-संग्रह है।
* इस काव्य-संग्रह में 25 कविताएं हैं जिनमें 'मोचीराम', 'नक्सलबाड़ी', 'कविता' और 'पटकथा' आदि प्रसिद्ध कविताएं हैं।

94(B). जार्ज पंचम की नाक के लिए हथियार बंद पहरेदार नियुक्त किए गए थे क्योंकि कुछ लोग उसकी नाक तोड़ देना चाहते थे।

95(D). अभिक्रमित अनुदेशन भाषा शिक्षण की पद्धति नहीं है।
अभिक्रमित अनुदेशन अधिगम के क्षेत्र में प्रस्तुत की जानेवाली एक आधुनिक विधि है। इस विधि के अनुसार शिक्षार्थियों को अपनी व्यक्तिगत भिन्नताओं के अनुसार सीखने का अवसर प्राप्त होता है। अभिक्रमित अनुदेशन द्वारा शिक्षार्थियों के अनुक्रियाओं की जाँच स्वयं शिक्षार्थी कर सकते हैं।
अत: विकल्प (D) सही है।

96(A). बालक की प्रारम्भिक शिक्षा उसकी मातृभाषा में ही दी जानी चाहिए, यह विचार महात्मा गांधी से सम्बन्धित है। उन्होंने मातृभाषा पर विशेष जोर दिया था। चूंकि बच्चा एक निश्चित परिवेश में पलता बढ़ता है अतएव उसे मातृभाषा में प्रारम्भिक शिक्षा अपरिहार्य है।
अत: विकल्प (A) सही है।

97(D). कक्षाभिनय प्रणाली व्याकरण शिक्षा के लिए उपयुक्त नहीं है। जबकि आगमन प्रणाली, निगमन प्रणाली एवं अव्याकृति प्रणाली व्याकरण शिक्षण हेतु उपयुक्त है।
कक्षाभिनय प्रणाली में छात्र पात्रानुसार वाचिक अभिनय करते हैं। प्रत्येक छात्र एक का सवाद याद कर लेता है और कक्षा में ही पात्रों के अनुसार वाचन हो जाता है। इस प्रणाली में व्या होता है और हिन्दी के घण्टे में ही इसे सरलता से प्रयुक्त कर सकते हैं।
अत: विकल्प (D) सही है।

98(A). हिन्दी गद्य शिक्षण की पाठ-योजना के अन्तर्गत उद्देश्य कथन प्रस्तावना प्रश्न के उपरान्त आता है। प्रस्तावना किसी भी सन्दर्भ का आमुख होता है जो कथ्य की रूपरेखा प्रस्तुत करता है।
अत: विकल्प (A) सही है।

99(B). शब्द का अर्थ स्पष्ट करने हेतु वाक्य प्रयोग का तरीका सर्वाधिक उपयुक्त है। वाक्य प्रयोग से भाव की स्पष्टता और अधिक निदर्शित होने लगती है।
अत: विकल्प (B) सही है।

100(D). वाचन के समय पुस्तक और आँख के मध्य 12 इंच (एक फुट) की दूरी होनी चाहिए।
अत: विकल्प (D) सही है।

Ques (1-9): निर्देश: नीचे दिए गद्यांश को पढ़कर पूछे गए प्रश्नों के सबसे उचित उत्तर वाले विकल्प चुनिए ।

"किसी को देखने के लिए आँख की नहीं, दृष्टि की आवश्यकता होती है" - स्वामी विवेकानंद का यह कथन इस महिला के जीवन का दर्शन बन गया है । इसी जीवन दर्शन के सहारे उन्होंने एक ओर कठिनाइयों का सामना किया तो दूसरी ओर सफलता का मार्ग ढूँढ़ा और उस पर निर्भयता से बढ़ चलीं । जी हाँ, हम बात कर रहे हैं मुंबई की रेवती रॉय की ।

रेवती रॉय वह महिला हैं जिन्होंने महिलाओं की कठिनाइयों को ध्यान में रख केवल उन्हीं की सुविधा के लिए 'फॉरशी' नाम से कैब-सेवा प्रारंभ की । उद्देश्य स्पष्ट था कामकाजी और ज़रूरतमंद महिलाओं को अपने शहर में सुरक्षित सफ़र का भरोसा देना । यह सेवा उन महिलाओं के लिए वरदान साबित हुई जिन्हें महानगरों में मुँह बाए बैठे अपराधी तत्त्वों या परपीड़ा में आनंद लेने वालों से प्राय: रोज़ ही जूझना पड़ता है ।

खतरों और आशंकाओं से भरी सड़क-परिवहन की ज़िंदगी में कदम रखने का निर्णय लेना रेवती के लिए सरल नहीं था । लेकिन कभी-कभी विवशता भी प्रेरणा देती है । ऐसे ही अवसरों पर 'आँख नहीं, दृष्टि' वाला दर्शन प्रेरक होता है । गंभीर बीमारी से जूझ रहे पति के इलाज में सारी जमापूँजी चुक जाने के बाद रेवती को अपने अस्तित्व के लिए कुछ-न-कुछ करना था । सो उन्होंने एकदम नया रास्ता चुना - कैब के द्वारा महिलाओं को सुरक्षित यात्रा का आश्वासन ।

1. कामकाजी महिलाओं को प्राय: नित्य ही जूझना पड़ता है:

   (a) गृहस्थी की समस्याओं से

   (b) परपीड़क और अपराधी लोगों से

   (c) मनमानी करने वाले चालकों से

   (d) परिवहन की समस्याओं से

2. कैब सेवा प्रारंभ करने के पीछे कारण था -

   (a) सामाजिक दबाव   (b) पारिवारिक विवशता

   (c) समाजसेवा की भावना   (d) महिलाओं की कठिनाइयाँ

3. रेवती रॉय ने एकदम नया रास्ता चुना:

   (a) बीमार पति की देखभाल का

   (b) महिलाओं के लिए कैब संचालन का

   (c) खतरों में कदम रखने का

   (d) लोगों की सेवा करने का

4. किस ज़िंदगी को खतरों और आशंकाओं से भरा माना गया है?

   (a) महानगरों को   (b) सड़क परिवहन की

   (c) 'फॉरशी' कैब संचालन की   (d) कामकाजी महिलाओं की

5. कौन-सा विकल्प गद्यांश के मुख्य भाव के सबसे निकट है?

   (a) हिम्मत और ज़िंदगी

   (b) हिम्मत करे इंसान तो क्या काम है मुश्किल

   (c) साहस और खतरे

   (d) पहले घर फिर बाहर

6. किस शब्द में उपसर्ग और प्रत्यय दोनों हैं?

   (a) परिवहन   (b) कठिनाइयाँ

   (c) प्रारंभ   (d) सफलता

7. 'परपीड़ा' शब्द का गद्यांश में प्रयोग के अनुसार अर्थ है:

   (a) दूसरों की पीड़ा   (b) दूसरों को पीड़ा

   (c) दूसरों से पीड़ा   (d) दूसरों में पीड़ा

8. गद्यांश के प्रारंभ में उद्धृत कथन किसके जीवन का दर्शन बना?

   (a) विवेकानंद के   (b) असुरक्षित महिलाओं के

   (c) संघर्षशील व्यक्ति के   (d) रेवती रॉय के

9. रेवती रॉय की कैब सेवा मूलत: किसके लिए है?

   (a) ज़रूरतमंद लोगों के लिए   (b) मुंबई के निवासियों के लिए

   (c) कामकाजी महिलाओं के लिए   (d) महानगरों के लिए

Ques (10-18): निर्देश: निम्नलिखित गद्यांश को पढ़कर नीचे दिए गए प्रश्नों के लिए सबसे उचित विकल्प का चयन करें ।

हमारी हीनता और श्रेष्ठता का सम्बन्ध देश की हीनता और श्रेष्ठता से जुड़ा हुआ है । जब हम कोई हीन या बुरा काम करते हैं तो हमारे माथे पर ही कलंक का टीका नहीं लगता, बल्कि देश का भी सिर नीचा होता है और उसकी प्रतिष्ठा गिरती है । जब हम कोई श्रेष्ठ कार्य करते हैं तो उससे हमारा ही सिर नहीं ऊँचा होता, बल्कि देश का भी सिर ऊँचा होता है और उसका गौरव बढ़ता है । इसलिए हमें कोई ऐसा कार्य नहीं करना चाहिए जिससे देश की प्रतिष्ठा पर आँच आए ।

क्या आप चलती रेलों में, क्लबों में, चौपालों पर और मोटरबसों में कभी ऐसी चर्चा करते हैं कि हमारे देश में यह नहीं हो रहा, वह नहीं हो रहा है और यह गड़बड़ है, यह परेशानी है? साथ ही, क्या आप अपने देश की तुलना किसी और देश से करते हैं कि कौन-सा देश श्रेष्ठ और कौन-सा देश हीन है? यदि हाँ, तब आप को चिंता होगी कि देश की प्रतिष्ठा को बनाए रखने के लिए हमें क्या करना चाहिए ।

क्या आप कभी केला खाकर छिलका रास्ते में फेंकते हैं? अपने घर का कूड़ा बाहर फेंकते हैं? अपशब्दों का प्रयोग करते हैं? इधर की उधर, उधर की इधर लगाते हैं? अपने घर, दफ़्तर, गली को गन्दा रखते हैं? होटलों, धर्मशालाओं में या दूसरे ऐसे ही स्थानों में, जीनों में, कोनों में पीक थूकते हैं? उत्सवों, मेलों, रेलों और खेलों में ठेलम-ठेल करते हैं, निमंत्रित होने पर विलम्ब से पहुँचते हैं या वचन देकर भी घर आने वालों को समय पर नहीं मिलते और इसी तरह शिष्ट व्यवहार के विपरीत आचरण करते हैं?

यदि आपका उत्तर 'हाँ' है, तो आप के द्वारा देश के सम्मान को भयंकर आघात लग रहा है और राष्ट्रीय संस्कृति को गहरी चोट पहुँच रही है ।

यदि आपका उत्तर 'नहीं', तो आपके द्वारा देश का सम्मान बढ़ेगा और संस्कृति भी सुरक्षित रहेगी ।

10. हमारी हीनता और श्रेष्ठता का सम्बन्ध किससे जुड़ा है?

   1. देश की हीनता और श्रेष्ठता

   2. कोई हीन या बुरा काम

   3. शिष्ट व्यवहार के विपरीत आचरण

   4. देश की प्रतिष्ठा

   (a) 1   (b) 2

   (c) 3   (d) 4

11. 'देश का सम्मान' बढ़ने से क्या आशय है?

   1. शिष्ट व्यवहार

   2. संस्कृति की सुरक्षा

   3. ईमानदारी

   4. अच्छे दिन की शुरुआत

   (a) 1   (b) 2

   (c) 3   (d) 4

12. शिष्ट व्यवहार का उदाहरण है:

   1. वचन न निभाना

   2. अपशब्दों का प्रयोग करना

   3. कूड़ा बाहर फेंकना

   4. समय का पाबंद होना

   (a) 1   (b) 2

   (c) 3   (d) 4

13. गद्यांश के अनुसार असल गड़बड़ है:

   1. कमियों को उजागर करना

   2. शिष्ट आचरण करना

   3. दूसरे देशों की जानकारी रखना

   4. केवल निंदा करना, सही व्यवहार न करना

   (a) 1   (b) 2

   (c) 3   (d) 4

14. लेखक की दृष्टि में सर्वाधिक महत्वपूर्ण है:

   1. देश की श्रेष्ठता एवं प्रतिष्ठा

   2. अपने देश की दूसरे देश से तुलना करना

   3. शिष्ट व्यवहार की अनदेखी करना

4. राष्ट्रीय संस्कृति की उपेक्षा करना
(a) 1   (b) 2
(c) 3   (d) 4

15. 'श्रेष्ठता' से तात्पर्य है:
1. शुद्धता
2. उत्कृष्टता
3. स्वीकृति
4. सम्मान
(a) 1   (b) 2
(c) 3   (d) 4

16. 'इधर की उधर लगाने' का अर्थ है:
1. बातें बताना
2. हेराफेरी करना
3. चुगली करना
4. आदान-प्रदान करना
(a) 1   (b) 2
(c) 3   (d) 4

17. प्रत्यय की दृष्टि से भिन्न शब्द की पहचान अंकित कीजिए।
1. मधुरता
2. प्रभुता
3. हीनता
4. राष्ट्रीय
(a) 1   (b) 2
(c) 3   (d) 4

18. 'संस्कृति' का संधि-विच्छेद क्या है?
1. सस् + कृति
2. सम् + कृति
3. सं + स्कृति
4. सं + कृति
(a) 1   (b) 2
(c) 3   (d) 4

Ques (19-20): निर्देश : निम्नलिखित गद्यांश को पढ़िए तथा पूछे गए प्रश्नों के लिए उचित उत्तर का चयन कीजिए।

देश के विकास और समृद्धि के लिए सबसे महत्त्वपूर्ण चीज़ है–शिक्षा। आज हमारा देश परिवर्तन के जबरदस्त दौर से गुज़र रहा है। देश में लाखों लोग ऐसे हैं जिन्होंने साक्षरता तो पा ली है लेकिन उभर रहे आधुनिक विश्व और भारत में नए जमाने के अनुरूप रोज़गार की योग्यताएँ अभी उन्हें पानी हैं। हमें कमज़ोर तबके के लोगों पर अधिक ध्यान देना चाहिए क्योंकि वे ही ऐसे लोग हैं जो शिक्षा की पायदाने औरों की भाँति नहीं चढ़ पाते हैं। आज ज़रूरत इस बात की है कि लोगों को यह स्वतंत्रता हो कि वे अपने बच्चों को किसी भी नज़दीकी स्कूल में ले जाकर भर्ती करा सकें और इस विश्वास के साथ घर लौट सकें कि उनके बच्चों को उस स्कूल में बेहतर और मूल्य आधारित शिक्षा मिलेगी। भिन्न-भिन्न बालकों की भिन्न-भिन्न ज़रूरतें होती हैं। स्कूलों में सभी को उनकी ज़रूरत के अनुरूप ध्यान दिया जाए ऐसी व्यवस्था स्कूलों में होनी चाहिए। हमें शिक्षा के प्रति अपने ऐतिहासिक दृष्टिकोण में भी बदलाव लाना होगा। हमें एक ऐसी शिक्षा पद्धति चाहिए जो प्रभावी होने के साथ-साथ खुद को नवीनीकृत करने की क्षमता रखती हो।

19. लोगों को किस बात की स्वतंत्रता होनी चाहिए?
1. अपने बच्चों को सरकारी विद्यालय में पढ़ाने की ।
2. अपने बच्चों को पड़ोस के विद्यालय में पढ़ाने की ।
3. अपने बच्चों को दूर के प्राइवेट विद्यालय में पढ़ाने की ।
4. अपने बच्चों को नवोदय विद्यालय में पढ़ाने की ।
(a) 1   (b) 2
(c) 3   (d) 4

20. 'आधारित' शब्द में प्रत्यय है:
1. त
2. इत
3. रित
4. ईत

(a) 1   (b) 2
(c) 3   (d) 4

21. कालक्रम की दृष्टि से निम्नलिखित रचनाकारों का सही अनुक्रम है:
(a) सरहपा, पुष्पदंत, अद्दहमाण, हेमचन्द्र
(b) हेमचन्द्र, सरहपा, पुष्पदंत, अद्दहमाण
(c) पुष्पदंत, सरहपा, हेमचन्द्र, अद्दहमाण
(d) सरहपा, हेमचन्द्र, अद्दहमाण, पुष्पदंत

22. चंदबरदाई किसके दरबारी कवि थे?
(a) महाराज हम्मीर
(b) महाराज बीसलदेव
(c) महाराणा प्रताप
(d) महाराज पृथ्वीराज चौहान

23. "काआ तरूवर पंच विडाल ,चंचल चीए पईठो काल" उपर्युक्त पंक्तियां किसकी है?
(a) डोम्भिपा
(b) लुइपा
(c) सरहपा
(d) हेमचन्द्र

24. 'अंगदपैज' की रचना किसने की है?
(a) नाभादास
(b) धरणीदास
(c) ईश्वरदास
(d) मलूकदास

25. अलंकार गंगा निम्नलिखित में से किसकी रचना है?
(a) सुरती मिश्र
(b) श्रीपति
(c) घनानंद
(d) आलम

26. 'विज्ञानगीता' की रचना किसने की?
(a) व्यास जी
(b) बालगंगाधर तिलक
(c) केशवदास
(d) चिंतामणि

27. 'प्रेम का पंथ कराल महा, तरवारि का धार पै धावनों है।' इस पंक्ति के रचयिता है:
(a) आलम
(b) मतिराम
(c) घनानंद
(d) बोधा

28. रीतिकाल को 'अलंकृत काल' नाम किसने दिया?
(a) रमाशांकर शुक्ल रसाल
(b) विश्वनाथ मिश्र
(c) मिश्रबन्धु
(d) रामचन्द्र शुक्ल

29. निम्न में कौन-सी रचना एवं रचनाकार का युग्म सही नहीं है?
(a) काव्यनिर्णय - भिखारीदास
(b) रसरहस्य - कुलपतिमिश्र
(c) रसविलास - चिंतामणि
(d) भावविलास - केशवदास

30. "एक बूँद सहसा उछली" रचना है:
(a) निराला
(b) दिनकर
(c) अज्ञेय
(d) केदारनाथ अग्रवाल

31. दृश्य काव्य क्या है?
(a) पद्य
(b) गद्य
(c) नाटक
(d) चंपू

32. रामचंद्रिका को 'छंदों का अजायबघर' कहने वाले समीक्षक है:
(a) आचार्य शुक्ल
(b) डॉ. नगेन्द्र
(c) रामस्वरूप चतुर्वेदी
(d) रामकुमार वर्मा

33. काव्य मंजूषा के रचयिता हैं:
(a) श्री धर पाठक
(b) भारतेन्दु
(c) गोपाल चन्द्र
(d) महावीर प्रसाद द्विवेदी

34. 'रघुवंश' महाकाव्य के रचनाकार हैं:
(a) भवभूति
(b) कालिदास
(c) ताराशंकर
(d) शूद्रक

35. 'अष्टाध्यायी' निम्नलिखित में से किसकी रचना है?
    - (a) पतंजलि
    - (b) पाणिनि
    - (c) कौटिल्य
    - (d) भारद्वाज

36. "वैदिकी हिंसा हिंसा न भवति" के रचनाकार कौन हैं?
    - (a) जयशंकर प्रसाद
    - (b) भारतेन्दु हरिश्चन्द्र
    - (c) महादेवी वर्मा
    - (d) इनमें से कोई नहीं

37. निम्न में से कौन सी सरदार पूर्णसिंह की रचना है?
    - (a) आचरण की सभ्यता
    - (b) कन्यादान
    - (c) पवित्रता
    - (d) उपरोक्त सभी

38. 'गेहूँ और गुलाब' किसकी रचना है?
    - (a) यशपाल
    - (b) हजारीप्रसाद द्विवेदी
    - (c) रामवृक्ष बेनीपुरी
    - (d) जैनेन्द्र

39. 'प्रिया नीलकंठी' किसका निबंध संग्रह है?
    - (a) कुबेरनाथ राय
    - (b) रामकुमार वर्मा
    - (c) उषा प्रियंवदा
    - (d) विद्यानिवास मिश्र

40. कौन सा रांगेय राघव का उपन्यास है?
    - (a) लक्ष्मीपुरा
    - (b) प्लाट का मोर्चा
    - (c) युद्ध यात्रा
    - (d) कब तक पुकारूँ

41. जयशंकर प्रसाद रचित जन्मेजय का नागयज्ञ का रचना वर्ष है:
    - (a) 1937 ई. में
    - (b) 1926 ई. में
    - (c) 1928 ई. में
    - (d) 1927 ई. में

42. फणीश्वरनाथ रेणु की कहानी 'तीसरी कसम' का एक और नाम क्या है?
    - (a) पंचलाइट
    - (b) मारे गये गुलफाम
    - (c) मिरदंगिया
    - (d) राजा निरबंसिया

43. 'थोड़ी सी जगह दें' किसका निबन्ध है?
    - (a) कुबेरनाथ राय
    - (b) श्यामसुंदर दास
    - (c) विद्यानिवास मिश्र
    - (d) रामविलाश शर्मा

44. "अधिकार सुख कितना मादक और सारहीन होता है" - यह किस नाटक की पंक्ति है?
    - (a) चन्द्रगुप्त
    - (b) स्कन्दगुप्त
    - (c) ध्रुवस्वामिनी
    - (d) अजातशत्रु

45. "कादम्बरी" किसकी रचना है?
    - (a) बाणभट्ट
    - (b) सुमित्रानन्दन पंत
    - (c) रामधारी सिंह 'दिनकर'
    - (d) इनमें से कोई नहीं

46. निम्न में से कौन सी जयशंकर प्रसाद की रचना नहीं है?
    - (a) कामायनी
    - (b) तितली
    - (c) कंकाल
    - (d) कर्मभूमि

47. निम्न में से कौन सी रचना मुंशी प्रेमचन्द द्वारा नहीं की गई है?
    - (a) सेवासदन
    - (b) गबन
    - (c) कर्मभूमि
    - (d) अखरावट

48. 'आनन्द कादम्बिनी' पत्रिका के सम्पादक थे:
    - (a) प्रतापनारायण मिश्र
    - (b) बालकृष्ण भट्ट
    - (c) बदरीनारायण चौधरी 'प्रेमघन'
    - (d) सरदार पूर्णसिंह

49. निम्न में से कौन सी हरिशंकर परसाई की रचना है?
    - (a) तट की खोज
    - (b) भूत के पांव पीछे
    - (c) बेईमानी की परत
    - (d) इनमें से सभी

50. 'अतीत के चलचित्र' किसकी कृति है?
    - (a) महादेवी वर्मा
    - (b) जगदीश चंद्र माथुर
    - (c) शिवपूजन सहाय
    - (d) रामवृक्ष बेनीपुरी

51. 'तूफानों के बीच' शीर्षक रिपोर्ताज के लेखक कौन हैं?
    - (a) शमशेर बहादुर सिंह
    - (b) धर्मवीर भारती
    - (c) रांगेय राघव
    - (d) विवेकी राय

52. 'ठेले पर हिमालय' किसके द्वारा रचित है?
    - (a) धर्मवीर भारती
    - (b) जैनेन्द्र
    - (c) विवेकीराय
    - (d) भारतेन्दु हरिश्चन्द्र

53. निम्न में से 'हिन्दी साहित्य का अतीत' किसने लिखा?
    - (a) डॉ. विश्वनाथ तिवारी
    - (b) आचार्य विश्वनाथ प्रसाद मिश्र
    - (c) डॉ. रामकुमार वर्मा
    - (d) राहुल सांकृत्यायन

54. किस विद्वान ने कहा था कि 'बुद्धदेव के बाद भारत में सबसे बड़े लोकनायक तुलसीदास थे'?
    - (a) कामिल बुल्के
    - (b) जॉर्ज ग्रियर्सन
    - (c) विलियम जोंस
    - (d) विलियम कैरी

55. उपन्यास को मनोरंजन से ऊपर उठाकर जीवन के जोड़ने वाले लेखक है:
    - (a) जयशंकर प्रसाद
    - (b) मुंशी प्रेमचन्द
    - (c) बाल कृष्ण भट्ट
    - (d) अज्ञेय

56. 'सम्पतिशास्त्र' के लेखक का नाम है:
    - (a) आचार्य महावीर प्रसाद द्विवेदी
    - (b) आचार्य हजारी प्रसाद द्विवेदी
    - (c) आचार्य रामचन्द्र शुक्ल
    - (d) बाबू श्याम सुन्दर दास

57. 'गोकुलनाथ' की रचना का नाम है:
    - (a) चौरासी वैष्णवन की वार्ता
    - (b) भक्तमाल
    - (c) छिताईवार्ता
    - (d) गोसाईंचरित

58. निम्न में से कौन-सी रचना व्याकरण ग्रंथ है?
    - (a) कीर्तिपताका
    - (b) चर्यपद
    - (c) उक्तिव्यक्त प्रकरण
    - (d) वर्णरत्नाकर

59. निम्न में से कौन रेखाचित्र विद्या की रचना नहीं है?
    - (a) कठगुलाब
    - (b) क्षण बोले कण मुस्काए
    - (c) पुरानी स्मृतियाँ
    - (d) रेखाए बोल उठीं

60. 'सूर्य की अंतिम किरण से सूर्य की पहली किरण तक' किसकी नाट्य कृति है?
    - (a) सुरेन्द्र वर्मा
    - (b) रामकुमार वर्मा
    - (c) महादेवी वर्मा
    - (d) भगवती चरण वर्मा

61. निम्न में कौन-सी रचना एवं रचनाकार का युग्म सही नहीं है?
    - (a) काव्यनिर्णय - भिखारीदास
    - (b) रसरहस्य - कुलपतिमिश्र
    - (c) रसविलास - चिंतामणि
    - (d) भावविलास - केशवदास

62. भारतेन्दु ने यात्रावृत्त सम्बन्धी कौन-सी रचना लिखी?
    - (a) गया यात्रा
    - (b) इलाहाबाद की यात्रा
    - (c) गंगा पार की यात्रा
    - (d) सरयू पार की यात्रा

63. 'खेट कौतुकम' किसकी रचना है?
    - (a) रहीमदास
    - (b) रसखान
    - (c) कवि गंग
    - (d) दादूदयाल

64. 'केशव, कहि न जाइ का कहिये'। यह पंक्ति किस कवि की है?
    - (a) केशवदास
    - (b) कबीरदास
    - (c) तुलसीदास
    - (d) नरहरिदास

65. 'अंजो दीदी' किस विधा की रचना है?

(a) कविता
(b) नाटक
(c) कहानी
(d) उपन्यास

66. "ज्यादा दौड़ने से मुझे थकान हो जाती है।" उक्त वाक्य में "थकान" शब्द में संज्ञा है।
(a) व्यक्तिवाचक संज्ञा
(b) जातिवाचक संज्ञा
(c) भाववाचक संज्ञा
(d) समुदायवाचक संज्ञा

67. निम्नलिखित में से कौन सा शब्द व्यक्तिवाचक संज्ञा का उदाहरण है?
(a) टीवी
(b) कोहिनूर
(c) पक्षी
(d) थकावट

68. निम्नलिखित विकल्पों में से कौन से विकल्प में सभी सर्वनाम पुरुषवाचक हैं?
(a) तू, तुम, कौन, यह
(b) मैं, वे, तू, आप
(c) मैं, तुम, कौन, वह
(d) वे, आप, हम, जो

69. 'अपने आप यह काम सीख लूँगा।' इस वाक्य में निजवाचक सर्वनाम है:
(a) आप
(b) सीख
(c) यह
(d) काम

70. 'राधा सो रही है' इसमें कौन सी क्रिया हैं ?
(a) अकर्मक क्रिया
(b) सकर्मक क्रिया
(c) सामान्य क्रिया
(d) संयुक्त क्रिया

71. 'मोहन हँसने लगा' इसमें कौन सी क्रिया हैं?
(a) अकर्मक क्रिया
(b) सकर्मक क्रिया
(c) सामान्य क्रिया
(d) संयुक्त क्रिया

72. 'गंगा हिमालय से निकलती है।' वाक्य में कौन-सा कारक है?
(a) अपादान कारक
(b) संप्रदान कारक
(c) करण कारक
(d) कर्म कारक

73. 'संज्ञा अथवा सर्वनाम के जिस रूप से उसका संबंध वाक्य के किसी दूसरे शब्द के साथ विशेषतः क्रिया के साथ, ज्ञात होता है।' उसे क्या कहते हैं?
(a) क्रिया
(b) वाच्य
(c) कारक
(d) अव्यय

74. इनमें संख्यावाचक विशेषण कौन सा है?
(a) सात
(b) काला
(c) रावण
(d) खट्टा

75. निम्नलिखित प्रश्न में, चार विकल्पों में उस सही विकल्प का चयन करें जो बताता है कि वह विशेषण का प्रकार नहीं है।
(a) गुणवाचक
(b) संख्यावाचक
(c) जातिवाचक
(d) सार्वनामिक

76. "देशांतर" में कौन-सा समास है?
(a) द्वंद्व
(b) कर्मधारय
(c) बहुव्रीहि
(d) द्विगु

77. 'राजदरबार' में कौन सा समास है?
(a) अव्ययीभाव
(b) तत्पुरुष
(c) द्वंद्व
(d) द्विगु

78. निम्नलिखित में से 'नौ दिन चले अढ़ाई कोस' मुहावरे का अर्थ क्या है?
(a) बहुत कष्ट होना
(b) गलती करने पर भी उसे स्वीकार न करना
(c) अधिक उधार से कम नकद अच्छा है
(d) धीमी गति से कार्य करना

79. किस विकल्प में मुहावरे का भावार्थ सही है?

(a) पेट पर लात मारना = बुरी तरह पीटना
(b) पहाड़ टूटना = अतिवृष्टि होना
(c) बगलें झाँकना = इधर-उधर देख कर चलना
(d) नाक का बाल होना = अत्यधिक घनिष्ठ या प्रिय व्यक्ति होना

80. निम्न मे से कौन सा प्रारूप राजपत्र मे प्रकाशित होता है?
(a) अधिसूचना
(b) कार्यालय ज्ञापन
(c) अनुस्मारक
(d) परिपत्र

81. पत्र के अंगो का उचित क्रम है:
(a) संबोधन , प्रारम्भ, कलेवर , अन्त
(b) प्रारम्भ , संबोधन, कलेवर, अन्त
(c) कलेवर, अन्त , संबोधन , प्रारम्भ
(d) प्रारम्भ , संबोधन, अन्त, कलेवर

82. किसी अधिकारी को पत्र लिखना हो तो संबोधन में क्या लिखा जाता है?
(a) माननीय महोदय
(b) प्रिय मित्र
(c) पूजनीय
(d) प्रिय आत्मन

83. मोहल्ले में बिजली कटौती समस्या के लिए किस प्रकार का पत्र लिखना चाहिए?
(a) औपचारिक पत्र
(b) अनौपचारिक पत्र
(c) व्यक्तिगत पत्र
(d) पारिवारिक पत्र

84. निम्नलिखित में से कौन सा विकल्प अनौपचारिक पत्र से संबंधित है?
(a) शिकायती पत्र
(b) सांत्वना पत्र
(c) उपरोक्त सभी
(d) प्रार्थना पत्र

85. प्रथम सूफी प्रेमाख्यानक काव्य के रचयिता कौन थे?
(a) नूर मुहम्मद
(b) जायसी
(c) मुल्ला दाउद
(d) कुतबन

86. _________ की एकमात्र रचना सतसई है।
(a) रहीम
(b) मतिराम
(c) बिहारीलाल चौबे
(d) चंदबरदाई

87. कठिन काव्य का प्रेत किस कवि को कहा जाता है ?
(a) चिंतामणि
(b) मतिराम
(c) केशवदास
(d) इनमें से कोई नहीं

88. 'गीत फरोश' में कवि क्या कहना चाहता है?
(a) कवि के लिए सुनहरे अवसर बहुत हैं
(b) दूसरों के मनमाफिक कविता लिखने और बेचने के लिए कवि विवश है
(c) कवि पैसे के लिए गीत लिखता है
(d) कवि ज्ञान और संवेदना से हीन होता जा रहा है

89. प्रकाशन वर्ष की दृष्टि से निम्नलिखित काव्यकृतियों का सही अनुक्रम है:
(a) स्वप्न, साकेत, पल्लव, आँसू
(b) साकेत, स्वप्न, पल्लव, आँसू
(c) आँसू, पल्लव, स्वप्न, साकेत
(d) पल्लव, स्वप्न, आँसू, साकेत

90. अरविन्द दर्शन से प्रभावित कौनसी रचना सुमित्रा नंदन पन्त की है:
(a) चिदम्बरा
(b) परिवर्तन
(c) कला और बूढ़ा चाँद
(d) युगांत

91. महादेवी वर्मा का प्रथम काव्य संकलन है:
(a) रश्मि
(b) निहार
(c) वाणी
(d) यामा

92. निम्नलिखित में से हजारी प्रसाद द्विवेदी का निबन्ध कौनसा है?
(a) कविता क्या है
(b) नाखून क्यों बढ़ते है
(c) दिल्ली दरबार दर्पण
(d) मजदूरी और प्रेम

93. **निर्देश :** प्रश्न में दो कथन दिए गए हैं। इनमें से एक स्थापना है और दूसरा तर्क है। दिए गए विकल्पों में से सही विकल्प का चयन कीजिए।

स्थापना (A) : कविता केवल वस्तुओं के ही रंग रूप में सौन्दर्य की छटा नहीं दिखाती, प्रत्युत कर्म और मनोवृत्ति के सौन्दर्य के भी अत्यन्त मार्मिक दृश्य सामने लाती है।

तर्क (R) : वह विकसित कमल के सौन्दर्य का चित्रण तो करती है पर शव नोचते कुत्तों के वीभत्स व्यापार की झलक नहीं दिखाती क्योंकि वीभत्स व्यापार का चित्रण शास्त्रानुमोदित नहीं है।

(a) (A) सही (R) गलत
(b) (A) गलत (R) गलत
(c) (A) गलत (R) गलत
(d) (A) गलत (R) सही

94. दुलारी द्वारा धोतियाँ नीचे डालने पर अली सगीर ने क्या किया ?

(a) अली सगीर ने दुलारी की शिकायत अंग्रेज अफसर से की
(b) अली सगीर ने दुलारी के घर का नंबर मन ही मन नोट कर लिया
(c) अली सगीर ने दुलारी से ऐसा करने से मना किया
(d) अली सगीर दुलारी को थाने-चलते के लिए कहने लगा

95. प्राथमिक स्तर पर कौन सी गतिविधि बच्चों की मौखिक अभिव्यक्ति के विकास में सबसे कम प्रभावी है?

(a) घटना वर्णन करना।
(b) कहानी को शब्दश: दोहराना।
(c) कहानी को अपनी भाषा में कहना।
(d) चित्र दिखाकर कहानी कहलवाना।

96. मीता ने सभी बच्चों को एक अनुच्छेद दिया जिसमें हर पाँचवें शब्द की जगह रिक्त स्थान था, जिसे बच्चों को भरना था। मीता ने किसका प्रयोग किया?

(a) पठन परीक्षण
(b) लेखन परीक्षण
(c) व्याकरण परीक्षण
(d) क्लोज परीक्षण

97. बच्चों में ____ और ____ के माध्यम से लेखन कौशल का विकास किया जा सकता है।

(a) रेखांकन, चित्रांकन
(b) चित्रांकन, लिपि-चिन्हों
(c) रेखांकन, लिपि-चिन्हों
(d) लिपि-चिन्हों, अक्षर बनावट

98. मुदिता अकसर 'श' को 'स' बोलती है। मुदिता की भाषा-शिक्षिका के रूप में आप इस स्थिति के बारे में क्या कहेंगे?

(a) भाषागत त्रुटि का होना
(b) क्षेत्रीय भाषा का प्रभाव
(c) भाषागत ज्ञान का अभाव
(d) भाषा-प्रयोग में लापरवाही

99. बच्चों की भाषाई – क्षमताओं के आकलन के लिए ____ सर्वाधिक सहायक है।

(a) बच्चों की परस्पर अनौपचारिक बातचीत
(b) बच्चों की कक्षा में औपचारिक बातचीत
(c) बच्चों और शिक्षक की परस्पर औपचारिक बातचीत
(d) बच्चों का शिक्षक द्वारा प्रदत्त अभ्यास कार्य करना

100. कौन सा प्रश्न कक्षा में बहु-भाषिकता को पोषित करता है?

(a) अच्छी लगने वाली महक को क्या कहेंगे?
(b) बुरी लगने वाली महक को क्या कहेंगे?
(c) तुम्हारे घर में किस-किसकी महक आती है?
(d) फूलों के नाम अपनी भाषा में लिखो।

// स्मार्ट उत्तर पुस्तिका //

सही उत्तर उन छात्रों का प्रतिशत जिन्होंने प्रश्न का सही उत्तर दिया।

छोड़ दिया उन छात्रों का प्रतिशत जिन्होंने प्रश्न को छोड़ दिया।

प्रश्न संख्या	उत्तर	सही उत्तर / छोड़ दिया	प्रश्न संख्या	उत्तर	सही उत्तर / छोड़ दिया	प्रश्न संख्या	उत्तर	सही उत्तर / छोड़ दिया
1	B	69.77% / 1.66%	2	D	55.2% / 1.72%	3	B	55.16% / 1.81%
4	B	42.57% / 1.19%	5	A	88.62% / 0.0%	6	D	78.37% / 0.0%
7	A	78.3% / 0.0%	8	D	88.06% / 0.0%	9	C	54.29% / 1.1%
10	A	80.91% / 0.0%	11	B	87.86% / 0.0%	12	D	84.91% / 0.0%
13	D	69.01% / 1.71%	14	A	80.24% / 0.0%	15	B	88.64% / 0.0%
16	C	86.63% / 0.0%	17	D	63.5% / 1.47%	18	B	67.42% / 1.13%
19	B	84.52% / 0.0%	20	B	64.47% / 1.68%	21	A	29.25% / 4.71%
22	D	41.72% / 1.52%	23	B	56.62% / 1.66%	24	C	50.74% / 1.07%
25	B	46.08% / 1.54%	26	C	54.36% / 1.01%	27	D	16.76% / 3.29%
28	C	57.74% / 1.67%	29	D	44.22% / 1.97%	30	C	44.96% / 1.4%
31	C	61.12% / 1.88%	32	C	46.94% / 1.91%	33	D	41.3% / 1.93%
34	B	60.52% / 1.36%	35	B	84.41% / 0.0%	36	B	57.76% / 1.47%
37	D	64.82% / 1.62%	38	C	54.61% / 1.02%	39	A	56.99% / 1.6%
40	D	14.31% / 4.75%	41	B	66.49% / 1.86%	42	B	31.51% / 3.66%
43	C	22.25% / 3.64%	44	B	47.34% / 1.6%	45	A	44.27% / 1.77%
46	D	85.46% / 0.0%	47	D	85.04% / 0.0%	48	C	60.04% / 1.97%
49	D	67.31% / 1.64%	50	A	60.75% / 1.23%	51	C	68.24% / 1.16%
52	A	76.66% / 0.0%	53	B	63.84% / 1.13%	54	B	58.76% / 1.17%
55	B	51.33% / 1.74%	56	A	61.18% / 1.01%	57	A	69.62% / 1.01%
58	C	61.44% / 1.56%	59	A	87.9% / 0.0%	60	A	64.5% / 1.51%
61	D	56.08% / 1.3%	62	D	77.96% / 0.0%	63	A	44.82% / 1.07%
64	C	53.95% / 1.87%	65	B	55.89% / 1.36%	66	C	44.56% / 1.06%
67	B	60.49% / 1.31%	68	B	49.05% / 1.87%	69	A	51.39% / 1.18%
70	A	67.62% / 1.43%	71	A	57.58% / 1.18%	72	A	53.64% / 1.36%
73	C	46.14% / 1.13%	74	A	52.29% / 1.3%	75	C	86.68% / 0.0%
76	B	54.27% / 1.35%	77	B	48.4% / 1.52%	78	D	27.88% / 4.78%
79	D	12.25% / 4.35%	80	A	45.36% / 1.66%	81	B	66.36% / 1.04%
82	A	45.6% / 1.06%	83	A	63.13% / 1.45%	84	B	57.15% / 1.1%
85	C	22.44% / 4.81%	86	C	62.67% / 1.38%	87	C	31.25% / 4.48%
88	B	66.2% / 1.82%	89	C	58.07% / 1.28%	90	A	32.77% / 3.43%
91	B	64.14% / 1.27%	92	B	62.93% / 1.63%	93	A	47.17% / 1.3%
94	B	77.32% / 0.0%	95	B	55.46% / 1.14%	96	D	52.99% / 1.69%
97	A	63.4% / 1.97%	98	D	48.72% / 1.74%	99	A	49.55% / 1.1%
100	D	49.11% / 1.2%						

// संकेत और समाधान //

1(B). कामकाजी महिलाओं को प्राय: नित्य ही परपीड़क और अपराधी लोगों से जूझना पड़ता है।
परपीड़क का अर्थ: दूसरो को पीड़ा देने वाला
गद्यांश के अनुसार, दिए गए गद्यांश के वाक्यांश "जिन्हें महानगरों में मुंह बाए बैठे अपराधी तत्त्वों या परपीड़ा में आनंद लेने वालों से प्राय: रोज ही जूझना पड़ता है........" से स्पष्ट है कि कामकाजी महिलाओं को प्राय: नित्य ही परपीड़क और अपराधी लोगों से जूझना पड़ता है।

2(D). कैब सेवा प्रारंभ करने के पीछे महिलाओं की कठिनाइयाँ कारण था।
गद्यांश के अनुसार, दिए गए गद्यांश के वाक्यांश" रेवती रॉय वह महिला हैं जिन्होंने महिलाओं की कठिनाइयों को ध्यान में रख केवल उन्हीं की सुविधा के लिए कार्य किया। इससे स्पष्ट है कि कैब सेवा प्रारंभ करने के पीछे कारण महिलाओं की कठिनाइयाँ था।

3(B). रेवती रॉय ने 'महिलाओं के लिए कैब संचालन का' एकदम नया रास्ता चुना।
गद्यांश के अनुसार, दिए गए गद्यांश के वाक्यांश "उन्होंने एकदम नया रास्ता चुना - कैब के द्वारा महिलाओं को सुरक्षित यात्रा का आश्वासन........." से स्पष्ट है कि महिलाओं के लिए कैब संचालन का रेवती रॉय ने एकदम नया रास्ता चुना।

4(B). 'सड़क परिवहन की' ज़िंदगी को खतरों और आशंकाओं से भरा माना गया है।
गद्यांश के अनुसार, दिए गए गद्यांश के वाक्यांश "खतरों और आशंकाओं से भरी सड़क-परिवहन की ज़िंदगी में कदम रखने का निर्णय लेना रेवती के लिए सरल नहीं था....." से स्पष्ट है कि सड़क परिवहन की जिंदगी को खतरों और आशंकाओं से भरा माना गया है।

5(A). 'हिम्मत और ज़िंदगी' गद्यांश के मुख्य भाव के सबसे निकट है
गद्यांश के अनुसार, दिए गए गद्यांश के वाक्यांश "खतरों और आशंकाओं से भरी सड़क-परिवहन की जिंदगी में कदम रखने का निर्णय लेना...." से स्पष्ट है कि गद्यांश के मुख्य भाव के सबसे निकट हिम्मत और ज़िंदगी है।

6(D). सफलता शब्द में उपसर्ग और प्रत्यय दोनों हैं
स + फल + ता : यहाँ स उपसर्ग, ता प्रत्यय और फल मूल शब्द है।

7(A). 'परपीड़ा' शब्द का गद्यांश में प्रयोग के अनुसार अर्थ है दूसरों की पीड़ा
दिए गए गद्यांश के वाक्यांश "परपीड़ा में आनंद लेने वालों से प्राय: रोज ही जूझना पड़ता है... से स्पष्ट है कि 'परपीड़ा' शब्द का गद्यांश में प्रयोग दूसरों की पीड़ा के लिए हुआ है।

8(D). "किसी को देखने के लिए आँख की नहीं, दृष्टि की आवश्यकता होती है" - स्वामी विवेकानंद का यह कथन इस महिला के जीवन का दर्शन बन गया है" से स्पष्ट है कि प्रारंभ में उद्धृत कथन रेवती रॉय के जीवन का दर्शन बना।

9(C). रेवती रॉय की कैब सेवा मूलत: कामकाजी महिलाओं के लिए लिए है।
गद्यांश के अनुसार, दिए गए गद्यांश के वाक्यांश "उद्देश्य स्पष्ट था - कामकाजी और ज़रूरतमंद महिलाओं को अपने शहर में सुरक्षित सफर का भरोसा देना...." से स्पष्ट है कि रेवती रॉय की कैब सेवा मूलत: कामकाजी महिलाओं के लिए है। कामकाजी महिलाओं को रोजमर्या में कोई समस्या न आए इसलिए यह सुविधा प्रधान की गई है।

10(A). दिए गए गद्यांश के अनुसार हमारी हीनता और श्रेष्ठता का सम्बन्ध देश की हीनता और श्रेष्ठता से जुड़ा हुआ है। जब हम कोई हीन या बुरा काम करते हैं तो हमारे माथे पर ही कलंक का टीका नहीं लगता, बल्कि देश का भी सिर नीचा होता है और उसकी प्रतिष्ठा गिरती है। जब हम कोई श्रेष्ठ कार्य करते हैं तो उससे हमारा ही सिर नहीं ऊँचा होता, बल्कि देश का भी सिर ऊँचा होता है और उसका गौरव बढ़ता है।

11(B). 'देश का सम्मान' बढ़ने से आशय है संस्कृति की सुरक्षा करना।

12(D). शिष्ट व्यवहार का उदाहरण है समय का पाबंद होना।

13(D). गद्यांश के अनुसार, असल गड़बड़ वह है जहाँ केवल निंदा करना, सही व्यवहार न करना।

14(A). देश की श्रेष्ठता एवं प्रतिष्ठा लेखक की दृष्टि में सर्वाधिक महत्वपूर्ण है।

15(B). उपर्युक्त विकल्प में 'श्रेष्ठता' से तात्पर्य 'उत्कृष्टता' से है।

16(C). 'इधर की उधर लगाने' का अर्थ है चुगली करना।
वाक्य प्रयोग- विजय की बात का क्या भरोसा? वह तो सदा इधर की उधर लगाया करता है।

17(D). प्रत्यय की दृष्टि से भिन्न शब्द राष्ट्रीय है इसमें 'ईय' प्रत्यय लगा है जबकि अन्य विकल्पों मधुरता, प्रभुता व हीनता में 'ता' प्रत्यय लगा हुआ है।

18(B). 'संस्कृति' का संधि-विच्छेद सम् + कृति हैं। 'संस्कृति' में व्यंजन संधि है। दो शब्दों के मेल से बने शब्द को पुनः अलग-अलग करने प्रक्रिया को संधि-विच्छेद कहते हैं। विच्छेद का अर्थ होता है अलग करना।
दो वर्णों के मेल से होने वाले विकार को संधि कहते हैं। संधि तीन प्रकार की होती है:
- स्वर संधि
- व्यंजन संधि
- विसर्ग संधि

19(B). लोगों को अपने बच्चों को पड़ोस के विद्यालय में पढ़ाने की स्वतंत्रता होनी चाहिए।
गद्यांश के अनुसार, "आज ज़रूरत इस बात की है कि लोगों को यह स्वतंत्रता हो कि वे अपने बच्चों को किसी भी नज़दीकी स्कूल में ले जाकर भर्ती करा सकें और इस विश्वास के साथ घर लौट सकें कि उनके बच्चों को उस स्कूल में बेहतर और मूल्य आधारित शिक्षा मिलेगी।"

20(B). 'आधारित' शब्द में 'इत' प्रत्यय है।
आधार + इत = आधारित, आधार एक मूल शब्द है।
'इत' प्रत्यय से बनने वाले अन्य शब्द 'सुगन्धित, नियमित, पीड़ित, मोहित, शिक्षित, प्रमाणित, द्रवित, व्यथित' आदि हैं।

उपसर्ग	प्रत्यय
उपसर्ग उस अक्षर या अक्षर समूह को कहते हैं जो किसी शब्द के पहले जुड़कर उसके अर्थ में परिवर्तन लाता है।	शब्द के उपरांत जिस शब्द का प्रयोग किया जाता है वह प्रत्यय है।
जैसे - प्र, सु, अति, अधि, अनु, नि प्र + हार = प्रहार	जैसे - ता, औना, अन, अत श्रो + ता = श्रोता

21(A). सरहपा: 769 ई. - 84 सिद्धों में से एक हैं और राहुल सांकृत्यायन ने इन्हें हिंदी का प्रथम कवि माना है।
पुष्पदंत: 10 वीं शती - अपभ्रंश के मुख्य कवि हैं।
अद्दहमाण: 12 वीं शती - को अब्दुल रहमान भी कहा जाता है। इन्होंने महत्वपूर्ण ग्रंथ सन्देशरासक की रचना की है।
हेमचन्द्र: 12 वीं शती - जैन आचार्यों में से एक हैं।

22(D). सभी आदिकाल के अलग-अलग महाराज हैं। उस समय सभी के दरबारों में उनके आनंद और मनोरंजन के लिए कवि हुआ करते थे। चंदबरदाई महाराज पृथ्वीराज चौहान के दरबारी कवि थे।
- पृथ्वीराज रासो की रचना चंदबरदाई ने की है।
- इसकी रचना 12 वीं शताब्दी में हुई थी।
- पृथ्वीराज रासो में 69 सर्ग हैं।
- पृथ्वीराज रासो हिन्दी भाषा में लिखा एक महाकाव्य है जिसमें पृथ्वीराज चौहान के जीवन और चरित्र का वर्णन किया गया है। इसके रचयिता चंदबरदाई पृथ्वीराज के बचपन के मित्र और उनके राजकवि थे और उनकी युद्ध यात्राओं के समय वीर रस की कविताओं से सेना को प्रोत्साहित भी करते थे।

23(B). उपर्युक्त पंक्तियां लुइपा की है जो कि रहस्य भावना प्रधान है। 84 सिद्धों में लुइपा का स्थान सर्वोच्च है। साधना अवस्था से निकली सिद्धों की वाणी 'चरिया गीत/चर्यागीत' कहलाती है।

24(C). "अंगदपैज" की रचना ईश्वरदास ने की है।
- अंगदपैज का रचना वर्ष 1444 ई. है।
- भरत मिलाप (1444), ईश्वरदास की अन्य रचना है।
- ईश्वरदास (1480-1550) राम भक्ति काव्य के प्रमुख कवि हैं।
- इनकी उपर्युक्त दोनों रचनाएं राम कथा से संबंधित हैं।

25(B). "अलंकार गंगा", "श्रीपति" की रचना है।

श्रीपति कालपी के रहने वाले कान्यकुब्ज ब्राह्मण एवं रीति काल के कवि थे।

इन्होंने संवत 1777 में 'काव्यसरोज' नामक रीति ग्रंथ बनाया।

श्रीपति की अन्य रचनाएं निम्नलिखित हैं:

- काव्य सरोज
- रस सागर
- विक्रम विलास
- अनुप्रास विनोद
- कवि कल्प द्रुम

26(C). 'विज्ञानगीता' केशवदास की रचना है।

- केशवदास रचित प्रामाणिक ग्रंथ नौ हैं: रसिकप्रिया, कविप्रिया, नखशिख, छंदमाला, रामचंद्रिका, वीरसिंहदेव चरित, रतनबावनी, विज्ञानगीता और जहाँगीर जसचंद्रिका।
- रसिकप्रिया केशव की प्रौढ़ रचना है जो काव्यशास्त्र संबंधी ग्रंथ हैं।
- इसमें रस, वृत्ति और काव्यदोषों के लक्षण उदाहरण दिए गए हैं। इसके मुख्य आधारग्रंथ हैं: नाट्यशास्त्र, कामसूत्र और रुद्रभट्ट का शृंगारतिलक।
- कविप्रिया काव्यशिक्षा संबंधी ग्रंथ है जो इन्द्रजीतसिंह की रक्षिता और केशव की शिष्या प्रवीणराय के लिये प्रस्तुत किया गया था। यह कविकल्पलतावृत्ति और काव्यादर्श पर आधारित है।
- रामचंद्रिका उनका सर्वाधिक प्रसिद्ध महाकाव्य है जिसकी रचना में प्रसन्नराघव, हनुमन्नाटक, कादंबरी आदि कई ग्रंथो से सामग्री ग्रहण की गई हैं।
- रतनबावनी में मधुकरशाह के पुत्र रतनसेन, वीरसिंह चरित में इन्द्रजीतसिंह के अनुज वीरसिंह तथा जहाँगीर जसचंद्रिका का यशोगान किया गया है।
- विज्ञानगीता में प्रबोधचंद्रोदय के आधार पर रचित अन्यापदेशिक काव्य है।

27(D). उपर्युक्त पंक्ति के रचयिता कवि बोधा हैं।

बोधा (जन्म: 1767, मृत्यु: 1806) हिन्दी साहित्य के रीतिकालीन कवि थे। उन्हें विप्रलम्भ (वियोग) शृंगार रस की कविताओं के लिये जाना जाता है।

कवि बोधा का पूरा नाम बुद्धिसेन था।

पन्ना नरेश खेत सिंह ने बुद्धि सेन का उपनाम बोधा किया था।

कृतियां:

- विरहवारीश - वियोग शृंगार रस की कविताएँ
- इश्कनामा - शृंगारपरक कविताएँ

28(C). "रीतिकाल" को "अलंकृत काल" नाम "मिश्र बंधु" ने दिया है।

मिश्र बंधु के अनुसार अलंकृत काल को दो भागों में बांटा गया है:

1. पूर्वालंकृत काल (1681-1790)
2. उत्तरालंकृत काल (1781-1889)

29(D). "भावविलास", "केशवदास" की रचना नहीं है।

- भावविलास कवि देव की रचना है।
- रचना काल: 1746
- देव (देवदत्त) का जन्म मृत्यु: 1673-1767
- देवकृत एक संस्कृत ग्रंथ भी 'शृंगार विलासिनी' नाम से भरतपुर से प्रकाशित हुआ था।
- देव के छंद: सवैया और घनाक्षरी

30(C). "एक बूंद सहसा उछली" के रचनाकार "अज्ञेय" हैं।

- सच्चिदानंद हीरानंद वात्स्यायन 'अज्ञेय' (7 मार्च, 1911 - 4 अप्रैल, 1987)
- "एक बूंद सहसा उछली" का रचना वर्ष 1960 है।
- अज्ञेय जी का "अरे यायावर रहेगा याद (1943)" यह भी अन्य प्रसिद्ध यात्रा वृत्तांत है।

31(C). प्राचीन काल में दृश्य काव्य अत्यधिक लोकप्रिय था। कारण यह था कि उस समय सभी नाटक अभिनीत होते थे। प्राचीन समय में दृश्य-काव्य के 10 रूपक तथा 18 उपरूपक माने गए हैं। आज दृश्य काव्य के प्रचलित रूपों में नाटक, एकांकी, सिनेनाटक, रेडियो नाटक, झलकी प्रमुख हैं।

32(C). केशवदास द्वारा रचित 'रामचंद्रिका' को रामस्वरूप चतुर्वेदी ने "छंदों का अजायबघर" कहा है। और चंद्रवरदाई द्वारा रचित 'पृथ्वीराजरासो' को शिवसिंह सेंगर ने "छंदों का अजायबघर" कहा है।

33(D). 'काव्य मंजूषा' के रचयिता महावीर प्रसाद द्विवेदी है। महावीरप्रसाद द्विवेदी हिन्दी के पहले लेखक थे, जिन्होंने केवल अपनी जातीय परंपरा का गहन अध्ययन ही नहीं किया था, बल्कि उसे आलोचकीय दृष्टि से भी देखा था। उन्होने अनेक विधाओं में रचना की। कविता, कहानी, आलोचना, पुस्तक समीक्षा, अनुवाद, जीवनी आदि विधाओं के साथ उन्होंने अर्थशास्त्र, विज्ञान, इतिहास आदि अन्य अनुशासनों में न सिर्फ विपुल मात्रा में लिखा, बल्कि अन्य लेखकों को भी इस दिशा में लेखन के लिए प्रेरित किया।

34(B). रघुवंश कालिदास द्वारा रचित संस्कृत महाकाव्य है। इस महाकाव्य में उन्नीस सर्गों में रघु के कुल में उत्पन्न 29 राजाओं का इक्कीस प्रकार के छन्दों का प्रयोग करते हुए वर्णन किया गया है। इसमें दिलीप, रघु, दशरथ, राम, कुश और अतिथि का विशेष वर्णन किया गया है।

35(B). अष्टाध्यायी (अष्टाध्यायी = आठ अध्यायों वाली) महर्षि पाणिनि द्वारा रचित संस्कृत व्याकरण का एक अत्यंत प्राचीन ग्रंथ (700 ई पू) है। इसमें आठ अध्याय हैं; प्रत्येक अध्याय में चार पाद हैं; प्रत्येक पाद में 38 से 220 तक सूत्र हैं। इस प्रकार अष्टाध्यायी में आठ अध्याय, बत्तीस पाद और सब मिलाकर लगभग 4000 सूत्र हैं।

36(B). "वैदिकी हिंसा हिंसा न भवति" भारतेंदु हरिश्चंद्र द्वारा रचित एक नाटक है। इस प्रहसन में भारतेंदु ने परंपरागत नाट्य शैली को अपनाकर मांसाहार के कारण की जाने वाली हिंसा पर व्यंग्य किया गया है।

37(D). सरदार पूर्णसिंह द्विवेदी युगीन निबन्धकारों में विशिष्ट स्थान रखते हैं। भावात्मक निबन्धों के रचनाकार के रूप में पूर्णसिंह जी हिन्दी में अद्वितीय माने जा सकते हैं। इनकी प्रमुख कृतियाँ हैं- सच्ची वीरता, आचरण की सभ्यता, मजदूरी और प्रेम, अमेरिका का मस्त जोगी वाल्ट हिटमैन, कन्यादान, पवित्रता आदि।

38(C). 'गेहूँ और गुलाब' की रचना रामवृक्ष बेनीपुरी द्वारा की गई है।

'गेहूं और गुलाब' निबन्ध में लेखक रामवृक्ष बेनीपुरी ने गेहूं को भूख तथा भौतिक अभाव और गुलाब को साहित्य, कलाऔर संस्कृति का प्रतीक माना है। दूसरे शब्दों में कहें तो गेहूं सर्वहारा और गुलाब बुर्जुआ वर्ग का प्रतीक है। इस निबंध को लिखने के पीछे बेनीपुरी जी का उद्देश्य यह है कि समाज में मानवता को चिरस्थायी बनाए रखने के लिए गेहूं और गुलाब दोनों की आवश्यकता है। उन्होंने लिखा है कि जब तक मानव के जीवन में गेहूं और गुलाब का संतुलन बना रहा वह सुखी रहा और उसके जीवन में आनंद भी रहा।

39(A). कुबेरनाथ राय हिन्दी ललित निबन्ध परम्परा के महत्वपूर्ण हस्ताक्षर, सांस्कृतिक निबन्धकार थे। उनकी गिनती आचार्य हजारीप्रसाद द्विवेदी और विद्यानिवास मिश्र जैसे ख्यातिलब्ध निबन्धकारों के साथ की जाती है। इनकी प्रमुख रचनाएँ हैं - प्रिया नीलकंठी, रस आखेटक, निषाद बांसुरी, महाकवि की तर्जनी, कामधेनु, पर्ण-मुकुट आदि।

40(D). "कब तक पुकारूँ" प्रसिद्ध साहित्यकार, कहानीकार और उपन्यासकार रांगेय राघव द्वारा लिखा गया उपन्यास है। इस कहानी में राजस्थान और उत्तर प्रदेश की सीमा से जुड़ा 'बैर' एक ग्रामीण क्षेत्र है। वहाँ नटों की भी बस्ती है। सुखराम करनट अवैध सम्बन्ध से उत्पन्न नायक है। नट खेल-तमाशे दिखाते हैं और नटनियाँ तमाशों के साथ-साथ दर्शकों को यौन-संतुष्टि देकर आजीविका में इजाफा करती हैं। करनटों की युवा लड़कियां प्रायः ठाकुरों के पास जाया करती थीं। नैतिकता क्या है, इसका ज्ञान उन्हें नहीं था। थोड़े से पैसों की खातिर वे कहीं भी चलने को तैयार हो जाती थीं। करनटों के बीच व्यावहारिक भाषा शैली है। सभ्य समाज में जिस शब्दावली का उपयोग नहीं होता, वह भी इस उपन्यास में है।

"लक्ष्मीपुरा" के लेखक शिवदान सिंह चौहान हैं।

"प्लाट का मोर्चा" के लेखक शमशेर बहादुर सिंह हैं।

"युद्ध यात्रा" के लेखक धर्मवीर भारती हैं।

41(B). जयशंकर प्रसाद रचित जन्मेजय का नागयज्ञ का रचना वर्ष 1926 ई. है।

जन्मेजय का नाग यज्ञ जयशंकर प्रसाद का एक महत्वपूर्ण ऐतिहासिक नाटक है। महाभारत में वर्णित खांडव प्रदेश को अर्जुन ने श्रीहीन कर दिया था, जिससे अनेकों जीव-जातियों का विनाश हो गया था। इन्हीं जीव-जातियों में एक नाग जाति थी, जिसने अपने सर्वनाश का बदला कुरु वंसजों से लेने की ठानी थी। कथा क्रम में कृष्ण ने इस नाग वंश के साथ वैवाहिक और मैत्री के सम्बन्ध स्थापित किये। लेकिन नागों की प्रतिशोध

वृति खत्म नहीं हुई। अभिमन्यु के पुत्र परीक्षित को इन्हीं नागों ने धोखे से मारा था। जिसके प्रतिउत्तर में परीक्षित पुत्र जन्मेजय ने इस नाग जाति को हमेशा के लिये खत्म करने का संकल्प किया।

42(B). फणीश्वरनाथ रेणु द्वारा लिखित कहानी 'तीसरी कसम उर्फ मारे गए गुलफाम' एक अंचल की कथा है जिसका परिवेश ग्रामीण है, जहां जीविकोपार्जन का साधन कृषि और पशु-पालन है। इस कहानी के मूल पात्र हीरामन और हीराबाई हैं।

43(C). विद्यानिवास मिश्र संस्कृत के प्रकाण्ड विद्वान, जाने-माने भाषाविद्, हिन्दी साहित्यकार और सफल सम्पादक थे। उन्हें भारत सरकार ने साहित्य एवं शिक्षा के क्षेत्र में पद्म भूषण से सम्मानित किया था। विद्यानिवास मिश्र की हिन्दी और अंग्रेज़ी में दो दर्जन से अधिक पुस्तकें प्रकाशित हैं। इसमें "महाभारत का कव्यार्थ" और "भारतीय भाषादर्शन की पीठिका" प्रमुख हैं। ललित निबंधों में "तुम चंदन हम पानी", "वसंत आ गया" और शोधग्रन्थों में "हिन्दी की शब्द संपदा" छितवन की छाँह, तुलसीदास भक्ति प्रबंध का नया उत्कर्ष, थोड़ी सी जगह दें, फागुन दुइ रे दिना चर्चित कृतियां हैं। 'थोड़ी सी जगह दें' घुसपैठियों पर आधारित निबन्ध है।

44(B). "अधिकार सुख कितना मादक और सारहीन होता है" - यह पंक्ति जयशंकर प्रसाद द्वारा रचित स्कन्दगुप्त नाटक से ली गयी है।
स्कन्दगुप्त में पाँच अक हैं तथा अध्यायों की योजना दृश्यों पर आधारित है। प्रथम, द्वितीय तथा चतुर्थ अंक में सात और तृतीय तथा पंचम अंक में छह दृश्य हैं। इस नाटक की विशेषताओं को रेखांकित करते हुए दशरथ ओझा हिन्दी नाटकः उद्भव और विकास में लिखते हैं कि- "स्कन्दगुप्त' नाटक के वस्तु-विन्यास में प्रसाद की प्रतिभा सजीव हो उठी है और उनकी नाट्यकला ने अपना अपूर्व कौशल दिखाया हे। इस नाटक में भारतीय और यूरोपीय दोनों नाट्यकलाओं का सहज समन्वय है।"

45(A). "कादम्बरी" के लेखक बाणभट्ट हैं। जो कि उनके दो प्रमुख ग्रंथो में से एक है। हर्षचरितम् बाणभट्ट द्वारा रचित दूसरी महत्वपूर्ण कृति है।
इसकी कथा सम्भवतः गुणाढ्य द्वारा रचित बड्डकहा (वृहद्कथा) के राजा सुमानस की कथा से ली गयी है। यह ग्रन्थ बाणभट्ट के जीवनकाल में पूरा नहीं हो सका। उनकी मृत्यु के बाद उनके पुत्र भूषणभट्ट (या पुलिन्दभट्ट) ने इसे पूरा किया और पिता द्वारा लिखित भाग का नाम 'पूर्वभाग' एवं स्वयं द्वारा लिखित भाग का नाम 'उत्तरभाग' रखा।

46(D). जयशंकर प्रसाद हिन्दी कवि, नाटककार, कहानीकार, उपन्यासकार तथा निबन्ध-लेखक थे। वे हिन्दी के छायावादी युग के चार प्रमुख स्तंभों में से एक हैं। इनकी प्रमुख रचनाएँ आँसू, लहर, कामायनी, कंकाल, तितली, इरावती इत्यादि हैं।
कर्मभूमि की रचना मुंशी प्रेमचन्द के द्वारा की गयी है।
अतः सही विकल्प (D) है।

47(D). मुंशी प्रेमचन्द हिन्दी और उर्दू के सर्वाधिक लोकप्रिय उपन्यासकार, कहानीकार एवं विचारक थे। उन्होंने सेवासदन, प्रेमाश्रम, रंगभूमि, निर्मला, गबन, कर्मभूमि, गोदान आदि लगभग डेढ़ दर्जन उपन्यास तथा कफन, पूस की रात, पंच परमेश्वर, बड़े घर की बेटी, बूढ़ी काकी, दो बैलों की कथा आदि तीन सौ से अधिक कहानियाँ लिखीं। उनमें से अधिकांश हिन्दी तथा उर्दू दोनों भाषाओं में प्रकाशित हुई।
अखरावट के रचयिता मलिक मुहम्मद जायसी हैं।
अतः सही विकल्प (D) है।

48(C). आनन्द कादम्बिनी भारतेन्दु-युग की साहित्यिक पत्रिका है। आनन्द कादम्बिनी जुलाई 1881 में मिर्जापुर से आरम्भ हुई थी। इसके सम्पादक 'बदरीनारायण चौधरी' प्रेमघन' थे।

49(D). हरिशंकर परसाई हिंदी के प्रसिद्ध लेखक और व्यंगकार थे। वे हिंदी के पहले रचनाकार हैं जिन्होंने व्यंग्य को विधा का दर्जा दिलाया और उसे हल्के–फुल्के मनोरंजन की परंपरागत परिधि से उबारकर समाज के व्यापक प्रश्नों से जोड़ा।
इनकी प्रमुख रचनाएँ जैसे उनके दिन फिरे, रानी नागफनी की कहानी, तट की खोज, भूत के पांव पीछे, सदाचार का ताबीज, शिकायत मुझे भी है, हंसते हैं रोते हैं, तब की बात और थी, बेईमानी की परत, पगडंडियों का जमाना, और अंत में, विकलांग श्रद्धा का दौर आदि हैं।

50(A). 'अतीत के चलचित्र' महादेवी वर्मा द्वारा रचित एक रेखाचित्र है। इसमें लेखिका हमारा परिचय रामा, भाभी, बिन्दा, सबिया, बिट्टो, बालिका माँ,

घीसा, अभागी स्त्री, अलोपी, बबलू तथा अलोपा इन ग्यारह चरित्रों से करवाती हैं। सभी रेखा-चित्रों को उन्होंने अपने जीवन से ही लिया है, इसीलिए इनमें उनके अपने जीवन की विविध घटनाओं तथा चरित्र के विभिन्न पहलुओं का प्रत्यारोपण अनायास ही हुआ है। उन्होंने अनुभूत सत्यों को जस-का-तस अंकित किया है।
अतः सही विकल्प (A) है।

51(C). 'तूफानों के बीच' रांगेय राघव का मार्मिक रिपोर्ताज है। अपनी विशिष्ट वर्णन शैली और व्यापक मानवीय सरोकारों के चलते यह रचना अत्यन्त हृदयग्राही सिद्ध हुई है। रांगेय राघव ने पुस्तक की भूमिका में लिखा है, 'बंगाल का अकाल मानवता के इतिहास का बहुत बड़ा कलंक है।
अतः सही विकल्प (C) है।

52(A). ठेले पर हिमालय धर्मवीर भारती द्वारा लिखित यात्रावृत्तांत श्रेणी का संस्मरणात्मक निबंध है। इसमें लेखक ने नैनीताल से कौसानी तक की यात्रा का रोचक वर्णन किया है। इस निबंध के माध्यम से लेखक ने जीवन के उच्च शिखरों तक पहुँचने का जो संदेश दिया है, वह अभिनंदनीय है।

53(B). "आचार्य विश्वनाथ प्रसाद मिश्र" ने "हिंदी साहित्य का अतीत" लिखा है।
आचार्य विश्वनाथ प्रसाद (1906-12 जुलाई, 1982)
विश्वनाथ जी के प्रमुख नाटक न टीकाएँ इस प्रकार हैं-
- हिन्दी साहित्य का अतीत
- हिन्दी का सामायिक इतिहास
- वाङ्मय विमर्श
- हिन्दी नाट्य साहित्य का विकास
- बिहारी की वाग्विभूति
- कामांग कौमुदी
- गोसाईं तुलसीदास
- केशव ग्रंथावली
- नीला कण्ठ उजले बोल

54(B). ग्रियर्सन के अनुसार बुद्धदेव के बाद भारत में सबसे बड़े लोकनायक तुलसीदास थे।
- तुलसीदास- रामभक्ति शाखा के प्रतिनिधि कवि
- भक्तिभावना- दास्य भाव
- दर्शन- विशिष्टाद्वैत

55(B). उपन्यास को मनोरंजन से ऊपर उठाकर जीवन को जोड़ने वाले लेखक हैं मुंशी प्रेमचंद जी है।
- धनपत राय श्रीवास्तव (31 जुलाई 1880 – 8 अक्टूबर 1936) को मुंशी प्रेमचंद नाम से जाने जाते हैं।
- मुंशी प्रेमचंद के साहित्यिक जीवन का आरंभ 1901 से हो चुका था आरंभ में वे नवाब राय के नाम से उर्दू में लिखते थे।
- उनका पहला उपलब्ध लेखन उर्दू उपन्यास 'असरारे मआबिद' है।

56(A). 'सम्पतिशास्त्र' के लेखक का नाम "आचार्य महावीर प्रसाद द्विवेदी" है।
इसका पुस्तक रूप में प्रकाशन सन् 1908 में हुआ। इसके पूर्व 1907 की सरस्वती के विभिन्न अंकों में 'सम्पतिशास्त्र' के अंश प्रकाशित हो चुके थे। 'सम्पतिशास्त्र' अर्थशास्त्र संबंधी हिंदी की पहली पुस्तक है।

57(A). 'गोकुलनाथ' की रचना का नाम "चौरासी वैष्णवन की वार्ता" है।
चौरासी वैष्णवन की वार्ता, ब्रजभाषा में लिखित गद्य ग्रंथ है। इसमें महाप्रभु वल्लभाचार्य जी के पुष्टि सम्प्रदाय के शिष्यों की कथाएँ (जीवन चरित) संकलित हैं।

58(C). उक्तिव्यक्त प्रकरण व्याकरण ग्रंथ है।
महाराज गोविंदचंद के सभा पंडित दामोदर शर्मा ने 12वीं शताब्दी में उक्ति व्यक्त प्रकरण की रचना की। इस ग्रंथ से गद्य और पद्य दोनों शैलियों की हिंदी भाषा में तत्सम शब्दावली के प्रयोग की बढ़ती हुई प्रवृत्ति का पता चला है। यह रचना व्याकरण ग्रंथ है।

59(A). 'कठगुलाब', 'रेखाचित्र' विधा की रचना नहीं है।
कठगुलाब एक उपन्यास है। यह मृदुला गर्ग की रचना है।

60(A). 'सूर्य की अंतिम किरण से सूर्य की पहली किरण तक', 'सुरेंद्र वर्मा' का नाटक है।
'सूर्य की अंतिम किरण से सूर्य की पहली किरण तक' में राजाप्रांगण में एवं उत्सव के वातावरण में मंगलवाद्य-ध्वनि सुनने को मिलता है।

61(D). भावविलास केशवदास की रचना नहीं है।
भावविलास कविदेव की रचना है।
केशव या केशवदास (1555-1617) हिन्दी साहित्य के रीतिकाल की कवि-त्रयी के एक प्रमुख स्तंभ हैं। वे संस्कृत काव्यशास्त्र का सम्यक् परिचय कराने वाले हिंदी के प्राचीन आचार्य और कवि हैं। रामचंद्रिका उनका सर्वाधिक प्रसिद्ध महाकाव्य है जिसकी रचना में प्रसन्नराघव, हनुमन्नाटक, कादंबरी आदि कई ग्रंथो से सामग्री ग्रहण की गई हैं।

62(D). "सरयू पार की यात्रा" भारतेंदु यात्रावृत्त संबंधी रचना है।
लखनऊ भारतेंदु जी का एक अन्य यात्रा वृतांत है।

63(A). 'खेट कौतुकम' रहीमदास जी रचना है।
रहीमदास अकबर के नवरत्नों में से एक कवि थे। रहीम दस जी की रचनाएँ- श्रृंगार सतसई, रास पंचाध्यायी और रहीम रत्नावली हैं। इसके अलावा रहीमदास जी ने रहीम सतसई और बरवै नायिका की भी रचना की है।
अतः विकल्प (A) सही है।

64(C). उपर्युक्त पंक्ति तुलसीदास की है।
'केशव, कहि न जाइ का कहिये'। पंक्तियां तुलसीदास ने विनय पत्रिका में कही हैं। विनय पत्रिका का रचना वर्ष 1585 ई. है।
गोस्वामी तुलसीदास (1511 - 1623) हिंदी साहित्य के महान कवि थे। इन्हें आदि काव्य रामायण के रचयिता महर्षि वाल्मीकि का अवतार भी माना जाता है।

65(B). 'अंजो दीदी', 'नाटक विधा' की रचना है।
नाटक काव्य और गध्य का एक रूप है। जो रचना श्रवण द्वारा ही नहीं अपितु दृष्टि द्वारा भी दर्शकों के हृदय में रसानुभूति कराती है उसे नाटक या दृश्य-काव्य कहते हैं।

66(C). जो शब्द किसी चीज़ या पदार्थ की अवस्था, दशा या भाव का बोध कराते हैं, उन शब्दों को भाववाचक संज्ञा कहते हैं। जैसे- बचपन, बुढ़ापा, मोटापा, मिठास, उमंग, चढ़ाई, थकावट, मानवता, चतुराई, जवानी, लम्बाई, मित्रता, मुस्कुराहट, अपनापन, परायापन, भूख, प्यास, चोरी, क्रोध, सुन्दरता आदि। दिये गए वाक्य- "ज्यादा दौड़ने से मुझे थकान हो जाती है।" में भाववाचक संज्ञा है।

67(B). दिए गए विकल्पों में से विकल्प (B) कोहिनूर सही उत्तर है। अन्य विकल्प असंगत हैं। कोहिनूर, व्यक्तिवाचक संज्ञा का उदाहरण है।
- उपर्युक्त वाक्य में कोहिनूर सभी हीरो का बोध न कराकर विशेष हीरे का बोध करा रहा हैं अतः ये व्यक्तिवाचक संज्ञा की श्रेणी में आएगा।
व्यक्तिवाचक संज्ञा: जो शब्द केवल एक व्यक्ति, वस्तु या स्थान का बोध कराते हैं उन शब्दों को व्यक्तिवाचक संज्ञा कहते हैं। जैसे- भारत, चीन (स्थान), किताब, साइकिल (वस्तु), सुरेश, रमेश, महात्मा गाँधी (व्यक्ति) आदि।

68(B). जो सर्वनाम वक्ता (बोलनेवाले), श्रोता (सुननेवाले) तथा किसी अन्य के लिए प्रयुक्त होता है, उसे पुरूषवाचक सर्वनाम कहते हैं। जैसे- मैं, वे, तू, आप आदि। जिन सर्वनाम का प्रयोग वक्ता श्रोता या अन्य के लिए किया जाता है वह पुरूषवाचक कहलाता है।

69(A). वह सार्वनामिक शब्द जो स्वयं के लिए प्रयोग करते हैं जैसे – आप , अपना आदि जिससे स्वयं का बोध हो वह निजवाचक कहलाते हैं। जो सर्वनाम तीनों पुरूषों (उत्तम, मध्यम और अन्य) में निजत्व का बोध कराता है, उसे निजवाचक सर्वनाम कहते हैं। जैसे- मैं खुद लिख लूँगा। तुम अपने आप चले जाना।
उपरोक्त वाक्य में **आप** निजवाचक सर्वनाम है।

70(A). 'राधा सो रही है' इसमें अकर्मक क्रिया क्रिया हैं। वे क्रियाएँ जिनके साथ कर्म प्रयुक्त नहीं होता तथा क्रिया का प्रभाव वाक्य के प्रयुक्त कर्त्ता पर पड़ता है, उसे अकर्मक क्रिया कहते हैं। जैसे- कुत्ता भौंकता है।
अतः विकल्प (A) सही है।

71(A). 'मोहन हँसने लगा' इसमें अकर्मक क्रिया क्रिया हैं। वे क्रियाएँ जिनके साथ कर्म प्रयुक्त नहीं होता तथा क्रिया का प्रभाव वाक्य के प्रयुक्त कर्त्ता पर पड़ता है, उसे अकर्मक क्रिया कहते हैं। जैसे- राधा गाती है।
अतः विकल्प (A) सही है।

72(A). 'गंगा हिमालय से निकलती है।' वाक्य में अपादान कारक है।
इसका विभक्ति चिन्ह 'से' है।

73(C). कारक का एक उदाहरण है-'राम ने राक्षसों को बाणों से मारा।' कारक सूचित करने के लिए संज्ञा अथवा सर्वनाम के आगे जो प्रत्यय लगाया जाता है उसे 'विभक्ति-प्रत्यय या कारक चिह्न' कहते हैं।

74(A). ऐसे विशेषण शब्द जो किसी संज्ञा या सर्वनाम की संख्या का बोध कराते हैं, वे संख्यावाचक विशेषण कहलाते हैं। जैसे: दुनिया में सात अजूबे हैं। इस वाक्य में विश्व में कितने अजूबे हैं ये हमें सात शब्द से पता चल रहा है। सात शब्द हमें अजूबों की संख्या की विशेषता बता रहा है।

75(C). उपरोक्त विकल्पों में 'गुणवाचक, संख्यावाचक, सार्वनामिक' ये विशेषण के प्रकार हैं।
'जातिवाचक' संज्ञा का एक भेद है। इसलिए इसका सही उत्तर विकल्प 'जातिवाचक' है।
जातिवाचक संज्ञा एक ही जाति के सभी प्राणियों अथवा वस्तुओं का बोध कराने वाले शब्द जातिवाचक संज्ञा कहलाते हैं।
जैसे: बाजार, गली, पहाड़, खिड़की

76(B). देशांतर में कर्मधारय समास है।

77(B). 'राजदरबार' में सम्बन्ध तत्पुरुष समास है क्योंकि राजदरबार का विग्रह है राज + दरबार अर्थात राजा का दरबार।

78(D). 'नौ दिन चले अढ़ाई कोस' मुहावरे का अर्थ 'धीमी गति से कार्य करना' होता है।
धीमी या मंद गति से जब कोई कार्य किया जाता है तब इसे नौ दिन चले अढाई कोस कहा जाता है।
वाक्य- प्रकाश तुमने कैसे आदमी को काम दिया है अभी नौ दिन हो गए और मकान की नींव ही भर पाई है यह तो वही बात हुई नो दिन चले अढ़ाई कोस।

79(D). नाक का बाल होना मुहावरे का अर्थ 'अत्यधिक घनिष्ठ या प्रिय व्यक्ति होना' है।
वाक्य प्रयोग - सीता गीता तो एक दूसरी की नाक का बाल हैं।

80(A). अधिसूचना प्रारूप गजट मे प्रकाशित होता है। राजपत्रित अधिकारियों की नियुक्ति, पदोन्नति, स्थानांतरण, प्रतिनियुक्ति आदि की सूचना राजपत्र में अधिसूचना के रूप में प्रकाशित की जाती है। सांविधिक नियमों और आदेशों की सूचना भी राजपत्र में अधिसूचना के रूप में दी जाती है। शक्तियों के सौंपे जाने की घोषणा भी अधिसूचना के रूप में राजपत्र में प्रकाशित की जाती है।

81(B). पत्र के अंगो का उचित क्रम प्रारम्भ , संबोधन , कलेवर, अन्त है। पत्र, चिट्ठी या खत किसी कागज या अन्य माध्यम पर लिखे सन्देश को कहते हैं। उन्नीसवीं एवं बीसवीं शताब्दियों में पत्र ही दो व्यक्तियों के बीच संचार का सबसे विश्वसनीय माध्यम था।

82(A). किसी अधिकारी को पत्र लिखना हो तो संबोधन में माननीय महोदय लिखा जाता है। माननीय एक सम्मान सूचक शब्द है, जिसे सम्मान स्वरुप संबोधन के लिए उपयोग में लाया जाता है। इसका उपयोग अंतर्राष्ट्रीय कूटनीति तथा महत्वपूर्ण राजनैतिक पदों को संबोधित करने हेतु, लिखित एवं मौखिक संबोधन में किया जाता है।

83(A). मोहल्ले में बिजली कटौती समस्या के लिए औपचारिक पत्र लिखना चाहिए । औपचारिक पत्र उन्हें लिखा जाता है, जिनसे हमारा कोई निजी संबंध ना हो। व्यवसाय से संबंधी, प्रधानाचार्य को लिखे प्रार्थना पत्र, आवेदन पत्र, सरकारी विभागों को लिखे गए पत्र, संपादक के नाम पत्र आदि औपचारिक-पत्र कहलाते हैं। औपचारिक पत्रों की भाषा सहज और शिष्टापूर्ण होती है।

84(B). सांत्वना पत्र अनौपचारिक पत्र से संबंधित है। जब हम किसी भी अधिकारी के स्वयं या उसी परिवार के सदस्य के साथ दुर्घटना ग्रस्त हादसा होने पर पत्र लिखते हैं उसे सांत्वना पत्र कहते हैं।

85(C). प्रथम सूफी प्रेमाख्यानक काव्य के रचयिता मुल्ला दाउद थे।
प्रथम सूफी प्रेमाख्यानक काव्य 'चन्दायन' के रचयिता मुल्ला दाउद हैं। मुल्ला दाउद के विषय में बहुत अधिक प्रमाणिक जानकारी नही प्राप्त है, लेकिन वह सूफी काव्य धारा के कवि थे। 'चंदायन' उनकी एक प्रमुख और

प्रसिद्ध रचना है जिसकी रचना उन्होंने 1379 में की थी।

86(C). बिहारीलाल चौबे की एकमात्र रचना सतसई है।
बिहारी की एकमात्र रचना सतसई (सप्तशती) है। यह मुक्तक काव्य है। इसमें 719 दोहे संकलित हैं। कतिपय दोहे संदिग्ध भी माने जाते हैं। सभी दोहे सुंदर और सराहनीय हैं तथापि तनिक विचारपूर्वक बारीकी से देखने पर लगभग 200 दोहे अति उत्कृष्ट ठहरते हैं। 'सतसई' में ब्रजभाषा का प्रयोग हुआ है। ब्रजभाषा ही उस समय उत्तर भारत की एक सर्वमान्य भाषा थी।

87(C). केशवदास को कठिन काव्य का प्रेत कवि कहा जाता है।
हिंदी-साहित्य में रीति-काल के प्रसिद्ध कवियों में से एक, केशवदास के संबंध में यह कहा गया है। वे संप्रदाय-वादी कवि थे तथा अलंकार एवं अलंकार्य में भेद नहीं मानते थे। अलंकारों में विशेष रुचि के कारण, उनका काव्य-पक्ष कमजोर पड़ जाता था और उनमें क्लिष्टता आ जाती थी। अतः उन्हें कठिन काव्य का प्रेत कहा गया है।

88(B). कवि दूसरों के मनमाफिक कविता लिखने और बेचने के लिए विवश है।
महत्वपूर्ण काव्य कृतियां-
गीत फरोश
चकित है दुख
अंधेरी कविताएं
गांधी पंचशती
बुनी हुई रस्सी
खुशबू के शिलालेख
व्यक्तिगत

89(C). प्रकाशन वर्ष की दृष्टि से काव्यकृतियों का सही अनुक्रम-3 आँसू, पल्लव, स्वप्न, साकेत है।
आँसू- 1925 ई. में जयशंकर प्रसाद द्वारा रचित काव्य है। पल्लव सुमित्रानंदन पन्त का तीसरा कविता संग्रह है जो 1928 में प्रकाशित हुआ था। स्वप्न 1929 में रामनरेश त्रिपाठी द्वारा रचित काव्य है। साकेत मैथिलिशरण गुप्त द्वारा रचित महाकाव्य का नाम है। इसका प्रथम प्रकाशन सन् 1931 में हुआ था।

90(A). अरविन्द दर्शन से प्रभावित-1) चिदम्बरा रचना सुमित्रानंदन पन्त की है।
अरविंद दर्शन से प्रभावित होकर पंत की चेतना प्रत्यावर्तित होकर (पुनः वापस लौटकर) अपने प्रथम चरण की चेतना से जुड़ जाती है। इनके इस तीसरे चरण के विकास को आलोचकों ने 'स्वर्ण काव्य' की संज्ञा दी है। इसके अंतर्गत स्वर्ण-किरण, स्वर्ण-धूलि, उत्तरा, अतिमा, रजतशिखर, शिल्पी, सौवर्ण, वाणी और किरण-वीणा जैसी काव्य कृतियाँ आती हैं। 1937 से लेकर 'स्वर्ण काव्य' के सभी संग्रहों की प्रतिनिधि रचनाएँ 'चिदम्बरा' शीर्षक से 1958 में प्रकाशित हुईं।

91(B). महादेवी वर्मा का प्रथम काव्य संकलन-2 नीहार है। छायावादी युग के चार प्रमुख स्तंभों में से एक महादेवी वर्मा मानी जाती हैं। आधुनिक हिन्दी की सबसे सशक्त कवयित्रियों में से एक होने के कारण उन्हें आधुनिक मीरा के नाम से भी जाना जाता है। नीहार काव्य संकलन 1930 में रचा गया।

92(B). नाखून क्यों बढते हैं' हजारी प्रसाद द्विवेदी का प्रसिद्ध निबन्ध है। नाखून मनुष्य आदिम हिंसक मनोवृत्ति का परिचायक है। नाखून बार-बार बढते हैं और मनुष्य उन्हें बार-बार काट देता है तथा हिंसा से मुक्त होने और सभ्य बनने का प्रयत्न करता है।

93(A). कविता की निम्न विशेषताएं हैं:
* कविता से मनुष्य-भाव की रक्षा होती है।
* सृष्टि के पदार्थ या व्यापार-विशेष को कविता इस तरह व्यक्त करती है, मानो वे पदार्थ या व्यापार-विशेष नेत्रों के सामने नाचने लगते हैं।
* वे मूर्तिमान दिखाई देने लगते हैं।
* कविता मनोवेगों को उत्तेजित करने का एक उत्तम साधन है।

इसलिए, (A) सही (R) गलत है।

94(B). दुलारी द्वारा धोतियाँ नीचे डालने पर अली सगीर ने दुलारी के घर का नंबर मन ही मन नोट कर लिया।
अतः सही विकल्प (B) है।

95(B). मौखिक अभिव्यक्ति से तात्पर्य मन के विचारों को स्वतंत्र रूप से अभिव्यक्त करने से है। मौखिक अभिव्यक्ति के विकास की स्थिति में बच्चों को ऐसी गतिविधियों में लिप्त होने का मौका देना चाहिए जिससे कि उनके विचारों में मौलिकता का समावेश हो ताकि उनके द्वारा प्रभावी संप्रेषण हो सके।
अतः, यह कहा जा सकता है कि प्राथमिक स्तर पर कहानी को शब्दश: दोहराना बच्चों की मौखिक अभिव्यक्ति के विकास में सबसे कम प्रभावी है।

96(D). 'क्लोज परीक्षण' एक ऐसा परीक्षण है जिसमें:
शब्दों को पाठ में नियमित अंतराल पर रिक्त स्थान के साथ प्रतिस्थापित किया जाता है।
बच्चों को सार्थक वाक्य बनाने के लिए उपयुक्त शब्दों के साथ रिक्त स्थान को भरना होता है।
बच्चों को पाठ के संदर्भ को समझकर सही शब्द को पहचानना और सही जगह पर लिखना होता है।

97(A). "लिखना सिखाने से पूर्व बालकों को चित्रकला सिखाना चाहिये क्योंकि अक्षर भी चित्र ही हैं।" महात्मा गाँधी ने इस मत का समर्थन किया है। बच्चों में रेखांकन और चित्रांकन के माध्यम से लेखन कौशल का विकास किया जा सकता है।
प्राथमिक स्तर पर भाषिक रेखांकन और चित्रांकन लेखन अभ्यास का एक महत्वपूर्ण चरण होता है क्योंकि बच्चे:
चित्र देख कर और बनाकर अक्षर ज्ञान प्राप्त करते हैं।
वर्णमाला सीखने के लिए चित्रों और रेखा का प्रयोग करते हैं।

98(D). अति शीघ्रता, असावधानी से भी उच्चारण अशुद्ध हो जाता है। भाषा-शिक्षिका के शुद्ध उच्चारण के बताये जाने के बाद भी उच्चारण में आयी त्रुटि मुदिता की लापरवाही इंगित करती है, क्योंकि मुदिता हमेशा श को स नहीं बोलती बल्कि अक्सर श को स बोलती है और कई बार यह उच्चारण सही भी होता है।
अतः हम कह सकते हैं कि भाषा-प्रयोग में लापरवाही के कारण मुदिता अक्सर 'श' को 'स' बोलती है।

99(A). आकलन एक रचनात्मक प्रक्रिया है जो सीखने की प्रक्रिया में सुधार के उद्देश्य से गुणात्मक और मात्रात्मक आंकड़ों को एकत्र करने, प्राप्त करने और उपयोग करने को संदर्भित करता है। भाषा आकलन की स्थिति में बच्चों को ऐसी गतिविधियों में लिप्त होने का मौका देना चाहिए जिससे उनके विचारों में मौलिकता का समावेश हो सके।
अनौपचारिक बातचीत में ऐसे शब्दों और वाक्यांशों का प्रयोग होता हैं, जो बोलने वाले की भाषा या बोली में मानक तो नहीं माने जाते लेकिन बोलचाल में स्वीकार्य होते हैं।
अनौपचारिक बातचीत केवल मानक शब्दों और वाक्यांशों के प्रयोग की ही अनुमती होती है।

100(D). कक्षा में बहु-भाषिकता से तात्पर्य ऐसी स्थिति से है जो बच्चों को उनकी मातृ/गृहभाषा में कहने सुनने की आजादी देती है अर्थात उनके मातृभाषा प्रयोग को सम्मान देती है। बहु-भाषिकता को पोषित करने के लिए शिक्षक बच्चो को उनकी मातृभाषा में कुछ शब्दों को या लेख लिखने को दे सकता है।
अतः, यहाँ कहा जा सकता है कि फूलों के नाम अपनी भाषा में लिखवाने जैसे प्रश्न से कक्षा में बहु-भाषिकता पोषित होगा।

Ques (1-8): निर्देश: निम्नलिखित गद्यांश को पढ़कर पूछे गए प्रश्नों के सही/सबसे उपयुक्त उत्तर वाले विकल्प को चुनिए।

समय की उपेक्षा करने वालों को समय नष्ट कर देता है। महात्मा गाँधी सभी कार्य निर्धारित समय पर करते थे इसलिए अत्यंत व्यस्त होते हुए भी निरंतर प्रगति करते हुए सफलतम महान व्यक्तियों की श्रेणी में पहुँचे। जेम्स वॉट, मैडम क्यूरी और एडीसन ने समय के प्रत्येक पल का सही उपयोग कर संसार को महान आविष्कार प्रदान किए। समय का सदुपयोग भाग्य निर्माण की आधारशिला है। असमय कार्य करने वाले कायर और निरुद्यमी बन जाते हैं। अपने कर्त्तव्य कर्म को बिना विलंब किए करना ही समय का सदुपयोग है। ऐसा करने वाला ही समय का पारखी भी है। जो समय का सदुपयोग करना जान लेता है वह जीवन को सही ढंग से जीना सीख जाता है। हर व्यक्ति को पैसों की अपेक्षा समय का अधिक हिसाब रखना होगा। तभी वह अपने क्षेत्र में सफल हो पाएगा।

1. समय नष्ट कर देता है:
(a) समय का सदुपयोग करने वालों को
(b) समय व्यर्थ गँवाने वालों को
(c) समय का महत्त्व जानने वालों को
(d) समय को समय देने वालों को

2. महात्मा गाँधी की गणना सफलतम महान व्यक्तियों में होती थी क्योंकि:
(a) वे प्रसिद्ध वकील थे।
(b) उन्होंने स्वतंत्रता संग्राम में भाग लिया था।
(c) वे समय के पाबन्द थे।
(d) वे अच्छे वक्ता थे।

3. 'हर व्यक्ति को पैसों की अपेक्षा समय का अधिक हिसाब रखना होगा, तभी वह अपने क्षेत्र में सफल हो पाएगा।' वाक्य से तात्पर्य है:
(a) व्यक्ति तभी सफल हो पाएगा जब वह पैसों की बजाय समय को अधिक महत्त्व देगा।
(b) व्यक्ति की सफलता पैसों पर निर्भर करती है न कि समय पर।
(c) व्यक्ति की सफलता का संबंध पैसों व समय दोनों पर ही निर्भर करता है।
(d) व्यक्ति की सफलता का संबंध पैसों व समय दोनों पर ही निर्भर नहीं करता है।

4. असमय कार्य करने वाले:
(a) भाग्यशाली बन जाते हैं।
(b) भाग्यहीन बन जाते हैं।
(c) कायर तथा निरुद्यमी बन जाते हैं।
(d) साहसी तथा निरुद्यमी बन जाते हैं।

5. 'सदुपयोग' का संधि-विच्छेद है:
(a) सदु + उपयोग
(b) सद्ू + उपयोग
(c) सद् + उपयोग
(d) सत् + उपयोग

6. जीवन को सही ढंग से जीने के लिए ज़रूरी है:
(a) ढेर सारी धन-संपत्ति
(b) ढेर सारा समय
(c) समय का ठीक से उपयोग
(d) केवल समय को ही महत्त्व देना

7. 'समय' शब्द में किस प्रत्यय का प्रयोग किया जा सकता है?
(a) ई
(b) इक
(c) इत
(d) आ

8. समूह में भिन्न शब्द है:
(a) जेम्स वॉट
(b) मैडम क्यूरी
(c) महात्मा गाँधी
(d) व्यक्ति

Ques (9-16): निर्देश: गद्यांश को पढ़कर निम्नलिखित प्रश्न में सबसे उचित विकल्प चुनिए:

विद्यार्थी जीवन को मानव जीवन की रीढ़ की हड्डी कहें तो कोई अतिशयोक्ति नहीं होगी। विद्यार्थी काल में बालक में जो संस्कार पड़ जाते हैं जीवन-भर वही संस्कार अमिट रहते हैं। इसीलिए यही काल आधारशिला कहा गया है। यदि यह नींव दृढ़ बन जाती है तो जीवन सुदृढ़ और सुखी बन जाता है। यदि इस काल में बालक कष्ट सहन कर लेता है तो उसका स्वास्थ्य सुंदर बनता है। यदि मन लगाकर अध्ययन कर लेता है तो उसे ज्ञान मिलता है, उसका मानसिक विकास होता है। जिस वृक्ष को प्रारंभ से सुंदर सिंचन और खाद मिल जाती है, वह पुष्पित एवं पल्लवित होकर संसार को सौरभ देने लगता है। इसी प्रकार विद्यार्थी काल में जो बालक श्रम, अनुशासन, समय एवं नियमन के साँचे में ढल जाता है, वह आदर्श विद्यार्थी बनकर सभ्य नागरिक बन जाता है। सभ्य नागरिक के लिए जिन-जिन गुणों की आवश्यकता है उन गुणों के लिए विद्यार्थी काल ही तो सुन्दर, पाठशाला है। यहाँ पर अपने साथियों के बीच रह कर वे सभी गुण आ जाने आवश्यक हैं, जिनकी कि विद्यार्थी को अपने जीवन में आवश्यकता होती है।

9. मानव जीवन की रीढ़ की हड्डी विद्यार्थी जीवन को क्यों माना जाता है?
(a) पूरा जीवन विद्यार्थी जीवन पर चलता है
(b) जो संस्कार विद्यार्थी जीवन में पड़ जाते हैं वे संस्कार स्थायी हो जाते हैं
(c) विद्यार्थी जीवन सुखी जीवन होता है
(d) विद्यार्थी जीवन में ज्ञान मिलता है

10. गद्यांश में 'वृक्ष' किसे कहा गया है?
(a) पेड़ को
(b) विद्यार्थी को
(c) जीवन को
(d) समय को

11. गद्यांश के आधार पर कहा जा सकता है कि:
(a) विद्यार्थी जीवन में व्यक्ति अनेक गुणों को धारण कर लेता है
(b) विद्यार्थी जीवन के लिए सुंदर पाठशाला की आवश्यकता होती है
(c) कष्ट सहन करने से सेहत बनती है
(d) वृक्षों को सींचना पर्यावरण के लिए आवश्यक है

12. गद्यांश में आदर्श विद्यार्थी के किन गुणों की चर्चा की गई है?
(a) नियमावली का पालन
(b) ज्ञान प्राप्ति हेतु ध्यान की आवश्यकता की
(c) नियमन
(d) व्यायाम

13. 'संसार को सौरभ' देने का अर्थ है:
(a) संसार में सुगंध फैलाना
(b) संसार को बेहतर बनाना
(c) संसार में पेड़ लगाना
(d) संसार को सुगंधित द्रव्य देना

14. किन शब्दों में 'इत' प्रत्यय है?
(a) पुष्पित, पल्लवित
(b) पुष्पित, सिंचन
(c) नागरिक, पल्लवित
(d) मानसिक, नागरिक

15. 'विद्यार्थी' शब्द का संधि-विच्छेद है:
(a) विद्या + आर्थी
(b) विद्या + अर्थी
(c) विद् + आर्थी
(d) विद्या + आर्थि

16. 'सभ्य' का विलोम है:
(a) अनसभ्य
(b) उजड्डु
(c) बेसभ्य
(d) असभ्य

Ques (17-20): निर्देश: नीचे दिए गए अनुच्छेद को पढ़कर पूछे गए प्रश्नों के सही सबसे उपयुक्त उत्तर वाले विकल्प चुनिए।

चिनार में पर्यावरण के साथ अनुकूलन करने की विशिष्ट क्षमता होती है। यह पर्यावरण प्रदूषण को भी सरलता से सहन कर लेता है। यही कारण है कि एक विस्तृत क्षेत्र में फैलने वाला वृक्ष बन गया है। वर्तमान समय में इसे एशिया के अधिकांश देशों के साथ ही यूरोप और अमेरिका के बहुत से भागों में भी देखा जा सकता है। इंग्लैंड में, विशेष रूप से लंदन में एक बहुत बड़े क्षेत्र में चिनार से मिलते-जुलते वृक्ष पाए जाते हैं। इन वृक्षों में चिनार के सभी गुण देखने को मिलते हैं, किंतु कुछ भिन्नताएँ भी हैं। इनके संबंध में यह कहा जा सकता है कि इन्हें अंग्रेजी शासन काल में अंग्रेजों द्वारा भारत से ले जाया गया है अथवा यह भी हो सकता है कि ये चिनार की संकर प्रजातियाँ हों।

30-40 मीटर ऊंचा और लगभग 1.2 मीटर घेरे वाला यह भव्य एवं शानदार वृक्ष कश्मीर की शोभा है। चिनार की गणना विश्व की सर्वाधिक तेजी से बढ़ने वाले वृक्षों में की जाती है। इसकी आयु भी बहुत लंबी होती है। यह वृक्ष 100 वर्षों में लगभग 30 मीटर की ऊंचाई प्राप्त कर लेता है एवं इसका तना 1 मीटर घेरे वाला हो जाता है। चिनार के वृक्षों को प्राकृतिक क्षति भी बहुत कम होती है। इसमें विभिन्न प्रकार की मिट्टी में अपना अस्तित्व बनाए रखने की क्षमता होती है तथा यह तेज हवाएं भी सहन कर लेता है। इसकी जड़ों से यदि कोई छेड़छाड़ की जाए तो भी यह नष्ट नहीं होता। चिनार की एक प्रमुख विशेषता यह है कि इसके पांच मीटर ऊँचे वृक्ष को भी एक स्थान से उखाड़ कर दूसरे स्थान पर लगा सकते हैं।

उत्तर भारत का यह शानदार विशाल वृक्ष पूरे वर्ष भर बहुत सुंदर दिखता है, किंतु सर्दियों के मौसम में अपने तने और फूलों के कारण यह सर्वाधिक सुंदर दिखाई देता है।

आजकल चिनार को उत्तर भारत के कुछ अन्य स्थानों पर लगाने के प्रयास किए जा रहे हैं। इस कार्य में कुछ सफलता भी प्राप्त हुई है। अब हमें कश्मीर के साथ ही नई दिल्ली, मेरठ, देहरादून, चंडीगढ़ आदि स्थानों पर चिनार वृक्ष देखने को मिल जाएंगे, किंतु इन वृक्षों में कश्मीर के चिनार वृक्षों जैसी ऊंचाई और फैलाव नहीं है।

17. चिनार लगभग कितने मीटर लंबा होता है?
(a) 10-20   (b) 20-30
(c) 30-40   (d) 40-50

18. चिनार वृक्ष की विशेषता नहीं है:
(a) तेज हवाएँ सहन करना
(b) अलग-अलग तरह की मिट्टी में जड़ें जमाना
(c) प्राकृतिक क्षति का अधिक न होना
(d) एक स्थान से दूसरे स्थान पर न लगना

19. चिनार वृक्ष कब सर्वाधिक सुंदर दिखता है?
(a) सर्दियों में   (b) गर्मियों में
(c) वर्षा में   (d) वर्षभर

20. उत्तर भारत में चिनार के वृक्ष कहाँ मिलेंगे?
(a) पुरानी दिल्ली   (b) पंचकुला
(c) देहरादून   (d) हरियाणा

21. हिन्दी का भवभूति किसे कहा जाता है?
(a) नन्दकवि   (b) पुष्पदंत
(c) स्वयम्भू   (d) चंदवर

22. 'छंदों का अजायब घर' के नाम से किस ग्रंथ को जाना जाता है?
(a) परमाल रासो   (b) पृथ्वीराज रासो
(c) हम्मीर रासो   (d) विजयपाल रासो

23. लोरिक तथा चंदा नामक पात्र किस रचना से संबंधित है?
(a) मधुमालती   (b) चंदायन
(c) अनुराग बांसुरी   (d) सत्यवती कथा

24. आखिरी कलाम निम्नलिखित में से किसकी रचना है?
(a) शेखनबी   (b) आलम
(c) कुतुबन   (d) जायसी

25. अंग बधू निम्नलिखित में से किस संत कवि की पुस्तक है?
(a) मलूक दास   (b) दादू दयाल
(c) धर्मदास   (d) कबीरदास

26. बाल चित्रण में कौन-सा कवि श्रेष्ठ है?
(a) रसखान   (b) मीराबाई
(c) सूरदास   (d) कबीरदास

27. मतिराम का प्रथम ग्रंथ निम्नलिखित में से है-
(a) ललित ललाम   (b) रसराज
(c) फूल मंजरी   (d) लक्षण श्रृंगार

28. अंग दर्पण किस कवि की रचना है?
(a) मतिराम   (b) रसलीन
(c) देव   (d) बोधा

29. 'हिन्दी साहित्य का इतिहास' में रामचन्द्र शुक्ल ने कृष्ण भक्ति शाखा के कवियों को किस क्रम में प्रस्तुत किया?
(a) चतुर्भुज दास, छीत स्वामी, गोविन्द स्वामी, परमानंद दास
(b) गोविन्द स्वामी, चतुर्भुज दास, परमानंद दास, छीत स्वामी
(c) गोविन्द स्वामी, छीत स्वामी, चतुर्भुज दास, परमानंद दास
(d) परमानंद दास, चतुर्भुज दास, छीत स्वामी, गोविन्द स्वामी

30. कौन सी कृति केदारनाथ अग्रवाल की नहीं है?
(a) फूल नहीं रंग बोलते हैं   (b) माझी न बजाओ वंशी
(c) पांचाली   (d) बसंती हवा

31. "किन्तु पाऊँगा नहीं कर आज अपने पर नियंत्रण तीर पर कैसे रूकूँ मैं आज लहरों में निमन्त्रण।"
प्रस्तुत पंक्तियाँ किसके द्वारा रचित हैं?
(a) दिनकर   (b) नरेन्द्र शर्मा
(c) माखनलाल चतुर्वेदी   (d) हरिवंशराय बच्चन

32. "अँसुवन जल सिंचि सिंचि, प्रेम बोल बोई।" यह किसकी पंक्ति है?
(a) रसखान   (b) सूदास
(c) मीरा   (d) रहीम

33. कौन रीतिबद्ध काव्यधारा का कवि नहीं है?
(a) मतिराम   (b) आलम
(c) केशवदास   (d) ग्वाल

34. "अमिय हलाहल मदभरे सेत स्याम रतनार।
जियत मरत झुकि झुकि परत जेहि चितवत इक बार।"
उपरोक्त पंक्ति किस कवि के द्वारा लिखी गई है?
(a) भिखारीदास   (b) मतिराम
(c) रसलीन   (d) बिहारी

35. सूफी साधना के चार सोपानों में शामिल नहीं है:
(a) मारिफ़त   (b) हक़ीकत
(c) शराफत   (d) शरीयत

36. 'कबीर के 'निर्गुण पंथ' का आधार भारतीय वेदांत और 'सूफियों का प्रेम तत्व' है।' यह विचार किसका है?
(a) रामचंद्र शुक्ल   (b) राहुल सांकृत्यायन
(c) हजारीप्रसाद द्विवेदी   (d) गोविन्द त्रिगुणायत

37. निम्नलिखित में से कौन भारतीय ज्ञानपीठ पुरस्कार प्राप्त रचना नहीं है?
(a) उर्वशी   (b) चिदम्बरा
(c) दीपशिखा   (d) कितनी नावों में कितनी बार

38. निम्नलिखित में से कौन सी रचना नागार्जुन की नहीं है?
(a) भस्माङ्कुर   (b) युगधारा
(c) तुमने कहा था   (d) धरती

39. 'दिव्या' किसका उपन्यास है?
(a) विवेकी राय   (b) यशपाल
(c) चतुरसेन शास्त्री   (d) लक्ष्मीनारायण लाल

40. 'अज्ञेय' की रचना है:
(a) कुरुक्षेत्र   (b) हुंकार
(c) पवनदूत   (d) हरी घास पर क्षण भर

41. इसमें से कौनसा जोड़ा सही है?
(a) प्रियप्रवास - मैथिली शरण गुप्त   (b) निहार - अज्ञेय

(c) आँसू - जयशंकर प्रसाद   (d) साकेत - महादेवी वर्मा

42. 'मुक्तिबोध की आत्मकथा' कृति के लेखक हैं-
- (a) विष्णुचंद्र शर्मा
- (b) नामवर सिंह
- (c) रमेशचंद्र शाह
- (d) हंसराज रहबर

43. राहुल सांकृत्यायन की आत्मकथा का नाम क्या है?
- (a) मेरा जीवन प्रवाह
- (b) मेरी जीवन यात्रा
- (c) साधना के पथ पर
- (d) आप बीती

44. कहानी और कहानीकार से संबंधित कौन सा विकल्प सुमेलित नहीं है?
- (a) तीसरी हथेली – राजी सेठ
- (b) खोई हुई दिशाएँ – मोहन राकेश
- (c) गदल – रांगेय राघव
- (d) पूस की रात – प्रेमचंद

45. हरिवंश राय बच्चन की आत्मकथा है-
- (a) क्या भूलूँ क्या याद करूँ
- (b) नीड़ का निर्माण फिर
- (c) बसेरे से दूर
- (d) उपरोक्त सभी

46. सर्वेश्वर दयाल सक्सेना की नाट्य कृति का नाम है:
- (a) विलचट्टा
- (b) शुतुरमुर्ग
- (c) अंधों का हाथी
- (d) बकरी

47. उपेन्द्रनाथ 'अश्क' रचित 'जोंक' किस प्रकार का एकांकी है:
- (a) प्रतीकात्मक
- (b) सामाजिक व्यंग्य
- (c) मनोवैज्ञानिक
- (d) राजनीतिक व्यंग

48. हिन्दी में 'नॉवेल' के अर्थ में उपन्यास पद का प्रथम प्रयोग किसने किया था?
- (a) महावीरप्रसाद द्विवेदी
- (b) भारतेन्दु हरिश्चन्द्र
- (c) प्रतापनारायण श्रीवास्तव
- (d) बालकृष्ण भट्ट

49. 'शेष कादम्बरी' उपन्यास की लेखिका है:
- (a) मृदुला गर्ग
- (b) उषा प्रियंवदा
- (c) मन्नू भण्डारी
- (d) अलका सरावगी

50. आदिकाल को 'बीजवपन काल' नाम किसने दिया?
- (a) आचार्य विश्वनाथ प्रसाद मिश्र
- (b) आचार्य रामचन्द्र शुक्ल
- (c) आचार्य महावीर प्रसाद द्विवेदी
- (d) आचार्य भगीरथ मिश्र

51. 'केवल 'प्रेम लक्षणा भक्ति' का आधार ग्रहण करने के कारण कृष्ण भक्ति शाखा में अश्लील विलासिता की प्रवृत्ति जाग्रत हुई |' - यह विचार किसका है?
- (a) जार्ज ग्रियर्सन
- (b) मिश्र बंधु
- (c) रामचंद्र शुक्ल
- (d) रामकुमार वर्मा

52. 'बहुत दिनों के बाद' कविता किस युग की कविता है?
- (a) भारतेन्दु युग
- (b) द्विवेदी युग
- (c) छायावाद
- (d) प्रगतिवाद

53. निम्नलिखित में से माखनलाल चतुर्वेदी की रचनाएं हैं-
A. स्वर्णधूलि
B. हिमकिरीटिनी
C. विष्णुप्रिया
D. हिमतरंगिणी
नीचे दिए गए विकल्पों में से सही उत्तर चुनिये:
- (a) केवल C और D
- (b) केवल A और B
- (c) केवल B और D
- (d) केवल A और C

54. सायें में धूप ग़ज़ल संग्रह किस रचनाकार का है:
- (a) रघुवीर सहाय
- (b) दुष्यंत कुमार

(c) नरेश मेहता   (d) धर्मवीर भारती

55. हिन्दी में स्वच्छंदतावाद का कवि किसे कहा जाता है?
- (a) हरिऔध
- (b) रामनरेश त्रिपाठी
- (c) श्रीधर पाठक
- (d) राधाकृष्ण दास

56. विद्यापति की प्रसिद्ध रचना "पदावली" किस भाषा में लिखी गई है?
- (a) मगही में
- (b) मैथिली में
- (c) गढ़वाली में
- (d) भोजपुरी में

57. 'चिन्तामणि' के रचनाकार हैं?
- (a) जयशंकर प्रसाद
- (b) महावीर प्रसाद द्विवेदी
- (c) रामचन्द्र शुक्ल
- (d) अयोध्यासिंह उपाध्याय 'हरिऔध'

58. कवि और उनकी रचना का कौन सा विकल्प सही नहीं है?
- (a) जलती झाड़ी - निर्मल वर्मा
- (b) जिन्दगी और जोंक – अमरकान्त
- (c) आषाढ़ का एक दिन - जयशंकर प्रसाद
- (d) भारत दुर्दशा - भारतेन्दु हरिश्चन्द्र

59. निम्न में से कौन "रामचंद्रिका" के लेखक है?
- (a) केशवदास
- (b) भारत भूषण
- (c) नाभादास
- (d) नागार्जुन

60. निम्न में से "जयशंकर प्रसाद" की रचना नहीं है।
- (a) कामायनी
- (b) स्वर्णधूलि
- (c) आंसू
- (d) झरना

61. प्रकाशन वर्ष की दृष्टि रामधारी सिंह दिनकर की रचनाओं का सही क्रम है:
- (a) कुरुक्षेत्र, उर्वशी, रश्मिरथी, परशुराम की प्रतीक्षा
- (b) उर्वशी, रश्मिरथी, कुरुक्षेत्र, परशुराम की प्रतीक्षा
- (c) रश्मिरथी, उर्वशी, परशुराम की प्रतीक्षा, कुरुक्षेत्र,
- (d) कुरुक्षेत्र, रश्मिरथी, उर्वशी, परशुराम की प्रतीक्षा

62. "देवदास" किसकी रचना है?
- (a) धर्मवीर भारती
- (b) शरत चन्द्र चट्टोपाध्याय
- (c) रामधारी सिंह 'दिनकर
- (d) जयशंकर प्रसाद 'जी

63. "भक्तमाल" भक्तिकाल के कवियों की प्राथमिक जानकारी देता है, इसके रचयिता थे?
- (a) नाभादास
- (b) नरेश जयसिंह
- (c) गार्सा द तासी
- (d) भवभूति

64. निम्नलिखित में से कौन सा मुंशी प्रेमचंद द्वारा रचित उपन्यास है?
- (a) कफन
- (b) ईदगाह
- (c) बलिदान
- (d) गोदान

65. कालिदास का अंतिम रूपक या अंतिम रचना है?
- (a) मालविकाग्निमित्रम्
- (b) विक्रमोर्वशीयम्
- (c) अभिज्ञानशाकुन्तलम्
- (d) मेघदूतम्

66. संज्ञा का मुख्य भेद नहीं है?
- (a) व्यक्तिवाचक
- (b) जातिवाचक
- (c) निजवाचक
- (d) भाववाचक

67. निम्नलिखित मे से कौन-से शब्द भाववाचक संज्ञा नही है?
- (a) दया
- (b) क्रोध
- (c) कुंज
- (d) दरिद्रता

68. 'घंटी बजी है, कोई आया' पंक्ति में कौनसा सर्वमान है?
   (a) निजवाचक
   (b) अनिश्चयवाचक
   (c) पुरुषवाचक
   (d) निश्चयवाचक

69. निम्नलिखित में से किस वाक्य में सर्वनाम का प्रयोग हुआ है?
   (a) आज बरसात होगी।
   (b) मैं कल दिल्ली जा रहा हूँ।
   (c) घर का काम कर लो।
   (d) सीमा और रीमा बहनें हैं।

70. रचना के आधार पर क्रिया के कितने भेद होते है?
   (a) तीन
   (b) चार
   (c) पांच
   (d) सात

71. 'मोहन वहाँ पढ़ता है' वाक्य में 'वहाँ' है?
   (a) स्थानवाचक क्रिया विशेषण
   (b) कालवाचक क्रिया विशेषण
   (c) रीतिवाचक क्रिया विशेषण
   (d) परिमाणवाचक क्रिया विशेषण

72. 'गीता ने पत्र लिखा।' इसमें कौन सा कारक हैं ?
   (a) कर्ता कारक
   (b) कर्म कारक
   (c) करण कारक
   (d) संप्रदान कारक

73. 'राम साइकिल से बाजार गया।' इसमें कौन सा कारक हैं ?
   (a) कर्ता कारक
   (b) कर्म कारक
   (c) करण कारक
   (d) संप्रदान कारक

74. किस वाक्य में 'अच्छा' शब्द का प्रयोग विशेषण के रूप में हुआ है?
   (a) यह स्थान बहुत अच्छा है।
   (b) अच्छा तुम बाहर जाओ।
   (c) तुमने अच्छा किया जो आ गए।
   (d) अच्छा है वह भी आ जाये।

75. इनमें से कौन सा शब्द विशेषण है?
   (a) नदी
   (b) यह
   (c) पुरुष
   (d) सोना

76. "त्रिवेणी" शब्द में कौन सा समास है?
   (a) कर्मधारय
   (b) बहुब्रीहि
   (c) द्विगु
   (d) द्वन्द्व

77. 'देव जो महान है' यह किस समास का उदाहरण है?
   (a) कर्मधारय
   (b) बहुब्रीहि
   (c) तत्पुरुष
   (d) अव्ययीभाव

78. निम्नलिखित प्रश्न में, चार विकल्पों में से, उस विकल्प का चयन करे जो दिए गए मुहावरे का सही अर्थ वाला विकल्प है।
   मूंग की दाल खाने वाला।
   (a) सोच समझकर काम करना
   (b) सीधा-साधा व्यक्ति
   (c) कमजोर
   (d) सुंदर होना

79. निम्नलिखित प्रश्न में, चार विकल्पों में से उस विकल्प का चयन करें जो दिए गए मुहावरे का सही अर्थ वाला विकल्प है।
   शहद लगाकर चाटना।
   (a) किसी चीज को व्यर्थ लेकर बैठे रहना
   (b) कीमती होना
   (c) पसंदीदा होना
   (d) बढा-चढा कर कहना

80. अपने कार्यालय से अनुभव प्रमाण-पत्र लेने के लिए किसे आवेदन-पत्र लिखेंगे?
   (a) संस्थापक महोदय
   (b) व्यवस्थापक महोदय
   (c) प्रचारक महोदय
   (d) संपादक महोदय

81. दैनिक हिन्दुस्तान में संवाददाता के पद के लिए किसे आवेदन-पत्र लिखेंगे?
   (a) कार्यकारी महोदय
   (b) प्रचारक महोदय
   (c) संपादक महोदय
   (d) अधिकारी महोदय

82. बस स्टैण्ड के पास आवारा लडकों के व्यवहार को बताते हुए तथा उनके खिलाफ छेड़खानी के विरुद्ध एफआईआर दर्ज करवाने के लिए किसे आवेदन-पत्र लिखेंगे?
   (a) थानाध्यक्ष महोदय
   (b) संस्थापक महोदय
   (c) बस स्टैंड अधिकारी
   (d) अधिकारी महोदय

83. व्यवसाय सबंधी पत्र में संबोधन क्या होगा?
   (a) आदरणीय
   (b) महोदय
   (c) परमपूज्य
   (d) प्रिय

84. अधिसूचना का प्रयोग किस क्षेत्र में नहीं किया जाता?
   (a) नियम
   (b) आदेश
   (c) कर्त्तव्य
   (d) अधिकार

85. भूषण की कविता का प्रधान स्वर _______ था।
   (a) व्यंग्यात्मक
   (b) प्रशस्तिपरक
   (c) श्रृंगारिक
   (d) कारुणिक

86. दुःख ही जीवन की कथा रही | क्या कहूँ आज जो नहीं कहीं || प्रस्तुत पंक्तियों के रचयिता कौन है?
   (a) महादेवी वर्मा
   (b) जयशंकर प्रसाद
   (c) सुमित्रानंदन पन्त
   (d) सूर्यकांत त्रिपाठी 'निराला'

87. प्रकृति के सुकुमार कवि किसे कहा जाता है?
   (a) जयशंकर प्रसाद
   (b) सुमित्रानंदन पंत
   (c) महादेवी वर्मा
   (d) माखनलाल चतुर्वेदी

88. 'रसमंजरी' किस कवि की कृति है?
   (a) केशवदास
   (b) भूषण
   (c) नंददास
   (d) छीतस्वामी

89. भ्रमरगीत का उपजीव्य ग्रंथ कौन-सा है?
   (a) श्रीमन्द्रागवत महा पुराण
   (b) विष्णु पुराणं
   (c) हरिवंश पुराण
   (d) शिवपुराण

90. 'प्रकृति का सुकुमार राजकुमार' किसे कहा जाता है?
   (a) प्रसाद
   (b) पंत
   (c) निराला
   (d) बच्चन

91. 'मुझे चांद चाहिए' किस विधा की कृति है?
   (a) कविता
   (b) नाटक
   (c) कहानी
   (d) उपन्यास

92. 'सारा आकाश' किसकी कृति है?
   (a) मन्नू भंडारी
   (b) राजेंद्र यादव
   (c) कमलेश्वर
   (d) अज्ञेय

93. "तोरि मानिनी तें हियो फोरि मोहिनी मान।
   प्रेमदेव की छबि ही लखि भए मियाँ रसखान।।"
   आचार्य रामचंद्र शुक्ल के अनुसार उपर्युक्त दोहे से प्रमाणित होता है कि
   (a) रसखान किसी स्री पर आसक्त थे।
   (b) स्री मानवती थी और रसखान का अनादर करती थी।
   (c) रसखान स्वयं को प्रेम का मानदंड मानते थे।
   (d) रसखान को भास हुआ कि जिस पर गोपियाँ मरती हैं उसी पर ध्यान लगाया जाए।
   (e) रसखान मोहिनी का मान-मर्दन करना चाहते थे।
   निम्नलिखित विकल्पों में से सही उत्तर चुनिए ।
   (a) (a), (b) और (c)
   (b) (a), (b) और (d)
   (c) (b), (c) और (e)
   (d) (b), (c), (d) और (e)

94. गंतोक में सुबह आँख खुलते ही लेखिका बालकनी की ओर क्यों दोड़ी ?

(a) माउंट एवरेस्ट देखने के लिए   (b) कंचनजंगा देखने के लिए
(c) धौलागिरी   (d) अमरनाथ की गुफा

95. किस दृश्य-उपकरण में पारदर्शी (ट्रांसपरेन्सी) का प्रयोग होता है?
(a) स्लाइड प्रक्षेपक (प्रोजेक्टर) में
(b) ओवरहैंड प्रक्षेपक (प्रोजेक्टर) में
(c) अपारदर्शी प्रक्षेपक (ओपेक प्रोजेक्टर) या एपिडाइस्कोप में
(d) फिल्म स्ट्रिप में

96. मौन पठन के विषय में धारणा है?
(a) एकाग्रचित होकर पढ़ने का अभ्यास होता है
(b) इसमें पठन की गति धीमी हो जाती है
(c) पढ़ने की धीमी ध्वनि होंठों से निकलती है
(d) इसे आदर्श वाचन के तुरन्त बाद किया जाता है

97. प्रभाव के नियम के अनुसार उद्दीपक एवं अनुक्रिया का सहयोग होता है?
(a) सुखद   (b) दुखद
(c) (A) और (B) दोनों   (d) उदासीन

98. भाषा शिक्षण के सिद्धांतों के प्रस्तुतीकरण का संबंध प्रमुख रूप से होता है?
(a) छात्र से   (b) शिक्षक से
(c) कक्षा के वातावरण से   (d) गतिविधियों से

99. भाषा शिक्षण के चुनाव की जाने वाली शिक्षण विधि किस पर आधारित होनी चाहिए?
(a) बाल केंद्रीयकरण पर   (b) शिक्षक केंद्रीयकरण पर
(c) प्रयोग पर   (d) गतिविधियों पर

100. भाषा शिक्षण में सरल से कठिन की ओर शिक्षण करना है?
(a) शिक्षण सिद्धांत   (b) शिक्षण सूत्र
(c) वैज्ञानिकता पर   (d) दार्शनिकता पर

|| स्मार्ट उत्तर पुस्तिका ||

सही उत्तर — उन छात्रों का प्रतिशत जिन्होंने प्रश्न का सही उत्तर दिया।

छोड़ दिया — उन छात्रों का प्रतिशत जिन्होंने प्रश्न को छोड़ दिया।

प्रश्न संख्या	उत्तर	सही उत्तर / छोड़ दिया	प्रश्न संख्या	उत्तर	सही उत्तर / छोड़ दिया	प्रश्न संख्या	उत्तर	सही उत्तर / छोड़ दिया
1	B	76.93% / 0.0%	2	C	81.96% / 0.0%	3	A	79.77% / 0.0%
4	C	83.89% / 0.0%	5	C	78.88% / 0.0%	6	C	66.76% / 1.02%
7	B	49.94% / 1.66%	8	D	84.59% / 0.0%	9	A	60.18% / 1.78%
10	B	52.45% / 1.2%	11	A	45.16% / 1.26%	12	A	67.23% / 1.15%
13	B	86.43% / 0.0%	14	A	43.38% / 1.61%	15	B	78.13% / 0.0%
16	D	80.91% / 0.0%	17	C	89.93% / 0.0%	18	B	67.14% / 1.83%
19	A	65.01% / 1.36%	20	C	61.27% / 1.05%	21	B	54.39% / 1.11%
22	B	68.38% / 1.91%	23	B	68.52% / 1.21%	24	C	51.06% / 1.48%
25	B	68.23% / 1.02%	26	C	56.91% / 1.68%	27	C	42.1% / 1.97%
28	B	44.99% / 1.79%	29	D	21.16% / 4.38%	30	C	11.4% / 4.27%
31	D	84.11% / 0.0%	32	C	82.17% / 0.0%	33	B	52.81% / 1.48%
34	C	20.54% / 4.75%	35	C	68.35% / 1.02%	36	A	16.21% / 3.69%
37	C	49.13% / 1.46%	38	D	62.74% / 1.2%	39	B	46.08% / 1.26%
40	D	61.45% / 1.26%	41	C	47.83% / 1.88%	42	A	59.91% / 1.81%
43	B	68.98% / 1.34%	44	B	68.14% / 1.1%	45	D	56.58% / 1.37%
46	D	65.06% / 1.35%	47	B	50.32% / 1.25%	48	B	54.22% / 1.5%
49	D	64.09% / 1.46%	50	C	54.3% / 2.0%	51	C	66.83% / 1.27%
52	D	49.21% / 1.04%	53	C	18.92% / 4.31%	54	B	64.23% / 1.55%
55	C	66.93% / 1.0%	56	B	61.52% / 1.0%	57	C	67.08% / 1.19%
58	C	43.92% / 1.75%	59	A	41.01% / 1.95%	60	B	67.92% / 1.41%
61	D	64.46% / 1.65%	62	B	59.5% / 1.95%	63	A	61.33% / 1.36%
64	D	89.12% / 0.0%	65	C	41.89% / 1.48%	66	C	64.72% / 1.7%
67	C	59.16% / 1.84%	68	B	42.8% / 1.74%	69	B	87.74% / 0.0%
70	C	42.54% / 1.71%	71	A	50.18% / 1.82%	72	B	57.29% / 1.62%
73	C	22.6% / 3.58%	74	A	60.6% / 1.72%	75	B	41.59% / 1.29%
76	C	51.56% / 1.86%	77	A	64.19% / 1.96%	78	B	55.75% / 1.77%
79	A	48.91% / 1.52%	80	B	86.26% / 0.0%	81	C	50.96% / 1.97%
82	A	86.66% / 0.0%	83	B	84.79% / 0.0%	84	C	58.18% / 1.58%
85	B	65.17% / 1.53%	86	D	50.74% / 1.87%	87	B	43.9% / 1.65%
88	C	44.52% / 1.77%	89	A	49.53% / 1.51%	90	B	63.53% / 1.96%
91	D	59.13% / 1.35%	92	B	68.49% / 1.06%	93	B	11.62% / 3.79%
94	B	68.91% / 1.44%	95	B	23.99% / 4.86%	96	A	64.33% / 1.82%
97	C	18.08% / 3.53%	98	B	67.71% / 1.63%	99	A	40.34% / 1.24%
100	B	25.41% / 3.47%						

|| संकेत और समाधान ||

1(B). समय व्यर्थ गँवाने वालों को नष्ट कर देता है।

2(C). महात्मा गाँधी की गणना सफलतम महान व्यक्तियों में होती थी क्योंकि वे समय के पाबन्द थे।

3(A). 'हर व्यक्ति को पैसों की अपेक्षा समय का अधिक हिसाब रखना होगा, तभी वह अपने क्षेत्र में सफल हो पाएगा।' वाक्य से तात्पर्य यह है कि व्यक्ति तभी सफल हो पाएगा जब वह पैसों की बजाय समय को अधिक महत्त्व देगा।

4(C). असमय कार्य करने वाले कायर तथा निरुद्यमी बन जाते हैं।

5(C). 'सदुपयोग' का संधि-विच्छेद सद् + उपयोग है।

6(C). जीवन को सही ढंग से जीने के लिए ज़रूरी समय का ठीक से उपयोग है।

7(B). 'समय' शब्द में इक प्रत्यय का प्रयोग किया जा सकता है।

8(D). समूह में भिन्न शब्द 'व्यक्ति' है।

9(A). मानव जीवन की रीढ़ की हड्डी विद्यार्थी जीवन को माना है क्योंकि पूरा जीवन विद्यार्थी जीवन पर चलता है। इस काल में अच्छे गुणों एवं संस्कारों की दृढ़ नींव पड़ जाती है, तो जीवन सुखमय बन जाता है।

10(B). गद्यांश में वृक्ष 'विद्यार्थी को' कहा है। गद्यांश के अनुसार अर्थात् जिस प्रकार अच्छा पोषण पाकर पौधा वृक्ष बनकर फल-फूल देता है, उसी प्रकार विद्यार्थी जीवन में पड़े अच्छे संस्कार उसे सभ्य नागरिक बनाते हैं।

11(A). गद्यांश के अनुसार कहा जा सकता है कि विद्यार्थी जीवन में व्यक्ति अनेक गुणों को धारण कर लेता है।

12(A). गद्यांश के अनुसार आदर्श विद्यार्थी के नियमावली के पालन अर्थात् श्रम, अनुशासन, समय जैसे गुणों की चर्चा की गई है।

13(B). संसार को सौरभ देने का अर्थ 'संसार को बेहतर बनाना' है।

14(A). 'पुष्पित, पल्लवित' इत प्रत्यय वाले शब्द है।

15(B). 'विद्यार्थी' शब्द का संधि विच्छेद 'विद्या + अर्थी' है, जो दीर्घ संधि का उदाहरण है।

16(D). 'सभ्य' शब्द का विलोम शब्द 'असभ्य' है। जो शब्द उल्टा अर्थ बताते है, उन्हें 'विलोम शब्द' कहा जाता है।

17(C). चिनार लगभग 30-40 मीटर लंबा होता है।
गद्यांश के अनुसार, "30-40 मीटर ऊंचा और लगभग 1.2 मीटर घेरे वाला यह भव्य एवं शानदार वृक्ष कश्मीर की शोभा है।"

18(D). गद्यांश के अनुसार, "चिनार के वृक्षों को प्राकृतिक क्षति भी बहुत कम होती है। इसमें विभिन्न प्रकार की मिट्टी में अपना अस्तित्व बनाए रखने की क्षमता होती है तथा यह तेज हवाओं भी सहन कर लेता है। इसकी जड़ों से यदि कोई छेड़छाड़ की जाए तो भी यह नष्ट नहीं होता। चिनार की एक प्रमुख विशेषता यह है कि इसके पांच मीटर ऊँचे वृक्ष को भी एक स्थान से उखाड़ कर दूसरे स्थान पर लगा सकते हैं।"
इसलिए यह निष्कर्ष निकाला जा सकता है कि 'एक स्थान से दूसरे स्थान पर न लगना' चिनार वृक्ष की विशेषता नहीं है।

19(A). गद्यांश के अनुसार, "उत्तर भारत का यह शानदार विशाल वृक्ष पूरे वर्ष भर बहुत सुंदर दिखता है, किंतु सर्दियों के मौसम में अपने तने और फूलों के कारण यह सर्वाधिक सुंदर दिखाई देता है।"
इसलिए यह निष्कर्ष निकाला जा सकता है कि चिनार वृक्ष सर्दियों में सर्वाधिक सुंदर दिखता है।

20(C). गद्यांश के अनुसार, "आजकल चिनार को उत्तर भारत के कुछ अन्य स्थानों पर लगाने के प्रयास किए जा रहे हैं। इस कार्य में कुछ सफलता भी प्राप्त हुई है। अब हमें कश्मीर के साथ ही नई दिल्ली, मेरठ, देहरादून, चंडीगढ़ आदि स्थानों पर चिनार वृक्ष देखने को मिल जाएंगे, किंतु इन वृक्षों में कश्मीर के चिनार वृक्षों जैसी ऊंचाई और फैलाव नहीं है।"
इसलिए यह निष्कर्ष निकाला जा सकता है कि उत्तर भारत में चिनार के वृक्ष देहरादून में मिलेंगे।

21(B). "पुष्पदंत" को "हिंदी का भतभूति" कहा जाता है।
"शिव सिंह सेंगर" ने पुष्पदंत को "भाखा की जड़" कहा है।
पुष्पदंत अपभ्रंश भाषा के महाकवि थे।
भवभूति संस्कृत के एक नाट्यकार थे पुष्पदंत की जिनसे तुलना की गई थी।
तत्कालीन राष्ट्रकुल नरेश कृष्णराज तृतीय के मंत्री भरत ने आश्रय दिया और उन्हें काव्यरचना की ओर प्रेरित किया। इसके फलस्वरूप कवि ने महापुराण की रचना की और उसे भरत नामांकित किया।

22(B). "पृथ्वीराज रासो" को "छंदों का अजायब घर" कहा जाता है।
पृथ्वीराज रासो हिन्दी भाषा में लिखा एक महाकाव्य है।
रचयिता:- चंदबरदाई
पृथ्वीराज रासो ढाई हजार पृष्ठों का बहुत बड़ा ग्रंथ है। जिसमें 69 समय (सर्ग या अध्याय) हैं।
मुख्य छन्द हैं- कवित्त (छप्पय), दूहा (दोहा), तोमर, त्रोटक, गाहा और आर्या।
रस:- वीर रस
पृथ्वीराज रासो के पिछले भाग को चंद के पुत्र जल्हण द्वारा पूर्ण किया गया है।

23(B). "लोरिक तथा चंदा" नामक पात्र चंदायन से संबंधित है।
चंदायन का रचनाकाल 1379 ईस्वी है। इसमें प्रेम के महत्व का वर्णन किया गया है इसे लोक कथा या लोरकाइन भी कहा जाता है। चंदायन, मुल्ला दाऊद कृत हिंदी का ज्ञात प्रथम सूफी प्रेमकाव्य, कथा दोहा, चौपाई शैली में वर्णित है।

24(D). "आखिरी कलाम" की रचना "मलिक मोहम्मद जायसी" ने की थी।
आखिरी कलाम का रचनाकाल 936 हिजरी है।
आखिरी कलाम में कयामत का वर्णन किया गया है।
इसमें इस्लामी मान्यता के अनुसार प्रलय का वर्णन किया गया है।
जायसी रचित इस महान ग्रंथ का सर्वप्रथम प्रकाशन "फ़ारसी" में हुआ था।

25(B). "अंग बधू", "दादू दयाल" की रचना है।
हरिड बानी भी दादू दयाल की रचना है।
अंग बधू तथा हरेड बानी राजस्थानी खड़ी बोली मिश्रित ब्रज भाषा में लिखी गई है।
दादू दयाल (1544-1603 ई.) हिन्दी के भक्तिकाल में ज्ञानाश्रयी शाखा के प्रमुख सन्त कवि थे।
इनके 52 पट्टशिष्य थे, जिनमें गरीबदास, सुंदरदास, रज्जब और बखना मुख्य हैं।
दादू हिन्दी, गुजराती, राजस्थानी आदि कई भाषाओं के ज्ञाता थे।
दादू के नाम से 'दादू पंथ' चल पड़ा।
सुंदरदास ने गुरु सम्प्रदाय नामक अपने ग्रन्थ में इसे 'परब्रह्म सम्प्रदाय' कहा है।

26(C). महाकवि सूरदास को बाल-प्रकृति तथा बालसुलभ चित्रणों की दृष्टि से विश्व में अद्वितीय माना गया है। सूरदास के 40 हजार पद उपलब्ध हैं। सूरदास के काव्य की विशेषताएँ - सूरदास ने तात्सल्य, श्रृंगार और शांत रसों को मुख्य रूप से प्रयोग किया है। उन्होंने अपनी कल्पना और प्रतिभा के सहारे कृष्ण के बाल्य-रूप का अति सुंदर, सरस, सजीव और मनोवैज्ञानिक वर्णन किया है।

27(C). मतिराम का प्रथम ग्रंथ फूल मंजरी है।
डॉक्टर बच्चन सिंह के अनुसार "रसराज" मतिराम का प्रथम ग्रंथ है।
फूल मंजरी में 60 दोहे हैं।
फूल मंजरी को मतिराम ने जहांगीर को समर्पित किया है जो कि उनके आश्रयदाता रह चुके है।

28(B). अंग दर्पण, "रसलीन" की रचना है।
इसमें अंगो का उपमा, उत्प्रेक्षा से चमत्कार पूर्ण वर्णन है।
रसलीन का पूरा नाम सैयद गुलाम नबी था।
इनका जन्म सन् 1689ई. तथा मृत्यु सन् 1750 ई. में हुई।

29(D). हिन्दी साहित्य का इतिहास' में रामचन्द्र शुक्ल ने कृष्ण भक्ति शाखा के कवियों का निम्न क्रम बताया है:
परमानंददास, चतुर्भुज दास, छीत स्वामी, गोविन्द स्वामी
हिन्दी साहित्य के अब तक लिखे गए इतिहासों में आचार्य रामचन्द्र शुक्ल द्वारा लिखे गए हिन्दी साहिल का इतिहास को सबसे प्रागाणिक तथा व्यवस्थित इतिहास माना जाता है। आचार्य शुक्ल जी ने इसे हिन्दी शब्दसागर की भूमिका के रूप में लिखा था जिसे बाद में स्वतंत्र पुस्तक के रूप में 1929 ई० में प्रकाशित आंतरिक कराया गया। आचार्य शुक्ल ने गहन शोध और चिन्तन के बाद हिन्दी साहित्य केएफ पूरे इतिहास पर विहंगम दृष्टि डाली है।

30(C). केदारनाथ अग्रवाल प्रगतिशील काव्य-धारा के एक प्रमुख कवि हैं। उनका पहला काव्य-संग्रह 'युग की गंगा' देश की आज़ादी के पहले मार्च, 1947 में प्रकाशित हुआ था। इनकी प्रमुख रचनाएं हैं:
गुलमेंहदी, हे मेरी तुम, जो शिलाएँ तोड़ते हैं, कहें केदार खरी खरी, खुली आँखें खुले डैने, कुहकी कोयल खड़े पेड़ की देह, मार प्यार की थापें, फूल नहीं, रंग बोलते हैं, पंख और पतवार, अपूर्वा, नींद के बादल, आत्म गंध, बम्बई का रक्त स्नान, युग-गंगा, बोले बोल अबोल, लोक आलोक, चुनी हुयी कविताएँ, पुष्पदीप इत्यादि।
पांचाली काव्य केदारनाथ अग्रवाल की कृति नहीं है। इसकी रचना रांगेय राघव द्वारा की गई है।

31(D). "किन्तु पाऊँगा नहीं कर आज अपने पर नियंत्रण तौर पर कैसे रुकूँ मैं आज लहरों में निमन्त्रण।" - प्रसिद्ध पंक्ति हरिवंशराय बच्चन की है।
हरिवंश राय बच्चन हिन्दी भाषा के एक कवि और लेखक थे। हरिवंश राय बच्चन हिन्दी कविता के उत्तर छायावद काल के प्रमुख कवियों में से एक

हैं। उनकी सबसे प्रसिद्ध कृति मधुशाला है।

32(C). "अंसुवन जल सींचि-सींचि प्रेम-बेल बोई।" यह मीरा की पंक्ति है। इसमें मीरा ने श्री कृष्ण को पति मानकर उनकी भक्ति की है। इसके लिए उन्होंने किसी की भी परवाह नहीं की है।

मीराबाई सोलहवीं शताब्दी की एक कृष्ण भक्त और कवयित्री थीं। उनकी कविता कृष्ण भक्ति के रंग में रंग कर और गहरी हो जाती है।

33(B). जिन कवियों ने शास्त्रीय ढंग पर लक्षण उदाहरण प्रस्तुत कर अपने ग्रंथों की रचना किया उन्हें रीतिबद्ध श्रेणी में रखा गया है। हिन्दी के प्रमुख रीतिबद्ध कवि निम्न हैं- चिन्तामणि, कुलपति मिश्र, सोमनाथ, भिखारीदास, रसिक गोविन्द, ग्वाल, मतिराम, जसवंत सिंह, भूषण, केशवदास, सेवादास आदि।

आलम का सम्बन्ध रीतिमुक्त काव्यधारा से है।

34(C). प्रश्न में दी गई पंक्ति रसलीन द्वारा लिखी गई है। रसलीन रीति काल के प्रसिद्ध कवियों में से एक हैं। उनका मूल नाम 'सैयद गुलाम नबी' था। इन्होंने अपनी प्रसिद्ध पुस्तक 'अंग दर्पण' संवत 1794 में लिखी जिसमें अंगों का, उपमा उत्प्रेक्षा से युक्त चमत्कारपूर्ण वर्णन है। सूक्तियों के चमत्कार के लिए यह ग्रंथ काव्य रसिकों में विख्यात चला आया है। यह प्रसिद्ध दोहा 'अंग दर्पण' का ही है।

35(C). सूफी गुरुओं ने साधकों को साधना के लिए ये चार सोपान निर्धारित किए हैं -
1. शरीयत
2. तरीक़त
3. मारिफ़त
4. हक़ीक़त

36(A). "कबीर के निर्गुण पंथ का आधार भारतीय वेदांत और सूफियों का प्रेमत्व है" उपर्युक्त कथन रामचंद्र शुक्ल जी का है।

आचार्य रामचंद्र शुक्ल (11 अक्टूबर, 1884 ई.- 2 फरवरी, 1941 ई.)
- हिन्दी आलोचक, निबन्धकार, साहित्येतिहासकार, कोशकार, अनुवादक, कथाकार और कवि थे।
- हिन्दी में पाठ आधारित वैज्ञानिक आलोचना का सूत्रपात उन्हीं के द्वारा हुआ।
- हिन्दी निबन्ध के क्षेत्र में भी शुक्ल जी का महत्त्वपूर्ण योगदान है।
- भाव, मनोविकार सम्बन्धित मनोविश्लेषणात्मक निबन्ध उनके प्रमुख हस्ताक्षर हैं।

37(C). दीपशिखा महादेवी वर्मा जी की रचना है जिसे ज्ञानपीठ से सम्मानित नहीं किया गया है। महादेवी जी की यामा पुस्तक को 1982 में ज्ञान पीठ पुरस्कार मिला हुआ है।

उर्वशी - 1972 - दिनकर

चिदम्बरा - 1968 - सुमित्रा नन्दन पन्त

कितनी नावों में कितनी बार - 1978 - अज्ञेय

38(D). 'धरती' रचना नागार्जुन की नहीं है। 'धरती' की रचना त्रिलोचन ने 1945 ई. में की थी।

नागार्जुन को राजनैतिक कवि के रूप में जाना जाता है। उन्हें प्रगतिवाद का शलाका पुरुष कहा जाता है। नागार्जुन अन्य प्रमुख रचनाएँ हैं - सतरंगे पंखों वाली, प्यासी पथराई आंखे, तुमने कहा था, हज़ार हज़ार बाहों वाली आदि।

39(B). 'दिव्या' यशपाल का प्रसिद्ध उपन्यास है। प्रगतिवादी या मार्क्सवादी विचारधारा के उपन्यकारों में प्रथमतः यशपाल का नाम आता है। यशपाल के अन्य प्रमुख उपन्यास हैं - दादा कामरेड, देशद्रोही, दिव्या, दिल्ली का दलाल, बुधुआ की बेटी, झूठा सच आदि।

40(D). हरी घास पर क्षण भर, एक बेहतरीन काव्य संग्रह है, इसके लेखक हिंदी के अद्वितीय लेखक अज्ञेय है।
- अज्ञेय का पूरा नाम - सच्चिदानंद हीरानंद वात्स्यायन अज्ञेय
- हरी घास पर क्षण भर - कविता संग्रह - सन् 1949
- 1964 में आँगन के पार द्वार पर साहित्य अकादमी पुरस्कार
- 1979 में/कितनी नावों में कितनी बार पर भारतीय ज्ञानपीठ पुरस्कार प्राप्त हुआ।

41(C). आँसू, जयशंकर प्रसाद का एक करुण महाकाव्य है।

आँसू का प्रकाशन वर्ष: 1925 ई.

जयशंकर प्रसाद (30 जनवरी 1890 - 14 नवंबर 1938), हिन्दी कवि, नाटककार, कहानीकार, उपन्यासकार तथा निबन्ध-लेखक थे। वे हिन्दी के छायावादी युग के चार प्रमुख स्तंभों में से एक हैं। उन्होंने हिन्दी काव्य में एक तरह से छायावाद की स्थापना की जिसके द्वारा खड़ीबोली के काव्य में न केवल कमनीय माधुर्य की रससिद्ध धारा प्रवाहित हुई, बल्कि जीवन के सूक्ष्म एवं व्यापक आयामों के चित्रण की शक्ति भी संचित हुई और कामायनी तक पहुँचकर वह काव्य प्रेरक शक्तिकाव्य के रूप में भी प्रतिष्ठित हो गया। बाद के, प्रगतिशील एवं नयी कविता दोनों धाराओं के प्रमुख आलोचकों ने उसकी इस शक्तिमत्ता को स्वीकृति दी। इसका एक अतिरिक्त प्रभाव यह भी हुआ कि 'खड़ीबोली' हिन्दी काव्य की निर्विवाद सिद्ध भाषा बन गयी।

42(A). ''मुक्तिबोध की आत्मकथा' कृति के लेखक-विष्णुचंद्र शर्मा हैं।

विष्णुचंद्र शर्मा को कवि, कहानीकार व आलोचक के रूप में जाना जाता है।

1975 में जब इंदिरा गांधी ने आपातकाल लगाया था तब उन्होंने तत्काल नाम से एक कविता संग्रह लिखा था।

इनकी अन्य रचनायें-झूठ, सभ्यता का जहर, पहाड़ की डायरी, सहजन, थाह, दोपहर:दो चित्र आदि हैं।

43(B). "मेरी जीवन यात्रा", "राहुल सांकृत्यायन" की आत्मकथा है।

राहुल सांकृत्यायन (9 अप्रैल 1893 - 14 अप्रैल 1963) जिन्हें महापंडित की उपाधि दी जाती है हिन्दी के एक प्रमुख साहित्यकार थे।

यह हिंदी यात्रा साहित्य के पितामह कहे जाते हैं।

44(B). यहाँ उचित विकल्प 'खोई हुई दिशाएँ – मोहन राकेश' है क्योंकि 'खोई हुई दिशाएँ – मोहन राकेश' का विकल्प सुम्मेलित मेल नहीं हैं।
- खोई हुई दिशाएँ – कमलेश्वर की कहानी संग्रह है।
- 'नई कहानी' के दौर का सर्वाधिक महत्वपूर्ण कहानी संग्रह।

45(D). उपर्युक्त "तीनों रचनाएं" हरिवंश राय बच्चन की है।
- हरिवंश राय बच्चन हिन्दी भाषा के एक कवि और लेखक थे।
- बच्चन हिन्दी कविता के उत्तर छायावाद काल के प्रमुख कवियों में से एक हैं।
- उनकी सबसे प्रसिद्ध कृति मधुशाला है।

क्या भूलूं क्या याद करूं - 1969

नीड का निर्माण फिर - 1970

बसेरे से दूर - 1978

46(D). "बकरी", "सर्वेश्वर दयाल सक्सेना" की नाट्य कृति है।
- बकरी नाटक सर्वेश्वर दयाल सक्सेना की रचना है।
- इसका रचना वर्ष 1974 ईस्वी है।
- प्रमुख पात्र: नट, नटी,भिश्ति, दुर्जन सिंह, कर्मवीर, सत्य वीर, सिपाही, विपति, युवक, ग्रामीण जन काका काकी, चाचा,रामा, एक ग्रामीण, दूसरा ग्रामीण

47(B). 'जोंक' रचना सामाजिक व्यंग्य की रचना है, जिसके रचनाकार उपेन्द्रनाथ 'अश्क' है। यह एक हास्यपरक व्यंग्य रचना है। लेखन सन् 1940 में किया गया है।

प्रतीकात्मक: प्रतिको के माध्यम से लिखी गयी रचना प्रतीकात्मक कहलाती है। जैसे: मछली को मनुष्य और जल को जीवन मानकर लिखना।

मनोवैज्ञानिक: मानसिक मनोविकारों से सम्बन्धित रचनाएँ। जैसे: रामचन्द्र शुक्ल के निबन्ध उत्साह, भय, आशा, करुणा आदि।

राजनीतिक व्यंग: राजनितिक समस्यों से सम्बन्धित व्यंग्य की रचनाएँ ही राजनितिक व्यंग कहलाती है। जैसे: जामुन का पेड़ रचना कृष्ण चन्द्र जी की।

48(B). हिन्दी में 'नॉवेल' के अर्थ में 'उपन्यास' शब्द का प्रथम प्रयोग भारतेन्दु हरिश्चन्द्र ने 1875 ई. में 'हरिश्चन्द्र चन्द्रिका' में प्रकाशित अपने अपूर्ण रचना 'मालती' के लिए किया था। ब्रजरत्न दास के अनुसार, भारतेन्दु हरिश्चन्द्र ने 'कुछ आपबीती कुछ जग बीती' नाम से एक उपन्यास लिखा था।

49(D). 'शेष कादम्बरी' उपन्यास की लेखिका अलका सरावगी है।

अलका सरावगी के अन्य उपन्यास कलिकथा वाया बाई पास , शेष कादंबरी, कोई बात नहीं, एक ब्रेक के बाद हैं।

50(C). हिन्दी साहित्य के इतिहास में लगभग 8वीं शताब्दी से लेकर 14वीं शताब्दी के मध्य तक के काल को आदिकाल कहा जाता है। इस युग को यह नाम डॉ हजारी प्रसाद द्विवेदी से मिला है। आचार्य रामचंद्र शुक्ल ने 'वीरगाथा काल' तथा विश्वनाथ प्रसाद मिश्र ने इसे 'वीरकाल' नाम दिया है। इस काल की समय के आधार पर साहित्य का इतिहास लिखने वाले मिश्र बंधुओं ने इसका नाम आरंभिक काल किया और आचार्य महावीर प्रसाद द्विवेदी ने बीजवपन काल। डॉ. रामकुमार वर्मा ने इस काल की प्रमुख प्रवृत्तियों के आधार पर इसको चारण-काल कहा है और राहुल संकृत्यायन ने सिद्ध-सामन्त काल।

51(C). उपर्युक्त कथन रामचंद्र शुक्ल जी का है।

केवल प्रेम लक्षणा भक्ति का आधार ग्रहण करने के कारण कृष्ण भक्ति शाखा में अश्लील विलासिता की प्रवृत्ति जागृत हुई यह कथन रामचंद्र शुक्ल जी ने कहा है।

यह उन्होंने कृष्ण भक्ति शाखा में केवल प्रेम लक्षणा भक्ति को आधार बनाने के कारण आलोचनात्मक रूप में कहा है।

आचार्य रामचंद्र शुक्ल (11 अक्टूबर, 1884 ई.- 2 फरवरी, 1941 ई.)

- हिन्दी आलोचक, निबन्धकार, साहित्येतिहासकार, कोशकार, अनुवादक, कथाकार और कवि थे।
- हिन्दी में पाठ आधारित वैज्ञानिक आलोचना का सूत्रपात उन्हीं के द्वारा हुआ।
- हिन्दी निबन्ध के क्षेत्र में भी शुक्ल जी का महत्त्वपूर्ण योगदान है।
- भाव, मनोविकार सम्बन्धित मनोविश्लेषणात्मक निबन्ध उनके प्रमुख हस्ताक्षर हैं।

52(D). एक साहित्यिक आंदोलन के रूप में प्रगतिवाद का समय 1936 ई. से लेकर 1956 ई. तक है।

जिसके प्रमुख कवि हैं- केदारनाथ अग्रवाल, नागार्जुन, राम विलास शर्मा, रांगेय राघव, शिव मंगल सिंह 'सुमन', त्रिलोचन आदि।

'बहुत दिनों के बाद' घुमक्कड़ कवि नागार्जुन की देशज प्रकृति और घरेलू संवेदना का एक दुर्लभ साक्ष्य प्रस्तुत करती है। यह प्रगतिवादी कविता है। मार्क्सवादी विचारधारा का साहित्य में प्रगतिवाद के रूप में उदय हुआ। यह समाज को शोषक और शोषित के रूप में देखता है। प्रगतिवादी शोषक वर्ग के खिलाफ शोषित वर्ग में चेतना लाने तथा उसे संगठित कर शोषण मुक्त समाज की स्थापना की कोशिशों का समर्थन करता है। यह पूँजीवाद, सामंतवाद, धार्मिक संस्थाओं को शोषक के रूप में चिन्हित कर उन्हें उखाड़ फेंकने की बात करता है।

53(C). 'हिमकिरीटिनी व हिम तरंगिणी" "माखनलाल चतुर्वेदी" की रचनाएं हैं।

- माखनलाल चतुर्वेदी (4 अप्रैल 1889-30 जनवरी 1968)
- 1943 में उस समय का हिन्दी साहित्य का सबसे बड़ा 'देव पुरस्कार' माखनलालजी को 'हिम किरीटिनी' पर दिया गया था।
- 1963 में भारत सरकार ने 'पद्मभूषण' से अलंकृत किया।
- उनके काव्य संग्रह 'हिमतरंगिणी' के लिये उन्हें 1955 में हिन्दी के 'साहित्य अकादमी पुरस्कार' से सम्मानित किया गया।

54(B). "साए में धूप" काव्य कृति दुष्यंत कुमार की है।

- साए में धूप दुष्यंत कुमार की रचना है।
- इसका रचना वर्ष 1975 ई. है।
- विधा:- ग़ज़ल
- दुष्यंत कुमार की ग़ज़लों में ग़रीबों के प्रति सहानुभूति साफ़ झलकती है। उनकी मज़बूरियों को वह अपनी ग़ज़लों में स्थान देते हैं।

दुष्यंत कुमार की रचनाएं:

- काव्य नाटकएक:- कंठ विषपायी
- नाटक:- और मसीहा मर गया
- काव्य संग्रह:- सूर्य का स्वागत (1957), आवाज़ों के घेरे (1963), जलते हुए वन का बसंत
- उपन्यास:- छोटे-छोटे सवाल, आँगन में एक वृक्ष, दुहरी जिंदगी
- लघुकथाएँ:- मन के कोण
- ग़ज़ल संग्रह:- साये में धूप

55(C). "श्रीधर पाठक" को "हिंदी में स्वच्छंदतावाद का कवि " कहा जाता है। स्वच्छन्दतावाद कला, साहित्य तथा बौद्धिक क्षेत्र का एक आन्दोलन था जो यूरोप में अट्ठारहवीं शताब्दी के अन्त में आरम्भ हुआ। 1800 से 1850 तक के काल में यह आन्दोलन अपने चरमोत्कर्ष पर था।

56(B). विद्यापति भारतीय साहित्य की 'शृंगार-परम्परा' के साथ-साथ 'भक्ति-परम्परा' के प्रमुख स्तंभों में से एक और मैथिली के सर्वोपरि कवि के रूप में जाने जाते हैं। इनके काव्यों में मध्यकालीन मैथिली भाषा के स्वरूप का दर्शन किया जा सकता है। पदावली विद्यापति द्वारा चौदहवीं सदी में रचा गया काव्य है। यह भक्ति और शृंगार का अनूठा संगम है।

अतः विकल्प (B) सही है।

57(C). चिंतामणि सन् 1939 में प्रकाशित आचार्य रामचंद्र शुक्ल द्वारा रचित हिन्दी का निबंधात्मक (समालोचना) ग्रंथ है। इस पुस्तक के तीन भाग हैं। चिन्तामणि के प्रमुख निबन्ध हैं- भाव या मनोविकार, उत्साह, श्रद्धा और भक्ति, करुणा, लज्जा और ग्लानि, घृणा, ईर्ष्या, भय, क्रोध, है।

अतः विकल्प (C) सही है।

58(C). आषाढ़ का एक दिन, प्रकाशित और नाटककार मोहन राकेश द्वारा रचित एक हिंदी नाटक है। इसे कभी-कभी हिंदी नाटक के आधुनिक युग का प्रथम नाटक कहा जाता है। दिए गए विकल्पों में (C) विकल्प गलत है, आषाढ़ का एक दिन – मोहन राकेश की रचना। मोहन राकेश की रचनाएँ - 'अंधेरे बंद कमरे', 'न आने वाला कल', 'अंतराल' और 'बाकलमा खुदा' है।

अतः विकल्प (C) सही है।

59(A). रामचंद्रिका रीति काल के प्रसिद्ध कवि केशव द्वारा लिखा गया ग्रंथ है। केशवदास - हिन्दी साहित्य के रीतिकाल के एक प्रमुख स्तंभ हैं। वे संस्कृत काव्यशास्त्र का सम्यक् परिचय कराने वाले हिन्दी के प्राचीन आचार्य और कवि हैं।

केशवदास की रचनाएँ - रसिक प्रिया, रामचंद्रिका, वीरसिंह देव चरित, विज्ञान गीता

अतः विकल्प (A) सही है।

60(B). स्वर्णधूलि सुमित्रानन्दन पंत का सातवाँ काव्य-संकलन है। इसका प्रकाशन सन् 1947 ई. में हुआ।

जयशंकर प्रसाद - हिन्दी कवि, नाटककार, उपन्यासकार तथा निबन्धकार थे। वे हिन्दी के छायावादी युग के चार प्रमुख स्तंभों में से एक हैं।

जयशंकर प्रसाद के द्वारा लिखित रचनाएं- कामायनी, आंसू, झरना, लहर, कानन कुसुम, प्रेम पथिक आदि हैं।

अतः विकल्प (B) सही है।

61(D). कुरूक्षेत्र (1946), रश्मिरथी (1952), उर्वशी (1961), परशुराम की प्रतीक्षा (1963), रामधारी सिंह 'दिनकर' हिन्दी के एक प्रमुख लेखक, कवि व निबन्धकार थे। वे आधुनिक युग के श्रेष्ठ वीर रस के कवि के रूप में स्थापित हैं। उल्लेखनीय सम्मान -1959-साहित्य अकादमी पुरस्कार, 1959- पद्म भूषण, 1972- ज्ञानपीठ पुरस्कार उल्लेखनीय रचनाएँ - कुरुक्षेत्र, रश्मिरथी, उर्वशी, हुंकार, संस्कृति के चार अध्याय, परशुराम की प्रतीक्षा, हाहाकार।

अतः विकल्प (D) सही है।

62(B). शरत चन्द्र चट्टोपाध्याय, भारतीय साहित्य के प्रमुख स्तम्भ है। शरतचन्द्र के जिन उपन्यासों को सर्वाधिक लोकप्रियता मिली है, उनमें 'देवदास' प्रमुख है। इसका प्रकाशन 1914 में हुआ था। देवदास में उपन्यासकार ने वंशगत भेदभाव और लड़की बेचने की कुप्रथा के साथ – साथ निष्फल प्रेम की कहानी भी कही है। देवदास उपन्यास की लोकप्रियता का अंदाजा इसी बात से लगाया जा सकता है कि इस पर हिन्दी में अब तक तीन फिल्में भी बन चुकी है।

अतः विकल्प (B) सही है।

63(A). 'भक्तमाल' की रचना ब्रजभाषा में हुई इसके रचिता नाभादास है भक्तों और भक्तकवियों के जीवनचरित को सुरक्षित रखने में 'भक्तमाल' का योगदान अत्यंत महत्त्वपूर्ण है।

नाभादास की रचनाएँ - 'भक्तमाल', 'अष्टयाम'

अतः विकल्प (A) सही है।

64(D). गोदान मुंशी प्रेमचंद्र द्वारा रचित उपन्यास है। गोदान उपन्यास जगत में एक श्रेष्ठ उपन्यास है। इसका नायक होरी है। गोदान में "शोषित वर्ग" की जीवन की समस्याओं का चित्रण किया गया है।

अतः विकल्प (D) सही है।

65(C). कालिदास का अन्तिम रूपक या अन्तिम रचना अभिज्ञानशाकुन्तलम् है। अभिज्ञानशाकुंतलम्— (सर्वश्रेष्ठ नाटक)— यह 7 अंकों का कालिदास का

सर्वश्रेष्ठ नाटक है। इसका नामकरण छठवें अंक के आधार पर किया गया है। इसमें नायक पूरुवंशीय हस्तिनापुर नरेश दुष्यंत। तथा नायिका शकुंतला। शकुंतला ऋषि विश्वामित्र तथा अप्सरा मेनका की पुत्री है। जिसे ऋषि कण्व ने पाला। माना जाता है यह कालिदास का अंतिम नाटक और अंतिम रचना है। इसमें विदूषक का नाम माढव्य है।
अत: विकल्प (C) सही है।

66(C). मूलतः संज्ञा के तीन भेद (प्रकार) होते हैं- जातिवाचक संज्ञा, भाववाचक संज्ञा और व्यक्तिवाचक संज्ञा।
परन्तु निजवाचक संज्ञा का भेद नहीं सर्वनाम का भेद होता है। जिस सर्वनाम का प्रयोग कर्ता कारक स्वयं के लिए करता है, वह निजवाचक सर्वनाम होता है।

67(C). जिस संज्ञा शब्द से पदार्थों की अवस्था, गुण-दोष, धर्म आदि का बोध हो उसे भाववाचक संज्ञा कहते हैं। जैसे - बुढ़ापा, मिठास, बचपन, मोटापा, चढ़ाई, थकावट आदि। दया, क्रोध और दरिद्रता भाववाचक संज्ञा है। एकमात्र 'कुंज' समूहवाचक संज्ञा है।

68(B). जिस सर्वनाम से किसी निश्चित व्यक्ति या पदार्थ का बोध नहीं होता, उसे अनिश्चयवाचक सर्वनाम कहते हैं। जैसे- बाहर कोई है। मुझे कुछ नहीं मिला। इन वाक्यों में कोई और कुछ शब्द अनिश्चयवाचक सर्वनाम हैं। कोई शब्द का प्रयोग किसी अनिश्चित व्यक्ति के लिए और कुछ शब्द का प्रयोग किसी अनिश्चित पदार्थ के लिए प्रयुक्त होता है।

69(B). उपरोक्त विकल्पों में 'मैं कल दिल्ली जा रहा हूँ।' वाक्य में सर्वनाम का प्रयोग हुआ है, अन्य विकल्प असंगत है।
'मैं कल दिल्ली जा रहा हूँ।' वाक्य में 'मैं' पुरुषवाचक (व्यक्तिवाचक) सर्वनाम हैं। जिस सर्वनाम का प्रयोग वक्ता द्वारा स्वयं के लिए या अन्य व्यक्ति के लिए किया जाता है।
पुरुषवाचक सर्वनाम: जिन सर्वनाम शब्दों का प्रयोग व्यक्तिवाचक संज्ञा के स्थान पर किया जाता है उन्हें पुरुषवाचक सर्वनाम कहते हैं।
जैसे: मैं, तुम, हम, आप, वे

70(C). रचना के आधार पर क्रिया के पांच भेद होते है -
- संयुक्त क्रिया
- नामधातु क्रिया
- प्रेरणार्थक क्रिया
- पूर्वकालिक क्रिया
- सामान्य क्रिया

71(A). 'मोहन वहाँ पढ़ता है' वाक्य में 'वहाँ' स्थानवाचक क्रिया विशेषण है। स्थानवाचक क्रिया विशेषण वे शब्द होते हैं जो क्रिया के होने वाली जगह का बोध कराते हैं। अर्थात जहां क्रिया हो रही है उस जगह का बोध कराने वाले शब्द ही स्थानवाचक क्रिया विशेषण कहलाते हैं।

72(B). 'गीता ने पत्र लिखा।' इसमें कर्म कारक हैं।
किसी भी वस्तु या व्यक्ति द्वारा वाक्य में की गई क्रिया का प्रभाव पड़ता है, उसे कर्म कारक कहते हैं।

73(C). 'राम साइकिल से बाजार गया।' इसमें कर्म कारक हैं।
वह साधन जिसके द्वारा क्रिया पूरी होती है अर्थात जिसके जरिए कोई भी कार्य पूरा किया जाता है, उसे करण कारक कहा जाता है। करण कारक में विभक्ति चिह्न के रूप में से और के का प्रयोग होता है।
उदाहरण:
राम ने रावण को बाण से मारा।
राधा ने अपने पति के लिए स्पेशल खाना बनाया।

74(A). जिस शब्द से संज्ञा या सर्वनाम के गुण, रूप, रंग आदि का बोध होता है, उसे गुण वाचक विशेषण कहते हैं। प्रथम वाक्य 'यह स्थान बहुत अच्छा है।' में गुणबोधक विशेषण है।यह गुणवाचक का भेद है। यहाँ 'अच्छा' स्थान की विशेषता को दर्शा रहा है।

75(B). इनमें से 'यह' विशेषण शब्द है। 'यह' मौलिक सार्वनामिक विशेषण है जो सार्वनामिक विशेषण का भेद है। जो सर्वनाम बिना रूपान्तर के मौलिक रूप में संज्ञा के पहले आकर उसकी विशेषता बतलाते हैं, उन्हें इस वर्ग में रखा जाता है।आइये, हम ऊपर दिए गए 'यह' शब्द का उपयोग वाक्य में करके इसे समझते हैं- 'यह मेरा घर है'- यहाँ 'मेरा' और 'यह' उत्तमपुरुष तथा अन्य पुरुष सर्वनाम है। अब जैसा कि हम देख सकते है कि घर(संज्ञा)

के पहले सर्वनाम 'मेरा' का उपयोग हुआ है जिसका मौलिक रूप में प्रयोग किया गया है इसलिए इस आधार पर यह मौलिक सार्वनामिक विशेषण है।

76(C). 'त्रिवेणी' का सामासिक विग्रह करने पर होगा त्रि+वेणी अतः तीन वेणियों का समाहार। इस आधार पर यहाँ 'द्विगु समास' है।

77(A). 'देव जो महान है' कर्मधारय समास है। जिस समास में प्रथम पद विशेषण तथा दूसरा पद विशेष्य (संज्ञा) हो, कर्मधारय समास होता है।

78(B). "मूंग की दाल खाने वाला" मुहावरे का सही अर्थ "सीधा-साधा" व्यक्ति है।

79(A). "शहद लगाकर चाटना" मुहावरे का सही अर्थ "किसी चीज़ को व्यर्थ लेकर बैठे रहना" है।

80(B). अपने कार्यालय से अनुभव प्रमाण-पत्र लेने के लिए व्यवस्थापक महोदय को आवेदन-पत्र लिखेंगे।

81(C). दैनिक हिन्दुस्तान में संवाददाता के पद के लिए संपादक महोदय को आवेदन-पत्र लिखेंगे।

82(A). बस स्टैण्ड के पास आवारा लडकों के व्यवहार को बताते हुए तथा उनके खिलाफ छेड़खानी के विरुद्ध एफआईआर दर्ज करवाने के लिए थानाध्यक्ष महोदय को आवेदन-पत्र लिखेंगे।

83(B). व्यवसाय सबंधी पत्र में संबोधन महोदय होगा।

84(C). अधिसूचना का प्रयोग कर्तव्य के क्षेत्र में नहीं किया जाता।
अधिसूचना का अर्थ है - विशेष सूचना। सरकारी नियम, चेतावनी, आदेश, नियुक्ति, अवकाश आदि से संबंधित सूचना को संबंधित व्यक्ति एवं आम जनता के लिए राजपत्र में प्रकाशित किया जाता है, उसे अधिसूचना कहते हैं।

85(B). भूषण की कविता का प्रधान स्वर प्रशस्तिपरक था।
भूषण शिवाजी और छत्रसाल के दरबारी कवि थे। भूषण की कविता का प्रधान स्वर प्रशस्तिपरक था। महाकवि भूषण रीतिकाल के तीन प्रमुख हिन्दी कवियों में से एक है।

86(D). दुःख ही जीवन की कथा रही | क्या कहूँ आज जो नहीं कहीं || प्रस्तुत पंक्तियों की रचना सूर्यकांत त्रिपाठी 'निराला' ने की है।
दुःख ही जीवन की कथा रही | क्या कहूँ आज जो नहीं कहीं || प्रस्तुत पंक्तियों सूर्यकांत त्रिपाठी 'निराला' की रचना सरोज स्मृति से ली गयी है। सरोज स्मृति सूर्यकांत त्रिपाठी निराला द्वारा लिखी कविता और एक शोकगीत है। निराला ने यह शोकगीत 1935 में अपनी 18 वर्षीया पुत्री सरोज के निधन के उपरांत लिखा था।

87(B). सुमित्रानंदन पंत को प्रकृति के सुकुमार कवि कहा जाता है।
छायावादी युग के महान साहित्यकार सुमित्रानंदन पंत को प्रकृति के सुकुमार कवि के नाम से जाना जाता है। क्योंकि उन्हें प्रकृति से बहुत लगाव था। वे प्रकृति को ही अपनी माता मानते थे तथा अपनी समस्त कृतियों के लिए प्रेरणा स्रोत वह प्रकृति को ही मानते थे। यही कारण है कि पंत जी को प्रकृति के सुकुमार कवि के नाम से जाना जाता है।

88(C). 'रसमंजरी' नंददास की कृति है, नंददास की अन्य रचनाएँ- अनेकार्थमंजरी, भागवत-दशम स्कंध, श्याम सगाई, गोवर्द्धन लीला, सुदामा चरित, विरहमंजरी, रूप मंजरी, रुक्मिणी मंगल, रासपंचाध्यायी, भँवर गीत, सिद्धांत पंचाध्यायी, नंददास पदावली हैं।

89(A). भ्रमरगीत का उपजीव्य ग्रंथ श्रीमद्भागवत महा पुराण है, सूरसागर सूरदासजी का प्रधान एवं महत्वपूर्ण ग्रन्थ है। इसमें प्रथम नौ अध्याय संक्षिप्त है, पर दशम स्कन्ध का बहुत विस्तार हो गया है। इसमें भक्ति की प्रधानता है। इसके दो प्रसंग 'कृष्ण की बाल-लीला' और 'भ्रमरगीत-प्रसंग' अत्यधिक महत्त्वपूर्ण हैं।

90(B). 'प्रकृति का सुकुमार राजकुमार' "सुमित्रानंदन पन्त" को कहा जाता है।
छायावादी युग के महान कवि सुमित्रानंदन पंत जी को प्रकृति के सुकुमार कवि के नाम से हिंदी साहित्य में जाना जाता है। पंत जी की आधी से ज्यादा कविता ही प्रकृति पर आधारित है।

91(D). 'मुझे चांद चाहिए' उपन्यास है, मुझे चाँद चाहिए हिन्दी के विख्यात साहित्यकार सुरेन्द्र वर्मा द्वारा रचित एक उपन्यास है। सुरेन्द्र वर्मा ने इस

उपन्यास में अभिनय कला के लिए किए जाने वाले कलाकार के संघर्ष का गहरे पीड़ा - बोध और कलात्मक संयम के साथ अंकन किया है।

92(B). 'सारा आकाश' राजेंद्र यादव की कृति है, आज़ादी के पचास वर्षों में सारा आकाश ऐतिहासिक उपन्यास भी है और समकालीन भी। साराआकाश, राजेन्द्र यादव जी द्वारा लिखित एक सामाजिक यथार्थवादी उपन्यास है। सारा आकाश की कथा मध्यवर्गी परिवार की है।

93(B). आचार्य रामचंद्र शुक्ल के अनुसार उपर्युक्त दोहे से प्रमाणित होता है कि रसखान किसी सी पर आसक्त थे, स्त्री मानवती थी और रसखान का अनादर करती थी, और रसखान को भास हुआ कि जिस पर गोपियाँ मरती हैं उसी पर ध्यान लगाया जाए।
- रीतिमुक्त कवियों में रसखान का अत्यंत महत्त्वपूर्ण स्थान है।
- सैय्यद इब्राहीम "रसखान" का जन्म सन् 1533 से 1558 के बीच माना जाता है।
- वे विट्ठलनाथ के शिष्य थे एवं वल्लभ सम्प्रदाय के सदस्य थे।
- रसखान के सगुण कृष्ण सारी लीलाएं करते हैं।
- जैसे- बाललीला, रासलीला, फागलीला, कुंजलीला, प्रेम वाटिका, सुजान रसखान आदि।
- इन्होंने मंगलाचरण, प्रेमवाटिका, सुजान रसखान, रसखान रत्नावली में पद लिखे हैं।

94(B). सवेरे-सवेरे आँख खुलते ही लेखिका बालकनी की ओर इसलिए भागकर गई क्योंकि वह कंचनजंगा देखना चाहती थी। उसे यहाँ के लोगों ने बताया था कि मौसम साफ़ होने पर बालकनी से कंचनजंगा दिखाई देती है। मौसम अच्छा होने के बाद भी बादल घिरे थे, इसलिए कंचनजंगा न देख पाने के कारण उसके हाथ निराशा लगी। लेखिका ने रंग-बिरंगे इतने सारे फूल खिले देखे कि उसे लगा कि वह फूलों के बाग में आ गयी है। इससे उसके मन को हलकी-सी शांति मिली।

95(B). ओवरहैंड प्रक्षेपक (प्रोजेक्टर) में पारदर्शी (ट्रांसपरेन्सी) का प्रयोग होता है। ओवरहेड प्रोजेक्टर समस्त प्रक्षेपित होने वाले प्रोजेक्टर्स में सबसे सरल प्रक्षेपित होने वाला प्रोजेक्टर है। इसके द्वारा 18×22.5 सेमी आकार की ट्रांसपरेंसी को बड़ा करके प्रक्षेपण 1.5 मी $\times$ 1.5 मी आकार में सरलता से लाया जा सकता है। इसमें शिक्षक छात्रों को पढ़ते वक्त उन पर नज़र रख सकता है।
अत: विकल्प (B) सही है।

96(A). मौन पठन के विषय में धारणा है की छात्रो का एकाग्रचित होकर पढ़ने का अभ्यास होता है।
मौन रहकर पढ़ना छात्रों के लिहाज से काफी उन्नत कौशल है, भले ही वे अपनी पहली भाषा में पढ़ रहे हों या दूसरी भाषा में। मौन पठन द्वारा छात्र अधिक परिपक्व व स्वतंत्र पाठक बनते हैं इसलिए इसे लक्ष्य मानकर कार्य किया जाना चाहिए।
अत: विकल्प (A) सही है।

97(C). प्रभाव के नियम के अनुसार उद्दीपक एवं अनुक्रिया का सहयोग सुखद और दुखद दोनों होता है।
प्रभाव के नियम से तात्पर्य सीखे जाने वाले कार्य का सीखने वाले के लिये महत्त्व से है। जब हमें सीखने के परिणाम से सन्तोष, सुख या प्रसन्नता प्राप्त होती है, तो हम सीखने की ओर तत्परता (शक्ति) से जुटते हैं और शीघ्र सीख लेते हैं।
अत: विकल्प (C) सही है।

98(B). भाषा शिक्षण के सिद्धांतों के प्रस्तुतीकरण का संबंध प्रमुख रूप से शिक्षक से होता है।
भाषा शिक्षण के कुछ प्रमुख सिद्धांत होते हैं, जिनसे सही एवं प्रभावी शिक्षण का आधार स्पष्ट होता है। सर्वप्रथम, यह जानना महत्त्वपूर्ण है कि शिक्षण हेतु तीन तत्वों का होना अत्यावश्यक है - शिक्षक, शिक्षार्थी एवं पाठ्यक्रम(पठन सामग्री)।
यह बहुत आवश्यक है कि शिक्षण से पूर्व शिक्षक एक निश्चित उद्देश्य को लेकर आगे बढ़े। इसी से सही पाठ्य सामग्री का चयन कर बच्चों को निश्चित समय में निर्धारित ज्ञान देने का प्रयास सफल हो सकता है। उद्देश्य व्यक्ति केंद्रित और समूह केन्दित कैसे भी हो सकते हैं - जैसे बच्चों कि श्रवण क्षमता का ज्ञान, काव्य पठन का कौशल आदि।
अत: विकल्प (B) सही है।

99(A). भाषा शिक्षण के चुनाव की जाने वाली शिक्षण विधि बाल केंद्रीयकरण पर पर आधारित होनी चाहिए।
एक अध्यापक, विद्यार्थियों को पढ़ाने, ज्ञान प्रदान करने हेतु जो भी तरीके काम में लेता है वे सभी शिक्षण की विधियां कहलाती है।
हिंदी भाषा की शिक्षण विधियां हैं: अनुकरण विधि, प्रत्यक्ष विधि, व्याकरण विधि, इकाई विधि, आगमन विधि, निगमन विधि, प्रयोजन विधि, प्रोजेक्ट विधि, समस्या समाधान विधि, समवाय विधि, प्रदर्शन विधि, डाल्टन विधि, व्याख्यान विधि, भाषा संसर्ग विधि, पाठ्यपुस्तक विधि, चित्र रचना विधि, शब्दार्थ विधि/ अर्थबोध विधि और व्यास विधि।
अत: विकल्प (A) सही है।

100(B). भाषा शिक्षण में सरल से कठिन की ओर शिक्षण करना शिक्षण सूत्र है। इस सूत्र का आशय यह है कि छात्रों को पहले सरल फिर जटिल बातों की जानकारी दी जानी चाहिए जिससे पाठ व विषय में उनकी रुचि व ध्यान बना रहे। यह क्रम बाल विकास के अनुकूल व मनोवैज्ञानिक होता है।
अत: विकल्प (B) सही है।

Ques (1-8): निर्देश: नीचे दिए गए गद्यांश को पढ़कर सबसे उचित विकल्प चुनिए:

किसे कहूँ मैं शिक्षा? क्या है शिक्षा का सच? कैसा होता है शिक्षित व्यक्ति और कैसा होता है पढ़ा-लिखा समाज? मेरे गुरु श्री दयालचन्द्र जी सोनी तो पूरी एक काव्यात्मक पुस्तक लिख गये। इस पुस्तक का नाम है 'हूं अणभणियो शिक्षित हूँ'। उनका आशय स्पष्ट है कि हर पढ़ा-लिखा आदमी अनपढ़ है। उन्होंने जब यह पुस्तक लिखी तो साफ कहा कि यह किताब उनके पूरे जीवन की शिक्षा का सार है। तब फिर हमें यह भी मान लेना चाहिए कि हमारा पूरा पढ़ा-लिखा समाज खासा अनपढ़ है। अशिक्षित है। तब फिर बताइए कि शिक्षा को कहाँ खोजें।

कहते हैं कि शिक्षा बालक के जन्म के साथ बालक को मिली प्रतिभा का विकास है। उसकी सोयी हुई शक्तियों को जगाने का नाम शिक्षा है। मगर ऐसा तो तब सम्भव है जब हम यह जान लें कि कौन-कौन सा बालक कौन-कौन सी प्रतिभा के साथ पैदा हुआ है? उसके शरीर में एवं उसके मन-मस्तिष्क में कौन-कौन सी शक्तियाँ सोयी हुई हैं? इसका अर्थ यह हुआ कि जो-जो बालक शाला में आया है उसको हम पहले पढ़ें। हर बालक को पढ़-पढ़ कर पहचानें कि वह क्या है? उसकी प्रदत्त प्रतिभा क्या है? और कौन - कौन सी सुषुप्त शक्तियों को लिये हुए वह हमारे सामने उपस्थित हुआ है।

1. लेखक के अनुसार:
   (a) सभी बच्चे समान रूप से प्रतिभाशाली होते हैं।
   (b) बच्चों में अलग-अलग प्रतिभा होती है।
   (c) सभी बच्चे शाला जाकर प्रतिभाशाली बन जाते हैं।
   (d) सभी बच्चों की शक्तियाँ सुषुप्त अवस्था में ही रहती हैं।

2. बच्चों को शिक्षा देने के लिए सबसे पहले क्या जरूरी है?
   (a) प्रतिभाओं के विभिन्न रूप जानना।
   (b) बच्चों को प्रतिभाओं के अनुसार वर्गीकृत करना।
   (c) बच्चों की समस्त क्षमताओं, प्रतिभाओं को जानने के लिए उन्हें पढ़ना।
   (d) बच्चों को पढ़ाना।

3. इस गद्यांश में शिक्षा का कौन-सा सिद्धांत निहित है?
   (a) सभी बच्चे समान रूप से प्रतिभाशाली होते हैं।
   (b) सभी बच्चों में वैयक्तिक भिन्नता होती है।
   (c) शक्तियाँ सदैव सुषुप्त अवस्था में ही रहती हैं।
   (d) पढ़े-लिखे लोग अनपढ़ होते हैं।

4. "हम बालक को पढ़-पढ़ कर पहचानें कि वह क्या है? वाक्य में 'पहचानें' क्रिया का कर्ता हो सकता है:
   (a) मैं   (b) हम
   (c) तुम   (d) वह

5. 'उसकी प्रदत्त प्रतिभा क्या है?' वाक्य है:
   (a) विधानवाचक   (b) नकारात्मक
   (c) प्रश्नवाचक   (d) संदेहवाचक

6. 'शरीर' में 'इक' प्रत्यय लगने पर शब्द बनेगा:
   (a) शरीरिक   (b) शारीरीक
   (c) शारीरिक   (d) शारिरिक

7. लेखक के अनुसार शिक्षित होना और साक्षर होना:
   (a) दोनों समान हैं।   (b) दोनों में मूलभूत अंतर होता है।
   (c) दोनों पर्यायवाची हैं।   (d) दोनों में थोड़ा-बहुत अंतर है।

8. यहाँ 'पढ़ा-लिखा' होने से तात्पर्य है:
   (a) शिक्षित होना   (b) अशिक्षित होना
   (c) साक्षर होना   (d) निरक्षर होना

Ques (9-16): निर्देश : गद्यांश को पढ़कर सबसे उचित विकल्प चुनिए।
भारतीय रंगमंच अपने मूल में, संबद्ध विचारों में और अपने विकास में पूरी तरह स्वतंत्र था। इसका मूल उद्गम ऋग्वेद की उन ऋचाओं और संवादों में खोजा जा सकता है जिनमें एक हद तक नाटकीयता है। रामायण और महाभारत में नाटकों का उल्लेख मिलता है कृष्ण-लीला से संबंधित गीत, संगीत और नृत्य में इसने आकार ग्रहण करना आरंभ कर दिया था। ई. पूर्व छठी या सातवीं शताब्दी के महान वैयाकरण पाणिनि ने कुछ नाट्य-रूपों का उल्लेख किया है। रंगमंच की कला पर रचित नाट्यशास्त्र को ईसा की तीसरी शताब्दी की रचना कहा जाता है। ऐसे ग्रंथ की रचना तभी हो सकती थी, जब नाट्य कला पूरी तरह विकसित हो चुकी हो और नाटकों की सार्वजनिक प्रस्तुति आम बात हो!

अब तक मिले संस्कृत नाटकों में प्राचीनतम नाटक अश्वघोष के हैं। वह ईसवी सन् के आरंभ के ठीक पहले या बाद में हुआ था। ये ताड़-पत्र पर लिखित पांडुलिपियों के अंश मात्र हैं और आश्चर्य की बात यह है कि ये गोबी रेगिस्तान की सरहदों पर तूफान में मिले हैं। अश्वघोष धर्मपरायण बौद्ध हुआ। उसने बुद्धचरित नाम से बुद्ध की जीवनी लिखी। यह ग्रंथ बहुत प्रसिद्ध हुआ और बहुत समय पहले भारत, चीन और तिब्बत में बहुत लोकप्रिय हुआ। यूरोप को प्राचीन भारतीय नाटक के बारे में पहली जानकारी 1789 ई में तब हुई जब कालिदास के शकुन्तला का सर विलियम जोन्स कृत अनुवाद प्रकाशित हुआ। सर विलियम जोंस के अनुवाद के आधार पर जर्मन, फ्रेंच, डेनिश और इटालियन में भी इसके अनुवाद हुए। गेटे पर इसका प्रभाव पड़ा और उसने शकुन्तला की अत्यधिक प्रशंसा की।

9. पाणिनि मूलतः _______ हैं।
   1. नाटककार
   2. वैयाकरण
   3. कथाकार
   4. गीतकार
   (a) 1   (b) 2
   (c) 3   (d) 4

10. कालिदास के 'शकुंतला' रचना का अनुवाद किस भाषा में नहीं हुआ?
   1. रुसी
   2. जर्मन
   3. फ्रेंच
   4. इटालियन
   (a) 1   (b) 2
   (c) 3   (d) 4

11. नाटकों का उल्लेख कहाँ मिलता है?
   1. रामायण और महाभारत में
   2. रामायण और बुद्धचरित में
   3. बुद्धचरित और महाभारत में
   4. महाभारत और व्याकरण में
   (a) 1   (b) 2
   (c) 3   (d) 4

12. गद्यांश के आधार पर भारतीय रंगमंच का स्रोत होना चाहिए:
   1. ऋग्वेद की ऋचाएँ
   2. रामायण के छन्द
   3. महाभारत के श्लोक
   4. कृष्ण-लीला के पद
   (a) 1   (b) 2
   (c) 3   (d) 4

13. बुद्धचरित किसकी कृति है?
   1. सर विलियम जोन्स
   2. कालिदास
   3. अश्वघोष
   4. विशाखदत्त
   (a) 1   (b) 2
   (c) 3   (d) 4

14. अश्वघोष के नाटक _______ पर लिखे गए।
   1. भोज-पत्र
   2. कदली-पत्र
   3. वट-पत्र
   4. ताड़-पत्र

(a) 1	(b) 2
(c) 3	(d) 4

15. 'विकसित' शब्द में मूल शब्द और प्रत्यय हैं:
1. विकास+इत
2. विक+इत
3. विकास+त
4. विकसि+त

(a) 1	(b) 2
(c) 3	(d) 4

16. कौन-सा शब्द भिन्न है?
1. भारत
2. जर्मन
3. पाणिनि
4. नाटक

(a) 1	(b) 2
(c) 3	(d) 4

Ques (17-20): निर्देश: नीचे दिए गए गद्यांश को पढ़कर पूछे गए प्रश्न के लिए सबसे उपयुक्त विकल्प का चयन कीजिए -

एक आदमी ने घृणा से एक तरफ थूकते हुए कहा, "क्या जमाना है! जवान लड़के को मरे पूरा दिन नहीं बीता और बूढ़ी औरत दुकान लगा के बैठी है।" दूसरे साहब अपनी दाढ़ी खुजाते हुए कह रहे थे, "अरे जैसी नीयत होती है अल्ला भी वैसी ही बरकत देता है।"

सामने के फुटपाथ पर खड़े एक आदमी ने दियासलाई की तीली से कान खुजाते हुए कहा," अरे इन लोगों का क्या? ये लोग रोटी के टुकड़े पर जान देते हैं।" परचून की दुकान पर बैठे लाला जी ने कहा, "अरे भाई, उनके लिए मरे-जिए का कोई मतलब न हो, पर दूसरे के धर्म ईमान का तो ख्याल करना चाहिए। जवान बेटे के मरने पर तेरह दिन का सूतक होता है और वह यहाँ सड़क पर बाज़ार में आकर खरबूजे बेचने बैठ गई है। हज़ार आदमी आते-जाते हैं। कोई क्या जानता है कि इसके घर में सूतक है। कोई इसके खरबूजे खा ले, तो उसका ईमान-धर्म कैसे रहेगा? क्या अँधेर है!"

पास-पड़ोस की दुकानों से पूछने पर पता लगा उसका तेईस बरस का जवान लड़का था घर में उसकी बहू और पोता-पोती हैं। लड़का शहर के पास डेढ़ बीघा भर ज़मीन में कछियारी करके परिवार निर्वाह करता था। खरबूजों की डलिया बाज़ार में पहुँचाकर कभी लड़का स्वयं सौदे के पास बैठ जाता, कभी माँ बैठ जाती।

लड़का परसों सुबह मुँह अँधेरे बेलों में से पके खरबूजे चुन रहा था। गीली मेंड़ की तरावट में विश्राम करते हुए एक साँप पर लड़के का पैर पड़ गया। साँप ने लड़के को डस लिया।

लड़के की बुढ़िया माँ बावली होकर ओझा को बुला आई। झाड़ना-फूँकना हुआ। नागदेव की पूजा हुई।

17. परचून की दुकान का आशय है:
1. दवाइयों की दुकान
2. आटा दाल आदि की दुकान
3. खिलौनों की दुकान
4. कपड़ों की दुकान

(a) 1	(b) 2
(c) 3	(d) 4

18. लोगों ने बुढ़िया के दुकान लगाने पर कटाक्ष क्यों किया?
1. बेटे की मृत्यु के उपरांत भी दुकान लगाई
2. बेटे की मृत्यु पर शोक सभा नहीं बुलाई
3. बेटे की मृत्यु पर घर में चूल्हा जलाया
4. बेटे की मृत्यु पर भोज का आयोजन नहीं किया

(a) 1	(b) 2
(c) 3	(d) 4

19. बुढ़िया के बेटे की मृत्यु का कारण था:
1. गीली मेंड़ पर फिसलना
2. गिरकर बेहोश हो जाना
3. साँप का डसना
4. खेत में करंट का लगना

(a) 1	(b) 2

20. बुढ़िया ने ओझा को क्यों बुलाया?
1. साँप को खोजकर मारने के लिए
2. साँप की पूजा-अर्चना करने के लिए
3. साँप के ज़हर की दवाई देने के लिए
4. साँप का ज़हर उतारने के लिए

(a) 1	(b) 2
(c) 3	(d) 4

21. जायसी की किस रचना का सम्बन्ध क़यामत के वर्णन से है?

(a) चित्ररेखा	(b) अखरावट
(c) आखिरी कलाम	(d) पद्मावत

22. पदम सिंह शर्मा ने किस के काव्य को शक्कर की रोटी कहा है?

(a) मतिराम	(b) भूषण
(c) बिहारी	(d) देव

23. 'छायावाद' के चार स्तम्भों में कौन-सी महिला लेखिका भी शामिल थीं?

(a) कृष्णा सोबती	(b) महादेवी वर्मा
(c) सुभद्राकुमारी चौहान	(d) मन्नू भंडारी

24. 'शतरंज के खिलाड़ी' किस लेखक/लेखिका की कृति है?

(a) सुमित्रानंदन पंत	(b) महादेवी वर्मा
(c) प्रेमचंद	(d) जयशंकर प्रसाद

25. सहज कहानी के प्रवर्तक कौन है?

(a) महीप सिंह	(b) गंगा प्रसाद विमल
(c) अमृत राय	(d) कमलेश्वर

26. मृगावती निम्नलिखित में से किस कवि की रचना है?

(a) मुल्ला दाऊद	(b) कुतुबन
(c) ईश्वर दास	(d) असाइत

27. "परिवर्तन" कविता किस काव्य संग्रह में संकलित है?

(a) युगांत	(b) पल्लव
(c) वीणा	(d) गुँजन

28. 'प्रिय स्वतन्त्र रव अमृत मन्त्र नव' पंक्ति वाली कविता का सम्बन्ध है:

(a) जयशंकर प्रसाद से	(b) भवानी प्रसाद मिश्र से
(c) सुमित्रा नन्दन पन्त से	(d) सूर्यकान्त त्रिपाठी निराला से

29. 'पुष्टिमार्ग का जहाज' किसे कहा जाता है?

(a) नाभादास	(b) नन्ददास
(c) सूरदास	(d) तुलसीदास

30. सूर्यकांत त्रिपाठी 'निराला' ने निम्न में से किस पत्रिका का सम्पादन किया?

(a) मतवाला	(b) सरस्वती
(c) कल्पना	(d) प्रतीक

31. 'उर्वशी' महाकाव्य किस हिन्दी कवि की रचना है?

(a) सुमित्रानन्दन पंत	(b) निराला
(c) महादेवी वर्मा	(d) रामधारी सिंह 'दिनकर'

32. अज्ञेय की पंक्तियाँ है:

(a) अब तक क्या किया, जीवन क्या जिया

(b) चुका भी हूँ मैं नहीं

(c) फटा सुथ्रा पहने जिसका गुन हर चरना गाता है

(d) साँप ! तुम सभ्य तो हुए नही....तब कैसे सीखा डँसना

33. इनमें से कौन सा काव्य, महाकाव्य है?

(a) महाभारत   (b) यशोधरा
(c) दान   (d) मधुबाला

34. निर्देशः इन पंक्तियों में कौन सा काव्य गुण है:
"हिमाद्रि तुंग श्रृंग से प्रबुद्ध शुद्ध भारती।
स्वयं प्रभा समुज्ज्वला स्वतंत्रता पुकारती।।"
(a) प्रसाद गुण   (b) माधुर्य गुण
(c) ओज गुण   (d) वीर रस

35. निर्देशः इन पंक्तियों में कौन सा काव्य गुण है:
कंकन किंकिन नूपु धुनि सुनि ।
कहत लखन सन राम हृदय गुनि ।।
(a) प्रसाद गुण   (b) माधुर्य गुण
(c) ओज गुण   (d) भक्ति रस

36. 'ठेले पर हिमालय' संस्मरण के लेखक हैं?
(a) अज्ञेय   (b) विद्यानिवास मिश्र
(c) धर्मवीर भारती   (d) महादेवी वर्मा

37. संपत्ति-शास्त्र के लेखक का नाम है:
(a) आचार्य महावीर प्रसाद द्विवेदी   (b) आचार्य हजारी प्रसाद द्विवेदी
(c) आचार्य रामचन्द्र शुक्ल   (d) बाबू श्याम सुन्दर दास

38. निम्नलिखित में से कौन-सा प्रवासी लेखक मॉरीशस का नहीं है?
(a) महेशराम जियावन   (b) अभिमन्यु अनत
(c) रामदेव धुरंधर   (d) महातम सिंह

39. दिए गए विकल्पों में से कौन सा पत्र या पत्रिका भारतेन्दु हरिश्चंद्र द्वारा संपादित नहीं है?
(a) ब्राह्मण   (b) कवि वचन सुधा
(c) हरिश्चंद्र मैगजीन   (d) बाला बोधिनी

40. मुंशी प्रेमचन्द किस पत्रिका के सम्पादक रहे हैं?
(a) प्रताप   (b) हंस
(c) सरस्वती   (d) सुधा वर्षा

41. राहुल सांकृत्यायन की रचनाएँ है:
(a) मेरी तिब्बत यात्रा   (b) मेरी लद्दाख यात्रा
(c) किन्नर देश में   (d) उपरोक्त सभी

42. 'निज भाषा उन्नति अहे सब उन्नति को मूल' कथन किसका है?
(a) भारतेन्दु   (b) स्वामी विवेकानंद
(c) महात्मा गांधी   (d) रवीन्द्र नाथ ठाकुर

43. उमर खय्याम की रुबाइयाँ की कृति है-
(a) श्री धर पाठक   (b) महावीर प्रसाद
(c) हरिवंश राय बच्चन   (d) जयशंकर प्रसाद

44. 'बिखरे मोती' किसका प्रथम कहानी संग्रह है-
(a) सुभद्रा कुमारी चौहान   (b) श्री धार पाठक
(c) जय शंकर प्रसाद   (d) महादेवी वर्मा

45. कौन सी रचना सुमित्रानंदन पंत की नहीं है?
(a) वीणा   (b) पल्लव
(c) युगवाणी   (d) रेणुका

46. 'नाट्य शास्त्र' के रचयिता कौन थे?
(a) भरत मुनि   (b) नारद मुनि
(c) झंडु मुनि   (d) व्यास मुनि

47. हिन्दी-उर्दू विवाद को किस राजनेता ने साम्प्रदायिक रंग देते हुए उर्दू को 'मुसलमानों की निशानी' बताया:

48. इनमें से कौन भारतेन्दु मण्डल के लेखक नहीं है:
(a) बालकृष्ण भट्ट   (b) प्रतापनारायण मिश्र
(c) ठा. जगमोहन सिंह   (d) गुलाबराय

49. निम्न में से कौन-सी रचना व्याकरण ग्रंथ है?
(a) कीर्तिपताका   (b) चर्यापद
(c) उक्तिव्यक्त प्रकरण   (d) वर्णरत्नाकर

50. 'दिल्ली - दर - शहर' यात्रा वृत्तान्त की लेखिका हैं?
(a) नासिरा शर्मा   (b) शिवानी
(c) इंदु जैन   (d) निर्मला जैन

51. 'लक्ष्मीपुरा' किस विधा की रचना है?
(a) यात्रावृत्त   (b) निबन्ध
(c) रिपोर्ताज   (d) डायरी

52. भारतेंदु हरिश्चन्द्र जी का निबन्ध कौनसा है?
(a) विचार और वितर्क   (b) शिरीष के फूल
(c) मेरी असफलताएँ   (d) भारत उन्नति कैसे हो सकती है

53. इनमें से सरस्वती पत्रिका के सम्पादक का नाम क्या है?
(a) हजारी प्रसाद द्विवेदी   (b) अयोध्यासिंह उपाध्याय
(c) बालकृष्ण भट्ट   (d) महावीर प्रसाद द्विवेदी

54. भारतेंदु का यात्रा वृत्त साहित्य है-
(a) सरयू पार की यात्रा   (b) मेहन्दावल की यात्रा
(c) लखनऊ की यात्रा   (d) उपरोक्त सभी

55. 'हिमाद्री तुंग श्रृंग से प्रबुद्ध शुद्ध भारती' गीत किस पात्र द्वारा गाया गया है-
(a) अलका   (b) कार्नेलिया
(c) मल्लिका   (d) मेघा

56. 'सखि पिया को जो मैं न देखूँ,
तो कैसे काटूँ अंधेरी रितयाँ।'
उपर्युक्त काव्य पंक्तियाँ किस कवि की हैं?
(a) विद्यापति   (b) नरपति नाल्ह
(c) अमीर खुसरो   (d) भट्ट केदार

57. 'परिमल' रचना के कवि हैं-
(a) माखनलाल चतुर्वेदी   (b) सूर्यकांत त्रिपाठी निराला
(c) महादेवी वर्मा   (d) सुभद्राकुमारी चौहान

58. संवेदनाओं की तलाश के कवि के नाम से प्रसिद्ध कवि हैं:
(a) लक्ष्मीनारायण मिश्र   (b) लक्ष्मी नारायण लाल
(c) केदारनाथ सिंह   (d) केदारनाथ मिश्र

59. पृथ्वी प्रदक्षिणा किसकी रचना है:
(a) मौलवी महेश प्रसाद   (b) राहुल सांकृत्यायन
(c) शिव प्रसाद गुप्त   (d) सत्यमेव परित्राजक

60. निम्न में से कौनसा सुरेन्द्र वर्मा द्वारा रचित नही है:
(a) एक दूनी एक   (b) मादा कैक्टस
(c) सेतुबंध   (d) कैद ए हयात

61. निम्नलिखित में से रामकुमार वर्मा का महाकाव्य कौनसा है?
(a) उत्तरायण   (b) प्रिय प्रवास
(c) आर्द्रा   (d) मिलन

62. भेजे मन भावन के ऊधव के आवन की ______ यह पंक्तियाँ किस

काव्य-कृति की है?
(a) गंगावतरण
(b) उद्धव शतक
(c) भ्रमर गीत
(d) रसमंजरी

63. 'अभिव्यक्ति का संघर्ष' किस रचनाकार की रचना है?
(a) सर्वेश्वर दयाल सक्सेना
(b) शमशेर बहादुर सिंह
(c) कुँवर नारायण
(d) कीर्ति चौधरी

64. दिए गए विकल्पों में से रचना और रचनाकर के असंगत जोड़े की पहचान कीजिए।
(a) सर्वेश्वर दयाल सक्सेना - कुआनो नदी
(b) मंगरेश डबराल - पहाड़ की लालटेन
(c) कुँवर नारायण - फूल नहीं रंग बोलते हैं
(d) नरेंद्र शर्मा - प्रवासी के गीत

65. निम्न में से भारतेंदु जी का नाटक कौनसा है?
(a) दुर्लभ बन्धु
(b) बकरी
(c) महाभोज
(d) स्कन्दगुप्त

66. बुढ़ापा शब्द में कौन-सी संज्ञा है?
(a) जातिवाचक संज्ञा
(b) भाववाचक संज्ञा
(c) व्यक्तिवाचक संज्ञा
(d) उपरोक्त में से कोई नहीं

67. निम्नलिखित में से कौन सा शब्द भाववाचक संज्ञा का उदाहरण है?
(a) लम्बाई
(b) कुत्ते
(c) गाड़ी
(d) नदियों

68. 'यह' एवं 'वह' सर्वनाम है-
(a) निश्चयवाचक
(b) अनिश्चयवाचक
(c) निजवाचक
(d) सम्बन्धवाचक

69. 'जो तुम चाहो, करो' वाक्य में 'जो' कौन-सा सर्वनाम है?
(a) सम्बन्धवाचक
(b) निश्चयवाचक
(c) अनिश्चयवाचक
(d) पुरुषवाचक

70. 'पिताजी समाचार पत्र पढ़ रहे हैं' इसमें कौन सी क्रिया हैं?
(a) अकर्मक क्रिया
(b) सकर्मक क्रिया
(c) सामान्य क्रिया
(d) संयुक्त क्रिया

71. 'राहुल आया' इसमें कौन सी क्रिया हैं ?
(a) अकर्मक क्रिया
(b) सकर्मक क्रिया
(c) सामान्य क्रिया
(d) संयुक्त क्रिया

72. किस कारक में 'से' विभक्ति का प्रयोग साधन के अर्थ में होता है?
(a) अपादान
(b) कर्ता
(c) करण
(d) सम्प्रदान

73. वह कुल्हाड़ी से वृक्ष काटता है।" में कारक बताइए।
(a) कर्म कारक
(b) करण कारक
(c) अपादान कारक
(d) कर्ता कारक

74. 'अंटार्कटिका में बर्फ होती है।' में कौन सा विशेषण है?
(a) सार्वनामिक विशेषण
(b) परिमाणवाचक विशेषण
(c) संख्यावाचक विशेषण
(d) गुणवाचक विशेषण

75. 'कैनेडियन' में किस प्रकार का विशेषण है?
(a) संख्यावाचक विशेषण
(b) गुणवाचक विशेषण
(c) परिमाणवाचक विशेषण
(d) व्यक्तिवाचक विशेषण

76. 'बैलगाड़ी' में समास है:
(a) द्वंद्व
(b) द्विगु

(c) अव्ययीभाव
(d) तत्पुरुष

77. 'कलाप्रवीण' में कौन सा समास है?
(a) बहुब्रीहि
(b) तत्पुरुष
(c) द्वंद्व
(d) अव्ययीभाव

78. 'नियम विरुद्ध कार्य करना' अर्थ के अनुकूल सही मुहावरा है:
(a) सूरज को दिया दिखाना
(b) उल्टी गंगा बहाना
(c) दाई से पेट छिपाना
(d) नौ दा ग्यारह हो जाना

79. 'ढाक के तीन पात' मुहावरे का सही अर्थ होगाः
(a) एक समान स्थिती रहना
(b) साफ इंकार कर देना
(c) बेकार घूमना
(d) परवाह न करना

80. कार्यालय आदेश किसके लिए निकाले गए आदेशों की सूचना है?
(a) मंत्रालय
(b) संबद्ध विभाग-प्रभाग
(c) अनुभव
(d) सभी विकल्प सही हैं।

81. यदि सभी राज्य सरकारों को कोई एक सरकारी पत्र भेजा गया हो, तो उसे क्या कहते हैं?
(a) सूचना
(b) परिपत्र
(c) आज्ञा पत्र
(d) अधिसूचना

82. यदि आपको अपने मित्र को पत्र लिखना पड़े तो संबोधन में लिखेंगेः
(a) आदरणीय मित्र!
(b) पूजनीय मित्र!
(c) प्रिय मित्र!
(d) महोदय!

83. कौन-सा कथन असत्य/गलत है:
(a) अर्धशासकीय पत्र मित्रतापूर्ण भाषा में लिखा जाता है।
(b) संबोधन के लिए 'प्रिय' लिखा जाता है।
(c) स्वनिर्देश के लिए 'आपका सद्भावी' (सिंसेयरली) लिखा जाता है।
(d) इसमें भेजने वाला हस्ताक्षर करके पद का उल्लेख भी करता है।

84. सभी राज्य सरकारों को भेजा जाने वाला सरकारी पत्र कहलाता है:
(a) अनुस्मारक
(b) अधिसूचना
(c) परिपत्र
(d) कार्यालय आदेश

85. 'भारत-भारती' काव्य के रचनाकार कौन हैं?
(a) गोपालशरण सिंह 'नेपाली'
(b) नरेश मेहता
(c) मैथिलीशरण गुप्त
(d) धर्मवीर भारती

86. ज्ञानमार्गी शाखा के कवियों को किस नाम से पुकारा जाता है?
(a) सिद्ध कवि
(b) नामपंथी कवि
(c) भक्ति कवि
(d) संत कवि

87. 'त्यागपत्र' किसकी रचना हैं ?
(a) प्रेमचन्द
(b) जैनेन्द्र कुमार
(c) अज्ञेय
(d) रेणु

88. शिवा बावनी' के रचनाकार हैं -
(a) पद्माकर
(b) भूषण
(c) केशवदास
(d) जगनिक

89. सखि वे मुझसे कह कर जाते । प्रस्तुत पंक्ति के रचयिता हैं -
(a) अज्ञेय
(b) मैथिलीशरण गुप्त
(c) हरिऔध
(d) जयशंकर प्रसाद

90. "परमाल रासो" किस कवि की रचना है?
(a) कुंभनदास
(b) जगनिक
(c) तुलसीदास
(d) नन्ददास

91. 'जन्मेजय का नागयज्ञ' किसकी कृति है ?

    (a) सेठ गोविन्द दास   (b) जयशंकर प्रसाद
    (c) लक्ष्मी नारायण लाल   (d) गोविन्द वल्लभ पंत

92. मृगनयनी उपन्यास के रचनाकार हैं -
    (a) उपेन्द्र नाथ अश्क   (b) यशपाल
    (c) जैनेन्द्र कुमार   (d) वृन्दावन लाल वर्मा

93. **निर्देश :** प्रश्न में दो कथन दिए गए हैं। इनमें से एक स्थापना है और दूसरा तर्क है। दिए गए विकल्पों में से सही विकल्प का चयन कीजिए।

स्थापना **(A):** कविता का अंतिम लक्ष्य जगत् के मार्मिक पक्षों का प्रत्यक्षीकरण करके उनके साथ मनुष्य हृदय का सामंजस्य स्थापन है।
तर्क **(R):** केवल मनोरंजन करना कविता का उद्देश्य नहीं है।
    (a) (A) गलत (R) गलत   (b) (A) सही (R) गलत
    (c) (A) सही (R) सही   (d) (A) गलत (R) सही

94. रानी एलिजाबेथ के दर्जी की परेशानी का क्या कारण था?
    (a) उसे रानी के योग्य अच्छा कपड़ा नहीं मिल रहा था
    (b) वह समझ नहीं पा रहा था कि रानी कौन सा सूट कब पहने
    (c) इंग्लेंड के मौसम और भारत के मौसम में काफी अंतर था
    (d) इनमें से कोई नहीं

95. साहित्य की किस विद्या के शिक्षण में सस्वर पठन सर्वाधिक अपेक्षित है?
    (a) एकांकी   (b) जीवनी
    (c) आत्मकथा   (d) संस्मरण

96. कक्षा में सबसे महत्वपूर्ण शिक्षण-सहायक सामग्री _____ है।
    (a) मानचित्र   (b) सूचनापट्ट
    (c) चार्ट   (d) श्यामपट्ट

97. प्राथमिक स्तर पर भाषा-शिक्षण का उद्देश्य यह है कि
    (a) बच्चे मानक भाषा का प्रयोग करना जल्दी सीख जाएँ।
    (b) बच्चे भाषा-परीक्षा में सदैव अच्छे अंक लाएँ।
    (c) बच्चे विभिन्न स्थितियों में भाषा का प्रभावी प्रयोग कर सकें।
    (d) बच्चे भाषा के व्याकरण को जान सकें।

98. आपने अपने विद्यार्थियों को एक प्रश्न दिया है – "घर से विद्यालय आने तक आप रस्ते में जो-जो चीज़े देखते हैं, उन्हें लिखें।" आपकी कक्षा में एक विद्यार्थी दृष्टि-बाधित है। आप :
    (a) स्वयं प्रश्न का उत्तर लिखकर देंगी।
    (b) उसे इस प्रश्न का उत्तर लिखने के लिए मना करेंगी।
    (c) उसे कहेंगी कि अपने सहपाठी से पूछकर लिख लो।
    (d) प्रश्न में उस बच्चे की आवश्यकता के अनुसार परिवर्तन करेंगी।

99. व्याकरण शिक्षण प्रक्रिया हेतु निम्नलिखित में किस सोपान को प्रयुक्त करना अनिवार्य है?
    (a) पूर्वज्ञान   (b) प्रस्तावना
    (c) उद्देश्य कथन   (d) उपरोक्त सभी

100. किस विधि द्वारा बिना व्याकरण के नियमों तथा भाषा के शुद्ध रुप का अनुकरण करने के अवसर प्रदान किए जाते हैं?
    (a) खेल विधि   (b) प्रयोग विधि
    (c) प्रत्यक्ष भाषा शिक्षण विधि   (d) पुस्तक विधि

// स्मार्ट उत्तर पुस्तिका //

सही उत्तर — उन छात्रों का प्रतिशत जिन्होंने प्रश्न का सही उत्तर दिया।

छोड़ दिया — उन छात्रों का प्रतिशत जिन्होंने प्रश्न को छोड़ दिया।

प्रश्न संख्या	उत्तर	सही उत्तर / छोड़ दिया	प्रश्न संख्या	उत्तर	सही उत्तर / छोड़ दिया	प्रश्न संख्या	उत्तर	सही उत्तर / छोड़ दिया
1	B	44.32% / 1.05%	2	C	59.47% / 1.68%	3	C	57.55% / 1.95%
4	B	66.35% / 1.27%	5	C	42.93% / 1.19%	6	C	48.7% / 1.43%
7	B	45.57% / 1.41%	8	B	40.91% / 1.81%	9	B	86.77% / 0.0%
10	A	51.08% / 1.27%	11	A	50.42% / 1.57%	12	A	64.41% / 1.63%
13	C	55.38% / 1.51%	14	D	60.31% / 1.66%	15	A	40.5% / 1.38%
16	D	28.34% / 4.31%	17	B	78.93% / 0.0%	18	D	83.62% / 0.0%
19	C	49.79% / 1.45%	20	C	61.75% / 1.51%	21	C	44.39% / 1.84%
22	C	49.03% / 1.7%	23	B	60.17% / 1.21%	24	D	81.13% / 0.0%
25	C	51.71% / 1.98%	26	B	29.48% / 4.27%	27	B	48.72% / 1.61%
28	D	60.09% / 1.85%	29	C	61.62% / 1.67%	30	A	59.48% / 1.55%
31	D	43.96% / 1.07%	32	D	45.67% / 1.67%	33	A	66.99% / 1.25%
34	C	60.76% / 1.72%	35	B	65.2% / 1.63%	36	C	46.42% / 1.66%
37	A	67.17% / 1.09%	38	D	57.19% / 2.0%	39	C	49.58% / 1.38%
40	B	68.13% / 1.04%	41	D	55.12% / 1.83%	42	A	81.45% / 0.0%
43	C	66.57% / 1.61%	44	A	48.3% / 1.29%	45	D	40.7% / 1.47%
46	A	43.15% / 1.92%	47	C	55.16% / 1.84%	48	D	44.51% / 1.39%
49	C	57.73% / 1.84%	50	D	53.23% / 1.33%	51	C	43.01% / 1.24%
52	B	62.26% / 1.39%	53	D	53.81% / 1.78%	54	D	51.89% / 1.13%
55	A	45.21% / 1.42%	56	C	46.54% / 1.85%	57	B	68.36% / 1.49%
58	C	58.4% / 1.59%	59	C	52.26% / 1.51%	60	B	49.41% / 1.85%
61	A	54.23% / 1.46%	62	B	67.48% / 1.04%	63	B	59.75% / 1.85%
64	C	54.26% / 1.08%	65	A	48.42% / 1.21%	66	B	58.25% / 1.43%
67	A	56.73% / 1.07%	68	A	76.79% / 0.0%	69	C	44.68% / 1.88%
70	B	55.66% / 1.04%	71	C	13.69% / 4.38%	72	C	52.71% / 1.0%
73	B	44.83% / 1.11%	74	D	79.25% / 0.0%	75	D	78.6% / 0.0%
76	D	83.6% / 0.0%	77	B	50.22% / 1.4%	78	B	78.66% / 0.0%
79	A	89.11% / 0.0%	80	D	57.74% / 1.92%	81	B	65.65% / 1.37%
82	C	81.19% / 0.0%	83	D	49.85% / 1.03%	84	C	52.48% / 1.08%
85	C	52.08% / 1.66%	86	D	87.85% / 0.0%	87	B	17.15% / 4.61%
88	B	49.78% / 1.4%	89	B	52.04% / 1.03%	90	B	61.65% / 1.18%
91	B	68.48% / 1.83%	92	D	65.38% / 1.81%	93	C	85.71% / 0.0%
94	B	84.84% / 0.0%	95	A	61.15% / 1.77%	96	D	86.31% / 0.0%
97	C	77.92% / 0.0%	98	D	23.43% / 3.81%	99	D	82.97% / 0.0%
100	C	47.65% / 1.59%						

// संकेत और समाधान //

1(B). लेखक के अनुसार बच्चों में अलग-अलग प्रतिभा होती है। कहते हैं कि शिक्षा बालक के जन्म के साथ बालक को मिली प्रतिभा का विकास है।

2(C). उपर्युक्त गद्यांश के अनुसार बच्चों को शिक्षा देने के लिए सबसे पहले उनकी समस्त क्षमताओं पर प्रतिभाओं को जानने के लिए उन्हें पढ़ना जरूरी है। और बालक को पढ़ पढ़ कर पहचाने कि वह क्या है तथा उसकी प्रतिभा क्या है।

3(C). उपर्युक्त गद्यांश के अनुसार शिक्षा का सिद्धांत है कि शक्तियां सदैव शोषित अवस्था में ही रहती है। जिन्हें पढ़कर शिक्षक को जागृत करना होगा।

4(B). उपर्युक्त गद्यांश के अनुसार पहचानी गयी क्रिया का कर्ता 'हम' है। जिस शब्द से कार्य करने वाले पर ज्ञान होता है उसे कर्ता कारक कहते हैं। कर्ता का शाब्दिक अर्थ करने वाला होता है।

5(C). "उसकी प्रदत प्रतिभा क्या है?" वाक्य प्रश्नवाचक वाक्य है। वाक्य में "क्या" प्रश्न सूचक शब्द है तथा प्रश्नवाचक चिह्न हैं।

6(C). "शरीर" शब्द में "इक" प्रत्यय लगने पर शारीरिक शब्द बनेगा। शरीर + इक :- शारीरिक

7(B). लेखक के अनुसार शिक्षित होने में और साक्षर होने में मूलभूत अंतर है। अर्थात पढ़े लिखे होने में तथा अपनी शक्तियों को पहचानने में अंतर है।

8(B). उपर्युक्त गद्यांश के अनुसार, "किसे कहूँ मैं शिक्षा? क्या है शिक्षा का सच? कैसा होता है शिक्षित व्यक्ति और कैसा होता है पढ़ा-लिखा समाज? मेरे गुरु श्री दयालचन्द्र जी सोनी तो पूरी एक काव्यात्मक पुस्तक लिख गये। इस पुस्तक का नाम है 'हूं अणभणियो शिक्षित हूँ'। उनका आशय स्पष्ट है कि हर पढ़ा-लिखा आदमी अनपढ़ है।"
यहाँ 'पढ़ा-लिखा' होने से तात्पर्य अशिक्षित होना है।

9(B). गद्यांश के अनुसार, "ई. पूर्व छठी या सातवीं शताब्दी के महान वैयाकरण पाणिनि ने कुछ नाट्य-रूपों का उल्लेख किया है।"
इसलिए यह निष्कर्ष निकाला जा सकता है कि पाणिनि मूलतः वैयाकरण हैं।

10(A). गद्यांश के अनुसार, "यूरोप को प्राचीन भारतीय नाटक के बारे में पहली जानकारी 1789 ई में तब हुई जब कालिदास के शकुन्तला का सर विलियम जोन्स कृत अनुवाद प्रकाशित हुआ। सर विलियम जोंस के अनुवाद के आधार पर जर्मन, फ्रेंच, डेनिश और इटालियन में भी इसके अनुवाद हुए। गेटे पर इसका प्रभाव पड़ा और उसने शकुन्तला की अत्यधिक प्रशंसा की।"
इसलिए यह निष्कर्ष निकाला जा सकता है कि कालिदास के 'शकुंतला' रचना का अनुवाद रूसी भाषा में नहीं हुआ।

11(A). गद्यांश के अनुसार, "रामायण और महाभारत में नाटकों का उल्लेख मिलता है कृष्ण-लीला से संबंधित गीत, संगीत और नृत्य में इसने आकार ग्रहण करना आरंभ कर दिया था।"
इसलिए यह निष्कर्ष निकाला जा सकता है कि नाटकों का उल्लेख रामायण और महाभारत में मिलता है।

12(A). गद्यांश के अनुसार, "भारतीय रंगमंच अपने मूल में, संबद्ध विचारों में और अपने विकास में पूरी तरह स्वतंत्र था। इसका मूल उद्गम ऋग्वेद की उन ऋचाओं और संवादों में खोजा जा सकता है जिनमें एक हद तक नाटकीयता है।"
इसलिए यह निष्कर्ष निकाला जा सकता है कि गद्यांश के आधार पर भारतीय रंगमंच का स्त्रोत ऋग्वेद की ऋचाएँ होना चाहिए।

13(C). गद्यांश के अनुसार, "अश्वघोष धर्मपरायण बौद्ध हुआ। उसने बुद्धरचित नाम से बुद्ध की जीवनी लिखी। यह ग्रन्थ बहुत प्रसिद्ध हुआ और बहुत समय पहले भारत, चीन और तिब्बत में बहुत लोकप्रिय हुआ।"
इसलिए यह निष्कर्ष निकाला जा सकता है कि बुद्धरचित अश्वघोष की कृति है।

14(D). गद्यांश के अनुसार, "अब तक मिले संस्कृत नाटकों में प्राचीनतम नाटक अश्वघोष के हैं। वह ईसवी सन् के आरंभ के ठीक पहले या बाद में हुआ था। ये ताड़-पत्र पर लिखित पांडुलिपियों के अंश मात्र हैं और आश्चर्य की बात यह है कि ये गोबी रेगिस्तान की सरहदों पर तूफान में मिले हैं।"
इसलिए यह निष्कर्ष निकाला जा सकता है कि अश्वघोष के नाटक ताड़-पत्र पर लिखे गए।

15(A). 'विकसित' शब्द में मूल शब्द और प्रत्यय विकास+इत हैं। प्रत्यय वे शब्द हैं जो दूसरे शब्दों के अन्त में जुड़कर, अपनी प्रकृति के अनुसार, शब्द के अर्थ में परिवर्तन कर देते हैं।

16(D). नाटक शब्द भिन्न है।

17(B). परचून की दुकान का आशय आटा-दाल आदि की दुकान है।

18(A). उपर्युक्त गद्यांश में लोगों ने बुढ़िया के दुकान लगाने पर कटाक्ष इसलिए किया कि बेटे की मृत्यु के उपरान्त भी दुकान लगाई।

19(C). बुढ़िया के बेटे की मृत्यु का सबसे कारण था साँप का डसना जिसके कारण उसकी मृत्यु हो गई।

20(D). जब साँप ने बुढ़िया के बेटे को डस लिया तो बुढ़िया ने ओझा को इसलिए बुलाया की जिससे वो साँप का जहर उतार सकें।

21(C). जायसी की रचना आखिरी कलाम में कयामत का वर्णन है। जायसी सूफ़ी (1446 - 1542 ई.) सम्प्रदाय के प्रमुख कवि हैं, वह शेरशाह के समकालीन कवि थे।

22(C). पदम सिंह शर्मा ने बिहारी के काव्य को "शक्कर की रोटी" कहा है।
बिहारी ने अपनी बहुज्ञता अर्थात ज्योतिष, विज्ञान, आयुर्वेद, राजनीति, लोक संबंधी आदि विषय के ज्ञान को बिहारी सतसई में प्रस्तुत किया है।
बिहारी सतसई कवि बिहारी की रचना है।
यह एक मुक्तक काव्य है।
इसमें नीति, भक्ति और शृंगार से संबंधित दोहों का संकलन है।
बिहारी सतसई पर हिंदी में 50 से अधिक टीका प्राप्त है।
बिहारी सतसई में 713 दोहे हैं।

23(B). 'छायावाद' के चार स्तम्भों के रूप में 'सुमित्रानंदन पन्त', 'जयशंकर प्रसाद', 'सूर्यकांत त्रिपाठी निराला' और 'महादेवी वर्मा' को माना जाता है। महादेवी वर्मा हिन्दी की सर्वाधिक प्रतिभावान कवयित्रियों में से हैं। वे हिन्दी साहिय में छायावादी युग के चार प्रमुख स्तंभों में से एक मानी जाती हैं। आधुनिक हिन्दी की सबसे सशक्त कवयित्रियों में से एक होने के कारण उन्हें आधुनिक मीरा के नाम से भी जाना जाता है। इनकी प्रमुख रचनाएँ हैं – दीपशिखा (कविता संग्रह), अतीत के चलचित्र (रेखाचित्र), इत्यादि।

24(C). 'शतरंज के खिलाड़ी', 'प्रेमचंद' की कृति है। इनकी अन्य रचनाएँ- गोदान, गबन, पूस की रात आदि हैं।

रचना	लेखक
सुमित्रानंदन पंत	गवाणी, वीणा, लोकायतन, आदि
महादेवी वर्मा	नीहार, रश्मि, नीरजा आदि
जयशंकर प्रसाद	झरना, आँसू, लहर, कामायनी आदि

25(C). अमृत राय सहज कहानी के प्रवर्तक है।
सहज कहानी आन्दोलन का सूत्रपात- नयी कहानियाँ नामक पत्रिका से हुआ है।
समांतर कहानी आन्दोलन का सूत्रपात -सारिका पत्रिका से हुआ है।

26(B). "मृगावती", "कुतुबन" की रचना है।
- इनका जन्म 1515 ईस्वी में हुआ माना जाता है।
- कुतुबन शेख बुरहान के शिष्य थे।
- ये सूफी प्रेम काव्य परम्परा के कवि थे।
- कवि की भाषा अवधी तथा छंद, दोहा एवं चौपाई है।

27(B). "परिवर्तन" कविता "पल्लव" काव्य संग्रह में संकलित है।
- पल्लव की रचना "सुमित्रानंदन पंत" ने की है।
- यह पंत जी का तीसरा काव्य संग्रह है।
- इसका प्रकाशन सन् 1928 ईस्वी में हुआ था।
- सुमित्रानंदन पंत हिंदी साहित्य में छायावादी युग के चार प्रमुख स्तंभों में से एक हैं।

28(D). 'प्रिय स्वतन्त्र रव अमृत मन्त्र नव' पंक्ति वाली कविता का सम्बन्ध सूर्यकांत त्रिपाठी निराला से है।
सूर्यकान्त त्रिपाठी निराला की अन्य रचनाएँ अनामिका, परिमल, गीतिका हैं।

29(C). पुष्टिमार्ग का जहाज कवि सूरदास जी को कहा जाता है। कवि सूरदास जी को पुष्टिमार्ग का जहाज कहने के पीछे मुख्य कारण है कि उनके गुरु/ आचार्य श्री वल्लभाचार्य जी ने उन्हें दीक्षा दे कर कृष्णलीला गाने की आज्ञा दी थी।

30(A). मतवाला पत्रिका के संपादक ' सूर्यकांत त्रिपाठी निराला ' जी थे।
सूर्यकांत त्रिपाठी निराला मूलतः छायावादी कवि थे निराला का साहित्य ही नहीं साहित्यिक पत्रकारिता में भी महत्वपूर्ण योगदान था।
पत्रिका मतवाला से उनका विशेष लगाव रहा था। 23 अगस्त, 1923 को जब मतवाला निकला, तो उसपर छपा मोटो निराला ने ही तैयार किया था।

31(D). उर्वशी' महाकाव्य रामधारी सिंह 'दिनकर' कवि की रचना है।
उर्वशी,(1961) राष्ट्रवाद और वीर रस प्रधान रचना है।
इसके लिए 1982 में उन्हें ज्ञानपीठ पुरस्कार प्रदान किया गया।
कवि ने प्रेम की छवियों को मनोवैज्ञानिक धरातल पर पहचाना है।
पुरुरवा धरती पुत्र है और उर्वशी देवलोक से उतरी हुई नारी है।
उर्वशी में भाषा की सादगी अलंकृति और आभिजात्य की चमक पहन कर आयी है।

32(D). उपर्युक्त पंक्तियां अज्ञेय जी की सांप कविता से है।
सांप, मुक्तक काव्य है।
यह "अज्ञेय"(जन्म-1911) जी के काव्य-संग्रह "इंद्र-धनु रौंदे हुए थे"(1954) से लिया गया है।

33(A). महाभारत महाकाव्य है।
महाकाव्य- प्राचीन आचार्यों के अनुसार महाकाव्य में जीवन का व्यापक रुप में चित्रण होता है। इसकी कथा इतिहास प्रसिद्ध होती है। इसमें वीर , श्रृंगार और शांत रस में से कोई एक रस प्रधान तथा शेष रस गौण होते हैं। यह प्रायः लंबे कथानक पर आधारित तथा सर्गबद्ध होता है। इसमें कम से कम 8 सर्ग होता है। महाकाव्य की कथा में धारावाहिकता तथा हृदय को भाव विभोर करने वाले मार्मिक प्रसंग का समावेश भी होना चाहिए। आधुनिक युग में महाकाव्य के प्राचीन प्रतिमानों में परिवर्तन हुए हैं। इतिहास के स्थान पर मानव जीवन की कोई भी घटना तथा समस्या इसका विषय हो सकती है और महान पुरुष के स्थान पर समाज का कोई भी व्यक्ति इसका नायक हो सकता है। परंतु उस पात्र में लोक आदर्श की क्षमता का होना अनिवार्य है।

34(C). "हिमाद्रि तुंग श्रृंग से प्रबुद्ध शुद्ध भारती।
स्वयं प्रभा समुज्ज्वला स्वतंत्रता पुकारती।।" में ओज गुण है।
इन पंक्तियों में वर्णित किया गया है कि हिमालय की ऊंची-ऊंची चोटियों से भारत माता अपने पुत्रों को स्वतंत्रता के लिए पुकार रही है क्योंकि अंग्रेजों ने उन ऊंची-ऊंची चोटियों पर भी अपना अधिकार कर रखा है और यह हिमालय पर्वत हमारे देश का रक्षक है उसे भी अंग्रेजों ने अपने अधिपत्य में कर रखा है इसलिए, हिमालय की उन्नत चोटियों से भारत माता अपनी स्वतंत्रता के लिए अपने वीर अमर पुत्रों को पुकार रही है।
इसके माध्यम से पाठक के हृदय में चित्त में जोश, वीरता, उल्लास आदि की भावना उत्पन्न करने का प्रयास किया गया है, इसलिए, ओज गुण है।

35(B). कंकन किंकिन नूपु धुनि सुनि ।
कहत लखन सन राम हृदय गुनि ।।
में माधुर्य गुण है।
इन पंक्तियों में वर्णित किया गया है कि कंकन, करधनी और पायजेब के शब्द सुनकर श्री रामचन्द्रजी हृदय में विचार कर लक्ष्मण से कहते हैं- मानो कामदेव ने विश्व को जीतने का संकल्प करके डंके पर चोट मारी है।
इसके माध्यम से पाठक के हृदय में श्रृंगार, करुणा या शांति के भाव उत्पन्न करने का प्रयास किया गया है, इसलिए, माधुर्य गुण है।

36(C). ठेले पर हिमालय' संस्मरण के लेखक धर्मवीर भारती हैं।
अन्य संस्मरण:
- अज्ञेय - स्मृति लेखा (1986 ई.)
- विद्यानिवास मिश्र - चिड़िया रैन बसेरा (2002 ई.)
- महादेवी वर्मा - पथ के साथी (1956 ई.)

37(A). "संपत्ति-शास्त्र" के लेखक का नाम "आचार्य महावीर प्रसाद द्विवेदी" है।
इसका पुस्तक रूप में प्रकाशन सन् 1908 में हुआ।
इसके पूर्व 1907 की सरस्वती के विभिन्न अंकों में सम्पत्ति-शास्त्र के अंश प्रकाशित हो चुके थे।

अर्थशास्त्र संबंधी हिंदी की पहली पुस्तक है।

38(D). महातम सिंह, मॉरीशस के प्रवासी लेखक नहीं है। यह सूरीनाम से हैं। सूरीनाम में व्यवस्थित हिन्दी शिक्षण की शुरुआत का श्रेय बाबू महातम सिंह को दिया जाना चाहिए। आज पचास से अधिक स्वयंसेवी हिन्दी शिक्षक, बाबू महातम सिंह के काम को आगे बढ़ाते हुए लगभग 600 विद्यार्थियों को हिन्दी की शिक्षा दे रहे हैं। सूरीनाम के प्रवासी लेखक निम्नलिखित हैं:
मार्टिन हरिदत्त लक्ष्मण, महादेव खुनखुन, सुरजन परोही, डॉ. पुष्पिता

39(A). दिए गए विकल्पों में से 'ब्राह्मण' पत्रिका प्रताप नारायण मिश्र की है।
जिसका प्रकाशन 1883 में कानपुर से हुआ था।
अन्य सभी भारतेन्दु हरिश्चंद्र द्वारा संपादित हैं।
कवि वचन सुधा - 1868 - काशी
हरिश्चंद्र मैगजीन - 1873 - बनारस
बाला बोधिनी - 1874 - बनारस

40(B). प्रेमचन्द के प्रसिद्ध उपन्यासों गोदान, कर्मभूमि, गबन, रंगभूमि पर हिंदी फिल्मे भी बन चुकी है।
मुंशी प्रेमचन्द की अधिकांश कृतियाँ हिंदी तथा उर्दू दोनों भाषाओं में प्रकाशित हुईं।
मुंशी प्रेमचन्द की 'हंस' पत्रिका के सम्पादक रहे हैं, अन्य प्रमुख चर्चित रचनाएँ हैं:
1. गोदान
2. कर्मभूमि
3. निर्मला
4. नमक का दरोगा
5. दो बैलो की कथा

41(D). उपरोक्त सभी रचनाएँ राहुल सांकृत्यायन की है।
- राहुल सांकृत्यायन (9अप्रैल 1893 - 14अप्रैल 1963)
- इन्हें महापंडित की उपाधि दी जाती है।
- राहुल सांकृत्यायन की स्मृति में भारतीय डाकतार विभाग की ओर से 1993 में उनकी जन्म शताब्दी के अवसर पर 100 पैसे मूल्य का एक डाक टिकट जारी किया गया।
- उन्हें 1958 में "साहित्य अकादमी पुरस्कार", तथा1963 में भारत सरकार के "पद्मभूषण अलंकरण" से विभूषित किया गया।

42(A). 'निज भाषा उन्नति अहै, सब उन्नति को मूल, बिन निज भाषा ज्ञान के, मिटन न हिय के सूल'। अर्थात मातृभाषा की उन्नति बिना किसी भी समाज की तरक्की संभव नहीं है तथा अपनी भाषा के ज्ञान के बिना मन की पीड़ा को दूर करना भी मुश्किल है।

43(C). उमर खय्याम की रुबाइयाँ हरिवंश राय बच्चन की एक कृति है। उमर खय्याम (1048–1131) फ़ारसी साहित्यकार, गणितज्ञ एवं ज्योतिर्विद थे।

44(A). सुभद्रा कुमारी चौहान जी का 'बिखरे मोती' पहला कहानी संग्रह है। यह कहानी संग्रह 1932 में छपा। इसमें भग्नावशेष, होली, पापीपेट, मंझली रानी, परिवर्तन, दृष्टिकोण, कदम्ब के फूल, किस्मत, मछुए की बेटी, एकादशी, आहुति, थाती, अमराई, अनुरोध, व ग्रामीण कुल 15 कहानियां हैं। इन कहानियों की भाषा सरल बोलचाल की भाषा है। अधिकांश कहानियां नारी विमर्श पर केंद्रित हैं।

45(D). **रेणुका** , सुमित्रानंदन पंत की रचना नहीं है, बल्कि **रामधारी सिंह दिनकर** जी की रचना है।
सुमित्रानंदन पंत प्रकृति-प्रेमी थे और बचपन से ही सुन्दर रचनाएँ लिखा करते थे। इनकी प्रमुख कृतियां हैं : उच्छ्वास, पल्लव, वीणा, ग्रन्थि, गुंजन, ग्राम्या, युगांत, युगांतर, स्वर्णकिरण, स्वर्णधूलि, कला और बूढ़ा चाँद, लोकायतन, सत्यकाम, मुक्ति यज्ञ, तारापथ, मानसी, युगवाणी, उत्तरा, रजतशिखर, शिल्पी, सौवर्ण, अतिमा, युगपथ, पतझड़, अवगुंठित, ज्योत्सना, मेघनाद वध।
रामधारी सिंह 'दिनकर' हिन्दी के एक प्रमुख लेखक, कवि व निबन्धकार थे। ये आधुनिक युग के श्रेष्ठ वीर रस के कवि के रूप में स्थापित हैं। इनकी प्रमुख रचनायें प्रणभंग, रेणुका, हुंकार, रसवन्ती, कुरूक्षेत्र, धूप-छाँह तथा रश्मिरथी है।

46(A). 'नाट्य शास्त्र' के रचयिता भरत मुनि थे। भरत मुनि का जीवनकाल 400 ईसापूर्व से 100 ई के मध्य किसी समय माना जाता है।

47(C). साहित्य काल में उर्दू आन्दोलनों का निर्माण हुआ, जिन्होंने उर्दू के अधिकारिक दर्जे को समर्थन दिया; हिन्दी-उर्दू विवाद को सैयद अहमद खान ने साम्प्रदायिक रंग देते हुए उर्दू को 'मुसलमानों की निशानी' बताया। सन् 1900 में, सरकार ने हिन्दी और उर्दू दोनों को समान प्रतीकात्मक दर्जा प्रदान किया जिसका मुस्लिमों ने विरोध किया और हिन्दुओं ने खुशी व्यक्त की।

48(D). भारतेन्दु हरिश्चंद्र के जीवनकाल में ही कवियों और लेखकों का एक खासा मंडल चारो ओर तैयार हो गया था। हिन्दी साहित्य के इतिहास में इसे भारतेन्दु मंडल के नाम से जाना जाता है। इन सभी ने भारतेंदु हरिश्चंद्र के नेतृत्व में हिन्दी गद्य की सभी विधाओं में अपना योगदान दिया। इसमें 9 लेखक शामिल थे जिसमे गुलाबराय नहीं थे।

49(C). उक्तिव्यक्त प्रकरण व्याकरण ग्रंथ है।
- महाराज गोविंदचंद के सभा पंडित दामोदर शर्मा ने 12वीं शताब्दी में उक्तिव्यक्त प्रकरण की रचना की।
- इस ग्रंथ से गद्य और पद्य दोनों शैलियों की हिंदी भाषा में तत्सम शब्दावली के प्रयोग की बढ़ती हुई प्रवृति का पता चला है। यह रचना व्याकरण ग्रंथ है।
- कीर्ति पताका विद्यापति की रचना है।
- चर्यापद शबरपा की प्रसिद्ध पुस्तक है।
- वर्णरत्नाकर के लेखक ज्योतिरीश्वर ठाकुर नामक मैथिली कवि हैं।

50(D). 'दिल्ली - दर - शहर' यात्रा वृत्तान्त की लेखिका निर्मला जैन हैं।
अन्य यात्रा वृत्तान्त:
- नासिरा शर्मा - जहाँ फव्वारे लहू रोते हैं (सन् 2003)
- शिवानी - यात्रिक (1980 ई.)
- इंदु जैन - पत्रों की तरह चुप (1987 ई.)
- यात्रा वृत्तान्त लिखने की परंपरा का सूत्रपात भारतेंदु से माना जाता है।

51(C). लक्ष्मीपुरा - रिपोर्ताज विधा की रचना है।
लेखक: शिवदान सिंह चौहान
भारतेंदु ने स्वयं जनवरी, 1877 की 'हरिश्चंद्र चंद्रिका' में दिल्ली दरबार का वर्णन किया है, जिसमें रिपोर्ताज की झलक देखी जा सकती है।
रिपोर्ताज लेखन का प्रथम प्रयास शिवदान सिंह चौहान द्वारा लिखित 'लक्ष्मीपुरा' को मान जा सकता है।
यह सन् 1938 में 'रूपाभ' पत्रिका में प्रकाशित हुआ।

52(B). "भारत उन्नति कैसे हो सकती है?", "भारतेंदु हरिश्चंद्र" जी का निबंध है। 'भारतवर्षोन्नति कैसे हो सकती है?' निबंध दिसम्बर, सन् 1884 ई. में बलिया के ददरी मेले के अवसर पर आर्य देशोपकारणी सभा में भाषण देने के लिए भारतेन्दु हरिश्चंद्र जी के द्वारा लिखा गया था।
भारतेन्दु हरिश्चन्द्र (9 सितंबर 1850-6 जनवरी 1885) "आधुनिक हिंदी साहित्य के पितामह" कहे जाते हैं। इनका मूल नाम 'हरिश्चन्द्र' था, 'भारतेन्दु' उनकी उपाधि थी।
इनके निबंध संग्रह निम्नलिखित हैं:
- नाटक
- कालचक्र (जर्नल)
- लेवी प्राण लेवी
- भारतवर्षोन्नति कैसे हो सकती है?
- कश्मीर कुसुम
- जातीय संगीत
- संगीत सार
- हिंदी भाषा
- स्वर्ग में विचार सभा
अतः विकल्प (D) सही है।

53(D).
- सरस्वती पत्रिका के सम्पादक "महावीर प्रसाद द्विवेदी" है।
- सरस्वती हिन्दी साहित्य की प्रसिद्ध रूपगुणसम्पन्न प्रतिनिधि पत्रिका थी।
- इस पत्रिका का प्रकाशन इलाहाबाद से सन 1900 ई. के जनवरी मास में प्रारम्भ हुआ था।
- 32 पृष्ठ की क्राउन आकार की इस पत्रिका का मूल्य 4 आना मात्र था।
- 1903 ई. में महावीर प्रसाद द्विवेदी इसके संपादक हुए और 1920 ई. तक रहे।

54(D). उपरोक्त तीनों यात्रा वृतांत भारतेंदु जी के हैं।

- भारतेन्दु हरिश्चन्द्र (9 सितंबर 1850-6 जनवरी 1885)
- हिंदी में नाटकों का प्रारम्भ भारतेन्दु हरिश्चंद्र से माना जाता है।
- भारतेन्दु के नाटक लिखने की शुरुआत बंगला के "विद्यासुन्दर" (1867) नाटक के अनुवाद से होती है।

55(A). चन्द्रगुप्त नाटक की पात्र अलका द्वारा देशभक्ति से परिपूर्ण होने पर यह गीत गाया जाता है। चन्द्रगुप्त नाटक ऐतिहासिकता पर आधारित जयशंकर प्रसाद जी का प्रसिद्ध नाटक है।

56(C). यह पंक्तियां अमीर खुसरो की हैं।
- अमीर खुसरो आदिकाल के कवि हैं।
- खड़ी बोली के आदि कवि
- गुरु - निजामुद्दीन औलिया
- बृज भाषा, खड़ी बोली आदि में रचना

57(B). परिमल के रचनाकार सूर्यकांत त्रिपाठी निराला हैं।
सूर्यकांत त्रिपाठी निराला - छायावाद के प्रमुख स्तंभों में से एक
परिमल (काव्य संग्रह) - 1929
अन्य काव्य संग्रह-
1. गीतिका
2. तुलसीदास
3. कुकुरमुत्ता
4. अणिमा
5. बेला
6. नए पत्ते आदि

58(C). संवेदनाओं की तलाश के कवि के नाम से प्रसिद्ध कवि केदारनाथ सिंह है। केदारनाथ सिंह का जीवन काल 1934-2018 है। इन्हें संवेदनाओं का और आस्था का भी कवि कहा जाता है।

59(C). पृथ्वी प्रदक्षिणा शिव प्रसाद गुप्त की रचना है। इसका रचना वर्ष 1914 ईस्वी है। विधा:- यात्रा वृतांत

60(B). मादा कैक्टस, सुरेंद्र वर्मा द्वारा रचित नहीं है। मादा कैक्टस लक्ष्मी नारायण लाल की रचना है। यह एक नाटक है।

61(A). "उत्तरायण, रामकुमार वर्मा" का महाकाव्य है। इसका रचना वर्ष 1967 ईस्वी है।

62(B). "भेजे मनभावन के उद्धव के आवन की" पंक्तियां उद्धव शतक की हैं। यह ब्रज भाषा में लिखी गई है। इसमें घनाक्षरी छंद का प्रयोग हुआ है।

63(B). "अभिव्यक्ति का संघर्ष, शमशेर बहादुर सिंह" की रचना है। इसका रचना वर्ष 1980 ईस्वी है। यह एक कविता संग्रह है।

64(C). कुँवर नारायण - फूल नहीं रंग बोलते हैं ये विकल्प असंगत है। 'फूल नहीं रंग बोलते हैं' ये काव्य संग्रह 'केदारनाथ अग्रवाल' की है। उनका कविता-संग्रह 'फूल नहीं, रंग बोलते हैं' सोवियतलैंड नेहरू पुरस्कार से सम्मानित हो चुका है। इनकी अन्य रचनाएँ हैं- गुलमेंहदी, हे मेरी तुम, जमुन जल तुम, जो शिलाएँ तोड़ते हैं, कहें केदार खरी खरी, खुली आँखें खुले डैने, कुहकी कोयल खड़े पेड़ की देह, मार प्यार की थापें, फूल नहीं, रंग बोलते हैं, आग का आइना, पंख और पतवार, अपूर्वा, नींद के बादल, आत्म गंध, बम्बई का रक्त स्नान, युग-गंगा, बोले बोल अबोल, लोक आलोक, चुनी हुयी कविताएँ, पुष्पदीप, वसंत में प्रसन्न पृथ्वी, अनहारी हरियाली।

65(A). "दुर्लभ बन्धु", "भारतेंदु जी" का नाटक है।
- दुर्लभ बन्धु नाटक का रचना वर्ष 1880 ईस्वी है।
- यह मूल नाटक मर्चेंट ऑफ वेनिस का अनुवाद है।
- इसके मूल नाटककार विलियम शेक्सपियर हैं।

66(B). बुढ़ापा भाववाचक संज्ञा हैं। जिन शब्दों से किसी प्राणी या पदार्थ के गुण, भाव, स्वभाव या अवस्था का बोध होता है, उन्हें भाववाचक संज्ञा कहते हैं। भाववाचक संज्ञा बनाते समय शब्दों के अंत में प्रायः पन, त्व, ता आदि शब्दों का प्रयोग किया जाता है।

67(A). दिए गए विकल्पों में से विकल्प (A) लम्बाई सही उत्तर है। अन्य विकल्प असंगत है। लम्बाई, भाववाचक संज्ञा का उदाहरण है।
- कुत्ते, गाडी, नदियों आदि शब्द जातिवाचक संज्ञा के उदाहरण हैं।
- लम्बाई शब्द से लम्बा होने के भाव का बोध हो रहा है। इसलिए लम्बाई एक भाववाचक संज्ञा है

भाववाचक संज्ञा: जो शब्द किसी चीज़ या पदार्थ की अवस्था, दशा या भाव का बोध कराते हैं, उन शब्दों को भाववाचक संज्ञा कहते हैं। जैसे- बचपन, बुढ़ापा, मोटापा, मिठास आदि।

68(A). जो सर्वनाम निकट या दूर की किसी वस्तु की ओर संकेत करे, उसे निश्चयवाचक सर्वनाम कहते हैं। जैसे- यह लड़की है। वह पुस्तक है। ये हिरन हैं। वे बाहर गए हैं। इन वाक्यों में यह, वह, ये और वे शब्द निश्चयवाचक सर्वनाम हैं। ऊपर दिए वाक्य में 'यह' एवं 'वह' निश्चयवाचक सर्वनाम है।

69(C). 'जो तुम चाहो, करो' वाक्य में 'जो' सम्बन्धवाचक सर्वनाम है। जिन सर्वनाम शब्दों का प्रयोग किसी वस्तु या व्यक्ति का सम्बन्ध बताने के लिए किया जाए वे शब्द सम्बन्धवाचक सर्वनाम कहलाते हैं।

70(B). 'पिताजी समाचार पत्र पढ़ रहे हैं' इसमें सकर्मक क्रिया हैं। सकर्मक का अर्थ कर्म के साथ होता है। अर्थात जिस क्रिया का प्रभाव कर्ता पर न पढ़कर कर्म पर पड़ता है तो उसे सकर्मक क्रिया कहते हैं।
अत: विकल्प (B) सही है।

71(C). 'राहुल आया' इसमें सामान्य क्रिया हैं। सामान्य क्रिया प्रयोग के आधार पर क्रिया का एक भेद है, जिसमें किसी एक कार्य का बोध करवाने के लिए एक ही क्रिया पद का प्रयोग किया जाता है। यदि किसी वाक्य में एक ही क्रियापद प्रयुक्त हुआ हो तो उसे सामान्य क्रिया कहते हैं।
अत: विकल्प (C) सही है।

72(C). करण कारक में 'से' विभक्ति का प्रयोग साधन के अर्थ में होता है। कारक ऐसे शब्दों को कहते हैं जो क्रिया के करने से होते हैं। उदाहरण के तौर पर वाक्य "राम को वनवास जाना था" को देखा जा सकता है। इस वाक्य में यह देखा जा सकता है कि राम कर्ता हैं और जाना क्रिया, लेकिन क्रिया एवं करता को मिलाने वाला "को" है। इस वाक्य में "को" कारक है।
करण कारक- जिसकी सहायता से कोई कार्य किया जाए, उसे करण कारक कहते हैं। इसके विभक्ति-चिह्न 'से' के द्वारा है। अथवा - वह साधन जिससे क्रिया होती है, वह करण कहलाता है। अर्थात, जिसकी सहायता से किसी काम को अंजाम दिया जाता वह करण कारक कहलाता है।

73(B). करण कारक- संज्ञा या सर्वनाम के जिस रूप की सहायता से क्रिया सम्पन्न होती हैं, उसे करण कारक कहते हैं। अथवा वाक्य में कर्ता जिस माध्यम या साधन से क्रिया करता है, उसे करण कारक कहते है।
"वह कुल्हाड़ी से वृक्ष पड़ता है।" में करण कारक है।

74(D). 'अंटार्कटिका में बर्फ होती है।' में गुणवाचक विशेषण है। अन्य विकल्प असंगत हैं।
गुणवाचक विशेषण: वे शब्द जो संज्ञा या सर्वनाम के गुण, धर्म, स्वभाव आदि का बोध कराये।
उदाहरण: बलशाली, पुराण, नया, तीक्ष्ण, कमजोर, मोटा, दुर्बल, पठारी आदि।

75(D). 'कैनेडियन' शब्द 'व्यक्तिवाचक विशेषण' का उदाहरण है। अन्य विकल्प असंगत हैं।
व्यक्तिवाचक विशेषण: व्यक्तिवाचक संज्ञा से जिन विशेषण शब्दों की रचना होती है वे व्यक्तिवाचक विशेषण होते हैं।
उदाहरण: बनारसी (बनारस का रहने वाला) आदि।

76(D). 'बैलगाड़ी' में तत्पुरुष समास है।

77(B). 'कलाप्रवीण' में तत्पुरुष समास है। 'कलाप्रवीण' का समास विग्रह है- कला में प्रवीण, इसलिए, यह अधिकरण तत्पुरुष समास का उदाहरण है। तत्पुरुष समास का उत्तरपद प्रधान होता है।

78(B). "उल्टी गंगा बहाना" मुहावरे का अर्थ होता है - नियम विरुद्ध कार्य करना। कोरोना काल में इंजीनियर द्वारा दवा की सलाह दिए जाने पर उनका मित्र उनसे बोला कि भाई आप तो उल्टी गंगा बहा रहे हैं।

79(A). 'ढाक के तीन पात' का अर्थ है - एक समान स्थिती रहना।
वाक्य प्रयोग - इतना पढ़ा लिखा होने के बाद भी नरेश तो ढाक के तीन पात निकला।

80(D). कार्यालय आदेश किसी भी मंत्रालय, संबद्ध विभाग-प्रभाग, अनुभव एवं कार्यालय के कर्मचारियों के लिए समय-समय पर निकाले गए आदेशों की

81(B). यदि सभी राज्य सरकारों को कोई एक सरकारी पत्र भेजा गया हो, तो उसे परिपत्र कहते हैं।

82(C). यदि आपको अपने मित्र को पत्र लिखना पड़े तो संबोधन में प्रिय मित्र! लिखेंगे।

83(D). 'इसमें भेजने वाला हस्ताक्षर करके पद का उल्लेख भी करता है।' यह कथन गलत है।

84(C). सभी राज्य सरकारों को भेजा जाने वाला सरकारी पत्र परिपत्र कहलाता है।

85(C). 'भारत-भारती' काव्य के रचनाकार मैथिलीशरण गुप्त है।
'भारत-भारती', मैथिलीशरण गुप्तजी की प्रसिद्ध काव्यकृति है जो 1912 - 13 में लिखी गई थी। यह स्वदेश-प्रेम को दर्शाति हुए वर्तमान और भावी दुर्दशा से उबरने के लिए समाधान खोजने का एक सफल प्रयोग है। भारतवर्ष के संक्षिप्त दर्शन की काव्यात्मक प्रस्तुति "भारत-भारती" निश्चित रूप से किसी शोध कार्य से कम नहीं है।

86(D). ज्ञानमार्गी शाखा के कवियों को संत कवि के नाम से पुकारा जाता है।
'ज्ञानमार्गी शाखा' के कवियों को संत कवि नाम से पुकारा जाता है। संतकवि, ज्ञानाश्रयी शाखा का विकास संत कवियों की सन्द्भावना के कारण हुआ। संत कवियों से पूर्व तीन साधना-संप्रदाय थे- 1 वैष्णव संप्रदाय, 2 योग संप्रदाय, 3 सूफी संप्रदाय। इन तीनों के आधार पर निर्गुण संप्रदाय की स्थापना हुयी। इस संप्रदाय का काव्य ज्ञानाश्रयी शाखा का बना काव्य कहलाया। ज्ञानाश्रयी शाखा में नामदेव, रैदास, नानक, दादू, रज्जब, सुंदरदास, धर्मदास, कबीर आदि संत हुए।

87(B). 'त्यागपत्र' जैनेन्द्र कुमार की रचना हैं।
जैनेंद्र की तीसरी औपन्यासिक कृति 'त्यागपत्र' है। इसका प्रकाशन सन 1937 में हुआ। इसका अनुवाद अनेक प्रादेशिक तथा विदेशी भाषाओं में हो चुका है। हिंदी के भी सर्वश्रेष्ठ लघु उपन्यासों में मृणाल नामक भाग्यहीना युवती के जीवन पर आधारित यह मार्मिक कथा अत्यंत प्रभावशाली बन सकी है।

88(B). शिवा बावनी भूषण द्वारा रचित बावन (52) छन्दों का काव्य है जिसमें छत्रपति शिवाजी महाराज के शौर्य, पराक्रम आदि का ओजपूर्ण वर्णन है। इसमें इस बात का वर्णन है कि किस प्रकार उन्होंने हिन्दू धर्म और राष्ट्र की रक्षा की।

89(B). 'सखि वे मुझसे कहकर जाते' कविता युग प्रवर्तक छायावादी कवि मैथिलीशरण गुप्त द्वारा रचित हैं। 'जयद्रथ-वध' और 'भारत भारती' के प्रकाशन से लोकप्रियता के शिखर पर पहुंचे मैथिलीशरण गुप्त को 1930 में महात्मा गांधी ने कवि से राष्ट्रकवि कहा था।

90(B). परमाल रासो आदिकालीन हिंदी साहित्य का प्रसिद्ध वीरगाथात्मक रासोकाव्य है। वर्तमान समय में इसका केवल आल्ह खंड उपलब्ध है जो वीरगाथात्मक लोकगाथा के रूप में उत्तर भारत में बेहद लोकप्रिय रहा है। इसके रचयिता जगनिक हैं। वे कालिंजर तथा महोबा के शासक परमाल (परमर्दिदेव) के दरबारी कवि थे।

91(B). जन्मेजय का नाग यज्ञ जयशंकर प्रसाद का एक महत्वपूर्ण ऐतिहासिक नाटक है। महाभारत में वर्णित खांडव प्रदेश को अर्जुन ने श्रीहीन कर दिया था, जिससे अनेकों जीव-जातियों का विनाश हो गया था।

92(D). "मृगनयनी" उपन्यास के रचनाकार-वृन्दावन लाल वर्मा है।

93(C). मैथिली शरण गुप्त के अनुसार,"केवल मनोरंजन न कवि का कर्म होना चाहिए उसमें उचित उपदेश का भी मर्म होना चाहिए।" कविता का उद्देश्य केवल मनोरंजन नहीं है।
रामचंद्र शुक्ल लिखते हैं - "कविता वह साधन है जिसके द्वारा शेष सृष्टि के साथ मनुष्य के रागात्मक संबंध की रक्षा और निर्वाह होता है।" इसलिए, कविता का अंतिम लक्ष्य जगत् के मार्मिक पक्षों का प्रत्यक्षीकरण करके उनके साथ मनुष्य हृदय का सामंजस्य स्थापन है।
इसलिए, (A) सही (R) सही है।

94(B). रानी एलिजाबेथ का दर्जी समझ नहीं पा रहा था कि भारत दौरे पर रानी कौन सा सूट कब पहनेंगी।

अतः सही विकल्प (B) है।

95(A). पठन कौशल भाषायी शिक्षण व्यवस्था का प्रमुख कौशल है। पठन के अभाव में छात्रों में अनेक प्रकार की भाषायी दक्षताओं को विकसित नहीं किया जा सकता है। पठन प्रायः दो प्रकार से सम्पन्न होता है। मौन पठन एवं सस्वर पठन । साहित्य की एकांकी विद्या के शिक्षण में सस्वर पठन सर्वाधिक अपेक्षित है।
अत: विकल्प (A) सही है ।

96(D). कक्षा में सबसे महत्वपूर्ण शिक्षण-सहायक सामग्री श्यामपट्ट है क्योंकि श्यामपट्ट के बगैर शिक्षण की कल्पना नहीं की जा सकती है। शब्दों के उच्चारण, स्पष्टीकरण, लिखावट में सुधार लाने के लिए श्यामपट्ट महत्त्वपूर्ण सहायक सामग्री है।
अत: विकल्प (D) सही है ।

97(C). बच्चे किसी भी स्तर पर भाषा का प्रभावी प्रयोग कर सके, इसके लिए उन्हें स्वस्थ एवं समृद्ध भाषिक परिवेश उपलब्ध कराने चाहिए । प्राथमिक स्तर पर भाषा-शिक्षण का मुख्य उद्देश्य है कि बच्चे विभिन्न स्थितियों में भाषा का प्रभावी प्रयोग कर सकें।
अत: विकल्प (C) सही है ।

98(D). शिक्षा का समावेशीकरण यह बताता है कि विशेष शैक्षणिक आवश्यकताओं की पूर्ति के लिए एक सामान्य छात्र और एक अशक्त या विकलांग छात्र को समान शिक्षा प्राप्ति के अवसर मिलने चाहिए। इसमें एक सामान्य छात्र एक अशक्त या विकलांग छात्र के साथ विद्यालय में अधिकतर समय बिताता है। पहले समावेशी शिक्षा की परिकल्पना सिर्फ विशेष छात्रों के लिए की गई थी लेकिन आधुनिक काल में हर शिक्षक को इस सिद्धांत को विस्तृत दृष्टिकोण में अपनी कक्षा में व्यवहार में लाना चाहिए। दृष्टिबाधित विद्यार्थी के लिए प्रश्न में उस बच्चे की आवश्यकता के अनुसार परिवर्तन करना चाहिए।
अत: विकल्प (D) सही है ।

99(D). व्याकरण शिक्षण प्रक्रिया हेतु निम्नलिखित सोपनों को प्रयुक्त करना अनिवार्य है- पूर्वज्ञान, प्रस्तावना तथा उद्देश्य कथन। विद्यार्थी को सर्वनाम पढ़ाने हेतु संज्ञा शब्द का पूर्व ज्ञान होना चाहिए। प्रस्तावना में पूर्व ज्ञान के आधार पर प्रश्नों का विकास कराया जाता है। समस्यात्मक प्रश्न को मुख्य प्रकरण से सम्बन्धित करते हुए उद्देश्य कथन बोले जाते हैं जो संक्षिप्त व सारगर्मित होते हैं।
अत: विकल्प (D) सही है ।

100(C). प्रत्यक्ष भाषा शिक्षण विधि बिना व्याकरण नियमों तथा भाषा के शुद्ध रुप का अनुकरण करने के अवसर प्रदान करता है। ऐसे लेखक जिनका भाषा पर पूर्णाधिकार है उनसे बालकों को वार्तालाप के अवसर प्रदान किए जाते हैं। प्राथमिक स्तर के लिए यह विधि उपयुक्त है।जिस किसी प्रकार से शिक्षक शिक्षार्थी को ज्ञान प्रदान करता है उसे शिक्षण विधि कहते हैं।
अत: विकल्प (C) सही है ।

Ques (1-8): निर्देश : दिए गए गद्यांश को ध्यानपूर्वक पढ़िए तथा पूछे गए प्रश्नों के उत्तर के रूप में सबसे उपयुक्त विकल्प का चयन कीजिए।

संसार के सभी देशों में शिक्षित व्यक्ति की सबसे पहली पहचान यह होती है कि वह अपनी मातृभाषा में दक्षता से काम कर सकता है। केवल भारत ही एक देश है जिसमें शिक्षित व्यक्ति वह समझ जाता है जो अपनी मातृभाषा में दक्ष हो या नहीं, किंतु अंग्रेज़ी में दक्षता हो। संसार के अन्य देशों में सुसंस्कृत व्यक्ति वह समझा जाता है जिसके घर में अपनी भाषा की पुस्तकों का संग्रह हो और जिसे बराबर यह पता रहे कि उसकी भाषा के अच्छे कवि और लेखक कौन हैं तथा समय-समय पर उनकी कौन-सी कृतियाँ प्रकाशित हो रही हैं। भारत में स्थिति दूसरी है। यहाँ प्राय: घर में साज-सज्जा के आधुनिक उपकरण तो होते हैं किंतु अपनी भाषा की कोई पुस्तक या पत्रिका दिखाई नहीं पड़ती। यह दुरावस्था भले ही किसी ऐतिहासिक प्रक्रिया का परिणाम है, किंतु वह सुदशा नहीं, दुरावस्था ही है और जब तक यह दुरावस्था कायम है। हमें अपने-आपको सही अर्थों में शिक्षित और सुसंस्कृत मानने का ठीक-ठीक न्यायसंगत अधिकार नहीं है।

1. सभी देशों में शिक्षित व्यक्ति की प्रमुख पहचान होती है:
1. अपनी मातृभाषा में दक्षता
2. अंग्रेज़ी भाषा में दक्षता
3. अपनी मातृभाषा तथा अंग्रेज़ी भाषा में दक्षता
4. अपनी मातृभाषा तथा किसी अन्य विदेशी भाषा में दक्षता

(a) 1   (b) 2
(c) 3   (d) 4

2. भारत देश में किसे शिक्षित समझा जाता है?
1. जो अपनी मातृभाषा में दक्ष हो
2. जो अंग्रेज़ी भाषा में दक्ष हो
3. जो अपनी मातृभाषा तथा किसी अन्य क्षेत्रीय भाषा में दक्ष हो
4. जो अंग्रेज़ी भाषा के साथ किसी अन्य क्षेत्रीय भाषा में दक्ष हो

(a) 1   (b) 2
(c) 3   (d) 4

3. संसार में सुसंस्कृत व्यक्ति किसे समझा जाता है?
1. जिसका घर सुंदर कलात्मक ढंग से सजा हो
2. जिसके घर में अपनी मातृभाषा की पुस्तकों का संग्रह हो तथा उसे अपनी भाषा के लेखक व कवियों के बारे में पता हो
3. जिसके घर में फ्रेंच भाषा के साहित्य की पुस्तकों का संग्रह हो।
4. जिसके घर में अंग्रेज़ी भाषा साहित्य की पुस्तकों का संग्रह हो।

(a) 1   (b) 2
(c) 3   (d) 4

4. भारतीय घर में साज-सज्जा के लिए__________ होते हैं।
1. मातृभाषा की साहित्यिक पुस्तकें
2. आधुनिक उपकरण
3. प्राचीन उपकरण
4. संदर्भ पुस्तकें

(a) 1   (b) 2
(c) 3   (d) 4

5. भारतीय घरों में अपनी भाषा की पुस्तकें न होना किसका परिणाम हो सकता है?
1. अपनी भाषा के प्रति हीन भावना होना
2. अपनी भाषा में पुस्तकें उपलब्ध न होना
3. अपनी भाषा में पुस्तकें छापने की सुविधा न होना
4. अपनी भाषा में अच्छे लेखक व कवि न होना

(a) 1   (b) 2
(c) 3   (d) 4

6. 'सुसंस्कृत' में उपसर्ग है:
1. सु
2. सुसं
3. कृत
4. स

7. कौन-सा शब्द समूह से भिन्न है?
1. अच्छा
2. बुरा
3. आधुनिक
4. बुराई

(a) 1   (b) 2
(c) 3   (d) 4

8. दिए गए शब्दों में संज्ञा शब्द कौन-सा है?
1. शिक्षित
2. शिक्षा
3. शैक्षिक
4. शिक्षात्मक

(a) 1   (b) 2
(c) 3   (d) 4

Ques (9-16): निर्देश : निम्नलिखित गद्यांश को पढ़कर पूछे गए प्रश्नों के सही/ सबसे उपयुक्त उत्तर वाले विकल्प को चुनिए।

डार्विन का कहना था कि जीवन एक लगातार संघर्ष है - जीव और प्रकृति के बीच । इस संघर्ष - इस महाभारत में वही बचेगा, जो बुद्धि और शरीर से सबसे अधिक सबल और सक्षम होगा : कमजोर धीरे-धीरे नेस्तनाबूद हो जाएँगे। वैज्ञानिक दृष्टिकोण की यह आधार-मान्यता इस ईसाई विश्वास के विरुद्ध पड़ती है कि अन्त में विनम्र और विनयशील ही बचेंगे: जबर आपस में लड़-भिड़कर समाप्त हो जाएँगे। मार्क्स ने भी जीवन को अमीर-गरीब के बीच संघर्ष के रूप में ही देखा । वैज्ञानिक प्रगति की धारणा मूलत: यह मानकर चलती है कि सम्पूर्ण पृथ्वी आदमी के हाथों में सौंप दिया गया एक ऐसा अकृत ख़ज़ाना है जिसे वह जैसे चाहे वैसे इस्तेमाल करने के लिए आज़ाद है। वह खुद भी इस ख़ज़ाने का हिस्सा है। उसका एकछत्र मालिक नहीं, यह 'विवेक' एक-दूसरे तरह की 'अनुभूति' देता है। न केवल भारतीय बल्कि सम्पूर्ण पूर्वीय विचारधारा में यह बोध व्याप्त दिखता है कि प्रकृति केवल भक्षक नहीं, रक्षक भी है। हमें उसके विरुद्ध नहीं उसके साथ चलना है। वह पोषक है; मनुष्य से कहीं ज्यादा निरीह और कोमल प्राणियों की पालक । यह दम्भ कि मनुष्य ही सर्वश्रेष्ठ प्राणी हैं, आत्मघाती है। पिछले दो महायुद्धों में जो नेस्तनाबूद हुआ वह मनुष्य का यह मिथ्या दम्भ कि सर्वश्रेष्ठ होने का यह उन्माद आगे बढ़ता जाए तो किस सीमा तक पहुँच सकता है।

9. 'नेस्तनाबूद' शब्द किस भाषा का है ?
(a) हिंदी   (b) संस्कृत
(c) फारसी   (d) अंग्रेज़ी

10. 'अमीर-गरीब' में कौन-सा समास है ?
(a) कर्मधारय   (b) द्वंद्व
(c) बहुब्रीहि   (d) तत्पुरुष

11. 'अकृत ख़ज़ाना' वाक्यांश में 'अकृत' शब्द है।
(a) संज्ञा   (b) सर्वनाम
(c) विशेषण   (d) क्रिया

12. डार्विन का विचार कि जीवन एक _________ लगातार संघर्ष है।
(a) बुद्धि और शरीर के बीच   (b) जीव और प्रकृति के बीच
(c) अमीर और गरीब के बीच   (d) विनम्र और जबर के बीच

13. डार्विन का विचार ईसाई मत के ______ ।
(a) विरुद्ध है   (b) पक्ष में है
(c) न पक्ष में है, न विरुद्ध है   (d) समतुल्य है

14. वैज्ञानिक प्रगति की धारणा में प्रकृति, मनुष्य के लिए _________ ।
(a) अकृत ख़ज़ाना है
(b) एकाधिकार पूर्ण अकृत ख़ज़ाना है

(c) वह इस ख़ज़ाने का हिस्सा है
(d) उसका एकछत्र मालिक नहीं है

15. भारतीय विचारधारा में प्रकृति संबंधी कौन-सी धारणा सही नहीं है ?
(a) वह केवल भक्षक नहीं रक्षक भी है
(b) वह विरुद्ध नहीं साथ भी है
(c) वह मनुष्य के साथ-साथ निरीह प्राणियों की पोषक है
(d) वह मनुष्य से सतत् संघर्षरत है

16. मनुष्य के सर्वश्रेष्ठ प्राणी होने के दम्भ ने _________ ।
(a) उसके आत्मविश्वास को बढ़ाया है।
(b) प्रकृति पर अधिकार जमाया है।
(c) दो महायुद्धों के लिए उसे उत्तरदायी बनाया है।
(d) उसे सर्वश्रेष्ठ बनाया है।

Ques (17-20): निर्देश : निम्नलिखित गद्यांश को पढ़कर पूछे गए प्रश्नों के सही/ सबसे उपयुक्त उत्तर वाले विकल्प को चुनिए।
पूर्व प्राथमिक स्तर के दौरान बच्चों के भौतिक और मानसिक विकास में बहुत बड़े परिवर्तन होते हैं। निर्भरता और असहायपन की स्थिति से बच्चे धीरे-धीरे मुक्त होने लगते हैं और जिज्ञासु विद्यार्थी बन जाते हैं। जैसे-जैसे उनका शारीरिक विकास सामाजिक और सांस्कृतिक संकेतों के साथ प्रतिक्रिया करने लगता है, वैसे-वैसे उनका स्नायुतंत्र परिपक्व होता जाता है और संज्ञात्मक अनुभवों की संवृद्धि होती जाती है। वे धीरे-धीरे कल्पना करना और काम करने के तरीके खोजना प्रारंभ करते हैं। वे रचनात्मक गतिविधियों का भी आयोजन करने लगते हैं। अपने हस्तकौशल द्वारा वस्तुओं को अपने ढंग से काम लायक बना लेते हैं। बच्चों की यह अवस्था भाषा विकास की अवस्था होती हैं। इस समय वे कई प्रतीकों और अहं केन्द्रित सोच की ओर प्रवृत्त होते हैं। इस अवस्था में वे कुछ काल्पनिक खेल भी खेलने लगते हैं।

17. बच्चों के शारीरिक और मानसिक विकास में तेजी से परिवर्तन किस अवस्था में होते हैं?
(a) माध्यमिक स्तर
(b) उच्च माध्यमिक स्तर
(c) प्राथमिक स्तर
(d) पूर्व प्राथमिक स्तर

18. "जैसे-जैसे उनका शारीरिक विकास सामाजिक और सांस्कृतिक संकेतों के साथ प्रतिक्रिया करने लगता है __________।" वाक्य से अभिप्राय है -
(a) उनके शारीरिक विकास पर समाज का प्रभाव पड़ता है।
(b) समाज व संस्कृति के नियमों को समझते हुए व्यवहार करना शुरू कर देते हैं।
(c) समाज और संस्कृति का विरोध झलकने लगता है।
(d) शारीरिक विकास का बाह्य समाज से कोई संबंध नहीं है।

19. गद्यांश में पूर्व प्राथमिक स्तर की किन-किन विशेषताओं का उल्लेख हुआ है?
(a) भाषा और संज्ञानात्मक विकास में वृद्धि
(b) रचनात्मक और सांस्कृतिक गतिविधियों का आयोजन
(c) साहित्यिक कार्यकलापों में सहभागिता
(d) कल्पना करना और सामाजिक उत्तरदायित्व

20. "निर्भरता और असहायपन की स्थिति से बच्चे धीरे-धीरे मुक्त होने लगते हैं।" वाक्य का अर्थ है -
(a) बच्चे माता-पिता के नियंत्रण से मुक्त होना चाहते हैं।
(b) बच्चे निर्भरता की स्थिति को बुरा मानते हैं।
(c) बच्चे अपने कुछ काम स्वयं करने लायक बन जाते हैं।
(d) बच्चों को निर्भरता की स्थिति से मुक्त होना चाहिए।

21. 'कवित्त रत्नाकर' के रचयिता हैं –
(a) रत्नाकर
(b) मतिराम
(c) सेनापति
(d) भूषण

22. द्विजदेव का वास्तविक नाम था:
(a) राजा नृपशंभु
(b) राजा मानसिंह

(c) बलवन्त दास
(d) महेश दास

23. रामचंद्रिका के रचयिता हैं:
(a) चिंतामणि
(b) केशवदास
(c) भिखारीदास
(d) जोधराज

24. "समर शेष है, चलो ज्योतियों के बरसाते तीर ।
खण्ड-खण्ड हो गिरे विषमता की काली जंजीर ।
समर शेष है, अभी मनुज भक्षी हुंकार रहे हैं ।
गांधी का पी रुधिर जवाहर पर फुंकार रहे हैं ।
समर शेष है, अहंकार इनका हरना बाकी है ।
वृक को दंतहीन, अहि को निर्विष करना बाकी है ।"
प्रस्तुत पंक्तिया किस लेखक द्वारा रचित है?
(a) सूरदास
(b) भारतेन्दु
(c) दिनकर
(d) सुमित्रानंदन पंत

25. 'रिट्ठणेमिचरिउ' किसकी रचना है?
(a) सरहपा
(b) स्वयंभू
(c) देवसेन
(d) पुष्प दंत

26. भारतेन्दु जी के सम्पादकत्व में इनमें से कौन सी पत्रिका निकलती थी:
(a) हंस
(b) सुधा
(c) हरिश्चन्द्र चन्द्रिका
(d) मित्र विलास

27. कबीर किसके समकालीन थें?
(a) शाहजहाँ
(b) औरंगजेब
(c) सिकन्दर लोदी
(d) अकबर

28. निम्न में से किसकी रचना मैथिलीशरण गुप्त ने नहीं की है?
(a) साकेत
(b) यशोधरा
(c) पंचवटी
(d) इनमें से कोई नहीं

29. "बीती विभावरी जाग री अम्बर पनघट में डूबो रही तारा-घट उषा नागरी।"
यह पंक्ति जयशंकर प्रसाद के किस काव्य संग्रह में संकलित है?
(a) प्रेम पथिक
(b) झरना
(c) लहर
(d) कानन कुसुम

30. कौन सी अयोध्यासिंह उपाध्याय 'हरिऔध' की रचना नहीं है?
(a) चोखेचौपदे
(b) रस-कलश
(c) प्रियप्रवास
(d) यशोधरा

31. विरह प्रधान रासो काव्य कौन सा है?
(a) परमाल रासो
(b) वीसलदेव रासो
(c) पृथ्वीराज रासो
(d) हम्मीर रासो

32. शब्दानुशासन किस कवि की रचना है?
(a) सोमभद्र सूरी
(b) शालिभद्र सूरी
(c) हेमचन्द्र
(d) मुल्ला दाऊद

33. निम्नलिखित में से कौन सी रचना घनानंद की नहीं है?
(a) पदावली
(b) स्फुट छंद
(c) यमुना यश
(d) सुजान हित प्रबंध

34. 'सूरसागर' किस भाषा की रचना है?
(a) अवधी
(b) बुन्देली
(c) ब्रज
(d) छत्तीसगढ़ी

35. तुलसीदास ने विनयपत्रिका तथा कवितावली की रचना निम्नलिखित में से किस भाषा में की?
(a) अवधी
(b) ब्रजभाषा
(c) बुंदेली
(d) भोजपुरी

36. कबीरदास जी को भाषा का डिक्टेटर किसने कहा है?
   - (a) रामचन्द्र शुक्ल
   - (b) हजारी प्रसाद द्विवेदी
   - (c) नामवर सिंह
   - (d) मुक्तिबोध

37. मनोविकार सम्बन्धी निबन्धों के लेखक हैं?
   - (a) महावीर प्रसाद द्विवेदी
   - (b) हजारी प्रसाद द्विवेदी
   - (c) आचार्य रामचन्द्र शुक्ल
   - (d) अध्यापक पूर्णसिंह

38. कमलेश्वर की आत्मकथा है-
   - (a) गर्दिश के दिन
   - (b) अपनी धरती अपने लोग
   - (c) समय है सहचर
   - (d) उपरोक्त सभी

39. 'अर्द्धनारीश्वर' किसकी रचना है?
   - (a) विष्णुप्रभाकर
   - (b) प्रेमचंद
   - (c) महात्मा गांधी
   - (d) रामविलास शर्मा

40. मृगनयनी उपन्यास के रचनाकार हैं-
   - (a) उपेन्द्र नाथ अश्क
   - (b) यशपाल
   - (c) जैनेन्द्र कुमार
   - (d) वृन्दावन लाल वर्मा

41. ममता कालिया की आत्मकथा है-
   - (a) दस्तक जिंदगी की
   - (b) मोड़ जिंदगी का
   - (c) कितने शहरों में कितने बार
   - (d) आत्मकथा

42. "जाने अनजाने" किसकी रचना है-
   - (a) नरेश मेहता
   - (b) निर्मल वर्मा
   - (c) पन्त
   - (d) विष्णु प्रभाकर

43. "रामदरश मिश्र" के संस्मरण है-
   - (a) स्मृतियों का छंद
   - (b) अपने अपने रास्ते
   - (c) पक गयी है धूप
   - (d) (A) और (B) दोनों

44. "अरे यायावर रहेगा याद" रचना है-
   - (a) निराला
   - (b) केदारनाथ सिंह
   - (c) अज्ञेय
   - (d) धर्मवीर भारती

45. "सागर पार का संसार" किस विधा की रचना है-
   - (a) आत्मकथा
   - (b) उपन्यास
   - (c) यात्रा
   - (d) रेखाचित्र

46. खड़ी बोली गद्य का प्रारम्भ किस कृति से माना गया है?
   - (a) चौरासी वैष्णवन की वार्ता
   - (b) अष्टयाम
   - (c) चन्द छन्द बरनन की महिमा
   - (d) वर्ण रत्नाकर

47. हिन्दी गद्य (खड़ी बोली) के जन्मदाता हैं:
   - (a) प्रतापनारायण मिश्र
   - (b) भारतेन्दु हरिश्चन्द्र
   - (c) श्यामसुन्दर दास
   - (d) जयशंकर प्रसाद

48. हिन्दी की पहली मौलिक कहानी मानी गयी है:
   - (a) इन्दुमती
   - (b) दुलाईवाली
   - (c) पंचपरमेश्वर
   - (d) रक्षाबन्धन

49. अपने द्वारा यात्रा किए गए किसी दृश्य का वर्णन किस विधा के तहत किया जाता है?
   - (a) निबन्ध
   - (b) यात्रा वर्णन
   - (c) आत्मकथा
   - (d) जीवनी

50. निम्नलिखित में से कौन-सी रचना रघुवीर सहाय की है?
   - (a) चाँद का मुंह टेढ़ा है
   - (b) सीढ़ियों पर धूप
   - (c) चुका भी हूँ नहीं मैं
   - (d) महाराणा का महत्व

51. भगवती चरण वर्मा का उपन्यास है:
   - (a) भूले बिसरे चित्र
   - (b) खंजन नयन
   - (c) अनामदास का पोथा
   - (d) सबसे बड़ा सिपहिया

52. आधुनिक काल विभाजन में दूसरे चरण को क्या नाम दिया गया?
   - (a) द्विवेदी युग
   - (b) प्रगतिवादी युग
   - (c) भारतेन्दु युग
   - (d) प्रयोगवादी युग

53. प्रगतिवादी काव्य सृष्टि है?
   - (a) दार्शनिक
   - (b) वर्ग चेतना प्रधान
   - (c) वैयक्तिक यथार्थ
   - (d) यथास्थितीवादी

54. 'राम की शक्तिपूजा' की रचना कब हुई?
   - (a) सन् 1934 ई.
   - (b) सन् 1935 ई.
   - (c) सन् 1936 ई.
   - (d) सन् 1937 ई.

55. 'युगांत' के रचयिता है:
   - (a) सूर्यकांत त्रिपाठी निराला
   - (b) बाल कृष्ण शर्मा नवीन
   - (c) सुमित्रा नन्दन पन्त
   - (d) माखन लाल चतुर्वेदी

56. इनमें से कौन-सी कालिदास की दूसरी रचना है?
   - (a) रघुवंशम्
   - (b) अभिज्ञानशाकुन्तलम्
   - (c) दशरूपक
   - (d) प्रतिभानाटकम्

57. 'मालतीमाधव' किसकी रचना है?
   - (a) भट्टगोपाल
   - (b) भवभूति
   - (c) श्रीहर्ष
   - (d) दण्डी

58. 'दशकुमारचरित' किसकी रचना है?
   - (a) कालिदास
   - (b) दण्डी
   - (c) भवभूति
   - (d) मास

59. महापुराण के रचनाकार कौन है?
   - (a) अब्दुर्रहमान
   - (b) पुष्पदन्त
   - (c) धनपाल
   - (d) स्वयंभू

60. मृगावती के रचानाकार हैं?
   - (a) मंझन
   - (b) आलम
   - (c) कुतुबन
   - (d) मुल्ला दाऊद

61. कुतुबन द्वारा रचित ग्रंथ का नाम है?
   - (a) मृगावती
   - (b) मधुमालती
   - (c) हंस जवहिर
   - (d) चंदायन

62. 'मदनाष्टक' के रचयिता का नाम क्या है?
   - (a) केशवदास
   - (b) रसखान
   - (c) रहीम
   - (d) नरोत्तमदास

63. शिवा बावनी के रचयिता का नाम है?
   - (a) जसवंत सिंह
   - (b) केशव
   - (c) भूषण
   - (d) पद्माकर

64. 'पुष्प की अभिलाषा' नामक प्रसिद्ध कविता के रचयिता कौन हैं?
   - (a) बालकृष्ण शर्मा नवीन
   - (b) रामधारी सिंह दिनकर
   - (c) माखनलाल चतुर्वेदी
   - (d) रामनरेश त्रिपाठी

65. 'कलम का सिपाही' का लेखक कौन है?
   - (a) प्रेमचंद
   - (b) अमृतराय
   - (c) रामविलास शर्मा
   - (d) शिवरानी देवी

66. निम्नलिखित में से कौन सा शब्द द्रव्यवाचक संज्ञा का उदाहरण है?
   - (a) वेद-पुराण
   - (b) लंदन
   - (c) अंग्रेजी
   - (d) मोबाइल

67. जिस संज्ञा शब्द से उस सामग्री या पदार्थ का बोध होता है जिससे कोई वस्तु बनी है, वह कौन सी संज्ञा है?
    - (a) व्यक्तिवाचक
    - (b) जातिवाचक
    - (c) द्रव्यवाचक
    - (d) समूहवाचक

68. 'क्या' का प्रयोग कहाँ होता है?
    - (a) अनिश्चय सर्वनाम
    - (b) प्रश्नवाचक सर्वनाम
    - (c) निश्चयवाचक सर्वनाम
    - (d) निजवाचक सर्वनाम

69. किस क्रमांक में उत्तम पुरुष का उदाहरण नहीं है?
    - (a) उन्हें
    - (b) हमको
    - (c) मैं
    - (d) मुझे

70. किस विकल्प में क्रिया के 'आरंभद्योतक पक्ष' का प्रयोग हुआ है?
    - (a) बच्चा विद्यालय से लौट आया
    - (b) माता जी बाजार से आ गईं
    - (c) अब राम खेलने लगा है
    - (d) इनमें से कोई नहीं

71. किस वाक्य में 'अकर्मक' क्रिया का प्रयोग किया गया है?
    - (a) मजदूर चाय पी रहा है
    - (b) बालक बहुत देर से रो रहा है
    - (c) अम्मा खाना बना रही है
    - (d) रमेश पुस्तक पढ़ रहा है

72. निम्न में अधिकरण कारक का परसर्ग कौन सा है?
    - (a) पर
    - (b) ने
    - (c) को
    - (d) से

73. 'वह चम्मच से चावल खाता है।' वाक्य में "चम्मच से" में कौन सा कारक है?
    - (a) करण कारक
    - (b) सम्बन्ध कारक
    - (c) अधिकरण कारक
    - (d) कर्ता कारक

74. दिए गए विकल्पो में विशेष्य - विशेषण का कौन सा युग्म सही सुमेलित है?
    - (a) स्वर्ण - स्वर्णिम
    - (b) गेरू - गेरुआ
    - (c) शिक्षा - शिक्षित
    - (d) इनमें से सभी

75. दिए गए विकल्पो में विशेष्य - विशेषण का कौन सा युग्म सही सुमेलित नहीं है?
    - (a) अर्थ - आर्थिक
    - (b) अभिषेक - अभिषेकित
    - (c) अध्यापन - अध्यापित
    - (d) आचरण - आचरित

76. समास के पदों को अलग करने को क्या कहा जाता है?
    - (a) विच्छेद
    - (b) बदलाव
    - (c) विग्रह
    - (d) विभक्ति

77. 'नीलाम्बर' शब्द में कौन-सा समास है?
    - (a) तत्पुरुष
    - (b) द्वंद्व
    - (c) अव्ययीभाव
    - (d) कर्मधारय

78. दाँत काटी रोटी का अर्थ क्या है?
    - (a) गहरी दोस्ती
    - (b) प्रतिवाद करना
    - (c) गहरी दुश्मनी
    - (d) पीछे पड़ना

79. 'अति का भला न बरसना, अति की भली न धूप' लोकोक्ति का अर्थ है:
    - (a) अधिक बारिश होना।
    - (b) अधिक धूप निकलना।
    - (c) किसी भी बात या वस्तु का अधिक होना ठीक नहीं।
    - (d) बरसात में धूप निकलना।

80. मुख्य बिजली के बल्बों के ऑर्डर के निरस्तीकरण की सूचना देते हुए किसे पत्र लिखेंगे?
    - (a) संभरक
    - (b) बल्ब विभाग
    - (c) उपलब्धता विभाग
    - (d) अध्यक्ष महोदय

81. सभी राज्य सरकारों को भेजा जाने वाला सरकारी पत्र क्या कहलाता है?
    - (a) अनुस्मारक
    - (b) अधिसूचना
    - (c) परिपत्र
    - (d) कार्यालय आदेश

82. घुमक्कड़ गश्ती पत्र को क्या कहा जाता है?
    - (a) अर्द्धसरकारी पत्र
    - (b) परिपत्र
    - (c) अनौपचारिक
    - (d) शासकीय पत्र

83. पत्र कितने प्रकार के होते हैं?
    - (a) दो प्रकार के
    - (b) पांच प्रकार के
    - (c) तीन प्रकार के
    - (d) इनमें से कोई नहीं

84. जब कोई सरकारी पत्र ज्ञापन या कार्यालय ज्ञापन एक साथ अनेक प्रेषितियों को भेजा जाए उसे क्या कहते हैं?
    - (a) आदेश
    - (b) अनुस्मारक पत्र
    - (c) अधिसूचना
    - (d) परिपत्र

85. 'झरना' (काव्य - संग्रह) के रचनाकार कौन हैं?
    - (a) सोहन लाल द्विवेदी
    - (b) महादेवी वर्मा
    - (c) जयशंकर प्रसाद
    - (d) सुभद्रा कुमारी चौहान

86. इनमे से कौन सी कविता हरिवंश राय बच्चन की है?
    - (a) उर्मिला
    - (b) कवासी
    - (c) मधुशाला
    - (d) महाप्राण

87. इनमे से कौन सी कविता रामधारी सिंह दिनकर की है?
    - (a) मुकुल
    - (b) त्रिधारा
    - (c) अनामिका
    - (d) कुरुक्षेत्र

88. आंचलिक रचनाएँ किससे संबंधित होती हैं?
    - (a) देश विशेष से
    - (b) क्षेत्र विशेष से
    - (c) लोक विशेष से
    - (d) जाति विशेष से

89. 'ध्रुव स्वामिनी' नाटक के रचयिता हैं:
    - (a) राम कुमार वर्मा
    - (b) रामवृक्ष बेनीपुरी
    - (c) जयशंकर प्रसाद
    - (d) भारतेन्दु हरिश्चन्द्र

90. 'समांतर कहानी' के प्रवर्तक कौन थे?
    - (a) कमलेश्वर
    - (b) हिमांशु जोशी
    - (c) मोहन राकेश
    - (d) मन्मथनाथ गुप्त

91. वियोगी हरि जी का पूर्ण नाम क्या था?
    - (a) श्री रामप्रसाद द्विवेदी
    - (b) श्री हरिहर प्रसाद द्विवेदी
    - (c) श्री हरि द्विवेदी
    - (d) श्री गिरधर द्विवेदी

92. साहित्य को क्या माना गया है?
    - (a) कठिन साधना और तपस्या
    - (b) लेखक का महान् यज्ञ
    - (c) कठिन तपस्या और महान यज्ञ
    - (d) लेखन तपस्या और कठिन साधना

93. टुन्नू ने कजरी दंगल में किसकी ओर से भाग लिया?
    - (a) खोजवां बाजार वालों की
    - (b) पलटन बाजार वालो की ओर से
    - (c) लालबाग वालों की ओर से
    - (d) बजरहीड़ा वालों की ओर से

94. अध्यापक को कक्षा में सदैव...........भाषा का प्रयोग करना चाहिए।
    - (a) मातृभाषा
    - (b) मानक

(c)　किसी भी भाषा　　　　(d)　अपभाषा

95. पढ़ाया गया विषय छात्रों को कितना समझ में आया, यह किस सिद्धांत के माध्यम से पता चलता है ?
(a)　बाल-केन्द्रिता के सिद्धांत से　　　(b)　शिक्षण सूत्र के सिद्धांत से
(c)　बहुमुखी प्रयास से　　　(d)　अभ्यास सिद्धांत से

96. ज्ञानवर्द्धक कहानियों के माध्यम से छात्रों को शिक्षित करना, नीचे दिए गए किस विकल्प के अंतर्गत आता है ?
(a)　बाल-केन्द्रिता का सिद्धांत　　　(b)　अभ्यास का सिद्धांत
(c)　बहुमुखी प्रयास का सिद्धांत　　　(d)　मनोरंजन का सिद्धांत

97. छात्र विषय में रूचि ले रहे हैं या नहीं, इसका पता लगाने के लिए हिन्दी की अध्यापिका किस विधि का प्रयोग करेंगी ?
(a)　परिमाणात्मक प्रविधि　　　(b)　जाँच विधि
(c)　संचयी आलेख　　　(d)　निरीक्षण

98. कार्लटन वाशबर्न ने किस पद्धति का सूत्रपात किया?
(a)　विनेटका योजना　　　(b)　डेक्राली पद्धति
(c)　प्रोजेक्ट पद्धति　　　(d)　खेल पद्धति

99. ''मानसिक विकास के लिए भाषा उतनी ही आवश्यक है जितना की शिशु के शारीरिक विकास के लिए माँ का दूध।'' यह निम्न में से किसका कथन है ?
(a)　महात्मा गाँधी　　　(b)　जीन पियाये
(c)　डॉ.सर्वपल्ली राधाकृष्णन　　　(d)　स्किनर

100. बहुभाषावाद शिक्षा का एक ऐसा संसाधन है जिसका उद्देश्य है:
1. शिक्षण-अधिगम के लिए शिक्षार्थियों की भाषाओं का उपयोग करना।
2. शिक्षार्थियों को यथासंभव अधिक से अधिक भाषाएँ सिखाना।
3. शिक्षण अधिगम के लिए शास्त्रीय भाषाओं का उपयोग करना।
4. नौकरियों के लिए अंग्रेज़ी भाषा और संस्कृति के लिए मातृभाषा सीखने के सक्षम बनाना।
(a)　1　　　(b)　2
(c)　3　　　(d)　4

// स्मार्ट उत्तर पुस्तिका //

सही उत्तर — उन छात्रों का प्रतिशत जिन्होंने प्रश्न का सही उत्तर दिया।
छोड़ दिया — उन छात्रों का प्रतिशत जिन्होंने प्रश्न को छोड़ दिया।

प्रश्न संख्या	उत्तर	सही उत्तर / छोड़ दिया	प्रश्न संख्या	उत्तर	सही उत्तर / छोड़ दिया	प्रश्न संख्या	उत्तर	सही उत्तर / छोड़ दिया
1	A	86.32% / 0.0%	2	B	85.42% / 0.0%	3	B	50.46% / 1.47%
4	B	79.97% / 0.0%	5	A	66.09% / 1.91%	6	A	84.89% / 0.0%
7	D	84.23% / 0.0%	8	B	79.68% / 0.0%	9	C	61.97% / 1.75%
10	B	45.71% / 1.02%	11	C	45.8% / 1.26%	12	B	45.34% / 1.75%
13	A	68.09% / 1.48%	14	B	60.68% / 1.8%	15	D	48.45% / 1.84%
16	C	45.2% / 1.61%	17	D	67.64% / 1.37%	18	B	48.7% / 1.88%
19	A	58.49% / 1.43%	20	C	44.17% / 1.5%	21	C	60.62% / 1.22%
22	B	65.07% / 1.3%	23	B	41.99% / 1.83%	24	C	49.3% / 1.61%
25	B	80.91% / 0.0%	26	C	51.05% / 1.26%	27	C	88.46% / 0.0%
28	D	46.05% / 1.58%	29	C	15.65% / 4.49%	30	D	81.45% / 0.0%
31	B	89.59% / 0.0%	32	C	60.06% / 1.39%	33	B	68.33% / 1.53%
34	C	46.51% / 1.35%	35	B	54.59% / 1.82%	36	B	45.24% / 1.95%
37	C	51.36% / 1.97%	38	A	43.98% / 1.31%	39	A	53.14% / 1.24%
40	D	60.64% / 1.25%	41	C	66.94% / 1.61%	42	D	51.5% / 1.05%
43	D	56.08% / 1.92%	44	C	63.85% / 1.93%	45	C	57.62% / 1.67%
46	C	81.89% / 0.0%	47	B	82.16% / 0.0%	48	A	61.55% / 1.56%
49	B	45.29% / 1.46%	50	B	10.19% / 3.71%	51	A	47.66% / 1.17%
52	A	62.18% / 1.75%	53	B	46.35% / 1.4%	54	C	67.45% / 1.38%
55	C	49.09% / 1.59%	56	B	57.87% / 1.81%	57	B	63.63% / 1.41%
58	B	51.26% / 1.64%	59	B	79.85% / 0.0%	60	C	47.81% / 1.53%
61	A	51.03% / 1.54%	62	C	49.12% / 1.77%	63	C	57.65% / 1.88%
64	C	64.25% / 1.63%	65	B	41.63% / 1.17%	66	D	44.68% / 1.85%
67	C	66.01% / 1.37%	68	B	67.06% / 1.31%	69	A	81.06% / 0.0%
70	C	64.51% / 1.66%	71	B	43.06% / 1.03%	72	A	46.22% / 1.85%
73	A	49.21% / 1.23%	74	D	60.17% / 1.34%	75	B	44.26% / 1.24%
76	C	43.44% / 1.99%	77	D	62.47% / 1.04%	78	A	32.18% / 3.07%
79	C	53.08% / 1.6%	80	A	55.48% / 1.78%	81	C	66.21% / 1.99%
82	B	60.89% / 1.1%	83	A	52.58% / 1.22%	84	D	59.03% / 1.17%
85	C	61.26% / 1.38%	86	C	84.68% / 0.0%	87	D	68.06% / 1.99%
88	B	53.54% / 1.67%	89	C	41.49% / 1.12%	90	A	59.67% / 1.87%
91	C	50.98% / 1.43%	92	C	44.15% / 2.0%	93	D	42.2% / 1.35%
94	B	79.05% / 0.0%	95	D	78.13% / 0.0%	96	D	66.16% / 1.43%
97	B	46.47% / 1.0%	98	A	40.49% / 1.08%	99	A	77.18% / 0.0%
100	A	41.84% / 1.02%						

// संकेत और समाधान //

1(A). गद्यांश के अनुसार, "संसार के सभी देशों में शिक्षित व्यक्ति की सबसे पहली पहचान यह होती है कि वह अपनी मातृभाषा में दक्षता से काम कर सकता है।"
इसलिए निष्कर्ष निकाला जा सकता है कि सभी देशों में शिक्षित व्यक्ति की प्रमुख पहचान अपनी मातृभाषा में दक्षता होती है।

2(B). गद्यांश के अनुसार, "केवल भारत ही एक देश है जिसमें शिक्षित व्यक्ति वह समझ जाता है जो अपनी मातृभाषा में दक्ष हो या नहीं, किंतु अंग्रेज़ी में दक्षता हो।"
इसलिए निष्कर्ष निकाला जा सकता है कि भारत देश में जो अंग्रेज़ी भाषा में दक्ष हो उसे शिक्षित समझा जाता है।

3(B). गद्यांश के अनुसार, "संसार के अन्य देशों में सुसंस्कृत व्यक्ति वह समझा जाता है जिसके घर में अपनी भाषा की पुस्तकों का संग्रह हो और जिसे बराबर यह पता रहे कि उसकी भाषा के अच्छे कवि और लेखक कौन हैं तथा समय-समय पर उनकी कौन-सी कृतियाँ प्रकाशित हो रही हैं।"
इसलिए निष्कर्ष निकाला जा सकता है कि संसार में सुसंस्कृत व्यक्ति उसे समझा जाता है जिसके घर में अपनी मातृभाषा की पुस्तकों का संग्रह हो तथा उसे अपनी भाषा के लेखक व कवियों के बारे में पता हो।

4(B). गद्यांश के अनुसार, "भारत में स्थिति दूसरी है। यहाँ प्रायः घर में साज-सज्जा के आधुनिक उपकरण तो होते हैं किंतु अपनी भाषा की कोई पुस्तक या पत्रिका दिखाई नहीं पड़ती।"
इसलिए निष्कर्ष निकाला जा सकता है कि भारतीय घर में साज-सज्जा के लिए आधुनिक उपकरण होते हैं।

5(A). गद्यांश के अनुसार, "भारत में स्थिति दूसरी है। यहाँ प्रायः घर में साज-सज्जा के आधुनिक उपकरण तो होते हैं किंतु अपनी भाषा की कोई पुस्तक या पत्रिका दिखाई नहीं पड़ती। यह दुरावस्था भले ही किसी ऐतिहासिक प्रक्रिया का परिणाम है, किंतु वह सुदशा नहीं, दुरावस्था ही है और जब तक यह दुरावस्था कायम है। हमें अपने-आपको सही अर्थों में शिक्षित और सुसंस्कृत मानने का ठीक-ठीक न्यायसंगत अधिकार नहीं है।"
इसलिए निष्कर्ष निकाला जा सकता है कि भारतीय घरों में अपनी भाषा की पुस्तकें न होना अपनी भाषा के प्रति हीन भावना का परिणाम हो सकता है।

6(A). सुसंस्कृत में 'सु' उपसर्ग है।
सु+ संस्कृत = सुसंस्कृत
उपसर्ग ऐसे शब्दांश जो किसी शब्द के पूर्व जुड़ कर उसके अर्थ में परिवर्तन कर देते हैं या उसके अर्थ में विशेषता ला देते हैं।

7(D). समूह से भिन्न शब्द 'बुराई' है। बुराई विशेष्य शब्द है जबकि अन्य विशेषण शब्द है।
- विशेष्य शब्द- 'बुराई'
- विशेषण शब्द- अच्छा, बुरा, आधुनिक

8(B). शिक्षित भाव है इसीलिए यह भाववाचक संज्ञा होगा।
जिन संज्ञा शब्दों से हमें किसी भाव, दशा या अवस्था का पता चले, उसे भाववाचक संज्ञा कहते हैं। जैसे – खटास, मिठास, उचाई, नीचता, अपनापन, इत्यादि।

9(C). 'नेस्तनाबूद' शब्द फारसी भाषा का है।

10(B). 'अमीर-गरीब' में द्वंद्व समास है।

11(C). 'अकूत ख़ज़ाना' वाक्यांश में 'अकूत' शब्द विशेषण है।

12(B). डार्विन का विचार कि जीवन एक जीव और प्रकृति के बीच लगातार संघर्ष है।

13(A). डार्विन का विचार ईसाई मत के विरुद्ध है।

14(B). वैज्ञानिक प्रगति की धारणा में प्रकृति, मनुष्य के लिए एकाधिकार पूर्ण अकूत ख़ज़ाना है।

15(D). भारतीय विचारधारा में प्रकृति संबंधी धारणा, वह मनुष्य से सतत् संघर्षरत है, सही नहीं है ।

16(C). मनुष्य के सर्वश्रेष्ठ प्राणी होने के दम्भ ने दो महायुद्धों के लिए उसे उत्तरदायी बनाया है।

17(D). बच्चों के शारीरिक और मानसिक विकास में तेजी से परिवर्तन पूर्व प्राथमिक स्तर अवस्था में होते हैं ।

18(B). शारीरिक विकास सामाजिक और सांस्कृतिक संकेतों के साथ प्रतिक्रिया करने लगता है, जिससे यह स्पष्ट होता है कि समाज व संस्कृति के नियमों के अनुसार व्यवहार करना शुरू कर दिया जाता है।

19(A). गद्यांश में पूर्व प्राथमिक स्तर की भाषा और संज्ञानात्मक विकास में वृद्धि का उल्लेख हुआ है ।

20(C). वाक्य "निर्भरता और असहायपन की स्थिति से बच्चे धीरे-धीरे मुक्त होने लगते हैं।" का अर्थ है कि जब बच्चे अपने परिवार या अन्य लोगों की सहायता के बिना कुछ करने शुरू करते हैं, तो वे धीरे-धीरे निर्भरता और असहायता की स्थिति से मुक्त होते हैं।

21(C). कवित्त रत्नाकर रीतिकालीन कवि सेनापति द्वारा लिखा गया प्रसिद्ध ग्रंथ है। कवित्त रत्नाकर के छन्द के आधार पर इतना ही ज्ञात है कि ये कान्यकुब्ज ब्राह्मण थे तथा इनके पिता का नाम गंगाधर तथा पितामह का नाम परशुराम दीक्षित था। इनके एक पद 'गंगा तीर वसति अनूप जिन पाई है' के अनुसार ये बुलंदशहर जिले के अनूप शहर के माने जाते हैं। सेनापति मुसलमानी दरबारों में भी रह चुके थे।

22(B). द्विजदेव (1830-1871): रीति कालीन स्वच्छन्द मुक्तक काव्य परम्परा के अंतिम कवि हैं। इनका वास्तविक नाम राजा मानसिंह था, जो द्विजदेव के नाम से कविता करते थे। ये जाति से ब्राह्मण थे।

23(B). रामचंद्रिका के नाम से विख्यात रामचंद्र चंद्रिका (रचनाकाल सन् 1601 ई०) हिन्दी साहित्य के रीतिकाल के आरंभ के सुप्रसिद्ध कवि केशवदास रचित महाकाव्य है। इस महाकाव्य में कुल 1717 छंद हैं। इसमें सुविदित भगवान राम की कथा ही वर्णित है, फिर भी यह अन्य रामायणों की तरह भक्तिप्रधान ग्रंथ न होकर काव्य ग्रंथ ही है।

24(C). 'समर शेष है' प्रस्तुत कविता रामधारी सिंह "दिनकर" जी द्वारा लिखित है - यह कविता भारतीय काव्य का विशालतम और अव्यवसायिक संकलन है।

25(B). 'रिट्ठणेमिचरिउ' स्वयंभू की रचना है स्वयंभू अपभ्रंश भाषा के महाकवि थे। अभी तक इनकी तीन रचनाएँ उपलब्ध हुई हैं - पउमचरिउ (पद्मचरित), रिट्ठणेमिचरिउ (अरिष्ट नेमिचरित या हरिवंश पुराण) और स्वयम्भू छंदस्।

26(C). भारतेन्दु बहुमुखी प्रतिभा के धनी थे। हिंदी पत्रकारिता, नाटक और काव्य के क्षेत्र में उनका बहुमूल्य योगदान रहा। हिंदी में नाटकों का प्रारम्भ भारतेन्दु हरिश्चंद्र से माना जाता है। उन्होंने ' हरिश्चन्द्र चन्द्रिका ', 'कविवचनसुधा' और 'बाला बोधिनी' पत्रिकाओं का संपादन भी किया। वे एक उत्कृष्ट कवि, सशक्त व्यंग्यकार, सफल नाटककार, जागरूक पत्रकार तथा ओजस्वी गद्यकार थे।

27(C). कबीर जी सन्त कवि और समाज सुधारक थे। कबीर जी सिकन्दर लोदी के समकालीन थे। कबीरदास भारत के भक्ति काव्य परंपरा के महानतम कवियों में से एक थे। कबीर जी के दोहे आज तक ज्ञान देते हैं। हम आज तक कबीर के सिद्धांतों और शिक्षाओं को अपने जीवन शैली का आधार मानते हैं।

28(D). मैथिलीशरण गुप्त खड़ी बोली के प्रथम महत्वपूर्ण कवि थे। इनकी प्रमुख रचनाओं में साकेत ,यशोधरा ,भारत भारती ,सिद्धराज ,द्वापर,पंचवटी आदि है।
अतः सही विकल्प (D) है।

29(C). बीती विभावरी जाग री अंबर-पनघट में डुबो रही तारा-घट ऊषा-नागरी।
यह कविता जयशंकर प्रसाद के काव्य-संग्रह 'लहर' से ली गई है। इस कविता में एक सखी दूसरी को संबोधित करते हुए कह रही है कि प्रकृति अपने समस्त सौंदर्य और संगीत के साथ जाग गई है, तब तुम्हीं क्यों अपने सौंदर्य और माधुर्य को लेकर सो रही हो?

30(D). अयोध्यासिंह उपाध्याय 'हरिऔध' हिन्दी के कवि, निबन्धकार तथा सम्पादक थे। उन्होंने हिंदी साहित्य सम्मेलन के सभापति के रूप में कार्य किया। इनकी प्रमुख रचनाएं प्रिय प्रवास, कवि सम्राट, वैदेही वनवास, पारिजात, रस-कलश, चुभते चौपदे, चोखे चौपदे, ठेठ हिंदी का ठाठ, अधखिला फूल, रुक्मिणी परिणय आदि हैं।
यशोधरा, मैथिलीशरण गुप्त द्वारा रचित प्रसिद्ध प्रबंध काव्य है।

31(B). वीसलदेव रासो विरह प्रधान रासो काव्य है।
वीसलदेव रासो पुरानी पश्चमी राजस्थानी की एक सुप्रसिद्ध रचना है। इसके रचनाकार नरपति नाल्ह हैं। इस रचना में उन्होंने कहीं पर स्वयं को "नरपति" कहा है और कहीं पर "नाल्ह"। इस काव्य में वीर और श्रृंगार का अच्छा मेल। इसमें श्रृंगार ही प्रधान रस है,वीर रस केवल आभास मात्र है। श्रृंगार रस की दृष्टी से विवाह और रूठकर विदेश जाने का मनमाना वर्णन है। यह घटनात्मक काव्य नहीं,वर्णात्मक काव्य लगती है।

32(C). "शब्दानुशासन" "हेमचन्द्र" की रचना है।
- शब्दानुशासन की रचना संवत 1150 में की गई थी।
- आचार्य हेमचन्द्र (1145-1229) कलिकाल सर्वज्ञ महान गुरु, समाज-सुधारक, धर्माचार्य, गणितज्ञ एवं अद्भुत प्रतिभाशाली मनीषी थे।
- साहित्य, दर्शन, योग, व्याकरण, काव्यशास्त्र, वाङ्मय के सभी अंङ्गो पर नवीन साहित्य की सृष्टि तथा नये पंथ को आलोकित किया।

33(B). "स्फुट छंद", "घनानंद" की रचना नहीं है।
- स्फुट छंद दूलह की रचना है।
- घनानंद (1673- 1760) रीतिकाल की तीन प्रमुख काव्यधाराओं- रीतिबद्ध, रीतिसिद्ध और रीतिमुक्त के अंतिम काव्यधारा के अग्रणी

- कवि हैं।
- ये 'आनंदघन' नाम से भी प्रसिद्ध हैं।
- घनानंद द्वारा रचित ग्रंथों की संख्या 41 बताई जाती है।
- इनके समसामयिक व्रजनाथ ने इनके 500 कवित्त सवैयों का संग्रह किया था।
- घनानंद ग्रंथावली में उनकी 16 रचनाएँ संकलित हैं।
- इनकी सर्वाधिक लोकप्रिय रचना 'सुजान हित' है, जिसमें 507 पद हैं।

34(C). 'सूरसागर' 'ब्रज' भाषा की रचना है।

यह 'सूरदास' द्वारा रचित कृष्ण भक्ति से युक्त पदों का संग्रह है।

ब्रजभाषा हिन्दी की एक उपभाषा है जो पश्चिमी उत्तर प्रदेश एवं उत्तराखंड में बोली जाती है। इसके अलावा यह भाषा हरियाणा, राजस्थान और मध्यप्रदेश के कुछ जनपदों में भी बोली जाती है। अन्य भारतीय भाषाओं की तरह ये भी संस्कृत से जन्मी है। इस भाषा में प्रचुर मात्रा में साहित्य उपलब्ध है। भारतीय भक्ति काल में यह भाषा प्रमुख रही।

35(B). तुलसीदास ने विनयपत्रिका तथा कवितावली की रचना ब्रजभाषा में की।

तुलसीदास ने कालक्रमानुसार निम्नलिखित कालजयी ग्रन्थों की रचनाएँ कीं:

रामललानहछू (1582), वैराग्यसंदीपनी (1612), रामाज्ञाप्रश्न (1612), जानकी-मंगल (1582), रामचरितमानस (1574), सतसई, पार्वती-मंगल (1582), गीतावली (1571), विनय-पत्रिका (1582), कृष्ण-गीतावली (1571), बरवै रामायण (1612), दोहावली (1583) और कवितावली (1612)।

कवितावली एक प्रबंध रचना है।

36(B). "आचार्य हजारी प्रसाद द्विवेदी" जी ने कबीर दास जी को "भाषा का डिक्टेटर" कहा है।

कबीरदास की भाषा को पंचमेल खिचड़ी, सधुक्कड़ी आदि नाम से अभिहित किया जाता है।

कबीर की वाणी का संग्रह उनके शिष्य धर्मदास ने बीजक नाम से सन् 1464 में किया है।

37(C). "आचार्य रामचन्द्र शुक्ल" मनोविकार सम्बन्धी निबन्धों के लेखक हैं।

आचार्य रामचन्द्र शुक्ल (4 अक्टूबर, 1884 ईस्वी- 2 फरवरी, 1941 ईस्वी) हिन्दी आलोचक, निबन्धकार, साहित्येतिहासकार, कोशकार, अनुवादक, कथाकार और कवि थे।

आचार्य रामचन्द्र शुक्ल के आलोचनात्मक ग्रंथ-

- सूर
- तुलसी
- जायसी पर की गई आलोचनाएं
- काव्य में रहस्यवाद
- काव्य में अभिव्यंजनावाद
- रसमीमांसा

38(A). कमलेश्वर की आत्मकथा गर्दिश के दिन है।

कमलेश्वर की अन्य विधा हैं - कहानी, उपन्यास, पत्रकारिता, स्तंभ लेखन, फिल्म पटकथा।

कमलेश्वर "नई कहानी" के लेखक हैं।

इनका अवधि-काल 1954 - 2006 रहा है।

39(A). 'अर्द्धनारीश्वर' हिन्दी लेखक व साहित्यकार विष्णुप्रभाकर की रचना है। जिन्होंने गांधी को अपना प्रेरणास्रोत माना था।

40(D). 'मृगनयनी' वृन्दावनलाल वर्मा की प्रसिद्ध ऐतिहासिक रचना है। इसमें 15वीं शती के ग्वालियर राज्य के प्रतापी राजा मानसिंह तोमर तथा उनकी गूजरी रानी मृगनयनी की प्रेम कथा है। इसके माध्यम से मानसिंह तोमर का चरित्र चित्रण किया गया है। साथ ही तत्कालीन ग्वालियर रियासत एवं इतिहास की भी झलक देखने को मिलती है।

41(C). "कितने शहरों में कितनी बार", "ममता कालिया" की आत्मकथा है।

ममता कालिया जी को प्राप्त सम्मान-

- व्यास सम्मान
- साहित्य भूषण सम्मान
- यशपाल स्मृति सम्मान
- महादेवी स्मृति पुरस्कार
- कमलेश्वर स्मृति सम्मान
- सावित्री बाई फुले स्मृति सम्मान
- अमृत सम्मान
- लमही सम्मान

42(D). "जाने अनजाने", "विष्णु प्रभाकर" की रचना है।

विष्णु प्रभाकर (21 जून, 1912-11 अप्रैल, 2009)

विधा :- रेखाचित्र व संस्मरण

विष्णु प्रभाकर को निम्नलिखित पुरस्कार प्रदान किए गए हैं :-

सोवियत लैंड नेहरू पुरस्कार (1976)

साहित्य अकादमी पुरस्कार (1993)

पद्म भूषण सम्मान (2005)

43(D). "स्मृतियों का छंद" व "अपने अपने रास्ते" दोनों रामदरश मिश्र के संस्मरण हैं।

उनका पहला काव्य संग्रह 'पथ के गीत' 1951 हैं।

रामदरश मिश्र ने समय-समय पर ललित निबंध भी लिखे हैं जो 'कितने बजे हैं? तथा 'बबूल' और 'कैक्टस' में संगृहीत हैं।

44(C). अरे यायावर रहेगा याद के रचनाकार"अज्ञेय हैं।

सच्चिदानंद हीरानंद वात्स्यायन 'अज्ञेय' (7 मार्च, 1911 - 4 अप्रैल, 1987)

अरे यायावर रहेगा याद का रचना वर्ष 1943 है। अज्ञेय जी का "एक बूँद सहसा उछली " (1960) एक अन्य यात्रा वृतांत है।

45(C). "सागर पार का संसार" "यात्रा विधा" की रचना है।

यात्रा में किए गए अनुभव को यात्रा वृतांत में लिखा जाता है।

यात्रा वृतांत लिखने की परंपरा का सूत्रपात "भारतेंदु" से माना जाता है।

46(C). खड़ी बोली गद्य का आरम्भ खड़ी बोली गद्य की सबसे प्राचीन रचना अकबर के राजदरबारी कवि गंग द्वारा लिखित चन्द छंद बरनन की महिमा है।

47(B). भारतेन्दु हरिश्चन्द्र आधुनिक हिन्दी खड़ी बोली गद्य-साहित्य के जनक माने जाते हैं। उन्होंने गद्य-साहित्य के द्वारा एक ओर तो देश-प्रेम का सन्देश दिया और दूसरी ओर समाज की कुरीतियों तथा विसंगतियों पर तीक्ष्ण व्यंग्य एवं कटु प्रहार किए हैं। उनके साहित्य में भारतीय संस्कृति के प्रति निष्ठा सर्वत्र दृष्टिगोचर होती है।

48(A). हिन्दी की सर्वप्रथम कहानी समझी जाने वाली कड़ी के अन्तर्गत सैयद इंशाअल्ला खाँ की 'रानी केतकी की कहानी'), राजा शिवप्रसाद सितारे हिंद की 'राजा भोज का सपना', किशोरी लाल गोस्वामी की 'इन्दुमती', माधवराव की 'एक टोकरी भर मिट्टी', आचार्य रामचन्द्र शुक्ल की 'ग्यारह वर्ष का समय' और बंग महिला की 'दुलाई वाली' नामक कहानियाँ आती हैं। परन्तु किशोरी लाल गोस्वामी द्वारा कृत 'इन्दुमती' को मुख्यतः हिन्दी की प्रथम कहानी का दर्जा प्रदान किया जाता है।

49(B). यात्रा वर्णन में अपने द्वारा किए गए किसी पर्यटन की अपनी अनुभूतियों, प्रकृति कला का पर्यवेक्षण, स्थान की विशेषताओं आदि का लगावपूर्ण वर्णन किया जाता है।

50(B). 'सीढ़ियों पर धूप' को रघुवीर सहाय की प्रथम समर्थ रचना माना जा सकता है, जिसका प्रकाशन 1960 में हुआ था।

इसके अलावा आत्महत्या के विरुद्ध, हँसो हँसो जल्दी हँसो (कविता संग्रह), रास्ता इधर से है (कहानी संग्रह), दिल्ली मेरा परदेस और लिखने का कारण (निबंध संग्रह) इनकी प्रमुख कृतियाँ हैं।

1. चाँद का मुंह टेढ़ा है - गजानन माधव मुक्तिबोध की रचना है।

2. चुका भी हूँ नहीं मैं - शमशेर बहादुर सिंह की रचना है।

3. महाराणा का महत्व - जयशंकर प्रसाद की रचना है।

51(A). "भूले बिसरे चित्र" हिन्दी के विख्यात साहित्यकार भगवतीचरण वर्मा द्वारा रचित एक उपन्यास है।

संयुक्त परिवार-प्रथा का विघटन, मध्यवर्ग के उदय, सामंतवाद की पूँजी द्वारा पराजय तथा राष्ट्रीय स्वातंत्र्य-आंदोलन का विकास ये चार आधार बिन्दु हैं, जिस पर इस उपन्यास का कथानक खड़ा होता है। इन्हीं चारों की पारस्परिक क्रिया-प्रतिक्रिया के माध्यम से उपन्यास की सम्पूर्ण अंतर्योजना गठित होती है। कथाकाल सन् 1880 से 1930 तक फैला हुआ है। इसे एक प्रकार का 'पीरियड नावेल' कहा जा सकता है।

52(A). आधुनिक काल विभाजन में दूसरे चरण को द्विवेदी युग कहा गया। आधुनिक काल को छः भागों में विभाजित किया गया और इसके दूसरे

चरण को महावीर प्रसाद द्विवेदी के नाम पर द्विवेदी युग (1900 से 1918) नाम दिया गया।

53(B). प्रगतिवादी काव्य सृष्टि वर्ग चेतना प्रधान है। प्रगतिवादी काव्य एक सीधी-सहज-तेज प्रखर, कभी व्यंग्यपूर्ण आक्रामक काव्य-शैली का वाचक है। प्रगतिवाद साहित्य को सोद्देश्य मानता है और उसका उद्देश्य है 'जनता के लिए जनता का चित्रण करना'। दूसरे शब्दो में, वह कला 'कला के लिए' के सिद्धांत में यकीन नहीं करता बल्कि उसका यकीन तो 'कला जीवन के लिए' के फलसफे में है।

54(C). राम की शक्ति पूजा की रचना सन् 1936 ई. में हुई है। राम की शक्तिपूजा, सूर्यकान्त त्रिपाठी 'निराला' द्वारा रचित काव्य है। निराला जी ने इसका सृजन 23 अक्टूबर 1936 को सम्पूर्ण किया था।
कहा जाता है कि इलाहाबाद से प्रकाशित दैनिक समाचारपत्र 'भारत' में पहली बार 26 अक्टूबर 1936 को उसका प्रकाशन हुआ था। इसका मूल निराला के कविता संग्रह 'अनामिका' के प्रथम संस्करण में छपा। यह कविता 312 पंक्तियों की एक ऐसी लम्बी कविता है, जिसमें निराला जी के स्वरचित छंद 'शक्ति पूजा' का प्रयोग किया गया है।

55(C). सुमित्रानन्दन पन्त छायावादी युग के चार प्रमुख स्तंभों में से एक हैं। 1926 में उनका प्रसिद्ध काव्य संकलन पल्लव प्रकाशित हुआ। "युगांत" की रचनाओं के लेखन तक वे प्रगतिशील विचारधारा से जुड़े प्रतीत होते हैं। "युगांत" से "ग्राम्या" तक उनकी काव्ययात्रा प्रगतिवाद के निश्चित व प्रखर स्वरों की उद्घोषणा करती है।

56(B). कालिदास संस्कृत भाषा के महान कवि और नाटककार थे। उन्होंने भारत की पौराणिक कथाओं को आधार बनाकर रचनाएं की, जिसमें भारतीय जीवन और दर्शन के विविध रूप और मूल तत्त्व निरूपित हैं। कालिदास अपनी इन्हीं विशेषताओं के कारण राष्ट्र की समग्र राष्ट्रीय चेतना को स्वर देने वाले कवि माने जाते हैं संस्कृत साहित्य में ही नहीं अपितु समग्र साहित्यिक संसार में उन्हें कविकुलश्रेष्ठ तथा कविशिरोमणि माना जाता है।

57(B). मालतीमाधव 10 अंकों का प्रकरण है जिसमें मालती और माधव की कल्पनाप्रसूत प्रणयकथा है। मालतीमाधव में 'भट्ट श्री कुमारिल शिष्येण विरचित मिंद प्रकरणम्' तथा 'भट्ट श्री कुमारिल प्रसादात्प्राप्त वाग्वैभवस्य उम्बेकाचार्यस्येयं कृति' उल्लेख प्राप्त होता है जिससे स्पष्ट है कि श्रीकंठ के गुरु कुमारिल थे जिनका 'ज्ञाननिधि' भी नाम था और भवभूति ही मीमांसक उम्बेकाचार्य थे जिनका उल्लेख दर्शन ग्रंथों में प्राप्त होता है और इन्होंने कुमारिल के श्लोकवार्तिक की टीका भी की थी।

58(B). 'दशकुमारचरित' दण्डी की रचना है, दशकुमार चरित गद्यकाव्य है। इसमें दस कुमारों ने अपनी-अपनी यात्राओं के विचित्र अनुभवों तथा पराक्रमों का मनोरंजक वर्णन किया है। विनोद और व्यंग्य के माध्यम से इसमें तत्कालीन समाज का भी चित्रण किया गया है।

59(B). महापुराण के रचनाकार पुष्यदन्त है, महापुराण के रचनाकार पुष्यदन्त है। अपभ्रंश भाषा में रचित महान ग्रंथ 'महापुराण' महाकवि पुष्पदंत की लेखनी से प्रसूत अमर काव्य है।

60(C). मृगावती के रचानाकार कुतुबन हैं, कुतबन हिन्दी के प्रसिद्ध सूफ़ी कवि थे, जिन्होंने मौलाना दाऊद के 'चन्दायन' की परम्परा में सन 1503 ई. में 'मृगावती' नामक प्रेमाख्यानक काव्य की रचना की। 'मृगावती' किसी पूर्व प्रचलित कथा के आधार पर लिखा गया है।

61(A). कुतबन द्वारा रचित ग्रंथ का नाम है-'मृगावती', कुतबन हिन्दी के प्रसिद्ध सूफ़ी कवि थे, जिन्होंने मौलाना दाऊद के 'चन्दायन' की परम्परा में सन 1503 ई. में 'मृगावती' नामक प्रेमाख्यानक काव्य की रचना की। 'मृगावती' किसी पूर्व प्रचलित कथा के आधार पर लिखा गया है।

62(C). 'मदनाष्टक' के रचयिता का नाम रहीम है। यह संस्कृत और हिन्दी खड़ी बोली की मिश्रित शैली में रचित है। इसका वर्ण्य-विषय भगवान श्रीकृष्ण की रासलीला है।

63(C). शिवा बावनी भूषण द्वारा रचित बावन (52) छन्दों का काव्य है जिसमें छत्रपति शिवाजी महाराज के शौर्य, पराक्रम आदि का ओजपूर्ण वर्णन है।

64(C). 'पुष्प की अभिलाषा' नामक प्रसिद्ध कविता के रचयिता माखनलाल चतुर्वेदी हैं, माखनलाल चतुर्वेदी जी की विश्व प्रसिद्ध कविता पुष्प की अभिलाषा हर उस व्यक्ति के जुबान पर रहता है जो हिन्दी साहित्य में थोड़ी भी रूचि लेते हैं। पुष्प की अभिलाषा कविता माखन लाल चतुर्वेदी जी की कलम यानी हिन्दी साहित्य के प्रति समर्पण की पराकाष्ठा है।

65(B). 'कलम का सिपाही' के लेखक अमृतराय है, कलम का सिपाही भारत के प्रसिद्ध किताबों में से एक है, पुस्तक में प्रेमचंद की जीवन के बारे में बताया गया है। कलम का सिपाही पुस्तक हिंदी भाषा में लिखा गया है।

66(D). दिए गए विकल्पों में से विकल्प (D) मोबाइल सही उत्तर है। अन्य विकल्प असंगत है। मोबाइल, द्रव्यवाचक संज्ञा का उदाहरण है।
- उपर्युक्त विकल्पों में 'मोबाइल' द्रव्यवाचक संज्ञा का उदाहरण है, क्योंकि मोबाइल हमें किसी ठोस द्रव्य का बोध करा रहा है।
द्रव्यवाचक संज्ञा: जो शब्द केवल एक व्यक्ति, वस्तु या स्थान का बोध कराते हैं उन शब्दों को व्यक्तिवाचक संज्ञा कहते हैं। जैसे- भारत, चीन (स्थान), किताब, साइकिल (वस्तु), सुरेश,रमेश,महात्मा गाँधी (व्यक्ति) आदि।

67(C). जिस संज्ञा शब्द से उस सामग्री या पदार्थ का बोध होता है जिससे कोई वस्तु बनी है।
जैसे- सोना, चाँदी, पानी

68(B). जिस सर्वनाम से किसी प्रश्न का बोध होता है उसे प्रश्नवाचक सर्वनाम कहते हैं। जैसे- तुम कौन हो? तुम्हें क्या चाहिए? इन वाक्यों में कौन और क्या शब्द प्रश्नवाचक सर्वनाम हैं। कौन शब्द का प्रयोग प्राणियों के लिए और क्या का प्रयोग जड़ पदार्थों के लिए होता है।

69(A). उत्तम पुरुष सर्वनाम- जिस सर्वनाम का प्रयोग वक्ता खुद के बारे में बताने के लिए करता है। जैसे : मैं, मुझे, मुझको, मेरा, मेरी आदि।

70(C). दिए गए विकल्पों में से 'अब राम खेलने लगा है।' वाक्य में क्रिया के 'आरंभद्योतक पक्ष' का प्रयोग हुआ है। अन्य सभी विकल्प असंगत है। इसलिए, इसका सही उत्तर विकल्प (C) 'अब राम खेलने लगा है।' है।
अब राम खेलने लगा है। वाक्य में राम के खेलने की क्रिया के आरम्भ होने की स्थिति का बोध है।
इसलिए, यह क्रिया का आरंभद्योतक पक्ष है।

71(B). 'बालक बहुत देर से रो रहा है' में 'अकर्मक' क्रिया का प्रयोग किया गया है।
अकर्मक क्रिया की परिभाषा: अकर्मक क्रिया वहां पर होती है जहां कर्ता द्वारा किया गया कार्य किसी अन्य चीज को प्रभावित नहीं करता है। दूसरे शब्दों में जैसे नाम से ही पता चल रहा है 'अकर्मक' मतलब कर्म उपस्थित नहीं है। जब किसी वाक्य में कर्ता हो और क्रिया भी हो लेकिन कर्म ना हो तो वहां पर अकर्मक क्रिया होती है।
जैसे– बालक बहुत देर से रो रहा है। इस वाक्य में बालक कर्ता का काम कर रहा है और रो रहा क्रिया है लेकिन इसका प्रभाव और किसी चीज पर नहीं पड़ रहा है, इसलिए यहां पर अकर्मक क्रिया है।

72(A). अधिकरण कारक का परसर्ग 'में' और 'पर' है।

73(A). 'वह चम्मच से चावल खाता है।' वाक्य में "चम्मच से" करण कारक है।

74(D). दिए गए विकल्पो में सभी युग्म सही सुमेलित है।

75(B). दिए गए विकल्पो में "अभिषेक - अभिषेकित" युग्म सही सुमेलित नहीं है। "अभिषेक" का उचित विशेषण " अभिषिक्त" होता है।

76(C). समास के पदों को अलग करने को 'विग्रह' कहा जाता है।

77(D). 'नीलाम्बर' में 'कर्मधारय' समास है।

78(A). 'दाँत कटी रोटी' मुहावरे का अर्थ - 'गहरी दोस्ती' है। वाक्य प्रयोग- सीता तो मीता की दांत कटी रोटी है।

79(C). 'अति का भला न बरसना, अति की भली न धूप का अर्थ "किसी भी बात या वस्तु का अधिक होना ठीक नहीं।" है।

80(A). मुख्य बिजली के बल्बों के ऑर्डर के निरस्तीकरण की सूचना देते हुए संभरक को पत्र लिखेंगे। संभरक का अर्थ वह जो आपूर्ति करता हो। बिजली के बल्बों के ऑर्डर के निरस्तीकरण की सूचना के लिए संभरक को पत्र लिखा जायेगा।

81(C). सभी राज्य सरकारों को भेजा जाने वाला सरकारी पत्र परिपत्र कहलाता

है।

परिपत्र एक प्रकार की सूचना है जो कोई विभाग अपने अधीनस्थ विभागों को देता है। परिपत्र विभाग के निर्देश और अनुदेश से सम्बद्ध होता है। परिपत्र के साथ एक सादा पृष्ठ नत्थी होता है, जिस पर सभी सम्बद्ध कर्मचारियों से सूचना से अवगत होने के हस्ताक्षर करा लिए जाते है फिर इसे छपवाकर रिकॉर्ड में रख लिया जाता है। परिपत्र विभाग की आंतरिक व् व्यापक जानकारी के लिए वितरित कराया जाता है। यह पत्र लगभग ज्ञापन जैसा होता है कार्यालय में परिपत्र के मुद्रित फॉर्म भी होते है। परिपत्र में संख्या भी रहती है लेकिन विभागीय होने के नाते संदर्भ, संबोधन और अधोलेख नहीं होते है।

नीचे हस्ताक्षर और पदनाम होता है। यदि संलग्रक हुआ तो इसका भी उल्लेख होता है। परिपत्र उस समय जारी किया जाता है जब कोई सूचना बहुत से अधिकारियों या व्यक्तियों को देना अभिप्रेत होती है। परिपत्र के अंत में जारी करने वाले अधिकारी के हस्ताक्षर होते है तथा संख्या और तिथि का भी उल्लेख होता है।

82(B). घुमक्कड़ गश्ती पत्र को परिपत्र कहा जाता है। घुमक्कड़ गश्ती पत्र या परिपत्र से तात्पर्य उस पत्र से होता है, जिसमें कोई सरकारी सूचना, आदेश, निर्देश या संदेश होता है, जो कई व्यक्तियों को अथवा कई कार्यालयों को एक साथ भेजी जानी होती है। ऐसी परिस्थिति में जो सूचना पत्र जारी किया जाता है, वह परिपत्र या घुमक्कड़ गश्ती पत्र कहलाता है।

83(A). पत्र मुख्यतः दो प्रकार के होते हैं:
1. अनौपचारिक (निजी या व्यक्तिगत पत्र)
2. औपचारिक (व्यवसायिक /कार्यालय पत्र)

   अनौपचारिक पत्र: अनौपचारिक पत्र अपने मित्र तथा परिवार के किसी भी व्यक्ति को लिखा जाता है।

   अनौपचारिक पत्र: औपचारिक पत्र किसी भी कार्यालय में या संस्थान से जुड़े व्यक्ति को लिखा जाता है।

84(D). जब कोई सरकारी पत्र ज्ञापन या कार्यालय ज्ञापन एक साथ अनेक प्रेषितों को भेजा जाए उसे 'परिपत्र' कहते हैं। प्रायः कार्यालयों में परिपत्र मुद्रित फार्म होते हैं जिन पर कार्यालय या कार्यालय का नाम मुद्रित रहता है। यह पत्र लगभग ज्ञापन के रूप में रहता है।

85(C). 'झरना' (काव्य - संग्रह) के रचनाकार जयशंकर प्रसाद है। यह पुस्तक छायावादी कविता की प्रारम्भिक पुस्तक है। छायावाद का प्रारम्भ झरना के प्रकाशन से ही माना जाता है। इसमें अपेक्षाकृत कम कविताएँ थीं। झरना की कविताओं में कवि के आगामी विकास का आभास प्राप्त हो जाता है और इसी कारण समीक्षक इसे छायावाद युग का एक महत्त्वपूर्ण सोपान मानते हैं।

86(C). मधुशाला कविता हरिवंश राय बच्चन की है।
हिन्दी काव्य प्रेमियों में हरिवंश राय बच्चन सबसे अधिक प्रिय कवि रहे हैं और सर्वप्रथम 1935 में प्रकाशित उनकी 'मधुशाला' आज भी लोकप्रियता के सर्वोच्च शिखर पर है। हरिवंश राय बच्चन ने मधु, मदिरा, हाला (शराब), प्याला (कप या ग्लास), मधुशाला और मदिरालय की मदद से जीवन की जटिलताओं के विश्लेषण का प्रयास किया है।

87(D). कुरुक्षेत्र कविता रामधारी सिंह दिनकर की है।
रामधारी सिंह दिनकर की कविताओं में ओज, विद्रोह, आक्रोश और क्रान्ति की पुकार है तो दूसरी ओर कोमल श्रृंगारिक भावनाओं की अभिव्यक्ति है। इन्हीं दो प्रवृत्तियों का चरम उत्कर्ष हमें उनकी कुरुक्षेत्र और उर्वशी नामक कृतियों में मिलता है।

88(B). आंचलिक रचनाएँ क्षेत्र विशेष से संबंधित होती है। इसमें उस क्षेत्र के लोगों की भाषा, रहन -सहन व कार्यों का वर्णन करते हुए कहानी का ताना -बाना बुना जाता है उदाहरण के लिए फणीश्वर नाथ रेणु का मैला आँचल एक आंचलिक उपन्यास है।

89(C). जयशंकर प्रसाद हिन्दी नाट्य जगत और कथा साहित्य में एक विशिष्ट स्थान रखते हैं। कथा साहित्य के क्षेत्र में भी उनकी देन महत्त्वपूर्ण है। भावना-प्रधान कहानी लिखने वालों में जयशंकर प्रसाद अनुपम थे। 'ध्रुव स्वामिनी' नाटक के रचयिता जयशंकर प्रसाद हैं।

90(A). 'समांतर कहानी' के प्रवर्तक कमलेश्वर थे। कमलेश्वर नदी लेखक कमलेश्वर बीसवीं शती के सबसे सशक्त लेखकों में से एक समझे जाते हैं। कहानी, उपन्यास, पत्रकारिता, स्तंभ लेखन, फिल्म पटकथा जैसी अनेक विधाओं में उन्होंने अपनी लेखन प्रतिभा का परिचय दिया।

91(C). वियोगी हरि का जन्म सन् 1896 में मध्य प्रदेश के छतरपुर में एक ब्रहाम्ण परिवार में हुआ था। इनका वास्तविक नाम हरिप्रसाद द्विवेदी था। वियोगी हरि जी में साहित्य-सृजन की प्रतिभा बाल्यकाल से ही विद्यमान थी। दस वर्ष की अल्पायु से ही इन्होंने 'सवैया' एवं 'कुण्डलिया' लिखना आरम्भ कर दिया था।

92(C). साहित्य को कठिन तपस्या और महान् यज्ञ माना गया है। किसी भाषा के वाचिक और लिखित (शास्त्रसमूह) को साहित्य कह सकते हैं। दुनिया में सबसे पुराना वाचिक साहित्य हमें आदिवासी भाषाओं में मिलता है। इस दृष्टि से आदिवासी साहित्य सभी साहित्य का मूल स्रोत है। साहित्य - स+हित+य के योग से बना है।

93(D). टट्रू ने बजरहीड़ा वालों की ओर से कजरी दंगल में भाग लिया।

94(B). अध्यापक को कक्षा में सदैव **मानक** भाषा का प्रयोग करना चाहिए।

95(D). पढ़ाया गया विषय छात्रों को कितना समझ में आया, यह अभ्यास सिद्धांत के माध्यम से पता चलता है।

96(D). ज्ञानवर्द्धक कहानियों के माध्यम से छात्रों को शिक्षित करना, नीचे दिए गए मनोरंजन का सिद्धांत विकल्प के अंतर्गत आता है।

97(B). छात्र विषय में रूचि ले रहे हैं या नहीं, इसका पता लगाने के लिए हिन्दी की अध्यापिका जाँच विधि का प्रयोग करेंगी।

98(A). कार्लटन वाशबर्न ने विनेटका योजना पद्धति का सूत्रपात किया।

99(A). ''मानसिक विकास के लिए भाषा उतनी ही आवश्यक है जितना की शिशु के शारीरिक विकास के लिए माँ का दूध।'' यह निम्न में से महात्मा गाँधी का कथन है।

100(A). बहुभाषावाद एक व्यक्ति की दो से अधिक भाषाओं का उपयोग करने की क्षमता को दर्शाता है।
शिक्षा में एक संसाधन के रूप में बहुभाषावाद का लक्ष्य है:
- सीखने-सिखाने के लिए शिक्षार्थियों की भाषाओं का उपयोग करना।
- भाषा कैसे काम करती है, इसकी बेहतर सहज समझ को बढ़ाता है।
- रचनात्मकता, अलग सोच और स्थानीय भाषाओं की प्रशंसा को बढ़ाता है।
- सभी छात्रों को उनकी भाषाई पृष्ठभूमि के बावजूद शामिल करना सुनिश्चित करना।
- शिक्षार्थियों को सामग्री से परिचित कराने के लिए कक्षा को वास्तविक जीवन से जोड़ना।

इसलिए, हम यह निष्कर्ष निकालते हैं कि बहुभाषावाद शिक्षा का एक ऐसा संसाधन है जिसका उद्देश्य शिक्षण-अधिगम के लिए शिक्षार्थियों की भाषाओं का उपयोग करना है।

Ques (1-8): निर्देश : दिए गए गद्यांश को ध्यानपूर्वक पढ़िए तथा पूछे गए प्रश्नों के उत्तर के लिए सबसे उपयुक्त विकल्प का चयन कीजिए।

कौओं के आश्रयदाता वृक्षों को ऋग्वेद में काकाम्बीर कहा गया है। ऐसे वृक्षों की मालिका में ही नीम को शुमार किया जाना चाहिए। हर साल कौओं के कितने ही घोंसले नीम के पेड़ पर पाये जाते हैं। वैशाख माह में कौए यदि इस पेड़ पर घोंसले बनाते हैं तो इसे समृद्धि का लक्षण माना जाता है। एक तरह से यह आगामी खुशहाली का संकेत होता है। वैसे कौए की आवाज़ कितनी भौंडी और कर्कश होती है! लेकिन काकाम्बीर के घोंसले में बैठे कौए की महीन और चुलबुली आवाज़ जो एक बार सुन ले वह अवश्य ही मोहित हो जाता है, क्योंकि उसके कंठ से चाशनी-पगे स्वर जो निकल रहे होते हैं...!

निबौरी के बीज से तेल निकाला जाता है, जो 'मारगोसा' कहलाता है। कीटनाशक दवाइयाँ बनाने के लिए इसका प्रयोग किया जाता है। वात-विकार के मामले में मालिश करने के लिए भी यह तेल उपयुक्त पाया जाता है।

नीम की लकड़ी ठोस और मज़बूत होने से पानी के जहाज़ बनाने के काम में यह प्रयुक्त होती है। खिलौने, कृषि के औज़ार तथा बैलगाड़ियाँ बनाने के लिए भी नीम की लकड़ी उपयुक्त होती है।

1. जिन पेड़ों पर कौए घोंसला बनाते हैं, ऋग्वेद में उन्हें किस नाम से संबंधित किया गया है?

  (a) काकाश्रय   (b) काकाम्बीर

  (c) काक्आश्रय   (d) काकभुसुंडी

2. कौए जिस महीने में अपने घोंसले बनाते हैं उसका हिन्दी नाम है:

  (a) चैत्र   (b) वैशाख

  (c) ज्येष्ठ   (d) फाल्गुन

3. पानी के जहाज बनाने में नीम की लकड़ी का प्रयोग होता है क्योंकि:

  (a) यह ठोस और कमज़ोर होती है   (b) यह ठोस और कठोर होती है

  (c) यह ठोस और मज़बूत होती है   (d) यह ठोस और रूखी होती है

4. आश्रयदाता का विग्रह कीजिए।

  (a) आश्रयदा + ता   (b) आश्र + दाता

  (c) आश्रय + दाता   (d) आश्रय + ता

5. 'कर्कश' का विलोम शब्द है:

  (a) कठोर   (b) मधुर

  (c) मधुरता   (d) मिठास

6. "इसे समृद्धि का लक्षण माना जाता है।" रेखांकित शब्द है।

  (a) भाववाचक संज्ञा   (b) जातिवाचक संज्ञा

  (c) व्यक्तिवाचक संज्ञा   (d) गुणवाचक विशेषण

7. "ऐसे वृक्षों की मालिका में ही नीम को शुमार किया जाना चाहिए।" रेखांकित शब्द का अर्थ है:

  (a) पंक्ति   (b) मालिक

  (c) महक   (d) इनमें से कोई नहीं

8. _______ के मामले में मालिश करने के लिए भी यह तेल उपयुक्त पाया जाता है।

  (a) नेत्र-विकार   (b) हृदय-विकार

  (c) वात-विकार   (d) इनमें से कोई नहीं

Ques (9-12): निर्देश : निम्नलिखित गद्यांश को पढ़कर पूछे गए प्रश्नों के सबसे उपयुक्त उत्तर वाले विकल्प चुनिए।

जीवन का अर्थ है वृद्धि, अर्थात् विस्तार, और विस्तार ही प्रेम है। इसलिए प्रेम ही जीवन है - वही जीवन का एकमात्र गतिनियामक है और स्वार्थपरता ही मृत्यु है। इहलोक और परलोक में यही बात सत्य है। यदि कोई कहे कि देह के विनाश के बाद और कुछ नहीं रहता, तो भी उसे यह मानना पड़ेगा कि स्वार्थपरता ही यथार्थ मृत्यु है।

परोपकार ही जीवन है, परोपकार न करना ही मृत्यु है। जितने नर-पशु तुम देखते हो, उनमें नब्बे प्रतिशत मृत हैं - प्रेत हैं; क्योंकि, ऐ बच्चों, जिसमें प्रेम नहीं है, वह मृत नहीं तो और क्या है? ऐ युवकों, सबके लिए तुम्हारे हृदय में दर्द हो - गरीब, मूर्ख और

पददलितों के दुःख को हृदय से अनुभव करो, समवेदना से तुम्हारे हृदय की क्रिया रुक जाय, मस्तिष्क चकराने लगे, तुम्हें ऐसा प्रतीत हो कि हम पागल तो नहीं हो गये हैं। तब जाकर ईश्वर के चरणों में अपने हृदय की व्यथा प्रकट करो। तभी उनके पास से शक्ति, सहायता और अदम्य उत्साह आयेगा। गत दस वर्ष से मैं और मेरा मूलमंत्र घोषित करते आया हूँ कि प्रयत्न करते रहो, और अब भी मैं कहता हूँ कि अविराम प्रयत्न करते चलो। जब चारों ओर अन्धकार-ही-अन्धकार दिखता था, तब भी मैं कहा कहता था – प्रयत्न करते रहो; और आज जब थोड़ा-थोड़ा उजाला दिख रहा है, तब भी मैं कहता हूँ कि प्रयत्न करते जाओ।

9. _______ जीवन है और_______ मृत्यु।

  (a) प्रेम, स्वार्थ भावना   (b) प्रेम, स्वार्थ

  (c) सम्मान, स्वार्थ   (d) विस्तार, छलकपट

10. कौन-से व्यक्ति मृत समान हैं?

  (a) जो पशु की तरह हिंसक हैं।   (b) जो पशु के समान विशाल हैं।

  (c) जिसमें प्रेम भाव का अभाव है।   (d) जिसमें पशुवत् प्रवृति है।

11. अनुच्छेद में अंधकार _______ का प्रतीक है।

  (a) रात्रि   (b) कठिनाइयों

  (c) बुराइयों   (d) विराम

12. लेखक के अनुसार जीवन में सफलता प्राप्त करने के लिए _______ जरूरी है।

  (a) निरंतर प्रयास करना   (b) पैदल चलते रहना

  (c) विश्राम नहीं करना   (d) उजाले की प्रतीक्षा

Ques (13-20): निर्देश - नीचे दिए गए गद्यांश को पढ़कर पूछे गए प्रश्नों के सबसे उपयुक्त उत्तर वाले विकल्प को चुनिए:

यह नहीं भूलना चाहिए कि हमारा जो व्यवहार होता है, उसी के अनुसार फल भी मिलता है। जो समाज और संवेदना की नीतिमूलक स्थापनाओं को अपने व्यवहार का हिस्सा बनाता है, वही शांति पाने का हकदार होता है। महावीर, बुद्ध, क्राइस्ट, नानक, गांधी अगर हमारे जीवन पर विराजमान हैं तो इसमें उनकी सदाशयता, निरहंकार और व्यवहार का योगदान है। वे जिए समस्त प्राणियों, प्रकृति और सृष्टि के लिए। उनके मन में किसी के लिए रत्ती भर भी भेद-भाव नहीं रहा। अहंकार को विवेक से ही हटाया जा सकता है। गाँधीजी ने गुलामी से आज़ादी, मनुष्यता की सेवा और विवेक से मित्रता को अपना लक्ष्य बनाया। सबके प्रति समान दृष्टि का ही भाव और व्यवहार था कि गाँधी विश्व नेता बने। गीता में कहा गया है कि जो समस्त प्राणियों के हित में सदा संलग्र रहता है, सबका मित्र होता है। महावीर सत्य की साक्षात अनुभूति में मैत्री की अनिवार्यता की घोषणा करते हैं। यह अनुभूत सत्य है कि जो अपना मित्र होगा, वह हर किसी का मित्र होगा। आप भी इसे आज़मा कर देखें। महसूस होने लगेगा कि जिस शांति के लिए भटक रहे हैं, वह कहीं बाहर नहीं आपके अंदर ही है।

13. गाँधीजी विश्व-नेता बने, क्योंकि:

  (a) वे स्वतंत्रता आंदोलन के नेता थे

  (b) वे अनुशासन प्रिय थे

  (c) सभी के प्रति उनकी समान दृष्टि व व्यवहार था

  (d) उन्होंने सत्याग्रह किया

14. महावीर, बुद्ध, क्राइस्ट, नानक व गाँधीजी में क्या समानता है ?

  (a) सभी संन्यासी हैं   (b) सभी भारत में जन्मे हैं

  (c) सभी ने मानव-कल्याण किया   (d) सभी धर्मगुरु हैं

15. कौन सा शब्द भिन्न है ?

  (a) मनुष्यता   (b) मित्र

  (c) वीरता   (d) मित्रता

16. सही शब्द चुनिए:
सबके प्रति दृष्टि का भाव और व्यवहार होना चाहिए।

  (a) समान   (b) भिन्न

  (c) अलौकिक   (d) सामान्य

17. हमें किसके अनुसार फल मिलता है?
(a) व्यवहार
(b) बुद्धि
(c) वंश
(d) समाज

18. शांति को कहाँ पाया जा सकता है ?
(a) परिवार में
(b) समाज में
(c) धर्म में
(d) स्वयं में

19. इनमें से किसे गाँधीजी ने अपना लक्ष्य नहीं बनाया?
(a) मनुष्यता की सेवा
(b) विवेक से मित्रता
(c) गुलामों से आज़ादी
(d) गुलामी से आज़ादी

20. अनुच्छेद के अनुसार किसे अपने व्यवहार का हिस्सा बनाना चाहिए?
(a) गुरु नानक देव की शिक्षाएँ
(b) सत्य और असत्य की परिभाषा
(c) अहंकार और विवेक की परिभाषा
(d) समाज और संवेद्राओं के नैतिक मूल्य

21. "सुदामा चरित" किस कवि की रचना है?
(a) घनानंद
(b) नरोत्तमदास
(c) बोधा
(d) ठाकुर

22. निम्न में से सबसे प्रथम रचित रचना है-
(a) रसिक प्रिया
(b) हनुमान्नाटक
(c) रामचरितमानस
(d) राम रक्षा स्तोत्र:

23. मधुशाला किसकी रचना है?
(a) सुब्रह्मण्य भारती
(b) हरिवंशराय बच्चन
(c) दुष्यंत भारती
(d) जयशंकर प्रसाद

24. तुलसीदास काव्य किसकी रचना है?
(a) जायसी
(b) बिहारी
(c) तुलसीदास
(d) निराला

25. 'कुकुरमत्ता' किसकी कृति है?
(a) सूर्यकान्त त्रिपाठी 'निराला'
(b) मलिक मुहम्मद जायसी
(c) सच्चिदानन्द हीरानन्द वात्सयायन 'अज्ञेय'
(d) गजानन माधव मुक्तिबोध

26. 'हिमाद्री तुंग श्रृंग से, प्रबुद्ध शुद्ध भारती' किसकी कविता है?
(a) जयशंकर प्रसाद
(b) भवानी प्रसाद मिश्र
(c) सूर्यकान्त त्रिपाठी निराला
(d) सुभद्रा कुमारी चौहान

27. 'सुजान विनोद' किसकी रचना है?
(a) केशव
(b) घनानन्द
(c) बोधा
(d) देव

28. 'झाँसी की रानी' किसकी रचना है?
(a) महादेवी वर्मा
(b) सुभद्रा कुमारी चौहान
(c) मुक्तिबोध
(d) नागार्जुन

29. कबीरदास की भाषा कौन-सी थी?
(a) ब्रज
(b) खड़ी बोली
(c) कन्नौजी
(d) सधुक्कड़ी

30. किस साहित्यकार ने सरहपा को हिन्दी का प्रथम कवि माना है?
(a) आचार्य रामचन्द्र शुक्ल
(b) आचार्य हजारी प्रसाद द्विवेदी
(c) राहुल सांकृत्यायन
(d) गणपति चन्द्र गुप्त

31. पाहुड़ दोहा किसकी रचना है?
(a) जोइंदू
(b) स्वयंभू
(c) मसऊद
(d) मुनीराम सिंह

32. बीजक किस कवि की रचनाओं का संकलन है?
(a) अग्रदास
(b) कबीरदास
(c) धर्मदास
(d) सूरदास

33. 'एक भारतीय आत्मा' किसे कहा जाता है?
(a) जयशंकर प्रसाद
(b) माखनलाल चतुर्वेदी
(c) रामधारी सिंह 'दिनकर'
(d) सुमित्रानंदन पंत

34. महाभारत के 18 दिन की भूमिका पर आधारित नाटक है-
(a) आधे अधूरे
(b) अंधा युग
(c) अंधेर नगरी
(d) उपरोक्त सभी

35. 'पल्लव' के रचयिता हैं-
(a) सुमित्रानंदन पंत
(b) जयशंकर प्रसाद
(c) महादेवी वर्मा
(d) सूर्यकांत त्रिपाठी निराला

36. हिंदी पद्य साहित्य के किस युग को स्वर्णयुग कहा जाता है?
(a) रीतिकाल को
(b) भक्ति काल को
(c) आदिकाल को
(d) आधुनिक काल को

37. 'हम हशमत' संस्मरण किसके द्वारा रचित है?
(a) विष्णु प्रभाकर
(b) कृष्णा सोबती
(c) दूधनाथ सिंह
(d) काशीनाथ सिंह

38. 'तूफानों के बीच' रिपोर्ताज के लेखक हैं?
(a) रांगेय राघव
(b) धर्मवीर भारती
(c) कमलेश्वर
(d) शिवदान सिंह चौहान

39. रमणिका गुप्ता की आत्मकथा है:
(a) सिंहावलोकन
(b) एक कहानी यह भी
(c) हादसे
(d) कितने शहरों में कितनी बार

40. 'पूस की रात' किसकी प्रसिद्ध कहानी है?
(a) जैनेन्द्र
(b) यशपाल
(c) मुंशी प्रेमचंद
(d) दूधनाथ सिंह

41. 'सूरदास' किस उपन्यास का चर्चित पात्र है?
(a) गोदान
(b) कर्मभूमि
(c) रंगभूमि
(d) कायाकल्प

42. 'हमारी जापान यात्रा' के लेखक है:
(a) कन्हैया लाल मिश्र प्रभाकर
(b) विष्णु प्रभाकर
(c) राहुल सांकृत्यायन
(d) रामवृक्ष बेनीपुरी

43. हिन्दी में रिपोर्ताज विधा का जनक किसे माना जाता है?
(a) राम कुमार वर्मा
(b) राम विलास शर्मा
(c) शिवदान सिंह चौहान
(d) नंददुलारे बाजपेयी

44. 'कविवचनसुधा' के सम्पादक कौन थे?
(a) भारतेन्दु हरिश्चन्द्र
(b) जुगल किशोर
(c) बालकृष्ण भट्ट
(d) बालमुकुन्द गुप्त

45. 'चारु चंद्रलेख' के लेखक है:
(a) रामविलास शर्मा
(b) हजारीप्रसाद द्विवेदी
(c) रामकुमार वर्मा
(d) रामचन्द्र शुक्ल

46. फोर्ट विलियम कालेज के प्राध्यापक नहीं थे:
(a) शिवप्रसाद सिंह
(b) इंशा अल्ला खाँ
(c) सदासुख लाल
(d) सदल मिश्र

47. जयशंकर प्रसाद द्वारा लिखी गई कविता कौन सी है?
    (a) भारत महिमा
    (b) मन
    (c) छापा
    (d) हम उस धरती की संतति हैं

48. भारतेंदु हरिश्चन्द्र जी का निबन्ध है:
    (a) मजदूरी और प्रेम
    (b) शिवशम्भू का चिट्ठा
    (c) दिल्ली दरबार दर्पण
    (d) कल्पलता

49. "रघुवीर सहाय" की रचना है:
    (a) दिल्ली मेरा परदेस
    (b) प्रवासी की डायरी
    (c) एक साहित्यिक की डायरी
    (d) सैलानी की डायरी

50. मैथिली हिंदी में रचित गद्य रचना का नाम बताइये ।
    (a) राउलवेला
    (b) प्राकृतपैंगुलम्
    (c) वर्ण रत्नाकर
    (d) पदावली

51. "गडरिया और दार्शनिक शास्त" किस रचना का अनुवादित ग्रन्थ है:
    (a) हरमिट
    (b) शेफर्ड एण्ड फिलॉसफर
    (c) डेजर्ट विलेज
    (d) ट्रैवलर

52. समस्त व्याकरण वाङ्मय का अनुशीलन कर 'शब्दानुशासन' एवं अन्य व्याकरण ग्रंथो की रचना करने वाले लेखक थे?
    (a) सोमभद्र सूरी
    (b) शालिभद्र सूरी
    (c) हेमचन्द्र
    (d) मुल्ला दाऊद

53. कुसुम अंसल की आत्मकथा है:
    (a) जो कहा नहीं गया
    (b) लगता नहीं है दिल मेरा
    (c) एक पत्रकार की आत्मकथा
    (d) मेरी आत्मकहानी

54. हिन्दी में गीति नाटय परम्परा की प्रथम रचना और उसके रचनाकार है:
    (a) करूणालय - जयशंकर प्रसाद
    (b) अनघ - मैथिलीशरण गुप्त
    (c) उन्मुक्त - सियारामशरण गुप्त
    (d) अंधायुग - धर्मवीर भारती

55. 'दुक्खम-सुक्खम' उपन्यास की लेखिका है:
    (a) चित्रा मुदगल
    (b) प्रभा खेतान
    (c) ममता कालिया
    (d) नासिरा शर्मा

56. 'पृथ्वीराज रासो' के रचयिता का नाम बताइये?
    (a) चंदबरदाई राव
    (b) अमीर खुसरो
    (c) जगनिक
    (d) नरपति - नान्ह

57. "खुमान रासो" किसकी रचना हैं?
    (a) दलपत विजय
    (h) जगनिक
    (c) चंदबरदाई
    (d) विद्यापति

58. "पद्मावत" के रचयिता कौन हैं?
    (a) मुल्ला दाउद
    (b) जायसी
    (c) कुतुबन
    (d) मंझन

59. "अष्टयाम" के रचयिता कौन हैं?
    (a) सूरदास
    (b) गोकुल नाथ
    (c) नाभादास
    (d) वल्लभाचार्य

60. इनमें से सूर की रचना कौन-सी नहीं है?
    (a) सूर सागर
    (b) सूर सारावली
    (c) साहित्य लहरी
    (d) रास पंचाध्यायी

61. इनमें से कौन-सा ग्रन्थ तुलसी द्वारा रचित नहीं है?
    (a) गीतावली
    (b) दोहावली
    (c) विनय पत्रिका
    (d) रसमंजरी

62. "कविप्रिया" के रचनाकार का नाम बताइये-
    (a) देव
    (b) केशवदास
    (c) पद्माकर
    (d) घनानन्द

63. इनमें से कौन-सी भारतेन्दु की रचना नहीं है?
    (a) वैदिका हिंसा न भवति
    (b) विषस्य विषभीषधम
    (c) वादशाह दर्पण
    (d) पद्मावती

64. इनमें से कौन-सी रचना केदारनाथ अग्रवाल की नहीं है?
    (a) युग - गंगा
    (b) नींद के बादल
    (c) आग का आईना
    (d) युगधारा

65. निम्नलिखित में से कौन "तारसप्तक" का कवि नहीं है?
    (a) शमशेर बहादुर सिंह
    (b) गिरिजा कुमार माथुर
    (c) मुक्तिवोध
    (d) प्रभाकर माचवे

66. 'विद्वान' विशेषण से बनी भाववाचक संज्ञा है –
    (a) विधाता
    (b) वरदान
    (c) विदुषी
    (d) विद्वता

67. इन शब्दों में भाववाचक संज्ञा शब्द कौन सा है?
    (a) पंडित
    (b) मित्रता
    (c) चलना
    (d) इच्छा

68. सर्वनाम के कुल कितने भेद होते हैं?
    (a) 5
    (b) 6
    (c) 7
    (d) 8

69. 'वह आदमी है' इस वाक्य में कौन-सा सर्वनाम है?
    (a) पुरुषवाचक सर्वनाम
    (b) निश्चयवाचक सर्वनाम
    (c) अनिश्चयवाचक सर्वनाम
    (d) निजवाचक सर्वनाम

70. 'माँ बच्चे को अनार खिलाती है' इसमें कौन सी क्रिया हैं?
    (a) अकर्मक क्रिया
    (b) सकर्मक क्रिया
    (c) प्रेरणार्थक क्रिया
    (d) संयुक्त क्रिया

71. 'बच्चा दूध पीता है' में कौन सी क्रिया हैं?
    (a) अकर्मक क्रिया
    (b) सकर्मक क्रिया
    (c) प्रेरणार्थक क्रिया
    (d) साधारण क्रिया

72. "लोगों ने चोर को मारा।" मे कौन सा कारक है?
    (a) कर्ता कारक
    (b) करण कारक
    (c) कर्म कारक
    (d) अपादान कारक

73. संज्ञा या सर्वनाम के जिस रुप से किसी अन्य शब्द के साथ संबंध या लगाव प्रतीत हो उसे कहते हैं?
    (a) अपादान कारक
    (b) कर्म कारक
    (c) करण कारक
    (d) संबंध कारक

74. इनमें से गुणवाचक विशेषण कौन सा है?
    (a) नया
    (b) चौगुना
    (c) तीन
    (d) कुछ

75. 'मीठा अमरुद' में 'मीठा' विशेषण किस कोटि का है?
    (a) परिमाणवाचक
    (b) गुणवाचक
    (c) व्यक्तिवाचक
    (d) संख्यावाचक

76. कौन सा अधिकरण तत्पुरुष समास का नहीं है?
    (a) पुरुषोत्तम
    (b) देशाटन
    (c) कुलश्रेष्ठ
    (d) धर्मभ्रष्ट

77. 'अपना-पराया' किस समास का उदाहरण है?
    (a) द्वंद्व समास
    (b) द्विगु समास

(c) बहुव्रीहि समास	(d) तत्पुरुष समास

78. "कबहुँ निरामिष होय न कागा", लोकोक्ति का उपयुक्त अर्थ है:
- (a) कौवा कभी शाकाहारी नहीं होता
- (b) कौवा कभी मांसाहारी नहीं होता
- (c) कौवा मांसाहारी होता है
- (d) दुष्ट अपनी दुष्टता नहीं छोड़ता

79. "घर फूँककर तमाशा देखना" का अर्थ है -
- (a) पराजय स्वीकार कर लेना
- (b) मरने के लिए तैयार होना
- (c) अपना घर स्वयं उजाड़ना या अपना नुकसान खुद करना
- (d) अत्यन्त लज्जित होना

80. छोटे संबंधियाँ को पत्र में संबोधन क्या लिखेंगे?
- (a) चिरंजीव
- (b) पूजनीय
- (c) परमपूज्य
- (d) हितैषी

81. आयकर से माफ़ी एवं पूर्ण मुक्ति के लिए किसे प्रार्थना-पत्र लिखेंगे?
- (a) प्रशासन अधिकारी
- (b) संपादक अधिकारी
- (c) आयकर अधिकारी
- (d) संपादन अधिकारी

82. निम्न में कौन सा कार्यालयी पत्र नहीं है?
- (a) प्रार्थना पत्र
- (b) प्रेस-विज्ञप्ति
- (c) संपादक के नाम पत्र
- (d) निमंत्रण पत्र

83. कार्यालयी आदेश सदैव प्रेषित होता है:
- (a) कनिष्ठ से वरिष्ठ को
- (b) वरिष्ठ से कनिष्ठ को
- (c) दोनों ओर से
- (d) व्यक्तिगत रूप से वरिष्ठ से कनिष्ठ को

84. किसी राजपत्रित अधिकारी की नियुक्ति, पदोन्नति, अवकाश-स्वीकृति और उनके स्थानांतरण की सूचना को राजपत्र में प्रकाशित करने के लिए किस पत्र का प्रयोग किया जाता है?
- (a) परिपत्र
- (b) शासनादेश
- (c) अधिसूचना
- (d) कार्यालय स्मृति-पत्र

85. 'अशोक के फूल' (काव्य - संग्रह) के रचनाकार कौन हैं?
- (a) कुबेरनाथ राय
- (b) गुलाब राय
- (c) रामचन्द्र शुक्ल
- (d) हजारी प्रसाद द्विवेदी

86. पद्मावत कविता के कवि कौन है?
- (a) मलिक मोहम्मद जायसी
- (b) केशवदास
- (c) तुलसीदास
- (d) सूरदास

87. अंधेर नगरी कविता के कवि कौन है?
- (a) प्रताप नारायण मिश्र
- (b) महावीर प्रसाद द्विवेदी
- (c) भारतेन्दु हरिश्चंद्र
- (d) केदारनाथ सिंह

88. असुमेलित छाँटिए-
- (a) बुद्धिप्रकाश- तारामोहन मिश्र
- (b) बंगदूत- राजाराम मोहनराय
- (c) बनारस अखबार- राजा शिवप्रसाद
- (d) उदन्त मार्त्तण्ड- पं. जुगलकिशोर

89. सत्यार्थ प्रकाश नामक ग्रन्थ है ?
- (a) राजाराम मोहनराय
- (b) स्वामी दयानन्द सरस्वती
- (c) स्वामी विवेकानन्द
- (d) राधाचरण गोस्वामी

90. सरस्वती पत्रिका का प्रकाशन आरम्भ हुआ ?

(a) 1826 ई.	(b) 1900 ई.
(c) 1947 ई.	(d) 1903 ई.

91. कौनसी पत्रिका भारत की हिन्दी चेतना का सबसे सशक्त मंच बन गयी थी ?
- (a) सरस्वती
- (b) सुधाकर
- (c) बंगदूत
- (d) उदन्त मार्त्तण्ड

92. हिन्दी में आधुनिक कहानी का जन्म माना जाता है ?
- (a) 1900 ई.
- (b) 1901 ई.
- (c) 1903 ई.
- (d) 1905 ई.

93. नाक किसका द्योतक होती है ?
- (a) मान-सम्मान या प्रतिष्ठा का
- (b) गुलामी की
- (c) गुलामी की मानसिकता की
- (d) गुस्से की

94. उच्च प्राथमिक स्तर पर हिंदी भाषा की पाठ्य-पुस्तक का निर्माण करते हुए आपके लिए _______ सबसे कम महत्त्वपूर्ण है ।
- (a) समस्त व्याकरणिक बिन्दुओं का समावेश
- (b) भाषा की विविध छटाओं को समेटने वाले पाठ
- (c) समृद्ध हिंदी साहित्य की छटा का प्रदर्शन
- (d) (A) और (C) दोनों

95. प्राथमिक स्तर पर बच्चों के शुरूआती भाषा-विकास में सर्वाधिक योगदान _______ दे सकते/सकती है/हैं ।
- (a) टी. वी. पर देखे जाने वाले पंद्रह मिनट के कार्टून कार्यक्रम
- (b) गृहकार्य पर व्यय किए जाने वाले तीस मिनट
- (c) एफ. एम. पर पन्द्रह मिनट सुने जाने वाले समाचार
- (d) परिवार में होने वाली परस्पर गुणवत्तापूर्ण बातचीत

96. उच्च प्राथमिक स्तर पर बच्चों की मौखिक अभिव्यक्ति का विकास करने के लिए आप सर्वाधिक महत्त्व किसे देते हैं?
- (a) विषयनुकूल विचार
- (b) उच्चारणगत शुद्धता
- (c) नाटकीयता
- (d) तीव्र प्रवाह

97. उच्च प्राथमिक स्तर पर भाषा-शिक्षण का _______ एक महत्त्वपूर्ण उद्देश्य है ।
- (a) भाषा के व्याकरण को कंठस्थ करना
- (b) साहित्यिक विधाओं में रचना करना
- (c) भाषा की नियमबद्ध प्रकृति को पहचानना
- (d) भाषा के आलंकारिक रूप को पहचानना

98. भाषा शिक्षण में अर्जन से क्या तात्पर्य है?
- (a) सीखे हुए ज्ञान को आत्मसात करना अर्जन है ।
- (b) अर्जन भाषा द्वारा व्यवहार संजोधन की प्रक्रिया है ।
- (c) अर्जन एक क्रियाशील प्रक्रिया है जिसमें बालक प्रयास एवं त्रुटियों द्वारा भाषा सीखता है ।
- (d) उपर्युक्त सभी

99. पूनम अपने विद्यार्थियों को पढ़ाते समय दृश्य-क्ष्य सामग्री का प्रयोग करती है । इसका प्रमुख कारण है की वह कक्षा के _______
- (a) सभी बच्चों की रुचि का ध्यान रखती है ।
- (b) सभी बच्चों का मनोरंजन करती है ।
- (c) सभी बच्चों की आवश्यकताओं को संबोधित करती है ।
- (d) सभी बच्चो को नियंत्रण में रखती है ।

100. किसी पाठ्य सामग्री से कोई विशिष्ट सूचना निकालने के उद्देश्य से उस पाठ्य सामग्री के किसी अंश को बारीकी और गहनता के साथ पढ़ने का कौशल कौन-सा अवबोधन कहलाता है?
1. आनुमानिक
2. वैधिक

3. स्थानीय
4. लेनदेन

(a) 1 (b) 2
(c) 3 (d) 4

// स्मार्ट उत्तर पुस्तिका //

सही उत्तर उन छात्रों का प्रतिशत जिन्होंने प्रश्न का सही उत्तर दिया।

छोड़ दिया उन छात्रों का प्रतिशत जिन्होंने प्रश्न को छोड़ दिया।

प्रश्न संख्या	उत्तर	सही उत्तर / छोड़ दिया	प्रश्न संख्या	उत्तर	सही उत्तर / छोड़ दिया	प्रश्न संख्या	उत्तर	सही उत्तर / छोड़ दिया
1	B	82.81% / 0.0%	2	B	49.37% / 1.15%	3	C	86.86% / 0.0%
4	C	56.34% / 1.06%	5	B	44.36% / 1.46%	6	A	84.6% / 0.0%
7	A	89.06% / 0.0%	8	C	58.65% / 1.79%	9	A	88.44% / 0.0%
10	C	50.02% / 1.35%	11	B	84.39% / 0.0%	12	A	56.08% / 1.3%
13	C	84.21% / 0.0%	14	C	44.3% / 1.49%	15	B	42.07% / 1.71%
16	A	49.01% / 1.63%	17	A	68.57% / 1.97%	18	D	61.38% / 1.73%
19	C	54.34% / 1.2%	20	D	65.28% / 1.36%	21	B	52.69% / 1.8%
22	D	43.0% / 1.68%	23	B	48.94% / 1.2%	24	D	67.29% / 1.58%
25	A	69.61% / 1.7%	26	A	23.19% / 4.81%	27	D	42.39% / 2.0%
28	B	53.17% / 1.4%	29	D	48.5% / 1.14%	30	C	12.04% / 3.81%
31	D	43.84% / 1.84%	32	B	52.1% / 1.77%	33	B	83.36% / 0.0%
34	B	59.27% / 1.05%	35	A	76.27% / 0.0%	36	B	11.42% / 3.69%
37	B	68.2% / 1.55%	38	A	47.81% / 1.63%	39	C	57.19% / 1.01%
40	C	44.7% / 1.09%	41	C	52.85% / 1.72%	42	A	17.0% / 3.93%
43	C	53.12% / 1.52%	44	A	50.95% / 1.2%	45	B	55.08% / 1.92%
46	A	61.56% / 1.88%	47	A	42.97% / 1.82%	48	C	64.55% / 1.95%
49	A	53.5% / 1.36%	50	C	56.96% / 1.19%	51	B	46.2% / 1.84%
52	C	53.95% / 1.91%	53	A	46.2% / 1.13%	54	D	55.85% / 1.32%
55	C	46.21% / 1.2%	56	A	54.09% / 1.67%	57	A	69.22% / 1.52%
58	B	53.46% / 1.05%	59	C	86.18% / 0.0%	60	D	48.28% / 1.33%
61	D	76.09% / 0.0%	62	B	67.2% / 1.14%	63	D	65.72% / 1.23%
64	D	67.46% / 1.32%	65	A	45.73% / 1.8%	66	D	46.08% / 1.04%
67	B	85.33% / 0.0%	68	B	83.71% / 0.0%	69	B	78.17% / 0.0%
70	C	81.96% / 0.0%	71	D	77.12% / 0.0%	72	C	89.23% / 0.0%
73	D	16.54% / 3.11%	74	A	44.42% / 1.93%	75	B	60.81% / 1.52%
76	D	68.7% / 1.74%	77	D	51.6% / 1.1%	78	D	21.54% / 3.72%
79	C	31.32% / 3.21%	80	A	86.47% / 0.0%	81	C	59.71% / 1.88%
82	D	57.97% / 1.77%	83	B	82.09% / 0.0%	84	C	10.5% / 4.96%
85	D	14.58% / 4.63%	86	A	40.64% / 1.23%	87	C	60.26% / 1.64%
88	A	52.46% / 1.72%	89	B	60.81% / 1.33%	90	B	61.92% / 1.87%
91	A	46.67% / 1.42%	92	B	80.32% / 0.0%	93	A	78.45% / 0.0%
94	D	45.43% / 1.67%	95	D	56.86% / 1.27%	96	B	45.75% / 1.36%
97	C	76.6% / 0.0%	98	D	41.34% / 1.36%	99	C	76.01% / 0.0%
100	A	44.4% / 1.78%						

// संकेत और समाधान //

1(B). दिए गए गद्यांश के आधार पर जिन पेड़ो पर कोए घोंसला बनाते हैं, ऋग्वेद में उन्हें 'काकाम्बीर' नाम से संबोधित किया गया है।
गद्यांश के अनुसार, " कौओं के आश्रयदाता वृक्षों को ऋग्वेद में काकाम्बीर कहा गया है। ऐसे वृक्षों की मालिका में ही नीम को शुमार किया जाना चाहिए।"

2(B). कौए जिस महीने में अपने घोंसले बनाते हैं उसका हिन्दी नाम वैशाख है। वैशाख माह में कौए यदि इस पेड़ पर घोंसले बनाते हैं तो इसे समृद्धि का लक्षण माना जाता है।
गद्यांश के अनुसार, " हर साल कौओं के कितने ही घोंसले नीम के पेड़ गर पाये जाते है। वैशाख माह में कौए यदि इस पेड़ पर घोंसले बनाते हैं तो इसे समृद्धि का लक्षण माना जाता है।"

3(C). पानी के जहाज बनाने में नीम की लकड़ी का प्रयोग होता है क्योंकि यह ठोस और मज़बूत होती है।
गद्यांश के अनुसार, नीम की लकड़ी ठोस और मज़बूत होने से पानी के जहाज़ बनाने के काम में यह प्रयुक्त होती है। खिलौने, कृषि के औज़ार तथा बैलगाड़ियाँ बनाने के लिए भी नीम की लकड़ी उपयुक्त होती है।'

4(C). आश्रयदाता का विग्रह 'आश्रय + दाता' है।
संधि: दो अक्षरों के आपस में मिलने से जो उनके रूप और उच्चारण में जो परिवर्तन होता है उसे संधि कहते हैं।

5(B). 'कर्कश' का विलोम शब्द मधुर है।
किसी शब्द का विलोम शब्द उस शब्द के अर्थ से उल्टा अर्थ वाला होता है।
उदाहरण: मोटा - पतला, संशय - असंशय

6(A). रेखांकित शब्द समृद्धि भाववाचक संज्ञा है।
भाववाचक संज्ञा- जिस संज्ञा शब्द से व्यक्ति या वस्तु के गुण, धर्म, दशा अथवा स्वभाव का बोध होता है उसे भाववाचक संज्ञा कहते हैं। जैसे- बुढ़ापा, ईगानदारी, समझ इत्यादि। संज्ञा के पाँच प्रकार होते है:
1. व्यक्तिवाचक संज्ञा
2. जातिवाचक संज्ञा
3. भाववाचक संज्ञा
4. द्रव्यवाचक संज्ञा
5. समूहवाचक संज्ञा

7(A). रेखांकित शब्द मालिका का अर्थ पंक्ति है।
मालिका शब्द के अर्थ: माला, श्रेणी, अटारी, चमेली आदि।

8(C). वात-विकार के मामले में मालिश करने के लिए भी यह तेल उपयुक्त पाया जाता है।
गद्यांश के अनुसार, "निबौरी के बीज से तेल निकाला जाता है, जो 'मारगोसा' कहलाता है। कीटनाशक दवाइयाँ बनाने के लिए इसका प्रयोग किया जाता है। वात-विकार के मामले में मालिश करने के लिए भी यह तेल उपयुक्त पाया जाता है।"

9(A). गद्यांश के अनुसार, "जीवन का अर्थ है वृद्धि, अर्थात् विस्तार, और विस्तार ही प्रेम है। इसलिए प्रेम ही जीवन है - वही जीवन का एकमात्र गतिनियामक है और स्वार्थपरता ही मृत्यु है।"
इसलिए यह निष्कर्ष निकाला जा सकता है कि प्रेम जीवन है और स्वार्थ भावना मृत्यु।

10(C). गद्यांश के अनुसार, "परोपकार ही जीवन है, परोपकार न करना ही मृत्यु है। जितने नर-पशु तुम देखते हो, उनमें नब्बे प्रतिशत मृत हैं - प्रेत हैं; क्योंकि, ऐ बच्चों, जिसमें प्रेम नहीं है, वह मृत नहीं तो और क्या है?"
इसलिए यह निष्कर्ष निकाला जा सकता है कि जिसमें प्रेम भाव का अभाव है मृत समान हैं।

11(B). गद्यांश के अनुसार, "गत दस वर्ष से मैं और मेरा मूलमंत्र घोषित करता आया हूँ कि प्रयत्न करते रहो, और अब भी मैं कहता हूँ कि अविराम प्रयत्न करते चलो। जब चारों ओर अन्धकार-ही-अन्धकार दिखता था, तब भी मैं कहा कहता था – प्रयत्न करते रहो; और आज जब थोड़ा-थोड़ा उजाला दिख रहा है, तब भी मैं कहता हूँ कि प्रयत्न करते जाओ।"
इसलिए यह निष्कर्ष निकाला जा सकता है कि अनुच्छेद में अंधकार कठिनाइयों का प्रतीक है।

12(A). गद्यांश के अनुसार, "गत दस वर्ष से मैं और मेरा मूलमंत्र घोषित करता आया हूँ कि प्रयत्न करते रहो, और अब भी मैं कहता हूँ कि अविराम प्रयत्न करते चलो।"
इसलिए यह निष्कर्ष निकाला जा सकता है कि लेखक के अनुसार जीवन में सफलता प्राप्त करने के लिए निरंतर प्रयास करना जरूरी है।

13(C). गांधी जी भारत एवं भारतीय स्वतंत्रता आंदोलन के एक प्रमुख राजनैतिक एवं आध्यात्मिक नेता थे। गांधी जी ने सभी परिस्थितियों में अहिंसा और सत्य का पालन किया। अतः हम कह सकते हैं कि गाँधीजी विश्व नेता बने, क्योंकि सभी के प्रति उनकी समान दृष्टि व व्यवहार था।

14(C). महावीर, बुद्ध, क्राइस्ट, नानक व गाँधीजी में समानता है कि सभी ने मानव-कल्याण किया। महावीर, बुद्ध क्राइस्ट, नानक गाँधी अगर हमारे जीवन पर विराजमान हैं तो इसमें उनकी सदाशयता, निरहिंकार और व्यवहार का योगदान है।

15(B). मित्र शब्द में कोई प्रत्यय नहीं लगा है, अर्थात ये अन्य सभी शब्दों से भिन्न है।

16(A). सबके प्रति समान दृष्टि का भाव और व्यवहार होना चाहिए। सबके प्रति समान दृष्टि का ही भाव और व्यवहार था कि गाँधी विश्व नेता बने। मन में किसी के लिए रत्ती भर भी भेद-भाव नहीं रहना चाहिए।

17(A). "यह नहीं भूलना चाहिए कि हमारा जो व्यवहार होता है, उसी के अनुसार फल भी मिलता है।"

18(D). "महसूस होने लगेगा कि जिस शांति के लिए भटक रहे हैं, वह कहीं बाहर नहीं आपके अंदर ही है ।"

19(C). गाँधीजी ने अपना लक्ष्य गुलामों से आजादी को नहीं बनाया। भारत एवं भारतीय स्वतंत्रता आंदोलन के एक प्रमुख राजनैतिक एवं आध्यात्मिक नेता थे। गांधी जी ने सभी परिस्थितियों में अहिंसा और सत्य का पालन किया।

20(D). अनुच्छेद के अनुसार समाज और संवेदनाओं के नैतिक मूल्य को अपने व्यवहार का हिस्सा बनाना चाहिए। समाज और व्यक्ति एक दूसरे के पूरक हैं। शिक्षा का सार्वभौमिक उद्येश्य है- नैतिकता का विकास।

21(B). सुदामा चरित कवि नरोत्तमदास द्वारा अवधी भाषा में रचित काव्य-ग्रंथ है। इसकी रचना संवत 1605 के लगभग मानी जाती है।

22(D). निम्नलिखित में से सबसे प्राचीन रचना राम रक्षा स्तोत्र: है।
राम रक्षा स्तोत्र: 1400 से 1470 के मध्य लिखी गई है। इसके रचनाकार रामानंद है।
श्री रामानंद(1400-1470) मध्ययुगीन उदार चेतना के जन्मदाता, भक्ति आंदोलन के प्रवर्तक, तथा तत्कालीन धार्मिक तथा सामाजिक चेतना के मार्गदर्शक थे।
क्रांतिकारी कबीर ने रामानंद से निर्गुण राम तथा भक्ति का रहस्य सीखा।

23(B). मधुशाला हरिवंशराय बच्चन की प्रमुख रचना है।
हरिवंशराय बच्चन हिंदी साहित्य के आधुनिक काल के कवि माने जाते है। ये हिंदी भाषा के प्रसिद्ध कवि और लेखक माने जाते है। रचनाएँ- मधुकलश, निशा निमंत्रण आदि।

24(D). तुलसीदास काव्य निराला जी का अंतर्मुखी प्रबंध काव्य है।
हिंदी के छायावादी कवियों में कई दृष्टियों से विशेष महत्त्वपूर्ण हैं। निराला जी एक कवि, उपन्यासकार, निबन्धकार और कहानीकार थे। रचनाएँ- परिमल, गीतिका आदि।

25(A). 'कुकुरमुत्ता' यह स्वतंत्रता पूर्व सन् 1941 में लिखी सूर्यकान्त त्रिपाठी 'निराला' की बहुचर्चित सामाजिक व्यंग्यात्मक कविता है, जिसका मूल स्वर प्रगतिवादी है। प्रगतिवादी विचारधारा ऐतिहासिक उपज है। इस कविता में कुकुरमुत्ता-श्रमिक, सर्वहारा, शोषित वर्ग का प्रतीक या प्रतिनिधि है, तो गुलाब, सामंती, पूंजीपति वर्ग का प्रतीक या प्रतिनिधि है।

26(A). दी गयी कविता जयशंकर प्रसाद द्वारा लिखी गयी है। इस कविता का शीर्षक 'हिमाद्रि तुंग श्रृंग से' है। इस कविता का प्रयोग उन्होंने अपने प्रसिद्ध नाटक 'चन्द्रगुप्त' में किया है।
- जयशंकर प्रसाद (30 जनवरी 1889 - 15 नवंबर 1937)
- वे हिन्दी के छायावादी युग के चार प्रमुख स्तंभों में से एक हैं।
- वे नागरीप्रचारिणी सभा के उपाध्यक्ष भी थे।
- उनकी सर्वप्रथम छायावादी रचना 'खोलो द्वार' 1914 ई. में इंदु में प्रकाशित हुई।
- सन् 1912 ई. में 'इंदु' में उनकी पहली कहानी 'ग्राम' प्रकाशित हुई।
- हिंदी में 'करुणालय' द्वारा गीत नाट्य का भी आरंभ किया।
- सुमित्रानंदन पंत कामायनी को 'हिंदी में ताजमहल के समान' मानते हैं।

27(D). देव रीति-काल के सर्वश्रेष्ठ कवि हैं। इन्होंने रीतिकालीन काव्य पद्धति पर लक्षण-ग्रंथ लिखे जिससे ये 'आचार्य' कहलाए। इनके ग्रंथों की संख्या 72 बताते हैं, जिनमें भाव-विलास, भवानी-विलास, कुशल-विलास, रस-विलास, प्रेम-चंद्रिका, सुजान-मणि, सुजान-विनोद तथा सुख-सागर तरंग आदि 19 ग्रंथ प्राप्त हैं।

28(B). दिए गए विकल्पों में 'झाँसी की रानी' रचना 'सुभद्रा कुमारी चौहान' की है। त्रिधारा, मुकुल (कविता-संग्रह), बिखरे मोती (कहानी संग्रह), झांसी की रानी इनकी बहुचर्चित रचना है।
भारतीय तटरक्षक सेना ने 28 अप्रैल 2006 को सुभद्राकुमारी चौहान की राष्ट्रप्रेम की भावना को सम्मानित करने के लिए नए नियुक्त एक तटरक्षक जहाज़ को सुभद्रा कुमारी चौहान का नाम दिया है।
भारतीय डाकतार विभाग ने 6 अगस्त 1976 को सुभद्रा कुमारी चौहान के सम्मान में 25 पैसे का एक डाक-टिकट जारी किया है।

29(D). कबीरदास की भाषा सधुक्कड़ी एवं पंचमेल खिचड़ी है। इनकी भाषा में हिंदी भाषा की सभी बोलियों के शब्द सम्मिलित हैं। राजस्थानी, हरियाणवी, पंजाबी, खड़ी बोली, अवधी, ब्रजभाषा के शब्दों की बहुलता है। कबीर या भगत कबीर 15वीं सदी के भारतीय रहस्यवादी कवि और संत थे। वे हिन्दी साहित्य के भक्तिकालीन युग में ज्ञानाश्रयी-निर्गुण शाखा की काव्यधारा के प्रवर्तक थे। वे हिन्दू धर्म व इस्लाम को न मानते हुए धर्म निरपेक्ष थे। उन्होंने सामाज में फैली कुरीतियों, कर्मकांड, अंधविश्वास की निंदा की और सामाजिक बुराइयों की कड़ी आलोचना की थी।

30(C). राहुल सांकृत्यायन ने हिन्दी का पहला कवि सरहपा को माना है।
राहुल सांकृत्यायन ने हिंदी का प्रथम कवि जैन साहित्य के रचयिता सरहपा को माना है जिनका जन्मकाल 8वीं सती माना जाता है। परन्तु हजारीप्रसाद द्विवेदी ने हिंदी का प्रथम कवि अब्दुर्हमान को माना है। ये मुलतान के निवासी और जाति के जुलाहे थे।

31(D). पाहुड़ दोहा मुनीराम की रचना है।
- आविर्भाव काल: 1057
- मुनीराम सिंह जैन साहित्य के सर्वश्रेष्ठ रहस्यवादी कवि हैं।
- मुनीराम अपभ्रंश भाषा के कवि हैं।

32(B). "बीजक" का संकलन "कबीरदास" ने किया है।
कबीर की रचनाओं का संकलन "बीजक" कहलाता है।
इस कृति को कबीर पंथ की पवित्र पुस्तक मानी जाती है।

33(B). माखनलाल चतुर्वेदी सरल भाषा और ओजपूर्ण भावनाओं के अनूठे हिन्दी रचनाकार थे। उन्हें 'एक भारतीय आत्मा' उपनाम से भी जाना जाता था। राष्ट्रीयता माखनलाल चतुर्वेदी के काव्य का कलेवर तथा रहस्यात्मक प्रेम उनकी आत्मा रही। उन्होंने स्वतंत्रता आंदोलन में भी सक्रिय रूप से भाग लिया।

34(B). अंधा युग, धर्मवीर भारती द्वारा रचित हिंदी काव्य नाटक है। इस

गीतिनाट्य का प्रकाशन सन् 1955 ई. में हुआ था। इसका कथानक महाभारत युद्ध के अंतिम दिन पर आधारित है। इसमें युद्ध और उसके बाद की समस्याओं और मानवीय महत्वाकांक्षा को प्रस्तुत किया गया है। इसका कथानक महाभारत के 18 दिन से लेकर श्रीकृष्ण की मृत्यु तक के क्षण पर आधारित है।

35(A). 'पल्लव' के रचयिता सुमित्रानंदन पंत हैं। पल्लव सुमित्रानंदन पंत का तीसरा कविता संग्रह है जो 1928 में प्रकाशित हुआ था। यह हिन्दी साहित्य में छायावादी युग के प्रारंभ का समय था और इसकी लगभग सभी कविताएँ प्रकृति के प्रति प्रेम में डूबी हुई हैं।

36(B). भक्ति काल को "स्वर्णिम युग" कहा जाता है।
समयावधि:- संवत् 1343ई. से संवत् 1643ई. तक
भक्ति-युग की चार प्रमुख काव्य-धाराएं हैं:
- रामाश्रयी शाखा
- कृष्णाश्रयी शाखा
- ज्ञानाश्रयी शाखा
- प्रेमाश्रयी शाखा

37(B). 'हम हशमत', 'कृष्णा सोबती' की रचना है।
उन्हें 1980 में "साहित्य अकादमी पुरस्कार" तथा 1996 में "साहित्य अकादमी अध्येतावृत्ति" से सम्मानित किया गया था।
'हम हशमत' एक विचार संवाद संस्मरण हैं।

38(A). तूफानों के बीच (1941 ई.) रिपोर्ताज के लेखक रांगेय राघव हैं।
रिपोर्ताज फ्रांसीसी शब्द है, गद्य विधा के रूप में इसका आविर्भाव द्वितीय विश्वयुद्ध के आसपास हुआ।
हिंदी में रिपोर्ताज का जनक शिवदान सिंह चौहान को माना जाता है।
रिपोर्ताज के विकास में हंस पत्रिका का सर्वाधिक योगदान है।

39(C). 'हादसे' "रमणिका गुप्ता" की आत्मकथा है।
रमणिका गुप्ता की अन्य रचनाएं निम्नलिखित हैं:
विमर्श: आदिवासी अस्मिता का संकट, दलित-चेतना, साहित्यिक और सामाजिक सरोकार, दलित हस्तक्षेप
उपन्यास: सीता मौसी
आत्मकथा: आपहुदरी

40(C). 'पूस की रात' मुंशी प्रेमचंद की प्रसिद्ध कहानी है।
'पूस की रात' कहानी में जब खेत की फसल नष्ट हो जाती है, तब उसका दुःख उतना महसूस नहीं हुआ था बल्कि इस बात से राहत महसूस हुई थी कि अब हल्कू और जबरा को पूस की ठंडी रात में बिना कम्बल के खेत में सोना नहीं पड़ेगा।
प्रेमचंद की अन्य कहानियाँ हैं- मंत्र, ईदगाह, कफन, सद्गति, बड़े घर की बेटी, बुधुआ की बहू, ठाकुर का कुआं, पंचपरमेश्वर, दो बहनें, सौत, नमक का दरोगा, कामना आदि।

41(C). 'सूरदास' पात्र रंगभूमि उपन्यास का है।
इसका प्रकाशन 1936 ई. में हिन्दी ग्रंथ रत्नाकर कार्यालय, बम्बई द्वारा किया गया था।
उपन्यास सम्राट प्रेमचंद (1880-1936) का पूरा साहित्य, भारत के आम जनमानस की गाथा है। विषय, मानवीय भावना और समय के अनंत विस्तार तक जाती इनकी रचनाएँ इतिहास की सीमाओं को तोड़ती हैं, और कालजयी कृतियों में गिनी जाती हैं। रंगभूमि (1924-1925) उपन्यास ऐसी ही कृति है। नौकरशाही तथा पूँजीवाद के साथ जनसंघर्ष का ताण्डव; सत्य, निष्ठा और अहिंसा के प्रति आग्रह, ग्रामीण जीवन तथा स्त्री दुदर्शा का भयावह चित्र यहाँ अंकित है।

42(A). "हमारी जापान यात्रा" के लेखक "कन्हैयालाल मिश्र प्रभाकर" हैं। यह एक यात्रा वृतांत है। इसका रचना वर्ष सन् 1931 है।
कन्हैयालाल मिश्र 'प्रभाकर' हिन्दी के कथाकार, निबन्धकार, पत्रकार तथा स्वतंत्रता सेनानी थे।

43(C). रिपोर्ताज़ फ्रांसीसी शब्द है। गद्य विधा के रूप में इसका आविर्भाव द्वितीय विश्वयुद्ध के आसपास हुआ। 'रिपोर्ताज' के जनक के रूप में रूसी साहित्यकार इलिया एहरेनवर्ग को स्वीकार किया जाता है।
हिन्दी में रिपोर्ताज का जनक शिवदान सिंह चौहान को माना जाता है।
रूपाभ पत्रिका के दिसम्बर, 1938 में प्रकाशित 'लक्ष्मीपुरा' को हिन्दी का प्रथम रिपोर्ताज माना जाता है।

वास्तव में रेखाचित्र की शैली में प्रभावोत्पादक ढंग से लिखे जाने में ही रिपोर्ताज की सार्थकता है। आँखों देखी और कानों सुनी घटनाओं पर भी रिपोर्ताज लिखा जा सकता है। कल्पना के आधार पर रिपोर्ताज नहीं लिखा जा सकता है।

44(A). कविवचनसुधा भारतेन्दु हरिशचंद्र द्वारा सम्पादित एक हिन्दी समाचारपत्र था। इसका प्रकाशन वाराणसी में आरम्भ हुआ जो एक क्रांतिकारी घटना थी। यह कविता-केन्द्रित पत्र था। इस पत्र ने हिन्दी साहित्य और हिन्दी पत्रकारिता को नये आयाम प्रदान किए। हिन्दी के महान समालोचक डॉ. रामविलास शर्मा लिखते हैं- "कवि वचन सुधा का प्रकाशन करके भारतेन्दु ने एक नए युग का सूत्रपात किया।"

45(B). चारु चंद्रलेख आचार्य हजारीप्रसाद द्विवेदी की कलम से निकली हुई एक गहन संवेध कृति है। इसमें 12वीं-13वी सदी के भारत का व्यक्ति और समाज बारीकी से व्यक्त हुआ है।
समय के उस दौर में देश के लिए विदेशी आक्रमण का प्रतिरोध एक बड़ी चुनौती का दायित्व था लेकिन देश की समूची आध्यात्मिक तथा इतर शक्तियाँ पुरातन अन्धविश्वास के रास्ते नष्ट हो रही थी। ऐसे समाज के पुनर्गठन का काम पूरी तरह से उपेक्षित था और नए मूल्यों के सृजन की जरूरत की अनदेखी हो रही थी।
हजारीप्रसाद द्विवेदी का यह उपन्यास उस योग की जड़ता तोड़ने के बहाने काल निरपेक्ष रूप से देश में नए उत्साह का संचार करता है। रचना का यही बल इसे कालजयी बनाता है। एक गाम्भीर्य पूर्ण दायित्व को निभाते हुए चारु चंद्रलेख एक बेहद रोचक वृतांत भी है और इसीलिये प्रासंगिकता आज भी बनी हुई है।

46(A). फोर्ट विलियम कालेज के प्राध्यापक "शिवप्रसाद" नहीं थे। शिव प्रसाद को सितारेहिन्द भी कहा जाता है। गिलक्रिस्ट हिन्दुस्तानी विभाग के प्रथम प्रोफेसर थे।
- फोर्ट विलियम कॉलेज की स्थापना - 1800 ई
- मर्किवस वेलेजली ने स्थापना की।
- गिलक्रिस्ट को हिन्दुस्तानी विभाग का अध्यक्ष नियुक्त किया।
- सदल मिश्र और लल्लू लाल ने फोर्ट विलियम कॉलेज में हिंदी गद्य को खड़ा करने में मदद की।

47(A). "भारत महिमा" जयशंकर प्रसाद की लिखी हुई देशभक्ति पूर्ण कविता है। प्रस्तुत कविता में कवि ने अपने देश के गौरवशाली अतीत का सजीव वर्णन किया है। कवि का कहना है कि हमें अपने देश पर गर्व करते हुए उसके प्रति अपना सर्वस्व निछावर करने के लिए हमेशा तत्पर रहना चाहिए।

48(C). "दिल्ली दरबार दर्पण", "भारतेंदु हरिश्चंद्र" जी का निबंध है। भारतेंदु हरिश्चंद्र ने दिल्ली दरबार दर्पण निबंध को वर्णात्मक शैली में लिखा है।
भारतेन्दु हरिश्चन्द्र "आधुनिक हिंदी साहित्य के पितामह" कहे जाते हैं।
इनका मूल नाम 'हरिश्चन्द्र' था, 'भारतेन्दु' उनकी उपाधि थी।
भारतेंदु जी के अन्य निबंध निम्नलिखित हैं:
- कश्मीर कुसुम
- उदयपुरोदय
- कालचक्र
- बादशाह दर्पण
- पांचवे पैगंबर
- अंग्रेजी स्रोत
- हिंदी भाषा
- सूर्योदय

49(A). "दिल्ली मेरा परदेस' रघुवीर सहाय की डायरी पुस्तक है जो 'धर्मयुग' में 1960 से 63 तक 'दिल्ली की डायरी' नामक स्तम्भ के रूप में प्रकाशित हुई थी। इसके जरिए रघुवीर सहाय की कोशिश यह थी कि इसमें दिल्ली के जीवन पर टिप्पणियाँ हों और ऐसी हों कि उनका दिल्ली के बाहर भी कोई अर्थ हो सके। ये तीन वर्ष बहुत महत्वपूर्ण थे, क्योंकि नेहरू के राजनीतिक जीवन के वे अन्तिम वर्ष थे।
दिल्ली की डायरी में नेहरू के जीवन के अन्तिम चार वर्षों में से तीन की स्पष्ट झलक मिलती है। इस पुस्तक का नाम 'दिल्ली मेरा परदेस' क्यों है, इसके बारे में खुद रघुवीर सहाय लिखते हैं कि 'दिल्ली मेरा देस नहीं है और दिल्ली किसी का देस नहीं हो सकती। उसकी अपनी संस्कृति नहीं है। यहाँ के निवासियों के सामाजिक आचरण को कभी इतना स्थिर होने का अवसर मिल भी नहीं सकता कि वह एक संस्कृति का रूप ग्रहण करे।

50(C). मैथिली हिंदी में रचित गद्य रचना ज्योतिरिश्वर द्वारा रचित वर्ण 'रत्नाकर' है। इसका रचना काल 1324 ईस्वी है।

51(B). "गडरिया और दार्शनिक शास्त्र", ग्रे की रचना "शेफर्ड एंड फिलॉसफर" का अनुवादित ग्रन्थ है।

52(C). हेमचन्द्र अथवा हेमचन्द्रसूरि (1078 - 1162) श्वेताम्बर परम्परा के एक महान् जैन दार्शनिक और आचार्य थे। हेमचन्द्र दर्शन, धर्म एवं आध्यात्म के महान् चिन्तक होने के साथ-साथ एक महान् वैयाकरण, आलंकारिक, महाकवि, इतिहासकार, पुराणकार एवं धर्मोपदेशक के रूप में प्रसिद्ध हैं। आचार्य ने समस्त व्याकरण वाङ्मय का अनुशीलन कर 'शब्दानुशासन' एवं अन्य व्याकरण ग्रंथो की रचना की। पूर्ववर्ती आचार्यों के ग्रंथो का सम्यक अध्ययन कर सर्वज्ञ परिपूर्ण उपयोगी एवं सरल व्याकरण की रचना कर संस्कृत और प्राकृत दोनों ही भाषाओं को पूर्णतया अनुशासित किया है।

53(A). 'जो कहा नहीं गया' आत्मकथा कुसुम अंसल की आत्मकथा है।
- कुसुम अंसल ने जो कहा नहीं गया की रचना 1996 ई. में की थी।
- 'जो कहा नहीं गया' एक विशेष प्रकार की विनम्रता समूची आत्मकथा में सुगंध की तरह बसी हुई है। समूची आत्मकथा में कल्पना का असत्य जैसा कुछ नहीं है यही इसका शुक्लपक्ष है।

54(D). हिन्दी में गीति नाट्य परम्परा की प्रथम रचना अंधायुग और उसके रचनाकार धर्मवीर भारती है।
अंधायुग 1955 में प्रकाशित बहुत प्रसिद्ध नाटक है, जिसे गीतिनाट्य का रूप में धर्मवीर भारती जी ने लिखा।
धर्मवीर भारती के अन्य महत्वपूर्ण कार्य-
- गुनाहों का देवता (1949, उपन्यास)
- सूरज का सातवाँ घोड़ा (1952, उपन्यास)
- अंधा-युग (1953, नाटक)

55(C). "दुक्खम सुक्खम" उपन्यास ममता कालिया का है।
- ममता कालिया (02 नवम्बर,1940)
- लगभग आधी सदी के काल खण्ड में उन्होंने 200 से अधिक कहानियों की रचना की है।

56(A). 'पृथ्वीराज रासो' के रचयिता का नाम चंदबरदाई है।
पृथ्वीराज रासो हिन्दी भाषा में लिखा एक महाकाव्य है जिसमें पृथ्वीराज चौहान के जीवन और चरित्र का वर्णन किया गया है। इसके रचयिता चंदबरदाई राव पृथ्वीराज के बचपन के मित्र और उनके राजकवि थे और उनकी युद्ध यात्राओं के समय वीर रस की कविताओं से सेना को प्रोत्साहित भी करते थे।

57(A). "खुमान रासो" की रचना 'दलपत विजय' ने की है।
इस ग्रंथ की प्रामाणिक हस्तलिखित प्रति पूना के संग्रहालय में सुरक्षित हैं। यह पांच हजार छंदों का विशाल काव्य ग्रंथ है। राजाओं के युद्धों और विवाहों के सरल वर्णनों से इस काव्य की भावभूमि का विस्तार हुआ है।

58(B). "पद्मावत" के रचयिता जायसी हैं।
पद्मावत हिन्दी साहित्य के अन्तर्गत सूफी परम्परा का प्रसिद्ध महाकाव्य है। इसके रचनाकार मलिक मोहम्मद जायसी हैं। दोहा और चौपाई छन्द में लिखे गए इस महाकाव्य की भाषा अवधी है।

59(C). "अष्टयाम" के रचयिता नाभादास हैं।
नाभादास- यमुनाष्टक, सिद्धान्त मुक्तावली, पुष्टिप्रवाहमर्यादाभेद

60(D). 'रास पंचाध्यायी', सूरदास जी की रचना नहीं है।
रास पंचाध्यायी नन्ददास की कृति है। यह मूलत: भागवत पुराण के दशम स्कंध के उनतीसवें अध्याय से तैंतीसवें अध्याय तक पाँच अध्यायों का नाम है। यह संस्कृत का कोई स्वतंत्र ग्रंथ नहीं है। किंतु हिन्दी में रास पंचाध्यायी नाम से स्वतंत्र ग्रंथ लिखे गए और यह नाम अत्यंत प्रसिद्ध हो गया। भागवत पुराण के इन पाँच अध्यायों की इस पुराण का प्राण माना जाता है क्योंकि इस अध्यायों में श्रीकृष्ण की दिव्य लीला के माध्यम से प्रेम और समर्पण की प्रतिष्ठा की गई है।

61(D). रसमंजरी तुलसी द्वारा रचित ग्रन्थ नहीं है।
रसमंजरी के रचनाकार नंददास हैं।

62(B). 'कविप्रिया' रीति काल के प्रसिद्ध कवि केशवदास द्वारा लिखा गया ग्रंथ है।
अपने इस ग्रंथ में केशव ने 'अलंकार' शब्द को उसी व्यापक अर्थ में ग्रहण किया है, जैसे दण्डी, वामन आदि आचार्यों ने।
'कविप्रिया' कविजनों का मार्गदर्शक ग्रंथ कहा जा सकता है। इसमें कवि-कर्त्तव्यों तथा अलंकारों का विवेचन है। केशव ने 'कविप्रिया' में वर्ण्य-विषयों की तालिका इस प्रकार दी है-
देस, नगर, बन, बाग, गिरि, आश्रम, सरिता, ताल।
रवि, ससि, सागर, भूमि के भूषन, रितु सब काल।।

63(D). "पद्मावती" भारतेन्दु की रचना नहीं है।
जायसी सूफी संत थे और इस रचना में उन्होंने नायक रतनसेन और नायिका पद्मिनी की प्रेमकथा को विस्तारपूर्वक कहते हुए प्रेम की साधना का संदेश दिया है। पद्मावत हिन्दी साहित्य के अन्तर्गत सूफी परम्परा का प्रसिद्ध महाकाव्य है।

64(D). "युगधारा" रचना केदारनाथ अग्रवाल की नहीं है।
केदारनाथ अग्रवाल की रचनाये- जो शिलाएँ तोड़ते हैं ,कहें केदार खरी खरी, खुली आँखें खुले डैने, कुहकी कोयल खड़े पेड़ की देह, मार प्यार की थापें, फूल नहीं, रंग बोलते हैं-1, फूल नहीं, रंग बोलते हैं-2, आग का आइना, पंख और पतवार, अपूर्वा, नींद के बादल, आत्म गंध, बम्बई का रक्त स्नान, युग-गंगा, बोले बोल अबोल आदि।

65(A). 'शमशेर बहादुर सिंह' "तारसप्तक" का कवि नहीं है।
तार सप्तक में गजानन माधव मुक्तिबोध, नेमिचन्द्र जैन, भारतभूषण अग्रवाल, प्रभाकर माचवे, गिरिजा कुमार माथुर, रामविलास शर्मा एवं अज्ञेय सहित सात कवियों की कविताएँ संकलित की गई हैं।

66(D). विद्रता, विद्वान से बनी भाववाचक संज्ञा है। जिसका अर्थ होता है शिक्षित व्यक्ति, पंडित आदि।
भाववाचक संज्ञा: जो शब्द किसी चीज़ या पदार्थ की अवस्था, दशा या भाव का बोध कराते हैं, उन शब्दों को भाववाचक संज्ञा कहते हैं। जैसे- बचपन, बुढ़ापा, मोटापा, मिठास आदि।

67(B). मित्रता, भाववाचक संज्ञा है।
जो शब्द किसी चीज़ या पदार्थ की अवस्था, दशा या भाव का बोध कराते हैं, उन शब्दों को भाववाचक संज्ञा कहते हैं। जैसे- बचपन, बुढ़ापा, मोटापा, मिठास, उमंग, चढाई, थकावट, मानवता, चतुराई, जवानी, लम्बाई, मित्रता, मुस्कुराहट, अपनापन, परायापन, भूख, प्यास, चोरी, क्रोध, सुन्दरता आदि।

68(B). सर्वनाम के कुल 6 भेद होते हैं।
जो शब्द संज्ञा के स्थान पर प्रयुक्त होते हैं, उन्हें सर्वनाम कहते हैं। सर्वनाम के छः भेद होते हैं-
(1) पुरुषवाचक सर्वनाम
(2) निश्चयवाचक सर्वनाम
(3) निजवाचक सर्वनाम
(4) सम्बन्ध वाचक सर्वनाम
(5) अनिश्चयवाचक सर्वनाम
(6) प्रश्नवाचक सर्वनाम

69(B). 'वह आदमी है' वाक्य में 'वह' शब्द अन्य पुरुष को इंगित करता है। इसलिए, यह निश्चयवाचक सर्वनाम होगा।
निश्चयवाचक सर्वनाम: जो सर्वनाम शब्द किसी व्यक्ति, वस्तु आदि का निश्चयपूर्वक बोध कराते हैं वे निश्चयवाचक सर्वनाम कहलाते हैं।
उदाहरण: वे, यह, वह आदि।

70(C). 'माँ बच्चे को अनार खिलाती है' इसमें प्रेरणार्थक क्रिया हैं। जब कर्ता किसी कार्य को स्वयं न करके किसी दूसरे को कार्य करने की प्रेरणा दे तो उस क्रिया को प्रेरणार्थक क्रिया कहते हैं। जैसे- काटना से कटवाना, करना से कराना। मालिक नौकर से कार साफ करवाता है।
अत: विकल्प (C) सही है।

71(D). बच्चा दूध पीता है इसमें साधारण क्रिया हैं। जिस शब्द से किसी काम का करना या होना प्रकट होता हो, उसे साधारण क्रिया कहते हैं। जैसे- पढ़ना, लिखना, खाना, आना इत्यादि। क्रिया विकारी शब्द है, जिसके रूप लिंग,वचन और पुरुष के अनुसार बदल जाते हैं।
अत: विकल्प (D) सही है।

72(C). जिस शब्द पर क्रिया का फल /प्रभाव जिस संज्ञा/सर्वनाम पर पड़ता है, उसे कर्म कारक कहते हैं।

"लोगों ने चोर को मारा।" में कर्म कारक है।

73(D). संज्ञा या सर्वनाम के जिस रूप से किसी अन्य शब्द के साथ संबंध या लगाव प्रतीत हो उसे संबंध कारक कहते हैं
जैसे- गंगा हिमालय से निकलती है।

74(A). इनमें से 'नया' गुणवाचक विशेषण है।जिस शब्द से संज्ञा या सर्वनाम के गुण, रूप, रंग आदि का बोध होता है, उसे गुण वाचक विशेषण कहते हैं।
जैसे-बगीचे में सुंदर फूल हैं।

75(B). "जो शब्द, किसी व्यक्ति या वस्तु के गुण, दोष, रंग, आकार, अवस्था, स्थिति, स्वभाव, दशा, दिशा, स्पर्श, गंध, स्वाद आदि का बोध कराए, 'गुणवाचक विशेषण' कहलाते हैं।" 'मीठा अमरुद' में 'मीठा' विशेषण गुणवाचक कोटि का है।

76(D). "धर्मभ्रष्ट" अधिकरण तत्पुरुष समास का नहीं है। 'धर्मभ्रष्ट' में 'आपादान तत्पुरुष' समास है।

77(A). ''अपना-पराया'' में द्वंद्व समास होगा क्योंकि 'अपना-पराया' का समास विग्रह होगा 'अपना अथवा पराया'।

78(D). जब कोई पूरा कथन किसी प्रसंग विशेष में उद्धृत किया जाता है तो लोकोक्ति कहलाता है।
"कबहुँ निरामिष होय न कागा" लोकोक्ति का उपयुक्त अर्थ "दुष्ट अपनी दुष्टता नहीं छोड़ता" है।
वाक्य प्रयोग - दुष्ट सियार ने साधु का रूप धारण कर प्रवचन देना शुरू किया तो मासूम जानवरों को यह विश्वास हो गया कि अब सियार बदल गया है किंतु जब उनकी संख्या में कमी होने लगी तब उन्हें यह कहावत याद आया कि कबहुं निरामिष होय न कागा।

79(C). **मुहावरा** – घर फूँककर तमाशा देखना
अर्थ – अपना घर स्वयं उजाड़ना या अपना नुकसान खुद करना
वाक्य प्रयोग – जुए में सब कुछ बर्बाद करके राजू अब घर फूँक के तमाशा देख रहा है।

80(A). छोटे संबंधियाँ को पत्र संबोधन करते समय 'चिरंजीव' शब्द का प्रयोग होता है।
- चिरंजीव का अर्थ - आशीर्वादात्मक विशेषण, जिसका अर्थ है—दीर्घायु हो।
- चिरंजीव का भाववाचक अर्थ पुत्र भी होता है और मराठी में पुत्र को चिरंजीव कहने की परम्परा है। पुत्र का परिचय कराते वक्त यही कहा जाता है- ये हमारे चिरंजीव हैं।

81(C). आयकर से माफ़ी एवं पूर्ण मुक्ति के लिए आयकर अधिकारी को प्रार्थना-पत्र लिखेंगे।
जिन पत्रों में निवेदन अथवा प्रार्थना की जाती है, वे 'प्रार्थना-पत्र' कहलाते हैं। ये अवकाश, शिकायत, सुधार, आवेदन के लिए लिखे जाते हैं।

82(D). दिये गये विकल्पों में से 'निमंत्रण पत्र' कार्यालयी पत्र का प्रकार नहीं है। यह सामाजिक पत्र के अन्तर्गत आता है।

83(B). कार्यालयी आदेश सदैव वरिष्ठ से कनिष्ठ को प्रेषित किया जाता है।

84(C). किसी राजपत्रित अधिकारी की नियुक्ति, पदोन्नति, अवकाश स्वीकृति और उनके स्थानांतरण की सूचना को राजपत्र में प्रकाशित करने के लिए अधिसूचना का प्रयोग किया जाता है।

85(D). 'अशोक के फूल' (काव्य - संग्रह) के रचनाकार हजारी प्रसाद द्विवेदी है।
अशोक वृक्ष और उसके फूलों के माध्यम से हजारी प्रसाद द्विवेदी ने भारत के प्राचीन इतिहास, संस्कृति, जीवन दृष्टि, धर्म, संसाधनों तथा विभिन्न जातियों के विषय में सूचना प्रदान करता है। हजारी प्रसाद द्विवेदी ने अपनी इस रचना के द्वारा बताया की संस्कृत कवि कालिदास से पूर्व अशोक के वृक्ष एवं फूल तो थे पर उनकी महिमामंडित करने वाले कालिदास ही थे।

86(A). पद्मावत कविता के कवि मलिक मोहम्मद जायसी है।
मलिक मुहम्मद जायसी हिन्दी साहित्य के भक्ति काल की निर्गुण प्रेमाश्रयी धारा के कवि थे। वे अत्यंत उच्चकोटि के सरल और उदार सूफ़ी महात्मा थे। पद्मावत 1540 में सूफ़ी कवि मलिक मुहम्मद जायसी द्वारा लिखी गई एक महाकाव्य कविता है, जिसको मलिक मोहम्मद जायसी ने हिंदुस्तानी भाषा अवधी में, और मूल रूप से फारसी में लिखा था।

87(C). अंधेर नगरी कविता के कवि भारतेन्दु हरिश्चंद्र है।
अँधेर नगरी प्रसिद्ध हिंदी साहित्यकार भारतेन्दु हरिश्चंद्र का सर्वाधिक लोकप्रिय रचनाओं में से एक है। इस रचना में विवेकहीन और निरंकुश शासन व्यवस्था पर भारतेन्दु हरिश्चंद्र ने करारा व्यंग्य किया है। भारतेंदु ने अंधेर नगरी कविता की रचना बनारस के हिंदू नेशनल थियेटर में की थी।

88(A). सब सही सुमेलित है विकल्प (A) को छोड़ कर। सही मेल है- बुद्धि प्रकाश- मुंशी सदासुखलाल।

89(B). स्वामी दयानन्द सरस्वती ने उन्नीसवीं शताब्दी के अंतिम चरण में अपना कालजयी ग्रन्थ सत्यार्थ प्रकाश रचकर धार्मिक जगत में एक क्रांति कर दी। यह ग्रन्थ वैचारिक क्रान्ति का एक शंखनाद है। इस ग्रन्थ का जन साधारण पर और विचारशील दोनों प्रकार के लोगों पर बड़ा गहरा प्रभाव पड़ा।

90(B). सरस्वती हिन्दी साहित्य की प्रसिद्ध रूपगुणसम्पन्न प्रतिनिधि पत्रिका थी। इस पत्रिका का प्रकाशन इण्डियन प्रेस, प्रयाग से सन 1900 ई० के जनवरी मास में प्रारम्भ हुआ था। 32 पृष्ठ की क्राउन आकार की इस पत्रिका का मूल्य 4 आना मात्र था। 1903 ई० में महावीर प्रसाद द्विवेदी इसके संपादक हुए और 1920 ई० तक रहे।

91(A). एक समय 'सरस्वती' पत्रिका भारत की हिन्दी चेतना की सबसे सशक्त मंच बन गयी। महावीर प्रसाद द्विवेदी ने अपने समकालीन लेखकों को प्रेरित कर नये-नये विषयों पर लिखवाया। उन्होंने इस बात पर बल दिया कि हिन्दी की प्रगति तभी सम्भव है, जब उसमें विज्ञान, अर्थशास्त्र, समाजशास्त्र, तकनीक जैसे विषयों में साहित्य उपलब्ध हो।

92(B). 'कहानी' का प्राचीन नाम संस्कृत में 'गल्प' या 'आख्यायिका' मिलता है। आधुनिक हिन्दी कविता का जन्म वर्तमान युग की आवश्यकताओं के कारण हुआ। हिन्दी कहानी का उद्भव द्विवेदी युग में 'सरस्वती पत्रिका (1900 ई.) के प्रकाशन से प्रारम्भ होता है। इसके जन्म 1901 ई. में हुआ था।

93(A). नाक, इज्जत-प्रतिष्ठा, मान-मर्यादा और सम्मान का प्रतीक है। शायद यही कारण है कि इससे संबंधित कई मुहावरे प्रचलित हैं जैसे- नाक कटना, नाक रखना, नाक का सवाल,नाक रगड़ना आदि। इस पाठ में नाक मान-सम्मान व प्रतिष्ठा का द्योतक है।
अतः सही विकल्प (C) है।

94(D). पाठ्य-पुस्तक मानव की एक महत्वपूर्ण रचना है। मनुष्य अपने अनुभवों, विचारों एवं अनुभूतियों का पुस्तक के रूप में संचय करता है। पाठ्य-पुस्तक ज्ञान संचय का साधन है जिसका लाभ नई पीढ़ी को होता है। पुस्तकों के माध्यम से संचित ज्ञान को शिक्षक अपने छात्रों को प्रदान करता है। मानवीय ज्ञान संचय एवं संचार का साधन पुस्तक है। उच्च प्राथमिक स्तर पर हिंदी भाषा की पाठ्य-पुस्तक जग निर्माण करते हुए समस्त व्याकरणिक बिन्दुओं का समावेश, समृद्ध हिंदी साहित्य की छटा का प्रदर्शन कम महत्त्वपूर्ण है।
अत: विकल्प (D) सही है।

95(D). मनुष्य में भाषा सीखने की प्रवृत्ति स्वाभाविक रूप से विद्यमान रहती हैं प्राथमिक स्तर पर बच्चों के शुरूआती भाषा-विकास में सर्वाधिक योगदान परिवार में होने वाली परस्पर गुणवत्तापूर्ण बातचीत दे सकती हैं। बच्चे अनुकरण के माध्यम से अपने माता-पिता तथा घर के अन्य सदस्यों से अपना भाषा भंडार विकसित करता है। यदि बच्चों के परिवार में प्रयुक्त भाषा में कोई दोष हो तो स्वभाविक रूप से बच्चों में भी भाषा दोष परिलक्षित होता है। इसलिए बच्चों के भाषा-विकास के लिए आवश्यक है कि उसके परिवार में भी परस्पर गुणवत्तापूर्ण बातचीत हो।
अत: विकल्प (D) सही है।

96(B). उच्च प्राथमिक स्तर पर बच्चों की मौखिक अभिव्यक्ति का विकास करने के लिए सर्वाधिक महत्त्व उच्चारणगत शुद्धता पर देते हैं। उच्चारणगत शुद्धता से बच्चों में भाषा की गुणवत्ता का पता चलता है। सामान्यतः भाव एवं विचार-संप्रेषण के लिए मनुष्य भाषा के मौखिक रूप का ही प्रयोग करते हैं। बच्चा जब सर्वप्रथम भाषा सीखता है तो वह उसके मौखिक रूप का ही प्रयोग करता है, उसे सिखाया भी मौखिक रूप से ही जाता है।
अत: विकल्प (B) सही है।

97(C). उच्च प्राथमिक स्तर पर भाषा-शिक्षण का भाषा की नियमबद्ध प्रकृति को पहचानना एक महत्त्वपूर्ण उद्देश्य है । उच्च प्राथमिक स्तर पर भाषा का ज्ञान बहुत महत्त्वपूर्ण हो जाता है ताकि बच्चे भाषा का विभिन्न संदर्भों में इस्तेमाल करते समय नियमबद्ध प्रकृति को पहचान पाएं । सभी लोग मौखिक एवं लिखित भाषा में अपने विचारो को प्रकट करते है किन्तु इससे भाषा का कोई निश्चित एवं शुद्ध स्वरूप स्थिर नहीं हो सकता। भाषा के शुद्ध और स्थायी रूप को निश्चित करने के लिए नियमबद्ध प्रकृति को पहचानने की आवश्यकता होती है ।

अत: विकल्प (C) सही है ।

98(D). मनुष्य के बौद्धिक कौशल का विकास अधिगम द्वारा ही होता है। सीखे हुए ज्ञान को आत्मसात करना, अपने अवबोध में लाना अर्जन या ग्रहण करना है। अर्जन व्यवहार संशोधन की ऐसी प्रक्रिया है जिसके द्वारा सीखने की परिभाषा, स्वरुप एवं प्रकृति का निर्धारित किया जाता है। यह एक क्रियाशील प्रक्रिया है जिसमें बालक बिना किसी परेशानी एवं क्रमबद्ध अभ्यास से भाषार्जन करता है।

अत: विकल्प (D) सही है ।

99(C). पूनम अपने विद्यार्थियों को पढ़ाते समय दृश्य-क्ष्य सामग्री का प्रयोग करती है । इसका प्रमुख कारण है की वह कक्षा के सभी बच्चों की आवश्यकताओं को संबोधित करती है ।

दृश्य-श्रव्य सामग्री का प्रयोग छात्र और विषय सामग्री के मध्य अन्तःक्रिया को तीव्रतम गति परलाकर छात्रों को शिक्षोन्मुखी तथा जिज्ञासु बनाती है। एक अच्छे शिक्षक के लिए विषय पर आधिपत्य अध्यापन का बहुपयोगी माध्यम है।

अत: विकल्प (C) सही है ।

100(A). किसी पाठ्य सामग्री से कोई विशिष्ट सूचना निकालने के उद्देश्य से उस पाठ्य सामग्री के किसी अंश को बारीकी और गहनता के साथ पढ़ने का कौशल स्थानीय अवबोधन कहलाता है। यह एक पठन रणनीति है जो इस पर केंद्रित है:

- पाठ की गहरी और बेहतर समझ प्राप्त करना।
- एक विशिष्ट सीखने के उद्देश्य के साथ पाठ को विस्तार से पढ़ना।
- पढ़ने की समझ और महत्वपूर्ण सोच कौशल को बढ़ाना।
- पठन सामग्री जैसे लेबल, रिपोर्ट, अनुबंध, लेख आदि।

अत: विकल्प (C) सही है।

Ques (1-9): निर्देश : नीचे दाए गए पात्र का अंश पढ़कर पूछे गए प्रश्नों के सबसे उपयुक्त वाले विकल्प को चुनिए।

पूज्य पिताजी महाराज, दिल्ली जेल

वन्दे मातरम्! 26 अप्रैल, 1929

अर्ज़ यह है कि हम लोग 22 अप्रैल को पुलिस की हवालात से दिल्ली जेल में मुंताकिल कर दिए गए थे और इस वक़्त दिल्ली जेल में ही हैं। मुकदमा 7 मई को जेल के अंदर ही शुरू होगा। गालिबन एक माह में सारा ड्रामा खत्म हो जाएगा। मुझे मालूम हुआ कि आप यहाँ तशरीफ़ लाए थे और किसी वकील वगैरह से बातचीत की थी और मुझसे मिलने की कोशिश भी की थी, मगर तब सब इंतजाम न हो सका। कपड़े मुझे परसों मिले। मुलाकात आप जिस दिन तशरीफ़ लाएँ, हो सकेगी। आप ख्वाहमख्वाह ज्यादा तकलीफ़ न कीजिएगा। अगर आप मिलने के लिए आएँ तो अकेले आइएगा। वालिदा साहिबा को साथ न लाइएगा। ख्वाहमख्वाह वो रो देगी। घर के सब हालात आपसे मिलने पर ही मालूम हो सकेंगे। हाँ , अगर हो सके तो गीता रहयय, नेपोलियन की मोटी सुआने-उमरी, अंग्रेजी के कुछ आला नावॅल लेते आइएगा। इस वक्त पुलिस-हवालात और जेल में हमार साथ निहायत अच्छा सलूक हो रहा है। मुझे आपका एड्रेस मालूम नहीं है, इसलिए कांग्रेस दफ़्तर के पते पर लिख रहा हूँ।

आपका ताबेदार

भगत सिंह

1. वालिदा साहिबा को साथ न लाने की बात क्यों लिखी?
1. वालिदा के ऊपर घर के दायित्व थे।
2. वालिदा को उनकी स्थिति देखकर दुःख होगा।
3. वालिदा को मिलने की अनुमति नहीं मिलेगी।
4. वालिदा के लिए यात्रा करना उचित नहीं था।
(a) 1   (b) 2
(c) 3   (d) 4

2. भगत सिंह ने अपने पिता से क्या नहीं मँगवाया?
1. गीता रहस्य
2. हिंदी उपन्यास
3. नैपोलियन की जीवनी
4. अंग्रेजी उपन्यास
(a) 1   (b) 2
(c) 3   (d) 4

3. भगत सिंह ने अपने पिता को पत्र उनके पते पर क्यों नहीं लिखा?
1. घर का पता याद नहीं आ रहा था।
2. घर तक डाक भेजने की व्यवस्था न थी।
3. घर पर पत्र भेजने की अनुमति न थी।
4. पिता का पता मालूम नहीं था।
(a) 1   (b) 2
(c) 3   (d) 4

4. 'कपड़े मुझे परसों मिले'।
भगत सिंह जी को कपड़े किस तारीख को मिले होंगे?
1. 26 अप्रैल, 1929
2. 20 अप्रैल, 1929
3. 24 अप्रैल, 1929
4. 22 अप्रैल, 1929
(a) 1   (b) 2
(c) 3   (d) 4

5. पत्र लिखने के समय भगत सिंह कहाँ पर थे?
1. दिल्ली जेल
2. कांग्रेस कार्यालय
3. पंजाब जेल
4. मित्र के घर
(a) 1   (b) 2
(c) 3   (d) 4

6. 'एक माह में सारा ड्रामा खत्म हो जाएगा।' से आशय है:
1. दूसरी जेल भेज दिया जाएगा।

2. वकील का इंतजाम हो जाएगा।
3. निर्णय सुना दिया जाएगा।
4. सज़ा की अवधि घट जाएगी।
(a) 1   (b) 2
(c) 3   (d) 4

7. 'आला' का अर्थ है:
1. निकृष्ट
2. रोचक
3. पठनीय
4. उत्कृष्ट
(a) 1   (b) 2
(c) 3   (d) 4

8. कौन सा शब्द भिन्न है?
1. तब्दील
2. रहस्य
3. तशरीफ़
4. फ़िक्र
(a) 1   (b) 2
(c) 3   (d) 4

9. 'जेल में हमारे साथ निहायत अच्छा सलूक हो रहा है।' रेखांकित शब्द के लिए सही शब्द का चयन करें।
1. तिरस्कार
2. गुणगान
3. सम्मान
4. व्यवहार
(a) 1   (b) 2
(c) 3   (d) 4

Ques (10-12): निर्देशः नीचे दिये गए गद्यांश को पढ़कर पूछे गये प्रश्नों के उत्तर दीजिए।

"किसी भी देश के लिए स्वतंत्रता वरदान होती है। स्वतंत्र देश संस्कार तो देता ही है। आत्मनिर्भर भी बनाता है। आज़ादी हमें आस्था देती है। आत्मविश्वास हमें मर्यादापूर्वक जीवन जीने की कला सिखाता है। बड़ों का सम्मान छोटों के प्रति सेह और आत्मीयता, उनके प्रति जिम्मेदारी का बोध हमारी मर्यादा के अंग बन जाते हैं। हमें आकांक्षाओं की तुलना में अपनी योग्यताएँ बढ़ानी चाहिए। नम्रता हमारी जीवन-शैली के प्रेरक बनते हैं। हमारे महापुरुषों ने अनेक कष्ट सहे, यातनाएँ सहीं पर अनैतिकता से समझौता नहीं किया। वे वृद्ध निश्चयी थे, संकल्पबद्ध थे। प्रलोभनों और आकांक्षाओं के गुलाम नहीं थे। उन्होंने मानसिक स्वतंत्रता, निद्रवंद्रता और आत्मनिर्भरता के कारण ही अपनी विशिष्ट पहचान बनाई। हमें अवसरों की राह नहीं देखनी, अवसरों की राह बनानी है। महानता, सार्थकता, उद्देश्यपूर्णता को हम यदि संस्कार बना लें तो सफलता निश्चित है।"

10. जीवन में सफलता कैसे प्राप्त की जा सकती है?
(a) समय और अवसरों की प्रतीक्षा करके।
(b) भाग्य के लेख पर भरोसा करके।
(c) महानता, सार्थकता और उद्देश्यपूर्णता को संस्कार बनाकर।
(d) अनेक प्रकार के कष्ट सहकर।

11. हमारी मर्यादा के अंग क्या-क्या बन जाते है?
(a) बड़ों का सम्मान, छोटों को सेह और जिम्मेदारी का बोध
(b) अपनी जीवन-शैली को सुविधा संपन्न बनाने के विचार
(c) अपनी आकांक्षाओं के आकाश में उड़ने के स्वप्न
(d) अवसरों की राह देखने के विचार

12. हमारे महापुरुषों ने क्या-क्या किया?
(a) हमें आश्य का निर्माण करने का मूल मंत्र दिया।
(b) अनेक कष्ट सहे, यातनाएँ सहीं पर अनैतिकता से समझौता नहीं किया।
(c) हमें स्वतंत्रता का संस्कार दिया

(d) हमें आत्मनिर्भर बनने के अवसर प्रदान किए।

Ques (13-20): निर्देश: नीचे दिए गए गद्यांश को ध्यानपूर्वक पढ़िए तथा पूछे गए प्रश्नों के सबसे उपयुक्त उत्तर वाले विकल्प को चुनिए -

अभी तक मैंने उन्हें दूर से देखा था। बड़ी गंभीर, शांत, अपने आप में खोई हुई लगती थीं। संभ्रांत महिला की भांति वे प्रतीत होती थीं। उनके प्रति मेरे दिल में आदर और श्रद्धा के भाव थे। परन्तु इस बार जब मैं हिमालय के कंधे पर चढ़ा तो वे कुछ और रूप में सामने थीं। मैं हैरान था कि यही दुबली-पतली गंगा, यही यमुना, यही सतलुज समतल मैदानों में उतरकर विशाल कैसे हो जाती हैं! इनका उछलना और कूदना, खिलखिलाकर लगातार हँसते जाना, इनकी यह भाव-भंगिमा, इनका यह उल्लास कहाँ गायब हो जाता है मैदान में जाकर? किसी लड़की को जब मैं देखता हूँ, किसी कली पर जब मेरा ध्यान अटक जाता है, तब भी इतना कौतूहल और विस्मय नहीं होता, जितना कि इन बेटियों की बाललीला देखकर।

कहाँ ये भागी जा रही हैं? वह कौन लक्ष्य है जिसने इन्हें बेचैन कर रखा है? अपने महान पिता का विराट प्रेम पाकर भी अगर इनका हृदय अतृप्त ही है तो वह कौन होगा जो इनकी प्यास मिटा सकेगा। बरफ जली नंगी पहाड़ियाँ, छोटे-छोटे पौधों से भरी घाटियाँ, बंधुर अधित्यकाएँ, सरसब्ज उपत्यकाएँ- ऐसा है इनका लीला निकेतन। खेलते-खेलते जब जरा दूर निकल जाती हैं तो देवदार, चीड़, सरो, चिनार, सफेदा, कैल के जंगलों से पहुँचकर शायद इन्हें बीती बातें याद करने का मौका मिल जाता होगा। कौन जाने, बुड्ढा हिमालय अपनी इन नटखट बेटियों के लिए कितना सिर धुनता होगा!

13. गद्यांश में लेखक ने किन्हें दूर से देखने की बात की है?
(a) संभ्रांत महिलाओं को   (b) हँसती बेटियों को
(c) बहती नदियों को   (d) खुले मैदानों को

14. लेखक के आश्चर्य का कारण क्या है?
(a) हिमालय में गंगा और यमुना का संकुचित विस्तार
(b) मैदान और पहाड़ी में अंतर
(c) मैदानी फैलाव का कौतूहल
(d) गंगा-यमुना के विशालता और सूक्ष्मता का रूप

15. नदियों के निरंतर बहने की ओर संकेत करने वाली पंक्ति है-
(a) कहाँ ये भागी जा रही है   (b) वह कौन लक्ष्य है
(c) इनका उछलना और कूदना   (d) इनका यह उल्लास

16. नदियों का पहाड़ी सफ़र कैसा है?
(a) स्वच्छ जलयुक्त   (b) ऊछल-कूद भरा
(c) उल्लास रहित   (d) अत्यंत बोझिल

17. किसका हृदय अतृप्त प्रतीत हो रहा है?
(a) हिमालय का   (b) नदियों का
(c) घाटियों का   (d) कलियों का

18. 'उल्लास' में इत प्रत्यय लगने पर नया शब्द बनेगा-
(a) उल्लासइत   (b) उल्लसित
(c) उल्लासित   (d) उल्लसीत

19. 'इतना कौतूहल और विस्मय नहीं होता।' वाक्य में रेखांकित शब्द के स्थान पर प्रयुक्त होने वाला शब्द है-
(a) आश्चर्य   (b) परेशान
(c) आशंका   (d) उत्कंठा

20. 'सरसब्ज' के स्थान पर किस शब्द का प्रयोग किया जा सकता है?
(a) मुरझाई हुई   (b) हरित
(c) विशाल   (d) वृक्ष

21. दोहाकोश किस कवि रचनाओ को माना जाता है?
(a) कबीर दास   (b) गोरखनाथ
(c) सरहपा   (d) शबरपा

22. पृथ्वी राज रासो को किस रचनाकार ने पूर्ण किया था?
(a) दलपति विजय   (b) नरपति नाल्ह

(c) नल्ल सिंह   (d) जल्हण

23. खुमान रासो की रचना कौन सी भाषा में की गई है?
(a) राजस्थानी   (b) डिंगल
(c) पिंगल   (d) बृज

24. इन्द्रावती किसकी रचना है?
(a) कुतुबन   (b) शेख नबी
(c) नूर मुहम्मद   (d) उसमान

25. रचनाकाल के आधार पर निम्नलिखित रचनाओं का सही अनुक्रम है:
(a) चंदायन, मृगावती, चित्रावली, मधुमालती
(b) मधुमालती, चित्रावली, चंदायन, मृगावती
(c) चंदायन, मृगावती, मधुमालती, चित्रावली
(d) चित्रावली, मधुमालती, मृगावती, चंदायन

26. रतन बावनी किसकी रचना है?
(a) तुलसीदास   (b) रहीमदास
(c) कबीरदास   (d) केशवदास

27. सूरदास की किस रचना में संसार को होली का रूपक माना गया है?
(a) सूरसागर   (b) सूरसारावली
(c) साहित्य लहरी   (d) भ्रमरगीत

28. काव्यकल्पद्रुम किसकी रचना है?
(a) केशवदास   (b) सेनापति
(c) सूरदास   (d) जायसी

29. रामचंद्रिका किसकी रचना है?
(a) तुलसीदास   (b) केशवदास
(c) सूरदास   (d) कबीरदास

30. मधुमालती के रचनाकार कौन हैं?
(a) उसमान   (b) नूर मुहम्मद
(c) कुतुबन   (d) मंझन

31. निम्नलिखित में से कौन-सा संज्ञा शब्द नहीं है?
(a) भारत   (b) मानव
(c) गाँधीजी   (d) मोटा

32. निम्नलिखित में से कौन-सा संज्ञा शब्द नहीं है?
(a) तेल   (b) टीम
(c) एक   (d) मिठास

33. मेरा खिलौना टूटा है। वाक्य में सर्वनाम है-
(a) निजवाचक   (b) संबंधवाचक
(c) पुरूषवाचक   (d) अनिश्चयवाचक

34. निम्न में से पुरूष वाचक सर्वनाम है:
(a) उस   (b) वह
(c) यह   (d) तुम

35. 'पिताजी ने पत्र लिखा' इसमें कौन सी क्रिया हैं?
(a) अकर्मक क्रिया   (b) सकर्मक क्रिया
(c) सामान्य क्रिया   (d) संयुक्त क्रिया

36. 'हवलदार ने चोरों को पकड़ लिया।' ऊपर दिए वाक्य में किस प्रकार की क्रिया हो रही है?
(a) एककर्मक क्रिया   (b) द्विकर्मक क्रिया
(c) सामान्य क्रिया   (d) संयुक्त क्रिया

37. 'रेखा चाकू से फल काटती है।' इसमें कौन सा कारक हैं?

(a) कर्ता कारक   (b) कर्म कारक
(c) करण कारक   (d) संप्रदान कारक

38. 'मोहन चम्मच से चीनी घोलता है।' इसमें कौन सा कारक हैं ?
(a) कर्ता कारक   (b) कर्म कारक
(c) करण कारक   (d) संप्रदान कारक

39. संज्ञा या सर्वनाम कि विशेषता बतलाने वाले शब्दों को क्या कहते हैं?
(a) विशेषण   (b) विशेष्य
(c) क्रिया   (d) अव्यय

40. आदर शब्द से विशेषण बनेगा:
(a) आदरकारी   (b) आदरपूर्ण
(c) आदरणीय   (d) इनमें से कोई नहीं

41. जिस समास का पूर्वपद (पहला पद) प्रधान हो उसे कौन सा समास कहते हैं?
(a) संबंध तत्पुरुष   (b) कर्मधारय
(c) अव्ययीभाव   (d) द्वन्द्व

42. 'यथासंभव' में कौन-सा समास है?
(a) अव्ययीभाव   (b) कर्मधारय
(c) तत्पुरूष   (d) द्विगु

43. 'उड़ती चिड़ियों के पंख गिनना' मुहावरे का सही अर्थ होगाः
(a) अनुभवी होना   (b) वाक्चतुर होना
(c) प्रतिभाशाली होना   (d) विजय प्राप्त होना

44. 'तन पर नहीं लत्ता, पान खाये अलबत्ता' मुहावरे का अर्थ होगाः
(a) झूठा दिखावा करना   (b) बुरी आदत का शिकार होना
(c) बहुत गरीब होना   (d) रोब डालना

45. प्राथमिक स्तर पर भाषा-शिक्षण में बाल साहित्य का प्रयोग किए जाने के पक्ष में सर्वाधिक ठोस तर्क ____ है ।
(a) इनका प्रयोग बच्चों के भाषा-अनुभवों को विस्तृत करता है ।
(b) यह पाठय-पुस्तक से बेहतर होता है ।
(c) इन्हें पढ़ाना अपेक्षाकृत सरल होता है ।
(d) इन्हें पढ़ाने में शिक्षक को मज़ा आता है ।

46. "इन गावों में शताब्दियों से हमारे पूर्वज रहते आ रहे हैं।"
किसी अनुच्छेद की उपयुक्त पंक्ति में 'शताब्दियों' शब्द का अर्थ समझाने के संबंध में निम्नलिखित में से कौन-सा तरीका सर्वाधिक उचित है?
(a) अभिभावकों से पूछकर आने के लिए कहना ।
(b) श्यामपट्ट पर लिखकर अर्थ बताना ।
(c) विद्यार्थियों को पूरे अनुच्छेद के संदर्भ में शब्द का अर्थ समझने के लिए प्रोत्साहित करना ।
(d) शब्दकोश से अर्थ ढूँढने के लिए प्रेरित करना ।

47. जीवनी और आत्मकथा विधाएँ बच्चों में ---------------- की कुशलता विकसित करने में सहायक है।
(a) शब्दार्थ
(b) साँचा अभ्यास
(c) विभिन्न परिप्रेक्ष्यों में व्यक्ति के चरित्र का विश्लेषण
(d) कल्पना करना

48. प्राथमिक स्तर की शिक्षा में सम्प्रेषण का माध्यम ___ ही होनी चाहिए, क्योंकि इसी भाषा में ही बच्चे का मस्तिष्क सबसे पहले क्रियाशील होता है।
(a) अंग्रेज़ी   (b) मातृभाषा
(c) प्रदेश की भाषा   (d) हिन्दी

49. उच्च प्राथमिक स्तर पर मुहावरे लोकोक्तियां के शिक्षण के संबंध में

आपके लिए सर्वाधिक महत्त्वपूर्ण है –
(a) संदर्भानुसार मुहावरे-लोकोक्तियां के प्रयोगों को समझना और उनका प्रयोग करना ।
(b) मुहावरे-लोकोक्तियां का अर्थ समझाने का प्रयत्न करना ।
(c) मुहावरे-लोकोक्तियां का वाक्यों में प्रयोग करना ।
(d) अधिक से अधिक मुहावरे-लोकोक्तियां के प्रयोग द्वारा भाषा को आलंकारिक बनाना ।

50. कक्षा III की शिक्षिका अपने विद्यार्थियों को पाठ्य-पुस्तक से भिन्न-भिन्न प्रकार के बाल-साहित्य पढ़ने के लिए प्रोत्साहित करती है, क्योंकि वह चाहती है कि बच्चे :
(a) तरह-तरह की विधाओं से परिचित हो सकें ।
(b) विभिन्न बाल-साहित्यकारों के नाम जान सकें ।
(c) अपनी पठन-क्षमता बढ़ा सकें ।
(d) बाल-साहित्य के प्रकाशकों के बारे में जान सकें ।

51. इनमें से कौन काव्य का भेद नहीं है?
(a) मुक्तक काव्य   (b) महाकाव्य
(c) चुटकुले   (d) प्रबंध काव्य

52. कविता के दो पक्ष होते हैं:
(a) केंद्रीय भाव और बाहरी भाव   (b) शिल्प पक्ष और कथा पक्ष
(c) भाषा और शैली   (d) भाव पक्ष और कला पक्ष

53. जैन साहित्य के सर्वश्रेष्ठ रहस्यवादी एवं अपभ्रंश भाषाकवि हैं:
(a) जोइंदू   (b) स्वयंभू
(c) मसऊद   (d) मुनीराम सिंह

54. आलवार भक्तों का मूल स्थान कहाँ था?
(a) उत्तर भारत   (b) पूर्वोत्तर भारत
(c) दक्षिण भारत   (d) सम्पूर्ण भारत

55. आधुनिक काल का नामकरण आचार्य शुक्ल ने क्या किया?
(a) वर्तमान काल   (b) गद्य काल
(c) आधुनिक काल   (d) भारतेंदु काल

56. 'राम, तुम मानव हो? ईश्वर नहीं हो क्या?
विश्व में रमे हुए नहीं सभी कहीं हो क्या?
तब मैं निरीश्वर हूँ, ईश्वर क्षमा करें;
तुम न रमो तो मन तुममें रमा करे।'
आधुनिक दृष्टिकोण से प्रेरित मैथिलीशरण गुप्त ने राम के विषय में यह काव्योक्ति किस काव्यग्रंथ में लिखी?
(a) पंचवटी   (b) साकेत
(c) नहुप   (d) विष्णुप्रिया

57. सूची - 1 में दिए गए कवियों को सूची - 2 में दिए कविता - संग्रहों से सुमेलित कीजिए:

सूची - 1	सूची – 2
A. रघुवीर सहाय	I. काठ की घंटिया
B. केदारनाथ सिंह	II. आत्महत्या के विरूद्ध
C. कुंवरनारायण	III. आत्मजयी
D. सर्वेश्वर दयाल सक्सेना	IV. जमीन पक रही है

नीचे दिए गए विकल्पों में से सही उत्तर चुनिए:
(a) A - III, B - II, C - I, D - IV   (b) A - II, B - IV, C - I, D - III
(c) A - III, B - I, C - II, D - IV   (d) A - II, B - IV, C - III, D - I

58. रेकव (रेक) आख्यान नाम से जाना जाने वाला उपन्यास है-
(a) पुनर्नवा   (b) अनामदास का पोथा
(c) बाण भट्टू की आत्मकथा   (d) चारुचंद्र लेख

59. विद्यापति की कौन सी रचना सदैव अप्रकाशित है?

(a) कीर्तिलता   (b) पदावली
(c) कीर्तिपताका   (d) सिर्फ (A) और (B)

60. वल्लभाचार्य का सम्बन्ध किससे है?

(a) शुद्धाद्वैतवाद   (b) शुद्धावाद
(c) द्वैतवाद   (d) अद्वैतवाद

61. "लै लै मंजनूं" रचना है:

(a) ईश्वरदास   (b) दामोदर
(c) बनारसी दास   (d) जान

62. कौन-सा कवि कृष्णभक्ति धारा के कवियों में शामिल नहीं है?

(a) हरिदास   (b) नंददास
(c) ध्रुवदास   (d) नाभादास

63. कवि "उस्मान" की रचना है:

(a) चंदायन   (b) चित्रावली
(c) हंस जवाहिर   (d) सत्यवती कथा

64. "अनुराग बाँसुरी" किस कवि की रचना है?

(a) नूर मुहम्मद   (b) मंझन
(c) देव   (d) जायसी

65. निम्न में से "जायसी" की रचना कौन सी है?

(a) चंदायन   (b) कवितावली
(c) हंस जवाहिर   (d) पद्मावत

66. निम्नलिखित में से किस कवि की रचना "मृगावती" है?

(a) असाइत   (b) मुल्ला दाऊद
(c) कुतुबन   (d) ईश्वर दास

67. कबीरदास जी के गुरु का नाम क्या है?

(a) गोरखनाथ   (b) नरहर्यानन्द
(c) दादू दयाल   (d) रामानंद

68. तुलसीदास के कौन से ग्रन्थ में समन्वय की चेष्ठा की गई है?

(a) विनय पत्रिका   (b) रामचरित मानस
(c) कवितावली   (d) हनुमान बाहुक

69. आचार्य रामचंद्र शुक्ल ने आदिकाल का नामकरण किया है:

(a) आदिकाल   (b) सिद्ध सामंत काल
(c) वीरकाल   (d) वीरगाथा काल

70. 'छंदो का अजायब घर' के नाम से किस ग्रंथ को जाना जाता है?

(a) परमाल रासो   (b) पृथ्वीराज रासो
(c) हम्मीर रासो   (d) विजयपाल रासो

71. हिन्दी का भवभूति किसे कहा जाता है?

(a) नन्दकवि   (b) पुष्पदंत
(c) स्वयंभू   (d) चंदवर

72. भरतेश्वर बाहुबली रास, किस कवि की रचना है?

(a) चंदबरदाई   (b) पुष्पदंत
(c) शालिभद्र सूरि   (d) देवसेन

73. खड़ी बोली के आदि कवि के नाम से निम्नलिखित में से किसे जाना जाता है?

(a) जगनिक   (b) विद्यापति
(c) अमीर खुसरो   (d) श्रीधर

74. निम्नलिखित में से कौन-सा प्रवासी लेखक मॉरीशस का नहीं है?

(a) महेशराम जियावन   (b) अभिमन्यु अनत
(c) रामदेव धुरंधर   (d) महातम सिंह

75. हिन्दी व्याकरण में 'विस्तार' निम्न में से किसका शाब्दिक अर्थ है?

(a) संक्षेपण   (b) लोकोक्ति
(c) पल्लवन   (d) मुहावरे

76. सार लेखन करते समय किस बात का ध्यान रखें:

(a) भाश एवं विचारों की पुनरावृत्ति छोड़ दें।
(b) काव्य एवं भाषा की पुनरावृत्ति छोड़ दें।
(c) भाव एवं विचारों की पुनरावृत्ति छोड़ दें।
(d) संगीत एवं विचारों की पुनरावृत्ति छोड़ दें।

77. मृदुला गर्ग का उपन्यास है:

(a) सूरज मुखी अँधेर में   (b) चित्त कोबरा
(c) पुनर्नवा   (d) रुकोगी नहीं राधिका

78. भगवतीचरण वर्मा का उपन्यास है:

(a) भूले बिसरे चित्र   (b) खंजन नयन
(c) अनामदास का पोथा   (d) सबसे बड़ा सिपाहिया

79. हिन्दी का प्रथम उपन्यास कौनसा माना जाता है?

(a) निस्सहाय हिन्दू   (b) परीक्षा गुरु
(c) नूतन ब्रह्मचारी   (d) आदर्श हिन्दू

80. "प्रेम जब आत्मसमर्पण का रूप ले लेता है तभी ब्याह है उसके पहले अय्यासी है", गोदान उपन्यास में यह कथन किसका है?

(a) मिस्टर मेहता   (b) दातादीन
(c) मातादीन   (d) मिस मालती

81. मनीषी की लोकयात्रा जीवनी के लेखक है-

(a) रामविलास शर्मा   (b) भगवती प्रसाद सिंह
(c) रामकुमार वर्मा   (d) रामचन्द्र शुक्ल

82. मदन गोपाल किसके द्वारा लिखी हुई जीवनी है?

(a) अकाल पुरुष गांधी   (b) कलम का सिपाही
(c) कलम का मजदूर   (d) आवारा मसीहा

83. हमारी जापान यात्रा के लेखक है:

(a) कन्हैयालाल मिश्र प्रभाकर   (b) विष्णु प्रभाकर
(c) राहुल सांकृत्यायन   (d) राम वृक्ष बेनीपुरी

84. "कितना अकेला आकाश" यात्रा वृत्तांत है:

(a) नगेन्द्र   (b) नरेश मेहता
(c) भारतेंदु   (d) कमलेश्वर

85. हिन्दी में रिपोर्ताज विधा का जनक किसे माना जाता है?

(a) राम कुमार वर्मा   (b) राम विलास शर्मा
(c) शिव दान सिंह चौहान   (d) नंद दुलारे बाजपेयी

86. 'अ कहानी' के प्रवर्तक कौन है?

(a) महीप सिंह   (b) गंगा प्रसाद विमल
(c) मोहन राकेश   (d) कमलेश्वर

87. जब एक अधिकारी दूसरे अधिकारी को व्यक्तिगत नाम से पत्र लिखता है उसे क्या कहते हैं?

(a) शासकीय पत्र   (b) अर्द्ध शासकीय पत्र
(c) टिप्पणी   (d) कार्यालयी ज्ञापन

88. एक विद्यार्थी को अपने स्कूल के प्रधानाचार्य को अभिनिवेदन में क्या लिखना चाहिए?

(a) आपका   (b) भवदीय
(c) आपका आज्ञाकारी शिष्य   (d) आपका सेवक

89. निम्नलिखित में किसके अंतर्गत नियुक्ति, छुट्टियों की स्वीकृति तथा पदवृद्धि आदि की सूचनाएँ दी जाती हैं?

(a) पत्र   (b) परिपत्र
(c) प्रेस विज्ञप्ति   (d) कार्यालय आदेश

90. निम्नलिखित में से किसका प्रयोग सरकारी स्तर पर अधिकतक भारतीय गजटों में प्रकाशित सरकारी नियम, आदेश, अधिकार और नियुक्तियों की सूचना के प्रसंग में होता है?

(a) कार्यालय आदेश   (b) अधिसूचना
(c) ज्ञापन   (d) परिपत्र

91. कार्यालयी पत्रों की भाषा कैसी होनी चाहिए?

(a) बोलचाल की भाषा   (b) मुहावरेदार भाषा
(c) अनौपचारिक भाषा   (d) औपचारिक भाषा

92. पुत्र द्वारा पिता को लिखा गया पत्र किस प्रकार का माना जाता है?

(a) व्यापारिक पत्र   (b) समाचार पत्र
(c) व्यक्तिगत पत्र   (d) सामाजिक पत्र

93. पुत्र के लिए उपयुक्त अभिवादन क्या है?

(a) प्रणाम   (b) सादर प्रणाम
(c) शुभाशीर्वाद   (d) सप्रेम नमस्कार

94. अधिसूचना किसके द्वारा जारी की जाती है?

(a) केंद्र सरकार और राज्य सरकार
(b) राज्य सरकार, और मंत्रीमंडल
(c) मंत्रीमंडल और प्रेस
(d) प्रेस और जनता

95. शासकीय पत्र में पत्र संख्या के नीचे बायीं ओर क्या लिखा जाता है?

(a) दिनांक
(b) सेवा में
(c) प्राप्तकर्ता का पदनाम
(d) प्रेषक पदाधिकारी का नाम, पदनाम

96. अधिसूचना के संदर्भ में कौन सा कथन गलत है?

(a) सामान्यतः यह गजट में प्रकाशित होती है।
(b) इनमें प्रेषक का उल्लेख होता है।
(c) ये राष्ट्रपति अथवा राज्यपाल की ओर से जारी की गई मानी जाती हैं।
(d) इसे विज्ञप्ति भी कहा जाता है।

97. 'बहु-बुद्धि के सिद्धान्त' के संदर्भ में निम्नलिखित में कौन-सी बुद्धि भाषा से संबंधित है?
1. प्रवाह सटीकता - बुद्धि
2. भाषाई मौखिक बुद्धि
3. शब्दावली व्याकरण बुद्धि
4. दृश्यात्मक - स्थानिक बुद्धि

(a) 1   (b) 2
(c) 3   (d) 4

98. इनमे से कौन-से बहुभाषावाद के लाभ हो सकते हैं?
(i) समृद्ध शब्दावली और प्रभावशाली भाषण
(ii) अन्य संस्कृतियों के प्रति सहिष्णुता और सम्मान
(iii) सीमित रोजगार के अवसर
(iv) पराभाषिक जागरूकता
1. (i), (ii), (iii)
2. (ii), (iii)
3. (i), (ii)
4. (i), (ii), (iv)

(a) 1   (b) 2
(c) 3   (d) 4

99. निम्नलिखित भारतीय भाषाओं में कौन-सी भाषा द्रविड़ भाषा की उत्पत्ति नहीं है?

(a) कन्नड़   (b) मराठी
(c) मलयालम   (d) तेलुगु

100. भारतवर्ष में हिंदी को आप किस वर्ग में रखेंगे?

(a) राजभाषा   (b) राष्ट्रभाषा
(c) विभाषा   (d) तकनीकी भाषा

// स्मार्ट उत्तर पुस्तिका //

सही उत्तर — उन छात्रों का प्रतिशत जिन्होंने प्रश्न का सही उत्तर दिया।
छोड़ दिया — उन छात्रों का प्रतिशत जिन्होंने प्रश्न को छोड़ दिया।

प्रश्न संख्या	उत्तर	सही उत्तर / छोड़ दिया	प्रश्न संख्या	उत्तर	सही उत्तर / छोड़ दिया	प्रश्न संख्या	उत्तर	सही उत्तर / छोड़ दिया
1	B	85.16% / 0.0%	2	B	60.35% / 1.63%	3	D	57.43% / 1.04%
4	C	50.02% / 1.55%	5	A	43.04% / 1.26%	6	C	52.95% / 1.86%
7	D	53.62% / 1.14%	8	B	78.02% / 0.0%	9	D	48.07% / 1.97%
10	C	51.71% / 1.18%	11	A	47.19% / 1.26%	12	B	88.75% / 0.0%
13	C	62.22% / 1.97%	14	D	62.9% / 1.32%	15	A	88.21% / 0.0%
16	B	60.64% / 1.56%	17	B	64.61% / 1.97%	18	C	19.35% / 3.63%
19	D	29.19% / 3.93%	20	B	80.01% / 0.0%	21	C	59.61% / 1.91%
22	D	51.58% / 1.54%	23	A	69.65% / 1.4%	24	C	57.59% / 1.84%
25	C	61.17% / 1.45%	26	D	41.14% / 1.23%	27	B	49.91% / 1.24%
28	B	63.68% / 1.11%	29	B	83.04% / 0.0%	30	D	64.91% / 1.04%
31	D	88.51% / 0.0%	32	C	79.2% / 0.0%	33	C	56.32% / 1.01%
34	A	60.57% / 1.9%	35	C	42.42% / 1.22%	36	B	16.19% / 3.85%
37	C	51.32% / 1.0%	38	C	62.96% / 1.12%	39	A	88.76% / 0.0%
40	C	46.44% / 1.09%	41	C	57.59% / 1.77%	42	A	64.12% / 1.29%
43	A	78.39% / 0.0%	44	A	86.39% / 0.0%	45	C	76.87% / 0.0%
46	C	48.75% / 1.84%	47	C	80.78% / 0.0%	48	B	53.73% / 1.2%
49	A	45.35% / 1.44%	50	C	45.02% / 1.35%	51	C	79.21% / 0.0%
52	D	76.64% / 0.0%	53	D	56.44% / 1.2%	54	C	53.95% / 1.19%
55	B	40.49% / 1.62%	56	C	42.17% / 1.82%	57	D	59.5% / 1.67%
58	B	55.11% / 1.06%	59	C	41.64% / 1.09%	60	B	41.08% / 1.82%
61	B	44.88% / 1.82%	62	D	60.47% / 1.96%	63	B	58.67% / 1.61%
64	A	57.76% / 1.08%	65	B	66.85% / 1.96%	66	C	44.54% / 1.86%
67	D	50.15% / 1.77%	68	B	28.89% / 3.63%	69	D	79.23% / 0.0%
70	B	77.41% / 0.0%	71	B	32.88% / 3.13%	72	B	21.9% / 3.88%
73	C	46.73% / 1.83%	74	D	59.38% / 1.49%	75	C	85.78% / 0.0%
76	C	83.82%	77	B	43.73%	78	A	44.1%

		0.0%			1.14%			1.28%
79	B	66.65%	80	A	61.59%	81	B	49.57%
		1.43%			1.75%			1.97%
82	C	49.14%	83	A	56.4%	84	B	47.2%
		1.31%			1.14%			1.7%
85	C	51.97%	86	B	52.41%	87	B	69.4%
		1.14%			1.02%			1.85%
88	C	76.69%	89	D	43.43%	90	B	63.18%
		0.0%			1.91%			1.8%
91	D	12.83%	92	C	63.23%	93	C	64.88%
		3.89%			1.45%			1.52%
94	A	63.93%	95	D	81.33%	96	B	48.16%
		1.43%			0.0%			1.69%
97	B	11.31%	98	D	47.93%	99	B	41.0%
		4.49%			1.06%			1.31%
100	A	69.42%						
		1.21%						

// संकेत और समाधान //

1(B). गद्यांश के अनुसार, "आप ख्वाहमख्वाह ज्यादा तकलीफ न कीजिएगा। अगर आप मिलने के लिए आएँ तो अकेले आइएगा। वालिदा साहिबा (माता जी) को साथ ना लाइएगा। ख्वाहमख्वाह वो रो देंगी। घर के सब हालात आपसे मिलने पर मालूम हो सकेंगे।"

इसलिए यह निष्कर्ष निकाला जा सकता है कि वालिदा साहिबा को साथ न लाने की बात लिखी क्योंकि वालिदा को उनकी स्थिति देखकर दुःख होगा।

2(B). गद्यांश के अनुसार, "हाँ, अगर हो सके तो गीता रहस्य, नेपोलियन की मोटी सुआने-उमरी, अंग्रेजी के कुछ आला नावॅल लेते आइएगा।"

इसलिए यह निष्कर्ष निकाला जा सकता है कि भगत सिंह ने अपने पिता से हिंदी उपन्यास नहीं मँगवाया।

3(D). गद्यांश के अनुसार, "मुझे आपका एड्रेस मालूम नहीं है, इसलिए कांग्रेस दफ्तर के पते पर लिख रहा हूँ।"

इसलिए यह निष्कर्ष निकाला जा सकता है कि भगत सिंह ने अपने पिता को पत्र उनके पते पर नहीं लिखा क्योंकि पिता का पता मालूम नहीं था।

4(C). गद्यांश के अनुसार, "कपड़े मुझे परसों मिले। मुलाकात आप जिस दिन तशरीफ लाएँ, हो सकेगी।"

इसलिए यह निष्कर्ष निकाला जा सकता है कि भगत सिंह जी को कपड़े 24 अप्रैल, 1929 को मिले होंगे।

5(A). गद्यांश के अनुसार, "अर्ज यह है कि हम लोग 22 अप्रैल को पुलिस की हवालात से दिल्ली जेल में मुंतकिल कर दिए गए थे और इस वक्त दिल्ली जेल में ही हैं।"

इसलिए यह निष्कर्ष निकाला जा सकता है कि पत्र लिखने के समय भगत सिंह दिल्ली जेल में थे।

6(C). गद्यांश के अनुसार, "मुकदमा 7 मई को जेल के अंदर ही शुरू होगा। गालिबन एक माह में सारा ड्रामा खत्म हो जाएगा।"

इसलिए यह निष्कर्ष निकाला जा सकता है 'एक माह में सारा ड्रामा खत्म हो जाएगा।' से आशय है कि निर्णय सुना दिया जाएगा।

7(D). 'आला' का अर्थ 'उत्कृष्ट' है।
- निकृष्ट: नीच, अधम, तुच्छ, हीन, घटिया
- रोचक: प्रिय, रुचने वाला, अच्छा लगने वाला
- पठनीय: जो पढ़ने योग्य हो, पाठ्य

8(B). भिन्न शब्द 'रहस्य' है।
अरबी भाषा का शब्द तब्दील, तशरीफ़, फ़िक्र है।

9(D). 'सलूक' का अर्थ किसी के साथ किया जाने वाला व्यवहार, तरीका, ढंग, बरताव है।

10(C). जीवन में महानता, सार्थकता और उद्देश्यपूर्णता को संस्कार बनाकर सफलता प्राप्त की जा सकती है।
गद्यांश के अनुसार, मानसिक स्वतंत्रता, निर्द्वंद्वता और आत्मनिर्भरता के कारण ही अपनी विशिष्ट पहचान बनाई। हमें अवसरों की राह नहीं देखनी, अवसरों की राह बनानी है। महानता, सार्थकता, उद्देश्यपूर्णता को हम यदि संस्कार बना लें तो सफलता निश्चित है।

11(A). हमारी मर्यादा के अंग बड़ों का सम्मान, छोटों को स्नेह और जिम्मेदारी का बोध बन जाते हैं।
गद्यांश के अनुसार, आत्मविश्वास हमें मर्यादापूर्वक जीवन जीने की कला सिखाता है। बड़ों का सम्मान छोटों के प्रति स्नेह और आत्मीयता, उनके प्रति जिम्मेदारी का बोध हमारी मर्यादा के अंग बन जाते हैं।

12(B). हमारे महापुरुषों ने अनेक कष्ट सहे, यातनाएँ सहीं पर अनैतिकता से समझौता नहीं किया।
गद्यांश के अनुसार, हमारे महापुरुषों ने अनेक कष्ट सहे। यातनाएँ सही पर अनैतिकता से समझौता नहीं किया। वे दृढ़ निश्चयी थे, संकल्पबद्ध थे। प्रलोभनों और आकांक्षाओं के गुलाम नहीं थे।

13(C). गद्यांश में लेखक ने बहती नदियों को दूर से देखने की बात की है।
गद्यांश के अनुसार:-
- अभी तक मैंने उन्हें दूर से देखा था। बड़ी गंभीर, शांत, अपने आप में खोई हुई लगती थीं। संभ्रांत महिला की भांति वे प्रतीत होती थीं। उनके प्रति मेरे दिल में आदर और श्रद्धा के भाव थे। परन्तु इस बार जब मैं हिमालय के कंधे पर चढ़ा तो वे कुछ और रूप में सामने थीं। मैं हैरान था कि यही दुबली-पतली गंगा, यही यमुना, यही सतलुज समतल मैदानों में उतरकर विशाल कैसे हो जाती हैं!......
- अर्थात लेखक ने हिमालय से निकलने वाली नदियों (गंगा, यमुना, सतलुज) के स्वभाव का वर्णन किया है।

14(D). लेखक के आश्चर्य का कारण है- गंगा-यमुना के विशालता और सूक्ष्मता का रूप
गद्यांश के अनुसार:-
मैं हैरान था कि यही दुबली-पतली गंगा, यही यमुना, यही सतलुज समतल मैदानों में उतरकर विशाल कैसे हो जाती हैं। अर्थात लेखक के आश्चर्य का कारण नदियों का विस्तार और संकुचन है।

15(A). नदियों के निरंतर बहने की ओर संकेत करने वाली पंक्ति है- कहाँ ये भागी जा रही हैं। गद्यांश की पंक्ति में लेखक ने नदियों के निरंतर आगे बढ़ने की ओर संकेत किया है।

16(B). नदियों का पहाड़ी सफर है- उछल-कूद भरा
गद्यांश के अनुसार:-
- मैं हैरान था कि यही दुबली-पतली गंगा, यही यमुना, यही सतलुज समतल मैदानों में उतरकर विशाल कैसे हो जाती हैं!
- इनका उछलना और कूदना, खिलखिलाकर लगातार हँसते जाना,
- इनकी यह भाव-भंगिमा, इनका यह उल्लास कहाँ गायब हो जाता है मैदान में जाकर?

17(B). नदियों का हृदय **अतृप्त** प्रतीत हो रहा है।
अतृप्त का अर्थ - जिसकी कामना या भूख अभी तक बनी हो, असंतुष्ट, प्यासा।
- विलोम शब्द - '**तृप्त**'
- 'अ' (नहीं) उपसर्ग और '**तृप्त**' मूल शब्द है।

18(C). 'उल्लास' में इत प्रत्यय लगने पर नया शब्द बनेगा- 'उल्लासित'
उल्लास + इत = उल्लासित
उल्लास शब्द में इत प्रत्यय जुड़कर उल्लासित शब्द बनता है, जो एक विशेषण शब्द है।
जिसका अर्थ है- जिसे प्रसन्नता हुई हो या जो उल्लास से युक्त हो।
जिसमें उल्लास (मूल शब्द) और इत (प्रत्यय) है।
जहाँ उल्लास का अर्थ है- खुशी, हर्ष, उमंग।
इसका विलोम शब्द है- 'विषाद'
जिसका अर्थ है- 'दुःख, अवसाद, उदासी'
उल्लास में संधि- 'उत् + लास' (व्यंजन संधि) है।

19(D). इतना <u>कौतूहल</u> और विस्मय नहीं होता।' वाक्य में रेखांकित शब्द के स्थान पर प्रयुक्त होने वाला शब्द है - उत्कंठा
- कौतूहल- किसी वस्तु को देखने या जानने की इच्छा या चाहत, कुतूहल, जिज्ञासा

20(B). 'सरसब्ज' के स्थान पर हरित शब्द का प्रयोग किया जा सकता है।
सरसब्ज फ़ारसी भाषा तथा एक विशेषण शब्द है।

- जिसका अर्थ है- हरा भरा, जो सूखा या मुरझाया न हो, लहलहाता हुआ सरसब्ज के स्थान पर हरित शब्द का प्रयोग हम कर सकते है।
- जिसका अर्थ है- 'हरा'

21(C). दोहाकोश, सरहपा की रचना है। राहुल सांकृत्यायन, सरहपा को हिंदी के प्रथम कवि मानते हैं।

सरहपा की रचनाएँ 'दोहा कोश-गीति, दोहाकोश नाम चर्यागीति, दोहाकोशोपदेश गीति आदि' हैं। राहुल सांकृत्यायन ने हिंदी का प्रथम कवि जैन साहित्य के रचयिता सरहपा को माना है जिनका जन्मकाल ८वीं सती माना जाता है। परन्तु हजारीप्रसाद द्विवेदी ने हिंदी का प्रथम कवि अब्दुर्रहमान को माना है। ये मुलतान के निवासी और जाति के जुलाहे थे।

22(D). पृथ्वी राज रासो काव्य को 'जल्हण' द्वारा पूरा किया गया था। 'जल्हण' चंदबरदाई के पुत्र थे। पृथ्वी राज रासो का रचना काल: 1334 ई. माना गया है। 'जल्हण हत्थ दे चला' पंक्तियों से स्पष्ट है की चंदबरदाई अपने पुत्र को पृथ्वी राज रासो पुस्तक देकर गए थे।

23(A). "खुमान रासो" की रचना राजस्थानी भाषा में की गई है। खुमान रासो एक प्रबंध काव्य है। खुमान रासो एक वीर रस की रचना है। खुमान रासो का रचना काल ९वी शताब्दी है। खुमान रासो में 5000 छंद हैं। वीर रस के साथ-साथ श्रृंगार रस की भी प्रधानता है। इसमें दोहा, सवैया, कवित्त आदि छंद प्रयुक्त हुए है। इसकी भाषा राजस्थानी हिंदी है।

24(C). इन्द्रावती नूर मुहम्मद की रचना है। इन्द्रावती अवधी (1744 ई.) भाषा में लिखी गयी है। नूर मुहम्मद दिल्ली के बादशाह मुहम्मदशाह के समकालीन थे। नूर मुहम्मद ने फ़ारसी भाषा में रौजतुल हकायक नामक ग्रन्थ लिखा।

25(C). रचनाकाल के आधार पर निम्नलिखित रचनाओं का सही अनुक्रम है: चंदायन (1379 ई.), मृगावती (1501 ई.), मधुमालती (1545 ई.), चित्रावली (1613 ई.) चंदायन, मृगावती, मधुमालती और चित्रावली हिंदी के प्रमुख सूफी काव्य हैं। भारत में सूफ़ी धर्म का प्रचार - प्रसार 12 वीं शताब्दी में चिश्ती ने किया था।

26(D). रतन बावनी केशवदास की रचना है। केशवदास निम्बार्क सम्प्रदाय में दीक्षित थे। रतन बावनी 1607 ई. में लिखी गयी। यह एक प्रबंध काव्य है।

27(B). सूरसारावली में संसार को होली का रूपक माना गया, इसमें 1107 छंद हैं। सूरदास के गुरु वल्लभाचार्य हैं और सूरदास अष्टछाप के प्रमुख कवि थे। सूरदास की रचनाओं का सर्वप्रथम संपादन राग कल्पद्रुम नाम से हुआ आचार्य हजारीप्रसाद के अनुसार - " सूरदास ही ब्रजभाषा के प्रथम कवि हैं और लीलागान का महान समुद्र सूरसागर ही उनका प्रथम काव्य है। "

28(B). काव्यकल्पद्रुम सेनापति की रचना है। सेनापति (1589 ई.) ब्रजभाषा के कवि हैं और इनका सर्वाधिक प्रिय अलंकार श्लेष है। काव्यकल्पद्रुम एक रीति ग्रन्थ है।

सेनापति के गुरु का नाम हीरामणि दीक्षित था कवि रत्नाकर भी इनका एक और ग्रन्थ है जिसमें राम कथा का वर्णन है।

29(B). रामचंद्रिका केशवदास की रचना है। केशवदास का उपनाम वेदांती मिश्र था और यह निम्बार्क सम्प्रदाए के माने जाते हैं।

रामचंद्रिका वर्ष 1601 ई. में लिखी गयी थी। रामचंद्रिका में 39 अध्याय हैं और यह एक प्रबंध काव्य है। रामचंद्रिका राम के चरित्र पर आधारित है। रामचंद्र शुक्ल ने रामचंद्रिका को कठिन काव्य का प्रेत कहा है। रामस्वरूप चतुर्वेदी ने रामचंद्रिका को छंदों का अजायबघर कहा है।

30(D). मधुमालती के रचनाकार मंझन हैं। मधुमालती हिंदी का प्रथम प्रेमाख्यान है जिसमें बहुपतीवाद का अभाव है बनारसीदास जैन की आत्मकथा अर्द्धकथानक में मृगावती व मधुमालती का ज़िक्र मिलता है। मधुमालती(1545 ई.) की भाषा अवधी है। मधुमालती में प्रयुक्त छंद हैं - दोहा - चौपाई हैं। दक्षिण के शायर नुसरती ने गुलशने इश्क नामक कहानी मधुमालती के आधार पर लिखी हैं।

31(D). भारत, मानव और गांधीजी संज्ञा है। इसके अतिरिक्त 'मोटा' गुणवाचक विशेषण है। यह दशा का बोध करा रहा है इसलिए यह दशाबोधक विशेषण को दर्शा रहा है।

32(C). 'एक' निश्चित संख्यावाचक विशेषण है जो संख्यावाचक विशेषण का भेद है। जिस विशेषण से संज्ञा या सर्वनाम की संख्या का बोध होता है, उसे संख्यावाचक विशेषण कहते हैं। जैसे-कक्षा में चालीस विद्यार्थी उपस्थित हैं।

33(C). मेरा खिलौना टूटा। वाक्य में पुरूषवाचक सर्वनाम है।

34(A). निम्न में से पुरुष वाचक सर्वनाम 'उस' है।

35(C). 'पिताजी ने पत्र लिखा' इसमें सामान्य क्रिया हैं। सामान्य क्रिया प्रयोग के आधार पर क्रिया का एक भेद है, जिसमें किसी एक कार्य का बोध करवाने के लिए एक ही क्रिया पद का प्रयोग किया जाता है। यदि किसी वाक्य में एक ही क्रियापद प्रयुक्त हुआ हो तो उसे सामान्य क्रिया कहते हैं।

36(B). 'हवलदार ने चोरों को पकड़ लिया।' वाक्य में द्विकर्मक क्रिया हो रही है। जिस सकर्मक क्रिया का अर्थ स्पष्ट करने के लिए वाक्य में दो कर्म प्रयुक्त होते हैं, उसे द्विकर्मक क्रिया कहते हैं। अत: विकल्प (B) सही है।

37(C). 'रेखा चाकू से फल काटती है।' इसमें कर्म कारक हैं। वह साधन जिसके द्वारा क्रिया पूरी होती है अर्थत जिसके जरिए कोई भी कार्य पूरा किया जाता है, उसे करण कारक कहा जाता है। करण कारक में विभक्ति चिह्न के रूप में से और के का प्रयोग होता है। उदाहरण: राम ने रावण को बाण से मारा। राधा ने अपने पति के लिए स्पेशल खाना बनाया।

38(C). 'मोहन चम्मच से चीनी घोलता है।' इसमें कर्म कारक हैं। वह साधन जिसके द्वारा क्रिया पूरी होती है अर्थत जिसकी जरिगे कोई भी कार्य पूरा किया जाता है, उसे करण कारक कहा जाता है।

39(A). संज्ञा अथवा सर्वनाम शब्दों की विशेषता (गुण, दोष, संख्या, परिमाण आदि) बताने वाले शब्द विशेषण कहलाते हैं। जैसे - बड़ा, काला, लंबा, दयालु, भारी, सुन्दर, कायर, टेढ़ा-मेढ़ा, एक, दो आदि।

40(C). आदर शब्द का विशेषण आदरणीय होता है। आदर का अर्थ होता है सम्मान, सत्कार आदि तथा आदरणीय का अर्थ है जो आदर के पात्र हैं।

41(C). अव्ययीभाव समास का 'प्रथम पद प्रधान' और अव्यय होता है। प्रायः इन शब्दों का प्रयोग क्रिया विशेषण की भांति होता है।

42(A). 'यथासंभव' का विग्रह 'जहाँ तक संभव हो सके' है इसलिए, यहाँ 'अव्ययीभाव समास' है।

43(A). 'उड़ती चिड़ियाँ के पंख गिनना' मुहावरे का सही अर्थ होगा - किसी कार्य में अत्यंत निपुण या दक्ष होना, अनुभवी होना। वाक्य प्रयोग - मेरे साथ रहते रहते महेश अब इतना सिद्धहस्त हो गया है कि वह उड़ती चिड़िया के पंख गिनने लगा है।

44(A). 'तन पर नहीं लत्ता, पान खाये अलबत्ता' का सही अर्थ होगा - झूठा दिखावा करना। वाक्य प्रयोग - रैना इतनी कमाता है नहीं बातें बड़ी-बड़ी करता है। उसका हाल तो तन पर नहीं लत्ता पान खाए अलबत्ता वाला है।

45(A). प्राथमिक स्तर पर भाषा-शिक्षण में बाल-साहित्य का प्रयोग किए जाने के पक्ष में सर्वाधिक ठोस तर्क यह है कि इनका प्रयोग बच्चों के भाषा-अनुभवों को विस्तृत करता है। बाल साहित्य ही वह सहायक सामग्री है जिसकी सहायता से बच्चे की मौखिक भाषा-शैली संवर सकती है। बच्चों में संवाद अदायगी का विस्तार हो सकता है। प्रश्न हल करने और खुद उत्तर देने की क्षमता विकसित की जा सकती है। बाल साहित्य के माध्यम से बच्चे कल्पना लोक में जाते हैं। अत: विकल्प (A) सही है।

46(C). पंक्ति में 'शताब्दियों' शब्द का अर्थ समझाने के लिए विद्यार्थियों को पूरे अनुच्छेद के संदर्भ में शब्द का अर्थ समझने के लिए प्रोत्साहित करना चाहिए। जिससे विद्यार्थी अनुच्छेद के संदर्भ पर शब्दों को आसानी से समझ पायेंगे तथा उस शब्द का उपयोग सही अर्थ में कर पायेंगे। अत: विकल्प (C) सही है।

47(C). जीवनी और आत्मकथा विधाएँ बच्चों में विभिन्न परिप्रेक्ष्यों में व्यक्ति के

चरित्र का विश्लेषण की कुशलता विकसित करने में सहायक है।आत्मकथा और जीवनी दोनों ही साहित्य की नई विधाएँ हैं। दोनों ही व्यक्ति विशेष के जीवन की विविध घटनाओं एवं प्रसंगों के वर्णन की विधा है। आत्मकथा व्यक्ति के द्वारा स्वयं के जीवन के सन्दर्भ में लिखी गई कथा होती है जबकि जीवनी में लेखक किसी दूसरे के जीवन के जीवन वृत को लिखता है। जीवनी में लेखन की शैली वर्णात्मक होती है।
अत: विकल्प (C) सही है ।

48(B). प्राथमिक स्तर पर सम्प्रेषण का माध्यम मातृभाषा ही होनी चाहिए। इससे भाषा सीखने में कम समय लगता है और इस प्रकार प्राप्त ज्ञान अधिक स्थायी रहता है, साथ ही इससे बच्चों की सृजनात्मक शक्ति एवं अभिव्यक्ति कौशल में भी वृद्धि होती है क्योंकि मातृभाषा में ही बच्चे का मस्तिष्क सबसे अधिक क्रियाशील होता है।
अत: विकल्प (B) सही है ।

49(A). उच्च प्राथमिक स्तर पर मुहावरे लोकोक्तियां के शिक्षण के उद्देश्यों को निर्धारित करते समय यह ध्यान रखा गया की यह पूर्व के अध्ययन से मेल खाता हो और आगे के क्रम को स्पष्ट करने में सहायक बन सके । किसी भी भाषा को दूसरी भाषा के रूप में सीखते समय उसके मुहावरे पर नजर रखना जरूरी हो जाता है। शिक्षक को संदर्भानुसार मुहावरे-लोकोक्तियां के प्रयोगों को समझना और उनका प्रयोग करना चाहिए।
अत: विकल्प (A) सही है ।

50(C). छात्रों को प्रभावी ढंग से सीखने और अपनी क्षमताओं को विकसित करने की आवश्यकता है। भाव और विचारों को, लिखित भाषा के माध्यम से अभिव्यक्ति को पढ़कर समझना पठन कहा जाता है। किसी व्यक्ति की लिखित सामग्री को डिकोड करने और उससे अर्थ ग्रहण करने की क्षमता ही पठन कौशल कहलाती है।
अत: विकल्प (C) सही है ।

51(C). विकल्प में से चुटकुले काव्य का भेद नहीं हैं।
काव्य: कविता या पद्य, साहित्य की वह विधा है जिसमें किसी कहानी या मनोभाव को कलात्मक रूप से किसी भाषा के द्वारा अभिव्यक्त किया जाता है।
काव्य के भेद दो प्रकार से किए गए हैं:
- स्वरूप के अनुसार काव्य के भेद
- शैली के अनुसार काव्य के भेद

स्वरूप के आधार पर काव्य के दो भेद हैं: श्रव्यकाव्य एवं दृश्यकाव्य।
शैली के अनुसार काव्य के भेद: पद्य काव्य, गद्य काव्य एवं चंपू काव्य ।
चुटकुले: किसी घटना की हास्यास्पद प्रस्तुति को चुटकुला या परिहास कहते हैं। इसे अंग्रेज़ी में 'जोक' कहते हैं और इसे लतीफ़ा भी कहा जाता है। अक्सर कहा जाता है के "लतीफ़ की जान आखिरी जुमले (अंतिम वाक्य) में होती है"- अंग्रेज़ी में इस वाक्य को 'पंचलाइन' कहते हैं। लतीफ़ा एक छोटी सी कहानी हो सकता है या एक लघु वाक्यांश या वाक्य के रूप में भी हो सकता है। लतीफे प्राय: मित्रों एवं दर्शकों के मनोरंजन के सरल साधन हैं।

52(D). कविता के दो पक्ष, भाव पक्ष और कला पक्ष होते हैं ।
- जिसमें कवि की कल्पना, रस, विचार और संदेश शामिल होते हैं, उसे भावपक्ष कहते हैं।
- छंद अलंकार, भाषा, शैली आदि कलापक्ष के अंतर्गत आते हैं।

कविता की परिभाषा - कविता वह साधन है जिसके द्वारा सृष्टि के साथ मनुष्य के रागात्मक संबंध की रक्षा और निर्वाह होता है। कविता में भावों एवं कल्पना की प्रधानता रहती है। कविता में कवि की अनुभूति की अभिव्यक्ति रहती हैं।

53(D). मुनीराम सिंह जैन साहित्य के सर्वश्रेष्ठ रहस्यवादी कवि हैं। इसके साथ ही मुनीराम अपभ्रंश भाषा के कवि हैं। इनका आविर्भाव काल 1057 था।

54(C). तमिल सन्तों में 12 वैष्णवी भक्तों को आलवार सन्तों के नाम से जाना जाता हैं। ये सब पूर्ण रूप से इश्वर के प्रति समर्पित और आश्रित थे। आलवार भक्तों का मूल स्थान दक्षिण भारत था। आलवार का अर्थ है ऐसा व्यक्ति जिसने स्वयं को इश्वर की आस्था में पूर्णतया तिरोहित कर दिया हो। इसका शाब्दिक अर्थ है 'निमग्न' या डूबा हुआ।

55(B). आचार्य शुक्ल ने आधुनिक काल का नाम गद्य काल रखा है। इसको हिंदी साहित्य का सर्वश्रेष्ठ युग माना जा सकता है, जिसमें पद्य के साथ-साथ गद्य, समालोचना, कहानी, नाटक व पत्रकारिता का भी विकास हुआ।
आचार्य रामचन्द्र शुक्ल (11 अक्टूबर, 1884 ई.- 2 फरवरी, 1941 ई.) हिन्दी आलोचक, निबन्धकार, साहित्येतिहासकार, कोशकार, अनुवादक, कथाकार और कवि थे।

56(B). यह पंक्तियां मैथिली शरण गुप्त के साकेत काव्य की हैं।
- लेखक - मैथिली शरण गुप्त
- महाकाव्य
- साकेत का अर्थ - अयोध्या
- 12 सर्गों में विभक्त
- डॉ नागेन्द्र - साकेत को जनवादी काव्य कहा है।

57(D).

सूची - 1	सूची – 2
A. रघुवीर सहाय	II. आत्महत्या के विरूद्ध
B. केदारनाथ सिंह	IV. आत्महत्या के विरूद्ध
C. कुंवरनारायण	III. आत्मजयी
D. सर्वेश्वर दयाल सक्सेना	I. काठ की घंटिया

58(B). "अनामदास का पोथा "उपन्यास को "रेक" के नाम से जाना जाता है।
अनामदास का पोथा, आचार्य हज़ारी प्रसाद द्विवेदी द्वारा लिखित एक उपन्यास है।
इस उपन्यास में उपनिषदों की पृष्ठभूमि में चलती एक बहुत ही मासूम सी प्रेमकथा का वर्णन है।

59(C). कीर्ति पताका सदैव अप्रकाशित रही है। यह अवहटू भाषा में है।
विद्यापति भारतीय साहित्य की 'श्रृंगार-परम्परा' के साथ-साथ 'भक्ति-परम्परा' के प्रमुख स्तंभों मे से एक और मैथिली के सर्वोपरि कवि के रूप में जाने जाते हैं। इनके काव्यों में मध्यकालीन मैथिली भाषा के स्वरूप का दर्शन किया जा सकता है। इन्हें वैष्णव, शैव और शाक्त भक्ति के सेतु के रूप में भी स्वीकार किया गया है। मिथिला के लोगों को 'देसिल बयना सब जन मिट्ठा' का सूत्र दे कर इन्होंने उत्तरी-बिहार में लोकभाषा की जनचेतना को जीवित करने का महान प्रयास किया है।

60(A). शुद्धाद्वैत वल्लभाचार्य (1479-1531 ई.) द्वारा प्रतिपादित दर्शन है।
शुद्धाद्वैत दर्शन, आचार्य शंकर के अद्वैतवाद से भिन्न है।
शुद्धाद्वैत मत में माया सम्बन्धरहित नितान्त शुद्ध ब्रह्म को जगत् का कारण माना जाता है।
शुद्धाद्वैत में "ब्रह्मसत्यं जगत्सत्यं अंशोजीवोहि नापरः" (ब्रह्म सत्य है, जगत सत्य है, जीव ब्रह्म का अंश है) ऐसा कहा गया है।

61(D). "लै लै मंजनूं", "जान" की रचना है।
जान कवि की भाषा राजस्थानी प्रभावित ब्रजभाषा है। जान कवि पहले हिंदी कवि हैं जिन्होंने फारसी के लैला मजनू आख्यान को लेकर लै लै मंजनूं काव्य की रचना की है। जान कवि ने 78 ग्रंथों की रचना की है जिनमें 29 प्रेमाख्यानक हैं।

62(D). नाभादास कृष्णभक्ति के कवि नहीं हैं।
नाभादास- भक्तिकाल की सगुण शाखा में रामभक्ति के कवि हैं। इन्होंने भक्तमाल परम्परा का प्रवर्तन किया।
गुरु- अग्रदास

63(B). "चित्रावली" की रचना "उस्मान" ने की है। चित्रावली में नेपाल के राजकुमार सुजान और रुपनगर की राजकुमारी चित्रावली की प्रेम कथा का वर्णन है। चित्रावली में अंग्रेजों के द्वीप का भी वर्णन किया गया है। चित्रावली 1022 हिजरी अर्थात् 1613 ई. में लिखी गई थी। कवि उस्मान ने इस रचना में मलिक मुहम्मद जायसी का पूरा अनुकरण किया है।

64(A). "अनुराग बाँसुरी", "नूर मुहम्मद" की रचना है।
अनुराग बाँसुरी का रचना वर्ष 1764 ई. है। यह बरवै चौपाई छंद में है। चौपाइयों के बीच बीच में इन्होंने दोहे न लिखकर बरवै रखे हैं। इसकी भाषा है जो सूफी रचनाओं से बहुत अधिक संस्कृत गर्भित है। "इंद्रावती" भी नूर मुहम्मद की अन्य रचना है।

65(D). "पद्मावत", "जायसी" की रचना है।
मलिक मुहम्मद जायसी (1467-1542) हिन्दी साहित्य के भक्ति काल की निर्गुण प्रेमाश्रयी धारा के कवि थे। उनकी 21 रचनाओं के उल्लेख मिलते हैं।

66(C). "मृगावती", "कुतुबन" की रचना है।
कुतुबन का जन्म 1515 ई. में हुआ माना जाता है। कुतुबन शेख बुरहान के शिष्य थे। ये सूफी प्रेम काव्य परम्परा के कवि थे। कवि की भाषा अवधी तथा छंद, दोहा एवं चौपाई है।

67(D). कबीरदास जी के गुरु का नाम "रामानंद" है।
कबीरदास की भाषा को पंचमेल खिचड़ी, सधुक्कड़ी आदि नाम से अभिहित किया जाता है। कबीर की वाणी का संग्रह उनके शिष्य धर्मदास में बीजक नाम से सन 1464 में किया है।

68(B). रामचरित मानस, तुलसीदास के ग्रन्थ में समन्वय की चेष्टा की गई है।
गोस्वामी तुलसीदास (1511 - 1623) हिंदी साहित्य के महान कवि थे। इन्हें आदि काव्य रामायण के रचयिता महर्षि वाल्मीकि का अवतार भी माना जाता है।

69(D). हिन्दी साहित्य के इतिहास में लगभग 8वीं शताब्दी से लेकर 14वीं शताब्दी के मध्य तक के काल को आदिकाल कहा जाता है। इस युग को यह नाम डॉ हजारी प्रसाद द्विवेदी से मिला है। आचार्य रामचंद्र शुक्ल ने इसे 'वीरगाथा काल' तथा विश्वनाथ प्रसाद मिश्र ने इसे 'वीरकाल' नाम दिया है।

70(B). "पृथ्वीराज रासो" को "छंदों का अजायबघर" कहा जाता है। पृथ्वीराज रासो हिन्दी भाषा में लिखा गया एक महाकाव्य है। इसकी रचना चंदबरदाई ने की थी। पृथ्वीराज रासो ढाई हजार पृष्ठों का बहुत बड़ा ग्रंथ है। जिसमें 69 समय (सर्ग या अध्याय) हैं।

71(B). "पुष्पदंत" को "हिंदी का भवभूति" कहा जाता है। पुष्पदंत अपभ्रंश भाषा के महाकवि थे। भवभूति संस्कृत के एक नाट्यकार थे जिनसे पुष्पदंत की तुलना की गई थी। इन्हें तत्कालीन राष्ट्रकुल नरेश कृष्णराज तृतीय के मंत्री भरत ने आश्रय दिया और उन्हें काव्यरचना की और प्रेरित किया। इसके फलस्वरूप कवि ने महापुराण की रचना की और उसे भरत नामांकित किया।

72(C). "भारतेश्वर बाहुबली रास" की रचना "शाली भद्र सूरि" ने की है । इसमें जैन तीर्थंकर ऋषभदेव के पुत्रों भरतेश्वर और बाहुबली में राजगद्दी के लिए हुए संघर्ष का वर्णन है। इस रचना के दो संस्करण मिलते हैं। पहला प्राच्य विद्या मन्दिर बड़ौदा से प्रकाशित किया गया है तथा दूसरा "रास' और "रासान्वयी काव्य" में प्रकाशित हुआ है।

73(C). "अमीर खुसरो" को "खड़ी बोली के आदि कवि" के नाम से जाना जाता है। अमीर खुसरो चौदहवीं सदी के लगभग दिल्ली के निकट रहने वाले एक प्रमुख कवि, शायर, गायक और संगीतकार थे। अमीर खुसरो के ग्रंथों की संख्या 100 बताई जाती है। आमिर खुसरो "निजामुद्दीन औलिया" के शिष्य थे। सबसे पहले उन्हीं ने अपनी भाषा के लिए हिन्दवी का उल्लेख किया था। अमीर खुसरो को "हिन्द का तोता" कहा जाता है।

74(D). महातम सिंह, मॉरीशस के प्रवासी लेखक नहीं हैं।
- महातम सिंह एक प्रवासी लेखक हैं।
- यह सूरीनाम से हैं।
- सूरीनाम में व्यवस्थित हिन्दी शिक्षण की शुरुआत का श्रेय बाबू महातम सिंह को दिया जाना चाहिए।
- आज पचास से अधिक स्वयंसेवी हिन्दी शिक्षक, बाबू महातम सिंह के काम को आगे बढ़ाते हुए लगभग 600 विद्यार्थियों को हिन्दी की शिक्षा दे रहे हैं।
- सूरीनाम के प्रवासी लेखक हैं: मार्टिन हरिदत्त लक्ष्मन, महादेव खुनखुन, सुरजन परोही, डॉ. पुष्पिता।
- मॉरीशस के प्रवासी लेखक हैं: धनराज शम्भू , धर्मानन्द, डॉ. ब्रिजेन्द्रकुमार भगत 'मधुकर', मुकेश जीबोध, मुनाश्वरलाल चिन्तामणि, राज हीरामन, सूरदेव खिरत, अजामिल माताबदल, अजय मंगरा, डॉ. उदयनारायण गंगू, नारायणपत देसाई, प्रहलाद रामशरण, हेमराज सुन्दर, पूजाचंद नेमा।

75(C). हिन्दी व्याकरण में 'विस्तार', पल्लवन का शाब्दिक अर्थ है ।
किसी निर्धारित विषय जैसे सूत्र-वाक्य, उक्ति या विवेच्य-बिन्दु को उदाहरण, तर्क आदि से पुष्ट करते हुए प्रवाहमयी, सहज अभिव्यक्ति-शैली में मौलिक, सारगर्भित विस्तार देना पल्लवन कहलाता है। इसे विस्तारण, भाव-विस्तारण, भाव-पल्लवन आदि भी कहा जाता है।

76(C). सार लेखन करते समय भाव एवं विचारों की पुनरावृत्ति छोड़ दें।
सार-लेखन का आशय है किसी अनुच्छेद, परिच्छेद, विस्तृत टिप्पणी अथवा प्रतिवेदन को संक्षिप्त कर देना। इसकी संरचना भी निबन्ध जैसी ही होती है। सार लेखन की आवश्यकता कार्यालय, वाणिज्य, पत्रकारिता, शिक्षा आदि कई क्षेत्रों में पड़ती है।

77(B). "चित्त कोबरा", "मृदुला गर्ग" का उपन्यास है।
रचनाकार: मृदुला गर्ग,
रचना वर्ष: 1979 ईसवी,
महेश और मनु (पति-पत्नी) इसके पात्र हैं।

78(A). "भूले बिसरे चित्र" हिन्दी के विख्यात साहित्यकार भगवतीचरण वर्मा द्वारा रचित एक उपन्यास है। इसकी रचना 1959 में हुई थी। इसके लिये इन्हें सन् 1961 में "साहित्य अकादमी पुरस्कार" से सम्मानित किया गया।

79(B). हिंदी का प्रथम उपन्यास "परीक्षा गुरु" है। "परीक्षा गुरु" की रचना भारतेन्दु युग के प्रसिद्ध नाटककार लाला श्रीनिवास दास ने 25 नवम्बर,1882 को की थी।

80(A). "प्रेम जब आत्मसमर्पण का रूप ले लेता है तभी ब्याह है उसके पहले अय्यासी है",यह कथन गोदान में मिस्टर मेहता द्वारा कहा गया है। गोदान प्रेमचंद का महत्वपूर्ण उपन्यास है। यह 1936 में प्रकाशित हुआ था।गोदान रामंतावादी व्यवस्था के ऊपर लिखा गया उपन्यास है। इसमें शहर और गाँव का दृश्य साथ साथ चलता है। मुख्य पात्र - होरी, धनिया, मिस्टर मेहता, मालती, गोबर, आदि गोदान के विरोध में दलित लेखक रूप नारायण सोनकर ने सूअरदान उपन्यास लिखा है। वह प्रेमचंद को दलित विरोधी मानते हैं।

81(B). मनीषी कि लोकयात्रा भगवती प्रसाद सिंह की रचना है। "मनी षी की लोक यात्रा" की रचना 1968 ईसवी में हुई थी ।

82(C). "मदन गोपाल" द्वारा लिखी जीवनी "कलम का मजदूर" है। " कलम का मजदूर" की रचना 1964 ईसवी में हुई थी । राजकमल से इसका पहला संस्करण 1965 में प्रकाशित हुआ था।

83(A). "हमारी जापान यात्रा" के लेखक "कन्हैयालाल मिश्र प्रभाकर" हैं। कन्हैयालाल मिश्र प्रभाकर' (29 मई 1906-9 मई 1995) हिन्दी के कथाकार, निबन्धकार, पत्रकार तथा स्वतंत्रता सेनानी थे। हमारी जापान यात्रा का रचना वर्ष 1931 ईसवी है।

84(B). "कितना अकेला आकाश", "नरेश मेहता" की रचना है। नरेश मेहता को उनकी साहित्यिक सेवाओं के लिए 1992 में "ज्ञानपीठ पुरस्कार" से सम्मानित किया गया। नरेश मेहता दूसरा सप्तक के प्रमुख कवि के रूप में प्रसिद्ध हैं।

85(C). शिव दान सिंह चौहान को हिन्दी में रिपोर्ताज विधा का जनक माना जाता है। इन्हें हिंदी साहित्य के प्रथम मार्क्सवादी आलोचक के रूप में भी जाना जाता है। लेखक होने के साथ साथ ये सक्रिय राजनीतिक कार्यकर्ता भी थे।

86(B). गंगा प्रसाद विमल, 'अ-कहानी' के प्रवर्तक है।'अ कहानी' आन्दोलन- 1960 ई. में लिखा गया था। महीप सिंह ने "सचेतन कहानी" को वर्ष1964 ई. में लिखा। मोहन राकेश, कमलेश्वर, राजेन्द्र यादव ने "नयी कहानी" को वर्ष1956 ई. में लिखा था।

87(B). जब एक अधिकारी दूसरे अधिकारी को व्यक्तिगत नाम से पत्र लिखता है उसे 'अर्द्ध शासकीय पत्र' कहते हैं।
- सरकारी काम के प्रसंग में कई बार किसी न किसी अधिकारी को दूसरे अधिकारी अथवा दूसरे मंत्रालय/विभाग के अधिकारी को किसी बात की ओर विशेष ध्यान दिलाने, आपस में सलाह करने, विचारों या सूचनाओं का आदान-प्रदान करने, कोई सूचना देने या किसी का स्पष्टीकरण देने या चाहने की आवश्यकता पड़ती है। तब अर्द्धशासकीय पत्रों का आदान-प्रदान होता है।
- इस पत्र का स्वरूप व्यक्तिगत पत्र के समान होता है अर्थित उत्तम पुरुष और द्वितीय पुरुष में- मैं और आप से, परन्तु बात का प्रसंग कोई सरकारी काम ही होता है। कभी-कभी यह पत्र गोपनीय होता है।

88(C). एक विद्यार्थी को अपने स्कूल के प्रधानाचार्य को अभिनिवेदन में 'आपका आज्ञाकारी शिष्य' लिखना चाहिए।
औपचारिक पत्र के अंतर्गत प्रधानाचार्य, निजी या सरकारी कार्यालय, किसी समस्या के समाधान हेतु, किसी पद के लिए आवेदन, समाचार-पत्र

के संपादकों तथा अधिकारियों को लिखे गए पत्र आते हैं।

स्कूल या कार्यालय के लिए-

- संबोधन - महोदय/महोदया, मान्यवर, श्रीमान/श्रीमती आदि।
- अभिवादन - नहीं होता।
- अंत - आज्ञाकारी शिष्य/आज्ञाकारिणी शिष्या, भवदीय/भवदीया आदि।

89(D). 'कार्यालय आदेश' के अंतर्गत नियुक्ति, छुट्टियों की स्वीकृति तथा पदवृद्धि आदि की सूचनाएँ दी जाती हैं।

साथ ही इसके अंतर्गत सामान्य सूचनाएँ भी दी जाती हैं। अन्य विकल्प इसके अनुचित उत्तर हैं।

90(B). सरकारी स्तर पर अधिकतक भारतीय गजटों में प्रकाशित सरकारी नियम, आदेश, अधिकार और नियुक्तियों की सूचना 'अधिसूचना' है।

अधिसूचना सरकारी गज़ट में प्रस्तुत की जाती है। जिन सूचनाओं को गज़टों में प्रस्तु नहीं किया जाता है उन्हें समाचार पत्रों में प्रकाशित कराया जाता है पर वहाँ उनका नाम परिवर्तित होकर 'प्रेस विज्ञप्ति' हो जाता है।

91(D). कार्यालयी पत्रों की भाषा औपचारिक भाषा होनी चाहिए। गणित, कम्प्यूटर विज्ञान और भाषाविज्ञान में औपचारिक भाषा चिन्हों के स्ट्रिंगों का एक समुच्चय (सेट) होता है जिनके साथ एक सम्बन्धित नियमों की सूची भी सम्मिलित हो। ऐसी औपचारिक भाषा की वर्णमाला चिन्हों व अक्षरों का वह समुच्चय होता है जिसके साथ उस भाषा के स्ट्रिंग बनाए जा सकें। किसी औपचारिक भाषा के मान्य स्ट्रिंगों को सुनिर्मित शब्द या सुनिर्मित सूत्र कहते हैं। अक्सर औपचारिक भाषाओं के साथ-साथ उसके शब्द निर्माण व प्रयोग के लिए एक औपचारिक व्याकरण भी परिभाषित होता है, जिसे उसका निर्माण नियम भी कहते हैं।

92(C). पुत्र द्वारा पिता को लिखा गया पत्र व्यक्तिगत पत्र माना जाता है। वैयक्तिक अथवा व्यक्तिगत पत्र- वैयक्तिक पत्र से तात्पर्य ऐसे पत्रों से हैं, जिन्हें व्यक्तिगत मामलों के सम्बन्ध में पारिवारिक सदस्यों, मित्रों एवं अन्य प्रियजनों को लिखा जाता है। हम कह सकते हैं कि वैयक्तिक पत्र का आधार व्यक्तिगत सम्बन्ध होता है। ये पत्र हृदय की वाणी का प्रतिरूप होते हैं।

93(C). पुत्र के लिए उपयुक्त अभिवादन शुभाशीर्वाद है। प्रणाम बराबर वालों या परिचितों के लिए, सादर प्रणाम बड़ो के लिए तथा सप्रेम नमस्कार अपरिचित के लिए प्रयुक्त होगा।

94(A). अधिसूचना केंद्र सरकार और राज्य सरकार द्वारा जारी की जाती है

- अधिसूचना को जारी करने वाली राज्य अथवा केंद्र सरकार होती है और इसका उद्देश्य सामान्य को संबंधित विषय के बारे में सूचित करना होता है।
- नियुक्तियों, पुनर्नियुक्तियों, प्रतिनियुक्तियों, नियमों, आदेशों, स्थानान्तरण, छुट्टी, प्रशिक्षण, सेवानिवृति, निधन आदि की सरकारी सूचना को अधिसूचना या विज्ञप्ति कहते हैं।
- अधिसूचना गजट में भी प्रकाशित होती है, समाचार-पत्रों में नहीं।

95(D). शासकीय पत्र में पत्र संख्या के नीचे बायीं ओर प्रेषक पदाधिकारी का नाम, पदनाम लिखा जाता है।

96(B). अधिसूचना के संदर्भ में इनमें प्रेषक का उल्लेख होता है, कथन गलत है।

97(B). बुद्धि जानकारी को समझने, अवधारणा को समझने और समस्याओं को हल करने की क्षमता के रूप में परिभाषित किया जा सकता है। हॉवर्ड गार्डनर द्वारा बहु-बुद्धि का सिद्धांत प्रस्तावित किया गया था। उनके अनुसार, बुद्धि की व्याख्या:

बुद्धि के प्रकार	विशेषताएँ
दृश्य स्थानिक	यह व्यक्तियों के लिए स्थानिक जानकारी की कल्पना, परिवर्तन और उपयोग करना संभव बनाता है
भाषाई-मौखिक	यह भाषा की समझ को संदर्भित करता है। यदि कोई बच्चा बोलने, सुनने, पढ़ने, लिखने जैसे किसी भी कौशल में पर्याप्त रूप से अच्छा है, तो उसने भाषाई बुद्धि प्राप्त कर ली है।
तार्किक-गणितीय बुद्धिमत्ता	यह गणित और तर्क की समझ को संदर्भित करता है। एक बच्चा जो वैज्ञानिक, इंजीनियर बनने की इच्छा रखता है, उसके पास तार्किक-गणितीय बुद्धि होनी चाहिए
प्राकृतिक	यह बुद्धि प्रकृति और परिवेश से संबंधित है। पर्यावरणविद् बनने की इच्छा रखने वालों के पास यह बुद्धि होनी चाहिए
अंतर्वैयक्तिक	यह उन दार्शनिकों और आध्यात्मिक मार्गदर्शकों के लिए है जो 'स्व' के बारे में जानते हैं, जो जीवन के सत्य और अर्थ की खोज करना चाहते हैं।
पारस्परिक	यह लोगों के साथ संवाद करने और उनके साथ पारस्परिक रूप से जुड़ने की क्षमता है। बच्चा कमेंटेटर बनना चाहता है, एक बिजनेसमैन में यह हुनर होना चाहिए।
शारीरिक-कीनेस्थेटिक	यह ठीक मोटर आंदोलनों का फायदा उठाने के लिए किसी व्यक्ति की क्षमता को संदर्भित करता है। पायलट बनने की इच्छा रखने वाले बच्चे को इस कौशल की आवश्यकता होती है।
संगीत	यह किसी व्यक्ति की गायन, नृत्य, संगीत वाद्ययंत्र बजाने की क्षमता को दर्शाता है।

इसलिए, हम यह निष्कर्ष निकालते हैं कि भाषाई-मौखिक बुद्धि भाषा से संबंधित है।

98(D). भाषा प्रवीणता, शैक्षिक उपलब्धि, संज्ञानात्मक लचीलेपन और सामाजिक सहिष्णुता के साथ बहुभाषा का बहुत घनिष्ठ संबंध है।

- भारतीय व्यक्ति और समुदाय के लिए कई भाषाओं को स्वीकार करना स्वाभाविक है और विभिन्न राष्ट्रीय और अंतर्राष्ट्रीय भाषाओं के साथ मुफ्त में देने और लेने की नीति की भी अनुमति है।
- यदि कोई लड़का अपने माता-पिता से भोजपुरी में, अपने पुराने दोस्तों से भोजपुरी या हिंदी में, अपने कॉलेज के दोस्तों से हिंदी या अंग्रेजी में और ऑफिस का सारा काम अंग्रेजी में करते हुए मिले तो इसमें कोई आश्चर्य की बात नहीं होगी। वास्तव में, कई स्थितियों में हम दो या दो से अधिक भाषाओं को आपस में मिलाते हुए भी पाते हैं। ऐसी प्रक्रियाओं के कारण भाषाएं समृद्ध हो जाती हैं।"
- 'भाषा' अक्सर शक्तिशाली और अमीर लोगों द्वारा बोली जाती है। इस 'भाषा' के लिए व्याकरण और शब्दकोष लिखे गए हैं।
- इसी भाषा में साहित्य भी लिखा जाता है। 'भाषा' भी वह माध्यम बन जाती है जिसमें स्कूली शिक्षण होता है और इस प्रकार मानक भाषा के रूप में पहचान की जाती है।

इसलिए, हम यह निष्कर्ष निकालते हैं कि बहुभाषावाद शब्दावली और प्रभावी भाषण, अन्य संस्कृतियों के प्रति सहिष्णुता और सम्मान और पराभाषिक जागरूकता बढ़ाता है।

99(B). मराठी भाषा पश्चिमी और मध्य भारत में बोली जाने वाली भारतीय-आर्य भाषा है। इसका क्षेत्र मुंबई के उत्तर से गोवा के पश्चिमी तट और पूर्व में दक्कन तक फैला हुआ है। भाषाई स्तर पर यह एक आर्य भाषा है जिसका विकास संस्कृत से अपभ्रंश तक का सफर पूरा होने के बाद आरंभ हुआ। मराठी भारत की प्रमुख भाषाओं में से एक है। मराठी भाषा द्रविड़ भाषा की उत्पत्ति नहीं है।

100(A). संविधान की धारा 343(1) के अनुसार भारतीय संघ की राजभाषा हिन्दी एवं लिपि देवनागरी है। संघ के राजकीय प्रयोजनों के लिए प्रयुक्त अंकों का रूप भारतीय अंकों का अंतरराष्ट्रीय स्वरूप (अर्थात 1, 2, 3 आदि) है।

Ques (1-4): निर्देश : निम्नलिखित गद्यांश को पढ़कर, दिए गए प्रश्नों के सही उत्तर दीजिए।

मनीषी कहते हैं, पुरुषार्थी अपने भाग्य का निर्माण स्वयं करते हैं। केवल आलसी अपने भाग्य को कोसते हैं। पुरुषार्थी, आलस्यरहित रहना ठीक समझता है। साधारणतया जिसे हम भाग्य या प्रारब्ध कहते हैं, वह हमारे पूर्व संचित कर्म ही होते हैं। श्रेष्ठ पुरुष दौड़ लगाते हैं, आगे चलते हैं, उनके पीछे और लोग चलते हैं। जो दौड़ता है उसे लक्ष्य मिलने की संभावना अधिक होती है। महाराज भर्तृहरि ने मनुष्यों को तीन श्रेणियों में बाँट दिया था - अधम, मध्यम और उत्तम। अधम क्लेश के डर से कोई काम प्रारम्भ नहीं करते। मध्यम लोग कार्य प्रारम्भ कर तो देते हैं, परन्तु कोई विघ्न पड़ने पर दुःखी होकर बीच में ही छोड़ देते हैं। परन्तु उत्तम लोग बार-बार कष्ट, विघ्न आने पर भी प्रारम्भ किए गए काम को नहीं छोड़ते वरन् उसे पूरा करके ही दम लेते हैं। ऐसे लोग पुरुषार्थी कहलाते हैं। उपनिषद् कहते हैं - चरैवेति-चरैवेति अर्थात् चलते रहो, चलते रहो। जो हमारा समय निकल गया उसकी चिंता छोड़ें। जो जीवन शेष बचा है उसके बारे में विचार करें।

1. भर्तृहरि के अनुसार मध्यम श्रेणी के लोग कैसे होते हैं?
1. क्लेश के डर से कोई काम प्रारम्भ न करने वाले।
2. विघ्न आने पर भी कार्य को पूरा करके ही दम लेने वाले।
3. हाथ पर हाथ रखकर बैठने वाले।
4. विघ्न आने पर कार्य को बीच में ही छोड़ देने वाले।
  (a) 1   (b) 2
  (c) 3   (d) 4

2. 'चरैवेति-चरैवेति' का भाव है:
1. निरंतर कार्य करते रहना
2. निरंतर चलते रहना
3. निरंतर संवाद करते रहना
4. निरंतर सहायता करने रहना
  (a) 1   (b) 2
  (c) 3   (d) 4

3. 'पुरुषार्थी' शब्द का विलोम शब्द होगा-
1. आलसी
2. दुर्जन
3. कर्मवीर
4. मेहनती
  (a) 1   (b) 2
  (c) 3   (d) 4

4. 'प्रारम्भ' शब्द में उपसर्ग है-
1. प
2. प्र
3. प्रा
4. प्रार
  (a) 1   (b) 2
  (c) 3   (d) 4

Ques (5-12): निर्देश: नीचे दिए गद्यांश को पढ़कर पूछे गए प्रश्नों के सही /सबसे उपयुक्त उत्तर वाले विकल्प को चुनिए।

मेरे बड़े भाई साहब मुझसे पाँच साल बड़े थे, लेकिन केवल तीन दरजे आगे। उन्होंने भी उसी उम्र में पढ़ना शुरू किया था जब मैंने शुरू किया, लेकिन तालीम जैसे महत्त्व के मामले में वह जल्दबाजी से काम लेना पसंद न करते थे; इस भवन की बुनियाद खूब मज़बूत डालना चाहते थे, जिस पर आलीशान महल बन सके। एक साल का काम दो साल में करते थे। कभी-कभी तीन साल भी लग जाते थे। बुनियाद ही पुख्ता न हो तो मकान कैसे पायदार बने।

मैं छोटा था, वे बड़े थे। मेरी उम्र नौ साल की थी, वे चौदह साल के थे। उन्हें मेरी निगरानी का पूरा और जन्मसिद्ध अधिकार था और मेरी शालीनता इसी बात में थी कि उनके हुक्म को कानून समझूँ। वह स्वभाव के बड़े अध्ययनशील थे। हरदम किताब खोले बैठे रहते और शायद दिमाग को आराम देने के लिए कभी कॉपी पर, कभी किताब के हाशियों पर, चिड़ियों, कुत्तों, बिल्लियों की तस्वीरें बनाया करते थे। कभी-कभी एक ही नाम या शब्द या वाक्य दस-बीस बार लिख डालते। कभी एक शेर को बार-बार सुंदर अक्षरों में नकल करते। कभी ऐसी शब्द-रचना करते जिसमें न कोई अर्थ होता, न कोई सामंजस्य। जैसे एक बार उनकी कॉपी पर मैंने

इबारत देखी--स्पेशल, अमीना, भाइयो-भाइयो, भाई-भाई, श्रीयुत् राधेश्याम--इनके बाद आदमी का चेहरा बना हुआ था। मैंने बहुत चेष्टा की कि इस पहेली का कोई हल निकालूँ लेकिन असफल रहा और उनसे पूछने का साहस न हुआ। वे नवीं कक्षा में थे, मैं पाँचवीं में। उनकी रचनाओं को समझना मेरे लिए छोटा मुँह और बड़ी बात थी।
--मुंशी प्रेमचंद

5. उम्र में पाँच साल का और पढ़ाई में दो कक्षाओं का अंतर बताता है कि:
  (a) छोटे भाई की उम्र घटा दी गई थी
  (b) बड़ा भाई पढ़ने में तेज न था
  (c) छोटा भाई एक वर्ष में दो कक्षाएँ उत्तीर्ण कर गया था
  (d) बड़े भाई को देर से स्कूल भेजा गया था

6. कॉपी पर लिखे शब्दों व चित्रों से किस मनःस्थिति का पता चलता है?
  (a) भटकाव   (b) एकाग्रता
  (c) अध्ययनशीलता   (d) दत्तचित्त होना

7. 'तालीम' शब्द है:
  (a) देशज   (b) आगत
  (c) तत्सम   (d) तद्भव

8. 'छोटा मुँह बड़ी बात' मुहावरे का अर्थ है:
  (a) बात को बढ़ा देना
  (b) आयु में छोटा होना
  (c) छोटा होकर भी बड़ी-बड़ी बातें कहना
  (d) गुणी और समझदार होना

9. 'सामंजस्य' शब्द का समानार्थी है:
  (a) तालमेल   (b) मेल-जोल
  (c) समता   (d) बराबरी

10. "मेरे भाई साहब मुझसे पाँच साल बड़े थे, लेकिन केवल तीन दरजे आगे।" इस वाक्य का प्रकार है:
  (a) सरल   (b) संयुक्त
  (c) मिश्र   (d) जटिल

11. बड़ा भाई किस अधिकार से लेखक पर निगरानी रखता है?
  (a) बड़ी कक्षा में होने से   (b) पिता के निर्देश पर
  (c) बड़ा होने के नाते   (d) शक्तिशाली होने के कारण

12. "बुनियाद ही पुख्ता न हो तो मकान कैसे पायदार बने।" छोटे भाई के उक्त कथन में निहित है:
  (a) आदर   (b) सत्य
  (c) हास्य   (d) व्यंग्य

Ques (13-20): निर्देश : नीचे दिए गए गद्यांश को पढ़कर पूछे गए प्रश्नों के सबसे उपयुक्त उत्तर वाले विकल्प को चुनिए।

मानव इतिहास में हजारों साल तक शून्य का कहीं अता-पता नहीं था। शून्य की अवधारणा आ भी गई तब भी काफी समय तक मानव ने इसे संख्या नहीं समझा। यह बात तो तय है कि शून्य प्रकृति-प्रदत्त नहीं है। हमने शून्य का आविष्कार अपनी सुविधा के लिए किया है। मनुष्यों ने शून्य की अवधारणा को न केवल समझा है, बल्कि उसकी सहायता से कई स्वचालित उपकरणों का आविष्कार भी कर लिया है। शून्य एक ही समय में एक अमूर्त विचार और एक वास्तविकता है और यह सीखना सबसे मुश्किल है कि शून्य एक से छोटा है। सबसे पहले भारत ने 'कुछ भी नहीं' को दर्शाने के लिए शून्य को एक स्वतंत्र संख्या के रूप में मान्यता दी। अगर हम शून्य को एक, दो और तीन जैसी संख्याओं की तरह मूर्त चीजों से सम्बद्ध कर पाते तो शायद शून्य को समझाना बहुत आसान होता।

13. 'वैज्ञानिक' में मूल शब्द है:
  (a) वैज्ञान   (b) विज्ञानी
  (c) ज्ञान   (d) विज्ञान

14. शून्य की अवधारणा आने पर भी मनुष्य ने इसे बहुत समय तक संख्या

क्यों नहीं समझा होगा?

- (a) मूर्त चीजों से शून्य की सम्बद्धता न होना।
- (b) सभी वैज्ञानिकों द्वारा इसे मान्यता न देना।
- (c) पशुओं द्वारा इसकी समझ रख पाना।
- (d) इसका प्रकृति प्रदत्त न होना।

15. 'इतिहास' में किस प्रत्यय का प्रयोग किया जा सकता है?

- (a) ता
- (b) इक
- (c) इत
- (d) ई

16. 'स्वतंत्र' का संधि-विच्छेद है:

- (a) स्व + तंत्र
- (b) सु + तंत्र
- (c) सु + अतंत्र
- (d) स्वत + अंत्र

17. हमने शून्य का आविष्कार अपनी _____ के लिए किया है।

- (a) सुविधा
- (b) समस्या
- (c) दुविधा
- (d) इनमें से कोई नहीं

18. विश्व में किसने पहले-पहल शून्य को संख्या के रूप में मान्यता दी?

- (a) मेसोपोटामिया
- (b) मध्य अमेरिका
- (c) भारत
- (d) यूरोप

19. किस शब्द में 'अव' उपसर्ग का प्रयोग नहीं हुआ है:

- (a) अवधारणा
- (b) अवधी
- (c) अवनीति
- (d) अवकाश

20. संख्याओं के संदर्भ में कौन-सी अवधारणा समझानी सबसे कठिन है?

- (a) शून्य सबसे बड़ी संख्या है।
- (b) शून्य एक से बड़ा है।
- (c) शून्य एक से छोटा है।
- (d) शून्य जोड़ा जा सकता है।

21. 'उपदेश रसायन' के रचयिता कौन है?

- (a) जिनदत्त सूरी
- (b) निनधर्म सूरी
- (c) शालिभद्र सूरी
- (d) धनपाल

22. 'अंगदपैज' की रचना किसने की है?

- (a) नाभादास
- (b) धरणीदास
- (c) ईश्वरदास
- (d) मलूकदास

23. निम्न में से कौन - सी रचना के रचनाकार का नाम सही नहीं है?

- (a) फूल नहीं रंग बोलते हैं - केदारनाथ अग्रवाल
- (b) उस जनपद का कवि हूँ - त्रिलोचन शास्त्री
- (c) सीढ़ियों पर धूप में - शमशेर बहादूर सिंह
- (d) संसद से सड़क तक - सुदामा पांडेय धूमिल

24. 'प्रबन्ध चिंतामणि' के रचयिता का नाम है:

- (a) दामोदर पंडित
- (b) कवि आसुग
- (c) रोडा कवि
- (d) मेरुतुंग

25. 'प्रबोधपचासा' ग्रंथ के रचयिता कौन है?

- (a) रामानंद
- (b) कबीर
- (c) मतिराम
- (d) पद्माकर

26. 'झीनी-झीना बीनी चदरिया' किस उपन्यासकार की कृति है?

- (a) राही मासूम रजा
- (b) अब्दुल बिस्मिल्लाह
- (c) असगर वजाहत
- (d) मुद्राराक्षस

27. निम्न में से कौन - सी रचना एवं उसके रचनाकार का युग्म सही नहीं है?

- (a) कविता कौमुदी - रामनरेश त्रिपाठी
- (b) हिमकिरीटिना - माखनलाल चतुर्वेदी
- (c) हल्दीघाटी - श्यामनारायण पांडेय
- (d) रसवंती - सियारामशरण गुप्त

28. सायें में धूप ग़ज़ल संग्रह किस रचनाकार का है-

- (a) रघुवीर सहाय
- (b) दुष्यंत कुमार
- (c) नरेश मेहता
- (d) धर्मवीर भारती

29. 'विज्ञानगीता' की रचना किसने की?

- (a) व्यास जी
- (b) बालगंगाधर तिलक
- (c) केशवदास
- (d) चिंतामणि

30. 'लक्ष्मीपुरा' किस विधा की रचना है?

- (a) यात्रावृत्त
- (b) निबन्ध
- (c) रिपोतार्ज
- (d) डायरी

31. इनमें सर्वनाम से बनी भाववाचक संज्ञा है:

- (a) समता
- (b) ममता
- (c) बड़प्पन
- (d) लड़कपन

32. इनमें क्रिया से बनी भाववाचक संज्ञा नहीं है:

- (a) कमाई
- (b) लड़ाई
- (c) पढ़ाई
- (d) भलाई

33. <u>यह</u> मकान मेरे भाई का है | रेखांकित पद है:

- (a) संज्ञा
- (b) संकेतवाचक सर्वनाम विशेषण
- (c) विशेषण
- (d) क्रिया विशेषण

34. <u>हम</u> ताजमहल देखने जाएँगे | रेखांकित पद है:

- (a) निजवाचक सर्वनाम
- (b) पुरुषवाचक सर्वनाम
- (c) निश्चयवाचक सर्वनाम
- (d) अनिश्चयवाचक सर्वनाम

35. किस वाक्य में 'सकर्मक' क्रिया नहीं है?

- (a) मजदूर पेड़ के नीचे बहुत देर से बैठा है
- (b) किसान हल से खेत जोत रहा है
- (c) मोहन बाजार में फल खरीद रहा है
- (d) तीन छात्र पुस्तकालय में पढ़ रहे हैं

36. काल के आधार पर क्रिया के कितने भेद होते है?

- (a) तीन
- (b) दो
- (c) एक
- (d) चार

37. क्रियापरक व्याकरणिक कोटि चिन्हित काजिए।

- (a) कारक
- (b) लिंग
- (c) वचन
- (d) पक्ष

38. 'गहने अलमारी में हैं।' अलमारी में पद में कारक है:

- (a) करण कारक
- (b) अधिकरण कारक
- (c) संबंध कारक
- (d) अपादान कारक

39. "वह आदमी जो कल आपके घर आया था, बहुत बड़ा ठग है।" उपर्युक्त वाक्य में कितने विशेषण हैं?

- (a) तीन
- (b) दो
- (c) चार
- (d) पाँच

40. 'दुश्चरित्र व्यक्ति से सम्बन्ध नहीं रखना चाहिए।' इस वाक्य में प्रयुक्त 'दुश्चरित्र' शब्द व्याकरण की दृष्टि से किस संवर्ग में है?

- (a) संज्ञा
- (b) सर्वनाम
- (c) विशेषण
- (d) क्रियाविशेषण

41. निम्न में से कौनसा बहुव्रीहि समास का उदाहरण है?

- (a) मृगनयनी
- (b) दाल-चावल
- (c) यथासंभव
- (d) दुअत्री

42. निम्न में से किस शब्द में करण तत्पुरुष समास है?

    (a) आशातीत   (b) कपड़छना
    (c) हथकड़ी   (d) सभाभवन

43. 'ईंट से ईंट बजाना' मुहावरे का क्या अर्थ है?
    (a) सब कुछ नष्ट कर देना   (b) सारी लंका ढा देना
    (c) घर का भेदी लंका ढाए   (d) ईंट का जवाब पत्थर से देना

44. 'थोथा _____ बाजे _____' – लोकोक्ति को उचित विकल्प से पूर्ण कीजिए।
    (a) काला, घोड़ा   (b) चना, घना
    (c) घोड़ा, काला   (d) घना, चना

45. वाचन संबंधी निदानात्मक परीक्षा के परिणामों में किसके प्रयत्न महत्वपूर्ण रहे है?
    (a) डॉ॰ प्रेसी के प्रयत्न   (b) बर्ट के प्रयत्न
    (c) ए॰पी॰ सुखिया के प्रयत्न   (d) इनमें से सभी के प्रयत्न

46. वाचन की निदानात्मक परीक्षा में यांत्रिक यथार्थता को मापने के लिए बैलार्ड की परीक्षा में सामान्य शब्द हैं, जिनको पढ़ने के लिए एक मिनट का समय निर्धारित किया गया है?
    (a) 158   (b) 100
    (c) 200   (d) 50

47. 'संरचनात्मक उपागम' से शिक्षण में एफ॰ज़ी॰ फ्रेंच ने तीन सिद्धान्त दिए हैं, ये क्रमश: हैं:
    (a) वाचन पर बल देना, भाषायी आदतों का विकास करना, छात्रों की क्रियाशीलता
    (b) लिपि पर बल देना, छात्रों कौ क्रियाशीलता, भाषायी आदतों का विकास
    (c) अक्षरों की बनावट पर बल भाषायी आदतों का विकास, वाचन पर बल
    (d) क्रियाशीलता, वर्णों पर विचार छात्रों का भाषा संबंधी ज्ञान

48. "इस विधि में अध्यापक स्वयं ही नाटक के वाचन करता है, किन्तु यह वाचन वस्तुत: अभिनय होता है और पात्रों के अनुकूल भाषा में उतार-चढ़ाव आता रहता है।
उपर्युक्त पंक्तियाँ नाटक शिक्षण की कौन सी प्रणाली के लिए कही गई है?
    (a) व्याख्या प्रणाली   (b) रंगमंच अभिनय प्रणाली
    (c) आदर्श नाट्य प्रणाली   (d) संयुक्त प्रणाली

49. भाषा शिक्षण विधियों में कौन-सी विधि प्राथमिक विद्यालय के बच्चों के लिए नितान्त व्यर्थ है?
    (a) डाल्टन प्रणाली   (b) प्रोजेक्ट प्रणाली
    (c) माण्टेसरी पद्धति   (d) किण्डरगार्टन पद्धति

50. भाषा शिक्षण में 'संरचनात्मक उपागम' का अर्थ है:
    (a) बालकों को कविता पाठ करवाना
    (b) बालकों को श्रुतलेख लिखवाना
    (c) भाषा की मूल संरचना का शिक्षण करवाना
    (d) भाषा के विकास में प्रौढ़ता लाना

51. 'पद्मावत' काव्य किस श्रेणी में आता है?
    (a) मुक्तक काव्य   (b) खंड काव्य
    (c) कहानी   (d) महाकाव्य

52. उसमान ने जहाँगीर के शासन काल में कौन सी पुस्तक लिखी थी?
    (a) चित्रावली   (b) ज्ञानवली
    (c) कवितावली   (d) इन्द्रावली

53. कवित्त रत्नाकर किसकी रचना है?
    (a) ग्वाल कवि   (b) पद्माकर
    (c) देवकवि   (d) सेनापति

54. "नैन बांक सरि पूज न कोऊ। मानस भेदक उलथाई दोउ।
राते कंबल करहिं अलि भवा। घूमहिं माति चहहिं अपसवां।।"
ये पंक्तियाँ किसकी है?
    (a) घनानंद   (b) जायसी
    (c) बिहारी   (d) तुलसीदास

55. अज्ञेय को किस युग का प्रवर्तक कवि माना जाता है?
    (a) द्विवेदी युग   (b) प्रगतिवादी युग
    (c) भारतेन्दु युग   (d) प्रयोगवादी युग

56. 'बादल-राग' के रचयिता है:
    (a) प्रसाद   (b) सुमित्रा नन्दन पन्त
    (c) निराला   (d) महादेवी

57. ठिठुरता हुआ गणतंत्र शीर्षक व्यंग्य रचना के रचयिता कौन हैं?
    (a) रामवृक्ष बेनीपुरी   (b) महादेवी वर्मा
    (c) हरिशंकर परिसाई   (d) हजारी प्रसाद द्विवेदी

58. चन्द्रधर शर्मा गुलेरी का निबन्ध है-
    (a) चेतना के बिम्ब   (b) संस्कृति और साहित्य
    (c) कछुआ धर्म   (d) कन्यादान

59. 'कुरुक्षेत्र' पुस्तक के रचनाकार कौन हैं?
    (a) रामधारी सिंह दिनकर   (b) सुमित्रानंदन पंत
    (c) महादेवी वर्मा   (d) मोहन राकेश

60. श्रीमद्भगवत गीता के रचयिता कौन हैं?
    (a) वाल्मीकि   (b) श्रीकृष्ण
    (c) तुलसीदास   (d) महर्षि वेदव्यास

61. आधुनिक काल का नामकरण आचार्य शुक्ल ने कब किया?
    (a) वर्तमान काल   (b) गद्य काल
    (c) आधुनिक काल   (d) भारतेंदु काल

62. 'छन्दों का अजायब घर' के नाम से किस ग्रंथ को जाना जाता है?
    (a) परमाल रासो   (b) पृथ्वीराज रासो
    (c) हम्मीर रासो   (d) विजयपाल रासो

63. 'लोरिक तथा चंदा' नामक पात्र किस रचना से संबंधित है?
    (a) मधुमालती   (b) चंदायन
    (c) अनुराग बांसुरी   (d) सत्यवती कथा

64. तुलसी ने 'विनयपत्रिका' तथा 'कबितावली' की रचना निम्नलिखित में से किस भाषा में की है?
    (a) अवधी   (b) ब्रजभाषा
    (c) बुंदेली   (d) भोजपुरी

65. 'अंग बधू' निम्नलिखित में से किस संत कवि की पुस्तक है?
    (a) मलूक दास   (b) दादू दयाल
    (c) धर्मदास   (d) कबीरदास

66. तार सप्तक का सम्बन्ध किस वाद से है?
    (a) प्रगतिवाद   (b) प्रयोगवाद
    (c) द्विवेदी युग   (d) भारतेंदु युग

67. "धर्मवीर भारती और नरेश मेहता" किस सप्तक के कवि है?
    (a) तार सप्तक   (b) दूसरा सप्तक
    (c) तीसरा सप्तक   (d) चौथा सप्तक

68. 'अंधेर नगरी' नाटक के रचनाकार है-
    (a) महाप्राण निराला   (b) भीष्म साहनी
    (c) लक्ष्मी नारायण मिश्र   (d) भारतेन्दु हरिश्चन्द्र

69. कबीर की मृत्यु के पश्चात उनकी गद्दी किसको मिली?
- (a) कमाल
- (b) कमली
- (c) धर्मदास
- (d) लोई

70. निम्नलिखित में से कौन-से कवि कृष्णभक्ति धारा के कवियों में शामिल नहीं है?
- (a) नाभादास
- (b) नंददास
- (c) हरिदास
- (d) ध्रुवदास

71. निम्नलिखित में से कौन सी रचना मलिक मुहम्मद जायसी की है?
- (a) कवितावली
- (b) चंदायन
- (c) पद्मावत
- (d) हंस जवाहिर

72. मृगावती निम्नलिखित में से किस कवि की रचना है?
- (a) मुल्ला दाऊद
- (b) कुतुबन
- (c) ईश्वर दास
- (d) असाइत

73. कबीरदास जी के गुरु का नाम निम्नलिखित में से है:
- (a) दादू दयाल
- (b) रामानन्द
- (c) गोरखनाथ
- (d) इनमें से कोई नहीं

74. निम्नलिखित में से कौन-सी रचनाएँ पुष्पदंत द्वारा रचित नहीं हैं?
- (a) आदिपुराण
- (b) योगसार
- (c) जसहर चरिउ
- (d) उत्तर पुराण

नीचे दिए गए विकल्पों में से सही उत्तर चुनिए।
- (a) (a), (b) और (c)
- (b) (b) और (c)
- (c) (b), (c) और (d)
- (d) (a) और (d)

75. संक्षेपण को आप क्या कह सकते हैं?
- (a) एक चुटकुला
- (b) एक प्रकार का महाकाव्य
- (c) एक प्रकार का मानसिक प्रशिक्षण
- (d) एक प्रकार का शारीरिक परिश्रम

76. संक्षेपण करते समय किस बात का ध्यान रखना चाहिए?
- (a) सभी बातों को बढ़ा-चढ़ाकर लिखना चाहिए।
- (b) सभी महत्वपूर्ण बातों को हटा देना चाहिए।
- (c) सिर्फ पाठक को चटपटी बातें बतानी चाहिए।
- (d) कोई महत्वपूर्ण बात छूटनी नहीं चाहिए।

77. 'संशय की एक रात' किस कवि की कृति है?
- (a) अज्ञेय
- (b) नरेन्द्र शर्मा
- (c) नरेश मेहता
- (d) केसरी कुमार

78. 'पुस्तक जल्लण हत्थ दै चलि गज्जन नृपकाज' नामक पंक्ति किस ग्रन्थ के विषय में कही गई है?
- (a) खुमाण रासो
- (b) पृथ्वीराज रासो
- (c) पउमचरिउ
- (d) कच्छूली रास

79. महादेवी वर्मा कृत 'नीरजा' पर कौन-सा पुरस्कार प्रदान किया गया था?
- (a) श्लाका
- (b) मंगलाप्रसाद
- (c) सक्सेरिया
- (d) ज्ञानपीठ

80. आधुनिक काल में मुद्रणालय की स्थापना के बाद हिंदी गद्य का कौन-सा रूप सबसे पहले जनता के सामने आया?
- (a) निबंध
- (b) इंटरव्यू
- (c) संस्मरण
- (d) रेखाचित्र

81. रामचंद्र शुक्ल ने हिंदी-साहित्य का किस शताब्दी को आरम्भ माना है?
- (a) सातवीं शताब्दी
- (b) दसवीं शताब्दी
- (c) दसवीं-ग्यारहवीं शताब्दी
- (d) नौवीं शताब्दी

82. नागरी प्रचारिणी सभा के प्रथम सभापति बने थे:
- (a) आचार्य राम चंद्र शुक्ल
- (b) बाबू राधाकृष्ण दास
- (c) रामनारायण मिश्र
- (d) शिवकुमार सिंह

83. पण्डित की उपाधि किस शिक्षक के लिए है?
- (a) गणित
- (b) हिन्दी
- (c) दैहिक
- (d) अंग्रेजी

84. हिंदी की प्रथम कहानी है-
- (a) इंदुमती
- (b) रेखाएं बोल उठीं
- (c) माती की मूरतें
- (d) अतीत के चलचित्र

85. निम्न में से कौन बल्लभाचार्य के शिष्य नहीं थे?
- (a) सूरदास
- (b) कुम्भन दास
- (c) परमानंद दास
- (d) गोविन्द स्वामी

86. "अकाल में सारस" पर साहित्य अकादमी पुरस्कार किसे प्राप्त हुआ?
- (a) अज्ञेय
- (b) निर्मल वर्मा
- (c) अमिताव घोष
- (d) केदारनाथ सिंह

87. पत्र के संबंध में निम्नलिखित में से किसको 'अभिवादन' कहते हैं?
- (a) पिता-पुत्र
- (b) शुभाशीष
- (c) प्रिय पुत्र
- (d) आपका स्नेहाकांक्षी

88. निम्नलिखित में से किसका प्रयोग अधिकतर भारतीय गजटों में प्रकाशित सरकारी नियम, आदेश आदि की सूचना के प्रसंग में होता है?
- (a) पत्र
- (b) परिपत्र
- (c) अधिसूचना
- (d) कार्यालय आदेश

89. छोटे संबंधियों को पत्र में संबोधन क्या लिखेंगे?
- (a) चिरंजीव
- (b) पूजनीय
- (c) परमपूज्य
- (d) हितैषी

90. इनमें से कौन सा कार्यालय आदेश के मूल गुण नहीं हैं?
- (a) अनौपचारिकता
- (b) नापा तुला
- (c) निवैयक्तिक
- (d) बाहर भीतरी बातें

91. प्रेस विज्ञप्ति से सम्बंधित गलत कथन है।
- (a) इसकी शब्दावली एवं शैली निश्चित होती है।
- (b) प्रेस-विज्ञप्ति का अपना एक शीर्षक नहीं होता है।
- (c) समाचार-पत्र का सम्पादक 'प्रेस-विज्ञप्ति' में किसी प्रकार की काट-छाँट नहीं कर सकता।
- (d) निश्चित तिथि पर इसका प्रकाशन किया जाता है।

92. परिपत्र के संबंध में कौन सा कथन गलत है?
- (a) सबसे ऊपर परिपत्र संख्या लिखी जाती है।
- (b) इसमें सम्बोधन की आवश्यकता नहीं होती।
- (c) इसमें विषय का संकेत नहीं रहता।
- (d) इसमें अधोलेख (भवदीय) की आवश्यकता नहीं होती।

93. अर्द्धशासकीय पत्र के संदर्भ में कौन सा कथन गलत है?
- (a) इसका स्वरूप व्यक्तिगत पत्र के समान होता है।
- (b) यह पत्र अन्य पुरुष में लिखा जाता है।
- (c) औपचारिक शब्दों से आरंभ करने की आवश्यकता नहीं होती।
- (d) प्रायः समान स्तर के अधिकारी के साथ ऐसा पत्र व्यवहार होता है।

94. निम्नलिखित में से कौन सा पत्र वैयतिक पत्र की श्रेणी में आएगा?
- (a) व्यापारिक पत्र
- (b) प्रार्थना-पत्र

| | (c) | मित्र को पत्र | (d) | सम्पादक के नाम पत्र |

95. निम्नलिखित में से कौन सी पत्र की विशेषता नहीं है?
- (a) संक्षिप्तता
- (b) प्रेषक
- (c) क्रमबद्धता
- (d) विनयशीलता

96. सामन्यात: सारांश मूल लेखन का कितना होना चाहिए?
- (a) दो तिहाई
- (b) एक तिहाई
- (c) एक चौथाई
- (d) दो चौथाई

97. बोधगम्य निवेश (i+1) का अर्थ है ___
1. विषयवस्तु अवं सामग्री शिक्षार्थी की योग्यता के वर्तमान स्तर से थोड़ा ऊपर की होनी चाहिए।
2. भाषा शिक्षार्थी बेहतर निष्पादन कर पाते हैं, जब उन्हें अपनी क्षमता के स्तर से अधिक क्षमता वाले शिक्षार्थे के साथ सीखने के मौके दिए जाते हैं।
3. शिक्षार्थियों को अपना लक्ष्य निर्धारित करने के लिए अपने अधिगम के सबल तथा कमज़ोर पक्ष को पहचानने की आवश्यकता है।
4. शिक्षार्थियों को स्वतंत्र रूप से ग्रहकार्य करने के लिए पुनर्बलन प्रदान करता है।
- (a) 1
- (b) 2
- (c) 3
- (d) 4

98. भाषा अधिगम की अचेतन प्रक्रिया कौन-सी है?
1. भाषा अर्जन
2. भाषा अधिगम
3. भाषा शिक्षा
4. भाषा शिक्षण
- (a) 1
- (b) 2
- (c) 3
- (d) 4

99. हिंदी भाषा के विकास का सही अनुक्रम कौन-सा है?
- (a) प्राकृत, पालि, अपभ्रंश, हिंदी
- (b) अपभ्रंश, पालि, प्राकृत, हिंदी
- (c) पालि, प्राकृत, अपभ्रंश, हिंदी
- (d) प्राकृत, अपभ्रंश, पालि, हिंदी

100. चंद्रधर शर्मा ने किसे पुरानी हिन्दी कहकर संबोधित किया?
- (a) संस्कृत को
- (b) पालि को
- (c) प्राकृत को
- (d) अपभ्रंश को

// स्मार्ट उत्तर पुस्तिका //

सही उत्तर उन छात्रों का प्रतिशत जिन्होंने प्रश्न का सही उत्तर दिया।

छोड़ दिया उन छात्रों का प्रतिशत जिन्होंने प्रश्न को छोड़ दिया।

प्रश्न संख्या	उत्तर	सही उत्तर / छोड़ दिया	प्रश्न संख्या	उत्तर	सही उत्तर / छोड़ दिया	प्रश्न संख्या	उत्तर	सही उत्तर / छोड़ दिया
1	D	78.29% / 0.0%	2	B	85.37% / 0.0%	3	A	80.23% / 0.0%
4	B	77.22% / 0.0%	5	B	60.09% / 1.02%	6	A	84.25% / 0.0%
7	B	79.34% / 0.0%	8	C	41.07% / 1.49%	9	A	57.07% / 1.8%
10	B	42.95% / 1.81%	11	C	43.86% / 1.89%	12	D	40.33% / 1.81%
13	C	60.67% / 1.42%	14	A	41.8% / 1.58%	15	B	85.55% / 0.0%
16	A	49.69% / 1.5%	17	A	79.99% / 0.0%	18	C	62.21% / 1.2%
19	B	59.65% / 1.7%	20	C	66.64% / 1.2%	21	A	56.04% / 1.81%
22	C	52.32% / 1.05%	23	C	45.68% / 1.23%	24	D	53.84% / 1.26%
25	D	65.65% / 1.24%	26	B	65.39% / 1.77%	27	D	85.04% / 0.0%
28	B	86.98% / 0.0%	29	C	55.81% / 1.47%	30	C	59.34% / 1.7%
31	B	84.88% / 0.0%	32	D	60.38% / 1.11%	33	B	82.11% / 0.0%
34	B	52.58% / 1.29%	35	A	69.34% / 1.13%	36	A	59.53% / 1.23%
37	A	50.3% / 1.5%	38	B	29.48% / 3.6%	39	C	62.77% / 1.08%
40	C	54.37% / 1.8%	41	A	85.73% / 0.0%	42	B	40.82% / 1.16%
43	A	85.41% / 0.0%	44	B	83.83% / 0.0%	45	A	64.08% / 1.78%
46	A	53.89% / 1.37%	47	C	86.11% / 0.0%	48	C	11.36% / 3.99%
49	C	53.84% / 1.08%	50	C	56.84% / 1.81%	51	D	79.45% / 0.0%
52	A	81.0% / 0.0%	53	D	63.26% / 1.97%	54	B	14.92% / 4.65%
55	D	53.29% / 1.73%	56	C	68.55% / 1.88%	57	C	48.19% / 1.63%
58	C	43.18% / 1.88%	59	A	46.66% / 1.3%	60	D	79.63% / 0.0%
61	B	55.91% / 1.45%	62	B	55.11% / 1.87%	63	B	60.67% / 1.08%
64	B	56.61% / 1.21%	65	B	69.83% / 1.18%	66	B	55.42% / 1.39%
67	B	51.09% / 1.41%	68	D	68.56% / 1.96%	69	C	60.1% / 1.78%
70	A	82.9% / 0.0%	71	C	76.48% / 0.0%	72	B	78.76% / 0.0%
73	B	81.68% / 0.0%	74	D	56.69% / 1.49%	75	C	68.12% / 1.41%
76	D	85.02% / 0.0%	77	C	41.49% / 1.84%	78	B	20.17% / 4.96%
79	C	46.0% / 1.45%	80	A	51.35% / 1.98%	81	B	56.78% / 1.5%
82	B	49.23% / 1.09%	83	B	51.79% / 1.01%	84	A	49.2% / 1.91%
85	D	65.17% / 1.2%	86	D	64.14% / 1.53%	87	B	67.63% / 1.31%
88	C	32.34% / 3.58%	89	A	84.07% / 0.0%	90	A	51.59% / 1.02%
91	B	12.18% / 3.21%	92	D	45.56% / 1.52%	93	B	23.7% / 3.42%
94	C	41.74% / 1.09%	95	B	46.37% / 1.86%	96	B	63.7% / 1.8%
97	A	69.79% / 1.26%	98	A	76.82% / 0.0%	99	C	48.47% / 1.71%
100	D	48.89% / 1.37%						

// संकेत और समाधान //

1(D). भर्तृहरि के अनुसार मध्यम श्रेणी के लोग विघ्न आने पर कार्य को बीच में ही छोड़ देने वाले होते हैं।

2(B). 'चरैवेति-चरैवेति' का भाव निरंतर चलते रहना है। गद्यांश के अनुसार, उपनिषद् कहते हैं - चरैवेति-चरैवेति अर्थात् चलते रहो, चलते रहो।

3(A). 'पुरुषार्थी' शब्द का विलोम शब्द आलसी होगा।

4(B). 'प्रारम्भ' शब्द में उपसर्ग 'प्र' है। प्र + आरम्भ = प्रारम्भ

5(B). पढ़ने में तेज ना होने के कारण वह बार-बार एक ही कक्षा में रह जाता है। यही कारण है कि उम्र में पाँच साल का अन्तर होने पर भी कक्षा में केवल दो कक्षाओं का अन्तर है।

6(A). वह हरदम किताब तो खोले बैठे रहते है पर कभी कॉपी पर, कभी किताब के हाशियों पर, चिड़ियों, कुत्तों, बिल्लियों की तस्वीरें बनाया करते थे। इस प्रकार के कार्यों में संलग्न रहता है, जो भटकावपूर्ण मन:स्थिति के लोग करते

हैं।

7(B). विदेशी भाषा से लिए गये शब्द आगत शब्द कहलाते हैं।

8(C). 'छोटा मुँह बड़ी बात' मुहावरे का अर्थ उम्र में छोटा होकर भी बातें बड़ों जैसी करना है।

9(A). 'सामंजस्य' शब्द का समानार्थी तालमेल है।

10(B). संयुक्त वाक्य - दो या दो से अधिक वाक्य किसी योजक (या, अथवा, ऐर, किन्तु, परन्तु, लेकिन, तथा, एवं आदि) द्वारा जुड़े होते हैं। इसलिए "मेरे भाई साहब मुझसे पाँच साल बड़े थे, लेकिन केवल तीन दरजे आगे।" इस वाक्य का प्रकार संयुक्त है।

11(C). लेखक का बड़ा भाई लेखक से 5 साल बड़ा है। बड़े होने के नाते बड़े भाई को लेखक की निगरानी का पूरा और जन्मसिद्ध अधिकार था।

12(D). कथन के अनुसार किसी भी चीज की मजबूती के लिए उसका आधार मजबूत होना आवश्यक है, किन्तु उपरोक्त गद्यांश व्यंग्यात्मक गद्य है। गद्य में छोटे भाई ने बड़े भाई पर व्यंग्य करते हुए यह कथन कहा है।

13(C). वैज्ञानिक में मूल शब्द ज्ञान है।

शब्द	परिभाषा	उदाहरण
उपसर्ग	ऐसे शब्दांश जो किसी शब्द के पूर्व जुड़कर उसके अर्थ में परिवर्तन कर देते हैं।	प्रति + क्षण = प्रतिक्षण सम् + गम = संगम

14(A). गद्यांश के अनुसार, "अगर हम शून्य को एक, दो और तीन जैसी संख्याओं की तरह मूर्त चीजों से सम्बद्ध कर पाते तो शायद शून्य को समझाना बहुत आसान होता।"
मूर्त चीजों से शून्य की सम्बद्धता न होने की वजह से शून्य की अवधारणा आने पर भी मनुष्य ने इसे बहुत समय तक संख्या नहीं समझा होगा।

15(B). 'इतिहास' में इक प्रत्यय का प्रयोग किया जा सकता है।
इतिहास + इक = ऐतिहासिक
प्रत्यय वे शब्द हैं जो दूसरे शब्दों के अन्त में जुड़कर, अपनी प्रकृति के अनुसार, शब्द के अर्थ में परिवर्तन कर देते हैं।

16(A). 'स्वतंत्र' का संधि-विच्छेद स्व + तंत्र है।
स्वतंत्र: स्व + तंत्र (व्यंजन संधि)
व्यंजन का व्यंजन से अथवा किसी स्वर से मेल होने पर जो परिवर्तन होता है उसे व्यंजन संधि कहते हैं।

17(A). गद्यांश के अनुसार, " हमने शून्य का आविष्कार अपनी सुविधा के लिए किया है। मनुष्यों ने शून्य की अवधारणा को न केवल समझा है, बल्कि उसकी सहायता से कई स्वचालित उपकरणों का आविष्कार भी कर लिया है। "

18(C). विश्व में पहले-पहल शून्य को संख्या के रूप में मान्यता भारत ने दी।
गद्यांश के अनुसार, " सबसे पहले भारत ने 'कुछ भी नहीं' को दर्शाने के लिए शून्य को एक स्वतंत्र संख्या के रूप में मान्यता दी।"

19(B). अवधि शब्द में 'अव' उपसर्ग का प्रयोग हुआ है।

शब्द	परिभाषा	उदाहरण
उपसर्ग	ऐसे शब्दांश जो किसी शब्द के पूर्व जुड़कर उसके अर्थ में परिवर्तन कर देते हैं।	प्रति + क्षण = प्रतिक्षण सम् + गम = संगम

20(C). संख्याओं के संदर्भ में "शून्य एक से छोटा है।" अवधारणा समझानी सबसे कठिन है।
गद्यांश के अनुसार, "शून्य एक ही समय में एक अमूर्त विचार और एक वास्तविकता है और यह सीखना सबसे मुश्किल है कि शून्य एक से छोटा है।"

21(A). 'उपदेश रसायन' के रचयिता जिनदत्त सूरी हैं।
उपदेश रसायन रास की रचना जिनदत्त सूरी ने 1143 ई. में की है। यह आदिकालीन अपभ्रंश रचना है।

22(C). 'अंगदपैज' की रचना ईश्वरदास ने की है।
अंगदपैज का रचना वर्ष 1444 इ. है। भरत मिलाप (1444), ईश्वरदास की अन्य रचना है। ईश्वरदास (1480-1550) राम भक्ति काव्य के प्रमुख कवि हैं।

23(C). 'सीढ़ियों पर धूप में' - 'शमशेर बहादूर सिंह' की रचना नहीं है।
सीढ़ियों पर धूप में रघुवीर सहाय की रचना है। इसका रचना वर्ष 1960 ई. है।

24(D). 'प्रबन्ध चिंतामणि' के रचयिता 'मेरुतंग' है।
प्रबंध चिंतामणि जैन साहित्य का एक महत्त्वपूर्ण ग्रंथ है। इस पुस्तक की रचना 1305 ई. में मेरुतुंगाचार्य द्वारा की गई थी।
यह ग्रंथ पांच खण्डों में विभाजित है और इन खण्डों से क्रमशः विक्रमांक, सातवाहन मूलराज, मुंज, नृपति भोज, सिद्धराज जयसिंह, कुमार पाल, लक्ष्मण सेन, जयचन्द्र आदि के विषय में जानकारी मिलती है।

25(D). 'प्रबोधपचासा' ग्रंथ के रचयिता 'पद्माकर' है।
प्रबोधपचासा एक भक्ति निरूपण ग्रंथ है। रीति काल के ब्रजभाषा कवियों में पद्माकर (1753-1833) का महत्त्वपूर्ण स्थान है।

26(B). 'झीनी झीनी बीनी चदरिया', "अब्दुल बिस्मिल्लाह" की रचना है।
यह अब्दुल बिस्मिल्लाह की प्रसिद्ध रचना है। इसको सन 1987 में सोवियत लैंड नेहरू पुरस्कार मिला था। अब्दुल बिस्मिल्लाह (जन्म-5 जुलाई 1949) हिन्दी साहित्य जगत के प्रसिद्ध उपन्यासकार हैं।

27(D). 'रसवंती' - 'सियारामशरण गुप्त' की रचना नहीं है।
रसवंती रामधारी सिंह दिनकर की कविता है। इसका रचना वर्ष 1939 ई. है।

28(B). 'सायें में धूप' काव्य कृति दुष्यंत कुमार की है।
सायें में धूप दुष्यंत कुमार की रचना है। इसका रचना वर्ष 1975 ई. है।

29(C). 'विज्ञानगीता' केशवदास की रचना है।
केशवदास रचित प्रामाणिक ग्रंथ नौ हैं- रसिकप्रिया, कविप्रिया, नखशिख, छंदमाला, रामचंद्रिका, वीरसिंहदेव चरित, रतनबावनी, विज्ञानगीता और जहाँगीर जसचंद्रिका।

30(C). 'लक्ष्मीपुरा' - रिपोर्ताज विधा की रचना है।
भारतेंदु ने स्वयं जनवरी, 1877 की 'हरिश्चंद्र चंद्रिका' में दिल्ली दरबार का वर्णन किया है, जिसमें रिपोर्ताज की झलक देखी जा सकती है। रिपोर्ताज लेखन का प्रथम सायास प्रयास शिवदान सिंह चौहान द्वारा लिखित 'लक्ष्मीपुरा' को मान जा सकता है। यह सन् 1938 में 'रूपाभ' पत्रिका में प्रकाशित हुआ।

31(B). 'मम' निजवाचक सर्वनाम है, जिसमें 'ता' प्रत्यय के योग से 'ममता' भाववाचक संज्ञा बनी है।
भाववाचक संज्ञा: जो संज्ञा किसी भाव, गुण, दशा आदि का बोध कराती है।
उदाहरण: क्रोध, मिठास, यौवन

32(D). 'भलाई' शब्द क्रिया से बनी भाववाचक संज्ञा नहीं है।
तद्धित प्रत्यय जोड़े गए शब्दों के उदाहरण: भला+ई =भलाई
तद्धित प्रत्यय- धातु को छोड़ कर अन्य शब्दों में लगने वाला प्रत्यय तद्धित प्रत्यय कहलाते है।
जिसके अंत में तद्धित प्रत्यय जुड़ा हो, वह है ' तद्धितांत'। तद्धितांत शब्द बना है- तद्धित+अंत।

33(B). 'यह' शब्द 'संकेतवाचक सर्वनाम विशेषण' है।
संकेतवाचक सर्वनाम विशेषण- जो सर्वनाम विशेषण के रूप में प्रयुक्त होते हैं एवं किसी तरफ संकेत करते हैं, वह संकेतवाचक सार्वनामिक विशेषण कहलाते हैं। उदाहरण- यह, वह, वो,उधर

34(B). 'हम' शब्द पुरुषवाचक सर्वनाम है।
- पुरुषवाचक सर्वनाम- जिस सर्वनाम का प्रयोग वक्ता द्वारा स्वयं के लिए या अन्य व्यक्ति के लिए किया जाता है।
- उदाहरण- मैं, हम, मुझे, तू, तुम, तुझे आदि।

35(A). 'मजदूर पेड़ के नीचे बहुत देर से बैठा है' वाक्य में 'सकर्मक' क्रिया नहीं है।

सकर्मक क्रिया- जिस क्रिया में कर्म का होना ज़रूरी होता है वह क्रिया सकर्मक क्रिया कहलाती है। इन क्रियाओं का असर कर्ता पर न पड़कर कर्म पर पड़ता है। सकर्मक अर्थात कर्म के साथ।

जैसे - विकास पानी पीता है। इसमें पीता है (क्रिया) का फल कर्ता पर ना पड़ते कर्म पानी पर पड़ रहा है।

अतः विकल्प (A) सही है।

36(A). काल के आधार पर क्रिया के तीन भेद होते हैं -
- भूतकालिक क्रिया
- वर्तमान कालिक क्रिया
- भविष्यत कालिक क्रिया

37(A). क्रियापरक व्याकरणिक कोटि कारक है। व्याकरण की वह कोटि जिसमें क्रिया निहित हों, कारक कहलाती है।

38(B). 'गहने अलमारी में हैं।' अलमारी में पद में अधिकरण कारक है।

41(A). मृगनयनी शब्द बहुव्रीहि समास का उदाहरण है। अन्य विकल्प असंगत है। इसलिए, सही उत्तर विकल्प (A) मृगनयनी होगा।

अन्य विकल्प:-
- दाल-चावल - दाल और चावल
- यथासंभव -जहाँ तक संभव हो सके
- दुअत्री - दो आनों का समाहार

42(B). कपड़छना शब्द में करण तत्पुरुष समास है। अन्य विकल्प असंगत है। इसलिए सही उत्तर विकल्प (B) कपड़छना होगा।
- कपड़छना - कपड़े से छना हुआ

समास	परिभाषा	उदाहरण
तत्पुरुष समास	जिस समास में उत्तरपद प्रधान हो तथा समास करने के उपरांत विभक्ति (कारक चिन्ह) का लोप हो।	जैसे – धर्म का ग्रन्थ = धर्मग्रन्थ, तुलसीदास द्वारा कृत = तुलसीदासकृत।

43(A). 'ईंट से ईंट बजाना' का अर्थ 'सब कुछ नष्ट कर देना' है। शेष विकल्प त्रुटिपूर्ण हैं।

मुहावरा: ईंट से ईंट बजाना

अर्थ: प्रयोगपूरी तरह से नष्ट करना

वाक्य: जगमोहन चाहता था कि वह अपने शत्रु के घर की ईंट से ईंट बजा दे।

44(B). विकल्प चना, घना प्रस्तुत लोकोक्ति को पूर्ण करता है।

उपरोक्त लोकोक्ति इस प्रकार होगी- थोथा चना बाजे घना जिसका अर्थ होता है - बहुत अल्प ज्ञान होने पर भी अधिक ज्ञान का दिखावा करना।

वाक्य प्रयोग- वह दो बार नौवीं कक्षा में फेल हो चुका परन्तु दिखाता ऐसे है जैसे कितना होशियार हो। यह तो वही लोकोक्ति साबित हो गयी थोथा चना बाजे घना।

45(A). वाचन संबंधी निदानात्मक परीक्षा के परिणामों में डॉ० प्रेसी के प्रयल महत्वपूर्ण रहे है।

निदान करने से पूर्व हमें छात्रों की कठिनाइयों का पता चलाना आवश्यक है। इसके पश्चात् उपाय करने के लिए आपस में छात्र वाद-विवाद करके अपनी-अपनी कमियाँ व्यक्त करते हैं और उन त्रुटियों को कम करने के उपाय खोजते हैं।

इस सम्बन्ध में निम्नलिखित सुझाव और दिये गये हैं:
- जहाँ छात्र कठिनाई अनुभव करे वहीं से पुनः वाचन करवाया जाय।
- छात्र को उसकी प्रगति का ज्ञान होना चाहिए।
- विद्यार्थी को उचित प्रोत्साहन दिया जाना भी एक उपचार है।
- उपचार की एक ही विधि को बार-बार काम में लाना उचित नहीं। इससे विद्यार्थी नीरसता अनुभव करता है।
- जो विधि प्रयोग में लायी जाये वह विद्यार्थी की रुचि और स्तर के अनुसार हो तो उत्तम रहेगा।

46(A). वाचन की निदानात्मक परीक्षा में यांत्रिक यथार्थता को मापने के लिए बैलार्ड की परीक्षा में 158 सामान्य शब्द हैं, जिनको पढ़ने के लिए एक मिनट का समय निर्धारित किया गया है।

वाचन की परीक्षाओं के उद्देश्य:
- यांत्रिक यथार्थता
- प्रवाह या गति
- अभिव्यक्ति
- समझने की क्षमता

यांत्रिक यथार्थता:
- खेद का विषय है कि हिन्दी में अभी ऐसी परीक्षाएँ उपलब्ध नहीं हैं इसलिए हमें अंग्रेजी की परीक्षाओं का ही सहारा लेना पड़ता है।
- यांत्रिक यथार्थता को मापने के लिए बैलार्ड की परीक्षा है जिसमें 158 सामान्य शब्द है जिनको पढ़ाने के लिये एक मिनट का समय निर्धारित किया गया है।
- यदि कोई परीक्षार्थी किसी शब्द पर 5 सेकण्ड से ज्यादा हिचकता है, तो उसे आगे बढ़ने का आदेश दे दिया जाता है और उस शब्द को एक गलती मान लिया जाता है।

एक मिनट तक पढ़ने के बाद उसे रुकने को कहा जाता है और निम्न विधि से उसकी सही संख्या निकाल लेते हैं:
- कुल अंक = समस्त पढ़े हुए शब्द - गलतियाँ

47(C). 'संरचनात्मक उपागम' से शिक्षण में एफ०जी० फ्रेंच ने तीन सिद्धान्त दिए हैं, ये क्रमशः, अक्षरों की बनावट पर बल भाषायी आदतों का विकास, वाचन पर बल हैं।

संरचनात्मक उपागम आज मानवशास्त्रीय एवं समाजशास्त्रीय अध्ययनों एवं अनुसन्धानों में प्रयोग किया जाने वाला एक प्रमुख उपागम माना जाता है। इस उपागम का विकास मुख्य रूप से उद्विकासवादी, ऐतिहासिक एवं तुलनात्मक उपागमों की सीमाओं को दूर करने के लिए किया गया तथा इसमें काफी सफलता भी मिली है।

48(C). उपर्युक्त पंक्तियाँ आदर्श नाट्य प्रणाली का प्रदर्शन करती हैं।

आदर्श नाट्य प्रणाली की विशेषताएँ:
- छोटी कक्षाओं के लिए उपयोगी।
- शिक्षक स्वयं कक्षा के सामने सभी पात्रों का अभिनय करता है।
- केवल शिक्षक सक्रिय होकर बालकों का विभिन्न हाव-भाव से परिचय कराता है।
- विषय-वस्तु को प्रदर्शित करने में केवल शिक्षक की भूमिका महत्वपूर्ण होती है।
- बच्चे केवल देख-सुन कर मनोविनोद करते हैं।

49(C). भाषा शिक्षण विधियों में माण्टेसरी पद्धति प्राथमिक विद्यालय के बच्चों के लिए नितान्त व्यर्थ है।

माण्टेसरी पद्धति के प्रतिपादक श्रीमती मारिया माण्टेसरी हैं। माण्टेसरी शिक्षण विधि को तीन भागों में विभाजित करके अध्ययन किया जाता है जिसका वर्णन इस प्रकार है।

कर्मेंद्रियों द्वारा शिक्षा:
- माण्टेसरी विद्यालयों में 3 से 7 वर्ष तक के छात्र पढ़ते हैं।
- उनको सबसे पहले कर्मेंद्रियों की शिक्षा दी जाती है।
- इसके लिए गतिशीलता का ध्यान रखा जाता है। विद्यालय के छात्र स्वावलंबी होते हैं वे अपना कार्य स्वयं करते हैं।
- छात्रों को अपना शरीर साफ रखना, कपड़े साफ रखना, कपड़े बदलना, भोजन पकाना तथा परोसना सिखाया जाता है।
- ऐसे काम करने से छात्र प्रसन्नता का अनुभव करते हैं तथा उनको अपनी कर्मेंद्रियों को भी प्रशिक्षित करने का अवसर मिल जाता है।

50(C). भाषा शिक्षण में 'संरचनात्मक उपागम' का अर्थ है: भाषा की मूल संरचना का शिक्षण करवाना।
- उपागम भाषा और भाषा सीखने की प्रकृति के बारे में सिद्धांतों को संदर्भित करता है जो भाषा शिक्षण में प्रथाओं और सिद्धांतों के स्रोत के रूप में कार्य करते हैं। यह पढ़ाए जाने वाले विषय की प्रकृति का वर्णन करता है।
- भाषा सिखाने के लिए शिक्षक द्वारा उपयोग किए जाने वाले विभिन्न उपागम हैं। ऐसा ही एक तरीका है स्ट्रक्चरल एप्रोच।
- यह भाषा शिक्षण का उपागम है जो वाक्यों के ढांचे या पैटर्न की महारत पर जोर देता है जो वाक्य निर्माण में मदद करता है।
- इस उपागम में पढ़ाई जाने वाली सामग्री का चयन और ग्रेडिंग शामिल है।
- एक भाषा सीखने में, शिक्षार्थी को कुछ चयनित और वर्गीकृत सामग्री पहले और कुछ को बाद में पढ़ाया जाएगा।
- तो भाषा के संरचनात्मक उपागम से हमारा क्या मतलब है: शिक्षार्थी

को कुछ चयनित संरचनाओं को एक निश्चित क्रम में पढ़ाना।

51(D). पद्मावत' काव्य ' महाकाव्य' श्रेणी में आता है ।
महाकाव्य - प्राचीन आचार्यों के अनुसार महाकाव्य में जीवन का व्यापक रुप में चित्रण होता है। इसकी कथा इतिहास प्रसिद्ध होती है। इसका नायक उदास और महान चरित्र वाला होता है। इसमें वीर, श्रृंगार और शांत रस में से कोई एक रस प्रधान तथा शेष रस गौण होते हैं।

52(A). चित्रावली नाम की पुस्तक उसमान ने सन 1022 हिजरी अर्थात् 1613 ईसवी में जहाँगीर के शासनकाल में लिखी थी। उसमान शाह निज़ामुद्दीन चिश्ती की शिष्य परंपरा में 'हाजी बाबा' के शिष्य थे।
अपनी इस पुस्तक के आरंभ में कवि ने स्तुति के उपरांत पैग़म्बर और चार ख़लीफ़ों की, बादशाह जहाँगीर की तथा शाह निज़ामुदीन और हाजी बाबा की प्रशंसा लिखी है।

53(D). कवित्त रत्नाकर सेनापति कवि का प्राप्त एक मात्र ग्रंथ है। यह कवि की स्फुट रचनाओं का संकलन ग्रंथ है। इसमें पाँच शीर्षक अथवा अध्याय हैं, जिन्हें 'तरंग' की संज्ञा दी गयी है। पहली तरंग में 96, दूसरी में 74, तीसरी में 62, चौथी में 76 तथा पाँचवीं में 86 और सब मिलाकर पूरे ग्रंथ में 394 छन्द हैं।

54(B). प्रश्न में दी गई पंक्तियाँ जायसी द्वारा रचित हैं। यह पंक्ति जायसी के पद्मावत से ली गई है।
मलिक मुहम्मद जायसी हिन्दी साहित्य के भक्ति काल की निर्गुण प्रेमाश्रयी धारा के कवि थे। वे अत्यंत उच्चकोटि के सरल और उदार सूफ़ी महात्मा थे। इनकी रचनाओं में पद्मावत, अखरावट, आख़िरी कलाम, कहरनामा, चित्ररेखा, कान्हावत आदि प्रमुख हैं।

55(D). अज्ञेय को प्रयोगवादी युग का प्रवर्तक कवि माना जाता है। अज्ञेय को प्रयोगवादी युग का प्रवर्तक कवि माना जाता है। जिसका प्रारम्भ 1943 से माना गया है। इस युग में काव्य के पुराने उपमानों के स्थान पर नए उपमानों को ग्रहण किया गया।

56(C). बादल राग कविता निराला जी की प्रसिद्ध कविताओं में से एक कविता है। 'बादल राग' निराला जी की प्रसिद्ध कविता है। वे बादलों को क्रांतिदूत मानते हैं। बादल शोषित वर्ग के हितैषी हैं, जिन्हें देखकर पूँजीपति वर्ग भयभीत होता है।' बादल राग ' कविता 'परिमल' काव्य से ली गई है। निराला को वर्षा ऋतु अधिक आकृष्ट करती है, क्योंकि बादल के भीतर सृजन और ध्वंस की ताकत एक साथ समाहित है। बादल किसान के लिए उल्लास और निर्माण का अग्रदूत है तो मजदूर के संदर्भ में क्रांति और बदलाव।

57(C). "ठिठुरता हुआ गणतंत्र" हिन्दी के प्रसिद्ध व्यंग्यकार हरिशंकर परसाई की व्यंग्य रचना है। इसमें देश की लोकतांत्रिक व्यवस्था पर व्यंग्य किया गया है।

58(C). "कछुआ धर्म", "चन्द्रधर शर्मा गुलेरी" का निबंध है।
चन्द्रधर शर्मा गुलेरी ने "कछुआ धर्म" और "मारेसि माहि कुठाव" शीर्षक से महत्वपूर्ण निगम लिखे हैं।
चन्द्रधर शर्मा 'गुलेरी' (1883 - 12 सितंबर 1922) हिन्दी के कथाकार, व्यंगकार तथा निबन्धकार थे।
इनकी कहानी 'उसने कहा था' की गणना हिंदी की महानतम कहानियों में की जाती है।
वह बहुमुखी रुचियों और प्रतिभा के व्यक्ति थे।
उनका कार्यक्षेत्र खगोल विज्ञान, ज्योतिष, धर्म, भाषा विज्ञान, इतिहास, शोध, आलोचना आदि अनेक दिशाओं में फैला हुआ था।

59(A). 'कुरुक्षेत्र' पुस्तक के रचनाकार 'रामधारी सिंह दिनकर' है।
रामधारी सिंह दिनकर हिन्दी के एक प्रमुख लेखक, कवि व निबन्धकार थे। वे आधुनिक युग के श्रेष्ठ वीर रस के कवि के रूप में स्थापित हैं।

60(D). श्रीमन्द्भगवत गीता के रचयिता महर्षि वेदव्यास हैं।
अतः विकल्प (D) सही है ।

61(B). आचार्य शुक्ल ने आधुनिक काल का नाम गद्य काल रखा है।
इसको हिंदी साहित्य का सर्वश्रेष्ठ युग माना जा सकता है, जिसमें पद्य के साथ-साथ गद्य, समालोचना, कहानी, नाटक व पत्रकारिता का भी विकास हुआ।

62(B). 'पृथ्वीराज रासो' को 'छन्दों का अजायब घर' कहा जाता है।
पृथ्वीराज रासो हिन्दी भाषा में लिखा एक महाकाव्य है। पृथ्वीराज रासो ढाई हजार पृष्ठों का बहुत बड़ा ग्रंथ है। जिसमें 69 समय (सर्ग या अध्याय) हैं।
मुख्य छन्द हैं- कवित्त (छप्पय), दूहा (दोहा), तोमर, त्रोटक, गाहा और आर्या।
पृथ्वीराज रासो के पिछले भाग को चंद के पुत्र जल्हण द्वारा पूर्ण किया गया है।

63(B). 'लोरिक तथा चंदा' नामक पात्र चंदायन से संबंधित है। चंदायन का रचनाकाल 1379 ई. है। इसमें प्रेम के महत्व का वर्णन किया गया है इसे लोक कथा या लोरकाइन भी कहा जाता है। कथा दोहा, चौपाई शैली में वर्णित है।

64(B). तुलसी ने 'विनयपत्रिका' तथा 'कवितावली' की रचना ब्रजभाषा में की है। कवितावली एक प्रबंध रचना है।
तुलसीदास ने कालक्रमानुसार निम्नलिखित कालजयी ग्रन्थों की रचनाएँ कीं- रामललानहछू (1582), वैराग्यसंदीपनी (1612), रामाज्ञाप्रश्न (1612), जानकी-मंगल (1582), रामचरितमानस (1574), सतसई, पार्वती-मंगल (1582), गीतावली (1571), विनय-पत्रिका (1582), कृष्ण-गीतावली (1571), बरवै रामायण (1612), दोहावली (1583) और कवितावली (1612)।

65(B). 'अंग बधू', 'दादू दयाल' की रचना है। अंग बधू राजस्थानी खड़ी बोली मिश्रित ब्रजभाषा में लिखी गई है। दादू दयाल (1544-1603 ई.) हिन्दी के भक्तिकाल में ज्ञानाश्रयी शाखा के प्रमुख सन्त कवि थे। इनके 52 पट्टशिष्य थे, जिनमें गरीबदास, सुंदरदास, रज्जब और बखना मुख्य हैं। दादू हिन्दी, गुजराती, राजस्थानी आदि कई भाषाओं के ज्ञाता थे।

66(B). तार सप्तक का संबंध प्रयोगवाद से है।
प्रयोग अपने आप में इष्ट नहीं है बल्कि वह साधन और दोहरा साधन है। प्रयोगवाद में कविता में शिल्प और संवेदना के स्तर पर सर्वथा नवीन प्रयोग मिलते हैं।

67(B). "धर्मवीर भारती और नरेश मेहता" दूसरा सप्तक के कवि हैं।
दूसरा सप्तक का प्रकाशन वर्ष 1951 है। दूसरा सप्तक सात कवियों का संकलन है जिसका संपादन अज्ञेय द्वारा 1949 में तथा प्रकाशन 1951 में भारतीय ज्ञानपीठ से हुआ। अज्ञेय ने दूसरा सप्तक तथा तीसरा सप्तक प्रकाशित किया।

68(D). 'अंधेर नगरी' नाटक के रचनाकार 'भारतेन्दु हरिश्चन्द्र'
भारतेन्दु ने इसकी रचना बनारस के हिंदू नेशनल थिएटर के लिए एक ही दिन में की थी। यह नाटक 6 अंकों में विभक्त है। इसमें अंक के बजाय दृश्य शब्द का प्रयोग किया गया है। भारतेन्दु हरिश्चन्द्र (9 सितंबर 1850-6 जनवरी 1885) "आधुनिक हिंदी साहित्य के पितामह" कहे जाते हैं।

69(C). कबीर की मृत्यु के पश्चात उनकी गद्दी धर्मदास को मिली। कबीर की वाणी का संग्रह उनके शिष्य धर्मदास ने बीजक नाम से सन 1464 में किया है। बीजक के तीन भाग हैं:
- साखी
- सबद
- रमैनी

कबीर जी के नाम पर हिंदी में लगभग 65 रचनाएं उपलब्ध हैं जिनमें से 46 प्रकाशित हो चुकी हैं। कबीर 15वीं सदी के भारतीय रहस्यवादी कवि और संत थे। वे हिन्दी साहित्य के भक्तिकालीन युग में ज्ञानाश्रयी-निर्गुण शाखा की काव्यधारा के प्रवर्तक थे। कबीरदास की भाषा को पंचमेल खिचड़ी, सधुक्कड़ी आदि नाम से अभिहित किया जाता है।

70(A). भक्तिकाल में कृष्णभक्ति धारा के प्रमुख कवियों में सूरदास, कुंभनदास, परमानन्द दास, कृष्ण दास, नंददास, चतुर्भुज दास, गोविन्द स्वामी, छीतस्वामी आदि प्रमुख हैं।
कृष्ण भक्ति काव्य धारा से अभिप्राय उस काव्यधारा से है जिसमें कवियों ने भगवान विष्णु के अवतार कृष्ण के चरित्र को आधार बनाकर अपने काव्य ग्रंथों की रचना की। इस परंपरा के कवियों ने कृष्ण के बाल रूप के एवं उनकी विविध लीलाओं के हृदयग्राही चित्र अपने काव्य में अंकित किए हैं।

नाभादास भक्तिकाल की सगुण शाखा में रामभक्ति के कवि हैं।

71(C). "पद्मावत" की रचना " मलिक मुहम्मद जायसी" ने की है।
मलिक मुहम्मद जायसी हिन्दी साहित्य के भक्ति काल की निर्गुण प्रेमाश्रयी धारा के कवि थे। जायसी की प्रमुख रचनाएं निम्नलिखित हैं:
- अखरावट
- आखिरी कलाम
- कहरनाम
- चित्ररेखा
- कान्हावत

72(B). कुतुबन ने मृगावती नाम की एक कहानी चौपाई', 'दोहे' के क्रम में लिखी जिसमें चंद्रनगर के राजा गणापतिदेव के राजकुमार और कंचनपुर के राजा रूपमुरारि की कन्या मृगावती की प्रेमकथा का वर्णन है।
कुतुबन शेख बुरहान के शिष्य थे। ये सूफी प्रेम काव्य परम्परा के कवि थे। कवि की भाषा अवधी तथा छंद, दोहा एवं चौपाई है।

73(B). कबीर दास जी के गुरु संत रामानन्द जी थे। किंवदंती है कि रामानन्द जी के पास कबीरदास, राम नाम की दीक्षा लेने और उनका शिष्यत्व स्वीकार करने हेतु प्रार्थना करने गए लेकिन वैष्णव संत रामानंद जी ने मना कर दिया।
कबीरदास की भाषा को पंचमेल खिचड़ी, सधुक्कड़ी आदि नाम से अभिहित किया जाता है। कबीर की वाणी का संग्रह उनके शिष्य धर्मदास में बीजक नाम से सन 1464 में किया है।

74(D). आदिपुराण और उत्तर पुराण पुष्पदंत द्वारा रचित रचनाएँ नहीं हैं।
- पुष्पदंत अपभ्रंश भाषा के महाकवि थे। इन्हें अपभ्रंश का व्यास भी कहा जाता है। जिनकी रचनाएँ- महापुराण, योगसार, जसहरचरित (यशोधरचरित) और णायकुमारचरिअ (नागकुमारचरित), कोश ग्रन्थ, त्रिषष्टि महापुरुष गुणालंकार। महापुराण में इन्होंने कृष्णलीला का वर्णन किया है। जसहर चरिउ ग्रंथ में यशोधर नामक पुरुष का चरित्र वर्णन है।
- आदिपुराण आचार्य जिनसेन की रचना है। आदिपुराण में जैन धर्म के प्रथम तीर्थकर आदिनाथ के दस जन्मों का वर्णन है। उत्तर पुराण जिनसेन के शिष्य गुणभद्राचार्य की रचना है।

75(C). संक्षेपण 'एक प्रकार का मानसिक प्रशिक्षण' है।
किसी मूल लेख अथवा भाषण को उसके निहित तथ्यों सहित संक्षेप में प्रस्तुत करने की क्रिया को संक्षिप्तीकरण या संक्षेपण कहते हैं।
इसकी संरचना भी निबन्ध जैसी ही होती है। सार लेखन की आवश्यकता कार्यालय, वाणिज्य, पत्रकारिता, शिक्षा आदि कई क्षेत्रों में पड़ती है। संक्षेपण को अंग्रेजी में 'समराईजिंग' 'प्रेसी राइटिंग' अथवा प्रेसी भी कहते हैं।

76(D). संक्षेपण करते समय ' कोई महत्वपूर्ण बात छूटनी नहीं चाहिए', इस बात का ध्यान रखना चाहिए ।
संक्षेपण अथवा सार-लेखन का आशाय है किसी अनुच्छेद, परिच्छेद, विस्तृत टिप्पणी अथवा प्रतिवेदन को संक्षिप्त कर देना। किसी बड़े पाठ (निबन्ध, लेख, शोध प्रबन्ध आदि) में मुख्य विचारों, तर्कों आदि को लघुतर आकार में प्रस्तुत करना संक्षेपण या संक्षिप्तीकरण कहलाता है। इसकी संरचना भी निबन्ध जैसी ही होती है। सार लेखन की आवश्यकता कार्यालय, वाणिज्य, पत्रकारिता, शिक्षा आदि कई क्षेत्रों में पड़ती है। संक्षेपण को अंग्रेजी में 'समराईजिंग' 'प्रेसी राइटिंग' अथवा प्रेसी भी कहते हैं।

77(C). 'संशय की एक रात' नरेश मेहता की कृति है, 'संशय की एक रात' में कवि ने राम के भीतर युद्ध के प्रति संशय पैदा कर एक आधुनिक मनुष्य की चिन्ता प्रकट की है, राम के चरित्र की पुनर्रचना की है, जिसकी सम्भावना राम के चरित्र में है और निश्चय ही यह कृति हिन्दी साहित्य की उपलब्धि है ।

78(B). 'पुस्तक जल्हण हथ्थ दै चलि गज्जन नृपकाज' नामक पंक्ति पृथ्वीराज रासोग्रंथ के विषय में कही गई है।
पृथ्वीराज रासो हिन्दी भाषा में लिखा एक महाकाव्य है जिसमें पृथ्वीराज चौहान के जीवन और चरित्र का वर्णन किया गया है। इसके रचयिता चंदबरदाईराव पृथ्वीराज के बचपन के मित्रऔर उनके राजकवि थे और उनकी युद्ध यात्राओं के समय वीर रस की कविताओं से सेना को

प्रोत्साहित भी करते थे।
जाते समय शहाबुद्दीन गोरी पृथ्वीराज ने अपने पुत्र जल्हण के हाथ में रासो की पुस्तक देकर उसे पूर्ण करने का संकेत किया। जल्हण के हाथ में रासो को सौंपे जाने और उसके पूरे किए जाने का उल्लेख रासो में है - पुस्तक जल्हण हथ्थ दै चलि गज्जन नृपकाज। रघुनाथनचरित हनुमंतकृत भूप भोज उद्धरिय जिमि। पृथिराजसुजस कवि चंद कृत चंदनंद उद्धरिय तिमि॥
रासो में दिए हुए संवतों का ऐतिहासिक तथ्यों के साथ अनेक स्थानों पर मेल न खाने के कारण अनेक विद्वानों ने पृथ्वीराजरासो के समसामयिक किसी कवि की रचना होने में संदेह करते है और उसे १६वीं शताब्दी में लिखा हुआ ग्रंथ ठहराते हैं।

79(C). इससे पूर्व महादेवी वर्मा को 'नीरजा' के लिए 1934 में 'सक्सेरिया पुरस्कार', 1942 में 'स्मृति की रेखाओं' के लिए 'द्विवेदी पदक' प्राप्त हुए. 1943 में उन्हें 'मंगला प्रसाद पुरस्कार' से सम्मानित किया गया। 'यामा' नामक काव्य संकलन के लिए उन्हें भारत का सर्वोच्च साहित्यिक सम्मान 'ज्ञानपीठ पुरस्कार' वर्ष 1983 में प्राप्त हुआ।

80(A). आधुनिक काल में मुद्रणालय की स्थापना के बाद हिंदी गद्य का निबंध रूप सबसे पहले जनता के सामने आया।
आधुनिक काल में गद्य-निबंध, नाटक-उपन्यास, कहानी, समालोचना, तुलनात्मक आलोचना, साहित्य आदि सभी रूपों का समुचित विकास हुआ। इस युग के प्रमुख साहित्यकार निम्नलिखित हैं- नवचनंद मुणड, शिवराज आनंद।

81(B). हिन्दी साहित्य का आरंभ आठवीं शताब्दी से माना जाता है। यह वह समय है जब सम्राट् हर्ष की मृत्यु के बाद देश में अनेक छोटे छोटे शासनकेन्द्र स्थापित हो गए थे जो परस्पर संघर्षरत रहा करते थे। विदेशी मुसलमानों से भी इनकी टक्कर होती रहती थी।
परन्तु आचार्य रामचंद्र शुक्ल के मतानसार हिन्दी साहित्य के इतिहास का आरंभ सम्वत 1050 या 993 ई. से ही मानना चाहिए। रामचंद्र शुक्ल, हिंदी साहित्य का आरम्भ दसवीं शताब्दी से मानते हैं।

82(B). नागरी प्रचारिणी सभा के प्रथम सभापति बाबू राधाकृष्ण दास थे।
नागरीप्रचारिणी सभा, हिन्दी भाषा और साहित्य तथा देवनागरी लिपि की उन्नति तथा प्रचार और प्रसार करनेवाली भारत की अग्रणी संस्था है। भारतेन्दु युग के अन्तर हिन्दी साहित्य की जो उल्लेखनीय प्रवृत्तियाँ रही हैं उन सबके नियमन, नियन्त्रण और संचालन में इस सभा का महत्वपूर्ण योग रहा है। नागरीप्रचारिणी सभा की स्थापना क्वीन्स कालेज, वाराणसी के नवीं कक्षा के तीन छात्रों - बाबू श्यामसुंदर दास, रामनारायण मिश्र और शिवकुमार सिंह ने कालेज के छात्रावास के बरामदे में बैठकर की थी। बाद में 16 जुलाई 1893 को इसकी स्थापना की तिथि इन्हीं महानुभावों ने निर्धारित की और आधुनिक हिन्दी के जनक भारतेन्दु हरिश्चन्द्र के फुफेरे भाई बाबू राधाकृष्ण दास इसके पहले सभापति हुए।

83(B). अपने मूल अर्थ में 'पण्डित' शब्द का तात्पर्य हमेशा उस हिन्दू ब्राह्मण से लिगा जाता है जिसने वेदों का कोई एक मुख्य भाग उसके उच्चारण और गायन के लय व ताल सहित कण्ठस्थ कर लिया हो।

84(A). हिंदी की प्रथम कहानी इन्दुमती है। इन्दुमती कहानी के लेखक है- किशोरी लाल गोस्वामी जी, जबकि अन्य तीनों रचनाएँ संस्मरण हैं।

85(D). पुष्टि मार्ग में बल्लभाचार्य ने 4 कवियों (सूरदास कुंभनदास, परमानंद दास व कृष्णदास) को दीक्षित किया। उनके मरणोपरांत उनके पुत्र विट्ठलनाथ आचार्य की गद्दी पर बैठे और उन्होंने भी 4 कवियों (छितस्वामी, गोविंदस्वामी, चतुर्भुजदास व नंददास) को दीक्षति किया।
बल्लभाचार्य के शिष्य
1. सूरदास, 2. कुम्भन दास, 3. परमानंद दास, 4. कृष्ण दास
विट्ठलनाथ के शिष्य
1. छीत स्वामी, 2. गोविंद स्वामी, 3. चतुर्भुज दास, 4. नंद दास

86(D). अकाल में सारस हिन्दी के विख्यात साहित्यकार केदारनाथ सिंह द्वारा रचित एक कविता–संग्रह है जिसके लिये उन्हें सन् 1989 में साहित्य अकादमी पुरस्कार से सम्मानित किया गया।
केदारनाथ सिंह को व्यास सम्मान, मध्य प्रदेश का मैथिलीशरण गुप्त सम्मान, उत्तर प्रदेश का भारत-भारती सम्मान, बिहार का दिनकर सम्मान तथा केरल का कुमार आशान सम्मान मिला था। वर्ष 2013 में उन्हें प्रतिष्ठित ज्ञानपीठ पुरस्कार से सम्मानित किया गया था।

87(B). पत्र के संबंध में 'शुभाशीष' को 'अभिवादन' कहते हैं।

88(C). 'अधिसूचना' शब्द का प्रयोग अधिकतर भारतीय गजटों में प्रकाशित सरकारी नियम, आदेश आदि की सूचना के प्रसंग में होता है।

89(A). छोटे संबंधियों को पत्र संबोधन करते समय 'चिरंजीव' शब्द का प्रयोग होता है।

90(A). अनौपचारिकता कार्यालय आदेश के मूल गुण नहीं हैं।

91(B). गलत कथन है- प्रेस-विज्ञप्ति का अपना एक शीर्षक नहीं होता है।
प्रेस-विज्ञप्ति से सम्बंधित सत्य कथन:
- प्रेस-विज्ञप्ति का अपना एक शीर्षक होता है, इसमें सम्बोधन नहीं लिखा जाता। इसके अन्त में नीचे बायीं ओर हस्ताक्षर तथा पदनाम लिखा जाता है। उल्लेखनीय है कि प्रेस-विज्ञप्ति को सीधे समाचार-पत्र कार्यालय में न भेजकर सूचना अधिकारी के पास भेजा जाता है।
- इसकी शब्दावली एवं शैली निश्चित होती है।
- समाचार-पत्र का सम्पादक 'प्रेस-विज्ञप्ति' में किसी प्रकार की काट-छाँट नहीं कर सकता।
- प्रेस-विज्ञप्ति में कभी-कभी यह भी लिखा जाता है कि इसे किस तिथि तक प्रकाशित करना है। समय से पूर्व इसका प्रकाशन नहीं किया जाता।

92(D). परिपत्र के संबंध में इसमें अधोलेख (भवदीय) की आवश्यकता नहीं होती। कथन गलत है।

93(B). अर्द्धशासकीय पत्र के संदर्भ में यह पत्र अन्य पुरुष में लिखा जाता है कथन गलत है।

94(C). वैयक्तिक अथवा व्यक्तिगत पत्र अनौपचारिक पत्र की श्रेणी में आते हैं। वैयक्तिक पत्र से तात्पर्य ऐसे पत्रों से है, जिन्हें व्यक्तिगत मामलों के सम्बन्ध में पारिवारिक सदस्यों, मित्रों एवं अन्य प्रियजनों को लिखा जाता है।

95(B). एक पत्र की विशेषता निम्न है-
1. सरल भाषा शैली
2. विचारों की सुस्पष्टता
3. संक्षेप और सम्पूर्णता
4. प्रभावान्विति
5. बाहरी सजावट
6. विनयशीलता।
अतः प्रेषक एक पत्र की विशेषता नहीं है।

96(B). संक्षेपण करते समय इस बात का ध्यान रखना चाहिए कि वह मूल लेखन का एक तिहाई हो।
किसी विस्तृत विवरण, व्याख्या, वक्तव्य, पत्र-व्यवहार, लेख, तथ्यों तथा निर्देशों के संयोजन को संक्षेपण कहते हैं।
संक्षेपण अथवा सार-लेखन (अंग्रेज़ी: Précis) का आशय है किसी अनुच्छेद, परिच्छेद, विस्तृत टिप्पणी अथवा प्रतिवेदन को संक्षिप्त कर देना।
किसी बड़े पाठ (निबन्ध, लेख, शोध प्रबन्ध आदि) में मुख्य विचारों, तर्कों आदि को लघुतर आकार में प्रस्तुत करना संक्षेपण कहलाता है।

97(A). बोधगम्य निवेश (i+1) का अर्थ है, विषयवस्तु अवं सामग्री शिक्षार्थी की योग्यता के वर्तमान स्तर से थोड़ा ऊपर की होनी चाहिए।
बोधगम्य निवेश- समझ विकसित करने के लिए उपयोग में लायी जाने वाली विभिन्न प्रकार की सामग्री को बोधगम्य निवेश कहते है।
- i + 1 पहले से भाषाई क्षमता और अतिरिक्त भाषाई ज्ञान हासिल कर लेने को दर्शाता है, परिकल्पना का दावा है कि समृद्ध परिवेश की अन्तःक्रिया से समझ या भाषाई क्षमता में आयी वृद्धि बालको के समझ स्तर से थोड़ा उच्च हो सकती है।
- बोधगम्य निवेश परिकल्पना को प्राकृतिक क्रम परिकल्पना के संदर्भ में पुन: स्थापित किया जा सकता है उदाहरण के लिए, यदि हम एक रैखिक क्रम (1, 2, 3...) में भाषा के नियमों को प्राप्त करते हैं, तो i अंतिम नियम या बालक के स्तर के अनुरूप सीखा भाषा ज्ञान है, और i + 1 बालक के स्तर से थोड़ा ऊपर भाषा के अवसर की उपलब्धता को दर्शाता है। हालांकि, इस बात पर जोर दिया जाना चाहिए कि कोई भी निवेश पर्याप्त नहीं है; प्राप्त निवेश बोधगम्य होना चाहिए।
- जब पर्याप्त बोधगम्य निवेश (इनपुट) प्रदान किया जाता है, तो i + 1 उपलब्ध होता है।

98(A). भाषा अर्जन भाषा अधिगम की अचेतन प्रक्रिया है।
एक विद्यार्थी द्वारा दो तरह से भाषा सीखी जा सकती है- भाषा अर्जन और भाषा अधिगम।
- भाषा अर्जन- उस प्रक्रिया को कहते हैं, जिसमें बालक भाषा को ग्रहण करने व समझने की क्षमता अर्जित करता है।
- भाषा अधिगम- अधिगम शब्द दो शब्द के मेल से बना है 'अधि' तथा 'गम'। यहाँ 'अधि' का अर्थ है 'भली प्रकार' तथा 'गम' का अर्थ है 'जानना'। अर्थात किसी बात या विषय के समीप अच्छी तरह जाना और उसकी भली भांति जानकारी प्राप्त करना।

99(C). हिंदी का सही अनुक्रम पालि, प्राकृत अपभ्रंश और उसके बाद हिंदी का विकास हुआ।
हिंदी भारतीय राज्य कि राजकीय और मध्यवर्ती आर्य भाषा है। जो भारोपीय परिवार की भाषा है। जिसका सही क्रम है- संस्कृत, पालि, प्राकृत, अपभ्रंश और हिंदी। संस्कृत को हिंदी की जननी कहा जाता है।

100(D). हिन्दी भाषा का इतिहास लगभग एक हजार वर्ष पुराना माना गया है। सामान्यतः प्राकृत की अन्तिम अपभ्रंश अवस्था से ही हिन्दी साहित्य का आविर्भाव स्वीकार किया जाता है। उस समय अपभ्रंश के कई रूप थे और उनमें सातवीं-आठवीं शताब्दी से ही 'पद्य' रचना प्रारम्भ हो गयी थी। हिन्दी भाषा व साहित्य के जानकार अपभ्रंश की अंतिम अवस्था 'अवहट्ट' से हिन्दी का उद्भव स्वीकार करते हैं। चन्द्रधर शर्मा 'गुलेरी' ने इसी अवहट्ट को 'पुरानी हिन्दी' नाम दिया।

Ques (1-8): निर्देश : निम्नलिखित गद्यांश को पढ़कर पूछे गए प्रश्नों के सही /सबसे उपयुक्त उत्तर वाले विकल्प को चुनिए।

दरअसल हम अपनी समस्याओं की चर्चा बहुत बढ़ा-चढ़ाकर करते हैं। समस्याएँ आने पर हम दूसरों की सहानुभूति चाहते हैं। लेकिन सहानुभूति या दया से कोई समस्या हल नहीं होती। दरअसल हम मुश्किलों का रोना रोते हैं, लेकिन कभी समाधान के बारे में नहीं सोचते। हम हथियार डालते हुए यह मान लेते हैं, जैसे बड़ी भारी मुसीबत आ गई हो। दिन-रात इसी मुसीबत के बारे में सोचते हैं, समस्या दिलो-दिमाग पर पूरी तरह छा जाती है। इस पूरी प्रक्रिया में स्वयं द्वारा किए गए कार्यों का मूल्यांकन करना भूल जाते हैं। यदि हम ऐसा करें, तो हो सकता है कि ऐसी स्थिति से बाहर निकलने में मदद मिल जाए। परिस्थितियों का ठीक-ठाक मूल्यांकन करके आप आसानी से समाधान तक पहुँच सकते हैं। किसी भी समस्या का हल उसकी जड़ में होता है।

1. गद्यांश के अनुसार हम किसकी चर्चा बढ़ा-चढ़ाकर करते हैं ?
   (a) स्वयं की सफलताओं की
   (b) स्वयं की समस्याओं की
   (c) स्वयं के परिवार की
   (d) आत्मप्रशंसा की

2. किसी समस्या का समाधान कैसे प्राप्त हो सकता है ?
   (a) दूसरों से सहानुभूति प्राप्त करने से
   (b) स्थितियों का ठीक से आकलन करने से
   (c) समस्याओं के बारे में लगातार सोचने से
   (d) स्थितियों की ठीक से तुलना करने से

3. किसी भी समस्या का हल किसमें होता है ?
   (a) उसकी बयानबाज़ी में
   (b) उसकी चिंता करने में
   (c) उसके विकल्प तलाशने में
   (d) उसके मूल कारण में

4. अनेक बार हमारे _________ स्वयं के समस्याओं को उत्पन्न कर देते हैं।
   (a) मित्र
   (b) कार्य
   (c) परिवार
   (d) विश्लेषण

5. समस्या आने पर क्या करना चाहिए ?
   (a) उसके बारे में सोचना चाहिए
   (b) स्थितियों का विश्लेषण करना चाहिए
   (c) दूसरों से सहानुभूति बटोरनी चाहिए
   (d) उसके सामने हथियार डाल देने चाहिए

6. 'मूल्यांकन' का संधि-विच्छेद है ।
   (a) मूल्य + आंकन
   (b) मूल्या + आंकन
   (c) मूल्य + अंकन
   (d) मूल्यां + कन

7. 'मुसीबत' का समानार्थी शब्द है ।
   (a) पीड़ा
   (b) कष्ट
   (c) धोखा
   (d) विपदा

8. निम्न में से कौन-सा शब्द अनेकार्थी है ?
   (a) दया
   (b) हल
   (c) मुसीबत
   (d) प्रक्रिया

Ques (9-16): निर्देश: निम्नलिखित गद्यांश को पढ़कर पूछे गए प्रश्नों के सही/ सबसे उपयुक्त उत्तर वाले विकल्प को चुनिए।

नदी को यदि कोई उपमा शोभा देती है, तो वह माता की ही। नदी के किनारे पर रहने से अकाल का डर तो रहता ही नहीं। मेघ राजा जब धोखा देते हैं तब नदी माता ही हमारी फसल पकाती है। नदी का किनारा यानी शुद्ध और शीतल हवा। नदी के किनारे-किनारे घूमने जाएँ तो प्रकृति के मातृवात्सल्य के अखंड प्रवाह का दर्शन होता है। नदी बही हो और उसका प्रवाह धीर-गंभीर हो, तब तो उसके किनारे पर रहने वालों की संपन्नता उस नदी पर ही निर्भर करती है। सचमुच नदी की माता है। नदी किनारे बसे हुए शहर की गली-गली में घूमते समय एकाध कोने से नदी का दर्शन हो जाएँ, तो हमें कितना आनंद होता है। कहाँ शहर का वह गंदा वायुमंडल और कहाँ नदी का यह प्रसन्न दर्शन। दोनों के बीच का अंतर अविलंब मालूम हो जाता है। नदी ईश्वर नहीं है, बल्कि ईश्वर का स्मरण कराने वाली देवी है। यदि गुरु को वंदन आवश्यक है तो नदी को भी वंदन करना उचित है।

9. गद्यांश के अनुसार नदियों को किसकी उपमा दी गई है?
   (a) बहन
   (b) माँ
   (c) भार्या
   (d) सुता

10. नदी के किनारे रहने वालों को किस बात की चिंता नहीं रहती है?
   (a) बाढ़
   (b) वर्षा
   (c) सूखा
   (d) चक्रवात

11. 'मेघ राजा जब धोखा देते हैं तब नदी माता ही हमारी फसल पकाती है।' वाक्य से तात्पर्य है:
   (a) सूर्य के प्रकाश के अभाव में नदी फसल पकाने में सहायता करती है।
   (b) जब वर्षा नहीं होती है तब नदी के जल से फसलों की सिंचाई होती है।
   (c) वर्षा तथा नदी के जल दोनों से फसलों की सिंचाई होती है।
   (d) वर्षा जल से फसलों की सिंचाई होती है और नदी के जल से फसल पकाई जाती है।

12. नदी किनारे बसे शहर की गलियों में घूमते हुए एकाध कोने से नदी के दर्शन होने पर आनंद प्राप्त होता है, क्योंकि:
   (a) नदी के किनारे बसे शहर सुंदर होते हैं।
   (b) नदियाँ शहरों को सुंदर बना देती हैं।
   (c) नदियों के किनारे स्वच्छ वायुमंडल और हरी-भरी प्रकृति के दर्शन होते हैं।
   (d) सभी शहरों की वायु विषाक्त होती है।

13. निम्नलिखित में से कौन-सा विशेषण-विशेष्य का उदाहरण है ?
   (a) मेघ राजा
   (b) नदी माता
   (c) शीतल हवा
   (d) गंगा नदी

14. निम्नलिखित शब्दों में से कौन-सा जातिवाचक संज्ञा का उदाहरण नहीं है ?
   (a) माता
   (b) नदी
   (c) राजा
   (d) आनंद

15. 'किनारे-किनारे' में समास है:
   (a) अव्ययीभाव
   (b) कर्मधारय
   (c) द्विगु
   (d) तत्पुरुष

16. 'मेघ' का पर्यायवाची शब्द नहीं है:
   (a) घन
   (b) वारिद
   (c) जलद
   (d) जलज

Ques (17-20): निर्देश: दिए गए गद्यांश को ध्यानपूर्वक पढ़िए तथा पूछे गए प्रश्नों के उत्तर दीजिए।

किसी भी उपहार की सार्थकता तभी है जब वह हृदय से किसी सही व्यक्ति को सही समय और सही जगह पर दिया जाए। उपहार देने वाला व्यक्ति दिल में उस उपहार के बदले कुछ पाने की उम्मीद न रखता हो। हमें इस जीवन में जो भी करना चाहिए, सत्य से प्रेरित कृत्य के अनुसार करना चाहिए। हमें समय और दूसरे लोगों, दोनों को सम्मान देना चाहिए। इस तरह का कृत्य व्यक्ति के भाग्य को बदल कर रख देता है। गीता में भी कहा गया है कि ऐसा कोई नहीं जिसने इस संसार में अच्छा काम किया हो और उसका अंत बुरा हुआ हो। कहा जाता है कि कर्म ही धर्म है, इसलिए हमें काम करते जाना चाहिए फल अपने आप हमें मिलेगा। कार्य करते समय कार्य के उद्देश्य पर भी ध्यान देना होगा। यदि हमारे कार्य का उद्देश्य समाज के हित में है तो वह कार्य हमें आनन्द की अनुभूति करवाएगा। कर्म करना परन्तु केवल अपने हित के लिए कर्म करना सार्थक नहीं कहलाएगा।

17. जीवन में कर्म किससे प्रेरित होने चाहिए?
   1. परिणाम से
   2. सत्य से
   3. उपहार से
   4. भाग्य से

(a) 1	(b) 2
(c) 3	(d) 4

18. 'समय को सम्मान' देने से तात्पर्य है:
1. समय का सदुपयोग करना।
2. समय के आगे विवश हो जाना।
3. समय का दुरुपयोग करना।
4. समय को व्यर्थ गँवाना।

(a) 1	(b) 2
(c) 3	(d) 4

19. 'ऐसा कोई नहीं, जिसने इस संसार में अच्छा किया हो, और उसका अंत बुरा हो' के सन्दर्भ में कौन सा वाक्य सही है?
1. बुरे कार्य का परिणाम सही नहीं होता है।
2. अच्छे कार्य का फल कैसा होगा, पता नहीं।
3. अच्छे कार्य का फल सदैव अच्छा होता है।
4. बुरे कार्य का भी फल अच्छा हो सकता है।

(a) 1	(b) 2
(c) 3	(d) 4

20. 'धर्म' शब्द में इक प्रत्यय लगने पर शब्द बनेगा___
1. धर्मिक
2. धार्मिक
3. धर्मीक
4. धार्मीक

(a) 1	(b) 2
(c) 3	(d) 4

21. "मधुकलश" के रचनाकार निम्न में से कौन हैं?

(a) बाल कृष्ण शर्मा नवीन	(b) सुमित्रा नंदन पन्त
(c) कृष्ण दास	(d) हरिवंशराय बच्चन

22. "कादम्बरी" के लेखक हैं?

(a) भारतेन्दु हरिशचन्द्र	(b) बाणभट्ट
(c) प्रताप नारायण मिश्र	(d) बद्री नारायण चौधरी

23. 'किरातार्जुनीयम्' के लेखक कौन हैं?

(a) भारवि	(b) माघ
(c) दण्डी	(d) श्रीहर्ष

24. 'महावीरचरितम्' के रचयिता कौन है?

(a) श्रीहर्ष	(b) माघ
(c) भारवि	(d) भवभूति

25. शिशुपालवधम् के रचयिता कौन हैं?

(a) भारवि	(b) दण्डी
(c) श्रीहर्ष	(d) माघ

26. दण्डी की रचना है—

(a) उत्तररामचरितम्	(b) दशकुमारचरितम्
(c) नैषधीयचरितम्	(d) उपरोक्त तीनों

27. श्रीहर्ष की रचना है-

(a) हर्षचरितम्	(b) नैषधीयचरितम्
(c) महावीरचरितम्	(d) कुमारसंभवम्

28. श्रीहर्ष की रचना है—

(a) हर्षचरितम्	(b) नैषधीयचरितम्
(c) महावीरचरितम्	(d) कुमारसंभवम्

29. 'नैन नचाय मुस्काय कहें,
लला फिर अइयो खेलन होरी।'
ये पंक्तियाँ किसकी है ?

(a) बिहारी	(b) मतिराम
(c) पद्माकर	(d) इनमें से कोई नहीं

30. मलिक मुहम्मद जायसी के द्वारा रचित 'पद्मावत' किस भाषा की रचना है?

(a) ब्रज भाषा	(b) अवधी भाषा
(c) मैथिली भाषा	(d) बघेली भाषा

31. निम्नलिखित विशेषणों में से संज्ञा को पहचानिए:

(a) आसमानी	(b) नियमित
(c) पाश्चात्य	(d) अनुशासन

32. निम्नलिखित में से कौन-सा शब्द जातिवाचक संज्ञा नहीं है?

(a) जवान	(b) बालक
(c) सुन्दर	(d) मनुष्य

33. महीप स्वावलम्बी छात्र है, उसे जितना काम करना होता है, उतना वह स्वयं कर लेता है। इस वाक्य में कौन-कौन से सर्वनाम हैं?

(a) मध्यमपुरुष वाचक, संबंधवाची
(b) निजवाचक, अन्यपुरुष वाचक, संबंध वाचक
(c) उत्तमपुरुष वाचक, निश्चयवाची, प्रश्नवाची
(d) अन्यपुरुष, वाचक, अनिश्चियवाची, निश्चयवाची

34. निम्नलिखित वाक्यों में से किस वाक्य में सर्वमान का अशुद्ध प्रयोग हुआ है?

(a) वह स्वयं यहाँ नहीं आना चाहती।
(b) मुझे इस बैठक की सूचना नहीं थी।
(c) आपके आग्रह पर मैं दिल्ली जा सकता हूँ।
(d) मैं तेरे को घड़ी दूंगा।

35. निम्नलिखित में किस वाक्य में अकर्मक क्रिया है -

(a) श्याम भात खाता है।	(b) मैंने उसे पुस्तक दी।
(c) ज्योति रोती है।	(d) उसकी कमीज है।

36. निम्नलिखित वाक्यों में से कौन सा विकल्प अकर्मक क्रिया का उदाहरण नहीं है?

(a) शेर दहाड़ता है।
(b) बच्चा सड़क पर बहुत तेज दौड़ता है।
(c) माँ हँसती है।
(d) लड़के खेलते हैं।

37. "तोता डाली पर बैठा है" में कौन सा कारक है?

(a) करण	(b) सम्प्रदान
(c) अधिकरण	(d) कर्ता

38. "हरी ने बैल को मारा।" में कौन सा कारक है?

(a) कर्म कारक	(b) करण कारक
(c) संबंध कारक	(d) कर्ता कारक

39. निम्नलिखित में से गुणबोधक विशेषण चुनिए-

(a) अच्छा	(b) शीतलता
(c) नम्रता	(d) मिठास

40. निम्नलिखित में से कौन सा शब्द विशेषण नहीं है?

(a) सफेदी	(b) धार्मिक
(c) चंचल	(d) दयालु

41. 'परमेश्वर' में कौन-सा समास है?

(a) द्वंद	(b) कर्मधारय
(c) अव्ययीभाव	(d) तत्पुरुष

42. 'सतसई' किस समास का उदाहरण है?

(a) तत्पुरुष   (b) कर्मधारय
(c) द्वंद्व   (d) द्विगु

43. 'आदमी बनना' मुहावरे का उपयुक्त अर्थ है:
(a) किसी अन्य जीव का आदमी में परिवर्तित होना
(b) आदमी जैसा दिखना
(c) अच्छा व्यवहार सीखना
(d) कृत्रिम ढंग से आदमी का प्रतिरूप बनाना

44. 'बात का धनी' मुहावरे का अर्थ है-
(a) वायदे का पक्का।   (b) बहुत बातें करना।
(c) बात से धनी होना।   (d) समझदार होना।

45. संयुक्त परिवारों में बच्चों का भाषा-विकास अपेक्षाकृत बेहतर होता है। इसका आधार है:
(a) बड़ों की परिपक्व भाषा   (b) बच्चों द्वारा बड़ों का अनुकरण
(c) परस्पर अंतःक्रिया   (d) परस्पर प्रश्नोत्तर

46. भाषा के माध्यम से बच्चों का ज्ञान-क्षेत्र भी विस्तृत होता है। जिसमें सर्वाधिक योगदान है:
(a) राष्ट्रीय समाचार-पत्रों / पत्रिकाओं का
(b) बाल साहित्य की पुस्तकों का
(c) विभिन्न प्रकार की कविताओं का
(d) विभिन्न प्रकार की सांस्कृतिक गतिविधियों का

47. प्राथमिक स्तर पर भाषा सीखने-सिखाने की सबसे पहली शर्त है:
(a) सरल पाठ्य-पुस्तक
(b) निवेश-समृद्ध संत्रेषण का वातावरण
(c) बाल साहित्यकारों का साहित्य
(d) चार्ट, पोस्टर से सुसजित कक्षा

48. रूपा चौथी कक्षा को पढ़ाती हैं। उन्होंने गुजराती लोक कथा 'मुफ्त ही मुफ्त' पढ़ाने के बाद बच्चों से पूछा कि उनकी भाषा में आदर के लिए किन शब्दों का प्रयोग किया जाता है, जैसे गुजराती भाषा में 'भाई' 'बेन' का प्रयोग किया जाता है। रूपा का उद्देश्य है:
(a) अन्य भाषाओं को जानना
(b) सभी बच्चों को अवसर देना
(c) बहुभाषिकता को संबोधित करना
(d) अभ्यास प्रश्न को करवाना

49. प्राथमिक स्तर पर भाषा-शिक्षण के संदर्भ में कौन-सा कथन सर्वाधिक उचित है?
(a) बच्चों को क्रम से भाषा कौशल सिखाए जाने चाहिए।
(b) बच्चों को केवल भाषा की पाठ्य-पुस्तक ही दी जाए।
(c) सभी बच्चों की प्रगति समान रूप से ही होनी चाहिए।
(d) बच्चों को विभिन्न प्रकार का बाल साहित्य पढ़ने के अवसर दें।

50. बच्चों के भाषा-विकास के लिए ज़रूरी है, बच्चों को:
(a) अनुकरण के लिए प्रोत्साहित करना।
(b) भाषा-प्रयोग के अवसर देना।
(c) व्याकरण सीखने के लिए प्रोत्साहित करना।
(d) साहित्य पढ़ने के लिए पुरस्कृत करना।

51. भक्तमाल के रचनाकार है:
(a) अग्रदास   (b) नन्ददास
(c) रसखान   (d) नाभादास

52. 'परिमल' रचना के कवि हैं-
(a) माखनलाल चतुर्वेदी   (b) सूर्यकांत त्रिपाठी 'निराला'
(c) महादेवी वर्मा   (d) सुभद्राकुमारी चौहान

53. 'मेरा नया बचपन' कविता की रचना किसने की है?
(a) शमशेरबहादुर सिंह   (b) हरिवंशराय बच्चन
(c) कुँवर नारायण   (d) सुभद्राकुमारी चौहान

54. इनमें से कौन सी रचना सुमित्रानंदन पंत की नहीं है?
(a) कुकुरमुत्ता   (b) ग्राम्या
(c) युगांत   (d) रजत-रश्मि

55. "रस मीमांसा" के लेखक कौन है?
(a) रामचन्द्र शुक्ल   (b) हजारी प्रसाद द्विवेदी
(c) जयशंकर प्रसाद   (d) महादेवी वर्मा

56. "श्रृंगार लहरी" के रचनाकार कौन हैं?
(a) जयशंकर प्रसाद   (b) भारतेन्दु हरिश्चन्द्र
(c) महादेवी वर्मा   (d) इनमें से कोई नहीं

57. हिन्दी का प्रथम उपन्यास कौन सा माना जाता है?
(a) निस्सहाय हिन्दू   (b) परीक्षा गुरु
(c) नूतन ब्रह्मचारी   (d) आदर्श हिन्दू

58. निम्न में जीवनी विधा की रचना कौन सी है?
(a) अर्द्धकथानक   (b) कलम का सिपाही
(c) चाँदो पर चाँदनी   (d) बाण भट्ट की आत्मकथा

59. निम्न में से कौन किसके लिए प्रसिद्ध नहीं है?
(a) उपमा के लिए कालिदास   (b) करुणा के लिए भवभूति
(c) अलंकार के लिए भामह   (d) वक्रोक्ति के लिए क्षेमेन्द्र

60. 'छायावाद' को 'स्थूल के प्रति सूक्ष्म का विद्रोह' किसने कहा है?
(a) जयशंकर प्रसाद   (b) महादेवी वर्मा
(c) नंददुलार बाजपाई   (d) डॉ. नगेन्द्र

61. 'नटों के जीवन संघर्ष' का उल्लेख किस उपन्यास में है?
(a) कब तक पुकारूँ   (b) शैलूष
(c) झूलानट   (d) सेवासदन

62. 'रुद्र सम्प्रदाय' की स्थापना किसने की?
(a) रूद्र स्वामी   (b) श्रीस्वामी
(c) विष्णुस्वामी   (d) निम्बार्काचार्य

63. रामानुजाचार्य ने किस दर्शन का प्रतिपादन किया?
(a) अद्वैतवाद   (b) शुद्धाद्वैतवाद
(c) विशिष्टाद्वैतवाद   (d) द्वैतवाद

64. साम्प्रदायिक समस्या पर लिखा गया उपन्यास कौन है?
(a) तमस   (b) बलचनमा
(c) अपने अपने अजनबी   (d) बंदू और समुद्र

65. 'शिवराजभूषण' ग्रंथ में किसका विवेचन मिलता है?
(a) रस   (b) ध्वनि
(c) अलंकार   (d) औचित्य

66. फणीश्वरनाथ रेणु कौन-सी कहानी है?
(a) रसप्रिया   (b) रसआखेटक
(c) रसिकप्रिया   (d) प्रियानीकलण्ठी

67. साकेत महाकाव्य का सर्वाधिक मार्मिक सर्ग है:
(a) षष्ठ   (b) सप्तम
(c) अष्टम   (d) नवम्

68. भारत-भारती का प्रकाशन किस वर्ष हुआ?
(a) 1912 ई.   (b) 1914 ई.

(c) 1914 ई. (d) 1918 ई.

69. बीजक किस संत की रचनाओं का संकलन है?
(a) सूरदास
(b) कबीरदास
(c) मलिक मुहम्मद जायसी
(d) तुलसीदास

70. सुदामा चरित के रचयिता है:
(a) नरोत्तमदास
(b) स्वामी हरिदास
(c) भिखारीदास
(d) रसखान

71. निम्नलिखित में से कौन रीतिसिद्ध कवि हैं?
(a) देव
(b) बिहारी
(c) मतिराम
(d) पद्माकर

72. निम्न में से कौन से रीतिकालीन कवि नहीं है:
(a) गंग
(b) केशवदास
(c) भिखारीदास
(d) जगनिक

73. निम्न में से किस रचना का सम्बन्ध केशवदास से है?
(a) रामचन्द्रिका
(b) कविप्रिया
(c) रसिकप्रिया
(d) इनमें से सभी

74. निम्नलिखित रचनाओं को उनके रचनाकारों के साथ सुमेलित कीजिए ।

सूची-I (रचनाएँ)	सूची-II (रचनाकार)
(a) प्राकृत प्रकाश	(i) देवसेन
(b) श्रावकाचार	(ii) वररूचि
(c) प्रबंध चिंतामणि	(iii) जैनाचार्य मेरुतंग
(d) कुमारपाल प्रतिबोध	(iv) हेमचंद्र
	(v) सोमप्रभ सूरि

निम्नलिखित में से सही विकल्प चुनिए ।
(a) (a) - (ii), (b) - (i), (c) - (iii), (d) - (v)
(b) (a) - (i), (b) - (ii), (c) - (iv), (d) - (iii)
(c) (a) - (iii), (b) - (v), (c) - (i), (d) - (iv)
(d) (a) - (iv), (b) - (ii), (c) - (iii), (d) - (iv)

75. "किसी बात का टोटा होने पर उसे पूरा करने की इच्छा होती है, दुःख होने पर उसे मिटाना चाहते हैं। यह स्वभाव है।"
उपर्युक्त कथन किस निबन्ध से उद्धृत है?
(a) प्रिया नीलकंठी (कुबेरनाथ राय)
(b) समाज और कर्तव्यपालन (गुलाब राय)
(c) कछुआ धर्म (चन्द्रधर शर्मा गुलेरी)
(d) ताज (रघुवीर सहाय)

76. नामवर सिंह ने 'संस्कृति और सौंदर्य' निबन्ध में हजारी प्रसाद द्विवेदी द्वारा रचित 'अशोक के फूल' की रचना का उद्देश्य निम्नलिखित में से किसे माना है?
(a) प्रकृति वर्णन
(b) संस्कृति की मिश्रता को उजागर करना
(c) आर्य संस्कृति की शुद्धता के अहंकार पर चोट
(d) सामासिक संस्कृति को प्रोत्साहन

77. खड़ी बोली गद्य की पहली रचना है-
(a) चंद छंद बरनन की महिमा
(b) गोरा बादल की कथा
(c) कुतुबशतक
(d) भाषायोग वसिष्ठ

78. 'सन् नौ से सैंतालिस अहै। कथा अरंभ बैन कवि कहै।।" किस रचना की पंक्ति है?
(a) पद्मावत
(b) मधुमालती
(c) मृगावती
(d) माधवानल-कामकन्दला

79. रामचन्द्र शुक्ल का निबन्ध कौनसा है?
(a) मेरे राम का मुकुट भीग रहा है
(b) तुम चन्दन हम पानी
(c) सदाचार का ताबीज
(d) उत्साह

80. दिए गए विकल्पों में 'परीक्षा गुरु' किसका उपन्यास है?
(a) श्रद्धाराम फुल्लौरी
(b) श्रीनिवासदास
(c) जगमोहन सिंह
(d) बालकृष्ण भट्ट

81. निम्न में से गीति नाट्य कौनसा है?
(a) सिंदूर की होली
(b) महाभोज
(c) अंधा योग
(d) कामना

82. निम्नलिखित में से सही जोड़ा कौनसा है:-
(a) भीष्म साहनी - अपना -अपना भाग्य
(b) जयशंकर प्रसाद - राजा निरबंसिया
(c) हरिशंकर परसाई - भोलाराम का जीव
(d) निर्मल वर्मा - चीफ की दावत

83. हरिवंश राय बच्चन की आत्मकथा है-
(a) क्या भूलूँ क्या याद करूं
(b) नीड़ का निर्माण फिर
(c) बसेरे से दूर
(d) उपरोक्त सभी

84. अमृत राय द्वारा लिखी हुई जीवनी है-
(a) अकाल पुरुष गांधी
(b) कलम का सिपाही
(c) कलम का मजदूर
(d) आवारा मसीहा

85. आवारा मसीहा किस साहित्यकार पर लिखी हुई जीवनी है-
(a) प्रेमचन्द
(b) गाँधी
(c) निराला
(d) शरतचंद्र

86. 'क्या भूलूं क्या याद करूं' हरिवंशराय बच्चन की आत्मकथा श्रृंखला का कौन सा भाग है?
(a) चौथा
(b) तीसरा
(c) दूसरा
(d) पहला

87. शासकीय पत्र का आवश्यक अंग नहीं है:
(a) पत्र भेजने वाले शासकीय कार्यालय का नाम
(b) परिपत्र संख्या
(c) पत्र संख्या
(d) पत्र-प्रेषक का नाम

88. पुत्री के द्वारा माता को पत्र में सम्बोधन क्या होगा?
(a) प्रिय माताजी
(b) पूजनीया माताजी
(c) आदरणीय माताजी
(d) उपर्युक्त सभी

89. औपचारिक पत्र में इनमें से कौन-सा विकल्प नहीं होगा?
(a) विषय
(b) पता
(c) अभिवादन
(d) दिनांक

90. सरकार द्वारा समय-समय पर सरकारी आदेश, प्रस्ताव अथवा निर्णय समाचार-पत्रों में प्रकाशित करना कहलाता है:
(a) अधिसूचना
(b) परिपत्र
(c) प्रेस-विज्ञप्ति
(d) कार्यालय आदेश

91. निम्नलिखित घटको में सरकारी पत्र में कौन सा घटक नहीं होता?
(a) सम्बोधन
(b) अभिवादन
(c) स्थान का नाम
(d) दिनांक

92. निम्नलिखित में से कौन सा अनौपचारिक पत्र का उदाहरण है?
(a) मोहल्ले में बिजली की समस्या के लिए जिलाधिकारी को लिखा गया पत्र
(b) बहन के विवाह में शामिल होने के लिए मित्र को लिखा गया पत्र

(c) गाँव में पुस्तकालय खुलवाने हेतु जिला परिषद के अध्यक्ष को लिखा गया पत्र

(d) प्रधानाचार्य को दो दिनों के अवकाश के लिए प्रार्थना पत्र

93. अर्द्धसरकारी पत्र के बारे में कौन सा कथन गलत है?

(a) इसमे पत्र को प्राप्त करने वाले को पदनाम से सम्बोधित किया जाता है।

(b) ऊपर संस्था या कार्यालय के नाम आदि का उल्लेख होता है।

(c) इसमे यथास्थान दिनांक और क्रमांक का उल्लेख होता है।

(d) ऊपर बाई ओर प्रेषक का नाम और पदनाम लिखा जाता है।

94. 'परिपत्र' किस श्रेणी में आता है?

(a) आधिकारिक पत्र (b) कार्यलियी पत्र

(c) व्यक्तिगत पत्र (d) पारिवारिक पत्र

95. इस प्रकार के प्रतिवेदन में किसी संस्था, सभा, बैठक इत्यादि का विवरण दिया जाता है।

(a) विवरणात्मक प्रतिवेदन (b) व्यक्तिगत प्रतिवेदन

(c) संगठनात्मक प्रतिवेदन (d) उपर्युक्त कोई नहीं

96. पत्र लिखते समय अपने से बड़ों को निम्नलिखित में से किस शब्द द्वारा संबोधित किया जाता है?

(a) प्रिय (b) श्रद्धेय

(c) चिरंजीवी (d) आयुष्मान

97. वायगोत्स्की के अनुसार, जब कोई बच्चा बच्ची भाषा की मदद से अपने स्वयं के कार्यों को निर्देशित करता है करती है, लेकिन वह भाषा दूसरों के लिए श्रव्य नहीं है, उसके वाचन को क्या कहेंगे?

1. आंतारिक भाषण
2. निजी भाषण
3. सामाजिक भाषण
4. आत्मकेन्द्रित भाषण

(a) 1 (b) 2

(c) 3 (d) 4

98. भाषाविज्ञान की कौन-सी शाखा संदर्भ में भाषा से जुड़ी है?

1. अर्थ विज्ञान
2. उपयोगिता विज्ञान
3. आकृति विज्ञान
4. स्वर विज्ञान

(a) 1 (b) 2

(c) 3 (d) 4

99. हिन्दी शब्द किस भाषा से लिया गया है?

(a) संस्कृत (b) फारसी

(c) हिन्दी (d) अरबी

100. हिन्दी किस परिवार की भाषा है?

(a) सामी हामी (b) भारोपीय

(c) काकेसी (d) पापुई

// स्मार्ट उत्तर पुस्तिका //

सही उत्तर — उन छात्रों का प्रतिशत जिन्होंने प्रश्न का सही उत्तर दिया।

छोड़ दिया — उन छात्रों का प्रतिशत जिन्होंने प्रश्न को छोड़ दिया।

प्रश्न संख्या	उत्तर	सही उत्तर / छोड़ दिया	प्रश्न संख्या	उत्तर	सही उत्तर / छोड़ दिया	प्रश्न संख्या	उत्तर	सही उत्तर / छोड़ दिया
1	B	43.39% / 1.6%	2	B	41.99% / 1.19%	3	D	48.36% / 1.2%
4	B	63.22% / 1.32%	5	B	58.0% / 1.31%	6	C	62.31% / 1.83%
7	D	51.63% / 1.96%	8	B	46.08% / 1.35%	9	B	59.8% / 1.49%
10	C	65.57% / 1.69%	11	B	60.92% / 1.99%	12	C	64.17% / 1.38%
13	C	41.61% / 1.63%	14	D	53.52% / 1.15%	15	A	67.8% / 1.77%
16	D	62.12% / 1.87%	17	B	50.83% / 1.76%	18	A	85.57% / 0.0%
19	C	49.98% / 1.52%	20	B	89.53% / 0.0%	21	D	55.9% / 1.5%
22	B	82.96% / 0.0%	23	A	54.74% / 1.22%	24	D	67.02% / 1.11%
25	D	65.65% / 1.43%	26	B	58.41% / 1.43%	27	B	55.16% / 1.32%
28	B	67.49% / 1.94%	29	C	58.74% / 1.24%	30	C	53.93% / 1.22%
31	D	46.53% / 1.39%	32	C	87.31% / 0.0%	33	A	46.52% / 1.05%
34	D	84.91% / 0.0%	35	C	89.67% / 0.0%	36	B	77.18% / 0.0%
37	C	61.84% / 1.22%	38	A	62.04% / 1.12%	39	A	49.05% / 1.44%
40	A	79.71% / 0.0%	41	B	79.39% / 0.0%	42	D	40.86% / 1.51%
43	C	81.94% / 0.0%	44	A	48.63% / 1.76%	45	C	46.25% / 1.33%
46	B	22.19% / 3.3%	47	A	83.9% / 0.0%	48	C	45.1% / 1.47%
49	D	64.35% / 1.18%	50	B	43.04% / 1.84%	51	D	53.08% / 1.88%
52	B	65.93% / 1.34%	53	D	44.56% / 1.5%	54	A	42.58% / 1.89%
55	A	42.27% / 1.45%	56	B	55.8% / 1.61%	57	B	87.02% / 0.0%
58	B	22.54% / 3.12%	59	D	84.4% / 0.0%	60	D	44.25% / 1.97%
61	A	64.12% / 1.27%	62	C	89.92% / 0.0%	63	C	61.2% / 1.36%
64	A	50.51% / 1.56%	65	C	67.35% / 1.79%	66	A	84.81% / 0.0%
67	D	64.6% / 1.95%	68	A	45.87% / 1.2%	69	B	79.13% / 0.0%
70	A	16.38% / 3.0%	71	B	84.18% / 0.0%	72	D	13.63% / 3.14%
73	D	41.63% / 1.63%	74	A	69.31% / 1.02%	75	C	78.33% / 0.0%
76	C	28.49% / 3.37%	77	A	14.47% / 3.2%	78	A	56.58% / 2.0%
79	D	89.09% / 0.0%	80	B	66.89% / 1.45%	81	C	50.06% / 1.56%
82	C	85.31% / 0.0%	83	D	63.46% / 1.65%	84	B	49.61% / 1.27%
85	D	59.44% / 1.42%	86	D	66.25% / 1.47%	87	B	50.32% / 1.33%
88	B	68.12% / 1.82%	89	C	88.0% / 0.0%	90	C	61.55% / 1.38%
91	B	58.41% / 1.9%	92	B	46.55% / 1.83%	93	A	46.41% / 1.34%
94	A	46.3% / 1.38%	95	C	65.59% / 1.35%	96	B	48.01% / 1.98%
97	A	59.56% / 1.64%	98	B	83.86% / 0.0%	99	B	69.65% / 1.97%
100	B	67.44% / 1.55%						

// संकेत और समाधान //

1(B). गद्यांश के अनुसार हम स्वयं की समस्याओं की चर्चा बढ़ा-चढ़ाकर करते हैं।

2(B). किसी समस्या का समाधान स्थितियों का ठीक से आकलन करने से प्राप्त हो सकता है।

3(D). किसी भी समस्या का हल उसके मूल कारण में होता है।

4(B). अनेक बार हमारे कार्य स्वयं के समस्याओं को उत्पन्न कर देते हैं।

5(B). समस्या आने पर स्थितियों का विश्लेषण करना चाहिए।

6(C). 'मूल्यांकन' का संधि-विच्छेद है: मूल्य + अंकन।

7(D). 'मुसीबत' का समानार्थी शब्द है: विपदा।

8(B). हल शब्द अनेकार्थी है।

9(B). गद्यांश के अनुसार "नदी को यदि कोई उपमा शोभा देती है, तो वह माता की ही।"

10(C). गद्यांश के अनुसार " नदी के किनारे पर रहने से अकाल का डर तो रहता ही नहीं।"

11(B). 'मेघ राजा जब धोखा देते हैं तब नदी माता ही हमारी फसल पकाती है।' वाक्य से तात्पर्य है: "जब वर्षा नहीं होती है तब नदी के जल से फसलों की सिंचाई होती है।"

12(C). गद्यांश के अनुसार "नदी किनारे बसे हुए शहर की गली-गली में घूमते समय एकाध कोने से नदी का दर्शन हो जाएँ, तो हमें कितना आनंद होता है। कहाँ शहर का वह गंदा वायुमंडल और कहाँ नदी का यह प्रसन्न दर्शन।"

13(C). गद्यांश के अनुसार "नदी का किनारा यानी शुद्ध और शीतल हवा।"

14(D). जिस शब्द से एक जाति के सभी प्राणियों अथवा वस्तुओं का बोध हो उसे जातिवाचक संज्ञा कहते हैं।

15(A). दो या दो से अधिक शब्द से बने हुए नए शब्द को समास कहा जाता है।

16(D). पर्यायवाची शब्द उन्हें कहते हैं, जब भिन्न-भिन्न शब्दों का अर्थ समान हो, अर्थात एक ही शब्द के स्थान पर समान अर्थ वाले अलग अलग शब्द प्रयोग किये जा सके।

17(B). जीवन में कर्म सत्य से प्रेरित होने चाहिए।
गद्यांश के अनुसार, हमें इस जीवन में जो भी करना चाहिए, सत्य से प्रेरित कृत्य के अनुसार करना चाहिए। हमें समय और दूसरे लोगों, दोनों को सम्मान देना चाहिए। इस तरह का कृत्य व्यक्ति के भाग्य को बदल कर रख देता है।

18(A). 'समय को सम्मान' देने से तात्पर्य समय का सदुपयोग करने से है।
गद्यांश के अनुसार, हमें समय और दूसरे लोगों, दोनों को सम्मान देना चाहिए। इस तरह का कृत्य व्यक्ति के भाग्य को बदल कर रख देता है।

19(C). ऐसा कोई नहीं, जिसने इस संसार में अच्छा किया हो, और उसका अंत बुरा हो' के सन्दर्भ में यह वाक्य सही है:- अच्छे कार्य का फल सदैव अच्छा होता है।
गद्यांश के अनुसार, ऐसा कोई नहीं जिसने इस संसार में अच्छा काम किया हो और उसका अंत बुरा हुआ हो। कहा जाता है कि कर्म ही धर्म है, इसलिए हमें काम करते जाना चाहिए फल अपने आप हमें मिलेगा।

20(B). 'धर्म' शब्द में इक प्रत्यय लगने पर धार्मिक शब्द बनेगा।
- धर्म + इक = धार्मिक
- 'धर्म' मूल शब्द और 'इक' प्रत्यय
- अर्थ: धर्मशील, पुण्यात्मा, धर्म संबंधी।
- विलोम शब्द- 'अधार्मिक'

21(D). 'मधुकलश' के रचनाकार हरिवंशराय बच्चन हैं। हरिवंशराय बच्चन की अन्य प्रमुख रचनाएं मधुशाला, मधुकलश, निशा निमंत्रण, एकांत-संगीत, खादी के फूल, प्रणय पत्रिका आदि है।
अत: विकल्प (D) सही है ।

22(B). "कादम्बरी" के लेखक बाणभट्ट हैं। बाणभट्ट की अन्य प्रमुख रचनाएं हर्षचरित्म, कादम्बरी आदि हैं। कादम्बरी संस्कृत साहित्य का महान उपन्यास है।
अत: विकल्प (B) सही है ।

23(A). ' किरातार्जुनीयम्' के लेखक भारवि है ।

किरातार्जुनीयम् 18 सर्गों और 1030 श्लोकों का एक महाकाव्य है।
कथानक— महाभारत के वन पर्व पर आधारित है। इसमें अर्जुन द्वारा शिव तपस्या से पाशुपतास्त्र प्राप्ति का वर्णन है।
अत: विकल्प (A) सही है ।

24(D). ' महावीरचरितम्' के रचयिता भवभूति है ।
महावीरचरितम्- यह 7 अंको का एक नाटक है। यहां महावीर से तात्पर्य श्रीराम से हैं और इन्हीं की वीरता का वर्णन है इसमें श्री राम के विवाह से लेकर राज्य अभिषेक तक का वर्णन है।
अत: विकल्प (D) सही है ।

25(D). शिशुपालवधम् के रचयिता माघ है । माघ राजस्थान के प्राचीनतम वह श्रेष्ठतम संस्कृत कवि है इनका जन्म राजस्थान के भीनमाल जालौर में हुआ था।
इनके पितामह सुप्रभदेव गुजरात के राजा वर्मलात के महामंत्री थी।
शिशुपाल वध में कुल 20 सर्ग और 1650 श्लोकों का एक महाकाव्य है।
इसका भी प्रारंभ श्रीपद से होता है तथा समाप्ति भी श्रीपद से ही होती है इसीलिए इसे श्रीपदान्त / श्रयन्तमहाकाव्य भी कहते हैं।
इसमें नारद के आगमन से शिशुपालवधम् का प्रारंभ होता है।
माघ का प्रमुख और प्रिय छंद मालिनी छंद है।
इसमें रैवतक पर्वत का वर्णन दारूक के द्वारा चौथे सर्ग पर किया गया है, तथा पांचवें सर्ग के अंदर भी रैवतक पर्वत का वर्णन किया गया है। इसमें सूर्योदय व चंद्रास्त के समकालीन होने का वर्णन किया गया है।
अत: विकल्प (D) सही है ।

26(B). दण्डी की रचना दशकुमारचरितम् है।
इनकी तीन प्रसिद्ध रचनाएँ—
1. अवन्तिसुन्दरी कथा — इसमें कादंबरी वाली कथा का वर्णन है।
2. काव्यादर्श:— यह एक अलंकारिक ग्रंथ है इसमें अलंकार से संबंधित तत्वों का वर्णन किया गया है।
3. दशकुमारचरितम् — दशकुमारचरितम् में कथा व आख्यायिका के गुण मिलते हैं। इसके तीन भाग हैं और कुल 13 उच्छास है।
अत: विकल्प (B) सही है ।

27(B). श्रीहर्ष की रचना नैषधीयचरितम् है। इसमें कुल 22 सर्ग और 2830 श्लोक हैं। इसका कथानक महाभारत के नलोपाख्यान पर आधारित है। इसमें नल व दमयंती के प्रणय- परिणय का वर्णन है। इसमें श्रृंगार रस मुख्य रस है।
अत: विकल्प (B) सही है ।

28(B). श्रीहर्ष की रचना नैषधीयचरितम् है। नैषधीयचरितम्— श्रीहर्ष की सबसे प्रसिद्ध रचना है। इसमें कुल 22 सर्ग और 2830 श्लोक हैं। इसका कथानक महाभारत के नलोपाख्यान पर आधारित है। इसमें नल व दमयंती के प्रणय- परिणय का वर्णन है। इसमें श्रृंगार रस मुख्य रस है।
अत: विकल्प (B) सही है ।

29(C). 'नैन नचाय मुस्काय कहें, लला फिर अइयो खेलन होरी।' ये पंक्तियाँ रीतिकालीन कवि पद्माकर द्वारा रचित हैं। बांदा में जन पद्माकर ने हिम्मत बहादुर विरुदावली, प्रतापसिंह विरुदावली,कलि पच्चीसी, जगद्विनोद, पद्माभरण, त्रबोध पचासा एवं गंगालहरी' नामक कृतियों की रचना की।
अत: विकल्प (C) सही है ।

30(B). पद्मावत हिन्दी साहित्य के अन्तर्गत सूफी परम्परा का प्रसिद्ध महाकाव्य है। इसके रचनाकार मलिक मोहम्मद जायसी हैं। दोहा और चौपाई छन्द में लिखे गए इस महाकाव्य की भाषा अवधी है। यह हिन्दी की अवधी बोली में है और चौपाई, दोहों में लिखी गई है।
अत: विकल्प (B) सही है ।

31(D). निम्नलिखित विशेषणों में से अनुशासन संज्ञा है। जबकि- आसमानी, नियमित और पाश्चात्य विशेषण शब्द हैं।
किसी व्यक्ति या वस्तु के नाम को 'संज्ञा' कहते हैं। जैसे- राम, श्याम, मोहन, हिमालय, इलाहाबाद इत्यादि और जो संज्ञा, सर्वनाम की विशेषता बतलाए उसे विशेषण' कहते हैं। जैसे- श्याम की गाय <u>काली</u> है। इसमें काली विशेषण पद है।

32(C). जवान, बालक, मनुष्य, गाय, कोयल, भूकम्प, वर्षा, दवात आदि इन सभी शब्दों से एक जाति का बोध होता है, इसलिए ये 'जातिवाचक संज्ञा' हैं, जबकि सुन्दर शब्द किसी व्यक्ति, वस्तु की विशेषता को बताता है, जैसे -

कलम बहत सुन्दर है, इसलिए 'सुन्दर' शब्द विशेषण है।

33(A). मध्यमपुरुष वाचक सर्वनाम -जिस सर्वनाम का प्रयोग वक्ता सुनने वाली व्यक्ति के लिए करता है। जैसे : आप, तुम, तुमको, तुझे, तू आदि।
जिन सर्वनाम शब्दों का प्रयोग किसी वस्तु या व्यक्ति का सम्बन्ध बताने के लिए किया जाए वे शब्द सम्बन्धवाचक सर्वनाम कहलाते हैं।

34(D). "मैं तेरे को घड़ी दूंगा।" इस वाक्य में सर्वमान का अशुद्ध प्रयोग हुआ है। सर्वनाम उन शब्दों को कहा जाता है, जिन शब्दों का प्रयोग संज्ञा अर्थात किसी व्यक्ति, वस्तु, स्थान आदि,के नाम के स्थान पर करते हैं। इसके अंतर्गत मैं, तुम, तुम्हारा, आप, आपका, इस, उस, यह, वह, हम, हमारा ,आदि शब्द आते हैं।

35(C). दिए गए विकल्पों में से 'ज्योति रोती है।' अकर्मक क्रिया है।
अन्य सभी विकल्प सकर्मक क्रिया है।

शब्द	परिभाषा	उदाहरण
क्रिया	जिन शब्दों में किसी कार्य का करना या होना था , किसी घटना में घटित होने का संज्ञान होता है , उसे क्रिया कहते हैं। क्रिया के दो भेद माने गए हैं - अकर्मक और सकर्मक।	मोर नाचता है = अकर्मक अनुराग ने फल खाए= सकर्मक
	अकर्मक क्रिया - जिस क्रिया का फल कर्म पर नहीं करता पर पड़ता है उसे अकर्मक क्रिया कहते हैं।	
	सकर्मक क्रिया - जिस क्रिया का फल कर्म पर पड़ता है तथा जिसके प्रयोग में कर्म की अनिवार्यता बनी रहती है , उसे सकर्मक क्रिगा कहते हैं।	

36(B). उपरोक्त विकल्पों में से सही उत्तर विकल्प (B) 'बच्चा सड़क पर बहुत तेज दौड़ता है। ' होगा। अन्य विकल्प इसके त्रुटिपूर्ण उत्तर होंगे।
- 'बच्चा सड़क पर बहुत तेज दौड़ता है।' यह सकर्मक क्रिया का उदाहरण है।
- अन्य सभी विकल्प अकर्मक क्रिया के उदाहरण हैं।

क्रिया:
जिन शब्दों में किसी कार्य का करना या होना था, किसी घटना में घटित होने का संज्ञान होता है, उसे क्रिया कहते हैं।
क्रिया के दो भेद माने गए हैं - अकर्मक और सकर्मक।

सकर्मक क्रिया	उस प्रकार की क्रिया होती है जिसमें कर्ता द्वारा किया गया कार्य किसी अन्य चीज को प्रभावित करता है , तो वहां पर सकर्मक क्रिया होती है।	सीता खाना पकाएगी।
अकर्मक क्रिया	अकर्मक क्रिया वहां पर होती है जहां कर्ता द्वारा किया गया कार्य किसी अन्य चीज को प्रभावित नहीं करता है।	सांप रेंगता है।

37(C). "तोता डाली पर बैठा है" में अधिकरण कारक है । कारक ऐसे शब्दों को कहते हैं जो क्रिया के करने से होते हैं। उदाहरण के तौर पर वाक्य "राम को वनवास जाना था" को देखा जा सकता है। इस वाक्य में यह देखा जा सकता है कि राम कर्ता हैं और जाना क्रिया, लेकिन क्रिया एवं करता को मिलाने वाला "को" है। इस वाक्य में "को" कारक है।
अधिकरण कारक- जिस शब्द से क्रिया के आधार का बोध हो, उसे अधिकरण कारक कहते हैं। इसकी विभक्ति चिह्न में और पर होती है। भीतर, अंदर, ऊपर, बीच आदि शब्दों का प्रयोग इस कारक में किया जाता है।

38(A). वह वस्तु या व्यक्ति जिस पर वाक्य में की गयी क्रिया का प्रभाव पड़ता है वह कर्म कहलाता है। कर्म कारक का विभक्ति चिन्ह 'को' होता है।
"हरी ने बैल को मारा।" में कर्म कारक है।

39(A). इनमें से 'अच्छा' एक विशेषण है।'अच्छा' गुणबोधक विशेषण है। यह गुणवाचक विशेषण का भेद है। जिस शब्द से संज्ञा या सर्वनाम के गुण, रूप, रंग आदि का बोध होता है, उसे गुण वाचक विशेषण कहते हैं। जैसे- बगीचे में सुंदर फूल हैं।

40(A). 'सफेदी' शब्द विशेषण नहीं है, जबकि 'सफ़ेद' शब्द विशेषण होता है।

संज्ञा या सर्वनाम की विशेषता बताने वाले शब्द विशेषण कहलाते हैं।

41(B). 'परमेश्वर' में 'कर्मधारय' समास है। 'परमेश्वर' का समास विग्रह 'परम है जो ईश्वर' होगा।

42(D). सतसई' द्विगु समास का उदाहरण है।

43(C). 'आदमी बनना' मुहावरे का उपयुक्त अर्थ 'अच्छा व्यवहार सीखना' है।

44(A). 'बात का धनी' मुहावरे का अर्थ- वायदे का पक्का है।

45(C). संयुक्त परिवारों में बच्चो का भाषा-विकास अपेक्षाकृत बेहतर होता है। इसका आधार परस्पर अंत: क्रिया है।
वाइगोत्स्की के अनुसार ज्ञान का परिवर्तनशील भंडार दूसरों के साथ मिलकर तैयार किया जाता है अर्थात् भाषा सीखने मे सामाजिक अंत: क्रिया का महत्वपूर्ण स्थान है। वाइगोत्स्की द्वारा दिये गये सिद्धान्त को संज्ञानात्मक विकास या सांस्कृतिक-एतिहासिक मनोविज्ञान कहा जाता है। 'वाइगोत्स्की' का मानना था कि बच्चे सामाजिक अतःक्रिया के दौरान अपनी समाज-संस्कृति से जुड़ कर:
- भाषाई नियमों को आत्मसात करते हैं।
- व्यवहार और बातचीत के तरीके सीखते हैं।
- भावों और विचारों को आसानी से प्रस्तुत करते हैं।
- मातृभाषा प्रयोग द्वारा परस्पर संवाद के लिए प्रोत्साहित होते हैं।

46(B). भाषा के माध्यम से बच्चों का ज्ञान-क्षेत्र भी विस्तृत होता है। जिसमें सर्वाधिक योगदान बाल साहित्य की पुस्तकों का है।
जिसमे हित की भावना का निहित हो वही साहिल है। बाल साहित्य बालक के भावो, विचारो, घटनाओ, अनुभवों की भाव सहित प्रस्तुति है। बाल साहित्य दो शब्दों से मिलकर बना है- बाल और साहित्य अर्थात वैसा साहित्य जो बालको के लिखा गया हो।
प्राथमिक स्तर पर भाषा सीखने-सिखाने में बाल साहित्य मदद करता है, क्योंकि बाल साहित्य:
- भाषा का नए संदर्भों/परिस्थितियों में प्रयोग करना सीखाता है।
- भाषा साहित्य को समझते हुए सामाजिक परिवेश के प्रति जागरूक करते हुए सोच का दायरा बढ़ाता है।
- भाषा शिक्षण का उद्देश्य दैनिक जीवन में तार्किक एवं वैज्ञानिक सोच को बढ़ाना है।
- विभिन्न प्रकार की स्थिति से समायोजन की समझ विकसित करता है।
- बच्चों में पठन संस्कृति का विकास करता है।
- बच्चो में भाषिक एवं संज्ञानात्मक कौशलों का विकास कर बच्चों का ज्ञान-क्षेत्र विस्तृत करता है।
- बच्चों में सृजनशीलता को रोचक तथा चित्रात्मक कहानियां द्वारा बढ़ाती है।
- बच्चों को बड़े, स्पष्ट तथा रंगीन चित्रों तथा पाठों के द्वारा पढ़ने की और उन्मुख करती है।
- बच्चों को तरह-तरह की विधाओं से परिचित कराते हुए भाषा की विभिन्न रंगते प्रस्तुत करता है।
- बच्चों को उत्साही पाठक बनने के लिए प्रोत्साहित करती तथा उन्हें काल्पनिक दुनिया की सैर कराती है।

इसलिए, हम कह सकते हैं कि भाषा के माध्यम से बच्चों का ज्ञान-क्षेत्र भी विस्तृत होता है। जिसमें सर्वाधिक योगदान बाल साहित्य की पुस्तकों का है।

47(A). सरल पाठ्य-पुस्तक प्राथमिक स्तर पर भाषा सीखने-सिखाने की सबसे पहली शर्त है । प्राथमिक स्तर पर भाषा सीखने-सिखाने में बाल साहित्यकारों का साहित्य महत्वपूर्ण होता है किन्तु पहली शर्त इसकी सरल भाषा है।
- बाल साहित्य के कई उदाहरणों में केन्द्रीय पात्र या हीरो एक बच्चा होता है। लेकिन यह एकमात्र शर्त नहीं है।
- वे उदाहरण जहाँ नायक/ हीरो बच्चा होता है वहाँ विचार जटिल होता है जैसे- प्रेमचंद की 'ईदगाह', जयशंकर प्रसाद की 'छोटा जादूगर', जैनेन्द्र की 'खेल' आदि कहानियों में व्यक्त विचार बच्चों के लिहाज़ से जटिल।
- बाल साहित्य भाषा और विचार की दृष्टि से सरल होना चाहिए ताकि बच्चे उसे आसानी से समझ सकें।
- यद्यपि साहित्य का इस्तेमाल भाषा-शिक्षण का एकमात्र तरीका नहीं है अन्य मुद्रित सामग्रियाँ जो कि साहित्य के अंतर्गत नहीं आती हैं, उनका

भी भाषा-शिक्षण में प्रयोग किया जा सकता है। जैसे- विज्ञापन, कार्टून आदि।

इसलिए, हम कह सकते हैं कि सरल पाठ्य-पुस्तक प्राथमिक स्तर पर भाषा सीखने-सिखाने की सबसे पहली शर्त है।

48(C). रूपा चौथी कक्षा को पढ़ाती है। उन्होंने गुजराती लोक कथा 'मुफ्त ही मुफ्त' पढ़ाने के बाद बच्चों से पूछा कि उनकी भाषा में आदर के लिए किन शब्दों का प्रयोग किया जाता है, जैसे गुजराती भाषा में 'भाई' 'बेन' का प्रयोग किया जाता है। रूपा का उद्देश्य बहुभाषिकता को संबोधित करना है।

मातृ भाषा प्रयोग द्वारा बच्चे:
- कक्षा के वातावरण से स्वयं को जोड़ पाते हैं।
- अपने विचारों को खुल कर अभिव्यक्त करते हैं।
- संज्ञानात्मक तथा भाषाई रूप से विकसित होते हैं।
- पढ़ाए जा रहे संप्रत्ययों को सर्वश्रेष्ठ ढंग से सीखते हैं।
- अपने अनुभवों की प्रभाशाली ढंग से व्याख्या कर पाते हैं।
- संवादात्मक परिस्थितियों का सामना करने की योग्यता प्राप्त करते हैं।

इसलिए, यह निष्कर्ष निकाला जा सकता है कि रूपा का उद्देश्य बहुभाषिकता को संबोधित करना है।

49(D). प्राथमिक स्तर पर भाषा सीखने-सिखाने में बाल साहित्य मदद करता है, क्योंकि बाल साहित्य:
- बच्चों में पठन संस्कृति का विकास करता है।
- बच्चो में भाषिक एवं संज्ञानात्मक कौशलों का विकास करता है।
- बच्चों में सृजनशीलता को रोचक तथा चित्रात्मक कहानियां द्वारा बढ़ाती है।
- बच्चों को बड़े, स्पष्ट तथा रंगीन चित्रों तथा पाठों के द्वारा पढ़ने की और उन्मुख करती है।
- बच्चों को तरह-तरह की विधाओं से परिचित कराते हुए भाषा की विभिन्न रंगतें प्रस्तुत करता है।
- बच्चों को उत्साही पाठक बनने के लिए प्रोत्साहित करती तथा उन्हें काल्पनिक दुनिया की सैर कराती है।

इसलिए, उपर्युक्त पंक्तियों से स्पष्ट है कि 'बच्चों को विभिन्न प्रकार का बाल साहित्य पढ़ने के अवसर दें।' कथन प्राथमिक स्तर पर भाषा-शिक्षण के संदर्भ में सर्वाधिक उचित है।

50(B). बच्चों के भाषा-विकास के लिए बच्चों को भाषा-प्रयोग के अवसर देना जरूरी है।

प्राथमिक कक्षाओं के बच्चों में भाषाई विकास को सुदृढ़ करने के लिए भाषा समृद्ध परिवेश आवश्यक है, किन्तु भाषा समृद्ध परिवेश तभी सफल होगा जब विद्यार्थियों को भाषा प्रयोग के तरह तरह के अवसर प्रदान करने के उचित प्रावधान होंगे। इसके तहत उन्हें नाटक मंचन, सस्वर पठन तथा अन्य ऐसी चीजों में शामिल होने का अवसर प्रदान करना होगा जिससे वो भाषा के सभी कौशलों को विकसित कर सकें।

प्राथमिक स्तर पर भाषा शिक्षक से निम्नलिखित अपेक्षाएं की जाती है:
- बच्चों को मातृ भाषा प्रयोग की अनुमति प्रदान करें।
- बच्चों को उनके मानसिक एवं बौद्धिक स्तर के अनुसार शिक्षण दे।
- भाषा शिक्षण के सभी कौशलों से बच्चों को अवगत कराएं।
- भाषा अभिव्यक्ति के अधिक से अधिक अवसर प्रदान करें।
- भाषा प्रयोग के तरह-तरह के अवसर प्रदान करें।
- शिक्षण को मनोरंजक बनाने के लिए अधिगम सामग्रियों का प्रयोग करें।
- बच्चों के कक्षा शिक्षण को उनके परिवेश तथा व्यक्तिगत अनुभवों से जोड़कर देखने में सहयोग करें।

इसलिए, हम कह सकते हैं कि बच्चों के भाषा-विकास के लिए जरूरी है, बच्चों को भाषा-प्रयोग के अवसर देना।

51(D). "भक्तमाल" के रचनाकार "नाभादास" है।
- भक्तमाल का रचना वर्ष 1585 ई. है।
- 'भक्तमाल' की रचना ब्रजभाषा में हुई है। इसकी भाषा शैली प्रौढ़ एवं परिमार्जित है।
- 'भक्तमाल' में नाभादास ने छप्पय छंद में अपने पूर्ववर्ती अथवा समसामयिक लगभग दो सौ भक्तों का चरितगान किया है।

52(B). परिमल के रचनाकार सूर्यकांत त्रिपाठी 'निराला' हैं।
सूर्यकांत त्रिपाठी निराला - छायावाद के प्रमुख स्तंभों में से एक

परिमल (काव्य संग्रह) - 1929
अन्य काव्य संग्रह:
1. गीतिका
2. तुलसीदास
3. कुकुरमुत्ता
4. अणिमा
5. बेला
6. नए पत्ते आदि।

53(D). सुभद्राकुमारी चौहान (1904-1947) द्वारा ही 'मेरा नया बचपन' रचना रचित है।
उक्त कविता काव्य-संग्रह- 'मुकुल' से ली गई है।
मुकुल का प्रकाशन वर्ष- सन् 1930 (प्रथम काव्य संग्रह)
अन्य काव्य संग्रह- त्रिधारा
दो पंक्तियाँ-
"बार-बार आती है मुझको मधुर याद बचपन तेरी।
गया ले गया तू जीवन की सबसे मस्त खुशी मेरी।"

54(A). कुकुरमुत्ता सूर्यकांत त्रिपाठी "निराला" जी की रचना हैं।
- सुमित्रानंदन पंत की रचनाएँ- वीणा, पल्लव, गुंजन, युगांत, युगवाणी, उत्तरा, लोकायतन, कला और बूढ़ा चाँद, चिदम्बरा, स्वर्णधूलि, ग्राम्या, युगपथ, युगांत,रजत-रश्मि, नौका-विहार आदि।
- हिंदी साहित्य सेवा के लिए उन्हें पद्मभूषण(1961), ज्ञानपीठ(1968), साहित्य अकादमी, तथा सोवियत लैंड नेहरू पुरस्कार जैसे उच्च श्रेणी के सम्मानों से अलंकृत किया गया।
- छायावादी युग के ख्याति-प्राप्त कवि सुमित्रानन्दन पन्त सात वर्ष को अल्पायु से ही कविताओं की रचना करने लगे थे।
- उनकी प्रथम रचना सन् 1916 ई. में सामने आई। 'गिरजे का घण्टा' नामक इस रचना के पश्चात् वे निरन्तर काव्य- साधना में तल्लीन रहे।

55(A). "रस मीमांसा" के लेखक रामचन्द्र शुक्ल हैं।
आचार्य रामचंद्र शुक्ल की पुस्तक 'रसमीमांसा' हिन्दी साहित्य की सैद्धान्तिक समीक्षा की अकेली पुस्तक है। इस पुस्तक में पाँच अध्याय हैं। इसके साथ ही परिशिष्ट तथा अनुक्रमणिका भी है।
आचार्य रामचंद्र शुक्ल हिन्दी आलोचक, निबन्धकार, साहित्येतिहासकार, कोशकार, अनुवादक, कथाकार और कवि थे। उनके द्वारा लिखी गई सर्वाधिक महत्त्वपूर्ण पुस्तक है हिन्दी साहित्य का इतिहास, जिसके द्वारा आज भी काल निर्धारण एवं पाठ्यक्रम निर्माण में सहायता ली जाती है।

56(B). "श्रृंगार लहरी" के रचनाकार भारतेन्दु हरिश्चन्द्र हैं।
इनकी अन्य प्रमुख रचनाएँ प्रेम फुलवारी, प्रेम प्रलाप आदि हैं।

57(B). हिंदी का प्रथम उपन्यास "परीक्षा गुरु" है। इसकी रचना भारतेन्दु युग के प्रसिद्ध नाटककार लाला श्रीनिवास दास ने की थी।
उपन्यास 41 छोटे-छोटे प्रकरणों में विभक्त है। कथा तेजी से आगे बढ़ती है और अंत तक रोचकता बनी रहती है। पूरा उपन्यास नीतिपरक और उपदेशात्मक है। उसमें जगह-जगह इंग्लैंड और यूनान के इतिहास से दृष्टांत दिए गए हैं। उपन्यास में बीच-बीच में संस्कृत, हिंदी, फारसी के ग्रंथों के ढेर सारे उद्धरण भी ब्रज भाषा में काव्यानुवाद के रूप में दिए गए हैं।

58(B). उपरोक्त विकल्पो में कलम का सिपाही, जीवनी विधा की रचना है। कलम का सिपाही जीवनी के लेखक अमृत राय हैं। कलम का सिपाही जीवनी, प्रेमचन्द के जीवन पर आधारित रचना है।
जीवनी साहित्य की महत्वपूर्ण विधा है। किसी व्यक्ति के जीवन का चरित्र चित्रण करना अर्थात किसी व्यक्ति विशेष के सम्पूर्ण जीवन वृतांत को जीवनी कहते है। जीवनी में लेखक किसी दूसरे के जीवन के जीवन वृत को लिखता है।

59(D). क्षेमेन्द्र वक्रोक्ति के लिए प्रसिद्ध नहीं है।
क्षेमेन्द्र संस्कृत में परिहासकथा (सटायर) के लिए प्रसिद्ध हैं। क्षेमेन्द्र (जन्म लगभग 1025-1066) संस्कृत के प्रतिभासंपन्न कश्मीरी महाकवि थे।

60(D). डॉ. नगेन्द्र छायावाद को स्थूल के प्रति सूक्ष्म का विद्रोह मानते हैं और साथ ही यह भी स्वीकार करते हैं कि छायावाद एक विशेष प्रकार की भाव-पद्धति है।

61(A). 'नटो के जीवन संघर्ष' का उल्लेख 'कब तक पुकारूँ' उपन्यास में है।
'कब तक पुकारूँ' प्रसिद्ध साहित्यकार, कहानीकार और उपन्यासकार

रंगेय राघव द्वारा लिखा गया उपन्यास है। तत्कालीन जरायम पेशा करनटों की संस्कृति पर आधारित एक सफल आँचलिक उपन्यास है।

62(C). 'रुद्र सम्प्रदाय' की स्थापना 'विष्णुस्वामी' ने की है।
'रुद्र सम्प्रदाय' के आद्य प्रवर्तक 'देवादिदेव महादेव' और प्रमुख आचार्य 'वल्लभाचार्य' हुए जो वर्तमान में 'वल्लभसम्प्रदाय' के नाम से जाना जाता है।

63(C). रामानुजाचार्य ने 'विशिष्टाद्वैतवाद सिद्धांत' का प्रतिपादन किया है।
विशिष्टाद्वैत (विशिष्ट+अद्वैत) आचार्य रामानुज का प्रतिपादित किया हुआ यह दार्शनिक मत है। इसके अनुसार यद्यपि जगत् और जीवात्मा दोनों कार्यतः ब्रह्म से भिन्न हैं फिर भी वे ब्रह्म से ही उद्भूत हैं और ब्रह्म से उसका उसी प्रकार का संबंध है जैसा कि किरणों का सूर्य से है, अतः ब्रह्म एक होने पर भी अनेक हैं। इस सिद्धांत में आदि शंकराचार्य के मायावाद का खंडन है। रामानुज ने अपने सिद्धांत में यह स्थापित किया है कि जगत भी ब्रह्म ने ही बनाया है।

64(A). 'तमस' सांप्रदायिक समस्या पर लिखा गया उपन्यास है।
'तमस' की कथा परिधि में अप्रैल 1947 के समय में पंजाब के जिले को परिवेश के रूप में लिया गया है। 'तमस' कुल पांच दिनों की कहानी को लेकर बुना गया उपन्यास है। संपूर्ण कथावस्तु दो खंडों में विभाजित है। पहले खंड में कुल तेरह प्रकरण हैं। दूसरा खंड गाँव पर केंद्रित है।

65(C). 'शिवराजभूषण' ग्रंथ में अलंकार का विवेचन मिलता है।
शिवराज भूषण में अलंकारों की संख्या 105 है। 105 अलंकारों में से 99 अलंकार अर्थालंकार है। इन सभी अलंकारों के लक्षण दोहों में तथा उदाहरण शक्ति, सवैया, छप्पय, अथवा दोहा छंद के दिए गए हैं। इसमें कुल 385 पद्य हैं। शिवराज भूषण की रचना "कवि भूषण" ने की है।

66(A). रसप्रियाफणीश्वर नाथ रेणु की कहानी है।
इनके पहले उपन्यास मैला आंचल के लिए उन्हें "पद्मश्री" पुरस्कार से सम्मानित किया गया था।

67(D). साकेत महाकाव्य में सर्वाधिक मार्मिक सर्ग नवम् सर्ग है।
साकेत मैथिलीशरण गुप्त रचित महाकाव्य का नाम है। इसका प्रथम प्रकाशन सन् 1931 में हुआ था। इस कृति में राम के भाई लक्ष्मण की पत्नी उर्मिला के विरह का जो चित्रण गुप्त जी ने किया है वह अत्यधिक मार्मिक और गहरी मानवीय संवेदनाओं और भावनाओं से ओत-प्रोत है।साकेत रामकथा पर आधारित है, किन्तु इसके केन्द्र में लक्ष्मण की पत्नी उर्मिला है।

68(A). भारत-भारती का प्रकाशन वर्ष 1912 ई. है।
भारत -भारती, मैथिलीशरण गुप्तजी की प्रसिद्ध काव्यकृति है। यह काव्य 1912 ई. में रचा गया और संशोधनों के साथ 1914 ई. में प्रकाशित हुआ। यह अपूर्व काव्य मौलाना हाली के 'मुसद्दस' के ढंग का है। राजा रामपाल सिंह और रायकृष्णदास इसकी प्रेरणा में हैं।
अतः विकल्प (A) सही है

69(B). कबीरदास की रचनाओं का संकलन "बीजक" कहलाता है। कबीर की रचनाओं का संकलन उनके शिष्य धर्मदास ने किया है। इस कृति को कबीर पंथ की पवित्र पुस्तक मानी जाती है। बीजक के तीन भाग है:
- साखी
- सबद
- रमैनी

70(A). सुदामा चरित के रचयिता नरोत्तमदास हैं।
सुदामा चरित कवि नरोत्तमदास द्वारा अवधी भाषा में रचित काव्य-ग्रंथ है। इसकी रचना संवत 1605 के लगभग मानी जाती है। इसमें एक निर्धन ब्राह्मण सुदामा की कथा है जो महान कृष्ण भक्त था, जो बालपन में कृष्ण का मित्र भी था। इस ब्राह्मण की कथा श्रीमद् भागवत महापुराण में भी लिखित है।

71(B). बिहारी रीतिकाल के सर्वाधिक प्रसिद्ध कवि माने जाते हैं। रीतिकाल के अन्तर्गत बिहारी ही एक मात्र ऐसे कवि हैं जिनको रीतिसिद्ध कवि माना जाता है क्योंकि उन्होंने किसी प्रकार के लक्षण ग्रन्थ नहीं लिखे परन्तु फिर भी इनके 'सतसई' नामक सर्वाधिक प्रसिद्ध ग्रन्थ में रीति परिपाटी की सभी विशेषताएँ उपलब्ध हैं।
जिन कवियों ने लक्षण और उदाहरण शैली पर काव्य सृजन तो नहीं किया

परंतु रचना करते समय उनका झुकाव लक्षण ग्रंथों पर अवश्य रहा, उन्हें रीतिसिद्ध की श्रेणी में रखा गया है।

72(D). रीतिकाल हिन्दी साहित्य का उत्तर मध्यकाल कहलाता है। इस काल के काव्य की प्रमुख धारा का विकास कविता की रीति के आधार पर हुआ। रीतिकाल समृद्धि और विलासिता का काल है। रीतिकाल के प्रमुख कवि हैं - केशवदास, बिहारी, मतिराम, भूषण, चिंतामणि, देव, भिखारीदास, गंग, ग्वाल, बोध, गुमान मिश्र आदि।
जगनिक का सम्बन्ध वीरगाथाकाल से है। इनकी प्रमुख रचना परमाल रासो है।

73(D). केशवदास हिन्दी साहित्य के रीतिकाल की कवि-त्रयी के एक प्रमुख स्तंभ हैं। वे संस्कृत काव्यशास्त्र का सम्यक् परिचय कराने वाले हिंदी के प्राचीन आचार्य और कवि हैं।
केशवदास रचित प्रामाणिक ग्रंथ हैं : रसिकप्रिया, कविप्रिया, नखशिख, छंदमाला, रामचंद्रिका, वीरसिंहदेव चरित, रतनबावनी, विज्ञानगीता और जहाँगीर जसचंद्रिका।

74(A).

रचना	रचनाकार
(a) प्राकृत प्रकाश	(ii) वररुचि
(b) श्रावकाचार	(i) देवसेन
(c) प्रबंध चिंतामणि	(iii) जैन आचार्य मेरूतंग
(d) कुमारपाल प्रतिरोध	(v) सोमप्रभ सूरि

- पाणिनीय व्याकरण पर वार्तिक लिखने वाले कत्यायन को तथा प्राकृत-प्रकाश नाम के प्राकृत-व्याकरण के रचयिता को भी वररुचि नाम से जाना जाता है।
- श्रावकाचार (933 ई., सावयधम्म दोहा, डॉ. नगेन्द्र के अनुसार हिन्दी का पहला काव्यग्रंथ), लघुनयचक्र, दर्शनसार, तत्वसार,भावसंग्रह है इसके रचयिता देवसेन है।
- प्रबंध चिंतामणि 1304 ई में संस्कृत भाषा में जैन आचार्य मेरुतुंग द्वारा रचित है।
- कुमारपाल प्रतिरोध, सोमप्रभ सूरि द्वारा रचित है।

75(C). उपर्युक्त कथन कछुआ धर्म (चन्द्रधर शर्मा गुलेरी) निबन्ध से उद्धृत है।
कछुआ धर्म निबन्ध का अंश: किसी बात का टोटा होने पर उसे पूरा करने की इच्छा होती है, दुख होने पर उसे मिटाना चाहते हैं। यह स्वभाव है। अपनी-अपनी समझ हैं। संसार में त्रिविध दुख दिखाई पड़ने लगे। उन्हें मिटाने के लिए उपाय भी किए जाने लगे। 'दृष्ट' उपाय हुए। उनसे संतोष न हुआ तो सुने सुनाए (आनुश्रविक) उपाय किए। उनसे भी मन न भरा। सांख्यों ने काठ कड़ी गिन-गिनकर उपाय निकाला, बुद्ध ने योग में पककर उपाय खोजा, किसी ने कहा कि बहस, बकझक, वाक्छल, बोली की चूक पकड़ने और कच्ची दलीलों की सीवन उधेड़ने में ही परम पुरुषार्थ है।

76(C). नामवर सिंह ने 'संस्कृति और सौंदर्य निबन्ध में हजारी प्रसाद द्विवेदी द्वारा रचित 'अशोक के फूल' की रचना का उद्देश्य "आर्य संस्कृति की शुद्धता के अहंकार पर चोट" माना है।
- संस्कृति और सौंदर्य निबंध 1982 ई में प्रकाशित हुआ।
- नामवर सिंह प्रगतिवादी समीक्षक हैं।
- नामवर सिंह रूपवाद या कलावाद के खतरों के प्रति सजग हैं।
- संस्कृति और सौंदर्य निबंध में नामवर सिंह ने लिखा है- "सच कहा जाए तो आर्य संस्कृति की शुद्धता के अहंकार पर चोट करने के लिए ही 'अशोक के फूल' लिखा गया है, प्रकृति- वर्णन करने के लिए नहीं।"
- नामवर सिंह की प्रमुख रचनाएं हैं- हिंदी के विकास में अपभ्रंश का योग (1952), छायावाद (1955), इतिहास और आलोचना (1957), आधुनिक साहित्य की प्रवृत्तियाँ (1962), कहानी: नयी कहानी (1965), कविता के नए प्रतिमान (1967), दूसरी परंपरा की खोज (1982)।
- नामवर सिंह एक आलोचक हैं, सिद्धांतवादी नहीं।

77(A). खड़ी बोली गद्य की प्रथम रचना चंद छंद बरनन की महिमा है।
इसके लेखक गंग कवि है।
गंग कवि अकबर के दरबार के हिंदी कवि थे। इनका जन्म और निधन-तिथि तथा जन्मस्थान विवादास्पद है। गंग अकबर के दरबारी कवि थे और रहीम खानखाना इन्हें बहुत मानते थे।
चंद छंद बरनन की महिमा नामक खड़ी बोली का एक ग्रंथ भी इनका

लिखा बताया जाता है पर इसमें अनेक विद्वानों को संदेह है , क्योंकि जहाँगीर इनकी इसकी रचना से अत्यंत रुष्ट हुए और उन्हें हाथी से कुचलवा कर मार डालने का दंड दिया।

78(A). जायस के रहने वाले कवि मलिक मुहम्मद जायसी ने 947 हिजरी में पद्मावत लिखा था। जायसी के ही शब्दों में-
सन् नौ से सैंतालिस अहै।
कथा अरंभ बैन कवि कहै।।
और जायस नगर धरम अस्थानू।
तहवां यह कवि कीन्ह बखानू।।
पद्मावत की रचना तिथि के बारे में विचार करते हुए डॉक्टर वासुदेवशरण अग्रवाल ने 927 हिजरी में रचना का प्रारम्भ काल माना है। उन्होंने हिंदी परिषद पत्रिका के 1962 के एक अंक में पद्मावत का रचना काल सन् 927 या 947 शीर्षक एक निबन्ध लिखा था, जिसमें उन्होंने 927 हिजरी काव्य के प्रारंभ करने की तिथि तथा शेरशाह की राज्य काल की किसी तिथि को उसकी पूर्ण होने की तिथि मानी है।

79(D). ""उत्साह", "रामचंद्र शुक्ल" का निबंध है।
यह निबंध आचार्य रामचंद्र शुक्ल के निबंध- संग्रह 'चिंतामणि-भाग-1' में है।

80(B). दिए गए वियकल्पों में सही उत्तर विकल्प 2 'श्रीनिवासदास' हैं।
परीक्षा गुरु हिन्दी का प्रथम उपन्यास था, जिसकी रचना भारतेन्दु युग के प्रसिद्ध नाटककार लाला श्रीनिवास दास ने 25 नवम्बर, 1882 को की थी। उपन्यास 41 छोटे-छोटे प्रकरणों में विभक्त है। पूरा उपन्यास नीतिपरक और उपदेशात्मक है। उसमें जगह-जगह इंग्लैंड और यूनान के इतिहास से दृष्टांत दिए गए हैं।

81(C). "अंधायुग" एक गीतिनाट्य है। अंधा युग नाटक धर्मवीर भारती का नाटक है। इसका रचना वर्ष 1955 ईस्वी है।
प्रमुख पात्र- अश्वत्थामा, धृतराष्ट्र, कृतवर्मा, संजय, वृद्धयाचक, व्यास, कृष्ण, युधिष्ठिर, विदुर, कृपाचार्य, युयुत्सु, गूंगा, भिखारी, बलराम।

82(C). "भोलाराम का जीव", "हरिशंकर परसाई" की रचना है। यह भ्रष्टाचार पर आधारित कहानी है।

83(D). बच्चन की आत्मकथा हरिवंश राय बच्चन द्वारा चार खण्डों में लिखी गई आत्मकथात्मक कृतियां-क्या भूलूं क्या याद करूँ' (1969), 'नीड़ का निर्माण फिर' (1970), 'बसेरे से दूर' (1977), 'दशद्वार से सोपान तक' (1985), का संक्षिप्त संस्करण है ।

84(B). अमृत राय द्वारा लिखी हुई जीवनी- 2 कलम का सिपाही है।
"कलम का सिपाही" में अमृतराय ने प्रेमचंद की जीवनी लिखी है।

85(D). "आवारा मसीहा", "शरत चंद्र" पर लिखी हुई जीवनी है। आवारा मसीहा "विष्णु प्रभाकर" की रचना है।

86(D). 'क्या भूलूं क्या याद करूँ' हरिवंशराय बच्चन की आत्मकथा श्रृंखला का - 4 पहला भाग है।
'क्या भूलूं क्या याद करूँ'1969 में हरिवंश राय बच्चन जी द्वारा रचित आत्मकथा है। इस आत्मकथा के लिए उन्हें सरस्वती सम्मान दिया था। हरिवंश राय बच्चन जी का जन्म 27 नवम्बर 1907 को इलाहाबाद में एक कायस्थ परिवार मे हुआ था।

87(B). शासकीय पत्र का आवश्यक अंग परिपत्र संख्या नहीं है।
- परिपत्र संख्या का लिखना परिपत्र में आवश्यक है।
- पत्र भेजने वाले शासकीय कार्यालय का नाम, पत्र संख्या, पत्र-प्रेषक का नाम, पत्र का मुख्य कलेवर, अधोलेख, प्रेषक के हस्ताक्षर व पदनाम, विषय, संबोधन आदि शासकीय पत्र के अंग हैं।
शासकीय पत्र- यह सरकारी कार्यालयों में पत्र व्यवहार का सबसे सामान्य रूप है। यहाँ यह ध्यान रखने योग्य है कि सरकार के विभिन्न मंत्रालयों के आपसी पत्राचार में पत्र के इस रूप को नहीं अपनाया जाता। विदेशी सरकारों, संबद्ध तथा स्वायत्त कार्यालयों, सार्वजनिक निकायों आदि के साथ पत्राचार में इसी रूप का प्रयोग किया जाता है।

88(B). पुत्री के द्वारा माता को पत्र में सम्बोधन पूजनीया माताजी होगा। माता स्त्रीलिंग है, और स्त्रीलिंग शब्द के पूजनीया का प्रयोग किया जाता है। लिखित रूप में अपने मन के भावों एवं विचारों को प्रकट करने का माध्यम 'पत्र' कहलाता हैं। 'पत्र' का शाब्दिक अर्थ हैं, 'ऐसा कागज जिस

पर कोई बात लिखी अथवा छपी हो'। पत्र के द्वारा व्यक्ति अपनी बातों को दूसरों तक लिखकर पहुँचाता हैं। हम पत्र को अभिव्यक्ति का एक सशक्त माध्यम भी कह सकते हैं।

89(C). औपचारिक पत्र में इनमें से 'अभिवादन' विकल्प नहीं होगा।
- अभिवादन अनौपचारिक पत्रों में दिया जाता है।
- अभिवादन शारीरिक संकेत (मसलन नमस्ते या हाथ का हिलाना या सिर का झुकाना), बोलकर या इन दोनों को मिलाकर करा जाता है।
- पत्र या ईमेल जैसे लिखित संचार में भी अभिवादन व्यक्त करा जा सकता है।

90(C). सरकार द्वारा समय-समय पर सरकारी आदेश, प्रस्ताव अथवा निर्णय समाचार-पत्रों में प्रकाशित करना प्रेस-विज्ञप्ति कहलाता है।
- यह एक प्राथमिक तरीका है जिससे सरकार के समाचारों का मीडिया में संचार कर सकते हैं।
- प्रेस-विज्ञप्ति आमतौर पर सरकारी केन्द्रीय कार्यालय से प्रसारित होती है और इसकी शब्दावली एवं शैली निश्चित होती है। समाचार-पत्र का सम्पादक 'प्रेस-विज्ञप्ति' में किसी प्रकार की काट-छाँट नहीं कर सकता। प्रेस-विज्ञप्ति में कभी-कभी यह भी लिखा जाता है कि इसे किस तिथि तक प्रकाशित करना है। समय से पूर्व इसका प्रकाशन नहीं किया जाता।

91(B). अभिवादन सरकारी पत्र का घटक नही है।
सरकार के कामकाज से संबंधित पत्र सरकारी पत्र या शासकीय पत्र (Official Letter) कहलाते हैं। इनका प्रयोग सरकारी विभागों/ कार्यालयों द्वारा किया जाता है। सरकार के कामकाज के संबंध में अनेक तरह के पत्राचार किए जाते हैं इस प्रक्रिया में सबसे अधिक प्रयोग सरकारी पत्रों का होता है। इनका एक निश्चित प्रारूप और शैली होती है उसी के अनुसार यह लिखे जाते हैं। इन्हें लिखते समय मौलिक प्रयोग नहीं किया जा सकता। ऐसा नहीं है कि एक प्रदेश सरकार एक तरह से लेखन करेगी और दूसरे प्रदेश की सरकार दूसरे तरह की लिखेगी यदि मौलिक प्रयोग करते हुए इन्हें लिखा जाता है, तो यह गलत या अनियमित होगा।

92(B). 'बहन के विवाह में शामिल होने के लिए मित्र को लिखा गया पत्र' अनौपचारिक पत्र का उदाहरण है ।
अनौपचारिक पत्र उन व्यक्तियों को लिखे जाते हैं, जिनसे पत्र लेखक का व्यक्तिगत या निजी सम्बन्ध होता है। अनौपचारिक पत्रों में आत्मीयता का भाव रहता है तथा व्यक्तिगत बातों का उल्लेख भी किया जाता है। इस तरह के पत्र लेखन में व्यक्तिगत सुख-दुख का ब्योरा एवं विवरण के साथ व्यक्तिगत संबंध को उल्लेख किया जाता है।

93(A). इसमे पत्र को प्राप्त करने वाले को पदनाम से सम्बोधित किया जाता है।
यह कथन अर्द्धसरकारी पत्र के बारे में गलत है।
सरकारी पत्र का ही एक उपभेद है इसका प्रयोग भी सरकार के कामकाज में होता है यद्यपि इनका प्रयोग कम होता है। यह कभी-कभी भेजे जाते हैं। जब किसी आवश्यक काम की ओर संबंधित अधिकारी का ध्यान तुरंत आकृष्ट कराना हो, सरकार के किसी आदेश का परिपालन शीघ्रता से कराना हो, किसी विभाग से कोई जानकारी अबिलंब लेना हो तब अर्ध सरकारी पत्र भेजे जाते हैं। इन पत्रों में औपचारिकता का पालन नहीं किया जाता है। काम की जल्दी को ध्यान में रखकर ऐसे पत्र संबंधित अधिकारी के व्यक्तिगत नाम के साथ भेजे जाते हैं।

94(A). अधिकारियों आदि को सूचनार्थ भेजा जानेवाला आधिकारिक पत्र होता है।

कार्यालय ज्ञापन/ पत्र	मंत्रालय / विभाग परस्पर सूचनाओं के आदान -प्रदान हेतु कभी भी पत्र का प्रयोग नहीं करते बल्कि इसके स्थान पर वे **कार्यालय ज्ञापन** या अंतरविभागीय टिप्पणी का प्रयोग करते हैं।

परपत्र को अंग्रेजी में Circular कहते हैं।
- प्रत्येक कार्यालय में प्रायः कई सूचनाएँ , आदेश , प्रसारित होते रहते हैं।
- जिन पत्रों के द्वारा सूचनाएँ और आदेश प्रसारित किए जाते हैं , उन्हें परिपत्र कहा जाता है।
- बैठक में लिए गए महत्वपूर्ण निर्णयों को कार्यान्वित करने के लिए परिपत्र जारी किया

95(C). दिए गए सभी विकल्पों में से संगठनात्मक प्रतिवेदन में किसी संस्था, सभा, बैठक इत्यादि का विवरण दिया जाता है।

संगठनात्मक प्रतिवेदन: इस प्रकार के प्रतिवेदन में किसी संस्था, सभा, बैठक इत्यादि का विवरण दिया जाता है। यहाँ प्रतिवेदक अपने बारे में कुछ न कहकर सारी बातें संगठन या संस्था के संबंध में लिखता है।

96(B). पत्र लिखते समय अपने से बड़ों को श्रद्धेय शब्द द्वारा संबोधित किया जाता है।

श्रद्धेय - श्रद्धा के योग्य

वाक्य प्रयोग - इसका पता लगाएं कि राष्ट्रीय और अंतर्राष्ट्रीय प्रेस ने निम्नलिखित समाचार सामग्रियों के बारे में क्या चर्चा की है और इस संदर्भ में श्रद्धेय पद का कैसे उपयोग किया है।

97(A). वायगोत्स्की के अनुसार, जब कोई बच्चा भाषा की मदद से अपने स्वयं के कार्यों को निर्देशित करता है, लेकिन वह भाषा दूसरों के लिए श्रव्य नहीं होती है, उसके वाचन को आंतरिक भाषण कहेंगे।

आंतारिक भाषण: यह अनकही वर्बलाइजेशन द्वारा चिह्नित है जो विचार और व्यवहार को नियंत्रित करता है। वायगोत्स्की स्कूलों में भाषा संबंधी गतिविधियों और कक्षा के अंदर और बाहर पाठ्यचर्या संबंधी बातचीत में सांस्कृतिक तत्वों को शामिल करने के लिए दृढ़ता से तर्क देते हैं।

98(B). उपयोगिता विज्ञान भाषाविज्ञान की एक शाखा है जो सामाजिक संदर्भों में भाषा के उपयोग से संबंधित है और जिस तरह से लोग भाषा के माध्यम से अर्थ उत्पन्न करते हैं और समझते हैं। उपयोगिता शब्द 1930 के दशक में मनोवैज्ञानिक और दार्शनिक चार्ल्स मॉरिस द्वारा गढ़ा गया था।

99(B). हिन्दी शब्द फारसी भाषा का है,जिसका अर्थ है-हिंदी का या हिन्द से सम्बंधित।

हिन्दी शब्द की निष्पत्ति सिन्धु-सिंध से हुई है।

ईरानी भाषा में स का उच्चारण ह किया जाता था।

100(B). हिन्दी भारोपीय परिवार की भाषा है।

- हिंदी भारत यूरोपीय भाषा परिवार अर्थात भारोपीय भाषा परिवार की एक भाषा है।
- सभी भाषा समूह में भारोपीय भाषा परिवार सबसे बड़ा परिवार है।
- इस भाषा समूह में अंग्रेजी प्राचीन भाषा पंजाबी जर्मन हिंदी और उसी भाषाएं आती है।

Ques (1-8): निर्देश: दिए गए गद्यांश को ध्यानपूर्वक पढ़िए तथा पूछे गए प्रश्नों के उत्तर के रूप में सबसे उपयुक्त विकल्प का चयन कीजिए।

कछुआ, मगर और शार्क के समान, गंगा की डॉल्फिन एक अत्यंत प्राचीन जलचर है। औपचारिक रूप से इसकी खोज सन् 1801 में हुई थी। पहले यह दक्षिण एशिया, विशेष रूप से भारतीय उपमहाद्वीप में बहुत बड़े क्षेत्र में फैली हुई थी तथा बड़ी संख्या में पाई जाती थी। यह भारत, बांग्लादेश तथा नेपाल में कई नदियों में मिलती थी, किंतु वर्तमान समय में केवल गंगा, ब्रह्मपुत्र, मेघना और कर्णफुली में शेष बची है। कभी-कभी यह चम्बल, घाघरा और सप्तकोशी नदियों में भी देखने को मिल जाती है।

गंगा की डॉल्फिन भारत के सात राज्यों की चुनी हुई नदियों में मिलती है। ये राज्य हैं- असम, उत्तर प्रदेश, मध्य प्रदेश, बिहार, राजस्थान, झारखंड और पश्चिम बंगाल। यहाँ इसे गंगा, चंबल, घाघरा, गंडक, सोन, कोसी, ब्रह्मपुत्र आदि नदियों तथा इनकी सहायक नदियों में देखा जा सकता है। केवल ताज़े पानी की नदियों में रहने वाली यह डॉल्फिन अकेली अथवा बहुत छोटे-छोटे झुंडों में रहती है। इसके झुंड में सदस्यों की संख्या प्रायः तीन से अधिक नहीं होती। सामान्यतया बच्चेवाली मादा डॉल्फिन, अपने बच्चे के साथ विचरण करती हुई दिख जाती है।

1. गंगा की डॉल्फिन की खोज किस सन् में हुई?
1. 1807
2. 1809
3. 1801
4. 1810

(a) 1   (b) 2
(c) 3   (d) 4

2. गद्यांश के अनुसार गंगा की डॉल्फिन भारतीय उपमहाद्वीप के किस देश की नदी में नहीं पाई जाती?
1. भारत
2. बांग्लादेश
3. पाकिस्तान
4. नेपाल

(a) 1   (b) 2
(c) 3   (d) 4

3. गंगा की डॉल्फिन भारत के कितने राज्यों की नदियों में पाई जाती हैं?
1. सात
2. आठ
3. छह
4. दस

(a) 1   (b) 2
(c) 3   (d) 4

4. गंगा की डॉल्फिन कैसे पानी में पाई जाती है?
1. केवल खारे पानी में
2. केवल ताज़े पानी में
3. खारे तथा ताज़े पानी दोनों में
4. केवल समुद्र में

(a) 1   (b) 2
(c) 3   (d) 4

5. गद्यांश के अनुसार डॉल्फिन के झुंड में सदस्यों की संख्या कितनी होती है?
1. तीन से अधिक होती है
2. तीन से अधिक नहीं होती है
3. तीन होती है
4. दो से तीन होती है

(a) 1   (b) 2
(c) 3   (d) 4

6. 'मादा डॉल्फिन, अपने बच्चे के साथ <u>विचरण</u> करती हुई दिख जाती है' में रेखांकित शब्द के स्थान पर कौन-सा शब्द प्रयोग कर सकते हैं?
1. आराम
2. घूमते
3. क्रीड़ा
4. विश्राम

(a) 1   (b) 2
(c) 3   (d) 4

7. गद्यांश के अनुसार गंगा की डॉल्फिन बहुत बड़ी संख्या में विस्तृत क्षेत्र में पाई जाती थी किंतु वर्तमान काल में केवल गंगा, ब्रह्मपुत्र, मेघना तथा कर्णफुली में शेष बची हैं। इस वाक्य का आशय क्या है?
1. डॉल्फिन की संख्या में तेज़ी से वृद्धि हुई है।
2. डॉल्फिन की संख्या में तेज़ी से कमी आई है।
3. डॉल्फिन की संख्या पहले जितनी ही है।
4. डॉल्फिन की संख्या में बदलाव के बारे में कोई जानकारी उपलब्ध नहीं है।

(a) 1   (b) 2
(c) 3   (d) 4

8. इनमें से कौन-सा विशेषण-विशेष्य का उदाहरण <u>नहीं</u> है?
1. भारतीय उपमहाद्वीप
2. छोटे-छोटे झुंड
3. ताज़ा पानी
4. गंगा नदी

(a) 1   (b) 2
(c) 3   (d) 4

Ques (9-15): निर्देशः नीचे दिए गए गद्यांश को पढ़कर सबसे सही विकल्प का चयन कीजिएः

राजनीतिक बहसों की गरमी में हम जो भी कहें, अपने राष्ट्रीय अभिमान की अभिव्यक्ति में हम जितना भी जोर से चीखें, सक्रिय राष्ट्रीय सेवा के प्रति हम अत्यंत उदासीन रहते हैं, क्योंकि हमारा देश प्रकाश से हीन है। मानव स्वभाव में निहित कंजूसी के कारण जिन्हें हमने नीचे रख छोड़ा है, उनके प्रति अन्याय से हम बच ही नहीं सकते। समय-समय पर उनके नाम पर हम पैसा इकट्ठा करते है, लेकिन उनके हिस्से में शब्द ही आते हैं, पैसा तो अंततः हमारी पार्टी के ही लोगों के पास पहुँचता है। संक्षेप में, जिनके पास बुद्धि, शिक्षा, समृद्धि और सम्मान है, हमारे देश के उस अत्यंत छोटे हिस्से, पाँच प्रतिशत और आबादी के अन्य पंचानवे प्रतिशत के बीच की दूरी समुंदर से भी अधिक चौड़ी है।

9. लेखक के अनुसार हम किनके प्रति अन्याय करते हैं?
(a) जो कंजूस है।   (b) जो निम्न वर्ग के हैं।
(c) जो ज़ोर से चीखते हैं।   (d) जो राष्ट्र की सेवा नहीं करते।

10. लेखक के अनुसार हम किनके नाम पर पैसा इकट्ठा करते हैं?
(a) सभी मानवों के नाम पर
(b) कंजूस लोगों के नाम पर
(c) निम्न वर्ग के लोगों की भलाई के नाम पर
(d) पार्टी के नाम पर

11. 'लेकिन उनके हिस्से में <u>शब्द</u> ही आते हैं...' वाक्य में रेखांकित शब्द किस अर्थ की ओर संकेत करता है?
(a) बड़बोलेपन की तरफ
(b) कभी न पूरे होने वाले वादों की तरफ
(c) अपनामजनक भाषा की तरफ
(d) भाषिक सामग्री की तरफ

12. किस शब्द में स्वर रहित पंचम वर्ण के स्थान पर अनुस्वार (·) का प्रयोग किया जा सकता है?
(a) सम्मान   (b) अत्यन्त
(c) अन्याय   (d) अक्षुण्ण

13. 'राष्ट्रीय' शब्द में कौन सा प्रत्यय है?
(a) इय   (b) य
(c) ईय   (d) रीय

14. 'जितना भी जोर से <u>चीखें</u>' वाक्य में क्रिया है?

(a) अकर्मक
(b) सकर्मक
(c) प्रेरणार्थक
(d) द्विकर्मक

15. गद्यांश के आधार पर कहा जा सकता है कि:

(a) संसाधनों का बँटवारा समान रुप से है।
(b) संसाधनों का असंतुलित बँटवारा वर्ग-भेद की खाई को बढ़ाता है।
(c) केवल पाँच प्रतिशत आबादी के पास ही बुद्धि है।
(d) पंचानवे प्रतिशत आबादी समुंदर के किनारे रहती है।

Ques (16-20): निर्देशः : अधोलिखितं गद्यांशं पठित्वा तदाधारितप्रश्नानां विकल्पात्मकोत्तरेभ्यः समीचीनमुत्तरं चिनुत।

दीपमालोत्सवोऽवश्यमेव पूर्वघटितघटनया सम्बद्धो वर्तते। श्रूयते यदस्मिन दिने पुरा श्रीरामचन्द्रो जगद्रावणं रावणं हत्वा अयोध्यामाययौ। तदा रामदर्शनोत्सुकैरयोध्यावासिभिः प्रहृष्टैः गृहा रथ्या राजमार्गाश्च परिमार्जिताः। स्थाने स्थाने दीपाः प्रज्वलिताः, विप्रेभ्योऽर्थिभ्यो बालेभ्यश्च मिष्टान्नं वितीर्णम्।

अयमुत्सवः प्रतिवर्षं कार्तिककृष्णामावास्यायां महता समारोहेण सम्पाद्यते। सर्वतः प्रहृष्टैः जनैर्बहवो दीपाः प्रज्वाल्यन्ते, अत एवास्योत्सवस्य दीपमालेति नाम प्रसिद्धम्। एवमप्यनुश्रूयते यदस्मिन्नेव दिने बलिना बन्दीकृता लक्ष्मीः भगवता वामनरूपमास्थाय मोचिता। अत एवास्मिन्दिने लक्ष्मीपूजनं क्रियते यत्ततो मुक्ता लक्ष्मीरस्माकं गृहमागच्छेत्। अस्मिन्नेव दिने जैनतीर्थंङ्कस्य भगवतो महावीरस्य निर्वाणं बभूव। अयमेव च आर्यसमाजप्रवर्तकस्य स्वामिनो दयानन्दस्य महाप्रयाणदिवसः।

किञ्च भारतं हि कृषिप्रधानो देशः। क्षेत्रेभ्यो यदाऽन्नराशिगृहे समायाति, तं दृष्ट्वा हृष्टाः कृषिगोरक्षा-वाणिज्यकर्माणो वैश्या मोदन्ते। अयं तेषां मोदोत्सवः। तथा च शरत्पूर्णिमा प्रकाशेन विशिष्यते सर्वसु रात्रिषु, तथैव कार्तिकामावास्या तिमिरेण विशिष्यते सर्वसु रजनीषु।

चिराय जना उत्सवेऽस्मिन् व्याप्रियन्ते। धनत्रयोदशी, नरकचतुर्दशी एतत्सोत्सवस्य द्वे अङ्गे। प्रथमदिने त्रयोदश्यां जनाः पात्राणि क्रीणन्ति। द्वितीयदिने नरकचतुर्दशी जायते। अस्यां तिथौ भगवता श्रीकृष्णेन नरकासुरो हतः। लोका अपि मलरूपिणं नरकं गृहात्निःसारयन्ति। रात्रौ यमप्रीत्यर्थं च दीपदानं क्रियते।

अस्योत्सवस्य प्रधानो दिवसोऽमावास्या वर्तते। अस्मिन् दिने सर्वे जनाः प्रसन्नमुखमुद्रा दृश्यन्ते। सर्वे गृह-द्वार-रथ्या-शालामार्गान् संशोधयन्ति, नरा नार्यश्च शरीरं विभूषयन्ति, बालान मनांसि मिष्टान्नानि दृष्ट्वा प्रमोदन्ते। पण्यवीथयः पक्वान्नद्रव्यैः अलङ्क्रि यन्ते। रात्रौ तु स्वर्गायते मर्त्यलोक:।

अस्य महोत्सवस्य 'घ्यूतक्रीडा' महान् कलंकः। महतीयं कुप्रथा चिरादागता। अतिनिन्द्यं कर्मैतत्, महदपकारिणीयं प्रथा देशस्य, जनस्य सर्वस्वसंहारकरी, सर्वथा हेया। एतत्स्थाने रामायण-महाभारतकथाकीर्तनं युज्यते, येन देशस्य लाभो भवेत्।

16. दीपमाला-उत्सवः कदा मन्यते?

(a) कार्तिककृष्णपक्षे पौर्णमास्याम्
(b) कार्तिकशुक्लपक्षे पौर्णमास्याम्
(c) कार्तिक कृष्ण पक्षे अमावस्यायाम्
(d) कार्तिककृष्णपक्षे अष्टम्याम्

17. दीपमालोत्सवेन का घटना योज्यते?

(a) श्रीरामचन्द्रः रावणं हत्वा अयोध्याम् आगतः।
(b) अद्य भरतेन श्रीरामचन्द्रस्य स्वागतं कृतम्।
(c) अद्य जैनतीर्थंङ्करस्य निर्वाणो ऽ भवत्।
(d) अद्य स्वामीदयानन्दस्य महाप्रयाण सज्ञा म्।

18. लक्ष्म्या: पूजा कया घटनया सम्बद्धा अस्ति?

(a) अद्य लक्ष्मीः वामनेन भगवता बलेः बन्धनात् मोचिता।
(b) कार्तिकमासस्य अमावास्यायां विशेषधनयोगो भवति।
(c) रात्रौ पूजया लक्ष्मीः विशेषरूपेण प्रसन्ना भवति।
(d) अद्य वणिजः स्वलेखापञ्जिकां परिवर्तन्ते।

19. दीपावल्याः उत्सवेन कृषिकार्येण कः सम्बन्धः?

(a) अस्मिन् दिने नवीनानि सस्यानि उप्यन्ते।
(b) अस्मिन् दिने कृषिक्षेत्रेभ्यो गृहीतानि अन्नानि पूज्यन्ते।
(c) अस्मिन् दिने कृषकाः बलिवर्दान् अलङ्कुर्वन्ति।
(d) अस्मिन् दिने चन्द्रप्रकाशे औषधयः उज्ज्वलतराः भवन्ति।

20. 'मोदोत्सवः' इत्यत्र सन्धिविच्छेदः करणीयः सन्धेर्नामापि कथयितव्यम्।

(a) मोद् + ओत्सवः (विसर्गसन्धिः)
(b) मोद: + उत्सवः (विसर्गसन्धिः)
(c) मोद + उत्सवः (गुणसन्धिः)
(d) मोद + ओत्सवः (गुणसन्धिः)

21. लाल चन्द्रिका टीका के रचनाकार है:

(a) कृष्ण कवि
(b) लल्लू लाल
(c) बिहारी लाल
(d) सदल मिश्र

22. यह कथा ज्योति की है, अन्धो के लिए- कथन है:

(a) मुक्तिबोध
(b) धर्मवीर भारती
(c) दिनकर
(d) महाप्राण निराला

23. प्रसाद जी प्रथम कहानी है:

(a) आकाशदीप
(b) ग्राम
(c) ग्रैन्रीन
(d) पंच परमेश्वर

24. "प्रिय नीलकंठी" नामक निबन्ध किस रचनाकार का है?

(a) हजारीप्रसाद द्विवेदी
(b) कुबेर नाथ राय
(c) विद्या निवास मिश्र
(d) रामचन्द्र शुक्ल

25. 'अशोक के फूल' निबन्ध रचित है:

(a) महादेवी वर्मा द्वारा
(b) डॉ. हजारी प्रसाद द्विवेदी
(c) रामधारी सिंह 'दिनकर'
(d) नागार्जुन

26. निम्नलिखित पात्रों को उनसे संबद्ध उपन्यासों से सुमेलित कीजिए।

सूची - 1	सूची - 2
A. महंत रामदास	I. तमस
B. मुराद अली	II. झूठा सच
C. कंचन	III. मानस का हंस
D. कैलासनाथ	IV. मैला आंचल

नीचे दिए गए विकल्पों मे से सही उतर चुनिए:

(a) A - IV, B - I, C - II, D - III
(b) A - I, B - II, C - III, D - IV
(c) A - II, B - III, C - IV, D - I
(d) A - III, B - IV, C - II, D - I

27. 'कविकर्म और काव्यभाषा' किस आलोचक की समीक्षा कृति है?

(a) मलयज
(b) रामस्वरूप चतुर्वेदी
(c) परमानन्द श्रीवास्तव
(d) प्रभाकर श्रोत्रिय

28. 'एक साहित्यिक डायरी में' काल्पनिक संवाद पात्र का नाम-

(a) केशव
(b) मिलन
(c) दिलीप
(d) श्रीकांत

29. किस पुस्तक का अंत एलोरा की गुफाओं में इतिहास खोजने की कोशिश से हुआ, पंक्तियाँ है-

(a) मेरी तिब्ब्त यात्रा
(b) अरे यायावर याद रहेगा
(c) क्या भूलूं क्या याद करूं
(d) मूर्दहिया

30. फोर्ट विलियम कॉलेज के हिन्दुस्तानी के प्रथम प्रोफेसर कौन थे?

(a) गिलक्रिस्ट
(b) पिनकॉट
(c) विलियम जोन्स
(d) ग्रियर्सन

31. "शेर हिंसक <u>जानवर</u> है" में रेखांकित शब्द में संज्ञा है:

(a) जातिवाचक
(b) व्यक्तिवाचक
(c) भाववाचक
(d) पुरुषवाचक

32. निम्न में से किस भाववाचक संज्ञा शब्द का निर्माण जातिवाचक संज्ञा से हुआ है?

(a) मातृत्व
(b) आवश्यकता
(c) ऐश्वर्य
(d) किसान

33. '<u>शायद</u> कमरे में कोई छिपा हुआ है।' इस वाक्य में रेखांकित शब्द है-

(a) अनिश्चयवाचक सर्वनाम   (b) निजवाचक सर्वनाम
(c) संबंधवाचक सर्वनाम   (d) प्रश्नवाचक सर्वनाम

34. निम्न में सर्वनाम शब्द है:
(a) नींद   (b) रोग
(c) सफाई   (d) कौन

35. दिए गए किस वाक्य में संयुक्त क्रिया क्रिया का प्रयोग हुआ है?
(a) हरीश फुटबॉल खेलता है।   (b) बच्चा विद्यालय से लौट आया।
(c) मनीषा खाना पकाती है।   (d) वह उन्हें दे आया था।

36. जब किसी क्रिया में प्रत्यय जोड़कर उसका नया क्रिया रूप बनाया जाए तब वह क्रिया _______ क्रिया कहलाती है।
(a) कृदंत   (b) सकर्मक
(c) द्विकर्मक   (d) प्रेरणार्थक क्रिया

37. कारक का एक और नाम है-
(a) परसर्ग   (b) उपसर्ग
(c) सर्ग   (d) विशेषण

38. 'मोहन से सोहन पढ़ने में तेज है' वाक्य में किस कारक प्रयोग हुआ है ?
(a) सम्प्रदान   (b) अपादान
(c) सम्बन्ध   (d) अधिकरण

39. निम्नलिखित शब्दों में से एक विशेषण नहीं है:
(a) श्रव्य   (b) सर्व
(c) गर्व   (d) भव्य

40. 'इन्द्रिय' का विशेषण शब्द है:
(a) इन्द्रीय   (b) इन्द्रिक
(c) ऐन्द्रि   (d) ऐन्द्रिय

41. 'योगदान' में कौन-सा समास है?
(a) तत्पुरुष   (b) बहुव्रीहि
(c) कर्मधारय   (d) अव्ययीभाव

42. 'परमेश्वर' में कौन सा समास है?
(a) द्वंद्व   (b) कर्मधारय
(c) अव्ययीभाव   (d) तत्पुरुष

43. निम्नलिखित प्रश्न में, चार विकल्पों में से, उस सही विकल्प का चयन करें जो दी गई लोकोक्तियो का सही अर्थ वाला विकल्प है।
'प्रभुता पाई, काहि मद नाहीं '
(a) शक्ति पाने पर व्यक्ति अभिमानी हो जाता है
(b) बड़ा होकर भी कुछ न पाना
(c) बेकार चीज
(d) असंभव कार्य

44. Drowning man catches a straw का अर्थ है:
(a) डूबने वालों को तिनका सहारा देता है।
(b) डुबने वालों को भगवान बचाता है।
(c) डुबते को तिनके का सहारा।
(d) डूबने वाला खुद को बचाने को संघर्ष करता है।

45. निम्नलिखित में से कौन सा प्रश्न बच्चों की भाषा-क्षमता के विकास में सर्वाधिक सहायक है?
(a) डाल-डाल का इस्तेमाल करते हुए वाक्य बनाओ।
(b) तितली कली के पास कब गई होगी और क्यों?
(c) तितली ओर कली ने क्या खेल खेला?
(d) तुम्हारी मनपसंद किताब कौन सी है?

46. 'सामाजिक अंत:क्रिया' की अवधारणा ____ से संबंधित है।

(a) स्किनर   (b) पियाजे
(c) चॉम्स्की   (d) वाइगोत्स्की

47. स्किनर ने भाषा सीखने की प्रक्रिया में ____ पर सर्वाधिक बल दिया।
(a) अंत:क्रिया   (b) अनुकरण
(c) भाषा अर्जन क्षमता   (d) सृजनात्मकता

48. 'इस कहानी में पहाड़ी, घाटी शब्दों का इस्तेमाल हुआ है। पहाड़ी इलाके से जुड़े हुए और शब्द सोचकर लिखो।' – यह अभ्यास प्रश्न ____ का उदाहरण है।
(a) संदर्भ में व्याकरण   (b) शब्द-भंडार में विकास
(c) शब्द-कोश का विकास   (d) पर्यायवाची शब्दों से परिचय

49. शिक्षण-प्रक्रिया को रुचिकर बनाने में _____ शिक्षण-सामग्री सहायक होती है।
(a) ऑडियो – वीडियो   (b) वैविध्यपूर्ण
(c) वीडियोपरक   (d) पत्र-पत्रिकाएँ

50. प्राथमिक स्तर पर कौन सा भाषा शिक्षण का उद्देश्य नहीं है?
(a) अपने द्वारा कही गई बात की तार्किक पुष्टि करना।
(b) भाषा का सृजनशील एवं कल्पनील प्रयोग करना।
(c) रचनाओं के माध्यम से विभिन्न विषयों से जुड़ना।
(d) भाषा संबंधी व्याकरण को पूर्णत: कंठस्थ करना।

51. 'बिहारीलाल' हिन्दी साहित्य के किस काल के कवि हैं?
(a) आदिकाल   (b) भक्तिकाल
(c) रीतिकाल   (d) आधुनिक काल

52. निम्नलिखित में से कौन रीतिसिद्ध कवि हैं?
(a) देव   (b) बिहारी
(c) मतिराम   (d) पद्माकर

53. पद्मावत में कुल कितने खंड है-
(a) 45   (b) 57
(c) 65   (d) 43

54. राम की शक्ति पूजा में केन्द्रीय संवेदना है-
(a) सीता की मुक्ति
(b) शक्ति की मौलिक कल्पना
(c) पौराणिक राम का मानवीय रूपांतरण
(d) निराला का आत्म संघर्ष

55. निम्नलिखित मुगल शहजादियों में से किसने प्रसिद्ध पुस्तक 'हुमायूँनामा' लिखा है ?
(a) जेबुन्निसा   (b) रोशन आरा
(c) रज़िया सुल्तान   (d) गुलबदन बेगम

56. निम्न में से मन्नू भंडारी का उपन्यास है:
(a) कुरु कुरु स्वाहा   (b) झूठा सच
(c) आपका बंटी   (d) मानस का हंस

57. दिए गए विकल्पों में 'परीक्षा गुरु' किसका उपन्यास है?
(a) श्रद्धाराम फुल्लौरी   (b) श्रीनिवासदास
(c) जगमोहन सिंह   (d) बालकृष्ण भट्ट

58. 'अंजोदीदी' किस विधा की रचना है?
(a) कविता   (b) नाटक
(c) कहानी   (d) उपन्यास

59. कबीर की वाणी का संग्रह 'बीजक' के कितने भाग है?
(a) दो   (b) तीन

(c) चार   (d) पांच

60. "मीराबाई" के गुरु का नाम क्या था?
(a) सूरदास   (b) रैदास
(c) वल्लभाचार्य   (d) दादू

61. "बीजक", निम्नलिखित में किसकी रचनाओ का संकलन है?
(a) सूर   (b) कबीरदास
(c) जायसी   (d) तुलसी

62. ध्रुव चरित्र के रचयिता कौन है?
(a) स्वामी हरिदास   (b) नरोत्तमदास
(c) रसखान   (d) भीखारीदास

63. निम्न में से कौन "रीतिसिद्ध" कवि हैं?
(a) देव   (b) मतिराम
(c) बिहारी   (d) पद्माकर

64. "केशवदास" की प्रथम रचना है:
(a) रामचन्द्रिका   (b) कविप्रिया
(c) रसिकप्रिया   (d) विज्ञान गीता

65. "चिंतामणि" की रचना कौन सी है?
(a) कविप्रिया   (b) शिवाबावनी
(c) ललित ललाम   (d) श्रृंगार मंजरी

66. "केशवदास" की रचना कौन सी है?
(a) ध्यान मंजरी   (b) विज्ञानगीता
(c) रामलला नहछू   (d) अनेकार्थ मंजरी

67. "आचार्य रामचंद्र शुक्ल" ने आदिकाल का क्या नामकरण किया है?
(a) आदिकाल   (b) सिद्ध सामंत काल
(c) वीरगाथा काल   (d) वीरकाल

68. "आदिकालीन रासो साहित्य" में निम्नलिखित में से किस भाषा का प्रयोग किया गया है?
(a) अपभ्रंश   (b) प्राकृत
(c) पिंगल   (d) डिंगल

69. हिन्दी साहित्य का प्रथम महाकाव्य है:
(a) पद्मावत   (b) पृथ्वीराज रासो
(c) प्रिय प्रवास   (d) इनमें से कोई नही

70. निम्न में से किस रचना के रचयिता रामधारी सिंह 'दिनकर' हैं:
(a) मुकुल   (b) उर्वशी
(c) वीणा   (d) रश्मि

71. निम्न में से कौन सी महादेवी वर्मा की रचना नहीं है?
(a) नीहार   (b) रश्मि
(c) नीरजा   (d) अनामिका

72. 'अखरावट' के रचयिता हैं:
(a) तुलसीदास   (b) कबीरदास
(c) सूरदास   (d) मलिक मुहम्मद जायसी

73. 'विनय पत्रिका' के रचयिता कौन हैं:
(a) सूरदास   (b) मीराबाई
(c) तुलसीदास   (d) बिहारी

74. निम्नलिखित रचनाओं को उनके रचनाकारों से साथ सुमेलित कीजिए ।

सूची-I (रचनाएँ)	सूची-II (रचनाकार)
(a) काव्य प्रकाश	(i) देव
(b) रसराज	(ii) भिखारीदास
(c) रस विलास	(iii) रसलीन
(d) रस सारांश	(iv) चिन्तामणि
	(v) मतिराम

निम्नलिखित में से सही विकल्प चुनिए ।
(a) (a) - (iv), (b) - (v), (c) - (i), (d) - (ii)
(b) (a) - (i), (b) - (ii), (c) - (iii), (d) - (iv)
(c) (a) - (ii), (b) - (iv), (c) - (v), (d) - (i)
(d) (a) - (iii), (b) - (iv), (c) - (v), (d) - (ii)

75. साहित्य अकादमी अवार्ड से सम्मानित किस रचना का सम्बन्ध सुमित्रानन्दन पंत से है?
(a) हिमतरंगिनी   (b) संस्कृति के चार अध्याय
(c) मिट्टी की बारात   (d) कला और बूढ़ा चाँद

76. 'नागरी प्रचारिणी सभा' की स्थापना की थी:
(a) आचार्य रामचन्द्र शुक्ल   (b) श्यामसुन्दर दास
(c) सम्पूर्णानन्द   (d) हजारीप्रसाद द्विवेदी

77. खड़ी बोली गद्य का प्रारम्भ किस कृति से माना गया है?
(a) चौरासी वैष्णवन की वार्ता   (b) अष्टयाम
(c) चन्द छन्द बरनन की महिमा   (d) वर्ण रत्नाकर

78. हिन्दी गद्य (खड़ी बोली) के जन्मदाता हैं:
(a) प्रतापनारायण मिश्र   (b) भारतेन्दु हरिश्चन्द्र
(c) श्यामसुन्दर दास   (d) जयशंकर प्रसाद

79. 'आनन्द कादम्बिनी' पत्रिका के सम्पादक थे:
(a) प्रतापनारायण मिश्र   (b) बालकृष्ण भट्ट
(c) बदरीनारायण चौधरी 'प्रेमघन'   (d) सरदार पूर्णसिंह

80. हिन्दी की पहली मौलिक कहानी मानी गयी है:
(a) इन्दुमती   (b) दुलाईवाली
(c) पंचपरमेश्वर   (d) रक्षाबन्धन

81. एकांकी सम्राट किसको कहा जाता है?
(a) जयशंकर प्रसाद   (b) भारतेन्दु हरिश्चन्द्र
(c) डॉ. रामकुमार वर्मा   (d) उपेन्द्रनाथ 'अश्क'

82. निम्नलिखित में से कौन-सी पुस्तक प्रेमचंद द्वारा लिखित नहीं है?
(a) कायाकल्प   (b) जय पराजय
(c) रंगभूमि   (d) प्रेमाश्रम

83. 'मैथिल कोकिल' किसे कहा जाता है?
(a) विद्यापति   (b) अमीर खुसरो
(c) चंदबरदाई   (d) हेमचन्द्र

84. 'प्रकृति के सुकुमार कवि' किसे कहा जाता है?
(a) जयशंकर प्रसाद   (b) सुमित्रानंदन पंत
(c) महादेवी वर्मा   (d) निराला

85. शिक्षक अपने विद्यार्थियों को किसी एक अनुच्छेद का संपूर्ण अर्थ ग्रहण करने के लिए एक रिकॉर्डिंग सुनने के लिए कहता है। इसे क्या कहते हैं?
1. अवबोधन कार्य
2. मुख्य अंश सुनने के लिए श्रवण कार्य
3. भावार्थ जानने हेतु श्रवण कार्य
4. सरसरी तौर से श्रवण कार्य
(a) 1   (b) 2
(c) 3   (d) 4

86. निम्नलिखित में से कौन-सा समाजभाषा विज्ञान का हिस्सा नहीं है?
   1. सत्तात्मक कारकों, सामाजिक आर्थिक तथा/अथवा राजनैतिक, तथा भाषा परिवर्तन पर उनके प्रभावों का अध्ययन।
   2. बोलने से संबंधित कुछ विशेषताओं के प्रति लोगों के व्यवहार का अध्ययन।
   3. बोलचाल की भाषा में ध्वनियों का अध्ययन।
   4. समाज में बोली के बारे में सामान्य दृष्टिकोण।
   (a) 1
   (b) 2
   (c) 3
   (d) 4

87. हिन्दी पर सामासिक संस्कृति के वहन का दायित्व संविधान के किस अनुच्छेद में निर्धारित है?
   (a) 343
   (b) 348
   (c) 349
   (d) 351

88. निम्नलिखित में से कौन-सी भाषा संविधान की आठवीं अनुसूची में है?
   (a) नेपाली
   (b) कांगड़ी
   (c) राजस्थानी
   (d) गोंडवी

89. मच्छरों के प्रकोप के सम्बन्ध में शिकायत पत्र लिखना हो तो किसे लिखेंगे?
   (a) माननीय स्वास्थ्य अधिकारी को
   (b) प्रधानमंत्री जी को
   (c) माननीय प्रधानाध्यापक जी को
   (d) माननीय शिक्षाधिकारी को

90. शासकीय पत्र किस शैली में लिखा जाता है?
   (a) प्रथम पुरुष शैली
   (b) मध्यम पुरुष शैली
   (c) उत्तम पुरुष शैली
   (d) अन्य पुरुष शैली

91. हिंदी का प्रथम समाचार पत्र कौन सा था?
   (a) कवि वचन सुधा
   (b) उदंत मार्तण्ड
   (c) हरिश्चंद्र पत्रिका
   (d) सरस्वती

92. संक्षेपण मूल पाठ से कितने शब्दों में लिखना चाहिए?
   (a) आधे शब्दों में, 1/2
   (b) एक तिहाई शब्दों में, 1/3
   (c) तीन चौथाई शब्दों में, 3/4
   (d) दो तिहाई शब्दों में, 2/3

93. जब कोई सरकारी पत्र, कार्यालय ज्ञापन या ज्ञापन एक साथ अनेक प्रेषितियों को भेजा जा रहा हो, तब उसे क्या कहा जाता है?
   (a) कार्यालय आदेश
   (b) अधिसूचना
   (c) अनुस्मारक
   (d) परिपत्र

94. अपभ्रंश की उत्तरकालीन अवस्था का नाम है:
   (a) पालि
   (b) प्राकृत
   (c) संस्कृत
   (d) अवहट्ट

95. इनमें से प्राचीनतम भाषा कौन सी है?
   (a) पालि
   (b) प्राकृत
   (c) अवहट्ट
   (d) लौकिक संस्कृत

96. दिए गए विकल्पों में से कौन-सी बोली पश्चिमी हिंदी की बोली है?
   (a) बघेली
   (b) खड़ी बोली
   (c) मराठी
   (d) अवधी

97. कन्नौजी बोली किस जनपद में बोली जाती है?
   (a) मेरठ
   (b) देहरादून
   (c) हरदोई
   (d) मथुरा

98. खड़ी बोली का अन्य नाम है:
   (a) कौरवी बोली
   (b) कन्नौजी बोली
   (c) भोजपुरी बोली
   (d) मालवी बोली

99. हिंदी रामकाव्य परंपरा के अंतर्गत एक विशिष्ट कृति है:
   (a) रामचंद्रिका
   (b) कविप्रिया
   (c) रसिकप्रिया
   (d) विज्ञानगीता

100. भारत के उच्चतम न्यायालय तथा उच्च न्यायालयों की भाषा संबंधी निर्देश किस अनुच्छेद में दिया गया है?
   (a) अनुच्छेद 344
   (b) अनुच्छेद 346
   (c) अनुच्छेद 348
   (d) अनुच्छेद 120

// स्मार्ट उत्तर पुस्तिका //

सही उत्तर — उन छात्रों का प्रतिशत जिन्होंने प्रश्न का सही उत्तर दिया।

छोड़ दिया — उन छात्रों का प्रतिशत जिन्होंने प्रश्न को छोड़ दिया।

प्रश्न संख्या	उत्तर	सही उत्तर / छोड़ दिया	प्रश्न संख्या	उत्तर	सही उत्तर / छोड़ दिया	प्रश्न संख्या	उत्तर	सही उत्तर / छोड़ दिया
1	C	84.56% / 0.0%	2	C	88.12% / 0.0%	3	A	82.46% / 0.0%
4	B	77.91% / 0.0%	5	B	42.48% / 1.02%	6	B	65.35% / 1.82%
7	B	84.31% / 0.0%	8	D	48.86% / 1.7%	9	B	69.26% / 1.7%
10	C	66.17% / 1.89%	11	B	61.87% / 1.69%	12	B	62.92% / 1.28%
13	C	69.08% / 1.53%	14	A	52.01% / 1.79%	15	B	61.83% / 1.21%
16	C	61.87% / 1.72%	17	A	58.97% / 1.6%	18	D	58.96% / 1.77%
19	B	68.45% / 1.95%	20	C	67.39% / 1.38%	21	B	56.19% / 1.75%
22	B	54.14% / 1.96%	23	B	57.67% / 1.22%	24	B	53.84% / 1.93%
25	B	49.67% / 1.53%	26	A	68.02% / 1.63%	27	C	49.6% / 1.66%
28	A	42.47% / 1.64%	29	B	40.07% / 1.9%	30	A	63.48% / 1.69%
31	A	86.19% / 0.0%	32	A	69.86% / 1.05%	33	A	50.88% / 1.56%
34	D	82.42% / 0.0%	35	B	55.04% / 1.94%	36	A	46.45% / 1.15%
37	A	49.32% / 1.37%	38	B	62.98% / 1.72%	39	C	21.38% / 3.68%
40	D	54.64% / 1.45%	41	A	64.46% / 1.68%	42	B	83.09% / 0.0%
43	A	50.46% / 2.0%	44	C	66.52% / 1.49%	45	B	15.61% / 3.02%
46	D	45.41% / 1.54%	47	B	56.41% / 1.1%	48	A	57.57% / 1.45%
49	B	47.02% / 1.5%	50	D	47.76% / 1.56%	51	C	58.16% / 1.37%
52	B	59.62% / 1.5%	53	B	48.89% / 1.56%	54	A	43.3% / 1.19%
55	D	83.15% / 0.0%	56	C	69.52% / 1.25%	57	B	64.91% / 1.77%
58	B	77.15% / 0.0%	59	B	67.04% / 1.03%	60	B	51.88% / 1.54%
61	B	48.45% / 1.32%	62	B	57.08% / 1.46%	63	C	53.25% / 1.1%
64	C	67.91% / 1.63%	65	D	57.7% / 1.29%	66	B	68.07% / 1.94%
67	C	58.25% / 1.98%	68	A	59.84% / 1.21%	69	B	84.2% / 0.0%
70	B	67.29% / 1.04%	71	D	60.51% / 1.79%	72	D	49.78% / 1.68%
73	B	81.02% / 0.0%	74	A	63.98% / 1.08%	75	D	20.53% / 3.71%
76	B	45.58% / 1.87%	77	C	82.2% / 0.0%	78	B	80.92% / 0.0%

79	C	85.29% 0.0%	80	A	51.51% 1.87%	81	C	88.08% 0.0%
82	B	59.54% 1.21%	83	A	66.21% 1.87%	84	B	52.31% 1.92%
85	C	57.2% 1.99%	86	C	76.07% 0.0%	87	D	77.91% 0.0%
88	A	77.02% 0.0%	89	A	51.13% 1.37%	90	D	40.64% 1.72%
91	B	51.25% 1.66%	92	B	29.74% 4.68%	93	D	61.58% 1.65%
94	D	69.28% 1.07%	95	D	69.14% 1.29%	96	B	68.89% 1.34%
97	C	64.86% 1.69%	98	A	59.9% 1.47%	99	A	40.78% 1.82%
100	C	61.6% 1.77%						

// संकेत और समाधान //

1(C). गंगा की डॉल्फिन की खोज सन् 1801 में हुई।
- गंगा की डॉल्फिन एक अत्यंत प्राचीन जलचर है।
- पहले यह दक्षिण एशिया, विशेष रूप से भारतीय उपमहाद्वीप में बहुत बड़े क्षेत्र में फैली हुई थी तथा बड़ी संख्या में पाई जाती थी।

2(C). गद्यांश के अनुसार, गंगा की डॉल्फिन भारतीय उपमहाद्वीप के पाकिस्तान देश की नदी में नहीं पाई जाती।
- यह भारत, बांग्लादेश तथा नेपाल में कई नदियों में मिलती थी, किंतु वर्तमान समय में केवल गंगा, ब्रह्मपुत्र, मेघना और कर्णफुली में शेष बची है।
- कभी-कभी यह चम्बल, घाघरा और सप्तकोशी नदियों में भी देखने को मिल जाती है।

3(A). गंगा की डॉल्फिन भारत के सात राज्यों की चुनी हुई नदियों में मिलती है।
- ये राज्य हैं- असम, उत्तर प्रदेश, मध्य प्रदेश, बिहार, राजस्थान, झारखंड और पश्चिम बंगाल।
- डॉल्फिन का अर्थ- एक प्रकार की मछली।

4(B). गंगा की डॉल्फिन केवल ताज़े पानी में पाई जाती है।
- यहाँ इसे गंगा, चंबल, घाघरा, गंडक, सोन, कोसी, ब्रह्मपुत्र आदि नदियों तथा इनकी सहायक नदियों में देखा जा सकता है।
- केवल ताज़े पानी की नदियों में रहने वाली यह डॉल्फिन अकेली अथवा बहुत छोटे-छोटे झुंडों में रहती है।

5(B). गद्यांश के अनुसार, डॉल्फिन के झुंड में सदस्यों की संख्या तीन से अधिक नहीं होती है।
- केवल ताज़े पानी की नदियों में रहने वाली यह डॉल्फिन अकेली अथवा बहुत छोटे-छोटे झुंडों में रहती है।
- इसके झुंड में सदस्यों की संख्या प्रायः तीन से अधिक नहीं होती।
- सामान्यतया बच्चे वाली मादा डॉल्फिन, अपने बच्चे के साथ विचरण करती हुई दिख जाती है।

6(B). 'मादा डॉल्फिन, अपने बच्चे के साथ <u>विचरण</u> करती हुई दिख जाती है' में रेखांकित शब्द के स्थान पर घूमते शब्द प्रयोग कर सकते हैं।
- अन्य अर्थ: फिरना, चलना, भ्रमण।
- एक ही शब्द के एक से ज्यादा अर्थ निकले उसे पर्यायवाची शब्द कहते हैं।

7(B). गद्यांश के अनुसार गंगा की डॉल्फिन बहुत बड़ी संख्या में विस्तृत क्षेत्र में पाई जाती थी किंतु वर्तमान काल में केवल गंगा, ब्रह्मपुत्र, मेघना तथा कर्णफुली में शेष बची हैं। इस वाक्य का आशय है कि डॉल्फिन की संख्या में तेज़ी से कमी आई है।

8(D). गंगा नदी विशेषण-विशेष्य का उदाहरण नहीं है।
- विशेष्य - गंगा नदी
- विशेषण - विशेष्य का उदाहरण है- भारतीय उपमहाद्वीप, छोटे-छोटे झुंड, ताज़ा पानी

विशेषण: संज्ञा अथवा सर्वनाम शब्दों की विशेषता (गुण, दोष, संख्या, परिमाण आदि) बताने वाले शब्द विशेषण कहलाते हैं।

जैसे- बड़ा, काला, लंबा, दयालु, भारी, सुन्दर, कायर, टेढ़ा-मेढ़ा, एक, दो आदि।

विशेष्य: विशेषण जिस संज्ञा या सर्वनाम की विशेषता बताता है उसे विशेष्य कहते हैं।

जैसे- सुरेश बुद्धिमान है।

9(B). गद्यांश की पंक्तियों के अनुसार "मानव स्वभाव में निहित कंजूसी के कारण जिन्हें हम ने नीचे रख छोड़ा है, उनके प्रति अन्याय से हम बच ही नहीं सकते।

10(C). उपर्युक्त गद्यांश के अनुसार, "समय-समय पर उनके नाम पर हम पैसा इकट्ठा करते हैं, निम्न वर्ग के लोगों की भलाई के नाम पर है।

11(B). उपर्युक्त गद्यांश के अनुसार "लेकिन उनके हिस्से में शब्द ही आते हैं" वाक्य में रेखांकित शब्द से तात्पर्य कभी न पूरे होने वाले वादों की से है।

12(B). अत्यन्त शब्द में पंचम वर्ण के स्थान पर अनुस्वार(ं) का प्रयोग किया जा सकता है। अत्यंत = अति + अंत

13(C). राष्ट्रीय शब्द में ईय प्रत्यय है। राष्ट्रीय = राष्ट्र + ईय

14(A). 'जितना भी जोर से चीखें' वाक्य में 'अकर्मक क्रिया' है। अकर्मक क्रिया: 'अकर्मक' मतलब कर्म उपस्थित नहीं है।

15(B). गद्यांश के अनुसार जिनके पास बुद्धि, शिक्षा, समृद्धि और सम्मान है। संसाधनों का असंतुलित बँटवारा वर्ग-भेद की खाई को बढ़ाता है।

16(C). दीपमाला-उत्सवः कार्तिककृष्णपक्षे अमावस्यायाम् मन्यते।

17(A). दीपमालोत्सवेन श्रीरामचन्द्रः रावणं हत्वा अयोध्याम् आगतः घटना योज्यते।

18(D). लक्ष्याः पूजा अद्य वणिजः स्वलेखापञ्जिकां परिवर्तन्ते सम्बद्धा अस्ति।

19(B). दीपावल्याः उत्सवेन कृषिकार्येण अस्मिन् दिने कृषिक्षेत्रेभ्यो गृहीतानि अन्नानि पूज्यन्ते।

20(C). 'मोदोत्सवः' इत्यत्र सन्धिविच्छेदः सन्धेर्नाम मोद + उत्सवः (गुणसन्धिः) अस्ति।

21(B). "लाल चंद्रिका" टीका के रचनाकार "लल्लू लाल" है।
लल्लू लाल ने "बिहारी सतसई" पर रचना की थी। लल्लू लाल (1763 - 1835) हिन्दी गद्य के चार प्रमुख स्तम्भों- (इंशा अल्ला खाँ, सदल मिश्र, मुंशी सदासुखलाल, लल्लू लाल) में से एक हैं।

22(B). "यह कथा ज्योति की है, अंधों के लिए" कथन "धर्मवीर भारती" जी की है। यह कथन अँधा युग की भूमिका में है। अंधा युग एक गीतिनाट्य है। इसका प्रकाशन वर्ष 1954 ईस्वी है। यह महाभारत के बाद की कथा है। धर्मवीर भारती जी को 1972 में पद्मश्री से सम्मानित किया गया था।

23(B). "ग्राम", "प्रसाद" जी की प्रथम कहानी है। ग्राम जयशंकर प्रसाद की कहानी है। इसका रचना वर्ष सन् 1911 ईस्वी है। यह इंदु पत्रिका में प्रकाशित हुई थी। यह जयशंकर प्रसाद की प्रथम कहानी है।

24(B). "प्रिय नीलकंठी" नामक निबन्ध:- कुबेर नाथ राय द्वारा रचित। ज्ञानपीठ पुरूस्कार से सम्मानित निबन्ध। कुबेर नाथ राय के प्रमुख निबन्ध गंधमादन, कामधेनु, रामायण महातीर्थम्, निषाद बांसुरी, हिन्दी साहित्य के प्रमुख :- ललित निबंधकार

25(B). अशोक के फूल एक निबन्ध डॉ. हजारी प्रसाद द्विवेदी द्वारा रचित है, हजारी प्रसाद द्विवेदी के अन्य महत्वपूर्ण निबन्ध-
अशोक के फूल - 1948
विचार और वितर्क - 1957
कूटज - 1964
अलोक पर्व - 1972

26(A).

सूची - 1	सूची - 2
A. महंत रामदास	I. मैला आंचल
B. मुराद अली	II. तमस
C. कंचन	III. झूठा सच
D. कैलासनाथ	IV. मानस का हंस

फणीश्वरनाथ रेणु का मैला आंचल प्रतिनिधि उपन्यास है।
तमस को 1975 में साहित्य अकादमी पुरस्कार से भी सम्मानित किया गया था। झूठा सच भारत विभाजन (1947) की पृष्ठभूमि पर केंद्रित वृहत्तर एवं बहुआयामी फलक वाला उपन्यास है।
1972 में प्रकाशित मानस का हंस उपन्यास रामचरितमानस के रचनाकार गोस्वामी तुलसीदास के जीवन पर लिखा गया है।

27(C). 'कविकर्म और काव्यभाषा'-3 परमानन्द श्रीवास्तव आलोचक की समीक्षा कृति है।
गोरखपुर विश्वविद्यालय में प्रेमचन्द पीठ की स्थापना में परमानन्द श्रीवास्तव का विशेष योगदान रहा।
कई पुस्तकों के लेखन के अतिरिक्त उन्होंने हिन्दी भाषा की साहित्यिक पत्रिका आलोचना का सम्पादन भी किया था।
आलोचना के क्षेत्र में उल्लेखनीय योगदान के लिये उन्हें व्यास सम्मान और भारत भारती पुरस्कार प्रदान किया गया।

28(A). एक साहित्यिक डायरी में केशव एक काल्पनिक संवाद पात्र का नाम है।
रचनाकार: गजानन माधव मुक्तिबोध
प्रकाशन वर्ष: 25 जून 2000
इसमें कुल 13 प्रकरणों का समावेश है।

29(B). "अरे यायावर याद रहेगा" का अंत एलोरा की गुफाओं में इतिहास खोजने की कोशिश से हुआ।
रचनाकार: अज्ञेय जी
रचना वर्ष: 1953
विधा: यात्रा साहित्य
"एक बूंद सहसा उछली" अज्ञेय जी का अन्य यात्रा वृतांत है।

30(A). गिलक्रिस्ट हिन्दुस्तानी विभाग के प्रथम प्रोफेसर थे। फोर्ट विलियम कॉलेज की स्थापना - 1800 ई. मर्किवस वेलेजली ने स्थापना की। गिलक्रिस्ट को हिन्दुस्तानी विभाग का अध्यक्ष नियुक्त किया।

31(A). जो शब्द किसी व्यक्ति, वस्तु या स्थान की संपूर्ण जाति का बोध कराते हैं, उन शब्दों को जातिवाचक संज्ञा कहते हैं। मोबाइल, जानवर, टीवी, कम्प्यूटर, पुस्तक, कार, ट्रक, गाँव, स्कूल, शहर, बगीचा, नदी आदि।

32(A). मातृत्व माँ की भाव को प्रकट करती है, अर्थात व्यक्ति की भाव को प्रकट किया गया है, इसलिए यहाँ भाववाचक संज्ञा की निर्मिती व्यक्तिवाचक संज्ञा से हुई है।

33(A). जिस सर्वनाम से किसी निश्चित व्यक्ति या पदार्थ का बोध नहीं होता, उसे अनिश्चयवाचक सर्वनाम कहते हैं। दिए गए वाक्य में 'शायद कमरे में कोई छिपा हुआ है।' किसी निश्चित व्यक्ति या पदार्थ का बोध नहीं हो रहा है। अतः दिए गए वाक्य रेखांकित में अनिश्चयवाचक सर्वनाम है।

34(D). दिये गये शब्दों में 'कौन' शब्द प्रश्नवाचक सर्वनाम है। जबकि अन्य 'नींद', रोग' तथा 'सफाई' संज्ञा शब्द है। प्रश्नवाचक सर्वनाम के अन्य प्रमुख उदाहरण- कौन, क्या आदि है।

35(B). 'बच्चा विद्यालय से लौट आया।' वाक्य में 'लौट आया' संयुक्त क्रिया का उदाहरण है।
जिन वाक्यों की एक से अधिक क्रियाएँ मिलकर एक ही कार्य पूर्ण करती हैं वे वाक्य संयुक्तक्रिया के अंतर्गत आते हैं।
संयुक्त क्रिया में पहली क्रिया मुख्य क्रिया होती है तथा दूसरी क्रिया रंजक क्रिया। रंजक क्रिया मुख्य क्रिया के साथ जुड़कर अर्थ में विशेषता लाती है।
संयुक्त क्रिया की एक विशेषता यह है कि उसकी पहली क्रिया प्रायः प्रधान होती है और दूसरी उसके अर्थ में विशेषता उत्पन्न करती है।

36(A). जब किसी क्रिया में प्रत्यय जोड़कर उसका नया क्रिया रूप बनाया जाए तब वह कृदंत क्रिया कहलाती है।

क्रिया	परिभाषा	उदाहरण
सकर्मक क्रिया	सकर्मक क्रिया में कर्म होता है। इसमें कार्य का प्रभाव किसी अन्य व्यक्ति, वस्तु या कर्म पर पड़ता है।	राधा चॉकलेट खाती है।
द्विकर्मक क्रिया	जिस सकर्मक क्रिया का अर्थ स्पष्ट करने के लिए वाक्य में दो कर्म प्रयुक्त होते हैं, उसे द्विकर्मक क्रिया कहते हैं।	शिक्षक ने विद्यार्थी को पुस्तक दी।
प्रेरणात्मक क्रिया	जहाँ कर्ता स्वयं कार्य न कर किसी अन्य को उसे करने के लिए प्रेरित करता है।	पढ़वाना, जितवाना आदि।

37(A). किसी वाक्य, मुहावरा या वाक्यांश में संज्ञा या सर्वनाम का क्रिया के साथ उनके सम्बन्ध के अनुसार रूप बदलना कारक कहलाता है। अर्थात् व्याकरण में संज्ञा या सर्वनाम शब्द की वह अवस्था जिसके द्वारा वाक्य में उसका क्रिया के साथ संबंध प्रकट होता है उसे कारक कहते हैं। संज्ञा या सर्वनाम का क्रिया से सम्बन्ध जिस रूप से जाना जाता है, उसे कारक कहते हैं। कारक का एक परसर्ग भी कहा जाता है।

38(B). "वाक्य में जिस स्थान या वस्तु से किसी व्यक्ति या वस्तु की पृथकता अथवा तुलना का बोध होता है, वहाँ अपादान कारक होता है।" प्रेम, घृणा, लज्जा, ईर्ष्या, भय और सीखने आदि भावों की अभिव्यक्ति के लिए अपादान कारक का ही प्रयोग किया जाता है। 'मोहन से सोहन पढ़ने में तेज है' वाक्य में अपादान कारक प्रयोग हुआ है।

41(A). 'योगदान' में तत्पुरूष समास है। इसमें 'योग का दान' सम्बन्ध तत्पुरुष 'का' का लोप है।

42(B). 'परमेश्वर' में 'कर्मधारय' समास है। 'परमेश्वर' का समास विग्रह 'परम है जो ईश्वर' होगा, जिस समास में पहला पद विशेषण तथा दूसरा पद विशेष्य (संज्ञा) हो वहाँ कर्मधारय समास होता है।

43(A). 'नहिं कोउ अस जनमा जग माहीं, का सही अर्थ "शक्ति पाने पर व्यक्ति अभिमानी हो जाता है", है।

44(C). Drowning man catches a straw का अर्थ है -डूबते को तिनके का सहारा।

45(B). भाषा-क्षमता के आकलन से तात्पर्य विचारों की अभिव्यक्ति के आकलन से है, जिसके अन्तर्गत आकलन किया जाता है-
* मौलिक विचारों का
* कल्पनाशक्ति और सृजनशक्ति का
* भाषा शैली और रचनात्मक योग्यता का
* चिन्तन क्रिया और विचारों के संगठन का

46(D). रूसी मनोवैज्ञानिक 'वाइगोत्स्की' ने अपने 'सामाजिक-सांस्कृतिक सिद्धांत' में "सामाजिक अतःक्रिया" की अवधारणा को प्रस्तुत किया था। इन्होंने भाषा विकास के सामाजिक-सांस्कृतिक परिप्रेक्ष्य पर बल दिया था इसलिए इनका मानना था कि बच्चे सामाजिक अतःक्रिया के दौरान अपनी समाज-संस्कृति से जुड़ कर:
* भाषाई नियमों को आत्मसात् करते हैं।
* व्यवहार और बातचीत के तरीके सीखते हैं।
* भावों और विचारों को आसानी से प्रस्तुत करते हैं।
* मातृभाषा प्रयोग द्वारा परस्पर संवाद के लिए प्रोत्साहित होते हैं।

47(B). अमेरिकी मनोवैज्ञानिक स्किनर ने भाषा सीखने की प्रक्रिया में 'अनुकरण' पर सर्वाधिक बल दिया है। उनका मानना था कि बच्चे बहुत अनुकरणशील होते हैं इसलिए वर्णों का उच्चारण अनुकरण के आधार पर सीखते हैं।
स्किनर के अनुसार बच्चे किसी वयस्क के वाचन के उपरांत उसे अनुकरण द्वारा दोहराते हैं
दोहराने के दौरान जब वो जोर से उच्चरण करते हैं तो उनके वागेंद्रियों में आने वाली दृढ़ता धीरे धीरे शुद्ध उच्चारण में तब्दील हो जाती है।

48(A). व्याकरण- इसका अभिप्राय है कि जिस शास्त्र से भाषा व्याकृत की जाए वह व्याकरण है। इसके द्वारा शब्दार्थ सम्बन्ध की विवेचना होती है। इसकी सहायता से भाषा विन्यास. शब्द एवं वाक्य रचना तथा भाषा की नियमानुपूर्ण व्यवस्था की जानकारी प्राप्त होती है। इसके प्रयोग से भाषा में शुद्धता, अनुशासन तथा स्थिरता आती है।
संदर्भ में व्याकरण से तात्पर्य शिक्षण कार्य के दौरान पाठ में आने वाले शब्दों से सम्बन्धित अन्य शब्द तथा व्याकरणिक नियमों की जानकारी प्रदान करने से है।

49(B). शिक्षण सामग्री पाठ को सरल, सुगम और आकर्षक ढंग से प्रस्तुत करने

में सहायक होती है। सभी वैविध्यपूर्ण शिक्षण सामग्रियां मुख्य रूप से तीन प्रकारों अर्थात श्रव्य, दृश्य और श्रव्य-दृश्य सहायक सामग्रियों में शामिल होती हैं। ये सभी सामग्रियां विभिन्न जटिल सम्प्रत्ययों के शिक्षण को आसान बना देती है। शिक्षण प्रक्रिया को रुचिकर बनाने में वैविध्यपूर्ण शिक्षण सामग्री सहायक होती है।

अतः, यह कहा जा सकता है कि शिक्षण-प्रक्रिया को रुचिकर बनाने में वैविध्यपूर्ण शिक्षण-सामग्री सहायक होती है।

50(D). भाषा शिक्षण बच्चों में संप्रेषण कुशलता तथा मौलिकता को विकसित कर उन्हें विभिन्न संदर्भों में भाषा प्रयोग में सफल बनाने से संबंधित है।

प्राथमिक स्तर पर भाषा शिक्षण के उद्देश्य:
- बच्चों हिंदी के विविध रूपों से परिचित हो सकें।
- बच्चे अपने द्वारा कही गई बात की तार्किक पुष्टि कर सके।

अतः यह कहा जा सकता है कि भाषा संबंधी व्याकरण व्याकरण को पूर्णतः कंठस्थ करना ही भाषा शिक्षण का उद्देश्य नहीं है।

51(C). दिए गए विकल्पों में से 'बिहारीलाल' हिन्दी साहित्य के 'रीतिकाल' के कवि हैं। रीतिकाल के कवि राजाओं और रईसों के आश्रय में रहते थे। वहाँ मनोरंजन और कलाविलास का वातावरण स्वाभाविक था। बिहारी की एकमात्र रचना बिहारी सतसई है।

52(B). "बिहारी", "रीतिसिद्ध" कवि हैं। बिहारी ने अपनी बहुज्ञता अर्थात ज्योतिष, विज्ञान, आयुर्वेद, राजनीति, लोक संबंधी आदि विषय के ज्ञान को बिहारी सतसई में प्रस्तुत किया है। बिहारी सतसई कवि बिहारी की रचना है। यह एक मुक्तक काव्य है। इसमें नीति, भक्ति और श्रृंगार से संबंधित दोहों का संकलन है। बिहारी सतसई पर हिंदी में 50 से अधिक टीका प्राप्त है। बिहारी सतसई में 713 दोहे हैं।

53(B). पद्मावत में कुल 57 खंड हैं। पद्मावत हिन्दी साहित्य के अन्तर्गत सूफी परम्परा का प्रसिद्ध महाकाव्य है। इसके रचनाकार मलिक मोहम्मद जायसी हैं। दोहा और चौपाई छन्द में लिखे गए इस महाकाव्य की भाषा अवधी है।

54(A). "राम की शक्ति पूजा" में केंद्रीय संवेदना "सीता की मुक्ति" है।

राम की शक्ति पूजा "सूर्यकांत त्रिपाठी निराला" द्वारा रचित काव्य है। इलाहाबाद से प्रकाशित दैनिक समाचारपत्र "भारत" में पहली बार 26 अक्टूबर 1936 को उसका प्रकाशन हुआ था।

इसका मूल निराला के कविता संग्रह "अनामिका" के प्रथम संस्करण में छपा।

यह कविता 312 पंक्तियों की एक ऐसी लम्बी कविता है, जिसमें निराला जी के स्वरचित छंद "शक्ति पूजा" का प्रयोग किया गया है।

इस कविता का मुख्य विषय सीता की मुक्ति है राम-रावण का युद्ध नहीं।

55(D). हुमायूँ की जीवनी का नाम हुमायूँनामा है जो उनकी बहन गुलबदन बेग़म ने लिखी है।

56(C). "आपका बंटी", मन्नू भंडारी का उपन्यास है।

आपका बंटी उपन्यारा बाल मनोविज्ञान पर आधारित हे। इसका प्रकाशन वर्ष 1979 ईस्वी है। इस उपन्यास से स्त्री विमर्श को सही धरातल पर समझा जा सकता है।

57(B). परीक्षा गुरु हिन्दी का प्रथम उपन्यास था, जिसकी रचना भारतेन्दु युग के प्रसिद्ध नाटककार लाला श्रीनिवास दास ने 25 नवम्बर, 1882 को की थी। उपन्यास 41 छोटे-छोटे प्रकरणों में विभक्त है। पूरा उपन्यास नीतिपरक और उपदेशात्मक है। उसमें जगह-जगह इंग्लैंड और यूनान के इतिहास से दृष्टांत दिए गए हैं।

58(B). "अंजोदीदी", नाटक विधा का रचना है। अंजो दीदी नाटक उपेंद्रनाथ अश्क का है। इसकी रचना 1954 में की गयी थी।

नाटक काव्य और गध्य का एक रूप है। जो रचना श्रवण द्वारा ही नहीं अपितु दृष्टि द्वारा भी दर्शकों के हृदय में रसानुभूति कराती है उसे नाटक या दृश्य-काव्य कहते हैं।

59(B). कबीर की वाणी का संग्रह उनके शिष्य धर्मदास ने बीजक नाम से सन 1464 में किया है।

बीजक के तीन भाग हैं:-
1. साखी
2. सबद
3. रमैनी

60(B). "मीराबाई" के गुरु का नाम "रैदास" है।

"गुरु मिल्या रैदास जी दीन्ही ज्ञान की गुटकी" उपयुर्क्त पंक्ति में मीरा ने रैदास जी को अपना गुरु बताया था। गुरू रविदास (रैदास) का जन्म काशी में संवत 1433 को हुआ था। रैदास के 40 पद "गुरु ग्रंथ साहब" में संकलित है।

61(B). "बीजक" के रचनाकार "कबीरदास" है।

कबीरदास की रचनाओं का संकलन - उनके शिष्य धर्मदास ने किया है। कबीरदास की रचनाओं का संकलन "बीजक" कहलाता है। इस कृति को कबीरदास पंथ की पवित्र पुस्तक मानी जाती है।

बीजक के तीन भाग है:-
1. साखी
2. सबद
3. रमैनी

62(B). "ध्रुव चरित्र" के रचयिता 'नरोत्तमदास' हैं।

ध्रुव चरित्र आंशिक रूप से उपलब्ध है जिसके 28 छंद 'रसवती' पत्रिका में 1968 अंक में प्रकाशित हुए।

63(C). "बिहारी", "रीतिसिद्ध" कवि हैं।

बिहारी ने अपनी बहुज्ञता अर्थात ज्योतिष, विज्ञान, आयुर्वेद, राजनीति, लोक संबंधी आदि विषय के ज्ञान को बिहारी सतसई में प्रस्तुत किया है। बिहारी सतसई कवि बिहारी की रचना है।

64(C). "रसिकप्रिया", "केशवदास" की प्रथम रचना है।

रसिकप्रिया का रचना वर्ष 1591 ईस्वी है। केशव या केशवदास (जन्म 1555 विक्रमी और मृत्यु 1618 विक्रमी) हिन्दी साहित्य के रीतिकाल की कवित्रयी के एक प्रमुख स्तंभ हैं। वे संस्कृत काव्यशास्त्र का सम्यक् परिचय कराने वाले हिंदी के प्राचीन आचार्य और कवि हैं। केशव अलंकार सम्प्रदायवादी आचार्य कवि थे। इसलिये स्वाभाविक था कि वे भामह, उद्भट और दंडी आदि अलंकार सम्प्रदाय के आचार्यों का अनुसरण करते।

65(D). "श्रृंगार मंजरी", "चिंतामणि" की रचना है।

चिंतामणि त्रिपाठी हिन्दी के रीतिकाल के कवि हैं। इनका जन्मकाल सं. 1666 वि. और रचनाकाल सं. 1700 वि. माना जाता है। कविवर भूषण, मतिराम तथा जटाशंकर (नीलकंठ) के ज्येष्ठ भ्राता थे।

66(B). "विज्ञानगीता", "केशवदास" की रचना है।

केशव या केशवदास (जन्म (अनुमानतः) 1555 विक्रमी और मृत्यु (अनुमानतः) 1618 विक्रमी) हिन्दी साहित्य के रीतिकाल की कवि-त्रयी के एक प्रमुख स्तंभ हैं।

67(C). "आचार्य रामचंद्र शुक्ल" ने आदिकाल को "वीरगाथा काल" नाम दिया है।

इस समय का साहित्य मुख्यतः चार रूपों में मिलता है .
- सिद्ध-साहित्य तथा नाथ-साहित्य
- जैन साहित्य
- चारणी-साहित्य
- प्रकीर्णक साहित्य

68(A). "आदिकालीन रासो साहित्य" में "अपभ्रंश भाषा" का प्रयोग किया गया है।
- रासो का संबंध अधिकांशत: वीर काव्य से, जो डिंगल भाषा में लिखा गया।
- इन रचनाओं में डिंगल और पिंगल शैली का प्रयोग हुआ है।
- इन रचनाओं में युद्धप्रेम का वर्णन अधिक किया गया है।

69(B). हिन्दी का प्रथम महाकाव्य चन्दबरदाई द्वारा रचित "पृथ्वीराज रासो" है।

पृथ्वीराज रासो हिन्दी भाषा में लिखा एक महाकाव्य है जिसमें पृथ्वीराज चौहान के जीवन और चरित्र का वर्णन किया गया है।

पद्मावत - हिन्दी का प्रथम बड़ा महाकाव्य है।

प्रिय प्रवास - हिन्दी खड़ी बोली का प्रथम महाकाव्य है।

70(B). रचना एवं उसके रचनाकार-

उर्वशी - रामधारी सिंह 'दिनकर'

उर्वशी, रामधारी सिंह 'दिनकर' द्वारा रचित काव्य नाटक है। इस काव्य में दिनकर ने उर्वशी और पुरुरवा के प्राचीन आख्यान को एक नये अर्थ से जोड़ना चाहा है। अन्य रचनाओं से इतर उर्वशी राष्ट्रवाद और वीर रस

प्रधान रचना है।
मुकुल - सुभद्रा कुमारी चौहान
वीणा - सुमित्रानन्दन पन्त
रश्मि - महादेवी वर्मा

71(D). महादेवी वर्मा हिन्दी की सर्वाधिक प्रतिभावान कवयित्रियों में से थीं। वे हिन्दी साहित्य में छायावादी युग के चार प्रमुख स्तम्भों में से एक मानी जाती हैं। उनकी प्रमुख रचनाएं नीहार, रश्मि तथा नीरजा आदि हैं। 'अनामिका', सूर्यकान्त त्रिपाठी निराला की रचना है।

72(D). मलिक मुहम्मद जायसी हिन्दी साहित्य के भक्ति काल की निर्गुण प्रेमाश्रयी धारा के कवि थे। वे अत्यंत उच्चकोटि के सरल और उदार सूफी महात्मा थे। जायसी मलिक वंश के थे। उनकी प्रमुख कृतियों में पद्मावत, अखरावट, आख़िरी कलाम, कहरनामा, चित्ररेखा आदि प्रमुख हैं।

73(C). गोस्वामी तुलसीदास हिन्दी साहित्य के महान सन्त कवि थे। रामचरितमानस इनका गौरव ग्रंथ है। इन्हें आदि काव्य रामायण के रचयिता महर्षि वाल्मीकि का अवतार भी माना जाता है। इनकी प्रमुख कृतियाँ विनय पत्रिका, कवितावली, दोहावली, जानकी मंगल आदि हैं।

74(A).

रचना	रचनाकार
(a) काव्यप्रकाश	(iv) चिन्तामणि
(b) रसराज	(v) मतिराम
(c) रसविलास	(i) देव
(d) रस सारांश	(ii) भिखारीदास

- चिंतामणि त्रिपाठी हिन्दी के रीतिकाल के कवि हैं। काव्यप्रकाश इन्हीं की रचना है।
- मतिराम, हिंदी के प्रसिद्ध ब्रजभाषा कवि थे। इनके द्वारा रचित "रसराज" और "ललित ललाम" नामक दो ग्रंथ हैं।
- हिन्दी के ब्रजभाषा काव्य के अंतर्गत देव को महाकवि का गौरव प्राप्त है। उनका पूरा नाम देवदत्त था। उनका आविर्भव हिन्दी के रीतिकाल में हुआ था। रसविलास इन्हीं की रचना है।
- भिखारीदास द्वारा लिखित सात कृतियाँ प्रामाणिक मानी गई हैं- रस सारांश, काव्य निर्णय, शृंगार निर्णय, छन्दार्णव पिंगल, अमरकोश या शब्दनाम प्रकाश, विष्णु पुराण भाषा और सतरंज शासिका हैं।

75(D). सुमित्रानंदन पंत हिन्दी साहित्य में छायावादी युग के चार प्रमुख स्तंभों में से एक हैं। इनकी कृति " कला और बूढ़ा चाँद " को साहित्य अकादमी अवार्ड से सम्मानित किया गया था।
अन्य कृतियों के रचयिता हैं-
हिमतरंगिनी - माखनलाल चतुर्वेदी
संस्कृति के चार अध्याय - रामधारी सिंह 'दिनकर'
मिट्टी की बारात - शिवमंगल सिंह 'सुमन'

76(B). हिंदी भाषा और साहित्य के विकास और प्रसार में 'नागरी प्रचारिणी सभा, काशी' की केन्द्रीय भूमिका रही है. इसकी स्थापना बाबू श्यामसुन्दर दास ने की थी।

77(C). खड़ी बोली गद्य का आरम्भ खड़ी बोली गद्य की सबसे प्राचीन रचना अकबर के राजदरबारी कवि गंग द्वारा लिखित चन्द छंद बरनन की महिमा है।

78(B). हिन्दी गद्य (खड़ी बोली) के जन्मदाता भारतेन्दु हरिश्चन्द्र हैं।

79(C). आनन्द कादम्बिनी भारतेन्दु-युग की साहित्यिक पत्रिका है। आनन्द कादम्बिनी जुलाई 1881 में मिर्ज़ापुर से आरम्भ हुई थी। इसके सम्पादक 'बदरीनारायण चौधरी 'प्रेमघन' थे।

80(A). हिन्दी की सर्वप्रथम कहानी समझी जाने वाली कड़ी के अर्न्तगत सैयद इंशाअल्ला खाँ की 'रानी केतकी की कहानी'), राजा शिवप्रसाद सितारे हिंद की 'राजा भोज का सपना', किशोरी लाल गोस्वामी की 'इन्दुमती', माधवराव की 'एक टोकरी भर मिट्टी', आचार्य रामचंद्र शुक्ल की 'ग्यारह वर्ष का समय' और बंग महिला की 'दुलाई वाली' नामक कहानियाँ आती हैं। परन्तु किशोरी लाल गोस्वामी द्वारा कृत 'इन्दुमती' को मुख्यतः हिन्दी की प्रथम कहानी का दर्जा प्रदान किया जाता है।

81(C). रामकुमार वर्मा ने आधुनिक हिंदी में एकांकी विधा को को एक व्यवस्थित रूप दिया। इसलिये उन्हें 'एकांकी का सम्राट' माना जाता है। रामकुमार वर्मा हिंदी प्रसिद्ध व्यंग्यकार और हास्य कवि हैं। वह एक उच्च कोटि के समीक्षक भी थे और उन्होंने हिंदी साहित्य के इतिहास लेखक के रूप में भी कार्य किया है।

82(B). "जय पराजय" पुस्तक प्रेमचंद द्वारा लिखित नहीं है । उन्होंने सेवासदन, प्रेमाश्रम, रंगभूमि, निर्मला, गबन, कर्मभूमि, गोदान आदि लगभग डेढ़ दर्जन उपन्यास तथा कफन, पूस की रात, पंच परमेश्वर, बड़े घर की बेटी, बूढ़ी काकी, दो बैलों की कथा आदि तीन सौ से अधिक कहानियाँ लिखीं।

83(A). अयोध्यासिंह उपाध्याय 'हरिऔध' ने उनके काव्य की प्रशंसा करते हुए लिखा है- "गीत गोविन्द के रचनाकार जयदेव की मधुर पदावली पढ़कर जैसा अनुभव होता है, वैसा ही विद्यापति की पदावली पढ़ कर। अपनी कोकिल कंठता के कारण ही उन्हें 'मैथिल कोकिल' कहा जाता है।" विद्यापति ने संस्कृत, अवहट्ट, एवं मैथिली में कविता रची।

84(B). छायावादी युग के महान कवि सुमित्रानंदन पंत जी को 'प्रकृति के सुकुमार कवि' के नाम से हिंदी साहित्य में जाना जाता है। पंत जी की आधी से ज्यादा कविता ही प्रकृति पर आधारित है। वह प्रकृति को अपनी मां मानते थे और अपनी समस्त रचनाओं के लिए प्रेरणा का स्रोत भी वह प्रकृति को ही मानते थे।

85(C). शिक्षक अपने विद्यार्थियों को किसी एक अनुच्छेद का संपूर्ण अर्थ ग्रहण करने के लिए एक रिकॉर्डिंग सुनने के लिए कहता है। इसे भावार्थ जानने हेतु श्रवण कार्य रूप में जाना जाता है।
भावार्थ के लिए श्रवण तब होता है जब शिक्षार्थी यह समझने की कोशिश करता है कि क्या हो रहा है, भले ही वह हर वाक्यांश या वाक्य को समझ न सके। शिक्षार्थी अर्थ का अनुमान लगाने के लिए मुख्य शब्दों, स्वर और अन्य सुरागों को लेने की कोशिश करता है।

86(C). "बोलचाल की भाषा में ध्वनियों का अध्ययन" समाजभाषा का एक हिस्सा नहीं माना जाता है।
समाजशास्त्र भाषा के समाजशास्त्रीय पहलुओं का अध्ययन है। एक समुदाय में सामाजिक भूमिकाओं को बनाए रखने में भाषा की भूमिका के साथ अनुशासन का संबंध है। समाजशास्त्री उन भाषिक विशेषताओं को अलग करने का प्रयास करते हैं जो विशेष परिस्थितियों में उपयोग की जाती हैं और जो प्रतिभागियों के बीच विभिन्न सामाजिक संबंधों और स्थिति के महत्वपूर्ण तत्वों को चिह्नित करती हैं। ध्वनियों, व्याकरणिक तत्वों और शब्दावली वस्तुओं की पसंद पर प्रभाव में उम्र, लिंग, शिक्षा, व्यवसाय, जाति और सहकर्मी-समूह की पहचान जैसे कारक शामिल हो सकते हैं।

87(D). हिन्दी पर सामासिक संस्कृति के वहन का दायित्व संविधान के 351वें अनुच्छेद में निर्धारित है।
भारतीय संविधान के 351वें अनुच्छेद में हिन्दी के स्वरूप एवं उसके लक्ष्य के संबंध में विचार करते हुए कहा गया है कि वह अपनी प्रकृति में हस्तक्षेप किए बिना हिन्दुस्तानी और अष्टम सूची में उल्लिखित अन्य भारतीय भाषाओं के रूप, शैली और पदावली को आत्मसात करते हुए मुख्यतः संस्कृत से और गौणतः अन्य भाषाओं से शब्द ग्रहण करेगी और देश की सामासिक संस्कृति के सभी तत्वों का माध्यम होगी।

88(A). नेपाली भाषा संविधान सूची में शामिल है।
संविधान की आठवीं अनुसूची में 22 भाषाओं असमिया, उड़िया, उर्दू, कन्नड़, कश्मीरी, कोंकणी, गुजराती, डोगरी, तमिल, तेलुगू, नेपाली, पंजाबी, बांग्ला, बोड़ो, मणिपुर, मराठी, मलयालम, मैथिली, संथाली, संस्कृत, सिंधी और हिंदी को मान्यता दी गई है।

89(A). मच्छरों के प्रकोप के सम्बन्ध में शिकायत पत्र लिखना हो तो माननीय स्वास्थ्य अधिकारी को लिखा जायेगा। अन्य विकल्प संगत नहीं है।

90(D). शासकीय पत्र अन्य पुरुष शैली में लिखा जाता है।
- सरकारी पत्र पूरी तरह से औपचारिक होते हैं इनमें व्यक्तिगत परिचय अथवा पहचान की झलक नहीं होती है।
- यह संक्षिप्त और संतुलित होते हैं नपे-तुले शब्दों का प्रयोग इनमें होता है।
- इनमें राजभाषा की शब्दावली रखी जाती है, इनमें प्रयोग की गई भाषा संयत और शिष्ट होती है।
- सरकारी पत्र हमेशा अन्य पुरुष (थर्ड पर्सन) में लिखे जाते हैं, मैं अथवा हम जैसे सर्वनामों का प्रयोग इनमें नहीं किया जाता।

- सरकारी पत्र में एक निर्देश अथवा सूचना एक ही पैराग्राफ में लिखा जाता है यदि दूसरी या तीसरी बात लिखनी हो तो 2 या 3 संख्या डालकर नए पैराग्राफ से लिखा जाता है।

91(B). उदंत मार्तण्ड हिंदी का प्रथम समाचार पत्र था।
उदंत मार्तण्ड (शाब्दिक अर्थः 'समाचार सूर्य' या '(बिना दाँत का) बाल सूर्य') इसका प्रकाशन 30 मई, 1826 ई. में कलकत्ता से एक साप्ताहिक पत्र के रूप में शुरू हुआ था।

92(B). संक्षेपण मूल पाठ से 'एक तिहाई शब्दों में, 1/3' शब्दों में लिखना चाहिए।
संक्षेपण - किसी अनुच्छेद, परिच्छेद, टिप्पणी आदि को लघुत्तर रूप में प्रस्तुत करना संक्षेपण कहलाता है।
अन्य विकल्प अनुचित हैं।

93(D). जब कोई सरकारी पत्र, कार्यालय ज्ञापन या ज्ञापन एक साथ अनेक प्रेषितियों को भेजा जा रहा हो, तब उसे परिपत्र कहा जाता है।
- जब कोई सूचना, निर्देश, अनुदेश अपने आधीन कार्यालय को देनी हो तो एक परिपत्र निकाला जाता है, जिसपर सारे कर्मचारियों के हस्ताक्षर लिए जाते हैं।
- ताकि सूचना पाने का प्रमाण रहे प्रायः इस तरह का नोटिस आंतरिक और व्यापक जानकारी के लिए वितरित किया जाता है।
- यह पत्र लगभग ज्ञापन के रूप में होता है।

94(D). हिंदी भाषा के उद्भव का सही क्रम है 'पालि, प्राकृत, अपभ्रंश, अवहट्ट'।
अपभ्रंश का परिवर्तित रूप या उत्तरकालीन अवस्था का नाम अवहट्ट दिया गया है। ग्यारहवीं से चौदहवीं शती के अपभ्रंश रचनाकारों ने अपनी अपनी रचना की भाषा को अवहट्ट कहा है।
संस्कृत भाषा– संस्कृत (संस्कृतम्) भारतीय उपमहाद्वीप की एक भाषा है। इसे देववाणी अथवा सुरभारती भी कहा जाता है। यह विश्व की सबसे प्राचीन भाषा है।
पाली भाषा– पाली प्राचीन उत्तर भारत की भाषा थी जो पूर्व बिहार से लेकर पश्चिम में हरियाणा-राजस्थान तक और उत्तर में नेपाल-उत्तरप्रदेश से दक्षिण में मध्यप्रदेश तक बोली जाती थी।
प्राकृत भाषा– आर्ययुग के मध्ययुग में अनेक प्रादेशिक भाषाओं का उदय हुआ जिसे सामान्य रूप से प्राकृत कहा जाता है।

95(D). लौकिक संस्कृत सबसे प्राचीनतम भाषा है।
वैदिक संस्कृत के बाद भाषा के विकास क्रम में लौकिक संस्कृत का विकास होता है, जिसका विकासक्रम 800ई.पू से 500ई.पू तक था।

96(B). दिए गए विकल्पों में से खड़ी बोली पश्चिमी हिंदी की बोली है।
खड़ी बोली वह भाषा है जो मोटे तौर पर आज की मानक हिन्दी का एक पूर्वरूप है। भाषाविज्ञान की दृष्टि से इसे आदर्श (स्टैंडर्ड) हिंदी, उर्दू तथा हिन्दुस्तानी की आधार स्वरूप बोली होने का गौरव प्राप्त है। किन्तु 'खड़ी बोली' से आपस में मिलते जुलते अनेक अर्थ निकाले जाते हैं।

97(C). कन्नौजी बोली हरदोई जनपद में बोली जाती है।
कन्नौजी बोली:
- कन्नौज और उसके आस-पास बोली जाने वाली भाषा को कन्नौजी या

कनउजी भाषा कहते हैं।

- 'कान्यकुब्ज' से 'कन्नौज' शब्द व्युत्पन्न हुआ और कन्नौज के आस-पास की बोली 'कन्नौजी' नाम से अभिहित की गयी।
- कन्नौज वर्तमान में एक जिला है जो उत्तर प्रदेश में है।
- कन्नौजी का विकास शौरसेनी प्राकृत की भाषा पांचाली प्राकृत से हुआ। इसीलिए आचार्य किशोरीदास बाजपेई ने इसे पांचाली नाम दिया। वस्तुतः पांचाल प्रदेश की मुख्य बोली 'पांचाली' अर्थात् 'कन्नौजी' ही है।
- यह बोली उत्तर में हरदोई, शाहजहाँपुर और पीलीभीत तक तथा दक्षिण में इटावा, मैनपुरी की भोगाँव, मैनपुरी तथा करहल तहसील, एटा की एटा और अलीगंज तहसील, बदायूँ की बदायूँ तथा दातागंज तहसील, बरेली की बरेली, फरीदपुर तथा नवाबगंज तहसील, पीलीभीत, हरदोई (संडीला तहसील में गोसगंज तक), खेरी की मुहम्मदी तहसील तथा सीतापुर की मिसिख तहसील में बोली जाती है। स्पष्ट है कि उत्तर पांचाल के अनेक जनपदों में तथा दक्षिण पांचाल के लगभग समस्त जनपदों में 'कन्नौजी' का ही प्रचार-प्रसार है।
- कन्नौजी उत्तरप्रदेश के कन्नौज, औरैया, मैनपुरी, इटावा, फर्रुखाबाद, हरदोई, शाहजहांपुर, कानपुर, पीलीभीत जिलों के ग्रामीण अंचल में बहुतायत से बोली जाती है। कन्नौजी भाषा/ कनउजी, पश्चिमी हिन्दी के अन्तर्गत आती है।
- 'अध्यात्म' का अर्थ है - आत्मा संबंधी या आत्मा परमात्मा के संबंध में चिन्तन-मनन।

98(A). खड़ी बोली का अन्य नाम कौरवी बोली है।
बोली वह भाषा है जो मोटे तौर पर आज की मानक हिन्दी का एक पूर्वरूप है। भाषाविज्ञान की दृष्टि से खड़ी बोली को आदर्श (स्टैंडर्ड) हिंदी, उर्दू तथा हिंदुस्तानी की आधार स्वरूप बोली होने का गौरव प्राप्त है। यह निम्नलिखित स्थानों के ग्रामीण क्षेत्रों में बोली जाती है- मेरठ, बिजनौर, मुजफ्फरनगर, सहारनपुर, देहरादून के मैदानी भाग, अम्बाला, कलसिया और पटियाला के पूर्वी भाग, रामपुर और मुरादाबाद।
खड़ी बोली क्षेत्र के पूर्व में ब्रजभाषा, दक्षिण-पूर्व में मेवाती, दक्षिण-पश्चिम में पश्चिमी राजस्थानी, पश्चिम में पूर्वी पंजाबी और उत्तर में पहाड़ी बोलियों का क्षेत्र है। मेरठ की खड़ी बोली आदर्श खड़ी बोली मानी जाती है जिससे आधुनिक हिंदी भाषा का जन्म हुआ, वही दूसरी और मुजफ्फरनगर व सहारनपुर बागपत मे खड़ी बोली मे हरयाणवी की झलक देखने को मिलती है। बाँगरू, जाटकी या हरियाणवी एक प्रकार से पंजाबी और राजस्थानी मिश्रित खड़ी बोली ही हैं जो दिल्ली, करनाल, रोहतक, हिसार और पटियाला, नाभा, झींद के ग्रामीण क्षेत्रों में बोली जाती है।

99(A). उपर्युक्त विकल्पों में 'रामचंद्रिका' हिन्दी रामकाव्य परम्परा के अन्तर्गत एक विशिष्ट कृति है। 'रामचंद्रिका' 'केशवदास' की कृति है। अन्य रचनाएँ कविप्रिया, रसिकप्रिया, एवं विज्ञानगीता, केशवदास' की ही कृति है, किन्तु ये रचनाएँ रामकाव्य परम्परा के अन्तर्गत नही आती है।

100(C). भारत के उच्चतम न्यायालय तथा उच्च न्यायालयों में और अधिनियमों, विधेयकों आदि के लिए प्रयोग की जाने वाली भाषा सम्बन्धी निर्देश संविधान के 'अनुच्छेद 348 ' में वर्णित है।

Ques (1-8): निर्देश : निम्नलिखित गद्यांशों को ध्यानपूर्वक पढ़कर पूछे गए बहुविकल्पीय प्रश्नों के लिए सर्वाधिक उपयुक्त विकल्प का चुनाव कीजिए

श्रम विभाजन की दृष्टि से भी जाति-प्रथा गंभीर दोषों से युक्त है। जाति-प्रथा का श्रम विभाजन मनुष्य की स्वेच्छा पर निर्भर नहीं रहता। मनुष्य की व्यक्तिगत भावना तथा व्यक्तिगत रुचि का इसमें कोई स्थान अथवा महत्त्व नहीं रहता। 'पूर्व लेख' ही इसका आधार है। इस आधार पर हमें यह स्वीकार करना पड़ेगा कि आज के उद्योगों में गरीब तो 'अरुचि' के साथ केवल विवशतावश कार्य करते हैं। ऐसी स्थिति स्वभावतः मनुष्य को दुर्भावना से ग्रस्त रहकर चालू काम करने और कम काम करने के लिए प्रेरित करती है। ऐसी स्थिति में जहाँ काम करने वालों का न दिल लगता हो न दिमाग, वहाँ कोई कुशलता कैसे प्राप्त की जा सकती है। अतः यह निर्विवाद रूप से सिद्ध हो जाता है कि आर्थिक पहलू से भी जाति-प्रथा हानिकारक प्रथा है, क्योंकि यह मनुष्य की स्वाभाविक प्रेरणा, रुचि व आत्म-शक्ति को दबाकर उन्हें अस्वाभाविक नियमों में जकड़ कर निष्क्रिय बना देती है।

1. गद्यांश के अनुसार श्रम विभाजन की दृष्टि से जाति-प्रथा दोषपूर्ण क्यों है?
   - (a) व्यक्तिगत रुचियों को ध्यान में न रखने के कारण
   - (b) मनुष्य के पेशे को पूर्व लेख से जोड़े जाने के कारण
   - (c) मनुष्य को स्वतंत्र छोड़े जाने के कारण
   - (d) व्यक्तिगत भावनाओं को ध्यान में रखने के कारण

2. कार्य निर्धारित होने का क्या दुष्परिणाम होता है?
   - (a) कार्य के प्रति दुर्भावना
   - (b) कार्यकुशलता का अभाव
   - (c) कार्य अरुचि के साथ करना
   - (d) उपरोक्त सभी

3. कार्यकुशलता बढ़ाने के लिए क्या आवश्यक है?
   - (a) रुचि के अनुसार काम करने का अवसर प्रदान करना
   - (b) कार्य को जबरन थोपा जाना
   - (c) कार्य करने की विशेष छूट प्रदान करना
   - (d) उत्पादकता को कम कर देना

4. लेखक श्रम के क्षेत्र में सबसे बड़ी समस्या किसे मानता है?
   - (a) आर्थिक ढाँचे को
   - (b) स्वेच्छानुसार काम न मिलने को
   - (c) जनसंख्या वृद्धि को
   - (d) कार्य के प्रति उदासीन न होने को

5. आर्थिक पहलू से जाति-प्रथा क्यों हानिकारक है?
   - (a) मनुष्य की रुचि एवं आत्मशक्ति को कम करने के कारण
   - (b) मनुष्य को आत्मकेंद्रित करने के कारण
   - (c) मनुष्य को नियमों में रखकर सक्रिय बनाने के कारण
   - (d) मनुष्य को उन्नति के अवसर प्रदान करने के कारण

6. निष्क्रिय शब्द का विग्रह है:
   - (a) निः + क्रिय
   - (b) निष + क्रिय
   - (c) निश + क्रिय
   - (d) नीष + क्रिय

7. आर्थिक शब्द में मूल शब्द है:
   - (a) अर्थ
   - (b) इक
   - (c) थिक
   - (d) आर्थ

8. 'उद्योग' का संधि विच्छेद होगाः
   - (a) उद + योग
   - (b) उत् + योग
   - (c) उध + योग
   - (d) उत् + उपयोग

Ques (9-13): निर्देशः अधोलिखितं गद्यांशं पठित्वा तदाधारितप्रश्नानां विकल्पात्मकोत्तरैः समीचीनमुत्तरं चिनुत।

व्याकरणसम्बन्धिदोषादिरहिता व्यवस्थित-क्रियाकारक-विभागसमन्विताया भाषा सा संस्कृतभाषेति कथ्यते। इयं हि भाषा सर्वदोषशून्या अस्ति, अतः देववाणी, गीर्वाणभारती, अमरभाषा इत्यादिभिः शब्दैः व्यवह्रियते। भाषागतमुदारत्वं मार्दवं मनोजत्वं चास्या वैशिष्ट्यम्।

सेयं संस्कृतभाषा जगतः सर्वासु भाषासु प्राचीनतमा, सर्वोत्कृष्ट-साहित्य-संयुक्ता च

वर्त्ती। अनन्तानन्तवर्षेषु व्यपगतेष्वपि अस्या माधुर्यम्, उदारत्वं च नाद्यापि विकृतम्। पाश्चात्यदेशीया विचारशीलाः कीलहार्न-मैक्समूलर-मैकडानाल्ड-कीथादयः विद्वांसः संस्कृतभाषायाः प्रशंसामकुर्वन्। सर्वासामार्यभाषाणामुत्पत्तिः अत एव बभूव। पुरा सर्वे जनाः संस्कृतभाषयैवाभाषन्त। अतः सर्वमपि प्राक्तनं साहित्यं संस्कृतभाषायामेव उपलभ्यते। सर्वे प्राचीनग्रन्थाः चत्वारो वेदाश्च संस्कृतभाषायामेव सन्ति। वेदेषु मानवकर्तव्याकर्तव्ययोः सम्यक् निर्धारणमस्ति। ततो वेदानां व्याख्यानभूता ब्राह्मणग्रन्थाः वर्त्ते। तदनु अध्यात्मविषयप्रतिपादिका उपनिषदो विद्यन्ते, यासां गरिमा पाश्चात्त्यबहुजैरपि गीयते। ततो स्माकं गौरवग्रन्थाः षड्दर्शनानि सन्ति। एषामद्यापि विश्वस्य साहित्ये महत्त्वं वर्त्ती। ततः श्रौतसूत्राणां, गृह्यसूत्राणां वेदव्याख्यानभूतानां पडङ्गानां गणनास्ति महर्षिवाल्मीकिरचितस्य रामायणस्य, महर्षिव्यासरचितस्य महाभारतस्य निर्माणमपूर्वघटनैव वर्त्ते विश्वसाहित्ये। तत्र दुर्लभस्य कवित्वस्य, नैसर्गिकसौन्दर्यस्य, अध्यात्मज्ञातस्य नीतिशास्त्रस्य च दर्शनं जायते ततो भासाश्वघोष-कालिदास-भवभूति-दण्डि-बाण-सुबन्धु-हर्षप्रभृतयो महाकवयो नाट्यकाराश्च समायान्ति, येषामुदयेन न केवलमार्यावर्तः, अपि तु सकलमेतत् जगत् धन्यमात्मानं मन्यते। कविवराणामेतेषां वर्णने विद्वांसोडपि न क्षमाः श्रीमद्भगवद्गीता, स्मृतिग्रन्थाः पुराणानि च संस्कृतसाहित्यस्य माहात्म्यं प्रकटयन्ति। संस्कृतसाहित्यं भारतस्य गौरवमुद्धोषयति। समस्तं देशं च एकतासूत्रे बध्नाति तत्। अस्य साहित्यस्य प्रचारः प्रसारश्च नितान्तं लाभप्रदः।

9. वेदानां व्याख्यानभूता ग्रन्थाः के सन्ति?
   - (a) व्याकरणग्रन्थाः
   - (b) श्रौतसूत्राणि
   - (c) ब्राह्लग्रन्थाः
   - (d) षड्दर्शनानि

10. मानवकर्त्तव्याकर्तव्ययोर् निर्धाणं कुत्र वर्तते?
   - (a) उपनिषत्तु
   - (b) गीतायाम्
   - (c) रामायणे
   - (d) वेदेषु

11. 'नीतिशास्त्रस्य च दर्शनं जायते' इत्यत्र 'दर्शनम्' इत्यस्य व्युत्पत्तिरस्ति।
   - (a) दृश + ल्युट्
   - (b) पश्य + ल्युट्
   - (c) द + ल्युट्
   - (d) दृश + गम्

12. विश्वसाहित्ये का अपूर्वघटना?
   - (a) अमेरीकायाः अन्वेषणम्
   - (b) महाभारतस्य निर्माणम्
   - (c) चन्द्रयाननिर्माणम्
   - (d) भारतविभाजनम्

13. 'पुरा सर्वे जनाः' कां भाषां भाषन्ते स्म?
   - (a) लिथुआनीभाषाम्
   - (b) पर्शियनभाषाम्
   - (c) संस्कृतभाषाम्
   - (d) लेटिनभाषाम्

Ques (14-20): निर्देशः गद्यांश को पढ़कर निम्नलिखित प्रश्न में सबसे उचित विकल्प चुनिए:

हमारे देश के त्योहार चाहे धार्मिक दृष्टि से मनाए जा रहे हैं या नए वर्ष के आगमन के रूप में; फसल की कटाई एवं खलिहानों के भरने की खुशी में हों या महापुरुषों की याद में; सभी देश की राष्ट्रीय एवं सांस्कृतिक एकता और अखंडता को मज़बूती प्रदान करते हैं। ये त्योहार जनमानस में उल्लास, उमंग एवं खुशहाली भर देते हैं, ये हमारे अंदर देश-भक्ति एवं गौरव की भावना के साथ-साथ, विश्व-बंधुत्व एवं समन्वय की भावना भी बढ़ाते हैं। इनके द्वारा महापुरुषों के उपदेश हमें इस बात की याद दिलाते हैं कि सदविचार एवं सदभावना द्वारा ही हम प्रगति की ओर बढ़ सकते हैं। इन त्योहारों के माध्यम से हमें यह भी संदेश मिलता है कि वास्तव में धर्मों का मूल लक्ष्य एक है, केवल उस लक्ष्य तक पहुँचने के तरीके अलग-अलग हैं।

14. त्योहारों का मनाना किससे संबंधित है?
   - (a) सांस्कृतिक विविधता
   - (b) फ़सल
   - (c) विश्व बंधुत्व
   - (d) एकरसता से छुटकारे

15. 'अलग-अलग तरीके' के माध्यम से किस ओर संकेत किया गया है?
   - (a) अलग-अलग रास्ते
   - (b) अलग-अलग उपाय
   - (c) विभिन्न संप्रदाय
   - (d) विभिन्न पूजा-स्थल

16. निम्नलिखित में से कौन-सा त्योहार किसी महापुरुष से नहीं जुड़ा है?
   - (a) शिक्षक दिवस
   - (b) बाल दिवस
   - (c) गाँधी जयंती
   - (d) गणतंत्र दिवस

17. त्योहार राष्ट्र को क्या लाभ पहुँचाते हैं?
(a) राष्ट्र खुश रहता है
(b) सभी मिल-जुलकर रहते हैं
(c) सभी एक ही धर्म का अनुगमन करते हैं
(d) राष्ट्र की आर्थिक हालत सुधरती है

18. 'देशभक्ति' में कौन-सा समास है?
(a) कर्मधारय समास
(b) द्वंद्व समास
(c) तत्पुरुष समास
(d) द्विगु समास

19. 'भी' शब्द है:
(a) क्रिया-विशेषण
(b) विशेषण
(c) क्रिया
(d) निपात

20. 'खुशी' शब्द है:
(a) विशेषण
(b) क्रिया-विशेषण
(c) भाववाचक संज्ञा
(d) क्रिया

21. "जयद्रथ वध" किस लेखक/लेखिका की कृति है?
(a) जयशंकर प्रसाद
(b) सुमित्रानंदन पंत
(c) महादेवी वर्मा
(d) मैथिलीशरण गुप्त

22. मुंशी प्रेमचन्द की रचना है-
(a) गोदान
(b) लहर
(c) तितली
(d) कामायनी

23. 'ज्ञानपीठ' पुरस्कार से सम्मानित रचना "चिदम्बरा" किस कवि की रचना है?
(a) जयशंकर प्रसाद
(b) सुमित्रा नंदन पन्त
(c) सुर्य कांत त्रिपाठी 'निराला'
(d) मैथिली शरण गुप्त ।

24. 'ध्रुवस्वामिनी नाटक' के रचनाकार का नाम क्या है?
(a) जयशंकर प्रसाद
(b) महादेवी वर्मा
(c) रामवृक्ष बेनीपुरी
(d) सच्चिदानंद हीरानंद वात्स्यायन "अज्ञेय"

25. 'संस्कृति के चार अध्याय' के रचनाकार है?
(a) रामधारी सिंह दिनकर
(b) श्री लाल शुक्ल
(c) गोविंद मिश्रा
(d) सुदामा पाण्डेय 'धूमिल'

26. सूरदास की कौन सी रचना उनकी प्रसिद्धि का मूल आधार है?
(a) साहित्य लहरी
(b) सूरसागर
(c) गीता
(d) सूररामायण

27. 'संदेश रासक' के रचयिता कौन है?
(a) सैय्यद इब्राहीम 'रसखान'
(b) रामधारी सिंह दिनकर
(c) अब्दुल रहमान
(d) अमीर खुसरो

28. यह कविता माखनलाल चतुर्वेदी की है-
(a) पुष्प की अभिलाषा
(b) हम विषपायी जन्म के
(c) आत्मोसर्ग
(d) नीम के पत्ते

29. निम्न में से प्रेमचन्द की कहानी कौनसी नही है-
(a) कफ़न
(b) सद्गति
(c) पूस की रात
(d) ग्राम

30. 'शेखर एक जीवनी' किसका प्रसिद्ध उपन्यास है?
(a) यशपाल
(b) अज्ञेय
(c) नागार्जुन
(d) फणीश्वर नाथ 'रेणु'

31. निम्न में से कौन सा शब्द व्यक्तिवाचक संज्ञा है:

32. कौन सा शब्द जातिवाचक संज्ञा नहीं है:
(a) जवान
(b) बालक
(c) सुंदर
(d) मनुष्य

33. 'उत्तम पुरुष' सर्वनाम के किस भेद का एक प्रकार है?
(a) निजवाचक
(b) पुरुषवाचक
(c) सम्बन्धवाचक
(d) निश्चयवाचक

34. 'वे भ्रष्टाचार के प्रबल विरोधी थे । ' वाक्य सर्वनाम का कौन सा प्रकार है?
(a) सम्बन्धवाचक
(b) निश्चयवाचक
(c) निजवाचक
(d) पुरुषवाचक

35. किस विकल्प में क्रिया के 'सातपय बोधक पक्ष ' का प्रयोग हुआ है?
(a) भीड़ बढ़ती ही जा रही है
(b) सीता कितना अच्छा गा रही है
(c) वह अब तक काफी खेल चुका है
(d) इनमें से कोई नहीं

36. किस विकल्प में क्रिया के 'अभ्यास द्योतक पक्ष' का प्रयोग हुआ है?
(a) सुबह का टहलना बड़ा ही अच्छा होता है
(b) लड़का मन से पढ़ता है और परीक्षा पास करता है
(c) सोना महँगा है
(d) वह दिन भर मेहनत करता था तब सफल हुआ

37. 'से', 'के द्वारा' किस कारक का परसर्ग है?
(a) अपादान
(b) करण
(c) संप्रदान
(d) अधिकरण

38. '"ऐ राकेश!" यहाँ आओ'' इस वाक्य में कौन सा कारक है?
(a) अधिकरण कारक
(b) सम्बोधन कारक
(c) कर्त्ता कारक
(d) करण कारक

39. रेखांकित पद विशेषण के किस भेद के अंतर्गत आते हैं?
भीड़ पर अचानक कुछ लोगों ने पत्थर फेंकना शुरू कर दिया।
(a) निश्चित संख्यावाचक
(b) निश्चित परिमाणवाचक
(c) अनिश्चित संख्यावाचक
(d) अनिश्चित परिमाणवाचक

40. संख्यावाचक विशेषण का उदाहरण निम्नलिखित में से कौन-सा वाक्य है?
(a) प्रसून हॉकी का कुशल खिलाड़ी है।
(b) युवराज ने पच्चीस गेदें खेलकर साठ रन बनाए।
(c) मजदूर को दो किलो आटा चाहिए।
(d) यह पुस्तक मलिक मोहम्मद जायसी द्वारा रचित है।

41. 'यथासंभव' में कौन सा समास है?
(a) अव्ययीभाव
(b) कर्मधारय
(c) तत्परूष
(d) द्विगु

42. 'योगदान' शब्द किस समास का उदाहरण है?
(a) तत्पुरुष
(b) बहुव्रीहि
(c) द्वंद्व
(d) इनमें से कोई नहीं

43. किस विकल्प में मुहावरे का भावार्थ सही है?
(a) ऊँट के गले में बिल्ली बाँधना - व्यर्थ कार्य करना
(b) ऊँट के मुँह में जीरा - अपमान करना
(c) ऊँच-नीच समझाना - सबके साथ एक जैसा व्यवहार करना
(d) ऊसर में बीज बोना - व्यर्थ कार्य करना

44. किस विकल्प में मुहावरे का भावार्थ सही है?
- (a) अलाउद्दीन का चिराग - अज्ञानियों में अल्पज्ञान वाले का सम्मान होना
- (b) अपनी राम कहानी सुनाना - किसी की न सुनना
- (c) अक्ल का अजीर्ण होना - आवश्यकता से अधिक अक्ल होना
- (d) अन्तर के पट खोलना - चकित होना

45. 'व्याकरण-शिक्षण' प्रणाली में किस प्रणाली को विकृत रूप में 'सुग्गा' प्रणाली भी कहते हैं?
- (a) निगमन प्रणाली
- (b) अव्याकृति प्रणाली
- (c) पाठ्य-पुस्तक प्रणाली
- (d) आगमन प्रणाली

46. नवीन शिक्षण पद्धतियों में 'प्रोजेक्ट पद्धति' के व्यापक प्रयोग का श्रेय किसको है?
- (a) ड्यूवी और किलपैट्रिक को
- (b) स्टीवेन्सन और रिचर्ड्स को
- (c) कुमारी हेलन पार्कहर्स्ट को
- (d) कार्लटन वाशबर्न को

47. पाठ्य-पुस्तकों के उद्देश्य के अंतर्गत पाठ्य-पुस्तकें शिक्षक या बालकों के लिए है:
- (a) साध्य नहीं वरन् साधन हैं।
- (b) पुस्तकें शिक्षक व शिक्षार्थी के लिए साध्य हैं।
- (c) अध्यापन हेतु साध्य एवं साधन हैं।
- (d) साधन कम साध्य अधिक हैं।

48. भाषा-शिक्षण में उपयोगी श्रव्य-दृश्य साधन है:
- (a) रेडियो
- (b) अभिनय
- (c) श्यामपट्ट
- (d) पोस्टर

49. राष्ट्रपिता महात्मा गाँधी द्वारा प्रवर्तित 'बेसिक शिक्षा' का एक प्रमुख सिद्धांत है:
- (a) व्यक्तिगत भिन्नता पर बल देना।
- (b) कक्षा के स्थान प्रयोगशाला में शिक्षा देना।
- (c) मातृभाषा के माध्यम से शिक्षा प्रदान करना।
- (d) खेल के माध्यम से शिक्षा देना।

50. रेडियो अधिगम सामग्री है:
- (a) दृश्य अधिगम सामग्री
- (b) श्रव्य-दृश्य अधिगम सामग्री
- (c) श्रव्य अधिगम सामग्री
- (d) इनमें से सभी

51. नाभादास का सम्बन्ध किस भक्ति शाखा से है?
- (a) ज्ञानमार्गी
- (b) प्रेममार्गी
- (c) रामभक्ति
- (d) कृष्ण भक्ति

52. कामायनी का चिंता सर्ग कब व कौनसी पत्रिका में प्रकाशित हुआ?
- (a) 1925 माधुरी
- (b) 1927 सुधा
- (c) 1929 विशाल भारत
- (d) 1931 विशाल भारत

53. श्रावकाचार किस कवि की रचना है?
- (a) देवसेन
- (b) स्वयंभू
- (c) सरहपा
- (d) भास्कराचार्य

54. भरतेश्वर बाहुबली रास, किस कवि की रचना है?
- (a) चंदवरदाई
- (b) पुष्पदंत
- (c) शालिभद्र सूरी
- (d) देवसेन

55. यूरोप में जो अंधकार युग था वह हिंदी साहित्य में किस नाम से जाना जाता है।
- (a) आदिकाल
- (b) रीतिकाल
- (c) भक्तिकाल
- (d) आधुनिक काल

56. 'हिमाद्री तुंग श्रृंग से प्रबुद्ध शुद्ध भारती' गीत किस पात्र द्वारा गाया गया है-
- (a) अलका
- (b) कार्नेलिया
- (c) मल्लिका
- (d) मेघा

57. जगदीश चन्द्र माथुर का नाटक है-
- (a) मिस्टर अभिमन्यु
- (b) शुतुरमुर्ग
- (c) कोणार्क
- (d) युगे-युगे क्रांति

58. नारी समस्या का चित्रण प्रसाद के किस नाटक में है-
- (a) विशाख
- (b) स्कन्दगुप्त
- (c) चन्द्रगुप्त
- (d) ध्रुवस्वामिनी

59. सहज कहानी के प्रवर्तक कौन है?
- (a) महीप सिंह
- (b) गंगा प्रसाद विमल
- (c) अमृत राय
- (d) कमलेश्वर

60. अजनबी और अकेलेपन पर आधारित नयी कहानी आन्दोलन की प्रमुख कहानी कौनसी है?
- (a) राजा निरबंसिया
- (b) इंस्पेक्टर माता दीन चाँद पर
- (c) सिक्का बदल गया
- (d) परिंदे

61. निम्न में से कौन-सी कहानी मन्नू भण्डारी की नहीं है?
- (a) यही सच है
- (b) एक कमज़ोर लड़की की कहानी
- (c) पचपन खम्भे लाल दीवार
- (d) सयानी बुआ

62. 'सिक्का बदल गया' किसकी कहानी है ?
- (a) महरुनिसा परवेज़
- (b) हरिशंकर परसाई
- (c) कृष्णा सोबती
- (d) पद्मा सचदेव

63. मनोविकार सम्बन्धी निबन्धों के लेखक हैं?
- (a) महावीर प्रसाद द्विवेदी
- (b) हजारी प्रसाद द्विवेदी
- (c) आचार्य रामचन्द्र शुक्ल
- (d) अध्यापक पूर्णसिंह

64. 'चन्द्रधर शर्मा गुलेरी' का निबन्ध है-
- (a) चेतना के बिम्ब
- (b) संस्कृति और साहित्य
- (c) कछुआ धर्म
- (d) कन्यादान

65. 'वाक्यं रसात्मकं काव्यम्' अर्थात् रसात्मक वाक्य ही काव्य है। काव्यलक्षण के विषय में यह कथन किस आचार्य का है?
- (a) भामह
- (b) पंडित राज जगन्नाथ
- (c) विश्वनाथ
- (d) मम्मट

66. निम्नलिखित में से 'कामायनी' का काव्य रूप क्या माना जाता है?
- (a) खण्डकाव्य
- (b) चरित काव्य
- (c) एकार्थकाव्य
- (d) महाकाव्य

67. निम्न में से कौन अष्टछाप के कवियों में शामिल है?
- (a) सूरदास
- (b) कृष्णदास
- (c) नन्ददास
- (d) इनमें से सभी

68. निम्न में से कौन भारतेन्दु युग के कवि नहीं है?
- (a) भारतेन्दु हरिश्चन्द्र
- (b) प्रतापनारायण मिश्र
- (c) महावीर प्रसाद द्विवेदी
- (d) राधाकृष्ण दास

69. निम्न में से किसका सम्बन्ध छायावादी युग से नहीं है?
- (a) जयशंकर प्रसाद
- (b) महादेवी वर्मा
- (c) सूर्यकान्त त्रिपाठी
- (d) मैथिलीशरण गुप्त

70. निम्नलिखित ग्रंथो को उनके रचयिताओं के साथ सुमेलित कीजिए।

सूची- I	सूची- II

(a) पेरि इप्सुस	(i) कॉलरिज
(b) द सेक्रेड वुड	(ii) अस्स्तू
(c) पोएटिक्स	(iii) टी. एस. इलियट
(d) बॉयोग्रेफिया लिटरेरिया	(iv) लोंजाइनस
	(v) विलियम वड्र्वथ

निम्नलिखित में से सही विकल्प चुनिए ।

(a) (a) - (i), (b) - (ii), (c) - (iii), (d) - (v)
(b) (a) - (ii), (b) - (iii), (c) - (iv), (d) - (i)
(c) (a) - (iii), (b) - (i), (c) - (v), (d) - (iv)
(d) (a) - (iv), (b) - (iii), (c) - (ii), (d) - (i)

71. **'कविता का मर्म' में कौन-कौन सी विभक्ति है?**

(a) षष्ठी (b) प्रथमा
(c) तृतीया (d) सप्तमी

72. **सूरदास के दृष्टकूट पद किस काव्य-ग्रंथ में संकलित हैं?**

(a) सूरसागर (b) साहित्य लहरी
(c) सूर सारावली (d) इनमें से कोई नहीं

73. **आचार्य रामचंद्र शुक्ल ने रीतिकाल का समय माना है?**

(a) 1600 - 1800 वि. (b) 1700 - 1900 वि.
(c) 1500 - 1750 वि. (d) 1600 - 1850 वि.

74. **इनमें से रीतिकाल का कौन-सा कवि अपने प्रकृति-चित्रण के लिए विख्यात है?**

(a) घनानंद (b) मतिराम
(c) सेनापति (d) ग्वाल

75. **इनमें से किसने सर्वाधिक ऐतिहासिक नाटक लिखे हैं?**

(a) मोहन राकेश (b) जयशंकर प्रसाद
(c) लक्ष्मीनारायण लाल (d) सुरेन्द्र वर्मा

76. **'सचेतन कहानी' का प्रवर्तक इनमें से कौन है?**

(a) जैनेन्द्र (b) महीप सिंह
(c) कमलेश्वर (d) निर्मल वर्मा

77. **बालकृष्ण शर्मा 'नवीन' कृत काव्य इनमें से कौन है?**

(a) रेणुका (b) हम विषपायी जनम के
(c) हिमकिरीटिनी (d) मिलन

78. **सही मेल कीजिए -**

हम्मीर रासो	सारंगधर
खुमाण रासो	दलपति विजय
कीर्तिलता	विद्यापति
जयमयंक जस चन्द्रिका	मधुकर कवि

(a) a-1, b-2, c-3, d-4 (b) a-3, b-4, c-1, d-2
(c) a-1, b-3, c-2, d-4 (d) a-4, b-2, c-3, d-1

79. **कालक्रम की दृष्टि से निम्नलिखित कहानियों का सही अनुक्रम क्या है?**

(a) मिठाईवाला, वापसी, यक्षगान, इन्दुमति
(b) वापसी, यक्षगान, मिठाईवाला, इन्दुमति
(c) इन्दुमति, मिठाईवाला, वापसी, यक्षगान
(d) यक्षगान, इन्दुमति, वापसी, मिठाईवाला

80. **"कहती हुई यों उत्तरा के नेत्र जल से भर गए।हिम के कणों से पूर्ण मानो हो गए पंकज नए"।**
उपर्युक्त पंक्तियों में कौन-सा अलंकार है?

(a) उपमा अलंकार (b) रूपक अलंकार
(c) उत्प्रेक्षा अलंकार (d) मानवीकरण अलंकार

81. **निम्नलिखित में से कौनसा भाषा सीखने में सहायक नहीं है?**
1. भाषा के लिए अवसर सृजित करना
2. त्रुटियों के प्रति नकारात्मक रवैया
3. सहयोगात्मक वातावरण
4. शिक्षार्थियों को प्रोत्साहित करना

(a) 1 (b) 2
(c) 3 (d) 4

82. **श्रव्य भाषा पद्धति किस पर बल देती है।**
1. पठन तथा लेखन
2. श्रव्य तथा वाचन
3. वाचन तथा लेखन
4. श्रव्य तथा पठन

(a) 1 (b) 2
(c) 3 (d) 4

83. **निम्नलिखित में कौन-सा वक्तव्य सही है?**

(a) अन्तर्राष्ट्रीय शब्दों का यथासम्भत अंग्रेजी रूप हिन्दी में ग्रहण करना चाहिए।
(b) अन्तर्राष्ट्रीय शब्दों का अनुवाद करना चाहिए।
(c) अन्तर्राष्ट्रीय शब्दों को ग्रहण नहीं करना चाहिए।
(d) अन्तर्राष्ट्रीय शब्दों को नागरी लिपि में लिखकर ग्रहण करना चाहिए।

84. **हिन्दी किस लिपि में लिखी जाती है?**

(a) ब्राह्मी (b) देवनागरी
(c) खरोष्ठी (d) गुरुमुखी

85. **जब एक अधिकारी दूसरे अधिकारी को व्यक्तिगत नाम से पत्र लिखता है उसे क्या कहते हैं?**

(a) शासकीय पत्र (b) अर्द्ध शासकीय पत्र
(c) टिप्पणी (d) कार्यालयी ज्ञापन

86. **गंदगी की समस्या से पीड़ित मुहल्लेवासियों की ओर से नगरपालिकाध्यक्ष को लिखा गया पत्र निम्नलिखित में से किस श्रेणी के अंतर्गत आएगा?**

(a) प्रार्थना-पत्र (b) आवेदन पत्र
(c) व्यापारिक पत्र (d) शिकायती पत्र

87. **संक्षेपण मूल पाठ से कितने कम शब्दों में लिखना चाहिए?**

(a) आधे (b) एक तिहाई
(c) तीन चौथाई (d) दो तिहाई

88. **माता-पिता द्वारा पुत्र को लिखे गये पत्र में माता-पिता द्वारा क्या अभिवादन किया जाना चाहिए?**

(a) शुभाशीर्वाद (b) सादर प्रणाम
(c) सादर नमस्कार (d) प्रणाम

89. **परिपत्र कब जारी किया जाता है?**

(a) संबद्ध या अधीनस्थ कार्यालयों के साथ पत्राचार के समय।
(b) बैठक में लिए गए पहत्वपूर्ण निर्णयों को कार्यान्वित करने के उद्देश्य से।
(c) किसी अधिकारी की लिखित शिकायत प्राप्त होने पर।
(d) पुराने भेजे गए पत्र के अनुपालन के लिए पुनः निर्देश देते समय।

90. **बौद्ध धर्म के उपदेशों की भाषा क्या थी?**

(a) अपभ्रंश (b) प्राकृत
(c) पालि (d) संस्कृत

91. **निम्नलिखित बोलियों में से कौन - सी बोली उत्तर प्रदेश में सामान्यतः नहीं बोली जाती?**

(a) अवधी (b) ब्रज

(c) मैथिली	(d) खड़ी बोली

92. मैथिली बोली के लोकप्रिय कवि है:
- (a) तुलसी
- (b) जयसी
- (c) विद्यापति
- (d) नन्ददास

93. दिए गए विकल्पों में आकार बहुला बोली है:
- (a) अवधी
- (b) मालवी
- (c) कौरवी
- (d) भोजपुरी

94. 'खड़ी बोली' का दूसरा नाम क्या है?
- (a) मगही
- (b) कौरवी
- (c) हिन्दुस्तानी
- (d) बघेली

95. 'गमला' और 'आलपीन' किस भाषा के शब्द है ?
- (a) फ्रेंच
- (b) अंग्रेजी
- (c) पुर्तगाली
- (d) जापानी

96. 'रामचरितमानस' की रचना किस भाषा में हुई है?
- (a) खड़ी बोली हिन्दी
- (b) ब्रजभाषा
- (c) अवधी
- (d) मैथिली

97. 'अतीत में दबे पांव' के लेखक हैं?
- (a) ओम थानवी
- (b) हरिशंकर परसाई
- (c) शरद जोशी
- (d) राजेंद्र यादव

98. भारतेंदु ने किस नाटक में अभिनय किया था–
- (a) विद्यासुन्दर
- (b) जानकी मंगल
- (c) नीलदेवी
- (d) सती प्रताप

99. छायावाद को प्रतिबिम्बवाद किसने कहा?
- (a) नन्ददुलारे वाजपेयी
- (b) रामचन्द्र शुक्ल
- (c) रामविलास शर्मा
- (d) हजारी प्रसाद

100. आचार्य रामचन्द्र शुक्ल का हिन्दी साहित्य में किस विधा में प्रवेश हुआ?
- (a) अलोचना
- (b) कविता
- (c) कहानी
- (d) उपन्यास

।। स्मार्ट उत्तर पुस्तिका ।।

सही उत्तर उन छात्रों का प्रतिशत जिन्होंने प्रश्न का सही उत्तर दिया।

छोड़ दिया उन छात्रों का प्रतिशत जिन्होंने प्रश्न को छोड़ दिया।

प्रश्न संख्या	उत्तर	सही उत्तर / छोड़ दिया	प्रश्न संख्या	उत्तर	सही उत्तर / छोड़ दिया	प्रश्न संख्या	उत्तर	सही उत्तर / छोड़ दिया	प्रश्न संख्या	उत्तर	सही उत्तर / छोड़ दिया
1	B	49.89% / 1.1%	2	D	67.52% / 1.18%	3	A	58.37% / 1.3%			
4	B	49.3% / 1.01%	5	A	42.71% / 1.48%	6	A	55.01% / 1.42%			
7	A	57.39% / 1.64%	8	B	68.77% / 1.73%	9	A	58.4% / 1.52%			
10	B	68.47% / 1.16%	11	D	25.64% / 3.72%	12	A	44.47% / 1.68%			
13	B	65.29% / 1.84%	14	A	62.31% / 1.66%	15	A	42.0% / 1.86%			
16	D	66.48% / 1.43%	17	B	62.34% / 1.9%	18	C	55.88% / 1.13%			
19	D	58.61% / 1.86%	20	C	44.98% / 1.6%	21	D	54.74% / 1.74%			
22	A	51.98% / 1.1%	23	B	67.46% / 1.64%	24	A	48.05% / 1.32%			
25	A	41.19% / 1.89%	26	B	52.96% / 1.23%	27	C	66.65% / 1.72%			
28	A	49.65%	29	D	59.92%	30	B	55.41%			
31	C	53.7% / 1.97%	32	C	66.88% / 1.1%	33	B	84.89% / 0.0%			
34	D	79.76% / 0.0%	35	B	69.24% / 1.72%	36	D	64.14% / 1.7%			
37	B	79.38% / 0.0%	38	B	50.61% / 1.9%	39	C	46.77% / 1.86%			
40	B	46.48% / 1.91%	41	A	88.19% / 0.0%	42	A	52.35% / 1.92%			
43	D	63.22% / 1.33%	44	C	53.04% / 1.83%	45	C	53.08% / 1.45%			
46	A	54.47% / 1.21%	47	A	84.63% / 0.0%	48	B	66.7% / 1.04%			
49	C	86.92% / 0.0%	50	C	86.98% / 0.0%	51	C	63.91% / 1.91%			
52	B	47.56% / 1.39%	53	A	65.07% / 1.79%	54	C	56.83% / 1.62%			
55	C	54.29% / 1.18%	56	A	40.56% / 1.32%	57	C	67.86% / 1.09%			
58	D	51.54% / 1.59%	59	C	61.56% / 1.14%	60	D	68.02% / 1.22%			
61	C	67.3% / 1.92%	62	C	68.75% / 1.82%	63	C	44.96% / 1.78%			
64	C	58.72% / 1.83%	65	C	45.03% / 1.27%	66	D	81.52% / 0.0%			
67	D	44.3% / 1.35%	68	C	83.12% / 0.0%	69	D	82.29% / 0.0%			
70	D	86.74% / 0.0%	71	A	52.01% / 1.38%	72	B	40.53% / 1.6%			
73	B	31.51% / 3.24%	74	C	20.9% / 4.7%	75	B	46.3% / 1.34%			
76	B	47.26% / 1.88%	77	B	69.7% / 1.51%	78	A	65.69% / 1.46%			
79	C	62.71% / 1.28%	80	C	45.69% / 1.21%	81	B	59.36% / 1.14%			
82	B	85.45% / 0.0%	83	D	86.35% / 0.0%	84	B	77.11% / 0.0%			
85	B	79.86% / 0.0%	86	D	65.86% / 1.16%	87	B	69.91% / 1.41%			
88	A	65.4% / 1.89%	89	B	52.19% / 1.43%	90	C	61.61% / 1.73%			
91	C	54.58% / 1.92%	92	C	54.92% / 1.79%	93	B	47.27% / 1.46%			
94	B	64.91% / 1.81%	95	C	42.97% / 1.91%	96	C	42.45% / 1.2%			
97	A	49.61% / 1.85%	98	B	43.19% / 1.3%	99	C	66.64% / 1.7%			
100	A	61.31% / 1.16%									

।। संकेत और समाधान ।।

1(B). गद्यांश के अनुसार श्रम विभाजन की दृष्टि से जाति-प्रथा दोषपूर्ण 'मनुष्य के पेशे को पूर्व लेख से जोड़े जाने के कारण' है।

गद्यांश के अनुसार:

जाति-प्रथा का श्रम विभाजन मनुष्य की स्वेच्छा पर निर्भर नहीं रहता। मनुष्य की व्यक्तिगत भावना तथा व्यक्तिगत रुचि का इसमें कोई स्थान अथवा महत्त्व नहीं रहता। ऐसा मनुष्य के पेशे को पूर्व लेख से जोड़े जाने के कारण होता है।

2(D). कार्य निर्धारित होने का दुष्परिणाम होता है- उपरोक्त सभी {कार्य के प्रति दुर्भविना, कार्यकुशलता का अभाव, कार्य अरुचि के साथ करना}

गद्यांश के अनुसार:

उद्योगों में गरीब तो कार्य के प्रति 'अरुचि' के साथ केवल विवशतावश कार्य करते हैं। मनुष्य को दुर्भविना से ग्रस्त रहकर चालु काम करने और कम काम करने के लिए प्रेरित करती है। ऐसी स्थिति कार्यकुशलता का अभाव देखने को मिलता है।

3(A). कार्यकुशलता बढ़ाने के लिए 'रुचि के अनुसार काम करने का अवसर प्रदान करना' आवश्यक है।
गद्यांश के अनुसार:
कार्यकुशलता बढ़ाने के लिए रुचि के अनुसार काम करने का अवसर प्रदान करना आवश्यक है। यह मनुष्य की स्वाभाविक प्रेरणा व आत्म-शक्ति को सक्रिय कर देता है।

4(B). लेखक श्रम के क्षेत्र में सबसे बड़ी समस्या 'स्वेच्छानुसार काम न मिलने को' मानता है।
गद्यांश के अनुसार:
लेखक श्रम के क्षेत्र में सबसे बड़ी समस्या स्वेच्छानुसार काम न मिलने पर न ही काम करने में दिल लगता है और न दिमाग, वहाँ कोई कुशलता प्राप्त नहीं की जा सकती है।

5(A). आर्थिक पहलु से जाति-प्रथा 'मनुष्य की रुचि एवं आत्मशक्ति को कम करने के कारण' हानिकारक है।
गद्यांश के अनुसार:
आर्थिक पहलू से भी जाति-प्रथा हानिकारक प्रथा है, क्योंकि यह मनुष्य की स्वाभाविक प्रेरणा, रुचि व आत्म-शक्ति को दबाकर उन्हें अस्वाभाविक नियमों में जकड़ कर निष्क्रिय बना देती है।

6(A). 'निष्क्रिय' शब्द का विग्रह है- निः + क्रिय
अर्थ: काम–धाम न करनेवाला
सन्धि (सम् + धि) शब्द का अर्थ है 'मेल' या जोड़। दो निकटवर्ती वर्णों के परस्पर मेल से जो विकार (परिवर्तन) होता है वह संधि कहलाता है।
जैसे- सम् + तोष = संतोष, देव + इंद्र = देवेंद्र, भानु + उदय = भानूदय

7(A). 'आर्थिक' शब्द में मूल शब्द 'अर्थ' है।
'आर्थिक' शब्द में 'इक' प्रत्यय है।
'आर्थिक' शब्द का अर्थ: अर्थवाला, उद्देश्यवाला।
आर्थिक शब्द का संधि विच्छेद: अर्थ + इक = आर्थिक

8(B). "उद्योग" का संधि विच्छेद उत्+योग होगा।
उत्+योग = व्यंजन संधि
त् का मेल ग, घ, द, ध, ब, भ, य, र, व या किसी स्वर से हो जाए तो द् हो जाता है।
एक व्यंजन का अन्य किसी व्यंजन अथवा स्वर से मेल होने पर जो विकार (परिवर्तन) होता है, उसे व्यंजन संधि कहते हैं।

9(A). वेदानां व्याख्यानभूता ग्रन्थाः व्याकरणग्रन्था: सन्ति।

10(B). मानवकर्तव्याकर्तव्ययोर् निर्धारणं गीतायाम् वर्तते।

11(D). 'नीतिदर्शनं च जायते' इति 'दर्शनम्' इत्यस्य व्युत्पत्तिः- दश + गम्

12(A). विश्व साहित्य में एक अभूतपूर्व घटना अमेरिका की खोज है।

13(B). 'पुरा सर्वे जनाः' परशियनभाषाम् भाषां भाषन्ते स्म।

14(A). गद्यांश के अनुसार, त्योहारों का मनाना 'सांस्कृतिक विविधता' से सम्बंधित है।

15(A). हमारे देश में त्योहार मनाने के अलग-अलग तरीके' के माध्यम से 'अलग-अलग रास्ते' की ओर संकेत किया गया है।

16(D). 'गणतंत्र दिवस' त्योहार किसी महापुरुष से जुड़ा हुआ नही है।

17(B). गद्यांश के अनुसार, त्यौहार राष्ट्र में सभी को मिल-जुलकर रहने का लाभ पहुंचाते है।

18(C). 'देशभक्ति' में तत्पुरुष समास है। इसका समास विग्रह 'देश की भक्ति' है।

19(D). 'भी' शब्द निपात है।

20(C). 'खुशी' शब्द 'भाववाचक संज्ञा' है।

21(D). "जयद्रथ वध" महाभारत के एक पात्र पर आधारित एक अद्भुत रचना है, जिसके लेखक राष्ट्रीय कवि 'मैथिलीशरण गुप्त' है।
यह महाभारत पर आधारित खंडकाव्य है। हरिगीतिका छंद में रचा गया है। मैथिलीशरण गुप्त खड़ी बोली के महत्वपूर्ण कवियों में से है।

22(A). 'गोदान' प्रेमचंद द्वारा रचित उपन्यास है।
गोदान, प्रेमचन्द का अंतिम और सबसे महत्वपूर्ण उपन्यास माना जाता है। कुछ लोग इसे उनकी सर्वोत्तम कृति भी मानते हैं। इसका प्रकाशन 1936 ई० में हिन्दी ग्रंथ रत्नाकर कार्यालय, बम्बई द्वारा किया गया था। इसमें भारतीय ग्राम समाज एवं परिवेश का सजीव चित्रण है। गोदान ग्राम्य जीवन और कृषि संस्कृति का महाकाव्य है। इसमें प्रगतिवाद, गांधीवाद और मार्क्सवाद (साम्यवाद) का पूर्ण परिप्रेक्ष्य में चित्रण हुआ है।

23(B). 'ज्ञानपीठ' पुरस्कार से सम्मानित रचना "चिदम्बरा" सुमित्रा नंदन पन्त की रचना है।
सुमित्रा नंदन पन्त की अन्य रचनाएं- युगवाणी, वीणा, लोकायतन, पल्लव है।

24(A). ध्रुवस्वामिनी जयशंकर प्रसाद द्वारा रचित प्रसिद्ध हिन्दी नाटक है। यह प्रसाद की अंतिम और श्रेष्ठ नाट्य-कृति है।
इसका कथानक गुप्तकाल से सम्बद्ध और शोध द्वारा इतिहाससम्मत है। यह नाटक इतिहास की प्राचीनता में वर्तमान काल की समस्या को प्रस्तुत करता है। प्रसाद ने इतिहास को अपनी नाट्याभिव्यक्ति का माध्यम बनाकर शाश्वत मानव-जीवन का स्वरुप दिखाया है, युग-समस्याओं के हल दिए हैं, वर्तमान के धुंधलके में एक ज्योति दी है, राष्ट्रीयता के साथ-साथ विश्व-प्रेम का सन्देश दिया है। इसलिए उन्होंने इतिहास में कल्पना का संयोजन कर इतिहास को वर्तमान से जोड़ने का प्रयास किया है।

25(A). संस्कृति के चार अध्याय हिन्दी के विख्यात साहित्यकार रामधारी सिंह दिनकर द्वारा रचित एक भारतीय संस्कृति का सर्वेक्षण है जिसके लिये उन्हें सन् 1959 में साहित्य अकादमी पुरस्कार से सम्मानित किया गया।

26(B). सूरदास की सर्वसम्मत प्रामाणिक रचना 'सूरसागर' है। एक प्रकार से 'सूरसागर' जैसा कि उसके नाम से सूचित होता है, उनकी सम्पूर्ण रचनाओं का संकलन कहा जा सकता है। 'सूरसागर' के अतिरिक्त 'साहित्य लहरी' और 'सूरसागर सारावली' को भी कुछ विद्वान् उनकी प्रामाणिक रचनाएँ मानते हैं परन्तु इनकी प्रामाणिकता सन्दिग्ध है।

27(C). सन्देश रासक, अपभ्रंश में रचित एक एक काव्य है जिसकी रचना 1000-1100 ई के आसपास मुल्तान के कवि अब्दुल रहमान ने किया था। यह ग्रन्थ उस अपभ्रंश में है जिससे लहन्दा, पंजाबी और सिन्धी आदि पश्चिमी भारतीय भाषाएँ जन्मी हैं।

28(A). 'पुष्प की अभिलाषा' यह कविता माखनलाल चतुर्वेदी की है। माखनलाल चतुर्वेदी की 'पुष्प की अभिलाषा' उनके निजी जीवन का सार है। इनकी अन्य रचनाएँ हैं- हिमकिरीटिनी, हिमतरंगिनी, मटा, समर्पण, वेणु लो गूँजे धरा, युगचरण, मरण ज्वार आदि।

29(D). "ग्राम", जयशंकर प्रसाद" की कहानी है। इसका रचना वर्ष सन् 1911 ईस्वी है। यह इंदु पत्रिका में प्रकाशित हुई थी। यह जयशंकर प्रसाद की प्रथम कहानी है।

30(B). सच्चिदानंद हीरानंद वात्स्यायन 'अज्ञेय' को कवि, शैलीकार, कथा-साहित्य को एक महत्त्वपूर्ण मोड़ देने वाले कथाकार, ललित-निबन्धकार, सम्पादक और अध्यापक के रूप में जाना जाता है। 'शेखर एक जीवनी' अज्ञेय की प्रसिद्ध रचना है। इनके अन्य उपन्यास हैं- नदी के द्वीप, अपने-अपने अजनबी आदि।

31(C). किसी भी विशेष व्यक्ति, वस्तु या स्थान के नाम का बोध कराने वाली संज्ञा ही व्यक्तिवाचक संज्ञा कहलाती हैं। यानी, व्यक्तिवाचक संज्ञा सभी व्यक्ति, वस्तु या स्थान की संपूर्ण जाती में से ख़ास का नाम बताती हैं। 'यमुना' व्यक्तिवाचक संज्ञा है।

32(C). जिस शब्द से एक जाति के सभी प्राणियों अथवा वस्तुओं का बोध हो, उसे जातिवाचक संज्ञा कहते हैं। बच्चा, जानवर, नदी, अध्यापक, बाजार, गली, पहाड़, खिड़की, स्कूटर आदि शब्द एक ही प्रकार प्राणी, वस्तु और स्थान का बोध करा रहे हैं। इसलिए ये 'जातिवाचक संज्ञा' हैं।
केवल 'सुंदर' में भाववाचक संज्ञा है। अन्य सभी में 'जातिवाचक संज्ञा' हैं।

33(B). 'उत्तम पुरुष' सर्वनाम के पुरुषवाचक भेद का एक प्रकार है।
पुरुषवाचक सर्वनाम का प्रयोग वक्ता द्वारा स्वयं के लिए या अन्य व्यक्ति के लिए किया जाता है।
जैसे - मैं, हम, मुझे, तू, तुम, तुझे आदि।

34(D). 'वे भ्रष्टाचार के प्रबल विरोधी थे ।' इस वाक्य में 'पुरूषवाचक' सर्वनाम है।

पुरुषवाचक सर्वनाम: जिस सर्वनाम का प्रयोग वक्ता द्वारा स्वयं के लिए या अन्य व्यक्ति के लिए किया जाता है, 'पुरूषवाचक' सर्वनाम कहलाता है।

जैसे - मैं, हम, मुझे, तू, तुम, तुझे, तुम्हारा, वह, वे, उसने, आप आदि।

35(B). दिए गए विकल्पों में से 'सीता कितना अच्छा गा रही है।' वाक्य में क्रिया के 'सातपय बोधक पक्ष' का प्रयोग हुआ है।

सीता कितना अच्छा गा रही है। वाक्य में सीता के गाने की प्रक्रिया का चालू रहने का बोध है।

इसलिए, यह क्रिया का सातपय बोधक पक्ष है।

36(D). दिए गए विकल्पों में से 'वह दिन भर मेहनत करता था तब सफल हुआ।' वाक्य में क्रिया के 'अभ्यास दयोतक पक्ष' का प्रयोग हुआ है।

वह दिन भर मेहनत करता था तब सफल हुआ। वाक्य में दिन भर मेहनत करने की प्रक्रिया के स्वभाव वश होने का सूचक है।

इसलिए, यह क्रिया का अभ्यास दयोतक पक्ष है।

37(B). 'से', 'के द्वारा' करण कारक का परसर्ग है।

38(B). दिए गए वाक्य '"ऐ राकेश!" यहाँ आओ" इस वाक्य में सम्बोधन कारक है।

39(C). रेखांकित पद में अनिश्चित संख्यावाचक विशेषण है।

ऐसे विशेषण जो हमें किसी संज्ञा या सर्वनाम का निश्चित बोध नहीं करा पाते एवं उनमें अनिश्चितता बनी रहती है, ऐसे विशेषण शब्द अनिश्चित संख्यावाचक विशेषण कहलाते हैं। जैसे: कुछ, अनेक, बहुत, सारे, सब, कुछ, कई, थोड़ा, सैंकड़ों, अनेक, चंद, अनगिनत, हजारों आदि।

40(B). 'युवराज ने **पच्चीस** गेदें खेलकर **साठ** रन बनाए।' में संख्यावाचक विशेषण है।

जिससे संख्या का बोध होता है उसे संख्यावाचक विशेषण कहते हैं। जैसे- एक किताब, दो मनुष्य, तीन लड़के इत्यादि।

41(A). 'यथासंभव' का विग्रह 'जहाँ तक संभव हो सके' है इसलिए यहाँ 'अव्ययीभाव समास' है।

42(A). 'योगदान' शब्द अर्थात 'योग का दान', इसमें 'सम्बन्ध तत्पुरुष' का लोप है।

43(D). मुहावरा: ऊसर में बीज बोना

मुहावरे का हिंदी में अर्थ: व्यर्थ कार्य करना

वाक्य प्रयोग: मैंने कौशिक से कहा कि अपने घर में दुकान खोलना तो ऊसर में बीज डालना हैं, कोई और स्थान देखो।

44(C). मुहावरा: अक्ल का अजीर्ण होना

मुहावरे का हिंदी में अर्थ: आवश्यकता से अधिक अक्ल होना

वाक्य प्रयोग: सोहन किसी भी विषय में दूसरे को महत्व नहीं देता है, उसे अक्ल का अजीर्ण हो गया है।

45(C). 'व्याकरण-शिक्षण' प्रणाली में पाठ्य-पुस्तक प्रणाली को विकृत रूप में 'सुग्गा' प्रणाली भी कहते हैं।

- इस विधि में व्याकरण की पुस्तक के आधार पर व्याकरण का अध्ययन करवाया जाता है।
- व्याकरण के लिए एक निर्धारित पाठ्य-पुस्तक होती है। शिक्षक पहले पुस्तक से नियमों की व्याख्या करता है।
- तदोपरांत विद्यार्थी उन नियमों एवं उदाहरणों को कंठस्थ कर लेते हैं।
- यह विधि वर्तमान में प्रयोग में नहीं लायी जाती है।

46(A). नवीन शिक्षण पद्धतियों में 'प्रोजेक्ट पद्धति' के व्यापक प्रयोग का श्रेय ड्यूवी और किलपैट्रिक को है।

प्रोजेक्ट पद्धति की मूल अवधारणा जॉन डीवी के द्वारा दी गई है तथा उनके शिष्य किलपैट्रिक ने इस विधि का प्रतिपादन किया।

इस विधि में बालक ही किसी को प्रोजेक्ट द्वारा हल किया जाता है यह उद्देश्य पूर्ण होती है। इसमें शिक्षक मार्गदर्शक के रूप में काम करता है।

इस विधि के द्वारा प्रत्यक्ष अनुभव होता है। पता करके सीखने पर बल दिया जाता है इस विधि में प्राप्त होने वाला ज्ञान स्थाई एवं स्पष्ट होता है। प्रयोजना विधि से बालकों में तारक चिंतन अन्वेषण शक्ति का विकास होता है। आत्मनिर्भर,सामाजिक गुणों से पूर्ण होते हैं। इस विधि में हाथ से कार्य करने पर बल दिया जाता है। शारीरिक व मानसिक परिश्रम करवाया

जाता है। परियोजना विधि अधिक खर्चीली तथा अधिक समय लेने वाली होती है।

47(A). पाठ्य-पुस्तकों के उद्देश्य के अंतर्गत पाठ्य-पुस्तकें शिक्षक या बालकों के लिए साध्य नहीं वरन् साधन हैं।

हिंदी भाषा की पाठ्यपुस्तक महत्वपूर्ण साधन के रूप में:

- हिंदी भाषा की पाठ्य पुस्तक एक भाषा-शिक्षक को यह समझ बनाने में सहायता करती है कि वे किस-किस प्रकार की रोचक सामग्री को एकत्र कर उनका उपयोग कर सकते हैं।
- राष्ट्रीय पाठ्यचर्या की रूपरेखा, 2005 के अनुसार 'प्रचलित धारणा पाठ्यपुस्तक को पाठ्यचर्या की मुख्य कार्यस्थली की तरह मानती है।
- सुधरी हुई पाठ्यपुस्तकें केवल तथ्यात्मक जानकारी न देकर अंत:क्रिया के अवसर दें, महत्वपूर्ण होती हैं।
- बहुश्रेणीय कक्षाओं (बहुश्रेणी या बहुक्षमता) को उन पाठ्यपुस्तकों के उपयोग से हटने की ज़रूरत है जो एकलश्रेणी कक्षाओं के लिए बनाई जाती हैं।
- एकलश्रेणी कक्षाओं की पाठ्यपुस्तकें इस मान्यता पर आधारित होती हैं कि शिक्षक सभी बच्चों को एक साथ ही संबोधित करेगा,
- सभी बच्चों का स्तर एक ही है और उनसे एक ही तरह की अपेक्षाएं की जाएंगी।

48(B). भाषा-शिक्षण में उपयोगी श्रव्य-दृश्य साधन अभिनय है।

- श्रव्य-दृश्य उपकरण वह होते हैं, जो श्रव्य (कान) के साथ-साथ दृश्य (आँखे) ज्ञानेन्द्रियों का उपयोग कर शिक्षण अधिगम को सरल व सफल बनाया जाता है।
- उदाहरण- चलचित्र, दूरदर्शन, अभिनय, कठपुतली, टेलिविजन, इंटरनेट, कम्प्यूटर आदि।

49(C). राष्ट्रपिता महात्मा गाँधी द्वारा प्रवर्तित 'बेसिक शिक्षा' का एक प्रमुख सिद्धांत मातृभाषा के माध्यम से शिक्षा प्रदान करना है।

महात्मा गाँधी के अनुसार: राष्ट्र को होने वाली उस असीम हानि का हिसाब कौन लगा सकता है, जो उसके हज़ारों नौजवानों को एक विदेशी भाषा और उसके मुहावरे पर प्रभुत्व पाने में- जिसका उनके दैनिक जीवन में अत्यंत थोड़ा उपयोग है और जिसे सीखने में उन्हें स्वयं अपनी मातृभाषा और अपने साहित्य की उपेक्षा करनी पड़ती है- वर्षों बरबाद करने के लिए मजबूर होने से होती है? जिससे बड़ा कोई अंधविश्वास कभी नहीं देखा गया कि किसी भाषा-विशेष में विकास की अथवा सूक्ष्म या वैज्ञानिक विचारों को प्रकट करने की क्षमता नहीं हो सकती।

50(C). रेडियो श्रव्य अधिगम सामग्री है। रेडियो पर प्रसारण एक निश्चित समय काल में होता है।

- रेडियो पर बहुत से शैक्षिक कार्यक्रम आते है।
- विद्यालय में भी रेडियो एक सुलभ साधन है।
- भाषा विशेषज्ञों के कार्यक्रम रेडियो पर प्रसारित करने पर दूर-दराज में रहने वाले छात्रों को भी लाभ मिलता है।
- इन कार्यक्रमों के द्वारा बच्चे अपना साहित्य ज्ञान भी बढ़ा सकते हैं।

51(C). नाभादास का सम्बन्ध रामभक्ति शाखा से है। अग्रदास के शिष्य नाभादास माने जाते हैं। नाभादास गोस्वामी तुलसीदास के समकालीन रामभक्त कवि हैं। नाभादास ने हिंदी में भक्तमाल की परंपरा का सूत्रपात किया था। डॉ ग्रियर्सन ने नाभादास का उपनाम नारायणदास बताया है। भक्तमाल में 200 कवियों का जीवनवृत्त और उनकी भक्ति का उल्लेख हुआ है। नाभादास ने रामचरित से सम्बंधित दो अष्टयामों की रचना की। नाभादास ने अष्टयाम की रचना रसिक भावना लेकर की।

52(B). कामायनी का चिंता सर्ग 1927 के 'सुधा' पत्रिका में प्रकाशित हुआ था। 'कामायनी' पर प्रसाद जी को मंगलाप्रसाद पुरस्कार मिला। 'कामगोत्र' में जन्म लेने के कारण श्रद्धा को 'कामायनी' कहा गया। प्रसाद जी ने कामायनी में आदि मानव की कथा के साथ युगीन समस्याओं पर प्रकाश डाला है। कामायनी का अंगीरस श्रृंगार और शांत रस तथा शैली प्रतीकात्मक है। कामायनी के कथा का आधार ऋग्वेद, छन्दोग्य, उपनिषद, शतपथ ब्राह्मण तथा भागवत हैं।

53(A). "श्रावकाचार", "देवसेन" की रचना है। देवसेन ने 933 ईसवी में श्रावकाचार की रचना की है। श्रावकाचार में 250 दोहों में श्रावक धर्म का प्रतिपादन किया गया है।

स्वयंभू की रचनाओं में महाकाव्य के सभी गुण सुविकसित पाए जाते हैं

और उनका पश्चात्कालीन अपभ्रंश कविता पर बड़ा प्रभाव पड़ा है।

54(C). "भारतेश्वर बाहुबली रास" की रचना "शालीभद्र सूरि" ने की थी। रचनाकाल सं. 1231 वि. है। इसकी छन्द संख्या 203 है। इसमें जैन तीर्थंकर ऋषभदेव के पुत्रों भरतेश्वर और बाहुबलि में राजगद्दी के लिए हुए संघर्ष का वर्णन है।

इस रचना के दो संस्करण मिलते हैं। पहला प्राच्य विद्या मन्दिर बड़ौदा से प्रकाशित किया गया है तथा दूसरा "रास" और "रासान्वयी काव्य" में प्रकाशित हुआ था।

डॉ. गणपति चन्द्र गुप्त ने अपने ग्रन्थ "हिन्दी साहित्य का वैज्ञानिक इतिहास" में शालिभद्र सूरि को "हिन्दी का प्रथम कवि" माना था।

55(C). यूरोप में जो अंधकार युग था वह हिंदी साहित्य में "भक्तिकाल" के नाम से जाना जाता है। इसे हिन्दी साहित्य का "स्वर्ण युग" कहा जाता है। संक्षेप में भक्ति-युग की चार प्रमुख काव्य-धाराएं मिलती हैं:

सगुण भक्ति- रामाश्रयी शाखा, कृष्णाश्रयी शाखा

निर्गुण भक्ति- ज्ञानाश्रयी शाखा, प्रेमाश्रयी शाखा

56(A). यह गीत 'हिमाद्रि तुंग श्रृंग से प्रबुद्ध शुद्ध भारती' चन्द्रगुप्त नाटक की पात्र अलका द्वारा देशभक्ति से परिपूर्ण होने पर गाया जाता है।

चन्द्रगुप्त नाटक ऐतिहासिकता पर आधारित जयशंकर प्रसाद जी का प्रसिद्ध नाटक है।

57(C). कोणार्क जगदीश चन्द्र माथुर का नाटक है।

कोणार्क (1951) ई इस नाटक से जगदीश चन्द्र माथुर जी को हिन्दी नाट्य में प्रतिष्ठा मिली। 1950 ई से 1960 ई. के दशक में यह सर्वाधिक (प्रसिद्ध) मंचित नाटक रहा था। यह नाटक उड़ीसा के प्रसिद्ध सूर्य मंदिर पर आधारित है।

58(D). "ध्रुवस्वामिनी" में नारी समस्या का चित्रण किया गया है।

ध्रुवस्वामिनी का प्रकाशन 1933 में हुआ। नाटक में नारी के अस्तित्व, अधिकार, और पुनर्लगन, की समस्या को उठाया है। इस नाटक में पुरुष सत्तात्मक समाज के शोषण के प्रति नारी का विद्रोह है। इसके रचनाकार जयशंकर प्रसाद हैं।

59(C). अमृत राय यहाँ सही विकल्प है।

सहज कहानी आन्दोलन का सूत्रपात 'नयी कहानियाँ' नामक पत्रिका से हुआ। समांतर कहानी आन्दोलन का सूत्रपात 'सारिका' पत्रिका से हुआ है।

60(D). परिंदे यहाँ सही विकल्प है। परिंदे कहानी निर्मल वर्मा की सबसे श्रेष्ठ कहानी है। यह नयी कहने आन्दोलन की सबसे चर्चित और उत्तम कहानी है। इसमें अकेलेपन और अजनबीपन के भाव सटीक अस्तित्व वाद की तरह अवतरित होता है।

61(C). 'यही सच है', 'एक कमज़ोर लड़की की कहानी' और 'सयानी बुआ' मन्नू भण्डारी की कहानियाँ हैं। इसके अतिरिक्त 'पचपन खम्भे लाल दीवार' उषा प्रियम्वदा का उपन्यास है।

62(C). 'सिक्का बदल गया' कहानी 'कृष्णा सोबती' की है। कृष्णा सोबती की इस प्रसिद्ध कहानी का प्रकाशन 1948 में हुआ था। इस कहानी के माध्यम से इन्होंने भारत विभाजन के समय उभरने वाली परेशानियों का बड़ा मार्मिक वर्णन किया है।

63(C). "आचार्य रामचन्द्र शुक्ल" मनोविकार संबंधी निबंध के लेखक हैं।

आचार्य रामचन्द्र शुक्ल (4 अक्टूबर, 1884 ई. - 2 फरवरी, 1941 ई.) हिन्दी आलोचक, निबन्धकार, साहित्येतिहासकार, कोशकार, अनुवादक, कथाकार और कवि थे। आचार्य रामचन्द्र शुक्ल के आलोचनात्मक ग्रंथ-

- सूर
- तुलसी
- जायसी पर की गई आलोचनाएं
- काव्य में रहस्यवाद
- काव्य में अभिव्यंजनावाद
- रसमीमांसा

64(C). 'कछुआ धर्म', चन्द्रधर शर्मा गुलेरी का निबंध है।

चन्द्रधर शर्मा गुलेरी ने 'कछुआ धर्म' और 'मारेसि माहि कुठाव' शीर्षक से महत्वपूर्ण निगम लिखे हैं।

चन्द्रधर शर्मा गुलेरी (1883 - 12 सितम्बर 1922) हिन्दी के कथाकार,

व्यंगकार तथा निबन्धकार थे। इनकी कहानी 'उसने कहा था' की गणना हिंदी की महानतम कहानियों में की जाती है। वह बहुमुखी रुचियों और प्रतिभा के व्यक्ति थे। उनका कार्यक्षेत्र खगोल विज्ञान, ज्योतिष, धर्म, भाषा विज्ञान, इतिहास, शोध, आलोचना आदि अनेक दिशाओं में फैला हुआ था। अतः विकल्प (C) सही है

65(C). आचार्य विश्वनाथ का मानना था कि रसात्मक वाक्य में शब्द और अर्थ दोनों समाहित हैं। रसात्मक एक कठिन अवधारणा है। इसे समझना सहज नहीं है। आचार्य विश्वनाथ ने भामह के "शब्दार्थौ सहितौ काव्यम" के स्थान पर " वाक्यं रसात्मकं काव्यम्" का प्रयोग किया।

66(D). जिसमें सर्गों का निबन्धन हो वह महाकाव्य कहलाता है। महाकाव्य में देवता या सदृश क्षत्रिय, जिसमें धीरोदात्तवादि गुण हों, नायक होता है। कहीं एक वंश के अनेक सत्कुलीन भूप भी नायक होते हैं। श्रृंगार, वीर और शांत में से कोई एक रस अंगी होता है तथा अन्य सभी रस अंग रूप होते हैं। उसमें सब नाटकसंधियाँ रहती हैं। कथा ऐतिहासिक अथवा सज्जनाश्रित होती है। चतुर्वर्ग (धर्म, अर्थ, काम, मोक्ष) में से एक महाकाव्य का फल होता है। आरंभ में नमस्कार, आशीर्वाद या वर्ण्यवस्तुनिर्देश होता है। कहीं खलों की निंदा तथा सज्जनों का गुणकथन होता है। न अत्यल्प और न अतिदीर्घ अष्टाधिक सर्ग होते हैं जिनमें से प्रत्येक की रचना एक ही छंद में की जाती है और सर्ग के अंत में छंदपरिवर्तन होता है। कहीं-कहीं एक ही सर्ग में अनेक छंद भी होते हैं। सर्ग के अंत में आगामी कथा की सूचना होनी चाहिए।

कामायनी एक महाकाव्य है जिसमें मनु, श्रद्धा, इड़ा, किलात-आकुलि, श्रेत वृषभ आदि क्रमशः बुद्धि, मानव, आसुरी भाव, धर्म के प्रतीक हैं।

67(D). अष्टछाप के कवियों में शामिल 8 कवि हैं-

सूरदास, कुम्भनदास, परमानन्द दास, कृष्णदास, गीत स्वामी, गोविन्द स्वामी, चतुर्भुज स्वामी, नन्ददास।

68(C). भारतेन्दु युग आधुनिक काव्य के युग से सम्बन्धित है जिसके प्रवर्तक भारतेन्दु हरिश्चन्द्र हैं।

भारतेन्दु युग के अन्य प्रमुख कवि हैं-

बदरीनारायण चौधरी, प्रतापनारायण मिश्र, राधाकृष्ण दास, अम्बिका दत्त व्यास आदि।

महावीर प्रसाद द्विवेदी का सम्बन्ध द्विवेदी युग से है।

69(D). मैथिलीशरण गुप्त का सम्बन्ध द्विवेदी युग से है। अन्य तीनो का सम्बन्ध छायावादी युग से है।

छायावाद हिंदी साहित्य के रोमांटिक उत्थान की वह काव्य-धारा है जो लगभग ई.स. 1918 से 1936 तक की प्रमुख युगवाणी रही। जयशंकर प्रसाद, सूर्यकान्त त्रिपाठी 'निराला', सुमित्रानंदन पंत, महादेवी वर्मा इस काव्य धारा के प्रतिनिधि कवि माने जाते हैं। छायावाद नामकरण का श्रेय मुकुटधर पाण्डेय को जाता है।

70(D).

रचना	रचनाकार
(a) पेरि इप्सुस	(iv) लोंजाइनस
(b) द सेक्रेड वुड	(iii) टी. एस. इलियट
(c) पोएटिक्स	(ii) अरस्तू
(d) बॉयोग्रेफिया लिटरेरिया	(i) कॉलरिज

- पेरि इप्सुस (1554) के रचनाकार लोंजाइनस है। इसका सर्वप्रथम अंग्रेजी रूपांतर जॉन हॉल ने सन् 1652 ईस्वी में ऑफ द हाइट ऑफ एलॉक्विंस शीर्षक से प्रकाशित किया। ऑफ द हाइट ऑफ एलॉक्विंस के लिए सेंटसबरी नेउदात्त शब्द का प्रयोग किया है।
- द सैक्रेड वुड (1920) के रचनाकार टॉमस स्टनर्स इलियट है। इलियट की प्रमुख समालोचनात्मक कृतियां निम्नलिखित हैं: द सेक्रेड वुड (1920), होमज टू जॉन डॉयदान (1924), एलिजाबेथ ऐस ऐज (1932)।
- पोएटिक्स, यूनानी काव्यशास्त पेरिपोइएतिकेस का अनुवाद है। इसका अनुवाद टी० विन्स्टैनली ने 1780 में किया। इसके मूल रचनाकार अरस्तु हैं जिन्होंने 330 ईसा पूर्व के आसपास इसकी रचना की।
- बायोग्राफिया (1817) के रचनाकार सैमुअल टेलर कालरिज है। सैमुअल टेलर कालरिज सत्यवादी थे और उनकी काव्य संबंधी धारणा जैववादी सिद्धांत पर आधारित है। इनकी महत्वपूर्ण रचनाएं

निम्नलिखित हैं: द फ्रेंड (1817), एड्स टू रिफ्लेक्शन्स (1825), चर्च एंड स्टेट (1830), कंफेसन ऑफ़ अन इन्कारइंग स्पिरिट (1840)।

71(A). 'कविता का मर्म' में षष्ठी विभक्ति है। जो एक शब्द का दूसरे से सम्बन्ध जोड़े ।

72(B). सूरदास के दृष्टकूट पद साहित्य लहरी काव्य-ग्रंथ में संकलित हैं। साहित्यलहरी 117 पदों की एक लघु रचना है। इसके अन्तिम पद में सूरदास का वंशवृक्ष दिया है, जिसके अनुसार सूरदास का नाम 'सूरजदास' है और वे चन्दबरदायी के वंशज सिद्ध होते हैं।

73(B). आचार्य रामचंद्र शुक्ल ने रीतिकाल का समय 1700 - 1900 वि. माना है। रीतिकाल यानि उत्तर मध्यकाल (संवत् 1700 से 1900) के संबंध में उन्होंने जो व्याख्या की है वह किसी से छिपी नहीं है। उनके अनुसार रीति का अर्थ काव्य रीति है। इसके अंतर्गत उन्होंने लक्षण-ग्रंथों का समावेश किया है और इस तरह की रचनाओं को उन्होंने रीतिबद्ध रचनाएँ माना है।

74(C). रीतिकाल का सेनापति कवि अपने प्रकृति-चित्रण के लिए विख्यात है। सेनापति- ऋतु वर्णन , तुम करतार, जन-रच्छा के करनहार, फूलन सों बाल की, बनाई गुही बेनी लाल

75(B). जयशंकर प्रसाद ने सर्वाधिक ऐतिहासिक नाटक लिखे हैं। यह इस युग की सर्वाधिक महत्वपूर्ण प्रवृत्ति है। प्रसाद ने "राज्यश्री", "विशाख", "अजातशत्रु", "स्कंदगुप्त", "चंद्रगुप्त" आदि ऐतिहासिक नाटक लिखे ।

76(B). 'सचेतन कहानी' का प्रवर्तक महीप सिंह है। सचेतन कहानी व्यक्ति को संघर्षों से पलायनवादी न बनाकर जागरूक व सक्रिय बनाती है ।

77(B). हम विषपायी जनम के बालकृष्ण शर्मा 'नवीन' कृत काव्य है। शर्माजी के साहित्यिक जीवन की पहली रचना 'सन्तू' नामक एक कहानी थी। इसे उन्होंने छपने के लिए सरस्वती में भेजा था।

78(A). वीरगाथा काल नामकरण के पीछे निम्न बारह ग्रन्थों का योगदान -

हम्मीर रासो	सारंगधर
खुमाण रासो	दलपति विजय
कीर्तिलता	विद्यापति
पदावली	विद्यापति
कीर्तिलता	विद्यापति
जयमयंक जस चन्द्रिका	मधुकर कवि

अत: विकल्प (A) सही है ।

79(C). **कहानी   प्रकाशन वर्ष   कहानीकार**
इन्दुमती 1900 ई. किशोरीलाल गोस्वामी
मिठाईवाला 1942 ई. भगवती प्रसाद बाजपेयी
वापसी 1960 ई. उषा प्रियंवदा
यक्षगान 1997 ई. अखिलेश
नोट- आचार्य रामचन्द्र शुक्ल ने किशोरीलाल गोस्वामी द्वारा लिखित कहानी 'इन्दुमती' (1900 ई.) को हिन्दी साहित्य का 'प्रथम कहानी' माना हैं।
अत: विकल्प (C) सही है ।

80(C). "कहती हुई यों उत्तरा के नेत्र जल से भर गए। हिम के कणों से पूर्ण मानो हो गए पंकज नए"। पंक्तियों में उत्तरा के अश्रुपूर्ण नेत्रों (उपमेय) में ओस जल-कण युक्त पंकज (उपमान) की संभावना प्रकट की गयी है। वाक्य में "मानो" वाचक शब्द प्रयोग हुआ है अत: पंक्तियों में उत्प्रेक्षा अलंकार है।
उत्प्रेक्षा अलंकार - जहाँ उपमेय में उपमान की सम्भावना की जाती हैं, वहां उत्प्रेक्षा अलंकार होता है। यदि पंक्ति में -मनु, जनु, मेरे, जानते, मनहु, मानो, निश्चय, ईव आदि आता है, वहां उत्प्रेक्षा अलंकार होता है।
अत: विकल्प (C) सही है ।

81(B). त्रुटियों के प्रति नकारात्मक रवैया भाषा सीखने में सहायक नहीं है। त्रुटियां सीखने की प्रक्रिया में एक महत्वपूर्ण कदम है जो बच्चों की सोच को अंतर्दृष्टि देती है। त्रुटियाँ बच्चों की मदद का मार्ग तय करती है तथा इसे सीखने की प्रक्रिया का एक पड़ाव भी कह सकते हैं।
- त्रुटियां शिक्षक को बच्चों की सीखने संबंधी जरूरतों से परिचित कराती है ताकि शिक्षक आवश्यकतानुसार उन्हें पूरा कर सके।
- शिक्षक को बालको की त्रुटियों के स्वयं से पहचानने व उन्हें दूर करने

में सहयोगात्मक वातावरण का निर्माण करना चाहिए।

82(B). श्रव्य भाषा पद्धति श्रव्य तथा वाचन पर बल देती है।
श्रव्य-भाषा पद्धति: यह अंग्रेजी भाषा शिक्षण की एक विधि है जो पढ़ने और लिखने से पहले बोलने और सुनने के शिक्षण पर जोर देती है।
- श्रव्य भाषा विधि में कुछ व्यावहारिक तकनीकों जैसे मिमिक्री, मेमोराइजेशन, पैटर्न प्रैक्टिस और लैंग्वेज लैबोरेटरी का इस्तेमाल किया जाता है।
- वाचन भाषा विधि में मातृ भाषा के प्रयोग पर बल देती है। यह विधि व्याकरण शिक्षण के निगमनात्मक विधि का अनुसरण करती है।

83(D). 'अन्तर्राष्ट्रीय शब्दों को नागरी लिपि में लिखकर ग्रहण करना चाहिए' वक्तव्य सही है।
देवनागरी, जिसे शिरोरेखा कहते हैं। देवनागरी का विकास ब्राह्मी लिपि से हुआ है। यह एक ध्वन्यात्मक लिपि है जो प्रचलित लिपियों (रोमन, अरबी, चीनी आदि) में सबसे अधिक वैज्ञानिक है। राष्ट्र लिपि की अवधारणा को देवनागरी लिपि संवहन करती है। यह लिपि समन्वय के साथ समावेश, सामर्थ्य और सार्वदेशीयता लिए हुए है। यह सर्वांगीण लिपि है। वर्तमान में दुनिया में तीन हजार से अधिक भाषाएं बोली जाती हैं, जबकि लिपियाँ चार सौ हैं। देवनागरी लिपि इस देश की अनेक भाषा और बोलियों की स्वाभाविक लिपि बनी हुई है। दुनिया में प्रचलित अन्य लिपियों से देवनागरी की तुलना करने पर स्पष्ट हो जाता है कि यह लिपि सबसे विलक्षण ही नहीं, पूर्णता के निकट है। किसी भी भाषा की विभिन्न ध्वनियों के साथ अक्षरों का सुमेल हो। उसमें कोई त्रुटि न हो इस दृष्टि से देवनागरी लिपि अधिक वैज्ञानिक और युक्तिसंगत है। देवनागरी में ध्वनियों के उच्चारण और लेखन के बीच एकरूपता है। इसलिए, अन्तर्राष्ट्रीय शब्दों को नागरी लिपि में लिखकर ग्रहण करना चाहिए।

84(B). हिंदी भाषा देवनागरी लिपि में लिखी जाती है।
देवनागरी एक भारतीय लिपि है जिसमें अनेक भारतीयभाषाएँ तथा कई विदेशी भाषाएँ लिखी जाती हैं। यह बायें से दायें लिखी जाती है। इसकी पहचान एक क्षैतिज रेखा से है जिसे 'शिरिरेखा' कहते हैं। इसमें कुल 52 अक्षर हैं, जिसमें 14 स्वर और 38 व्यंजन हैं। अक्षरों की क्रम व्यवस्था (विन्यास) भी बहुत ही वैज्ञानिक है। स्वर-व्यंजन, कोमल-कठोर, अल्पप्राण-महाप्राण, अनुनासिक्य-अन्तस्थ-उष्म इत्यादि वर्गीकरण भी वैज्ञानिक हैं। एक मत के अनुसार देवनगर (काशी) में प्रचलन के कारण इसका नाम देवनागरी पड़ा।

85(B). जब एक अधिकारी दूसरे अधिकारी को व्यक्तिगत नाम से पत्र लिखता है उसे 'अर्द्ध शासकीय पत्र' कहते हैं। अर्द्ध शासकीय पत्र अनौपचारिक होते हैं और शासकीय पत्र औपचारिक होते हैं।

86(D). गंदगी की समस्या से पीड़ित मुहल्लेवासियों की ओर से नगरपालिका अध्यक्ष को लिखा गया पत्र शिकायती पत्र की श्रेणी के अन्तर्गत आएगा।

87(B). संक्षेपण मूल पाठ से एक तिहाई शब्दों में लिखा जाना चाहिए। पूर्णता, स्पष्टता, भाषा की सरलता, शुद्धता और प्रवाहपूर्ण क्रमबद्धता इसकी अन्य विशेषतायें हैं।

88(A). माता-पिता द्वारा पुत्र को लिखे गये पत्र में माता-पिता द्वारा 'शुभाशीर्वाद' का अभिवादन किया जाना चाहिए। ऐसे पत्र अनौपचारिक पत्र के अन्तर्गत आते हैं। इन्हे 'गैर सरकारी पत्र' भी कहते हैं।

89(B). बैठक में लिए गए महत्वपूर्ण निर्णयों को कार्यान्वित करने के लिए परिपत्र जारी किया जाता है।

90(C). बौद्ध धर्म के उपदेशों की भाषा 'पालि' थी। पालि भाषा का समय 500 ई. पू. से 1 ई. तक माना जाता है।
हिंदी का प्राचीनतम रूप संस्कृत था। उसके बाद पालि बोलचाल की भाषा हुई। पालि से प्राकृत और प्राकृत के बाद अपभ्रंश और उसके बाद हिंदी का विकास हुआ।

91(C). मैथिली बोली उत्तर प्रदेश में सामान्यत: नहीं बोली जाती है।
मैथिली- मैथिली मुख्य रूपर से भारत के बिहार राज्य और नेपाल के तराई क्षेत्र में बोली जाने वाली भाषा है। यह हिन्द आर्य परिवार की सदस्य है। इसका प्रमुख स्रोत संस्कृत भाषा है जिसके शब्द "तत्सम" वा "तद्भव" रूप में मैथिली में प्रयुक्त होते हैं। यह भाषा बोलने और सुनने में बहुत ही मोहक लगती है।

92(C). विद्यापति मैथिल कोकिल के नाम से प्रसिद्ध कवि है।
विद्यापति की प्रसिद्ध रचनाएँ - पदावली, कीर्तिलता, कीर्तिपताका
मैथिली, बिहारी उपभाषा की बोली है।

93(B). दिए गए विकल्पों में मालवी 'आकार बहुला' बोली है। अन्य सभी बोलियाँ
इसके अंतर्गत नहीं आती हैं।
मालवी भारत के मालवा क्षेत्र की भाषा है। मालवा भारत भूमि के हृदय-
स्थल के रूप में सुविख्यात है। मालवा क्षेत्र का भू-भाग अत्यन्त विस्तृत
है। पूर्व दिशा में बेतवा नदी, उत्तर-पश्चिम में चम्बल और दक्षिण में पुण्य
सलिला नर्मदा नदी के बीच का प्रदेश मालवा है। मालवा क्षेत्र मध्यप्रदेश
और राजस्थान के लगभग बीस जिलों में विस्तार लिए हुए हैं। इन क्षेत्रों के
दो करोड़ से अधिक निवासी मालवी और उसकी विविध उपबोलियों का
व्यवहार करते हैं।

94(B). 'कौरवी' खड़ी बोली का दूसरा नाम है।
शुद्ध अथवा ठेठ हिंदी बोली या भाषा को उस समय खरी या खड़ी बोली
के नाम से संबोधित किया गया जबकि हिंदुस्तान में अरबी फारसी और
हिंदुस्तानी शब्द मिश्रित उर्दू भाषा का चलन था या दूसरी तरफ अवधी या
ब्रज भाषा का। ठेठ या शुद्ध हिंदी का चलन न था।

95(C). 'गमला' और 'आलपीन' पुर्तगाली भाषा के शब्द है। 'गमला' का अर्थ
- मिट्टी का बना बाल्टी जैसा पात्र जिसमें फूल-पौधे लगाए जाते हैं।
'आलपिन' का अर्थ - कागज़ आदि को नत्थी करने के लिए घुंडीदार सुई;
पिन।

96(C). 'रामचरितमानस' की रचना अवधी भाषा में हुई है।

97(A). 'अतीत में दबे पांव' के लेखक ओम थानवी हैं।
'अतीत में दबे पांव' ओम थानवी जी का एक यात्रावृतांत है।

98(B). भारतेंदु हरिश्चंद्र ने जानकी मंगल नामक नाटक में अभिनय किया था।
भारतेंदु हरिश्चंद्र हिंदी साहित्य के एक प्रसिद्ध साहित्यकार थे, उन्हें हिंदी
साहित्य का पितामह भी कहा जाता है क्योंकि उन्होंने ही सर्वप्रथम हिंदी में
लेखन कार्य आरंभ किया था।

99(C). रामविलास शर्मा ने छायावाद को प्रतिबिम्बवाद कहा गया है। हिन्दी
साहित्य के आधुनिक चरण मे द्विवेदी युग के पश्चात हिन्दी काव्य की जो
धारा विषय वस्तु की दृष्टि से स्वच्छंद प्रेमभावना, पकृति मे मानवीय क्रिया
कलापों तथा भाव-व्यापारों के आरोपण और कला की दृष्टि से लाक्षणिकता
प्रधान नवीन अभिव्यंजना-पद्धति को लेकर चली, उसे छायावाद कहा गया
है।

100(A). आचार्य रामचन्द्र शुक्ल का हिन्दी साहित्य में 'अलोचना' विधा में प्रवेश
हुआ । उनकी आलोचना द्रष्टि सूक्ष्म तार्किक विश्लेष्णात्मक व
निगमनात्मक विधि पर आधारित थी। वे रसवादी लोकमंगलवादी जैसे
उच्च आदर्शो को लेकर साहित्य में चलते हैं। वे हमेशा कबीर की तरह
प्रत्यक्षवादी बने रहे। जाति वातावरण तथा क्षण इन तीनों तत्वों को उन्होंने
काव्य की आत्मा में झांक कर देखा।

Ques (1-7): निर्देशः : अधोलिखितं गद्यांशं पठित्वा तदाधारितप्रश्नानां विकल्पात्मकोत्तरेभ्यः उचिततमम् उत्तरं चित्वा लिखत।

'न जाने एषः श्रेष्ठी स्वस्य पादत्राणं सप्ताहमात्रे कथं त्रोटयति' चर्मकारः मंगू स्वगतमकथयत्। तस्यापणस्याग्रे श्रेष्ठिनः रामलालस्यापणम् आसीत् यदा मंगू आदिनं कार्यं न प्राप्नोति तदा रामलालस्य भृत्यः सायङ्काले आगत्य पादत्राणं समीकरणाय ददाति स्म। मंगू पादत्राणं सीव्वा प्रददाति स्म। भृत्यस्तस्मै रूप्यकाणि दत्वागच्छति। द्वि-त्रिदिवसानां पश्चात् पुनस्तथैव भवति। अद्यापि सायंकालोद्भूतं परश्च मंगू किञ्चिदपि कार्यं न लब्धवान् एवं दृष्ट्वा श्रेष्ठिना पुनस्स्वस्य पादत्राणं त्रोटितम्।

अद्य तु श्रेष्ठिनं पृच्छाम्येव यत्कथं प्रतिदिनमित्थं करोति "भो स्वामिन् कथं भवान् पादत्राणं स्वयमेव त्रोटयित्वा पुनः समीकरणाय मंगोः पार्श्वं प्रेषयति।"

रामलालः पादत्राणं भृत्यस्य हस्ते स्थापितमन्यच्च विहसन् अवदत् "भोः! पश्य यद्येने तस्य पार्श्वे कोऽपि ग्राहको नागच्छति तदाहं पादत्राणं त्रोटयामि। काममेषः मंगू निर्धनः स्यात् परश्च स्वाभिमानी वर्तते, सः कृतस्य एव परिश्रमस्य धनं नयति। दानस्वरूपेण स न नयति। यद्यनेन व्याजेन तस्य स्वाभिमानः मम च स्वभावः रक्ष्यते तर्हि का हानिः।" तस्य नेत्रे जलासिक्ते आस्ताम्।

1. चर्मकारस्य नाम किम् आसीत्?

   (a) गंगू   (b) मंगू

   (c) सोहनः   (d) भरतः

2. रामलालः कः आसीत्?

   (a) श्रेष्ठी   (b) कृषकः

   (c) राजा   (d) भृत्यः

3. कस्य नेत्रे जलासिक्ते आस्ताम्?

   (a) रामलालस्य   (b) भृत्यस्य

   (c) राज्ञः   (d) कृषकस्य

4. 'सेवकः' इत्यस्य समानार्थकं पदं चित्वा लिखत:

   (a) भृत्यः   (b) राजा

   (c) कृषकः   (d) मंत्री

5. 'श्रेष्ठिनः' इति पदे का विभक्तिः प्रयुक्ता?

   (a) द्वितीया   (b) चतुर्थी

   (c) सप्तमी   (d) षष्ठी

6. 'कामम्' इत्यस्य पदनिवर्चनं कुरुत:

   (a) संज्ञा   (b) क्रिया

   (c) क्रिया-विशेषणम् (d) विशेषणम्

7. 'आगत्य' इति पदे प्रयुक्तः कृदन्तप्रत्ययः चित्वा लिखत:

   (a) ल्यप्   (b) क्त

   (c) क्त्वा   (d) शतृ

Ques (8-14): निर्देश: नीचे दिए गद्यांश को पढ़कर पूछे गए प्रश्नों के सबसे उचित उत्तर वाले विकल्प चुनिए।

क्यों? एक ऐसा सवाल है, जिसका जवाब देने का प्रयास हम माता-पिता हमेशा से करते आए हैं। यह अच्छी बात है कि बच्चे सवाल पूछते हैं। सीखने का इससे बढ़िया कोई और तरीका नहीं हो सकता। सभी बच्चों के पास सीखने के दो स्रोत होते हैं, कल्पनाशीलता और उत्सुकता। माता-पिता के रूप में आप अपने बच्चे की कल्पनाशीलता व उत्सुकता को बढ़ावा देकर उसे सीखने के आनंद से सराबोर कर सकते हैं। शिक्षण और सीखना महज स्कूल की चारदीवारी के भीतर संपन्न होने वाली रहस्यमय गतिविधियाँ नहीं हैं। वे तब भी होती हैं, जब माता-पिता और बच्चे बेहद आसान चीजों को साथ-साथ करते हैं। उदाहरण के लिए, धुलने वाले कपड़ों के ढेर से मोजों को उनके जोड़ों के हिसाब से छाँटकर गणित और विज्ञान की गुत्थियाँ सुलझा सकते हैं। साथ मिलकर खाना बना सकते हैं, क्योंकि खाना बनाने से गणित और विज्ञान के अलावा अच्छी सेहत की भी सीख मिलती है। एक-दूसरे को कहानियाँ सुना सकते हैं। कहानी सुनाना पढ़ने और लिखने का आधार है। उछल-कूद वाले खेलों से बच्चे गिनती सीखते हैं और जीवन-पर्यंत अच्छी सेहत का पाठ भी पढ़ते हैं। बच्चों के साथ मिलकर कुछ करने से आप समझ जाएँगे कि सीखना मनोरंजक और बेहद महत्त्वपूर्ण क्रियाकलाप है।

8. सीखना तब भी होता है, जब माता-पिता और बच्चे:

   (a) साथ-साथ काम करें।

   (b) गृहकार्य मिलकर करें।

   (c) मिलकर खाना बनाना सीखें।

   (d) केवल छोटे और आसान काम करें।

9. गद्यांश के आधार पर कहा जा सकता है कि:

   (a) सीखना स्कूल के भीतर ही संभव है।

   (b) माता-पिता को बच्चों के सवालों के जवाब नहीं देने चाहिए।

   (c) बच्चे रोज़मर्रा के कार्यों से भी बहुत कुछ सीख सकते हैं।

   (d) कहानी सुनाना ही सीखने का एकमात्र आधार है।

10. कल्पनाशीलता और उत्सुकता को बढ़ावा देने से बच्चा:

   (a) स्वयं कहानियाँ बनाकर सुनाता है।

   (b) सीखने के आनंद में डूब जाता है।

   (c) अच्छी बहस कर सकता है।

   (d) अच्छा नागरिक बन सकता है।

11. 'जीवन-पर्यंत' शब्द का अर्थ है:

   (a) जीवन भर   (b) जीवन का अंत

   (c) सुखी जीवन का अंत (d) जीवन और परिवार

12. 'उत्सुकता' शब्द में प्रत्यय है:

   (a) उत्   (b) सु

   (c) ता   (d) कता

13. किनके 'क्यों?' प्रश्न का उत्तर देने का प्रयास हम करते आए हैं?

   (a) माता-पिता के   (b) बच्चों के

   (c) समाज के   (d) शिक्षकों के

14. सीखने का बढ़िया तरीका है:

   (a) प्रश्न पूछना   (b) उत्तर देना

   (c) विस्तार से समझाना (d) पुस्तक पढ़ना

Ques (15-20): निर्देश: दिए गए गद्यांश को ध्यानपूर्वक पढ़िए तथा पूछे गए प्रश्नों के उत्तर के लिए सही विकल्प का चयन कीजिए।

संपूर्ण विश्व में निरंतर प्रगति होती रहती है, ऐसी-ऐसी चीज़ों का आविष्कार हो गया है जिनके बारे में पहले कभी सोचा भी नहीं गया था, यह है दुनिया की प्रकृति जो बदलती रहेगी और हम भी इसके साथ बदलते रहेंगे। एक दिन आएगा जब हमारा बदलना खत्म हो जाएगा, लेकिन दुनिया बदलती रहेगी, इन सब सुविधाओं और आविष्कारों का उद्देश्य यही है कि मनुष्य शांतिपूर्ण जीवन जी सके, संसार में रहकर अपने जीवन में जो कुछ आप पाना चाहते हैं, उसको पाइये, परंतु अपने असली स्वरूप को भी पहचानिए, आपका असली स्वरूप आपसे अलग नहीं है और वह है शांति, वास्तव में जीवन का लक्ष्य आनंद और शांति पाना है। हम जो करते हैं, शांति के लिए करते हैं, जीवन सफल करने की जो सबसे पहली सीढ़ी है, वह हमारे अंदर है। हम जिस शांति की बात करते हैं, वह सबके हृदय में है। हमारा हृदय अंदर से प्रेरित करता है कि अपने जीवन को सफल बनाएँ। अपने अंदर जो शांति है, उसका अनुभव कीजिए जिस दिन हम अपने हृदय की प्यास को समझना शुरू कर देंगे, उस दिन शांति के लिए हमारी खोज शुरू होगी। यह महत्वपूर्ण है कि हम अपने बारे में क्या महसूस करते हैं।

15. दुनिया की प्रकृति कैसी है?

   1. परिवर्तनशील

   2. धर्मशील

   3. विकासशील

   4. अपरिवर्तनशील

   (a) 1   (b) 2

   (c) 3   (d) 4

16. आविष्कारों का उद्देश्य क्या है?

   1. मनुष्य शांति और आनंद की अनुभूति कर सके।

   2. मनुष्य भौतिक सुविधाओं का लाभ उठा सके।

3. मनुष्य तरह-तरह के पुरस्कार प्राप्त कर सके।
4. मनुष्य अपना वर्चस्व स्थापित कर सके।
(a) 1   (b) 2
(c) 3   (d) 4

17. जीवन का मुख्य लक्ष्य क्या होना चाहिए?
1. सामाजिक प्रतिष्ठा
2. भौतिक वस्तुओं का निर्माण
3. शांति और आनंद
4. निरंतर प्रगति
(a) 1   (b) 2
(c) 3   (d) 4

18. निम्नलिखित में से कौन-सा शब्द भिन्न है?
1. प्रगति
2. शांति
3. विकास
4. उन्नति
(a) 1   (b) 2
(c) 3   (d) 4

19. लेखक ने ऐसा क्यों कहा है कि जीवन को सफल बनाने की सीढ़ी हमारे भीतर है? क्योंकि:
1. हमारा अन्तर्मन हमें निरुत्साहित करता रहता है।
2. हमारा अन्तर्मन हमें प्रोत्साहित करता रहता है।
3. हमारा अन्तर्मन हमें विचलित करता रहता है।
4. हमारा अन्तर्मन हमें झकझोरता रहता है।
(a) 1   (b) 2
(c) 3   (d) 4

20. गद्यांश के अनुसार सबसे महत्वपूर्ण तथ्य कौन-सा है?
1. प्रत्येक व्यक्ति के बारे में जानना।
2. अपने परिवार के सदस्यों को जानना।
3. अपने मित्रों के बारे में जानकारी रखना।
4. स्वयं की पहचान करना।
(a) 1   (b) 2
(c) 3   (d) 4

21. निम्न में से छायावादी से जुड़नेवाले रचनाकार कौन हैं?
(a) राजा लक्ष्मण सिंह   (b) भारतेंदु हरिश्चंद्र
(c) श्याम सुन्दर दास   (d) महादेवी वर्मा

22. निम्नलिखित कवियों को उनकी रचनाओं के साथ सुमेलित कीजिए:

सूची - 1	सूची - 2
A. चिंतामणि त्रिपाठी	I. छत्र प्रकाश
B. भूषण	II. काव्य प्रकाश
C. देव	III. छत्रसालदशक
D. लाल कवि	IV. रसविलास

नीचे दिए गए विकल्पों में से सही उत्तर चुनिए:
(a) A - I, B - II, C - III, D - IV   (b) A - II, B - III, C - IV, D - I
(c) A - III, B - IV, C - I, D - II   (d) A - IV, B - I, C - II, D - III

23. इनमें से कौन सी रचना तुलसीदास की नहीं है?
(a) रामाज्ञा प्रश्न   (b) रतन बावनी
(c) जानकी मंगल   (d) कृष्ण गीतवाली

24. "साहित्य देवता" किसकी रचना है-
(a) मैथिली शरण गुप्त   (b) दिनकर
(c) माखन लाल चतुर्वेदी   (d) विष्णु प्रभाकर

25. "जाने अनजाने" किसकी रचना है-

(a) नरेश मेहता   (b) निर्मल वर्मा
(c) पन्त   (d) विष्णु प्रभाकर

26. "सागर पार का संसार" किस विधा की रचना है-
(a) आत्मकथा   (b) उपन्यास
(c) यात्रा   (d) रेखाचित्र

27. "सृजन सुख दुःख का" किसका संस्मरण है-
(a) अमृतलाल नगर   (b) कृष्णा सोबती
(c) प्रतिभा अग्रवाल   (d) मृदुला

28. श्रावकाचार किस कवि की रचना है?
(a) देवसेन   (b) स्वयम्भू
(c) सरहपा   (d) भास्कराचार्य

29. पउमचरिउ किसकी रचना है?
(a) सरहपा   (b) स्वयम्भू
(c) देवसेन   (d) पुष्य दंत

30. भरतेश्वर बाहुबली रास, किस कवि की रचना है?
(a) चंदवरदाई   (b) पुष्य दंत
(c) शालिभद्र सूरी   (d) देवसेन

31. 'अपनी चाय में स्वादानुसार चीनी डाल सकते हैं।' में किस प्रकार की संज्ञा है?
(a) भाववाचक संज्ञा   (b) समूहवाचक संज्ञा
(c) द्रव्यवाचक संज्ञा   (d) व्यक्तिवाचक संज्ञा

32. 'रमेश बाहर खेल रहा है।' में किस प्रकार की संज्ञा है?
(a) जातिवाचक संज्ञा   (b) व्यक्तिवाचक संज्ञा
(c) भाववाचक संज्ञा   (d) द्रव्यवाचक संज्ञा

33. सर्वनाम शब्द है:
(a) जीवम्   (b) मनुष्यः
(c) माता   (d) त्वं

34. मोहन प्रकाश जी _____ हिन्दी पढ़ाते हैं। इस वाक्य में रिक्त स्थान की पूर्ति अन्य पुरुषवाचक सर्वनाम से करो।
(a) मुझे   (b) तुम्हें
(c) उन्हें   (d) हमें

35. निम्नलिखित में किस वाक्य में अकर्मक क्रिया का प्रयोग हुआ है?
(a) मैं खुशी से हँसता हूँ   (b) गौरव सोता है
(c) श्याम फिल्म देख रहा है   (d) इनमें से कोई नहीं

36. अपूर्ण क्रिया के कितने भेद होते है?
(a) तीन   (b) दो
(c) पांच   (d) सात

37. निम्नलिखित में से किस वाक्य में अपादान कारक का प्रयोग हुआ है?
(a) मोहन ने पत्र लिखा।   (b) हम आँखों से देखते हैं।
(c) बिल्ली छत से कूद पड़ी।   (d) गीता का भाई आया।

38. 'वह मुझसे अलग रहता है'।- रेखांकित शब्द के आधार पर बताइए कि यहाँ कौन सा कारक हैं?
(a) सम्प्रदान   (b) अपादान
(c) करण   (d) अधिकरण

39. 'यह व्यक्ति बहुत होशियार है।' रेखांकित शब्द में कौन सा विशेषण है?
(a) सार्वनामिक विशेषण   (b) गुणवाचक विशेषण
(c) परिमाण वाचक विशेषण   (d) इनमें से कोई नहीं

40. 'मानव' शब्द से विशेषण बनेगा –

    (a) मनुष्य   (b) मानवता
    (c) मानवीकरण   (d) मानवीय

41. देशभक्ति में कौन-सा समास है?
    (a) अव्ययीभाव समास   (b) तत्पुरुष समास
    (c) बहुव्रीहि समास   (d) द्वंद्व समास

42. 'पंचवटी' में कौन सा समास है?
    (a) बहुव्रीहि समास   (b) द्वंद्व समास
    (c) द्विगु समास   (d) तत्पुरुष समास

43. निर्देश: उपयुक्त मुहावरों से वाक्य की पूर्ति कीजिए।
अपनी -अपनी डफली ,अपना -अपना राग
    (a) अपनी -अपनी डफली लेकर अपना अपना गीत गाना
    (b) अपने ढंग से अपना काम करना
    (c) ढपली और राग में समानता न होना
    (d) विचारो में भिन्नता होना

44. निर्देश: उपयुक्त मुहावरों से वाक्य की पूर्ति कीजिए।
घर आए नाग न पुजिए बांबी पूजन जाए
    (a) घर में सांप की पूजा नही करनी चाहिए
    (b) लोग सांप न मिलने पर बांबी की पूजा करते है
    (c) अक्सर से लाभ न उठे और बाद में परेशान करे
    (d) बांबी की पूजा करके सांप के पूजन के लाभ की आशा करना

45. प्राथमिक स्तर पर बच्चों में लिखने का कौशल इस सीमा तक हो कि वे:
    (a) सुंदर अक्षरों में लिख सकें
    (b) छोटी कहानी लिख सकें
    (c) विभिन्न उद्देश्यों के लिए लिख सकें
    (d) मानक वर्तनी में लिख सकें

46. प्राथमिक स्तर पर हिंदी भाषा का शिक्षण करते समय आप किस बिंदु पर सर्वाधिक बल देंगे?
    (a) हिंदी भाषा के मुहावरे और लोकोक्तियाँ
    (b) हिंदी भाषा की विभिन्न वाक्य-संरचानाएँ
    (c) हिंदी भाषा का सौंदर्य और आंचलिकता
    (d) हिंदी भाषा की मानक वर्तनी

47. भाषा अर्जित करने के संदर्भ में कौन-सा कथन उचित नहीं है?
    (a) यह एक सहज प्रक्रिया है।
    (b) यह एक स्वाभाविक प्रक्रिया है।
    (c) बच्चे भाषा के नियमों को आत्मसात् करते हैं।
    (d) बच्चों को नियम बनाना सिखाया जाता है।

48. वाईगोत्सकी ने भाषा-विकास का ______ परिप्रेक्ष्य प्रस्तुत किया।
    (a) व्यवहारवादी   (b) समाज-सांस्कृतिक
    (c) व्यवहार-सांस्कृतिक   (d) संज्ञानवादी

49. तीसरी कक्षा का मोहित अक्सर पढ़ते समय शब्दों की पुनरावृत्ति करता है। आप उसके पठन के बारे में क्या कहेंगे?
    (a) उसे पढ़ना नहीं आता
    (b) उसे पढ़ने में बहुत कठिनाई होती है
    (c) वह अर्थ की खोज में पुनरावृत्ति करता है
    (d) उसे शब्द पढ़ने में कठिनाई होती है

50. भाषा सीखने-सिखाने की प्रक्रिया में सबसे कम महत्त्वपूर्ण है:
    (a) भाषा की पाठ्य-पुस्तक   (b) भाषा का आकलन
    (c) भाषा-शिक्षण की पद्धति   (d) भाषा का परिवेश

51. काव्य वह कला जिसमें चुने हुए शब्दों के द्वारा:

    (a) तथ्यों और मनोवेगों का प्रभाव डाला जाता है।
    (b) वैज्ञानिकता और मनोवेगों का प्रभाव डाला जाता है।
    (c) कल्पना और मनोवेगों का प्रभाव डाला जाता है।
    (d) सत्यता और मनोवेगों का प्रभाव डाला जाता है।

52. आलवार संतों में प्रसिद्ध महिला संत हैं:
    (a) आण्डाल   (b) सहजोबाई
    (c) मीराबाई   (d) इनमें से कोई नहीं

53. बिहसि लखनु बोले मृदु बानी। अहो मुनीसु महाभट मानी।। पुनि पुनि मोहि देखाव कुठारू। चहत उड़ावन फूँकि पहारू।। यह किस के बीच संवाद है?
    (a) तुलसी - परशुराम   (b) भरत - लक्ष्मण
    (c) परशुराम - लक्ष्मण   (d) राम - लक्ष्मण

54. 'हो हो होरी' किसकी काव्य कृति हैं?
    (a) अम्बिकादत्त व्यास   (b) जगमोहन सिंह
    (c) राधाकृष्णदास   (d) नवनीत चतुर्वेदी

55. 'मालविकाग्निमित्रम्' नाटक के लेखक का नाम बताइये?
    (a) कालिदास   (b) भवभूति
    (c) भास   (d) भारवी

56. "सरहपा" का सम्बन्ध निम्न में से किससे है?
    (a) सिद्ध साहित्य   (b) रासो काव्य
    (c) नाथ साहित्य   (d) जैन साहित्य

57. आदिकाल को वीरगाथाकाल किसने कहा है?
    (a) हजारी प्रसाद द्विवेदी   (b) राहुल सांकृत्यान
    (c) रामचन्द्र शुक्ल   (d) महादेवी वर्मा

58. कबीर दास किस काव्यधारा का प्रतिनिधित्व करते हैं?
    (a) सन्त काव्य   (b) सुफी काव्य
    (c) राम काव्य   (d) कृष्ण काव्य

59. इनमें से कौन-सा सुफी काव्यधारा के कवि है?
    (a) कबीरदास   (b) कुतुबन
    (c) गुरु नानक   (d) तुलसीदास

60. इनमें से सुफी काव्यधारा के कवि कौन-सा नहीं हैं?
    (a) मुल्ला दाउद   (b) जायसी
    (c) नामदास   (d) कुतुबन

61. निर्गुण काव्यधारा की प्रवृत्ति है?
    (a) वात्सल्य रस की प्रधानता
    (b) प्रकृति पर चेतन सत्ता का आरोप
    (c) रूढ़ियों एवं बाह्याडम्बरों का विरोध
    (d) आश्रयदाता की प्रशंसा

62. "दो सौ बावन वैष्णवन की वार्ता" के लेखक कोन हैं?
    (a) सूरदास   (b) नन्ददास
    (c) नामदास   (d) गोकुलनाथ

63. "नन्ददास" किस काव्यधारा से सम्बन्धित हैं?
    (a) सन्त काव्यधारा   (b) सुफी काव्यधारा
    (c) कृष्ण काव्यधारा   (d) रामभक्ति काव्यधारा

64. इनमें से कृष्णभक्त कवि कौन-सा नहीं है?
    (a) सूरदास   (b) रसखान
    (c) कृष्णदास   (d) तुलसीदास

65. 'अभिनव जयदेव' के नाम से विभूषित कवि हैं:

(a) चंदबरदाई   (b) विद्यापति
(c) अमीर खुसरो   (d) कबीरदास

66. वल्लभाचार्य का सम्बन्ध है?
(a) द्वैतवाद   (b) शुद्धाद्वैतवाद
(c) अद्वैतवाद   (d) द्वैताद्वैतवाद

67. 'उर्वशी' महाकाव्य किस हिन्दी कवि की रचना है?
(a) सुमित्रानन्दन पंत   (b) सूर्यकान्त त्रिपाठी 'निराला'
(c) महादेवी वर्मा   (d) रामधारी सिंह 'दिनकर'

68. मीरा के गुरु कौन थे:
(a) रैदास   (b) वल्लभाचार्य
(c) सूरदास   (d) दादू

69. सगुण भक्ति काव्य का सम्बन्ध काव्य के किस काल से है?
(a) आदिकाल   (b) भक्तिकाल
(c) रीतिकाल   (d) आधुनिक काल

70. अज्ञेय की 'अरे यायावर रहेगा याद' किस विधा से सम्बंधित है?
(a) यात्रावृत्तान्त   (b) संस्करण
(c) रेखाचित्र   (d) आत्मकथा

71. कालिदास की अन्तिम रचना 'अभिज्ञान शाकुन्तलम्' का हिन्दी अनुवाद किसने किया था?
(a) सदासुख लाल   (b) गोस्वामी विट्ठलनाथ
(c) राजा लक्ष्मण सिंह   (d) राजा शिवप्रसाद

72. 'उद्धवशतक' किसकी कृति है?
(a) सत्यनारायण कविरत्न   (b) गयाप्रसाद शुक्ल सनेही
(c) जगन्नाथदास रत्नाकर   (d) नाथूराम शर्मा शंकर

73. 'बरवै रामायण' किसकी रचना है?
(a) सूरदास   (b) नंददास
(c) तुलसीदास   (d) केशवदास

74. रामकथा पर आधारित काव्य कौन-सा है?
(a) आत्मजयी   (b) अग्निलीक
(c) भूमिजा   (d) रश्मिरथी

75. काव्य क्षेत्र में 'प्रबन्ध शिरोमणि' की उपाधि किसे दी गई है?
(a) सूर्यकांत त्रिपाठी   (b) हरिवंशराय बच्चन
(c) मैथिलीशरण गुप्त   (d) हरिऔध

76. भारतेन्दु हरिशचंद्र के अनुसार हिन्दी नयी चाल में कब ढली?
(a) 1880 ई.   (b) 1857 ई.
(c) 1873 ई.   (d) 1860 ई.

77. 'पहाड़ों में प्रेममय संगीत' रिपोर्ताज के लेखक हैं?
(a) निर्मल वर्मा   (b) उपेन्द्रनाथ अश्क
(c) रेणु   (d) शिवदान सिंह चौहान

78. हरिवंशराय बच्चन ने 'नये पुराने झरोखे' संस्मरण किस वर्ष में लिखा?
(a) 1957 ई.   (b) 1962 ई.
(c) 1946 ई.   (d) 1975 ई.

79. 'दिल्ली - दर - शहर' यात्रा वृत्तान्त की लेखिका हैं?
(a) नासिरा शर्मा   (b) शिवानी
(c) इंदु जैन   (d) निर्मला जैन

80. 'ये और वे' संस्मरण के लेखक हैं ?
(a) हरिवंशराय बच्चन   (b) कमलेश्वर

(c) उपेन्द्रनाथ अश्क   (d) जैनेन्द्र कुमार

81. कक्षा तीन की अध्यापिका अंकिता को पता चलता है कि शिक्षार्थी नवीन जानकारियों को मौखिक रूप में लेने के बजाय लिखित रूप में लेना पसंद करते हैं। इन शिक्षार्थियों की अधिगम शैली कौन सी है?
1. श्रव्य
2. दृश्य
3. गतिबोधक
4. सौंदर्यबोध
(a) 1   (b) 2
(c) 3   (d) 4

82. एक अध्यापक ने कक्षा चार में अपने शिक्षार्थियों को एक रोल प्ले द्वारा काम दिया है जिसमें उन्हें दी गई स्थिति पर अपने विचारों का आदान-प्रदान करना है। वह किस कौशल के संवर्धन पर काम कर रही है?
1. अभिनय
2. लेखन
3. वाचन
4. पठन
(a) 1   (b) 2
(c) 3   (d) 4

83. उत्तर प्रदेश में राजकीय कार्यों में किस भाषा का प्रयोग होता है?
(a) उर्दू   (b) हिन्दी
(c) अंग्रेजी   (d) भोजपुरी

84. 14 सितंबर, 1949 को भारतीय संविधान सभा ने हिंदी को भारत संघ की कौन-सी भाषा का दर्जा दिया?
(a) राजभाषा   (b) राष्ट्रभाषा
(c) लोकभाषा   (d) संपर्कभाषा

85. हिंदी का प्रथम समाचार पत्र कौन सा था?
(a) कवि वचन सुधा   (b) उदन्त मार्तण्ड
(c) हरिश्चंद्र पत्रिका   (d) सरस्वती

86. निम्नलिखित में से किसका प्रयोग सरकारी स्तर पर अधिकतम भारतीय गजटों में प्रकाशित सरकारी नियम, आदेश, अधिकार और नियुक्तियों की सूचना के प्रसंग में होता है?
(a) कार्यालय आदेश   (b) अधिसूचना
(c) ज्ञापन   (d) परिपत्र

87. कार्यालय आदेश में अधिकारी का हस्ताक्षर किस स्थान पर आएगा?
(a) नीचे दाहिनी ओर   (b) नीचे बाईं ओर
(c) ऊपर दाहिनी ओर   (d) ऊपर बाई और

88. कार्यालयी पत्र के अर्द्ध सरकारी पत्र व्यवहार इनमें से मुख्यतया किनके बीच किया जा सकता है?
(a) शासकीय अधिकारियों के बीच
(b) किसी एक परिवार या दूसरे परिवारों के बीच
(c) अध्यापक और छात्रों के बीच
(d) आपसी घनिष्ठ संबंधियों के बीच

89. कक्षा दस के छात्र ने अपना अनुपस्थित दंड माफ करने के लिए प्रधानाध्यापक को पत्र लिखा। उसका यह पत्र किस वर्ग में आएगा?
(a) निमंत्रण पत्र   (b) आवेदन पत्र
(c) व्यावसायिक पत्र   (d) व्यापारिक पत्र

90. "ब्राम्ही" से किस लिपि की उत्पत्ति हुई है?
(a) देवनागरी   (b) खरोष्ठी
(c) गुरमुखी   (d) कैथी

91. 'रामचरितमानस' किस भाषा में लिखी गयी है?

(a) ब्रज   (b) अवधी
(c) भोजपुरी   (d) मागधी

92. खड़ी बोली का प्रयोग सबसे पहले किस पुस्तक में हुआ?
(a) भक्तिसागर   (b) सुखसागर
(c) काव्यसागर   (d) प्रेमसागर

93. ब्रजभाषा किस अपभ्रंश से विकसित है?
(a) शौरसेनी   (b) मागधी
(c) अर्द्धमागधी   (d) पैशाची

94. निम्नलिखित में किस बोली में कृष्ण काव्य और रीतिकालीन साहित्य का सृजन हुआ?
(a) अवधी   (b) भोजपुरी
(c) ब्रजभाषा   (d) कौरवी

95. निम्नलिखित में से सही वाक्य की पहचान कीजिए।
(a) वह देर में सोकर उठता है।
(b) वह देर के साथ सोकर उठता है।
(c) वह देर तक सोकर उठता है।
(d) वह देर को सोकर उठता है।

96. भारतीय संविधान के अनुच्छेद 210 में निर्देशित है-
(a) संसद में प्रयुक्त हाने वाली भाषा के बारे में
(b) विधान मंडल में प्रयुक्त होने वाली भाषा के बारे में
(c) राज्य की राजभाषा/राजभाषाओं के बारे में
(d) संघ की राजभाषा के बारे में

97. प्रेमचन्द का उपन्यास है:
(a) तितली   (b) रंगभूमि
(c) माँ   (d) अर्द्धनारीश्वर

98. 'भाषायोगवाशिष्ठ' के रचयिता का नाम क्या हैं?
(a) गंग   (b) गोकुलनाथ
(c) नाभादास   (d) रामप्रसाद निरंजनी

99. आधुनिक हिन्दी साहित्य की पहली आत्मकथा के लेखक कौन माने जाते हैं?
(a) बाबू श्यामसुन्दर दास   (b) देवेन्द्र सत्यार्थी
(c) हरिवंशराय बच्चन   (d) जयशंकर प्रसाद

100. किस कवि को 'कवियों का कवि' कहा जाता है?
(a) धर्मवीर भारती   (b) शमशेर बहादुर सिंह
(c) रघुवीर सहाय   (d) सर्वेश्वर दयाल सक्सेना

// स्मार्ट उत्तर पुस्तिका //

सही उत्तर — उन छात्रों का प्रतिशत जिन्होंने प्रश्न का सही उत्तर दिया।

छोड़ दिया — उन छात्रों का प्रतिशत जिन्होंने प्रश्न को छोड़ दिया।

प्रश्न संख्या	उत्तर	सही उत्तर / छोड़ दिया	प्रश्न संख्या	उत्तर	सही उत्तर / छोड़ दिया	प्रश्न संख्या	उत्तर	सही उत्तर / छोड़ दिया
1	B	82.91% / 0.0%	2	A	61.04% / 1.21%	3	B	69.12% / 1.32%
4	A	76.7% / 0.0%	5	D	87.2% / 0.0%	6	C	79.77% / 0.0%
7	A	68.57% / 1.42%	8	A	43.02% / 1.03%	9	C	86.35% / 0.0%
10	B	77.07% / 0.0%	11	A	80.3% / 0.0%	12	C	66.56% / 1.6%
13	B	83.28% / 0.0%	14	A	27.83% / 4.25%	15	A	69.95% / 1.64%
16	A	66.12% / 1.15%	17	C	49.86% / 1.76%	18	B	78.25% / 0.0%
19	B	54.84% / 1.68%	20	D	86.1% / 0.0%	21	D	45.83% / 1.27%
22	B	59.31% / 1.82%	23	B	41.76% / 1.76%	24	C	81.06% / 0.0%
25	D	52.41% / 1.98%	26	C	40.55% / 1.27%	27	C	63.37% / 1.68%
28	A	47.63% / 1.35%	29	B	68.45% / 1.64%	30	C	43.81% / 1.96%
31	C	64.21% / 1.58%	32	B	44.21% / 1.9%	33	D	62.66% / 1.92%
34	C	24.62% / 4.61%	35	B	52.59% / 1.64%	36	B	53.85% / 1.08%
37	C	42.64% / 1.75%	38	B	52.01% / 1.87%	39	A	80.43% / 0.0%
40	D	46.76% / 1.08%	41	B	62.5% / 1.75%	42	C	40.03% / 1.51%
43	D	40.08% / 1.53%	44	C	69.74% / 1.37%	45	C	79.38% / 0.0%
46	C	82.56% / 0.0%	47	D	64.15% / 1.53%	48	B	85.89% / 0.0%
49	C	88.03% / 0.0%	50	A	87.78% / 0.0%	51	C	76.19% / 0.0%
52	A	63.87% / 1.43%	53	C	41.04% / 1.22%	54	A	48.93% / 1.2%
55	A	49.64% / 1.89%	56	A	66.58% / 1.48%	57	C	66.68% / 1.04%
58	A	42.86% / 1.73%	59	B	78.63% / 0.0%	60	C	88.54% / 0.0%
61	C	48.11% / 1.86%	62	D	49.45% / 1.43%	63	C	55.97% / 1.9%
64	D	52.74% / 1.22%	65	B	28.46% / 3.49%	66	B	47.31% / 1.3%
67	D	86.94% / 0.0%	68	A	56.45% / 1.86%	69	B	46.69% / 1.32%
70	A	55.46% / 1.26%	71	C	57.33% / 1.06%	72	C	68.1% / 1.59%
73	C	68.17% / 1.91%	74	B	41.03% / 1.56%	75	C	66.04% / 1.5%
76	C	12.5% / 3.55%	77	B	63.01% / 1.81%	78	B	69.53% / 1.66%
79	D	61.33% / 1.99%	80	D	55.11% / 1.14%	81	B	51.57% / 1.21%
82	C	56.42% / 1.73%	83	B	49.83% / 1.37%	84	A	80.85% / 0.0%
85	B	62.67% / 1.85%	86	B	63.96% / 1.35%	87	A	56.31% / 1.83%
88	A	59.38% / 1.88%	89	B	64.16% / 1.33%	90	A	58.23% / 1.93%
91	B	52.54% / 1.96%	92	D	53.88% / 1.83%	93	A	55.79% / 1.51%
94	C	21.64% / 3.05%	95	C	58.31% / 1.35%	96	B	53.32% / 1.62%
97	B	61.73% / 1.4%	98	D	49.18% / 1.43%	99	A	48.46% / 1.12%
100	B	17.09% / 4.49%						

// संकेत और समाधान //

1(B). चर्मकारस्य नाम मंगू आसीत्।

2(A). रामलाल: श्रेष्ठी आसीत्।

3(B). भृत्यस्य नेत्रे जलासिक्ते आस्ताम्।

4(A). 'सेवक:' इत्यस्य समानार्थकं भृत्य: पदं।

5(D). 'श्रेष्ठिन:' इति पदे षष्ठी विभक्ति: प्रयुक्ता।

6(C). 'कामम्' इत्यस्य पदनिर्वचनं क्रिया-विशेषणम् ।

7(A). 'आगत्य' इति पदे प्रयुक्त: कृदन्तप्रत्यय:ल्यप्।

8(A). सीखना तब भी होता है, जब माता-पिता और बच्चे साथ-साथ काम करते हैं। सीखना यह जीवन की लम्बी प्रक्रिया है। बच्चे कक्षा - कक्ष के बाहर भी अपने माता - पिता के साथ रहकर कुछ न कुछ सीखते है।

9(C). गद्यांश के आधार पर कहा जा सकता है कि बच्चे रोज़मर्रा के कार्यों से भी बहुत कुछ सीख सकते हैं।

10(B). कल्पनाशीलता और उत्सुकता को बढ़ावा देने से बच्चा सीखने के आनंद में डूब जाता है। सीखने के आनंद में डूबना का अर्थ - सीखने के आनंद से सराबोर होना है।

11(A). 'जीवन-पर्यंत' शब्द का अर्थ जीवन भर है। गद्यांश में उल्लेख: उछल-कूद वाले खेलों से बच्चे गिनती सीखते हैं और जीवन-पर्यंत अच्छी सेहत का पाठ भी पढ़ते हैं।

12(C). 'जीवन-पर्यंत' शब्द का अर्थ जीवन भर है। गद्यांश में उल्लेख: उछल-कूद वाले खेलों से बच्चे गिनती सीखते हैं और जीवन-पर्यंत अच्छी सेहत का पाठ भी पढ़ते हैं।

13(B). बच्चों के 'क्यों ?' प्रश्न का उत्तर देने का प्रयास हम करते आए हैं। 'क्यों' इस प्रश्न का उत्तर माता - पिता देने का प्रयास करते है। बच्चे हमेशा कुतूहल से सवाल पूछते है, ऐसा क्यों? तो माता - पिता उन्हें समझाने का प्रयत्न करते है।

14(A). सीखने का बढ़िया तरीका प्रश्न पूछना। प्रश्न पूछने से हमारी शंका दूर होती है। प्रश्न पूछना इस माध्यम से बच्चो को पढ़ाना सहज होता है।

15(A). दुनिया की प्रकृति परिवर्तनशील है।
गद्यांश के अनुसार, संपूर्ण विश्व में निरंतर प्रगति होती रहती है, ऐसी-ऐसी चीज़ों का आविष्कार हो गया है जिनके बारे में पहले कभी सोचा भी नहीं गया था, यह है दुनिया की प्रकृति जो बदलती रहेगी और हम भी इसके साथ बदलते रहेंगे। यही दुनिया की प्रकृति है।

16(A). गद्यांश के अनुसार, आविष्कारों का उद्देश्य मनुष्य शांति और आनंद की अनुभूति कर सके। इन सब सुविधाओं और आविष्कारों का उद्देश्य यही है कि मनुष्य शांतिपूर्ण जीवन जी सके, संसार में रहकर अपने जीवन में जो कुछ आप पाना चाहते हैं, उसको पाइये।

17(C). गद्यांश के अनुसार, जीवन का मुख्य लक्ष्य शांति और आनंद होना चाहिए। हम जो करते हैं, शांति के लिए करते हैं, जीवन सफल करने की जो सबसे पहली सीढ़ी है, वह हमारे अंदर। हम जिस शांति की बात करते हैं, वह सबके हृदय में है।

18(B). 'शांति' भिन्न शब्द है। जबकि प्रगति, विकास, उन्नति, 'समानार्थी' शब्द हैं। वे शब्द जिनका अर्थ एक समान होता है समानार्थी शब्द कहलाते हैं, समानार्थी शब्द को हम पर्यायवाची शब्द भी कहते हैं। शांति का पर्यायवाची-सुख, अमन, सुकून, चैन होगा।

19(B). लेखक ने ऐसा क्यों कहा है कि जीवन को सफल बनाने की सीढ़ी हमारे भीतर है? क्योंकि हमारा अन्तर्मन हमें प्रोत्साहित करता रहता है।
गद्यांश के अनुसार, जीवन सफल करने की जो सबसे पहली सीढ़ी है, वह हमारे अंदर। हम जिस शांति की बात करते हैं, वह सबके हृदय में है। हमारा हृदय अंदर से प्रेरित करता है कि अपने जीवन को सफल बनाएँ।

20(D). उपर्युक्त गद्यांश के अनुसार सबसे महत्वपूर्ण तथ्य स्वयं की पहचान करना है। तथागत यह भी कहते थे कि सबसे पहले व्यक्ति को खुद की पहचान करनी चाहिए। दूसरों की बजाय व्यक्ति खुद के बारे में ज्यादा जानता है। जिस दिन आप स्वयं को समझना शुरू कर देंगे उस दिन आप अपने आप को भली-भाँति पहचान जायेंगे।

21(D). 'महादेवी वर्मा' छायावादी युग के कवयित्री थीं।
महादेवी वर्मा ने खड़ी बोली हिन्दी को कोमलता और मधुरता से संसिक्त कर सहज मानवीय संवेदनाओं की अभिव्यक्ति का द्वार खोला, विरह को दीपशिखा का गौरव दिया, व्यष्टिमूलक मानवतावादी काव्य के चिंतन को प्रतिष्ठापित किया।

22(B).

सूची -1	सूची - 2
A. चिंतामणी त्रिपाठी	I. काव्य प्रकाश
B. भूषण	II. छत्रसालदशक
C. देव	III. रस विलास
D. लाल कवि	IV. छत्र प्रकाश

23(B). उपरोक्त सभी विकल्पों में 'रतन बावनी' तुलसीदास की रचना नहीं है। यह रचना 'केशवदास' की है। अन्य सभी रचनाएँ तुलसीदास की हैं।
केशवदास- केशवदास हिंदी साहित्य के रीतिकाल की कवि-त्रयी के एक प्रमुख स्तंभ हैं। वे संस्कृत काव्यशास्त्र का सम्यक् परिचय कराने वाले हिंदी के प्राचीन आचार्य और कवि थे।
तुलसीदास- गोस्वामी तुलसीदास हिंदी साहित्य के महान कवि थे। इन्हें आदि काव्य रामायण के रचयिता महर्षि वाल्मीकि का अवतार भी माना जाता है। इन्होंने श्रीरामचरितमानस' नामक ग्रंथ की रचना की थी जिसका कथानक रामायण से लिया गया है। रामचरितमानस लोक ग्रन्थ है और इसे उत्तर भारत में बड़े भक्तिभाव से पढ़ा जाता है।

24(C). "साहित्य देवता", "माखनलाल चतुर्वेदी" की रचना है। साहित्य और कला को माखनलालजी मनुष्य के उस मनोमय रूप का व्याख्याता मानते हैं जिसके इंगित पर उसका स्थूल शरीर काम करता है।

25(D). "जाने अनजाने", "विष्णु प्रभाकर" की रचना है।
विष्णु प्रभाकरजी ने कहानी, उपन्यास, नाटक, जीवनी, निबंध, एकांकी, यात्रा-वृत्तांत आदि प्रमुख विद्याओं में लगभग सौ कृतियाँ हिंदी को दीं। उनकी 'आवारा गसीहा' सर्वाधिक चर्चित जीवनी है, जिस पर उन्हें 'पाब्लो नेरूदा सम्मान', 'सोवियत लैंड नेहरू पुरस्कार' सद्दश्य अनेक देशी- विदेशी पुरस्कार मिल चुके हैं।

26(C). "सागर पार का संसार" "यात्रा विधा" की रचना है।
यात्रा में किए गए अनुभव को यात्रा वृतांत में लिखा जाता है।
यात्रा वृतांत लिखने की परंपरा का सूत्रपात "भारतेंदु" से माना जाता है।

27(C). "सृजन सुख-दुख का", "प्रतिभा अग्रवाल" का संस्मरण है।
1940 के उत्तरार्द्ध से 1950 के प्रारंभ तक हिंदी रंगमंच की एक बड़ी नायिका के रूप में उभरी इस समय काल में 'तरुण संघ और बाद में अनामिका' के ध्वज तले अपनी प्रतिभा को नई ख्याति प्रदान की।
बंगला भाषा से हिंदी में महत्त्वपूर्ण रचनाओं के अनुवाद, समीक्षा, जीवनी आदि में उनका योगदान अत्यंत महत्त्वपूर्ण है।

28(A). "श्रावकाचार", "देवसेन" की रचना है। देवसेन ने 933 ईसवी में श्रावकाचार की रचना की है। श्रावकाचार में 250 दोहों में श्रावक धर्म का प्रतिपादन किया गया है।

29(B). "पउमचरिउ", "स्वयंभू" की रचना है।
पउमचरिउ को पूरा स्वयंभू के पुत्र त्रिभुवन ने किया था पउमचरिउ, रामकथा पर आधारित अपभ्रंश का एक महाकाव्य है। बारह हजार पद हैं। मूलरूप से इस रामायण में कुल 92 सर्ग थे, जिनमें स्वयंभू के पुत्र त्रिभुवन ने अपनी ओर से 16 सर्ग और जोड़े। गोस्वामी तुलसीदास के 'रामचरित मानस' पर महाकवि स्वयंभू रचित 'पउम चरिउ' का प्रभाव स्पष्ट दिखता है।

30(C). "भारतेश्वर बाहुबली रास" की रचना "शाली भद्र सूरी" ने की है रचनाकाल सं. 1231 वि. है। इसकी छन्द संख्या 203 है।
इसमें जैन तीर्थकर ऋषभदेव के पुत्रों भरतेश्वर और बाहुबलि में राजगद्दी के लिए हुए संघर्ष का वर्णन है। इस रचना के दो संस्करण मिलते हैं। पहला प्राच्य विद्या मन्दिर बड़ौदा से प्रकाशित किया गया है तथा दूसरा "रास" और "रासान्वयी काव्य" में प्रकाशित हुआ है। डॉ. गणपति चन्द्र गुप्त ने अपने ग्रन्थ "हिन्दी साहित्य का वैज्ञानिक इतिहास" में शालिभद्र सूरि को "हिन्दी का प्रथम कवि" माना है।

31(C). दिए गए विकल्पों में द्रव्यवाचक संज्ञा सही उत्तर है । अन्य विकल्प असंगत है। अपनी चाय में स्वादानुसार चीनी डाल सकते हैं, में द्रव्यवाचक संज्ञा होगी।
- जिस वाक्य में किसी धातु, द्रव या पदार्थ का बोध हो होता है वे वाक्य द्रव्यवाचक संज्ञा के अंतर्गत आते हैं।
- उपर्युक्त वाक्य में चाय एवं चीनी को संख्याओं में नहीं माप सकते हैं

बल्कि इनका उल्लेख हम किलो या लीटर में करते हैं।

द्रव्यवाचक संज्ञा: जिन संज्ञा शब्दों से किसी धातु, द्रव या पदार्थ का बोध हो, उन्हें द्रव्यवाचक संज्ञा कहते है। जैसे-सोना, लोहा आदि।

32(B). व्यक्तिवाचक संज्ञा:

जो शब्द केवल एक व्यक्ति, वस्तु या स्थान का बोध कराते हैं उन शब्दों को व्यक्तिवाचक संज्ञा कहते हैं। जैसे- भारत, चीन (स्थान), किताब, साइकिल (वस्तु), सुरेश,रमेश,महात्मा गाँधी (व्यक्ति) आदि।

व्यक्तिवाचक संज्ञा के उदाहरण-

- रमेश बाहर खेल रहा है।
- महेंद्र सिंह धोनी क्रिकेट खेलते हैं।
- मैं भारत में रहता हूँ।
- महाभारत एक महान ग्रन्थ है।
- अमिताभ बच्चन कलाकार हैं।

ऊपर दिए गए वाक्यों में रमेश, महेंद्र सिंह धोनी, भारत, महाभारत, व अमिताभ बच्चन संज्ञा शब्द कहलायेंगे क्योंकि ये शब्द किसी विशेष व्यक्ति, वस्तु या स्थान का बोध कराते हैं।

व्यक्तिवाचक संज्ञा के बारे में विस्तार से पढ़ने के लिए यहाँ क्लिक करें – व्यक्तिवाचक संज्ञा।

33(D). सर्वनाम: पुनरुक्ति दोष को दूर करने के लिये संज्ञा शब्दों के स्थान पर सर्वनाम शब्दों का प्रयोग होता है। इसके छः भेद बताये गये हैं:

नाम	सर्वनाम शब्द
पुरूषवाचक	अहं , **त्वं** , सः इत्यादि
निश्चयवाचक	सर्वः , इदं , तद् इत्यादि
अनिश्चयवाचक	कश्चित्, कापि, कोऽपि इत्यादि
संबंधवाचक	यः , सः इत्यादि
प्रश्नवाचक	कः, किम्, का इत्यादि
निजवाचक	स्वयं , इत्यादि

इसलिए, उपर्युक्त विवरण से स्पष्ट है कि त्वं सर्वनाम शब्द है।

34(C). मोहन प्रकाश जी उन्हें हिन्दी पढ़ाते है।

अन्य पुरुषवाचक सर्वनाम: जो व्यक्ति उपस्थित नही होता है वह वक्ता और श्रोता के लिए अन्य व्यक्ति होता है। जिन शब्दों का प्रयोग अन्य व्यक्तियों के लिए किया जाये वे सभी अन्य पुरुषवाचक सर्वनाम होते हैं। अर्थात जिन शब्दों का प्रयोग बोलने वाला , सुनने वाले के अलावा जिसके लिए करता है उसे अन्य पुरुषवाचक सर्वनाम कहते हैं।

जैसे - वह, वे, उसने, यह, ये, इसने, वो, उन्हें, उसका आदि।

35(B). दिए गए विकल्पों में से 'गौरव सोता है।' वाक्य अकर्मक क्रिया का है। अन्य सभी विकल्प अनुचित है। इसलिए, इसका सही उत्तर विकल्प (B) 'गौरव सोता है।' है।

सोता - अकर्मक क्रिया

शब्द	परिभाषा	उदाहरण
क्रिया	जिन शब्दों में किसी कार्य का करना या होना था, किसी घटना में घटित होने का संज्ञान होता है, उसे क्रिया कहते हैं। क्रिया के दो भेद माने गए हैं - अकर्मक और सकर्मक।	मोर नाचता है = अकर्मक अनुराग ने फल खाए = सकर्मक
अकर्मक क्रिया - जिस क्रिया का फल कर्म पर नहीं करता पर पड़ता है उसे अकर्मक क्रिया कहते हैं।		
सकर्मक क्रिया - जिस क्रिया का फल कर्म पर पड़ता है तथा जिसके प्रयोग में कर्म की अनिवार्यता बनी रहती है, उसे सकर्मक क्रिया कहते हैं।		

36(B). अपूर्ण क्रिया: जब क्रिया के होते हुए तथा क्रिया और कर्म के रहते हुए भी अकर्मक और सकर्मक क्रिया स्पष्ट अर्थ न दें वहाँ पर अपूर्ण क्रिया होती है।

अपूर्ण क्रिया के दो भेद होते हैं:

- अपूर्ण अकर्मक क्रिया
- अपूर्ण सकर्मक क्रिया

37(C). 'बिल्ली छत से कूद पड़ी'- वाक्य में 'कूदने' की क्रिया 'बिल्ली से' हुई अथवा छत से कूदकर बिल्ली अलग हो गयी। इसलिए 'छत से' अपादान कारक है।

38(B). 'वह <u>मुझसे</u> अलग रहता है।' वाक्य में रेखांकित शब्द में अपादान कारक है।

39(A). ऐसे सर्वनाम शब्द जो संज्ञा से पहले लगकर उस संज्ञा शब्द की विशेषण की तरह विशेषता बताते हैं, वे शब्द सार्वनामिक विशेषण कहलाते हैं। यह शब्द सर्वनाम के लिए विशेषण का काम करते हैं। जैसे: मेरी पुस्तक, कोई बालक, किसी का महल, वह लड़का, वह बालक, यह पुस्तक आदि।

40(D). 'मानवीय' शब्द मानव का विशेषण है। यहाँ पर मानवीय शब्द एक विशेषता है।

संज्ञा या सर्वनाम की विशेषता बताने वाले शब्द विशेषण कहलाते हैं।

41(B). 'देशभक्ति' में तत्पुरुष समास है। इसका समास विग्रह ('देश के लिए भक्ति')।

42(C). 'पंचवटी' में द्विगु समास है इसका विग्रह (पाँच वटों का समाहार) जिस समस्त पद का पूर्वपद संख्यावाचक विशेषण हो उसे द्विगु समास कहते हैं।

43(D). अपनी -अपनी डफली ,अपना -अपना राग अर्थ विचारो में भिन्नता होना से हैं।

मुहावरे-मुहावरे अरबी भाषा का शब्द है जिसका शाब्दिक अर्थ अभ्यास करना होता है "जो शब्द अपने साधारण अर्थ को छोड़ कर विशेष अर्थ को व्यक्त करते है हिंदी मे ऐसे वाक्यांश को मुहावरा कहा जाता हैं।" मुहावरे किसी भाषा विशेष में प्रचलित उस अभिव्यक्तिक इकाई को कहते हैं जिसका प्रयोग प्रत्यक्षार्थ से अलग रूढ़ लक्ष्यार्थ के लिए किया जाता है।

44(C). घर आए नाग न पुजिए बांबी पूजन जाए से अभिप्राय है अक्सर से लाभ न उठे और बाद में परेशान करे।

मुहावरे- मुहावरे अरबी भाषा का शब्द है जिसका शाब्दिक अर्थ अभ्यास करना होता है "जो शब्द अपने साधारण अर्थ को छोड़ कर विशेष अर्थ को व्यक्त करते है हिंदी मे ऐसे वाक्यांश को मुहावरा कहा जाता हैं।" मुहावरे किसी भाषा विशेष में प्रचलित उस अभिव्यक्तिक इकाई को कहते हैं जिसका प्रयोग प्रत्यक्षार्थ से अलग रूढ़ लक्ष्यार्थ के लिए किया जाता है।

45(C). लेखन कौशल चारो भाषा कौशलों में सबसे अंतिम चरण है। लिखना अर्थात लेखन कौशल बच्चों द्वारा अपने मौलिक विचारों को लिखित रूप देने तथा विभिन्न उद्देश्यों के लिए लिखने की क्षमता से संबंधित है। इसका सम्बन्ध सिर्फ सुंदर अक्षर और मानक वर्तनी से ही नहीं, बल्कि लेखन कौशल का सम्बन्ध बच्चों द्वारा अपने मौलिक विचारों को लिखित रूप देने से है।

46(C). प्राथमिक स्तर पर हिंदी भाषा का शिक्षण करते समय हिंदी भाषा की सौंदर्य और आंचलिकता पर सर्वाधिक बल देना भाषिक गुणवत्ता और सृजनात्मकता को बढ़ाता है।

47(D). भाषा अर्जन: इस प्रक्रिया में बालक सुनकर, बोलकर, भाषा ग्रहण करता है तथा निरंतर परिमार्जन करता रहता है।भाषा सीखने की प्रक्रिया में भाषा अर्जन की प्रक्रिया महत्त्वपूर्ण होती है।

48(B). मनोवैज्ञानिक वायगोत्स्की का मानना था कि सामाजिक संपर्क विकास में महत्वपूर्ण भूमिका निभाते हैं। वाईगोत्स्की ने भाषा-विकास का समाज-सांस्कृतिक परिप्रेक्ष्य प्रस्तुत किया।

49(C). तीसरी कक्षा का मोहित अक्सर पढ़ते समय शब्दों की पुनरावृत्ति करता है। आप उसके पठन के बारे में वह अर्थ की खोज में पुनरावृत्ति करता है कहेंगे।

50(A). भाषा की पाठ्य-पुस्तक साधन है साध्य नहीं। भाषा सीखने-सिखाने की प्रक्रिया में सबसे कम महत्त्वपूर्ण भाषा की पाठ्य-पुस्तक है।

51(C). काव्य वह कला जिसमें चुने हुए शब्दों के द्वारा कल्पना और मनोवेगों का प्रभाव डाला जाता है।

कल्पना - कल्पना वह शक्ति है, जिसके द्वारा हम अपनी प्रतिमाओं का

नये प्रकार से प्रयोग करते हैं। जब हमको पूर्व अनुभव को किसी ऐसी वस्तु का निर्माण करने में सहायता देती है जो पहले कभी नहीं थी।

मनोवेग - मन में उत्पन्न होनेवाला भाव या कोई विचार मनोवेग कहलाते हैं।

52(A). आण्डाल, दक्षिण भारत की सन्त महिला थीं। वे बारह आलवार सन्तों में से एक प्रसिद्ध आलवार संत हैं। उन्हें दक्षिण की मीरा कहा जाता है। आण्डाल का जन्म विक्रम सं. 770 में हुआ था।

53(C). प्रश्न में दी गई पंक्तियाँ तुलसीदास द्वारा रचित रामचरितमानस से ली गई हैं। उक्त पंक्तियों में लक्ष्मण जी द्वारा परशुराम जी के बोले हुए अपशब्दों का प्रतिउत्तर दिया गया है।

54(A). अम्बिकादत्त व्यास (सन् 1858 ई. - 1900 ई.) भारतेन्दु मण्डल के प्रसिद्ध कवि थे। वे ब्रजभाषा के कुशल और सरस कवि थे। इन्होंने कवित्त, सवैया की प्रचलित शैली में ब्रजभाषा में रचना की। भारतेन्दु हरिश्चन्द्र के समकालीन हिन्दी सेवियों में पंडित अंबिकादत्त व्यास बहुत प्रसिद्ध लेखक और कवि हैं।

55(A). 'मालविकाग्निमित्रम्' कालिदास द्वारा रचित संस्कृत नाटक है।
यह पाँच अंकों का नाटक है जिसमे मालवदेश की राजकुमारी मालविका तथा विदिशा के राजा अग्निमित्र का प्रेम और उनके विवाह का वर्णन है। वस्तुत: यह नाटक राजमहलों में चलने वाले प्रणय षड्यन्त्रों का उन्मूलक है तथा इसमें नाट्यक्रिया का समग्र सूत्र विदूषक के हाथों में समर्पित है।

56(A). "सरहपा" का सम्बन्ध सिद्ध साहित्य से है।
इस साहित्य में तंत्र साधना पर अधिक बल दिया गया। साधना पद्धति में शिव-शक्ति के युगल रूप की उपासना की जाती है।इसमें जाति प्रथा एवं वर्णभेद व्यवस्था का विरोध किया गया। इस साहित्य में ब्राह्मण धर्म का खंडन किया गया है। सिद्धों में पंच मकार (मांस, मछली, मदिरा, मुद्रा, मैथुन) की दुष्प्रवृति देखने को मिलती है।

57(C). आदिकाल को वीरगाथाकाल रामचन्द्र शुक्ल ने कहा है।
हजारीप्रसाद द्विवेदी और नगेन्द्र ने आदिकाल को, आदिकाल की संज्ञा दी। राहुल सांकृत्यान ने आदिकाल को - सिद्ध सामंत काल की संज्ञा दी।

58(A). कबीर दास सन्त काव्यधारा का प्रतिनिधित्व करते हैं।
कबीर या भगत कबीर 15वीं सदी के भारतीय रहस्यवादी कवि और संत थे। वे हिन्दी साहित्य के भक्तिकालीन युग में ज्ञानाश्रयी-निर्गुण शाखा की काव्यधारा के प्रवर्तक थे।

59(B). 'कुतुबन' सुफी काव्यधारा के कवि हैं।
आचार्य शुक्ल ने हिन्दी का प्रथम सूफी कवि 'कुतुबन' को माना है।

60(C). नामदास सुफी काव्यधारा के कवि नहीं हैं।

61(C). निर्गुण काव्यधारा की प्रवृत्ति रुढ़ियों एवं बाह्याडम्बरों का विरोध है।
निर्गण की उपासना, मिथ्याडंबर का विरोध, गुरु की महत्ता, जाति गांति के भेदभाव का विरोध, वैयक्तिक साधना पर जोर, रहस्यवादी प्रवृत्ति, साधारण धर्म का प्रतिपादन, विरह की मार्मिकता, नारी के प्रति दोहरा दृष्टिकोण, भजन, नामस्मरण, संतप्त, उपेक्षित, उत्पीड़ित मानव को परिज्ञान प्रदान करना आदि संत काव्य के मुख्य प्रयोजन हैं।

62(D). "दो सौ बावन वैष्णवन की वार्ता" के लेखक गोकुलनाथ हैं।
हिंदी साहित्य के इतिहास ग्रंथों में गोकुलनाथ जी का उल्लेख उनके 'वार्ता साहित्य' के कारण हुआ है।
गोकुलनाथ रचित दो वार्ता ग्रंथ प्राप्त हैं। पहला 'चौरासी वैष्णवन की वार्ता' और दूसरा 'दो सौ बावन वैष्णवन की वार्ता'।
इन दोनों की प्रामाणिकता और गोकुलनाथ रचित होने में विद्वानों में प्रारंभ से ही मतभेद रहा है, किंतु नवीनतम शोध और अनुशीलन से यह सिद्ध होता जा रहा है कि मूल वार्ताओं का कथन गोकुलनाथ ने ही किया था।

63(C). "नन्ददास" कृष्ण काव्यधारा से सम्बन्धित हैं।
जिन सगुण भक्त कवियों के द्वारा भगवान् विष्णु के अवतार के रूप में 'कृष्ण' की उपासना की गयी, उनके द्वारा रचित काव्य कृष्ण भक्ति काव्य कहलाता है।

64(D). तुलसीदास जी कृष्णभक्त कवि नहीं है।
राम भक्ति काव्य धारा के सबसे बड़े और प्रतिनिधि कवि तुलसीदास हैं।

राम भक्त कवियों की संख्या अपेक्षाकृत कम है। कम संख्या होने का सबसे बड़ा कारण है तुलसीदास का बरगदमयी व्यक्तित्व। यह सवर्णवादी काव्यधारा है इसलिए यह उच्चवर्ण में ज्यादा लोकप्रिय हुआ।

65(B). "विद्यापति" को "अभिनव जयदेव" की उपाधि दी गई है। कीर्तिलता, कीर्तिपताका से राजा शिवसिंह ने बहुत प्रसन्न होकर विद्यापति को "अभिनव जयदेव" की उपाधि और "विसपी" नामक ग्राम उपहार में दिया। विद्यापति की कृतियाँ भूपरिक्रमा, पुरुषपरीक्षा, लिखनावली, विभागसार, शैवसर्वस्वसार, दानवाक्यावली, गंगावाक्यावली, दुर्गभक्तितरंगिणी, गयापत्तलक, वर्षकृत्य, मणिमञ्जरी नाटक, गोरक्षविजय नाटक, कीर्तिलता, कीर्तिपताका आदि हैं।

66(B). "वल्लभाचार्य", "शुद्धाद्वैतवाद" से संबंधित हैं। शुद्धाद्वैत वल्लभाचार्य (1479-1531 ई) द्वारा प्रतिपादित दर्शन है। शुद्धाद्वैत दर्शन, आचार्य शंकर के अद्वैतवाद से भिन्न है।
शुद्धाद्वैत मत में माया सम्बन्धरहित नितान्त शुद्ध ब्रह्म को जगत् का कारण माना जाता है। शुद्धाद्वैत में "ब्रह्मसत्यं जगत्सत्यं अंशोजीवोहि नापरः" (ब्रह्म सत्य है, जगत सत्य है, जीव ब्रह्म का अंश है) ऐसा कहा गया है।

67(D). उर्वशी रामधारी सिंह 'दिनकर' द्वारा रचित काव्य नाटक है। इस काव्य में दिनकर ने उर्वशी और पुरुरवा के प्राचीन आख्यान को एक नये अर्थ से जोड़ना चाहा है। अन्य रचनाओं से इतर उर्वशी राष्ट्रवाद और वीर रस प्रधान रचना है।
इस कृति में पुरुरवा और उर्वशी अलग-अलग तरह की प्यास लेकर आये हैं। पुरुरवा धरती पुत्र है और उर्वशी देवलोक से उतरी हुई नारी है। पुरुरवा के भीतर देवत्व की तृष्णा और उर्वशी सहज निश्चित भाव से पृथ्वी का सुख भोगना चाहती है।

68(A). "मीराबाई" के गुरु का नाम "रैदास" है। "गुरु मिल्या रैदास जी दीन्ही ज्ञान की गुटकी" - पंक्ति में मीरा ने रैदास जी को अपना गुरु बताया था।
गुरू रैदास का जन्म काशी में हुआ था। रैदास के 40 पद "गुरु ग्रंथ साहब" में संकलित है।

69(B). भक्ति काल में दो प्रमुख काव्यधाराएं थी - निर्गुण काव्यधारा और सगुण काव्यधारा।
निर्गुण काव्यधारा के प्रमुख कवि कबीरदास थे जबकि सगुण काव्यधारा के प्रमुख कवि तुलसीदास एवं सूरदास थे।

70(A). अज्ञेय की 'अरे यायावर रहेगा याद' यात्रावृत्तान्त विधा से संबंधित है।
- हिन्दी साहित्य में यात्रा वृत्तान्त एक आधुनिक गद्य विधा के रूप में स्वीकृत है।
- यात्रावृत्तान्त किसी स्थान में, बाहर से आये व्यक्ति या व्यक्तियों के अनुभवों के बारे में लिखे वृत्तान्त को कहते हैं। इसका प्रयोग पाठक मनोरंजन के लिए या फिर उसी स्थान में स्वयं यात्रा के लिए जानकारी प्राप्त करने के लिए करते हैं।
- 'अरे यायावर रहेगा याद', अज्ञेय का महत्वपूर्ण यात्रावृत्तान्त है।
- 'अरे यायावर रहेगा याद' अज्ञेय ने सन् 1953 ई. में लिखा था।
- 'अरे यायावर रहेगा याद' में भारतीय क्षेत्रों की यात्रा का वर्णन है।
- 'एक बूँद सहसा उछाली अज्ञेय का दूसरा यात्रावृत्तान्त है।

71(C). राजा लक्ष्मण सिंह भारतेंदु हरिश्चंद्र युग से पूर्व की हिन्दी गद्यशैली के प्रमुख विधायक थे। इन्होने हिन्दी को हिन्दी संस्कृति के अनुकूल संस्कृतनिष्ठ बनाने की चेष्टा की। इन्होने आगरा से प्रजा-हितैषी पत्र निकाला और कालिदास के अभिज्ञान शाकुन्तलम, रघुवंश एवं मेघदूतम् का हिन्दी में अनुवाद किया।

72(C). 'उद्धवशतक' जगन्नाथदास रत्नाकर की कृति है। जगन्नाथदास रत्नाकर आधुनिक युग के श्रेष्ठ ब्रजभाषा कवि थे। इनके हिंदी काव्यगुरु सरदार कवि थे। ये मथुरा के प्रसिद्ध कवि 'नवनीत' चतुर्वेदी से भी बड़े प्रभावित हुए थे। रत्नाकर जी का ब्रजभाषा पर अद्भुत अधिकार था और उनकी प्रसिद्ध ब्रजभाषा रचनाओं में सुंदर प्रयोगों एवं ठेठ शब्दावली का व्यवहार हुआ है। रत्नाकर जी स्वच्छ कल्पना के कवि हैं। उसके द्वारा प्रस्तुत दृश्यावली सदैव अनुभूति सनी है और संवेदना को जाग्रत करनेवाली है।

73(C). अपने जीवनकाल में तुलसीदास जी ने 12 ग्रंथ लिखे और उन्हें संस्कृत विद्वान होने के साथ ही हिन्दी भाषा के प्रसिद्ध और सर्वश्रेष्ठ कवियों में एक माना जाता है। तुलसीदासजी को महर्षि वाल्मीकि का भी अवतार माना जाता है जो मूल आदिकाव्य रामायण के रचयिता थे। 'बरवै रामायण'

तुलसीदास जी की रचना है।

74(B). भारत भूषण अग्रवाल कृत 'अग्निलीक' एक काव्य नाटक है इस कृति में भारत भूषण अग्रवाल जी ने रामकथा की मिथकीय आयाम प्रदान करके आधुनिक युग-परिवेशनुसार चित्रित किया है इस रचना में 'राम' को सामन्तवादी प्रवृत्तियों के समर्थक और राज्य-लोभी के रूप वर्णित कर राम के चरित्र के अन्तर्विरोधों की खोज की है।

75(C). मैथिलीशरण गुप्त को काव्य क्षेत्र में "प्रबन्ध शिरोमणि" की उपाधि दी गई है। मैथिलीशरण गुप्त जी की प्रसिद्धी का मूलाधार 'भारत–भारती' है। भारत–भारती उन दिनों राष्ट्रीय स्वतंत्रता संग्राम का घोषणापत्र बन गई थी। साकेत और जयभारत, दोनों महाकाव्य हैं। साकेत रामकथा पर आधारित है, किन्तु इसके केन्द्र में लक्ष्मण की पत्नी उर्मिला है।

76(C). भारतेन्दु हरिशचंद्र ने अपनी पुस्तक 'कालचक्र' में लिखा कि हिंदी नई चाल में सन 1873 में ढली। यह सरल-सुबोध खड़ीबोली हिंदी थी जिस पर न संस्कृत की छाया थी न उर्दू की न बाँग्ला की। आधुनिक हिंदी का विकास भारतेंदु युग की इसी गद्य शैली की नींव पर हुआ है।

77(B). 'पहाड़ों में प्रेममय संगीत' रिपोर्ताज के लेखक हैं - उपेन्द्रनाथ अशक हिंदी में रिपोर्ताज का जनक शिवदान सिंह चौहान को माना जाता है। यह एक फ्रांसीसी शब्द है। निर्मल वर्मा - प्राग: एक स्वप्न रेणु - ऋणजल धनजल, नेपाली क्रांति कथा, एकलव्य के नोट्स शिवदान सिंह चौहान - लक्ष्मीपुरा , मौत के खिलाफ ज़िन्दगी की लड़ाई आदि ।

78(B). हरिवंशराय बच्चन ने 'नए पुराने झरोखे' संस्मरण 1962 ई. में लिखा, हरिवंशराय बच्चन आधुनिक युग में उत्तर छायावाद के प्रमुख कवि माने जाते हैं। रचनाएँ- मधुशाला, मधुबाला मधुकलश, निशा निमन्त्रण, एकान्त संगीत, सतरंगिणी, हलाहल, बंगाल का काल, मिलन यामिनी प्रणय-पत्रिका, बुद्ध और नाचघर (काव्य), भ्य भूलू क्या याद करूं, नीड़ का निर्माण फिर (आत्मकथा), दो चट्टानें आदि।

79(D). दिल्ली - दर - शहर यात्रा वृत्तान्त की लेखिका हैं निर्मला जैन, अन्य यात्रा वृत्तान्त:-
नासिरा शर्मा - जहाँ फव्वारे लहू रोते हैं (सन् 2003)।
शिवानी - यात्रिक (1980 ई.)।
इंदु जैन - पत्रों की तरह चुप (1987 ई.)।
यात्रा वृत्तान्त लिखने की परंपरा का सूत्रपात भारतेंदु से माना जाता है।

80(D). 'ये और वे' संस्मरण के लेखक हैं जैनेन्द्र कुमार। मेरे हमदम मेरे दोस्त (1975 ई.) संस्मरण कमलेश्वर द्वारा लिखित है । उपेन्द्रनाथ अश्क - मंटो मेरा दुश्मन (1956 ई.), ज्यादा अपनी कम परायी (1959 ई.)। हरिवंशराय बच्चन - नये पुराने झरोखे (1962 ई.)।

81(B). दृश्य शिक्षार्थी दृष्टि के माध्यम से आसानी से और बेहतर सीखते हैं। दृश्य शिक्षार्थियों के लिए चमक, आकार, रंग, दूरी, स्पष्टता, फ्रेम और समरूपता महत्वपूर्ण हैं। दृश्य शिक्षार्थियों को अवश्य देखना चाहिए ताकि वे आसानी से सीख सकें। दृश्य शिक्षार्थियों को मौखिक (वे शब्द और अक्षर देखते हैं) या कल्पनावादी (वे चित्र देखते हैं) के रूप में वर्गीकृत किया जा सकता है। दृश्य शिक्षार्थी संबंधों और विचारों की कल्पना करके जानकारी को सबसे अच्छी तरह समझता है। मानचित्र, चार्ट, आरेख और यहां तक कि निबंध भी दृश्य शिक्षार्थियों के लिए अच्छा काम करते हैं।
इसलिए, हम यह निष्कर्ष निकाल सकते हैं कि उनकी सीखने की शैली दृश्यात्मक है।

82(C). एक रोल-प्ले एक अधिनियमन या नाटकीयता है जिसमें लोग सुझाई गई स्थिति पर कार्य करते हैं। रोल-प्ले निभाते समय, शिक्षार्थियों को एक स्थिति, समस्या, या अनुकरण के समान कार्य के साथ-साथ स्पष्ट रूप से आवंटित व्यक्तिगत भूमिकाएँ प्रस्तुत की जाती हैं, जिन्हें कार्ड पर लिखा जा सकता है।
- 'रोल' शब्द का अर्थ एक अनुक्रम में एक भाग को स्वीकार करना और प्ले का अर्थ उसे निभाना है।
- रोलप्ले छात्रों को कुछ मुद्दों के प्रति संवेदनशील बनाने और उन्हें दी गई भूमिकाओं में रखने में शामिल कठिनाइयों को समझने में बहुत मददगार है।
- यह शिक्षार्थियों के बीच आत्मविश्वास, संचार कौशल आदि विकसित करता है जो जीवन कौशल का एक हिस्सा भी हैं।
- रोल-प्ले में किसी विशेष परिस्थिति में अपने विचारों के आदान-प्रदान

से वाचन कौशल का विकास होता है।
इसलिए, हम यह निष्कर्ष निकालते हैं कि अध्यापक वाचन कौशल के संवर्धन पर काम कर रही है।

83(B). उत्तर प्रदेश में राजकीय कार्यों में हिन्दी भाषा का प्रयोग किया जाता है जबकि उर्दू द्वितीय भाषा है। हिन्दी उत्तर प्रदेश की आधिकारिक भाषा है और राज्य की अधिकांश जनसंख्या द्वारा बोली जाती है। लेकिन अधिकांश लोग क्षेत्रीय भाषाएँ बोलते हैं, जिन्हें जनगणना में हिंदी की बोलियों के रूप में वर्गीकृत किया जाता है।

84(A). 14 सितंबर, 1949 को भारतीय संविधान सभा ने हिंदी को भारत संघ की राजभाषा का दर्जा दिया।
संविधान सभा ने लम्बी चर्चा के बाद 14 सितम्बर सन् 1949 को हिन्दी को भारत की राजभाषा स्वीकारा गया। इसके बाद संविधान में अनुच्छेद 343 से 351 तक राजभाषा के सम्बन्ध में व्यवस्था की गयी। इसकी स्मृति को ताजा रखने के लिये 14 सितम्बर का दिन प्रतिवर्ष हिन्दी दिवस के रूप में मनाया जाता है। ध्यातव्य है कि भारतीय संविधान में राष्ट्रभाषा का उल्लेख नहीं है। संविधान की धारा 343(1) के अनुसार भारतीय संघ की राजभाषा हिन्दी एवं लिपि देवनागरी है।

85(B). उदन्त मार्तण्ड हिंदी का प्रथम समाचार पत्र था।

86(B). सरकारी स्तर पर अधिकतम भारतीय गजटों में प्रकाशित सरकारी नियम, आदेश, अधिकार और नियुक्तियों की सूचना 'अधिसूचना' है।

87(A). कार्यालय आदेश में अधिकारी का हस्ताक्षर नीचे दाहिनी ओर आएगा ।

88(A). कार्यालयी पत्र के अर्द्धसरकारी पत्र का प्रयोग 'शासकीय अधिकारियों के बीच' किया जाता है। अर्द्ध सरकारी पत्र का प्रयोग अधिकारियों के बीच आपसी सलाह, विचार-विमर्श एवं सूचनाओं के आदान-प्रदान के लिये होता है। इसका स्वरूप व्यक्तिगत पत्र के समान होता है।

89(B). कक्षा दस के छात्र ने अपना अनुपस्थित दंड माफ करने के लिए प्रधानाध्यापक को पत्र लिखा। उसका यह पत्र आवेदन पत्र में आएगा ।
किसी व्यावसायिक संस्था, संगठन का दूसरे उद्योग समूह के साथ जिस प्रकार के पत्रों का आदान प्रदान होता है, वे व्यावसायिक पत्र कहलाते हैं।

90(A). देवनागरी भारत, नेपाल, तिब्बत और दक्षिण पूर्व एशिया की लिपियों के ब्राह्मी लिपि परिवार का हिस्सा है।
खरोष्ठी: इसे विदेशी उद्गम लिपि यानी अरामाइक और सीरियाई लिपि से विकसित माना जाता है।
गुरमुखी: इसमें पंजाबी भाषा लिखी जाती है। इसकी उत्पत्ति सारदा लिपि से मानी जाती है।
कैथी: कैथी लिपि का उपयोग मध्कालीन भारत में उत्तर भारत क्षेत्र में किया जाता था।

91(B). 'रामचरितमानस' के रचनाकार तुलसीदास हैं। यह रचना अवधी भाषा में की गयी है।
अवधी हिंदी क्षेत्र की एक उपभाषा है। यह उत्तर प्रदेश के "अवध क्षेत्र" (लखनऊ, रायबरेली, सुल्तानपुर, बाराबंकी, उन्नाव, हरदोई, सीतापुर, लखीमपुर, अयोध्या, जौनपुर, प्रतापगढ़, प्रयागराज, कौशाम्बी, अम्बेडकर नगर, गोंडा,बस्ती, बहराइच,बलरामपुर, सिद्धार्थनगर, श्रावस्ती तथा फतेहपुर) में बोली जाती है।

92(D). खड़ी बोली का प्रयोग सबसे पहले प्रेमसागर पुस्तक में हुआ। प्रेमसागर की रचना आधुनिक काल में हुई थी। इसके रचनाकार थे लल्लू लालजी। इसकी रचना फोर्ट विलियम कॉलेज के विद्यार्थियों के लिए किया गया था।
खड़ी बोली वह भाषा है जो मोटे तौर पर आज की मानक हिन्दी का एक पूर्वरूप है। भाषाविज्ञान की दृष्टि से इसे आदर्श (स्टैंडर्ड) हिन्दी, उर्दू तथा हिन्दुस्तानी की आधार स्वरूप बोली होने का गौरव प्राप्त है। किन्तु 'खड़ी बोली' से आपस में मिलते जुलते अनेक अर्थ निकाले जाते हैं।

93(A). ब्रजभाषा पश्चिमी हिन्दी की बोली है। पश्चिमी हिन्दी का विकास शौरसेनी से हुआ है। शौरसेनी से विकसित भाषाएँ हैं – पश्चिमी हिंदी, राजस्थानी, गुजराती और पहाड़ी।
शौरसेनी नामक प्राकृत मध्यकाल में उत्तरी भारत की एक प्रमुख भाषा थी। यह नाटकों में प्रयुक्त होती थी (वस्तुतः संस्कृत नाटकों में, विशिष्ट प्रसंगों में)। बाद में इससे हिंदी-भाषा-समूह व पंजाबी विकसित हुए।

दिगंबर जैन परंपरा के सभी जैनाचार्यों ने अपने महाकाव्य शौरसेनी में ही लिखे जो उनके आर्षत महाकाव्य हैं।

94(C). कृष्णकाव्य तथा रीतिकालीन साहित्य का सृजन ब्रजभाषा में किया गया है। अधिकतर रामकाव्य का सृजन अवधी में हुआ है। भोजपुरी बिहार की जन सामान्य की भाषा है। कौरवी भाषा का प्रयोग भी आम बोलचाल में किया जाता है।

ब्रजभाषा हिन्दी की एक उपभाषा है जो पश्चिमी उत्तर प्रदेश एवं उत्तराखंड में बोली जाती है। इसके अलावा यह भाषा हरियाणा, राजस्थान और मध्यप्रदेश के कुछ जनपदों में भी बोली जाती है। अन्य भारतीय भाषाओं की तरह ये भी संस्कृत से जन्मी है। इस भाषा में प्रचुर मात्रा में साहित्य उपलब्ध है। भारतीय भक्ति काल में यह भाषा प्रमुख रही।

95(C). 'वह देर तक सोकर उठता है।' वाक्य शुद्ध वाक्य है।

96(B). अनुच्छेद 210 में विधानमंडलों में प्रयुक्त होने वाली कार्यकारी भाषा के बारे में दिया गया है।

97(B). रंगभूमि, प्रेमचंद का उपन्यास है।

धनपत राय श्रीवास्तव (31 जुलाई 1880 – 8 अक्टूबर 1936) प्रेमचंद नाम से जाने जाते हैं। प्रेमचंद के साहित्यिक जीवन का आरंभ 1901 से हो चुका था, आरंभ में वे नवाब राय के नाम से उर्दू में लिखते थे। उनका पहला उपलब्ध लेखन उर्दू उपन्यास 'असरारे मआबिद' है।

98(D). रामप्रसाद निरंजनी हिन्दी साहित्यकार थे। अब तक की खोज के आधार पर ये हिंदी के प्रथम प्रौढ़ गद्यलेखक माने जाते हैं। वे पटियाला दरबार में कथावाचक थे। पटियाला रियासत की महारानी देसो (देस कौर) को सुनाने के लिए ही आपने 'भाषायोगवाशिष्ठ' (सन् 1741) का परिमार्जित खड़ी बोली गद्य में प्रणयन किया था। यह इनकी एकमात्र रचना है।

99(A). आधुनिक हिन्दी साहित्य की पहली आत्मकथा के लेखक बाबू श्यामसुन्दर दास माने जाते हैं।

100(B). शमशेर बहादुर सिंह कवि को 'कवियों का कवि' कहा जाता है। शमशेर बहादुर सिंह आधुनिक हिंदी कविता के प्रमुख कवियों में से एक हैं।

Ques (1-4): निर्देश: निम्नलिखित गद्यांश को पढ़कर पूछे गए प्रश्न के सही/सबसे उपयुक्त उत्तर वाले विकल्प को चुनिए।

तमिलनाडु भारत के दक्षिणी छोर पर बसा राज्य है, जिसे प्रकृति ने मैदानी, समुद्री तथा पर्वतीय विभिन्नताएँ प्रदान कर अपने हाथों से सवारा है। यहाँ के मूल निवासी द्रविड़ हैं और तमिल भाषा बोलते हैं। इस राज्य को वास्तुशिल्प, मूर्ति तथा भवन निर्माण कला की दृष्टि से समृद्ध बनाने में चोल और चेरा वंश के राजाओं का अत्यंत महत्त्वपूर्ण स्थान है। तमिलनाडु को मंदिरों का राज्य भी कहा जाता है। यहाँ अनेक प्राचीन मंदिर हैं जो स्थापत्य कला के अद्वितीय नमूने हैं।

1. निम्नलिखित में से कौन-सा राज्य भारत के दक्षिण में स्थित है?
   (a) गुजरात
   (b) तमिलनाडु
   (c) मध्य प्रदेश
   (d) हिमाचल प्रदेश

2. 'स्थापत्य कला' का अर्थ है:
   (a) भवन निर्माण की कला
   (b) मूर्ति बनाने की कला
   (c) भित्ति चित्र बनाने की कला
   (d) मंदिर निर्माण की कला

3. चोल तथा चेरा राजाओं ने तमिलनाडु को समृद्ध बनाया है:
   (a) चित्रकला में
   (b) मंदिर निर्माण कला में
   (c) गीत-संगीत में
   (d) वास्तुशिल्प, मूर्ति एवं भवन निर्माण कला में

4. 'तमिलनाडु को मंदिरों का राज्य भी कहा जाता है।' वाक्य से तात्पर्य है:
   (a) तमिलनाडु में मंदिरों का राज्य है।
   (b) तमिलनाडु में प्राचीन मंदिर हैं।
   (c) तमिलनाडु में मंदिरों की बहुलता है।
   (d) तमिलनाडु में मंदिरों को महत्त्व दिया जाता है।

Ques (5-12): निर्देश: निम्नलिखित गद्यांश को पढ़कर पूछे गए प्रश्नों (प्रश्न संख्या 1 से 8 तक) के सबसे उपयुक्त उत्तर वाले विकल्प चुनिए-

मानवीय संवेदनाओं की अभिव्यक्ति की छटपटाहट और बेचैनी से उपजी है- चित्रकला। जब अक्षर नहीं थे, भाषा नहीं थी तो मनुष्य ने अपने अंदर की खुशी और उदासी को प्रकट करने के लिए चित्र बनाए। अनपढ़, अस्पष्ट किंतु भावों से भरपूर बिहार की मधुबनी कला हो या आंध्र की कलमकारी कला, राजस्थान की फड़ चित्रकारी हो या उड़ीसा की पट चित्रकारी। तमाम तरह की चित्रांकन शैलियों का उद्गम स्थल भावनाओं का आंतरिक उद्वेग ही है। वारली ऐसी ही एक आदिवासी लोकअंकन शैली है, जिसका जन्म सदियों पहले हुआ। वारली चित्रकारी में न्यूनतम उपादान तथा सरल, सीधी, तिकोन, गोल रेखाओं का ऐसा आत्मीय व अद्भुत सौंदर्य रचा जाता है कि वह देखने वाले को विमुग्ध कर देता है। वारली कला की सादगी ही उसकी ताकत है। इस कला को वारली आदिवासी जाति ने शुरू किया था। इसका नाम वारली चित्रकारी पड़ गया। चित्रकारी वारली लोगों की अभिव्यक्ति का माध्यम ही नहीं, जीवन की ऊब से उबरने का जरिया है, साथ ही उनके समाज का ज़रूरी रिवाज़ भी। 'वारली' आदिवासी जाति महाराष्ट्र के दहाणु गाँव, जिला ठाणे के निवासी हैं, जो मुंबई के उत्तर में है।

5. मानवीय संवेदनाओं की अभिव्यक्ति के लिए सबसे पहले _______ का जन्म हुआ।
   1. भाषा
   2. अक्षर
   3. चित्रकला
   4. हस्तकला
   (a) 1
   (b) 2
   (c) 3
   (d) 4

6. अन्य गद्यांश में मुख्य रूप से किस चित्रकारी का वर्णन किया गया है?
   1. मधुबनी
   2. फड़
   3. कलमकारी
   4. वारली
   (a) 1
   (b) 2
   (c) 3
   (d) 4

7. 'वारली' कला की ताकत है उसकी-
   1. रंग-संयोजन
   2. विशिष्टता
   3. सादगी
   4. आकृति
   (a) 1
   (b) 2
   (c) 3
   (d) 4

8. जब अक्षर नहीं थे तो मनुष्य अपने भाव के माध्यम से व्यक्त _____ करता था-
   1. चित्र
   2. वर्ण
   3. संकेत
   4. लेखन
   (a) 1
   (b) 2
   (c) 3
   (d) 4

9. 'वारली' लोग ऊब से बचने के लिए क्या करते हैं?
   1. नृत्य-गायन
   2. बांस की टोकरी बनाना
   3. सामूहिक गान
   4. चित्रकारी
   (a) 1
   (b) 2
   (c) 3
   (d) 4

10. इनमें से संज्ञा शब्द नहीं है-
   1. खुशी
   2. उदासी
   3. सरल
   4. सुन्दरता
   (a) 1
   (b) 2
   (c) 3
   (d) 4

11. चित्रांकन का सही संधि-विच्छेद-
   1. चित्रा + अंकन
   2. चित्रां + कन
   3. चित्र + अंकन
   4. चित्रांक + न
   (a) 1
   (b) 2
   (c) 3
   (d) 4

12. 'वारली' चित्रकारी का नामकरण हुआ है-
   1. स्थान विशेष के नाम पर
   2. आदिवासी जाति के आधार पर
   3. आकृतियों के आधार पर
   4. लोग परंपरा के आधार पर
   (a) 1
   (b) 2
   (c) 3
   (d) 4

Ques (13-20): निर्देश : निम्नलिखित गद्यांश को पढ़कर पूछे गए प्रश्नों के सही/ सबसे उपयुक्त उत्तर वाले विकल्प को चुनिए।

कल्पनाशीलता बच्चों का नैसर्गिक गुण है। ऐसा इसलिए भी होता है क्योंकि वे दुनिया में हम बड़ों द्वारा बनाए गए कायदों को नहीं जानते। न जानना या कम जानना उनकी कल्पनाशीलता की उड़ान को पंख देता है। जैसे-जैसे बच्चा बड़ा होता है कल्पनाशीलता की जगह यथार्थ लेने लगता है क्योंकि चाहे-अनचाहे वह दुनिया के प्रचलित कायदे मानने लगता है। छोटे बच्चों को पढ़ाने वाले टीचर संवेदनशील न हों तो कल्पनाशीलता को हाशिए पर ढकेलने की अंजानी शुरुआत छोटी क्लास से ही हो जाती है। अब सवाल यह है कि कल्पनाशीलता को बचाना इतना जरूरी क्यों है? हमारे वक्त के जरूरी कवि विनोद कुमार शुक्ल अपने एक इंटरव्यू में कहते हैं कि माँ अक्सर कहती थीं, परेशान मत हो सब ठीक हो जाएगा। सब ठीक हो जाएगा, यह कल्पना ही तो है। जीवन में सब कभी ठीक नहीं होता। लेकिन मनुष्य के पास सब ठीक हो जाने की कल्पना न हो तो वह यथार्थ का मुकाबला नहीं कर पाएगा।

जीवन के प्रति विनोदजी की समझ का सहारा लेते हुए मैं कहना चाहता हूँ कि बच्चों ! कार उड़ सकती है, लेकिन यथार्थ में उड़ने से पहले उसे कल्पना में उड़ना होगा।

13. गद्यांश के आधार पर बच्चों की कल्पनाशीलता में बाधक है -
(a) बड़ों द्वारा बनाए नियमों की जानकारी न होना।
(b) बड़ों द्वारा बनाए नियमों की जानकारी कम होना।
(c) बड़ों द्वारा बनाए नियमों की अधिक जानकारी होना।
(d) बड़ों द्वारा बनाए नियमों की उपेक्षा करना।

14. छोटे बच्चों को पढ़ाने वाले शिक्षक में कौन-सा गुण अति आवश्यक है?
(a) कल्पनाशील होना
(b) संवेदनशील होना
(c) विषय पर अधिकार
(d) कलाकार होना

15. "सब ठीक हो जाएगा" के पीछे कौन-सा भाव छिपा है?
(a) आशा
(b) निराशा
(c) प्रसन्नता
(d) उत्साह

16. बच्चों ! कार उड़ सकती है, "लेकिन यथार्थ में उड़ने से पहले उसे कल्पना में उड़ना होगा।" से तात्पर्य है कि -
(a) जब तक कल्पना नहीं करेंगे, तब तक उसे पूरा करने का प्रयास नहीं होगा।
(b) यथार्थ से अधिक आवश्यक कल्पना करना है।
(c) यथार्थ और कल्पना में कोई संबंध नहीं है।
(d) कल्पना करना बच्चों का जन्मसिद्ध अधिकार है।

17. "नैसर्गिक" शब्द में ________ प्रत्यय है।
(a) नि
(b) गिक
(c) इक
(d) सर्ग

18. संज्ञा शब्द है -
(a) कल्पनाशील
(b) संवेदनशील
(c) नैसर्गिक
(d) कल्पनाशीलता

19. कल्पनाशीलता बच्चों का <u>नैसर्गिक</u> गुण है। वाक्य में रेखांकित शब्द के स्थान पर प्रयोग कर सकते हैं -
(a) प्रकृति
(b) प्राकृतिक
(c) प्राकृत
(d) प्रसिद्ध

20. गद्यांश के आधार पर कल्पनाशीलता को बचाना इसलिए ज़रूरी है ताकि -
(a) हम एक बेहतर कलाकार बन सकें।
(b) हम जीवन की चुनौतियों का सामना कर सकें।
(c) हम बहुत प्रसिद्ध चित्रकार बन सकें।
(d) हम यथार्थ से पलायन कर सकें।

21. 'आषाढ का एक दिन' नामक नाटक के रचयिता हैं?
(a) जयशंकर प्रसाद
(b) सुरेन्द्र वर्मा
(c) लक्ष्मीनारायण मिश्र
(d) मोहन राकेश

22. 'कवित्त रत्नाकर' के रचयिता हैं?
(a) जगन्नाथदास रत्नाकर
(b) सेनापति
(c) मतिराम
(d) बोधा

23. 'नैषधीयचरित' किसकी रचना है?
(a) भास
(b) कालिदास
(c) श्रीहर्ष
(d) भारवि

24. इनमें से कौन-सी रचना माघ की है?
(a) किरातार्जुनीय
(b) मेघदूत
(c) दशकुमारचरितम्
(d) शिशुपालवध

25. 'सुबह, दोपहर, शाम' किस प्रसिद्ध उपन्यासकार की रचना है?
(a) प्रेमचंद
(b) वृन्दावनलाल वर्मा
(c) उपेंद्रनाथ 'अश्क'
(d) कमलेश्वर

26. सूफी कवि नूर मुहम्मद की रचना का नाम है?
(a) मधुमालती
(b) अनुराग बाँसुरी
(c) चन्द्रावती
(d) इन्द्रावती

27. 'ज्ञानदीप' के रचयिता का नाम है?
(a) मंझन
(b) कुतुबन
(c) उसमान
(d) शेख नबी

28. 'कुरु कुरु स्वाहा' उपन्यास के लेखक इनमें से कौन हैं?
(a) उषा प्रियंवदा
(b) धर्मवीर भारती
(c) राही मासूम रजा
(d) मनोहर श्याम जोशी

29. 'आवारा मसीहा' के लेखक हैं?
(a) अमृतराय
(b) विष्णु प्रभाकर
(c) रामविलास शर्मा
(d) मोहन राकेश

30. इनमें से किस नाटक में नारी के पुनर्लग्न की समस्या उठाई गई है?
(a) स्कंदगुप्त
(b) ध्रुवस्वामिनी
(c) अजातशत्रु
(d) चन्द्रगुप्त

31. कौनसा शब्द भाववाचक संज्ञा नहीं है ?
(a) चतुराई
(b) लड़ाई
(c) उतराई
(d) मीठा

32. "मेरा बचपन खेलकूद में बीता" वाक्य में कौन सी संज्ञा है?
(a) जातिवाचक संज्ञा
(b) व्यक्तिवाचक संज्ञा
(c) भाववाचक संज्ञा
(d) समूहवाचक संज्ञा

33. किसके विग्रह में तृतीय विभक्ति लगती है?
(a) कर्ता
(b) कर्म
(c) सम्प्रदाय
(d) करण

34. "अपने आप यह काम सीख लूँगा।" इस वाक्य में निजवाचक सर्वनाम है-
(a) आप
(b) सीख
(c) यह
(d) काम

35. सड़के चौड़ी बनाई गई। इस में चौड़ी क्या है?
(a) सहायक कर्ता
(b) पूरक शब्द
(c) मुख्य क्रिया
(d) पूरक कर्ता

36. "मीरा जोर से हँसी।" यह वाक्य किस क्रिया का समुचित उदाहरण है?
(a) अकर्मक
(b) प्रेरणार्थक
(c) द्विकर्मक
(d) सकर्मक

37. माँ बच्चे को दूध पिला रही है' में कौनसा कारक है?
(a) करण कारक
(b) सम्प्रदान कारक
(c) अपादान कारक
(d) कर्म कारक

38. "विपिन घोड़े से गिर गया।" वाक्य में कौन - सा कारक प्रयुक्त हुआ है?
(a) अपादान कारक
(b) सम्बन्ध कारक
(c) अधिकरण कारक
(d) सम्बोधन कारक

39. निम्नलिखित वाक्य में कौन-सा विशेषण है?
मैं रोज़ चार केले खाता हूँ।
(a) संख्यावाचक विशेषण
(b) गुणवाचक विशेषण
(c) परिमाणवाचक विशेषण
(d) सार्वनामिक विशेषण

40. 'मुझे थोड़ा सा दूध दे दो' में कौन सा विशेषण है?
(a) संख्यावाचक विशेषण
(b) परिमाणवाचक विशेषण

    (c) सार्वनामिक विशेषण   (d) तुलनाबोधक विशेषण

41. मुंबई में <u>गगनचुम्बी</u> इमारतें बहुत हैं।
रेखांकित शब्द में कौन सा समास समाहित है?

    (a) तत्पुरुष समास   (b) कर्मधारय समास
    (c) द्विगु समास   (d) अव्ययीभाव समास

42. नीचे दिए गए शब्दों में से अव्ययीभाव समास का चयन कीजिए ।

    (a) पाप-पुण्य   (b) आजीवन
    (c) घुड़सवार   (d) पीताम्बर

43. 'घोड़े की दम बढ़ेगी तो अपनी ही मक्खियाँ उड़ाएगा' लोकोक्ति का भावार्थ:

    (a) हानि के समय सुअवसर-कुअवसर पर ध्यान न देना
    (b) अपनी बुराई नहीं दीखती
    (c) उन्नति करके आदमी अपना ही भला करता है
    (d) किसी की प्रकृति में पूर्ण परिवर्तन न होना

44. निर्देश: निम्नलिखित वाक्य में प्रयोग किये गए मुहावरे का अर्थ बताईये। उसकी गज भर की छाती है तभी तो अकेले ने ही चार-चार आतंकवादियों को मार दिया।

    (a) अत्यधिक साहसी होना   (b) कठिन काम करना
    (c) मूर्ख बनाना   (d) कमाल करना

45. भाषा शिक्षण के संदर्भ में सतत और व्यापक आकलन के लिए सर्वाधिक महत्त्वपूर्ण बिंदु है:

    (a) बच्चों के भाषा-प्रयोग का निरंतर अवलोकन
    (b) बच्चों के भाषा-प्रयोग का कक्षायी अवलोकन
    (c) बच्चों के पढ़ने-लिखने की कुशलता का अवलोकन
    (d) बच्चों की उच्चारण त्रुटियों पर अत्यधिक ध्यान देना

46. बच्चों में पठन के प्रति रूचि जागृत करने के लिए पाठ्य-पुस्तक के अतिरिक्त ____ सामग्री का विकास किया जा सकता है।

    (a) सरल   (b) पूरक
    (c) जटिल   (d) मूल्यपरक

47. 'भाषा' की नियमबद्ध प्रवृत्ति को पहचानना और उसका विश्लेषण करना, उच्च प्राथमिक स्तर के भाषा-शिक्षण का एक ____ उद्देश्य है।

    (a) महत्वपूर्ण   (b) निरर्थक
    (c) कमजोर   (d) सर्वोपरि

48. कक्षा आठ के बच्चों की पठन अवबोधन क्षमता का विकास करने में सहायक है:

    (a) पाठय-सामग्री को दोहराना   (b) क्लोज परीक्षण
    (c) लिखित परीक्षा   (d) नाटक का मंचन

49. उच्च प्राथमिक स्तर पर बच्चों के भाषा – विकास की दृष्टि से सबसे कम महत्त्वपूर्ण है:

    (a) परिचर्चा   (b) श्रुतलेख
    (c) संवाद अदायगी   (d) सृजनात्मक लेखन

50. उच्च प्राथमिक स्तर पर हिंदी भाषा की पाठ्य-पुस्तको में अन्य विषयों के पाठों को स्थान देने का एक महत्त्वपूर्ण उद्देश्य है:

    (a) दूसरे विषयों का ज्ञान देना।
    (b) विषय की शब्दावली का विकास।
    (c) अन्य विषयों का कार्यभार कम करना।
    (d) हिंदी की पाठ्य-पुस्तक कां समावेशी बनाना।

51. 'साखी' किस कवि का काव्य-संग्रह है?

    (a) केदारनाथ सिंह   (b) कुंवर नारायण
    (c) मलयज   (d) विजयदेव नारायण साही

52. निम्न में से 'हिन्दी साहित्य का अतीत' किसने लिखा?

    (a) डॉ. विश्वनाथ तिवारी   (b) आचार्य विश्वनाथ प्रसाद मिश्र
    (c) डॉ. रामकुमार वर्मा   (d) राहुल सांकृत्यायन

53. 'पहला गिरमिटिया' उपन्यास विशेषकर किस पर केन्द्रित है?

    (a) पं. जवाहरलाल नेहरू   (b) महात्मा गांधी
    (c) लालबहादुर शास्त्री   (d) विनोवा भावे

54. रीतिकाल को 'अलंकृत काल' नाम किसने दिया?

    (a) रमाशांकर शुक्ल रसाल   (b) विश्वनाथ मिश्र
    (c) मिश्रबन्धु   (d) रामचन्द्र शुक्ल

55. 'वागर्थ' पत्रिका कहां से प्रकाशित होती है?

    (a) मुम्बई   (b) वाराणसी
    (c) नई दिल्ली   (d) कोलकाता

56. 'दुक्खम-सुक्खम' उपन्यास की लेखिका है:

    (a) चित्रा मुदगल   (b) प्रभा खेतान
    (c) ममता कालिया   (d) नासिरा शर्मा

57. निम्न में से किस को 'अपभ्रंश का वाल्मीकि' कहा जाता है?

    (a) सरहपा   (b) पुष्पदंत
    (c) स्वयम्भू   (d) हेमचंद

58. भक्ति आंदोलन भारतीय चिंताधारा का स्वाभाविक विकास है। यह कथन किसका है?

    (a) आचार्य रामचन्द्र शुक्ल   (b) आचार्य हजारी प्रसाद द्विवेदी
    (c) डॉ. रामस्वरूप चतुर्वेदी   (d) डॉ. भगीरथ मिश्र

59. निम्न में से किस पत्रिका से सम्बन्धित साहित्यकार नही हैं?

    (a) नया ज्ञानोदय - रवीन्द्र कालिया (b) पहल - ज्ञानरंजन
    (c) तद्भव - अखिलेश   (d) दस्तावेज - रामचन्द्र तिवारी

60. देश विभाजन की त्रासदी किस उपन्यास में वर्णित हे?

    (a) राग दरबारी   (b) गबन
    (c) झूठा सच   (d) इन्हीं हथियारों से

61. हिन्दी का पहला एंकाकी के एंकाकीकार होने का गौरव किसे प्राप्त है ?

    (a) डॉ. रामकुमार वर्मा   (b) जयशंकर प्रसाद
    (c) भुवनेश्वर   (d) भारतेन्दु हरिश्चन्द्र

62. निबंध के प्रमुख गुण है ?

    (a) संक्षिप्तता   (b) एकसूत्रता
    (c) पूर्णता   (d) ये सभी

63. हिन्दी में संस्मरण कला का जनक कहा जाता है ?

    (a) जयशंकर प्रसाद   (b) यशपाल
    (c) पद्मसिंह शर्मा   (d) रामवृक्ष बेनीपुरी

64. 1929 ई. में प्रकाशित पण्डित पद्मसिंह शर्मा द्वारा रचित संस्मरण है ?

    (a) शिकार   (b) झलक
    (c) बापू   (d) पद्म पराग

65. पाश्चात्य प्रभाव से आयी हुई एक नयी साहित्य विधा है?

    (a) आत्मकथा   (b) फीचर
    (c) साक्षात्कार   (d) संस्मरण

66. 'सुरतिय, नरतिय, नागतिय, सबके मन अस होय।' किसकी पंक्ति है?

    (a) रहीम   (b) गंग
    (c) नरहरि   (d) तुलसी

67. रामानुजाचार्य के शिष्य का नाम बताएं:

(a)　कबीर　　　　　　　(b)　चंडीदास
(c)　रामानन्द　　　　　　(d)　हरिदास

68.　नामदेव का संबंध किस प्रवृत्ति से है?
(a)　सगुणवाद　　　　　　(b)　निर्गुणवाद
(c)　नाथपंथ　　　　　　(d)　सगुण-निर्गुणवाद

69.　भक्ति का प्रस्थान ग्रंथ किसे कहा गया?
(a)　रामायण　　　　　　(b)　श्रीमद्भगवद्गीता
(c)　छान्दोग्य उपनिषद्　　(d)　विष्णुपुराण

70.　रामानंद ने किसकी उपासना पर जोर दिया?
(a)　कृष्ण　　　　　　(b)　इन्द्र
(c)　ब्रह्मा　　　　　　(d)　राम

71.　बोली के संबंध में कथन (अ) और (ब) पर विचार करें।
कथन (अ): किसी देश के एक हिस्से में बोली जाने वाली विविध भाषाओं में से एक प्रकार जो क्षेत्रीय बोली के रूप में जानी जाती है।
कथन (ब): एक समान शैक्षिक पृष्ठभूमि वाले लोगों द्वारा विविध प्रकार की उपयोग की जाने वाली भाषा में से एक प्रकार की बोली के रुप में जानी जाती है।
1. (अ) सही है, (ब) गलत है।
2. (अ) गलत है, (ब) सही है।
3. (अ) और (ब) दोनों सही हैं।
4. (अ) और (ब) दोनों गलत हैं।
(a)　1　　　　　　　　(b)　2
(c)　3　　　　　　　　(d)　4

72.　पत्नी से: जल्दी करो, हमें देर हो जाएगी।
सहकर्मी से: जाने का समय हो गया है, हमें बैठक के लिए देर हो जाएगी।
वरिष्ठ नियोक्ता से: महोदय, शाम के 4 बज गए हैं और बैठक 4 : 15 बजे है, क्या अब हमें चलना नहीं चाहिए?
भाषण में इस भिन्नता को किस रूप में जाना जाता है?
1. शुद्धतावादी
2. स्तर भिन्नता
3. रजिस्टर
4. मुहावरेदार
(a)　1　　　　　　　　(b)　2
(c)　3　　　　　　　　(d)　4

73.　भारतीय संविधान की आठवीं अनुसूची में कितनी भाषाओं का उल्लेख है?
(a)　22　　　　　　　(b)　18
(c)　17　　　　　　　(d)　14

74.　पश्चिमी और पूर्वी हिन्दी में मौलिक भेद का आधार है-
(a)　व्याकरण और उच्चारण में अंतर
(b)　भौगोलिक क्षेत्र में अंतर होना
(c)　केवल 1
(d)　दोनों 1 और 2

75.　बिहार की राजधानी 'पटना' किस बिहारी बोली क्षेत्र में स्थित है?
(a)　मैथिली　　　　　　(b)　भोजपुरी
(c)　मगही　　　　　　(d)　अंगिका

76.　उर्दू भाषा की लिपि कौन-सी है?
(a)　देवनागरी　　　　　(b)　रोमन
(c)　अरबी　　　　　　(d)　नस्तालीक़

77.　'खड़ी बोली' का दूसरा नाम है-
(a)　मगही　　　　　　(b)　कौरवी
(c)　हिन्दुस्तानी　　　　(d)　बघेली

78.　भारत में सबसे अधिक बोले जाने वाली भाषा कौन सी है?
(a)　हिंदी　　　　　　(b)　संस्कृत
(c)　तमिल　　　　　　(d)　उर्दू

79.　आदिकालीन रासो साहित्य में निम्नलिखित में से किस भाषा का प्रयोग किया गया है?
(a)　प्राकृत　　　　　　(b)　अपभ्रंश
(c)　पिंगल　　　　　　(d)　डिंगल

80.　जिस भाषा का अनुवाद किया जाता है उसे क्या कहते हैं?
(a)　स्रोत भाषा　　　　　(b)　लक्ष्य भाषा
(c)　मानक भाषा　　　　(d)　माध्यम भाषा

81.　'बुंदेली' का क्षेत्र है-
(a)　पानीपत-सोनीपत-कुरुक्षेत्र　　(b)　झाँसी-जालौन-दतिया
(c)　आगरा-मथुरा-भरतपुर　　　(d)　जयपुर-अजमेर-जोधपुर

82.　हिन्दी साहित्य के इतिहास के संबंध में 'मॉडर्न वरनाक्यूलर लिटरेचर ऑफ हिन्दोस्तान' किसने लिखा है?
(a)　जॉर्ज अब्राहम ग्रियर्सन　　(b)　सुमित कुमार चटर्जी
(c)　गार्सा द तासी　　　　　(d)　धीरेन्द्र वर्मा

83.　हिन्दी का पहला पत्र कौन सा है?
(a)　उदंत मार्तण्ड　　　　(b)　इतिहास तिमिरनाशक
(c)　बनारस अखबार　　　(d)　हरिश्चन्द्र मैगजीन

84.　सूरज का सातवां घोड़ा कविता के रचयिता कौन है?
(a)　धर्मवीर भारती　　　(b)　जैनेन्द्र कुमार
(c)　रघुवीर सिंह　　　　(d)　विद्यानिवास मिश्र

85.　किसी मूल लेख अथवा भाषण को उसके निहित तथ्यों सहित संक्षेप में प्रस्तुत करने की क्रिया _______ को कहते हैं।
(a)　संक्षिप्तीकरण या संक्षेपण　　(b)　संक्षिप्तीकरण या सम्प्रेषण
(c)　संक्षेपण या समस्तीकरण　　(d)　पल्लवन या संक्षेपण

86.　भाषा वैज्ञानिकों ने हिंदी भाषा को कितनी उपभाषाओं में बाँटा है?
(a)　5　　　　　　　　(b)　7
(c)　9　　　　　　　　(d)　इनमें से कोई नहीं

87.　खड़ी बोली हिंदी का अन्य सही नाम _______ है।
(a)　भारती　　　　　　(b)　कौरवी
(c)　हरियाणवी　　　　(d)　हिंदी

88.　बोली किसकी इकाई है?
(a)　भाषा की छोटी इकाई　　(b)　अंचल की छोटी इकाई
(c)　राज्य की छोटी इकाई　　(d)　देश की छोटी इकाई

89.　पूर्वी हिंदी की बोली _______ है।
(a)　खड़ीबोली　　　　　(b)　मेवाती
(c)　कन्नौजी　　　　　(d)　अवधी

90.　'अउचट' को खडी बोली में क्या कहते हैं?
(a)　आवश्यक　　　　　(b)　आवश्यकता से कम
(c)　आवश्यकता से बहुत कम　　(d)　आवश्यकता से ज्यादा

91.　किस भाषा को हिन्दी की जननी कहा जाता है?
(a)　संस्कृत　　　　　　(b)　बंगाली
(c)　अँग्रेजी　　　　　　(d)　उर्दू

92.　इनमें से कौन सी एक पूर्वी हिन्दी की बोली है?
(a)　मारवाड़ी　　　　　(b)　बघेली
(c)　खड़ी बोली　　　　(d)　भोजपुरी

93. भोजपुरी भाषा का आविष्कार कब हुआ?

(a) 15वीं सदी   (b) 9वीं सदी

(c) 7वीं सदी   (d) 8वीं सदी

94. ध्वनियों को लिखने के लिए जिन चिह्नों का प्रयोग किया जाता है, उसे क्या कहते हैं?

(a) लिपि   (b) व्याकरण

(c) बोली   (d) पद

95. 'डोगरी' भाषा भारत के किस राज्य क्षेत्र में बोली जाती है?

(a) जम्मू और कश्मीर प्रान्त

(b) पुदुचेरी

(c) अंडमान और निकोबार द्वीप समूह

(d) नागालैंड

96. A भागान्तर्गतानां विषयानां B भागान्तर्गति सम्बन्धितभाषाप्रयोगौः सह समुचितं मेलनं कुरुत।

भाग A	भाग B
(i) गीतश्रवणम्	**(a)** स्पष्टध्वनीनाम् उच्चारणम्
(ii) भाषणानि	**(b)** अर्थ-ज्ञानं/अर्थवबोधः
(iii) अक्षराणां पठनम्	**(c)** वार-ग्रहणम्
(iv) वार्तालापः	**(d)** विखण्नम्/ध्वनिविभाजनम्

(a) (i)-(a), (ii)-(b), (iii)-(c), (iv)-(d)

(b) (i)-(b), (ii)-(d), (iii)-(a), (iv)-(c)

(c) (i)-(c), (ii)-(b), (iii)-(d), (iv)-(a)

(d) (i)-(d), (ii)-(c), (iii)-(b), (iv)-(a)

97. उत्तमशब्दभण्डारः दक्षतावर्धने सहायकोऽस्ति प्रथमकक्षातः तृतीयकक्षापर्यन्तं प्रभावशालिशब्दकोशनिर्माण पद्धतिः कास्ति?

(a) व्याकरणविषयानुसारी शब्दकोषः

(b) सरलवर्तनीवन्तः सरल-अर्थवन्तः शब्दाः

(c) आंग्लभाषायां बहुलतया प्रयुक्ताः शब्दा:

(d) सरलव्यञ्जनसमूहयुक्ताः शब्दा:

98. अधः प्रश्रें A भागे श्रवणकौशलस्य प्रयोगाः दत्ताः सन्ति। B भागे भाषात्मिका दक्षता दत्तास्ति। समुचितमेलनयुक्तं विकल्पं चिनुत।

भाग A	भाग B
(i) उच्चैः पठनम्	**(a)** शब्द-अभिज्ञानम् तथा वर्तनीस्मरणम्
(ii) श्रुतलेखः	**(b)** आत्मोच्चारणस्य श्रवणम्
(iii) कवितामप्रतियोगिता	**(c)** अर्थावबोधश्रवणम्
(iv) कथाश्रवणम्	**(d)** ध्वनिक्रमज्ञानस्य अभ्यासः

(a) (i)-(a), (ii)-(b), (iii)-(c), (iv)-(d)

(b) (i)-(d), (ii)-(c), (iii)-(b), (iv)-(a)

(c) (i)-(b), (ii)-(a), (iii)-(d), (iv)-(c)

(d) (i)-(c), (ii)-(d), (iii)-(a), (iv)-(b)

99. प्राथमिककक्षासु वयं सम्पूर्णकक्षास्थानं भाषा-समृद्ध परिवेशयुक्तं कुर्मः। अस्य उद्देश्यं छात्राय अनुभवप्रदानमस्ति -

(a) आंग्लभाषायाः कक्षास्थानस्य सौन्दर्यम्

(b) अभीष्टभाषायां पूर्तिः मज्जनम्

(c) भाषायाः यान् प्रयोगान् भवान् जानाति तेषां प्रदर्शनम्

(d) आंग्लभाषाः वैविध्यं भव्यता च

100. प्राथमिकविद्यालये भाषाशिक्षणस्य सिद्धान्तानां विषये ये तर्काः सन्ति तान् निरीक्ष्य समीचीनं विकल्पं चितुत।

कथनम् (A) : भाषा-अध्यापकः छात्राणां कृते पठितुं, श्रोतुं, लेखितुं, भाषितुं चं, विशेषतः आंग्लभाषां अभीष्टभाषारूपेण मत्वा, पर्याप्तं अवसरं

ददातु येन भाषाशिक्षणस्य परिणामाणां यथेष्टोपलब्धिर्भवेत्।

कारणम् (R) : भाषाशिक्षणं ज्ञानस्य अन्तरणं नास्ति, अपितु छात्रेभ्यः अनुभवजन्यशिक्षणस्य सुविधाप्रदानम् अस्ति।

(a) (A) असत्यम् अस्ति, परन्तु (R) सत्यम् अस्ति।

(b) (A) सत्यम् अस्ति, परन्तु (R) असत्यम् अस्ति।

(c) उभे (A) तथा (R) सत्ये स्तः; परन्तु (R), (A) इत्यस्य समीचीना व्याख्या नास्ति।

(d) (A) तथा (R) उभे सत्ये स्तः तथा (R), (A) इत्यस्य समीचीना व्याख्या अस्ति।

// स्मार्ट उत्तर पुस्तिका //

सही उत्तर — उन छात्रों का प्रतिशत जिन्होंने प्रश्न का सही उत्तर दिया।

छोड़ दिया — उन छात्रों का प्रतिशत जिन्होंने प्रश्न को छोड़ दिया।

प्रश्न संख्या	उत्तर	सही उत्तर / छोड़ दिया	प्रश्न संख्या	उत्तर	सही उत्तर / छोड़ दिया	प्रश्न संख्या	उत्तर	सही उत्तर / छोड़ दिया
1	B	41.61% / 1.94%	2	A	66.29% / 1.78%	3	D	60.4% / 1.18%
4	C	63.46% / 1.93%	5	C	76.38% / 0.0%	6	D	88.26% / 0.0%
7	C	85.23% / 0.0%	8	A	86.14% / 0.0%	9	D	79.96% / 0.0%
10	C	27.33% / 4.21%	11	C	58.03% / 1.94%	12	B	83.44% / 0.0%
13	C	48.8% / 1.02%	14	B	61.31% / 1.17%	15	A	85.13% / 0.0%
16	A	61.94% / 1.64%	17	C	59.39% / 1.26%	18	D	53.68% / 1.63%
19	B	43.3% / 1.6%	20	B	50.28% / 1.26%	21	D	12.0% / 3.69%
22	B	67.73% / 1.59%	23	C	42.02% / 1.1%	24	D	52.47% / 1.59%
25	D	66.87% / 1.23%	26	B	28.55% / 4.91%	27	D	50.13% / 1.65%
28	D	18.22% / 3.3%	29	B	56.12% / 1.5%	30	B	65.45% / 1.04%
31	D	64.75% / 1.24%	32	C	48.11% / 1.51%	33	D	44.66% / 1.95%
34	A	86.06% / 0.0%	35	B	44.44% / 1.33%	36	A	22.15% / 4.07%
37	D	62.71% / 1.87%	38	A	59.95% / 1.1%	39	A	68.16% / 1.62%
40	B	78.49% / 0.0%	41	A	57.93% / 1.38%	42	B	69.11% / 1.8%
43	C	62.23% / 1.55%	44	A	55.57% / 1.96%	45	A	78.95% / 0.0%
46	B	78.28% / 0.0%	47	A	80.27% / 0.0%	48	B	63.45% / 1.46%
49	B	45.15% / 1.51%	50	D	83.37% / 0.0%	51	D	62.77% / 1.88%
52	B	66.66% / 1.11%	53	B	56.21% / 1.4%	54	C	60.99% / 1.65%
55	D	47.31% / 1.94%	56	C	87.02% / 0.0%	57	C	53.27% / 1.93%
58	B	57.23% / 1.24%	59	D	58.42% / 1.75%	60	C	41.7% / 1.46%
61	B	41.76% / 1.02%	62	D	87.67% / 0.0%	63	C	62.16% / 1.19%
64	D	58.9% / 1.12%	65	B	40.01% / 1.49%	66	D	19.3% / 4.33%
67	C	55.9% / 1.81%	68	D	26.04% / 3.91%	69	B	13.48% / 3.05%
70	D	30.59% / 4.67%	71	A	62.34% / 1.67%	72	C	80.25% / 0.0%
73	A	45.5% / 1.95%	74	D	24.4% / 4.84%	75	C	68.19% / 1.28%

76	D	81.24% 0.0%	77	B	67.43% 1.81%	78	A	63.5% 1.51%
79	B	67.34% 1.45%	80	A	63.48% 1.84%	81	B	59.33% 1.35%
82	A	46.28% 1.58%	83	A	24.08% 4.49%	84	A	69.16% 1.29%
85	A	65.8% 1.93%	86	A	67.75% 1.66%	87	B	10.24% 3.46%
88	A	66.16% 1.49%	89	D	59.25% 1.15%	90	D	80.19% 0.0%
91	A	76.87% 0.0%	92	B	24.25% 3.04%	93	C	86.87% 0.0%
94	A	81.43% 0.0%	95	A	69.77% 1.7%	96	B	53.47% 1.16%
97	C	57.57% 1.35%	98	C	42.84% 1.99%	99	B	41.64% 1.78%
100	D	48.13% 1.92%						

// संकेत और समाधान //

1(B). भारत के दक्षिण में तमिलनाडु स्थित है।

2(A). 'स्थापत्य कला' का अर्थ भवन निर्माण की कला है।

3(D). चोल तथा चेरा राजाओं ने तमिलनाडु को समृद्ध बनाने में वास्तुशिल्प, मूर्ति एवं भवन निर्माण कला में एक महत्वपूर्ण भूमिका निभाई है।

4(C). 'तमिलनाडु को मंदिरों का राज्य भी कहा जाता है।' वाक्य से तात्पर्य है कि तमिलनाडु में मंदिरों की बहुलता है।

5(C). उपर्युक्त गद्यांश के अनुसार, मानवीय संवेदनाओं की अभिव्यक्ति के लिए सबसे पहले 'चित्रकला' का जन्म हुआ।

6(D). अन्य गद्यांश में मुख्य रूप से 'वारली' चित्रकारी का वर्णन किया गया है। वारली चित्रकला एक प्राचीन भारतीय कला है, जो महाराष्ट्र की एक जनजाति वारली द्वारा बनाई जाती है। यह कला उनके जीवन के मूल सिद्धांतों को प्रस्तुत करती है।

7(C). गद्यांश के अनुसार, 'वारली' कला की ताकत उसकी 'सादगी' है। यह कला वारली जनजाति के सरल जीवन को भी दर्शाती है।

8(A). जब अक्षर नहीं थे तो मनुष्य अपने भाव 'चित्रों' के माध्यम से व्यक्त करता था।
गद्यांश के अनुसार, मानवीय संवेदनाओं की अभिव्यक्ति की छटपटाहट और बेचैनी से उपजी है- चित्रकला। जब अक्षर नहीं थे, भाषा नहीं थी तो मनुष्य ने अपने अंदर की खुशी और उदासी को प्रकट करने के लिए चित्र बनाए।

9(D). गद्यांश के अनुसार, 'वारली' लोग ऊब से बचने के लिए 'चित्रकारी' किया करते थे। वारली चित्रकारी विशेष अवसरों पर दीवारों पर की जाती है।

10(C). दिये गये विकल्प में से 'सरल' शब्द संज्ञा नहीं है। जबकि खुशी, उदासी, सुन्दरता भाववाचक संज्ञा के अंतर्गत आती है।
भाववाचक संज्ञा- जिस संज्ञा शब्द से व्यक्ति या वस्तु के गुण, धर्म, दशा अथवा स्वभाव का बोध होता है, उसे भाववाचक संज्ञा कहते हैं। जैसे- बुढ़ापा, ईमानदारी, समझ, खुशी, उदासी, सुन्दरता इत्यादि।
'सरल' शब्द गुणवाचक विशेषण है। जिस विशेषण के द्वारा संज्ञा या सर्वनाम के गुण दशा, आकार, रंग स्थान और काल आदि का बोध हो उसको गुणवाचक विशेषण कहते हैं। जैसे- भला, बुरा, चालक, नम्र, उचित, सरल इत्यादि।

11(C). चित्रांकन का सही संधि-विच्छेद चित्र + अंकन होगा। इसलिए इसमें दीर्घ स्वर संधि होगी।
दीर्घ स्वर संधि- यदि किसी संधि के पहले खण्ड के अंतिम अक्षर में अ, आ, इ, ई, उ, ऊ, ऋ में कोई एक आए तथा दूसरे खण्ड के पहले अक्षर में वही वर्ण हस्व या दीर्घ आए तो दोनों मिलकर दीर्घ हो जाएंगे। जैसे- स्वार्थी, पुस्तकालय, गिरीश, फणीन्द्र इत्यादि।

12(B). गद्यांश के अनुसार, 'वारली' चित्रकारी का नामकरण महाराष्ट्र की वारली

'आदिवासी जाति के आधार पर हुआ है।'

13(C). गद्यांश के आधार पर बच्चों की कल्पनाशीलता में बाधक बड़ों द्वारा बनाए नियमों की अधिक जानकारी होना है।

14(B). छोटे बच्चों को पढ़ाने वाले शिक्षक में संवेदनशील होने का गुण अति आवश्यक है।

15(A). "सब ठीक हो जाएगा" के पीछे आशा का भाव छिपा है।

16(A). बच्चों ! कार उड़ सकती है, "लेकिन यथार्थ में उड़ने से पहले उसे कल्पना में उड़ना होगा।" से तात्पर्य है कि जब तक कल्पना नहीं करेंगे, तब तक उसे पूरा करने का प्रयास नहीं होगा।

17(C). "नैसर्गिक" शब्द में इक प्रत्यय है।

18(D). संज्ञा शब्द कल्पनाशीलता है।

19(B). कल्पनाशीलता बच्चों का नैसर्गिक गुण है। वाक्य में रेखांकित शब्द के स्थान पर प्राकृतिक शब्द का प्रयोग कर सकते हैं।

20(B). गद्यांश के आधार पर कल्पनाशीलता को बचाना इसलिए ज़रूरी है ताकि हम जीवन की चुनौतियों का सामना कर सकें।

21(D). 'आषाढ का एक दिन' नामक नाटक के रचयिता मोहन राकेश हैं, आषाढ का एक दिन सन 1956 में प्रकाशित और नाटककार मोहन राकेश द्वारा रचित एक हिंदी नाटक है। इसे कभी-कभी हिंदी नाटक के आधुनिक युग का प्रथम नाटक कहा जाता है।

22(B). 'कवित्त रत्नाकर' के रचयिता सेनापति हैं, कवित्त रत्नाकर सेनापति कवि का प्राप्त एक मात्र ग्रंथ है। कवित्त रत्नाकर का रचनाकाल सं. 1706 वि. (सन 1649 ई.) है। यह कवि की स्फुट रचनाओं का संकलन ग्रंथ है। इसमें पाँच शीर्षक अथवा अध्याय हैं, जिन्हें 'तरंग' की संज्ञा दी गयी है। पहली तरंग में 96, दूसरी में 74, तीसरी में 62, चौथी में 76 तथा पाँचवीं में 86 और सब मिलाकर पूरे ग्रंथ में 394 छन्द हैं। इनमें से कुछ छन्द ऐसे भी हैं जो दो तरंगों में समान रीति प्राप्त होते हैं। 10 पुनरावृति वाले छन्दों को छोड़कर 'कवित्त-रत्नाकर' में परिशिष्ट रूप में पृथक दिये हुए मिलते हैं।

23(C). 'नैषधीयचरित' श्रीहर्ष की रचना है, यह वृहत्त्रयी नाम से प्रसिद्ध तीन महाकव्यों में से एक है। महाभारत का नलोपाख्यान इस महाकाव्य का मूल आधार है।

24(D). माघ की रचना 'शिशुपालवध' है, इसमें कृष्ण द्वारा शिशुपाल के वध की कथा का वर्णन है।

25(D). 'सुबह, दोपहर, शाम' कमलेश्वर की रचना है। कमलेश्वर द्वारा रचित रचना: 'मांस का दरिया', 'राजा निरबंसिया', 'नीली झील' है।

26(B). सूफी कवि नूर मुहम्मद की रचना का नाम अनुराग बाँसुरी है।

27(D). 'ज्ञानदीप' के रचयिता का नाम शेख नबी है।

28(D). 'कुरु कुरु स्वाहा' उपन्यास के लेखक मनोहर श्याम जोशी हैं। मनोहर श्याम जोशी कुशल प्रवक्ता तथा स्तंभ-लेखक थे। उनका जन्म 09 अगस्त १९३३ को राजस्थान के अजमेर के एक प्रतिष्ठित एवं सुशिक्षित परिवार में हुआ था। उन्होंने स्नातक की शिक्षा विज्ञान में लखनऊ विश्वविद्यालय से पूरी की। परिवार में पीढ़ी दर पीढ़ी शास्त्र-साधना एवं पठन-पाठन व विद्या-ग्रहण का क्रम पहले से चला आ रहा था।

29(B). 'आवारा मसीहा' के लेखक विष्णु प्रभाकर हैं। विष्णु प्रभाकर का जन्म उत्तरप्रदेश के मुजफ्फरनगर जिले के गांव मीरापुर में हुआ था। उनके पिता दुर्गा प्रसाद धार्मिक विचारों वाले व्यक्ति थे और उनकी माता महादेवी पढ़ी-लिखी महिला थीं जिन्होंने अपने समय में पर्दा प्रथा का विरोध किया था।

30(B). ध्रुवस्वामिनी नाटक में नारी के पुनर्लग्न की समस्या उठाई गई है। सामाजिक रूढ़िवाद के विरुद्ध इस नाटक में स्त्री जाति का सशक्तिकरण किया गया है। आधुनिक समाज के हितार्थ शौर्यवान शासक की आवश्यकता है। नपुंसक एवं भोग-विलास में लिप्त शासक देश को डुबो देता है। "ध्रुवस्वामिनी" नाटक की कथा मिश्रित है।

31(D). 'मीठा' शब्द भाववाचक संज्ञा नहीं है | जो शब्द पदार्थों की अवस्था , गुण , दोष , धर्म , दशा , स्वभाव आदि का बोध कराते हैं उन्हें भाववाचक संज्ञा कहते हैं । जैसे :- बुढ़ापा , मिठास , बचपन , चढ़ाई , थकावट , मोटापा , मानवता , चतुराई , जवानी , लम्बाई , मित्रता , मुस्कुराहट , अपनापन , परायापन , भूख , प्यास , चोरी , क्रोध , सुन्दरता आदि।

32(C). मेरा बचपन खेलकूद में बीता। में बचपन शब्द से बच्चा होने के भाव का बोध हो रहा है। अतः बचपन एक भाववाचक संज्ञा है। जिस शब्द से किसी वस्तु या व्यक्ति के गुण, दशा, भाव, व्यापार, धर्म, अवस्था, स्वभाव का बोध होता है, उसे भाववाचक संज्ञा कहते हैं।

33(D). संज्ञा या सर्वनाम का वाक्य के अन्य पदों 'विशेषत: क्रिया' से संबंध होता है, उसे कारक कहते है। जैसे- राम ने रावण को बाण से मारा। इस वाक्य में राम क्रिया "मारा"; वाण से यह क्रिया सम्पन्न की गयी है,अतः वाण क्रिया का साधन होने से करण कारक है।संज्ञा अथवा सर्वनाम शब्दों के बाद 'ने, को, से, के लिए', आदि जो चिह्न लगते हैं वे चिह्न कारक 'विभक्ति' कहलाते हैं। हिन्दी में आठ कारक होते हैं-1. कर्ता, 2. कर्म, 3. करण -- से, के साथ, के द्वारा, 4. संप्रदान, 5. अपादान, 6. संबंध, 7. अधिकरण, 8. संबोधन। यहाँ मात्र करण में ही तृतीय विभक्ति लगती है- करण -- से, के साथ और के द्वारा।

34(A). दिया है-
"अपने आप यह काम सीख लूँगा।"
इस वाक्य में **आप** निजवाचक सर्वनाम है।
जिन शब्दों का प्रयोग वक्ता स्वयं के लिए करता है, वे निजवाचक सर्वनाम कहलाते हैं।

35(B). 'सड़के चौड़ी बनाई गई।' इस वाक्य में 'चौड़ी' पूरक शब्द है।
पूरक शब्द ऐसे शब्द होते हैं, जो वाक्य में प्रयुक्त होकर वाक्य के अर्थ को पूर्णता प्रदान करते हैं। जिन शब्दों से किसी कार्य का करना या होना व्यक्त हो, उन्हें क्रिया कहते हैं, इन्ही को वाक्य में मुख्य क्रिया भी कहते हैं। जैसे-रोना, खाना, पढ़ना इत्यादि।

36(A). "मीरा जोर से हँसी।" यह वाक्य अकर्मक क्रिया का समुचित उदाहरण है। ऐसी क्रियायें जिसका प्रभाव कर्ता पर पड़े तथा उसके सम्पादन हेतु कर्म की आवश्यकता न हो, अकर्मक क्रियायें, कहलाती हैं। यहाँ 'हँसने' का प्रभाव केवल मीरा (कर्ता) पर पड़ रहा है अतः यहाँ अकर्मक क्रिया है। जब कर्ता स्वयं कार्य न कर उसके लिए किसी को प्रेरित करे तो उसे प्रेरणार्थक क्रिया कहते हैं। जब क्रिया के सम्पादन में कर्म आवश्यक हो तो सकर्मक क्रिया तथा जब दो कर्म की आवश्यकता हो तो द्विकर्मक क्रिया होती है।

37(D). 'माँ बच्चे को दूध पिला रही है' में कर्म कारक है।
कर्म कारक- वह वस्तु या व्यक्ति जिस पर वाक्य में की गयी क्रिया का प्रभाव पड़ता है वह कर्म कहलाता है।
कर्म कारक का विभक्ति चिन्ह 'को' होता है।
उदाहरण- सीता ने गीता को बुलाया।

38(A). "विपिन घोड़े से गिर गया।" वाक्य में अपादान कारक है।
वाक्य में विपिन के घोड़े से गिरने से वह घोड़े से अलग हो गया। जहाँ कोई वस्तु किसी अन्य वस्तु से अलग हो जाये वहां अपादान कारक होता है। इसका चिन्ह 'से' (अलग होने के अर्थ में) होता है।

39(A). ऐसे विशेषण शब्द जो किसी संज्ञा या सर्वनाम की संख्या का बोध कराते हैं, वे संख्यावाचक विशेषण कहलाते हैं। ऊपर दिए गए वाक्य में आप देख सकते हैं चार शब्द का प्रयोग किया जा रहा है।

40(B). 'मुझे थोड़ा सा दूध दे दो' वाक्य में 'परिमाणवाचक विशेषण' है। अन्य विकल्प असंगत हैं।
परिमाणवाचक विशेषण: परिमाणवाचक विशेषण ऐसे शब्द जो संज्ञा या सर्वनाम की मात्रा का बोध कराते हैं।
उदाहरण: चार किलो, एक मीटर, दो लीटर, थोड़ा, बहुत आदि।

41(A). 'गगनचुंबी' अर्थात 'गगन (को) चूमने वाला। यह कर्म तत्पुरुष समास का उदाहरण है, जो तत्पुरुष समास का एक भेद है।

42(B). दिए गए विकल्पों में से 'आजीवन' शब्द में अव्ययीभाव समास है।

43(C). लोकोक्ति: घोड़े की दम बढ़ेगी तो अपनी ही मक्खियाँ उड़ाएगा
लोकोक्ति का हिंदी अर्थ: उन्नति करके आदमी अपना ही भला करता है

वाक्य प्रयोग: कल तक नेताजी पर साइकिल नहीं थी। विधायक होते ही उन पर ऐश-ओ-आराम की सभी वस्तुएँ आ गई। कहावत भी है घोड़े की दम बढ़ेगी, तो अपनी ही मक्खियाँ उड़ाएगा।

44(A). **मुहावरा** – गज भर की छाती होना
अर्थ – अत्यधिक साहसी होना
वाक्य प्रयोग – भारतीय सैनिकों की गज भर की छाती देख कर अन्य देश के सैनिकों की ताकतें फीकी पड़ जाती है।

45(A). भाषा शिक्षण का उद्देश्य बच्चों में भाषा की समझ और सहज अभिव्यक्ति के विकास को सुनिश्चित करना होता है। अपने मनोभाव को किसी के सामने आसानी से रख पाना ही भाषा शिक्षण को सार्थक बनाता है।

- सतत एवं व्यापक मूल्यांकन प्रणाली में छात्रों के विकास के समस्त पहलुओं को शामिल किया जाता है।
- यह छात्रों के सर्वांगीण विकास को संदर्भित करता है जिसमें संज्ञानात्मक, मनोप्रेरणा और भावात्मक विकाश शामिल हैं।
- भाषा शिक्षण के संदर्भ में सतत और व्यापक आकलन के लिए सर्वाधिक महत्त्वपूर्ण बच्चों के भाषा-प्रयोग का निरंतर अवलोकन होना होता है।
- सतत और व्यापक आकलन का उद्देश्य निरंतर यह जानना है की बच्चों ने कितना सीखा है अर्थात कक्षा अधिगम तथा शिक्षण विधियों द्वारा पढ़ाये गए पाठ्य सामग्री को बच्चे कितना सीखते है।
- नियमित पृष्ठ-पोषण, उपचारात्मक शिक्षण तथा कक्षा कक्ष की शैक्षणिक विधियों में सुधार, आदि अन्य सतत और व्यापक आकलन के लिए महत्त्वपूर्ण बिंदु है।

इसलिए, उपर्युक्य पंक्तियों से स्पष्ट है कि भाषा शिक्षण के संदर्भ में सतत और व्यापक आकलन के लिए सर्वाधिक महत्त्वपूर्ण बिंदु बच्चों के भाषा-प्रयोग का निरंतर अवलोकन करना है।

46(B). सामान्यतः बच्चों में पठन के प्रति रूचि का तात्पर्य उनकी पढ़ने की पसन्द तथा पढ़ने में लगन से होता है। जिस वस्तु में बच्चों की रुचि होती है, उसमें उनका ध्यान स्वाभाविक रूप से केन्द्रित हो जाता हैं। यह मानसिक अनुभवों से सम्बन्ध रखने वाला एक प्रेरक है।

- बच्चों में पठन के प्रति रूचि जागृत करने के लिए पाठ्य-पुस्तक के अतिरिक्त पूरक सामग्री का विकास किया जा सकता है।
- पूरक सामग्री पाठ्यक्रम का एक संकुचित रूप होती है जिसका मुख्य उद्देश्य द्रुतगति से पठन की योग्यता का विकास करना होता है।
- सहज एवं बोधगम्य पूरक सामग्री से बच्चों को अधिगम में सरलता होती है।
- पूरक सामग्री सामान्य पाठ्य पुस्तक की सामग्री से अधिक नवीन तथा रुचिकर होती है।
- समूहकार्य को एक पूरन तकनीक के रूप में प्रयोग कर सकते है।

इसलिए, उपर्युक्य पंक्तियों से स्पष्ट है कि बच्चों में पठन के प्रति रूचि जागृत करने के लिए पाठ्य-पुस्तक के अतिरिक्त पूरक सामग्री का विकास किया जा सकता है।

47(A). सामान्यतः भाषा शिक्षण का अर्थ, ज्ञान प्रदान करना, जानकारी देना, कुशलता देना, कुशलता विकसित करना है। भाषा शिक्षण से हमारा अभिप्राय शिक्षण की उस विशिष्ट व्यवस्था से है जिसके द्वारा भाषाई कुशलता का विकास संभव हो।

- हिंदी भाषा शिक्षण का उद्देश्य बच्चों में संप्रेषण कुशलता तथा मौलिकता को विकसित कर विभिन्न संदर्भों में उन्हें भाषा प्रयोग में सफल बनाना है।
- हिंदी भाषा शिक्षण का उद्देश्य विविध साहित्यिक विधाओं से बच्चों को परिचित करा के उन्हें अपने अनुभवों के आधार पर विभिन्न संदर्भों में भाषा प्रयोग में सफल बनाना है।
- 'भाषा की नियमबद्ध प्रवृत्ति को पहचानना और उसका विश्लेषण करना' उच्च प्राथमिक स्तर के भाषा-शिक्षण का एक महत्वपूर्ण उद्देश्य है। उच्च प्राथमिक स्तर के भाषा-शिक्षणके निम्नलिखित उद्देश्य है:
  1. बोलने की क्षमता के अनुरूप की क्षमता विकास
  2. व्याकरणिक पक्षों को पाठ के सन्दर्भ में समझ पाना
  3. भाषा संरचना की समानता तथा अंतर समझने का विकास

इसलिए, उपर्युक्य पंक्तियों से स्पष्ट है कि 'भाषा' की नियमबद्ध प्रवृत्ति को पहचानना और उसका विश्लेषण करना, उच्च प्राथमिक स्तर के भाषा-शिक्षण का एक महत्वपूर्ण उद्देश्य है।

48(B). **क्लोज परीक्षण :** इस परीक्षण में एक अवतरण (पैराग्राफ) में कई रिक्त स्थान दिए जाते हैं।
- इसमें रिक्त स्थान को भरने के लिए सम्पूर्ण सन्दर्भ को समझना आवश्यक होता है।
- इस परीक्षण के द्वारा बच्चों के पठन अवबोधन क्षमता का विकास होता है।
- यह उच्च प्राथमिक स्तर के बच्चों के लिए सहायक है।
- क्लोज परीक्षण में छात्रों को भाषा के अपूर्ण शब्दों तथा चिन्हों को पूर्ण करने को कहा जाता है।
- रिक्त स्थानों की पूर्ति, मिलान एवं क्रमबद्ध करना क्लोज़ परीक्षण के उदाहरण है।

इसलिए, उपर्युक्य पंक्तियों से स्पष्ट है कि क्लोज परीक्षण कक्षा आठ के बच्चों की पठन अवबोधन क्षमता का विकास करने में सहायक है।

49(B). उच्च प्राथमिक स्तर पर हिंदी भाषा शिक्षण का महत्वपूर्ण उद्देश्य बच्चों को हिंदी भाषा के विविध स्वरूपों की जानकारी देना है। हिंदी भाषा शिक्षण का उद्देश्य विविध साहित्यिक विधाओं से बच्चों को परिचित कराके उन्हें अपने अनुभवों के आधार पर विभिन्न संदर्भों में भाषा प्रयोग में सफल बनाना होता है।
- विविध साहित्यिक विधाओं से परिचर्चा , संवाद अदायगी सृजनात्मक लेखन भाषा – विकास में सहयोगी है।
- परिचर्चा के अन्तर्गत छात्रों को किसी विषय अथवा भाषा की विविध साहित्यिक विधाओं से परिचित कराया जाता है।
- संवाद अदायगी- छात्रों को किसी विषय (प्रसंग) पर नाटक करने के लिए कहना। विषय (प्रसंग) पर आधारित नाटक करने पर छात्र कठिन से कठिन विषय भी आसानी से सीख जाते हैं, उन्हें अपने विचारों को रचनात्मक रूप में व्यक्त करने का मौका मिलता है।
- समूह क्रिया, रुचि कक्षा (हॉबी क्लासेज़), स्व-शिक्षण भी भाषा विकास में सहयोगी हो सकते है।
- भाषा विकास के लिए कक्षा में कविता पाठ, कहानी पाठ, निबंध लेखन, भाषण प्रतियोगिता, वाद-विवाद प्रतियोगिता तथा अन्य ऐसे कार्य करने चाहिए जिससे विकास के लिए परिवेश का निर्माण हो सके।
- सृजनात्मक लेखन से बच्चों के मौलिक विचार, विचारों का संगठन, विचारो की अभिव्यक्ति का तरीका आदि में निखार आता है।
- श्रुतलेख बच्चों की वर्तनी संबंधी अशुद्धियों को दूर करने के लिए उपयोगी होता है।

इसलिए, उपर्युक्य पंक्तियों से स्पष्ट है कि उच्च प्राथमिक स्तर पर बच्चों के भाषा – विकास की दृष्टि से श्रुतलेख सबसे कम महत्वपूर्ण है।

50(D). उच्च प्राथमिक स्तर पर हिंदी भाषा शिक्षण का महत्वपूर्ण उद्देश्य बच्चों को हिंदी भाषा के विविध स्वरूपों की जानकारी देना है। हिंदी भाषा शिक्षण का उद्देश्य विविध साहित्यिक विधाओं से बच्चों को परिचित करा के उन्हें अपने अनुभवों के आधार पर विभिन्न संदर्भों में भाषा प्रयोग में सफल बनाना होता है।
- हिंदी भाषा विकास के लिए कक्षा में कविता पाठ, कहानी पाठ, निबंध लेखन, भाषण प्रतियोगिता, वाद-विवाद प्रतियोगिता तथा अन्य ऐसे कार्य करने चाहिए जिससे विकास के लिए परिवेश का निर्माण हो सके।
- उच्च प्राथमिक स्तर पर हिंदी भाषा की पाठ्य-पुस्तको में अन्य विषयों के पाठों को स्थान देने का एक महत्त्वपूर्ण उद्देश्य हिंदी की पाठ्य-पुस्तक कां समावेशी बनाना है ।
- पाठ्य पुस्तके भाषा शिक्षण का एक मात्र स्रोत नहीं होनी चाहिए उनमे संकलित जानकारी तथा रचनाये ऐसी हो कि अपेक्षित ज्ञान, समझ, दृष्टिकोणों को बनाने में उनकी मदद करे।
- पाठ्य पुस्तके ऐसी हो जो छात्र के मानसिक, बौद्धिक तथा चारित्रिक विकास में सहायक हो, जिसे पढ़ कर छात्र परीक्षा में सफलता प्राप्त कर सके और पढ़ने के लिए प्रेरित हो, बच्चों में साहित्यिक लेखन की क्षमता का ही विकास करें, कुछ पर्वनिर्धारित संदेशों को पहुँचाने के उद्देश्य रखते हों।

इसलिए, उपर्युक्य पंक्तियों से स्पष्ट है कि उच्च प्राथमिक स्तर पर हिंदी भाषा की पाठ्य-पुस्तको में अन्य विषयों के पाठों को स्थान देने का एक महत्त्वपूर्ण उद्देश्य हिंदी की पाठ्य-पुस्तक कां समावेशी बनाना है।

51(D). 'साखी', "विजय देवनारायण साही" की रचना है।

52(B). 'आचार्य विश्वनाथ प्रसाद मिश्र' ने 'हिंदी साहित्य का अतीत' लिखा है। आचार्य विश्वनाथ प्रसाद मिश्र अपनी पुस्तक हिंदी साहित्य का अतीत: दूसरा भाग में उल्लेख करते हैं कि 'रीतिकाल' नाम ग्रहण करने का दुष्परिणाम यह हुआ कि उस काल के अच्छे-अच्छे शृंगारी कवियों को छाँटकर पृथक् करना पड़ा।

'साखी' का प्रकाशन वर्ष 1982 है। यह विजयदेव नारायण साही के मरणोपरांत प्रकाशित हुई थी। जो कविता "तीसरा सप्तक" और 'साखी' में ना आ पाई उन कविताओं को "संवाद तुमसे" में शामिल कर प्रकाशित किया गया।

53(B). 'पहला गिरमिटिया' उपन्यास विशेषकर महात्मा गांधी पर केंद्रित है। पहला गिरमिटिया, गिरिराज किशोर द्वारा रचित एक हिन्दी उपन्यास है जो महात्मा गांधी पर आधारित है। इसके नायक "मोहनदास" हैं अर्थात गांधीजी का आरम्भिक रूप। पहला गिरमिटिया नामक उपन्यास महात्मा गाँधी के अफ्रीका प्रवास पर आधारित था।

54(C). रीतिकाल को 'अलंकृत काल' नाम 'मिश्रबन्धु' ने दिया है। मिश्रबन्धु के अनुसार अलंकृत काल को दो भागों में बांटा गया है-
पूर्वालंकृत काल (1681-1790)
उत्तरालंकृत काल (1781-1889)

55(D). 'वागर्थ' पत्रिका कोलकाता से प्रकाशित होती है। वागर्थ हिन्दी की एक साहित्यिक पत्रिका है। यह भारतीय भाषा परिषद कोलकाता से प्रकाशित होती है।

56(C). 'दुक्खम-सुक्खम' उपन्यास ममता कालिया का है। लगभग आधी सदी के काल खण्ड में उन्होंने 200 से अधिक कहानियों की रचना की है।

57(C). 'स्वयम्भू' को 'अपभ्रंश का वाल्मीकि' कहा जाता है। स्वयम्भू अपभ्रंश भाषा के महाकवि थे। स्वयम्भू ने स्वयं अपने से पूर्ववर्ती चउमुह (चतुर्मुख) नामक कवि का उल्लेख किया है, जिनके पद्धड़िया, छंडनी, दुबई तथा ध्रुवक छंदों को उन्होंने अपनाया है। स्वयम्भू को जैन परंपरा का भी प्रथम कवि कहा जाता है। स्वयम्भू को अपभ्रंश भाषा का व्यास भी कहा जाता है।

58(B). उपर्युक्त कथन आचार्य हजारी प्रसाद द्विवेदी का है। हिंदी साहित्य का भक्तिकाल 1375 वि.सं से 1700 वि.सं तक माना जाता है। यह हिंदी साहित्य का श्रेष्ठ युग है। समस्त हिंदी साहित्य के श्रेष्ठ कवि और उत्तम रचनाएं इस युग में प्राप्त होती हैं।

59(D). 'दस्तावेज' - 'रामचन्द्र तिवारी' यह सही विकल्प है। दस्तावेज के सम्पादक- डॉ. विश्वनाथ प्रसाद तिवारी हिंदी की साहित्यिक पत्रिकाएं, हिंदी साहित्य की विभिन्न विधाओं के विकास और संवर्धन में उल्लेखनीय भूमिका निभाती रहीं हैं।

60(C). देश विभाजन की त्रासदी- झूठा सच उपन्यास में वर्णित है। झूठा सच भारत विभाजन (1947) की पृष्ठभूमि पर केंद्रित वृहत्तर एवं बहुआयामी फलक वाला उपन्यास है। झूठा सच (1958-60) हिन्दी के सुप्रसिद्ध कथाकार यशपाल का सर्वोत्कृष्ट एवं वृहद्काय उपन्यास है। यह उपन्यास दो भागों में विभाजित है। इसका पहला भाग 'वतन और देश' 1958 ई. में विप्लव कार्यालय, लखनऊ से प्रकाशित हुआ और दूसरे भाग 'देश का भविष्य' का प्रकाशन 1960 ई. में हुआ।

61(B). हिन्दी एकांकी का वास्तविक आरम्भ 1930 ई. से कहा गया है। सामान्यतः जयशंकर 'प्रसाद' के "एक घूंट" (1929) को हिन्दी का पहला एकांकी होने का गौरव दिया जाता है।

62(D). एक अच्छे निबंध में संक्षिप्तता, एकसूत्रता तथा पूर्णता जैसे गुण विद्यमान होते हैं। निबंध लेखक को पुनरुक्ति से बचना चाहिए तथा अपनी बात को तर्कपूर्ण ढंग से व्यक्त करना चाहिए। तर्कों की पुष्टि हेतु आंकड़े, उद्धरण आदि इस प्रकार से प्रस्तुत करने चाहिए जिससे वे विषय के साथ एकरस हो जाएं, पैबन्द जुड़े हुए प्रतीत न हों।

63(C). हिन्दी में संस्मरण कला का जनक कहा जाता है- पद्मसिंह शर्मा को जिनका (जन्म- 1876 ई., बिजनौर, उत्तर प्रदेश; मृत्यु- 1932 ई.) प्रसिद्ध लेखक और समालोचक थे। वे द्विवेदी युग के गद्य लेखकों तथा समालोचकों में विशेष स्थान रखते थे। वे संस्कृत भाषा के तो विशेष विद्वान

64(D). थे ही, इसके साथ ही उन्हें उर्दू, फ़ारसी, बंगला और मराठी भाषाओं का भी अच्छा ज्ञान था। 'बिहारी सतसई की भूमिका', 'बिहारी सतसई संजीवन भाष्य', 'पद्यपुराण' और 'हिन्दी उर्दू हिन्दुस्तानी' उनके द्वारा रचित प्रसिद्ध पुस्तकें हैं। 'संजीवन भाष्य' पर पद्यसिंह शर्मा को हिन्दी साहित्य सम्मेलन का 'मंगला प्रसाद पुरस्कार' मिला था।

64(D). 1929 ई. में प्रकाशित पण्डित पद्यसिंह शर्मा द्वारा रचित संस्मरण है- पद्य पराग । पं. पद्यसिंह शर्मा (1876 ई0 - 1932 ई0) आर्य विचारक, दार्शनिक, समीक्षक, सम्पादक, परोपकारी, हिन्दी साहित्यकार, प्रसिद्ध लेखक और समालोचक थे। हिन्दी का सर्वोच्च पुरस्कार मंगलाप्रसाद पारितोषिक उन्हें ही सबसे पहले दिया गया। आपने हिन्दी साहित्य सम्मेलन, प्रयाग के प्रधान पद को भी सुशोभित किया। वे द्विवेदी युग के गद्य लेखकों तथा समालोचकों में विशेष स्थान रखते थे। वे संस्कृत भाषा के तो विशेष विद्वान थे ही, इसके साथ ही उन्हें उर्दू, फ़ारसी, बंगला और मराठी भाषाओं का भी अच्छा ज्ञान था।

उनकी लेखन शैली अनुपम थी। रेखाचित्र व संस्मरण इन दो विधाओं का प्रवर्तन हिन्दी में उन्होंने ही किया था। महाकवि अकबर और कविवर्य सत्यनारायण के जो संस्मरण उन्होंने लिखे हैं वे नये लेखकों को प्रेरणा व प्रकाश देने के लिए पर्याप्त हैं। उनकी लिखी हुई बिहारी-सतसई की टीका उनके ब्रजभाषा प्रेम का अनूठा उदाहरण है।

65(B). पाश्चात्य प्रभाव से आयी हुई एक नयी साहित्य विधा फीचर है । फीचर समाचार पत्रों में प्रकाशित होने वाली किसी विशेष घटना, व्यक्ति, जीव – जन्तु तीज – त्योहार, दिन, स्थान, प्रकृति – परिवेश से संबंधित व्यक्तिगत अनुभूतियों पर आधारित वह विशिष्ट आलेख होता है जो कल्पनाशीलता और सृजनात्मक कौशल के साथ मनोरंजक और आकर्षक शैली में प्रस्तुत किया जाता है।

66(D). तुलसीदास जी ने उस व्यक्ति को एक कागज़ पर एक पंक्ति लिखकर दी और कहा कि यह लेकर आप रहीम जी के पास चले जाओ, वे आपकी सहयता करेंगे। उस कागज़ पर तुलसीदास जी ने लिखा था- 'सुरतिय, नरतिय, नागतिय- सबके मन अस होय', जिसका आशय है कि चाहे देवताओं की पत्नियां हों, चाहे महिलाएं हों या नागवंश में भी, नागिन हों- उन सभी को धन-संपत्ति, जेवर, मणि आदि अच्छे लगते हैं, उनकी आवश्यकता होती है।

67(C). वैष्णव आचार्यों में प्रमुख रामानुजाचार्य की शिष्य परम्परा में ही रामानन्द हुए जिनके शिष्य कबीर, रैदास और सूरदास थे।

रामानन्दी सम्प्रदाय (बैरागी सम्प्रदाय) के प्रवर्तक रामानन्दाचार्य का जन्म सम्वत् 1236 में हुआ था। जन्म के समय और स्थान के बारे में ठीक-ठीक जानकारी उपलब्ध नहीं है। शोधकर्ताओं ने जो जानकारी जुटाई है उसके अनुसार रामानन्द जी के पिता का नाम पुण्यसदन और माता का नाम सुशीला देवी था। उनकी माता नित्य वेणीमाधव भगवान की पूजा किया करती थीं। एक दिन वे मन्दिर में दर्शन करने गईं तो उन्हें दिव्योणी सुनाई दी - हे माता पुत्रवती हो। उनके आँचल में एक माला और दाहिनार्त शंख प्रकट हुआ। वह प्रसाद पाकर बहुत खुश हुईं और पतिदेव को सारी बात बताई।

68(D). बिसोवा खेचर से दीक्षा लेने के पूर्व तक ये सगुणोपासक थे। पंढरपुर के विट्ठल (विठोबा) की उपासना किया करते थे। दीक्षा के उपरांत इनकी विट्ठलभक्ति सर्वव्यापक हो गई। महाराष्ट्रीय संत परंपरा के अनुसार इनकी निर्गुण भक्ति थी, जिसमें सगुण निर्गुण का कोई भेदभाव नहीं था। उन्होंने मराठी में कई सौ अभंग और हिंदी में सौ के लगभग पद रचे हैं। इनके पदों में हठयोग की कुंडलिनी-योग-साधना और प्रेमाभक्ति की (अपने "राम" से मिलने की) "तालाबेली" (विह्वलभावना) दोनों हैं। निर्गुणी कबीर के समान नामदेव में भी व्रत, तीर्थ आदि बाह्याडंबर के प्रति उपेक्षा तथा भगवन्नाम एवं सतगुरु के प्रति आदर भाव विद्यमान है। कबीर के पदों में यत्रतत्र नामदेव की भावछाया दृष्टिगोचर होती है। कबीर के पूर्व नामदेव ने उत्तर भारत में निर्गुण भक्ति का प्रचार किया, जो निर्विवाद है।

69(B). श्रीमद्भगवद्गीता, ब्रह्मसूत्र तथा उपनिषदों को सामूहिक रूप से प्रस्थानत्रयी कहा जाता है जिनमें प्रवृत्ति और निवृत्ति दोनों मार्गों का तात्त्विक विवेचन है। ये वेदान्त के तीन मुख्य स्तम्भ माने जाते हैं। इनमें उपनिषदों को श्रुति प्रस्थान, भगवद्गीता को स्मृति प्रस्थान और ब्रह्मसूत्रों को न्याय प्रस्थान कहते हैं। प्राचीन काल में भारतवर्ष में जब कोई गुरू अथवा आचार्य अपने मत का प्रतिपादन एवं उसकी प्रतिष्ठा करना चाहता था तो उसके

लिये सर्वप्रथम वह इन तीनों पर भाष्य लिखता था। निम्बार्काचार्य, आदि शंकराचार्य, रामानुजाचार्य, मध्वाचार्य आदि बड़े-बड़े गुरुओं ने ऐसा कर के ही अपने मत का प्रतिपादन किया।

70(D). भक्ति आंदोलन के नेता रामानंद ने राम को भगवान के रूप में लेकर इसे केन्द्रित किया। रामानंद ने उत्तर भारत में जो किया वही रामानुज ने दक्षिण भारत में किया. उन्होंने रूढ़िवादी कुविचार की बढ़ती औपचारिकता के विरुद्ध आवाज उठाई और प्रेम और समर्पण की नींव पर आधारित वैष्णव विचाराधारा के नए सम्प्रदायक की स्थापना की।

71(A). बोली (भाषाविज्ञान) एक भाषा की एक किस्म है (विशेष रूप से, अक्सर एक बोली जाने वाली किस्म) जो किसी विशेष क्षेत्र, समुदाय या समूह की विशेषता होती है, अक्सर शब्दावली, शैली, वर्तनी और उच्चारण में अपेक्षाकृत मामूली अंतर के साथ, जबकि विविधता एक विशिष्ट भिन्नता है। कुछ किसी देश के एक भाग में बोली जाने वाली विविध भाषा क्षेत्रीय बोली कहलाती है।

सामाजिक बोली एक सामाजिक आर्थिक वर्ग, एक पेशे, एक आयु समूह, या किसी अन्य सामाजिक समूह द्वारा उपयोग की जाने वाली विभिन्न प्रकार की भाषा (या रजिस्टर) है।

इसलिए, (अ) सही है, (ब) गलत है।

72(C). एक रजिस्टर (कभी-कभी शैली कहा जाता है) एक विशेष सामाजिक परिस्थिति में उपयोग की जाने वाली विभिन्न प्रकार की भाषा है।

रजिस्टर भिन्नता में सामाजिक संदर्भ या संचार भागीदार के आधार पर किसी की भाषा शैली को बदलने की क्षमता शामिल है। उदाहरण के लिए, वयस्क वक्ता अन्य वयस्कों की तुलना में बच्चों से अलग तरह से बात करते हैं।

73(A). भारतीय संविधान की आठवीं अनुसूची में 22 भाषाओं का उल्लेख है।
- भारतीय संविधान की आठवीं अनुसूची भारत की भाषाओं से संबंधित है।
- इस अनुसूची में 22 भारतीय भाषाओं को शामिल किया गया है।
- यह भाषाएँ हैं - कश्मीरी भाषा, सिन्धी भाषा, पंजाबी भाषा, हिन्दी भाषा, बंगाली भाषा, आसामी भाषा, उड़िया भाषा, गुजराती भाषा, मराठी भाषा, कन्नड़ भाषा, तेलुगु भाषा, तमिल भाषा, मलयालम भाषा, उर्दू भाषा, संस्कृति भाषा, नेपाली भाषा, मणिपुरी भाषा, कोंकणी भाषा, बोडो भाषा, डोंगरी भाषा, मैथिली भाषा, संताली भाषा।

74(D).
- पश्चिमी और पूर्वी हिन्दी में मौलिक भेद का आधार है- व्याकरण और उच्चारण में अंतर एवं भौगोलिक क्षेत्र में अंतर होना ।
- पश्चिमी और पूर्वी हिंदी में अंतर -
- पश्चिमी हिंदी का विकास शौरसेनी अपभ्रंश से हुआ और पूर्वी हिंदी प्राकृत की परंपरा में है।
- पश्चिमी हिंदी के अंतर्गत 5 बोलियाँ आती है – खड़ी बोली, हरियाणवी, ब्रज, कन्नौजी और बुन्देली, जबकि पूर्वी हिंदी की तीन शाखाएँ हैं – अवधि बघेली और छत्तीसगढ़ी।
- पश्चिमी और पूर्वी शाखाओं को अलग करके भाषाशास्त्री हिंदी के क्षेत्र को सीमित करते हैंपश्चिमी हिंदी का क्षेत्र मध्य देश है, जिस कारण से यह सम्पूर्ण देश में बोली जाती है।

हिंदी भाषी क्षेत्र		
उपभाषा	क्षेत्र	बोलियाँ
पश्चिमी	हरियाणा, उत्तर प्रदेश	खड़ी बोली, बांगरू, हरियाणवी, ब्रज भाषा, कन्नौजी, बुन्देली
पूर्वी	उत्तर प्रदेश, मध्य प्रदेश	अवधि, बघेली, छत्तीसगढ़ी

75(C). बिहार की राजधानी 'पटना' मगही बिहारी बोली क्षेत्र में स्थित है।
- मागधी अथवा मगही यहाँ की स्थानीय बोली है।
- अन्य भाषाएँ, जो कि बिहार के अन्य भागों से आए लोगों की मातृभाषा हैं, में अंगिका, भोजपुरी, बज्जिका और मैथिली प्रमुख हैं।
- आंशिक प्रयोग में आनेवाली अन्य भाषाओं में बंगाली और उड़िया का नाम लिया जा सकता है।
- पटना के मेमन को पाटनी मेमन कहते है और उनकी भाषा मेमनी भाषा का एक स्वरूप है।

76(D). उर्दू नस्तालीक़ लिपि में लिखी जाती है, जो फ़ारसी-अरबी लिपि का एक रूप है। उर्दू दाएँ से बाएँ लिखी जाती है।

77(B). 'खड़ी बोली' का दूसरा नाम कौरवी है।
'मगही' बिहार की एक बोली है, 'कौरवी' खड़ी बोली का दूसरा नाम है, 'हिन्दुस्तानी' हिन्दी और उर्दू मिश्रित भाषा को कहा जाता है तथा 'बघेली' पूर्व क्षेत्र की एक बोली है।

78(A). हिंदी भारत में सबसे अधिक बोली जाने वाली भाषा है। यह देश की आधिकारिक भाषाओं में से एक है। 2011 के जनगणना के आधार पर भारतीयों भाषाओं के आंकड़े के अनुसार हिंदी को मातृभाषा के रूप में बताने वाले लोगों की संख्या में 2001 के जनगणना के मुकाबले में 2011 में बढ़ोतरी हुई है।

79(B). "आदिकालीन रासो साहित्य" में "अपभ्रंश भाषा" का प्रयोग किया गया है। रासो का संबंध अधिकांशतः वीर काव्य से, जो डिंगल भाषा में लिखा गया।
इन रचनाओं में डिंगल और पिंगल शैली का प्रयोग हुआ है।
इन रचनाओं में युद्धप्रेम का वर्णन अधिक किया गया है।
इन रचनाओं में वीर रस व श्रृंगार रस की प्रधानता है।

80(A). जिस भाषा का अनुवाद किया जाता है, उसे 'स्रोत भाषा' कहते हैं, तथा जिस नयी भाषा में अनुवाद करना, वह 'लक्ष्य भाषा' या 'प्रस्तुत भाषा' कहलाती है।

81(B). 'बुंदेली' पश्चिमी हिन्दी की ओकार बहुल वर्ग की बोली है। यह उत्तर प्रदेश के झाँसी, उरई, जालौन, हमीरपुर तथा मध्य प्रदेश के सागर ओरछा, दतिया तथा होशंगाबाद में बोली जाती है।

82(A). 'मॉडर्न वरनाक्यूलर लिटरेचर ऑफ हिन्दोस्तान' 'जॉर्ज अब्राहम ग्रियर्सन' ने लिखा है।
- यह किताब 1989 में लिखी गयी थी जिसमें पहली बार हिंदी साहित्य के काल विभाजन का प्रयास किया गया था।
- इसमें हिंदी साहित्य के काल को दस अध्यायों में बाँटा गया था।
- शेष विकल्प असंगत हैं।

83(A). हिन्दी का पहला पत्र 'उदंत मार्तण्ड' है।
- इस पत्र का संपादन पंडित जुगल किशोर शुक्ल द्वारा 30 मई 1826 को कलकत्ता में हुआ था।
- इसे हिंदी का पहला समाचार पत्र माना जाता है।
- इतिहास तिमिरनाशक के संपादक राजा शिवप्रसाद सितारेहिंद थे।
- बनारस अखबार के संपादक - सन 1845 में राजा शिव प्रसाद ने 'बनारस अख़बार' निकाला था।
- हरिश्चंद्र मैगजीन - यह एक मासिक पत्रिका थी। यह पत्रिका 15 अक्टूबर, 1873 को काशी से भारतेंदु हरिश्चंद्र ने प्रारम्भ की थी।

84(A). सूरज का सातवां घोड़ा कविता के रचयिता धर्मवीर भारती है।
सूरज का सातवाँ घोड़ा धर्मवीर भारती का प्रसिद्ध उपन्यास है। सूरज का सातवाँ घोड़ा मध्यवर्ग की दास्तान उसकी अंतर्विरोधी स्थितियों के साथ हमारे सामने प्रस्तुत करता है। इस रचना के कथानक को नए कलेवर में बुना गया है। शुरूआत उपोद्घात से हुई है। उपोद्घात यानी प्रस्तावना, भूमिका।

85(A). किसी मूल लेख अथवा भाषण को उसके निहित तथ्यों सहित संक्षेप में प्रस्तुत करने की क्रिया संक्षिप्तीकरण या संक्षेपण कहते हैं।
संक्षेपण अथवा सार-लेखन का आशय है किसी अनुच्छेद, परिच्छेद, विस्तृत टिप्पणी अथवा प्रतिवेदन को संक्षिप्त कर देना। किसी बड़े पाठ (निबन्ध, लेख, शोध प्रबन्ध आदि) में मुख्य विचारों, तर्कों आदि को लघुतर आकार में प्रस्तुत करना संक्षेपण या संक्षिप्तीकरण कहलाता है। इसकी संरचना भी निबन्ध जैसी ही होती है।

86(A). भाषावैज्ञानिकों ने हिंदी भाषा को 5 उपभाषाओं में बाँटा है।
हिंदी की उपभाषाएँ - राजस्थानी, पश्चिमी हिंदी, पूर्वी हिंदी, बिहारी और पहाड़ी।

हिंदी की उपभाषाएं और बोलियाँ:

उपभाषा	बोलियाँ
पश्चिमी हिंदी	खड़ी बोली, हरियाणवी, ब्रज, कन्नौजी और बुंदेली
पूर्वी हिंदी	अवधी, बघेली और छत्तीसगढ़ी
बिहारी	भोजपुरी, मगही और मैथिली
राजस्थानी	मेवाती, मालवी, जयपुरी और मारवाड़ी
पहाड़ी	नेपाली, कुमाउँनी और गढ़वाली

87(B). खड़ी बोली हिंदी का अन्य सही नाम कौरवी है।
कौरवी:
1. खड़ी बोली वह भाषा है जो मोटे तौर पर आज की मानक हिन्दी का एक पूर्वरूप है। भाषाविज्ञान की दृष्टि से इसे आदर्श (स्टैंडर्ड) हिंदी, उर्दू तथा हिंदुस्तानी की आधार स्वरूप बोली होने का गौरव प्राप्त है।
2. खड़ी बोली, हिंदी का वह रूप है जिसमें संस्कृत के शब्दों की बहुलता करके वर्तमान हिंदी भाषा की सृष्टि हुई, इसी तरह उसमें फारसी तथा अरबी के शब्दों की अधिकता करके वर्तमान उर्दू भाषा की सृष्टि की गई। खड़ी बोली से एक तात्पर्य उस बोली से है जिसपर ब्रजभाषा या अवधी आदि की छाप न हो, ठेठ हिंदी , परिनिष्ठित पश्चिमी हिंदी का एक रूप।
3. खड़ी बोली निम्नलिखित स्थानों के ग्रामीण क्षेत्रों में बोली जाती है- मेरठ, बिजनौर, मुजफ्फरनगर, सहारनपुर, देहरादून के मैदानी भाग, अम्बाला, कलसिया और पटियाला के पूर्वी भाग, रामपुर और मुरादाबाद। खड़ी बोली क्षेत्र के पूर्व में ब्रजभाषा, दक्षिण-पूर्व में मेवाती, दक्षिण-पश्चिम में पश्चिमी राजस्थानी, पश्चिम में पूर्वी पंजाबी और उत्तर में पहाड़ी बोलियों का क्षेत्र है।
4. मेरठ की खड़ी बोली आदर्श खडी बोली मानी जाती है जिससे आधुनिक हिंदी भाषा का जन्म हुआ, वहीं दूसरी और मुजफ्फरनगर व सहारनपुर बागपता मे खड़ी बोली मे हरयाणवी की झलक देखने को मिलती है।
5. बाँगरू, जाटकी या हरियाणवी एक प्रकार से पंजाबी और राजस्थानी मिश्रित खड़ी बोली ही हैं जो दिल्ली, करनाल, रोहतक, हिसार और पटियाला, नाभा, झींद के ग्रामीण क्षेत्रों में बोली जाती है।
6. खड़ी से 'खरी' का अर्थ भी लगाया जाता है, अर्थत शुद्ध अथवा ठेठ हिन्दी बोली। शुद्ध अथवा ठेठ हिंदी बोली या भाषा को उस समय खरी या खड़ी बोली के नाम से सम्बोधित किया गया जबकि हिंदुस्तान में अरबी-फारसी और हिंदुस्तानी शब्द मिश्रित उर्दू भाषा का चलन था, या अवधी या ब्रज भाषा का। ठेठ या शुद्ध हिंदी का चलन नहीं था। लगभग 18वीं शताब्दी के आरम्भ के समय कुछ हिंदी गद्यकारों ने ठेठ हिंदी में लिखना शुरू किया। इसी ठेठ हिंदी को 'खरी हिंदी' या 'खड़ी हिंदी' कहा गया।
7. खड़ी बोली वह बोली है जिसपर ब्रजभाषा या अवधी आदि की छाप न हो। ठेठ हिंदी। आज की राष्ट्रभाषा हिंदी का पूर्व रूप। इसका इतिहास शताब्दियों से चला आ रहा है। यह परिनिष्ठित पश्चिमी हिंदी का एक रूप है।

88(A). बोली भाषा की छोटी इकाई है।
बोली: किरी भी भाषा को क्षेत्रीय रूप में बोला जाता है। यह बोली कहलाता है। बोली भाषा का ही एक रूप है भाषा के सबसे छोटे व सीमित रूप को बोली कहा जाता है। हर जगह लोग अपनी -अपनी बोली बोलते है बोली सब जगह अलग-अलग होती है बोली से हम अपने विचारों और शब्दों को एक दूसरे के साथ व्यक्त कर सकते है।

89(D). पूर्वी हिंदी की अवधी बोली है।
अवधी:
1. अवधी हिंदी क्षेत्र की एक उपभाषा है। यह उत्तर प्रदेश के "अवध क्षेत्र" में बोली जाती है। इसके अतिरिक्त इसकी एक शाखा बघेलखंड में बघेली नाम से प्रचलित है।
2. 'अवध' शब्द की व्युत्पत्ति "अयोध्या" से है। इस नाम का एक सूबा के राज्यकाल में था। तुलसीदास ने अपने "मानस" में अयोध्या को 'अवधपुरी' कहा है। इसी क्षेत्र का पुराना नाम 'कोसल' भी था जिसकी महत्ता प्राचीन काल से चली आ रही है।
3. अवधी प्रमुख रूप से भारत, नेपाल और फिजी में बोली जाती है। भारत में अवधी मुख्यतः उत्तर प्रदेश राज्य में बोली जाती है। मध्य प्रदेश, छत्तीसगढ़ और बिहार के कुछ जिलों में बोली जाती है। उ
4. त्तर प्रदेश के अवधी भाषी जिले: अमेठी, प्रतापगढ़, सुल्तानपुर, रायबरेली, प्रयागराज, कौशांबी, अम्बेडकर नगर, सिद्धार्थ नगर, गोंडा, बलरामपुर, बाराबंकी, अयोध्या, लखनऊ, हरदोई, सीतापुर, लखीमपुर खीरी, बहराइच, बस्ती एवं फतेहपुर।

5. अवधी पूर्वी के अंतर्गत है। अवधी को कभी-कभी बैसवाड़ी भी कहते हैं। परंतु बैसवाड़ी अवधी की एक बोली मात्र है जो उन्नाव, लखनऊ, रायबरेली और फतेहपुर जिले के कुछ भागों में बोली जाती है।

6. तुलसीदास कृत रामचरितमानस एवं मलिक मुहम्मद जायसी कृत पद्मावत सहित कई प्रमुख ग्रंथ इसी बोली की देन है।

90(D). 'अउचट' को कड़ी बोली में आवश्यकता से ज्यादा कहते हैं। आवश्यकता से ज्यादा के पर्यायवाची शब्द- जोरदार, बहुत तेज आदि।

खड़ी बोली हिन्दी का वह रूप है जिसमें संस्कृत के शब्दों की बहुलता करके वर्तमान हिन्दी भाषा की सृष्टि हुई, इसी तरह उसमें फ़ारसी तथा अरबी के शब्दों की अधिकता करके वर्तमान उर्दू भाषा की सृष्टि की गई है। खड़ी बोली से एक तात्पर्य उस बोली से है जिसपर ब्रजभाषा या अवधी आदि की छाप न हो।

91(A). संस्कृत भाषा को हिन्दी की जननी कहा जाता है।

हिंदी भाषा की जननी संस्कृत भाषा ही है क्योंकि ऐसा कहा जाता है कि अगर हम प्रतिदिन शुद्ध हिंदी बोलते हैं तो हम उसमें 75% संस्कृत बोलते हैं। इसलिए स्वाभाविक है कि संस्कृत भाषा से ही हिंदी भाषा का जन्म हुआ है।

92(B). बघेली पूर्वी हिन्दी की बोली है।

हिंदी के दो उपरूप माने जाते हैं: पूर्वी हिंदी और पश्चिमी हिंदी।

पूर्वी हिन्दी: पूर्वी हिंदी की तीन शाखाएँ हैं - अवधी, बघेली और छत्तीसगढ़ी। अवधी अर्धमागधी प्राकृत की परंपरा में है। यह अवध में बोली जाती है। इसके दो भेद हैं - पूर्वी अवधी और पश्चिमी अवधी। अवधी को बैसवाड़ी भी कहते हैं। तुलसी के रामचरितमानस में अधिकांशत: पश्चिमी अवधी मिलती हैं और जायसी के पदमावत में पूर्वी अवधी। बघेली बघेलखंड में प्रचलित है। यह अवधी का ही एक दक्षिणी रूप है। छत्तीसगढ़ी पलामू (झारखण्ड) की सीमा से लेकर दक्षिण में बस्तर तक और पश्चिम में बघेलखंड की सीमा से उड़ीसा की सीमा तक फैले हुए भूभाग की बोली है। इसमें प्राचीन साहित्य नहीं मिलता। वर्तमान काल में कुछ लोकसाहित्य रचा गया है। बिहारी, राजस्थानी बिहारी हिंदी के अंतर्गत मगही, भोजपुरी, आदि बोलियां आती हैं

पश्चिमी हिन्दी: पश्चिमी हिंदी का विकास शौरसैनी अपभ्रंश से हुआ है। इसके अंतर्गत पाँच बोलियाँ हैं - खड़ी बोली, हरियाणी, ब्रज, कन्नौजी और बुंदेली। खड़ी बोली अपने मूल रूप में मेरठ, रामपुर, मुरादाबाद, सहारनपुर, मुजफ्फरनगर, बिजनौर, बागपत के आसपास बोली जाती है। इसी के आधार पर आधुनिक हिंदी और उर्दू का रूप खड़ा हुआ। बांगरू को जाटू या हरियाणवी भी कहते हैं। यह पंजाब के दक्षिण पूर्व में बोली जाती है। कुछ विद्वानों के अनुसार बांगरू खड़ी बोली का ही एक रूप है जिसमें पंजाबी और राजस्थानी का मिश्रण है। ब्रजभाषा मथुरा के आसपास ब्रजमंडल में बोली जाती है। हिंदी साहित्य के मध्ययुग में ब्रजभाषा में उच्च कोटि का काव्य निर्मित हुआ। इसलिए इसे बोली न कहकर आदरपूर्वक भाषा कहा गया। मध्यकाल में यह बोली संपूर्ण हिंदी प्रदेश की साहित्यिक भाषा के रूप में मान्य हो गई थी। पर साहित्यिक ब्रजभाषा में ब्रज के ठेठ शब्दों के साथ अन्य प्रांतों के शब्दों और प्रयोगों का भी ग्रहण। कन्नौजी गंगा के मध्य दोआब की बोली है। इसके एक ओर ब्रजमंडल है और दूसरी ओर अवधी का क्षेत्र। यह ब्रजभाषा से इतनी मिलती जुलती है कि इसमें रचा गया जो थोड़ा बहुत साहित्य है वह ब्रजभाषा का ही माना जाता है।

बुंदेली बुंदेलखंड की उपभाषा है। बुंदेलखंड में ब्रजभाषा के अच्छे कवि हुए हैं जिनकी काव्यभाषा पर बुंदेली का प्रभाव है।

93(C). भोजपुरी भाषा का इतिहास 7वीं सदी से शुरू होता है। मध्य काल में भोजपुर नामक एक स्थान में मध्य प्रदेश के उज्जैन से आए भोजवंशी राजाओं ने एक गाँव बसाया था। इसे उन्होंने राजधानी बनाया और इसके राजा भोज के कारण इस स्थान का नाम भोजपुर पड़ गया। इसी नाम के कारण यहाँ बोली जाने वाली भाषा का नाम भी भोजपुरी पड़ गया।

94(A). ध्वनियों को लिखने के लिए जिन चिह्नों का प्रयोग किया जाता है, उसे 'लिपि' कहते हैं। जैसे- देवनागरी लिपि, ब्राही लिपि आदि।

अन्य विकल्प:

व्याकरण	भाषा को शुद्ध रूप में लिखने और बोलने संबंधी नियमों का बोध कराने वाले शास्त्र को व्याकरण कहते हैं।
बोली	भाषा के क्षेत्रीय रूप को बोली कहते हैं।
पद	जब कोई सार्थक शब्द वाक्य में प्रयुक्त होता है, तब उसे पद कहते हैं।

95(A). 'डोगरी' भारत के जम्मू और कश्मीर प्रान्त में बोली जाने वाली एक भाषा है। वर्ष 2003 में इसे 92 वें संविधान संशोधन अधिनियम के द्वारा भारतीय संविधान की आठवीं अनुसूची में शामिल किया गया था।

96(B).

भाग A	भाग B
(i) गीतश्रवणम्	(d) विखण्नम्/ध्वनिविभाजनम्
(ii) भाषणानि	(c) वार-ग्रहणम्
(iii) अक्षराणां पठनम्	(b) अर्थ-ज्ञानं/अर्थविबोधः
(iv) वार्तालापः	(a) स्पष्टध्वनीनाम् उच्चारणम्

97(C). उत्तमशब्दभण्डार: दक्षतावर्धने सहायकोऽस्ति प्रथमकक्षातः तृतीयकक्षापर्यन्तं प्रभावशालिशब्दकोशनिर्माण पद्धतिः आंग्लभाषायां बहुलतया प्रयुक्ता: शब्दा: अस्ति।

98(C).

भाग A	भाग B
(i) उच्चै: पठनम्	(b) आत्मोच्चारणस्य श्रवणम्
(ii) श्रुतलेख:	(a) शब्द-अभिज्ञानम् तथा वर्तनीस्मरणम्
(iii) कविताप्रतियोगिता	(d) ध्वनिक्रमज्ञानस्य अभ्यास:
(iv) कथाश्रवणम्	(c) अर्थविबोधश्रवणम्

99(B). प्राथमिककक्षासु वयं सम्पूर्णकक्षास्थानं भाषा-समृद्ध परिवेशयुक्तं कुर्मः। अस्य उद्देश्यं छात्राय अभीष्टभाषायां पूर्तिः मज्जनम् अनुभवप्रदानमस्ति।

100(D). प्राथमिकविद्यालये भाषाशिक्षणस्य सिद्धान्तानां विषये (A) तथा (R) उभे सत्ये स्तः तथा (R), (A) इत्यस्य समीचीना व्याख्या अस्ति।

Ques (1-7): निर्देश : नीचे दिए गद्यांश को पढ़कर पूछे गए प्रश्न के सही/सबसे उपयुक्त उत्तर वाले विकल्प को चुनिए।

रिक्शे पर मीरा के साथ हँसती-बोलती ऋतु घर पहुँची। सीढ़ियाँ चढ़ने लगी तो कुछ झगड़ने की आवाजें सुनाई दी। ऊपर पहुँची तो देखा, दोनों आजू-बाजू वाली पड़ोसनें झगड़ रही थीं। अपने दरवाज़े के पास खड़ी होकर उसने कुछ देर उनकी बातें सुनी तो झगड़े का कारण समझ में आया। एक की महरी ने घर साफ़ करके कचरा दूसरी के दरवाज़े की ओर फेंक दिया था, इसी बात का झगड़ा था। ऋतु ने दोनों को समझाया-बुझाया। आखिरकार कचरा फेंकने वाली महरी को बुलाया गया। उसने झाड़ू थामी और कचरा सीढ़ी की ओर धकेल दिया। फिर वह महरी अंदर चली गई। दोनों पड़ोसनों ने भी अंदर जाकर अपने-अपने द्वार बंद कर लिए।

ऋतु खड़ी-खड़ी देखती रही। जो सीढ़ी पहले से ही गंदी थी वह और भी गंदी हो गई। रेत का तो साम्राज्य ही था। कहीं बादाम के छिलके पड़े थे तो कहीं चूसी हुई ईख के लच्छे; कहीं बालों का गुच्छा उड़ रहा था तो कहीं कुछ और। मन वितृष्णा से भर उठा। सोचा, इस सीढ़ी से चढ़कर सब अपने घर तक आते हैं, इससे उतरकर दफ़्तर, बाज़ार आदि अपनी इच्छित जगहों पर जाते हैं, पर इसे कोई साफ़ नहीं करता। उलटे सब इस पर कचरा फेंक देते हैं। साझे की सीढ़ी है न! गंदगी बिखेरने का हक सबको मिला है और साफ़ करने का कर्तव्य किसी का नहीं है। स्वच्छता तो जैसे अनबुझी तृष्णा हो गई।

1. ऋतु को कैसी आवाजें सुनाई दी?

(a) उठाने-पटकने की (b) हँसने-बोलने की
(c) खेलने-कूदने की (d) लड़ने-झगड़ने की

2. 'महरी' किसे कहा जाता है?

(a) महर की पत्नी (b) कामवाली
(c) पड़ोसन (d) अनजान औरत

3. ऋतु का मन घृणा से भर गया, क्योंकि:

(a) दोनों पड़ोसनों ने दरवाज़े बंद कर दिए थे
(b) उसने नहाया नहीं था
(c) पड़ोसनें लड़ रही थीं
(d) सीढ़ियों में कचरा फैल गया था

4. "सीढ़ी से चढ़कर आते हैं।'" उपर्युक्त वाक्य किस भेद के अंतर्गत आएगा?

(a) आदेश (b) सरल
(c) संयुक्त (d) मिश्र

5. अनुच्छेद में 'घृणा' का पर्यायवाची शब्द है:

(a) तृष्णा (b) झगड़ना
(c) वितृष्णा (d) साझा

6. अनुच्छेद का संदेश है:

(a) स्वच्छता सबका कर्तव्य (b) हँसते-बोलते रहना
(c) पड़ोसिनों का धर्म (d) कामवाली का उत्तरदायित्व

7. 'दफ़्तर-बाज़ार' शब्द हैं:

(a) आगत (b) तत्सम
(c) तद्भव (d) देशज

Ques (8-13): निर्देश : गद्यांश को पढ़कर सबसे उचित विकल्प चुनिए।

संस्कृत अद्भुत रूप से समृद्ध भाषा है- अत्यंत विकसित और नाना प्रकार से अलंकृत। इसके बावजूद वह नियत और व्याकरण के उस ढांचे में सख्ती से जकड़ी है जिसका निर्माण 2600 वर्ष पहले पाणिनि ने किया था। इसका प्रसार हुआ, संपन्न हुई, भरी-पूरी और अलंकृत हुई, पर इसने अपने मूल को नहीं छोड़ा। संस्कृत साहित्य के पतन के काल में भाषा चाहे जितनी पुरानी हो, उसकी बनावट अद्भुत है, यूनानी भाषा के मुकाबले यह अधिक पूर्ण, लातिनी के मुकाबले अधिक उत्कृष्ट है और दोनों के मुकाबले अधिक परिष्कृत है। पर दोनों के साथ वह इतनी अधिक मिलती-जुलती है कि यह संयोग आकस्मिक नहीं हो सकता। यह साफ़ पहचाना जा सकता है कि इन सभी भाषाओं का स्रोत एक ही है, जो शायद अब मौजूद नहीं रहा है। संस्कृत आधुनिक भारतीय भाषाओं की जननी है। उनका अधिकांश शब्दकोश और अभिव्यक्ति का ढंग संस्कृत की देन है। संस्कृत काव्य और दर्शन के बहुत

से सार्थक और महत्वपूर्ण शब्द, जिनका विदेशी भाषाओं में अनुवाद नहीं किया जा सकता, आज भी हमारी लोक प्रचलित भाषाओं में जीवित हैं।

8. निम्नलिखित में से कोई एक कथन संस्कृत के समृद्ध रूप की सार्थकता को व्यक्त नहीं करता।

1. संस्कृत विश्व की प्राचीन भाषा मानी जाती है।
2. संस्कृत से मात्र हिंदी की उत्पत्ति हुई है।
3. संस्कृत का व्याकरण अत्यंत परिमार्जित एवं वैज्ञानिक है।
4. संस्कृत यूनानी भाषा के मुकाबले अधिक पूर्ण है।

(a) 1 (b) 2
(c) 3 (d) 4

9. किस भाषा की उत्पत्ति संस्कृत से नहीं मानी जा सकती है?

1. तमिल
2. तेलगु
3. उड़िया
4. यूनानी

(a) 1 (b) 2
(c) 3 (d) 4

10. सर विलियम जोंस ने संस्कृत भाषा की ________ की प्रशंसा की।

1. ध्वनि
2. संरचना
3. शब्द
4. वाक्य

(a) 1 (b) 2
(c) 3 (d) 4

11. निम्नलिखित में किन भाषाओं का स्रोत उपलब्ध नहीं है?

1. संस्कृत-यूनानी
2. यूनानी-लातीनी
3. संस्कृत-लातीनी
4. लातीनी-संस्कृत-यूनानी

(a) 1 (b) 2
(c) 3 (d) 4

12. किन शब्दों का अनुवाद विदेशी भाषा में नहीं किया जा सकता?

1. संस्कृत काव्य एवं दर्शन
2. लोक जीवन के शब्द
3. संस्कृत काव्य और लोक जीवन
4. दर्शन एवं लोक जीवन

(a) 1 (b) 2
(c) 3 (d) 4

13. 'उत्कृष्ट' का पर्यायवाची शब्द नहीं है:

1. धवल
2. उम्दा
3. उत्तम
4. श्रेष्ठ

(a) 1 (b) 2
(c) 3 (d) 4

Ques (14-20): निर्देश: निम्नलिखित गद्यांश को पढ़कर पूछे गए प्रश्न के सही/ सबसे उपयुक्त उत्तर वाले विकल्प को चुनिए।

गंगा का हमारे देश के लिए बहुत अधिक महत्त्व है। गंगा नदी भारत के तीन राज्यों से होकर गुजरती है, ये हैं - उत्तर प्रदेश, बिहार और बंगाल। भारत के इस मध्यम भाग को "गंगा का मैदान" कहा जाता है। यह प्रदेश अत्यधिक उपजाऊ, संपन्न एवं हरा-भरा है जिसका श्रेय गंगा को ही है। इन राज्यों में कृषि उपज से संबंधित तथा कृषि पर आधारित अनेक उद्योग-धंधे भी फैले हुए हैं जिनसे लाखों लोगों की जीविका तो चलती ही है राष्ट्रीय आय में भी वृद्धि होती है। पेयजल भी गंगा एवं उसकी नहरों के माध्यम से ही प्राप्त होता है। यदि गंगा न होती तो हमारे देश का एक महत्त्वपूर्ण भाग बंजर तथा रेगिस्तान होता। इसलिए गंगा उत्तर भारत की सबसे पवित्र एवं महत्त्वपूर्ण नदी है। गंगा नदी भारतीय संस्कृति का भी अभिन्न अंग है। भारत के प्राचीन ग्रंथों

जैसे - वेद-पुराण, महाभारत आदि में गंगा की पवित्रता का वर्णन है। भारत के अनेक तीर्थ गंगा के किनारे पर ही स्थित हैं।

14. भारत के मध्यम भाग को गंगा का मैदान कहा जाता है, क्योंकि:
(a) गंगा के कारण यह क्षेत्र उपजाऊ नहीं है।
(b) गंगा यहाँ से होकर गुजरती है।
(c) यहाँ के लोगों को पेयजल गंगा नहीं देती है।
(d) गंगा यहाँ की नदी नहीं है।

15. गंगा उत्तर भारत की महत्त्वपूर्ण नदी है, क्योंकि:
(a) यहाँ गंगा केवल नदी है।
(b) राष्ट्रीय आय की वृद्धि में गंगा का कोई योगदान नहीं है।
(c) गंगा के कारण यह क्षेत्र संपन्न एवं हरा-भरा है।
(d) वेद-पुराणों में गंगा का वर्णन नहीं है।

16. गंगा भारतीय संस्कृति का अभिन्न अंग है:
(a) क्योंकि अनेक तीर्थ गंगा के किनारे स्थित हैं।
(b) क्योंकि लोग गंगा के किनारे नाचते-गाते हैं।
(c) क्योंकि गंगा में हर वर्ष बाढ़ आती है।
(d) क्योंकि गंगा में नावें चलती हैं।

17. 'उपजाऊ' का विलोम शब्द है:
(a) रेगिस्तान
(b) दलदलीय क्षेत्र
(c) बंजर
(d) सूखा

18. गंगा नदी भारत के किन तीन राज्यों से गुजरती है?
(a) उत्तर प्रदेश, मध्य प्रदेश, राजस्थान
(b) उत्तर प्रदेश, बिहार, हिमाचल
(c) उत्तर प्रदेश, बिहार, बंगाल
(d) बिहार, उत्तराखण्ड, मध्य प्रदेश

19. यदि गंगा न होती तो हमारे देश का एक महत्त्वपूर्ण भाग:
(a) उपजाऊ होता
(b) सुंदर होता
(c) हरा-भरा होता
(d) बंजर तथा रेगिस्तान होता

20. "प्राचीन" का समानार्थी होगा:
(a) नवीन
(b) पुराना
(c) अर्वाचीन
(d) आधुनिक

21. 'पथ के साथी' किसकी रचना है?
(a) महादेवी वर्मा
(b) रामनरेश त्रिपाठी
(c) हजारी प्रसाद द्विवेदी
(d) पद्मसिंह शर्मा

22. 'दूसरों की जूतियाँ' रचना है-
(a) डॉ. धर्मवीर
(b) कृष्ण दत्त पालीवाल
(c) मीरा गौतम
(d) ओमप्रकाश वाल्मीकि

23. दिए गए विकल्पों में से 'कानन कुसुम' किसकी रचना है?
(a) मुकुटधर पाण्डेय
(b) मैथिलीशरण गुप्त
(c) सूर्यकांत त्रिपाठी निराला
(d) सुमित्रानंदन पंत

24. 'साकेत' के रचयिता कौन हैं?
(a) सुमित्रानंदन पंत
(b) मैथिलीशरण गुप्त
(c) हरिवंशराय बच्चन
(d) सूर्यकांत त्रिपाठी

25. सुभद्रा कुमारी चौहान की रचना कौन सी है?
(a) पल्लव
(b) उर्वशी
(c) वीरों का कैसा हो बसंत
(d) सुहाग के नूपुर

26. 'आँसू' के रचनाकार कौन हैं?
(a) धर्मवीर भारती
(b) जयशंकर प्रसाद
(c) प्रेमचंद
(d) भारतेन्दु हरिश्चंद्र

27. इनमें से नागार्जुन द्वारा रचित कौन-सी नहीं है?
(a) उस जनपद का कवि हूँ
(b) बादलों को घिरते देखा है
(c) तुमने कहा था
(d) पुरानी जूतियों का कोरस

28. निम्नलिखित में से कौन-सी रचना रघुवीर सहाय की है?
(a) चाँद का मुंह टेढ़ा है
(b) सीढ़ियों पर धूप
(c) चुका भी हूँ नहीं मैं
(d) महाराणा का महत्व

29. आत्मजयी किसकी रचना है?
(a) केदारनाथ
(b) अशोक बाजपेयी
(c) कुँवर नारायण
(d) ज्ञानेंद्रपति

30. निम्नलिखित में से कौन सी रचना निराला की नहीं है?
(a) आराधना
(b) बेला
(c) तुलसीदास
(d) उत्तरा

31. निम्न में से जातिवाचक संज्ञा का समूह नहीं है?
(a) शेर, मानव, स्त्री
(b) बच्चा ,घी ,तेल
(c) पृथ्वी, महाद्वीप, एशिया
(d) देश, राज्य, घर

32. निम्नलिखित मे से कौन-से शब्द भाववाचक संज्ञा नही है?
(a) पांडित्य
(b) बंधुत्व
(c) कुरान
(d) प्रभुता

33. 'आपके घर में <u>इतना</u> दूध होता है, कुछ हमारे यहाँ भी भिजवा दिया कीजिए।' इस वाक्य में अधोरेखित शब्दों का सर्वनाम का प्रकार लिखिए।
(a) निजवाचक सर्वनाम
(b) अनिश्चयवाचक सर्वनाम
(c) संबंधवाचक सर्वनाम
(d) निश्चयवाचक सर्वनाम

34. 'मैं अपना काम <u>आप</u> करूँगा।' इस वाक्य में अधोरेखित शब्द के सर्वनाम का प्रकार लिखिए।
(a) पुरुषवाचक सर्वनाम
(b) निजवाचक सर्वनाम
(c) संबंधवाचक सर्वनाम
(d) निश्चयवाचक सर्वनाम

35. निम्नलिखित में पूर्वकालिक क्रिया क्या है?
(a) भयंकर
(b) नहाकर
(c) करती हुई
(d) के रूप में

36. 'प्रताप गाड़ी चला रहा है' इसमें कौन सी क्रिया हैं ?
(a) अकर्मक क्रिया
(b) सकर्मक क्रिया
(c) सामान्य क्रिया
(d) संयुक्त क्रिया

37. अरे! तुम इतना जोर से क्यों बोल रहे हो , वाक्य में कौन-सा कारक है?
(a) सम्प्रदान कारक
(b) अपादान कारक
(c) कर्ता कारक
(d) संबोधन कारक

38. वाणी ने खाना बनाया, वाक्य में कौन सा कारक है?
(a) कर्म
(b) कर्ता
(c) सम्बन्ध
(d) करण

39. 'ऋषि की गाय बहुत दूध देती है।' वाक्य में रेखांकित शब्द किस विशेषण का उदाहरण है।
(a) गुणवाचक
(b) संख्यावाचक
(c) सार्वनामिक
(d) परिमाणबोधक

40. 'कश्मीरी सेब <u>सिंदूरी</u> लाल होता है।' वाक्य में रेखांकित शब्द विशेषण के किस भेद के अंतर्गत आएगा?
(a) गुणवाचक
(b) परिणामवाचक
(c) प्रविशेषण
(d) सार्वनामिक

41. निम्न में से कर्मधारय समास किसमें है?
    (a) चक्रपाणी
    (b) चतुर्युगम
    (c) नीलोत्पलम
    (d) माता - पिता

42. इनमें से कौन सा विकल्प कर्मधारय समास का है?
    (a) पाप-पुण्य
    (b) कालीमिर्च
    (c) प्रतिदिन
    (d) त्रिभुवन

43. 'नौ दिन चले अढ़ाई कोस' लोकोक्ति का भावार्थ है:
    (a) काम करने की बहुत धीमी गति
    (b) पैदल चलने की आदत होनी चाहिए चाहे बहुत धीरे-धीरे ही चलें
    (c) व्यक्ति कौ नौ दिन तक प्रतिदिन अढ़ाई कोस पैदल चलना चाहिए
    (d) पैदल चलने में बहुत समय लगता है, इसलिए पैदल न चलें, समय की बचत करें

44. किस विकल्प में मुहावरे का भावार्थ सही नहीं है?
    (a) अँधा बनना – आगे पीछे कुछ न देखना
    (b) अँधा बनाना – धोखा देना
    (c) अँधा होना – विवेक भ्रष्ट हो जाना
    (d) अंधे की लकड़ी – स्वावलम्बी होना

45. 'ट्रान्सलैंग्युजिंग' से क्या तात्पर्य है?
    1. पारंपरिक रूप से परिभाषित भाषा की सीमाओं को पुनर्बलन करना
    2. पारंपरिक, सांस्कृतिक रूप से परिभाषित भाषा की सीमाओं को चुनौती देना
    3. विभिन्न भाषाओं को एक पृथक व्यवस्था के रूप में देखना
    4. द्विभाषावाद के लिए नई शब्दावली है
    (a) 1
    (b) 2
    (c) 3
    (d) 4

46. मेरी कक्षा में सदफ नामक विद्यार्थी है।
    उसने कहीं से 'अच्छा' और 'हुम्म' जैसे शब्द सुनें और उनके बारे में जानना चाहती है। पाठ्यक्रम की पुस्तक में इसके बारे में कोई व्याख्या नहीं है। मुझे क्या करना चाहिए?
    1. ऐसी मित्र को बुलाना चाहिए जो अच्छी तरह से हिंदी बोल लेती हो।
    2. बोली जाने वाली भाषा के प्रामाणिक प्रयोग के उदाहरण ढूँढ़ने चाहिए।
    3. व्याकरण की पुस्तकों में इस तरह के प्रयोगों को ढूँढ़ना चाहिए।
    4. शब्दकोश देखना चाहिए।
    (a) 1
    (b) 2
    (c) 3
    (d) 4

47. 'परिणामतः', 'इसलिए', 'इससे आगे' और 'हाँलाकि' किसके उदाहरण हैं?
    1. योजक उपकरण
    2. सम्बद्धता
    3. शब्द संपदा
    4. व्याकरण के क्षेत्र
    (a) 1
    (b) 2
    (c) 3
    (d) 4

48. 'वाशबैक' शब्द संबंधित है कि किस प्रकार से कोई जाँच परीक्षण
    ____
    1. कक्षा की शिक्षण सामग्री को प्रभावित करता है।
    2. शिक्षार्थियों की परीक्षाओं की तैयारी को प्रभावित करता है।
    3. शिक्षार्थी के समूचे जीवन पर प्रभाव डालता है।
    4. भाषा विकास पर प्रभाव डालता है।
    (a) 1
    (b) 2
    (c) 3
    (d) 4

49. विविध संदर्भों में स्वाभाविक विमर्श में शामिल किया हुआ संग्रह क्या है?
    1. पाठ्यपुस्तकों का संग्रह
    2. पाठ्य सामग्रियों का बड़ा सा संग्रह और आँकड़ों का आधार
    3. लेखों का विशाल संग्रह
    4. व्याकरणिक वाक्यों का संग्रह
    (a) 1
    (b) 2
    (c) 3
    (d) 4

50. बालोद्यान शिक्षण विधि के जनक हैं-
    (a) जॉन डीवी
    (b) किलपैट्रिक
    (c) मॉण्टेसरी
    (d) फ्रॉबेल

51. रसिकप्रिया तथा कविप्रिया कितने प्रकाशों में विभक्त है?
    (a) 16, 16
    (b) 10, 16
    (c) 20,16
    (d) 16, 20

52. प्रेममार्गी कवियों की रचनायें:
    (a) खडी बोली में हैं
    (b) ब्रज भाषा में हैं
    (c) ठेठ अवधी में हैं
    (d) मागधी में हैं

53. 'पल्लव' के रचयिता हैं-
    (a) सुमित्रानंदन पंत
    (b) जयशंकर प्रसाद
    (c) महादेवी वर्मा
    (d) सूर्यकांत त्रिपाठी निराला

54. 'चिंतामणि' के रचयिता हैं-
    (a) जयशंकर प्रसाद
    (b) आचार्य महावीर प्रसाद द्विवेदी
    (c) रामचन्द्र शुक्ल
    (d) हरिऔध

55. निम्नलिखित में से सबसे पहले अपनी आत्मकथा हिन्दी में किसने लिखी?
    (a) श्यामसुन्दर दास
    (b) जवाहर लाल नेहरु
    (c) राजेन्द्र प्रसाद
    (d) सेठ गोविन्द दास

56. निर्गुण भक्ति काव्य का प्रमुख कवि है-
    (a) सूरदास
    (b) कबीरदास
    (c) तुलसीदास
    (d) केशवदास

57. 'निराला के राम तुलसीदास के राम से भिन्न और भवभूति के राम के निकट हैं।' यह कथन किस हिन्दी आलोचक का है?
    (a) डॉ. रामस्वरूप चतुर्वेदी
    (b) डॉ. सूर्यप्रसाद दीक्षित
    (c) डॉ. रामविलास शर्मा
    (d) डॉ. गंगाप्रसाद पाण्डेय

58. 'भारत भारती' (काव्य) के रचनाकार हैं-
    (a) गोपालशरण सिंह नेपाली
    (b) मैथिलीशरण गुप्त
    (c) नरेश मेहता
    (d) धर्मवीर भारती

59. 'मनुष्य के आचरण के प्रवर्तक भाव या मनोविकार ही होते हैं, बुद्धि नहीं।' यह कथन है-
    (a) सरदार पूर्णसिंह
    (b) रामचन्द्र शुक्ल
    (c) महावीर प्रसाद द्विवेदी
    (d) बालकृष्ण भट्ट

60. 'गिला' कहानी के लेखक का नाम है?
    (a) मुंशी प्रेमचंद
    (b) यशपाल
    (c) अज्ञेय
    (d) निर्मल वर्मा

61. ''विद्या धन उद्दम बिना कहै जु पावै कौन।
    बिना दुलाए ना मिलें ज्यों पंखे की पौन।''
    निम्न में से कौन सा छंद है?
    (a) दोहा
    (b) सोरठा
    (c) चौपाई
    (d) रोला

62. निम्न में से कौन सा छंद है?
    "इहि विधि राम सबहिं समुझावा
    गुरु पद पदुम हरषि सिर नावा।"
    (a) दोहा
    (b) सोरठा
    (c) चौपाई
    (d) रोला

63. बाल चित्रण में कौन -सा कवि श्रेष्ठ है?

(a) रसखान   (b) मीराबाई
(c) सूरदास   (d) कबीरदास

64. 'कथा सम्राट' किसे कहा जाता है?
(a) प्रेमचंद   (b) जैनेन्द्र कुमार
(c) अज्ञेय   (d) फणीश्वरनाथ 'रेणु'

65. 'एक भारतीय आत्मा' किसे कहा जाता है?
(a) जयशंकर प्रसाद   (b) माखनलाल चतुर्वेदी
(c) रामधारी सिंह 'दिनकर'   (d) सुमित्रानंदन पंत

66. 'कस्तूरी कुंडल बसै' आत्मकथा है?
(a) शीला झुनझुनवाला   (b) मैत्रेयी पुष्पा की
(c) कुसुम अंचल की   (d) गोपाल प्रसाद व्यास की

67. सन् 1954 में प्रकाशित "नयी कविता" पत्रिका के सम्पादक थेः
(a) अज्ञेय   (b) धर्मवीर भारती
(c) श्री नरेश मेहता   (d) जगदीश गुप्त

68. 'आनंद कादम्बिनी' के संपादक कौन थे?
(a) बाबू महादेव   (b) चंद्रधर शर्मा 'गुलेरी'
(c) बदरीनारायण चौधरी   (d) अम्बिका प्रसाद व्यास

69. हिन्दी में 'घुमक्कड़-शास्त्र' के प्रणेता हैं?
(a) मुंशी प्रेमचन्द   (b) आचार्य रामचन्द्र शुक्ल
(c) महर्षि दयानन्द   (d) राहुल सांकृत्यायन

70. जैनेन्द्र का उपन्यास कौनसा नहीं है?
(a) कल्याणी   (b) परख
(c) सुनीता   (d) नदी के द्वीप

71. "शिक्षकों को बालक की रुचि का सदैव ध्यान रखना चाहिए। जब बालक की रूचि पढ़ने की ओर नहीं हों, तो उसे नहीं पढ़ाना चाहिए। इससे उसके विचारों में बाधा पहुँचाती है। पाठ पढ़ाने से पूर्व उन्हें पाठ में बालकों की रूचि पैदा करनी चाहिए।"
उपर्युक्त कथन भाषाई कौशल में किसका है?
(a) स्टीवेन्सन का   (b) कार्लटन का
(c) हरबर्ट का   (d) ड्यूवी का

72. निम्नलिखित में से कौन-सी बोलने की योग्यता है?
(a) शुद्ध वर्तनी   (b) सुलेख
(c) श्रुतलेख   (d) आशुभाषण

73. खड़ी बोली हिन्दी की किस उपभाषा के अन्तर्गत आती है?
(a) बिहारी हिन्दी   (b) पश्चिमी हिन्दी
(c) पहाड़ी हिन्दी   (d) पूर्वी हिन्दी

74. हिन्दी भाषा में कितनी बोलियाँ हैं?
(a) 15   (b) 25
(c) 18   (d) 22

75. भोजपुरी, मगही और मैथिली बोलियाँ किससे सम्बंधित हैं?
(a) पश्चिमी हिन्दी   (b) पूर्वी हिन्दी
(c) बिहारी हिन्दी   (d) राजस्थानी हिन्दी

76. अर्धमागधी अपभ्रंश से विकसित बोली है?
(a) बांगरू   (b) बघेली
(c) ब्रजभाषा   (d) भोजपुरी

77. पश्चिमी हिन्दी की कितनी बोलियाँ है?
(a) 3   (b) 5
(c) 4   (d) 2

78. सिन्धी भाषा का सम्बन्ध किससे है?
(a) पैशाची   (b) वाघड
(c) मगही   (d) शौरसैनी

79. कौरवी भाषा का उदय किससे हुआ है?
(a) पश्चिमी हिन्दी   (b) राजस्थानी
(c) पूर्वी हिन्दी   (d) बिहारी

80. 'रामचरितमानस' की भाषा क्या है?
(a) अवधी   (b) ब्रज
(c) खड़ी बोली   (d) भोजपुरी

81. विनय पत्रिका की भाषा कौन सी है?
(a) अवधी   (b) खड़ी बोली
(c) ब्रज भाषा   (d) अपभ्रंश

82. निम्नलिखित पंक्ति किसकी है?
"विरहनी बावरी सी भई
ऊँची चढ़ि अपने भवन में टेरत हाय दई
ले अंचरा मुख अँसुवन पोंछत उघरे गात सही।"
(a) सहजोबाई   (b) मीराबाई
(c) झीमा चारिणी   (d) दयाबाई

83. 'सौ अजान एक सुजान' के रचनाकार का नाम क्या है?
(a) बदरीनारायण चौधरी   (b) बालकृष्ण भट्ट
(c) बालमुकुन्द गुप्त   (d) सरदार पूर्ण सिंह

84. ललित ललाम रीति काल के प्रसिद्ध कवि _____ द्वारा रचित ग्रंथ है।
(a) कबीरदास   (b) तुलसीदास
(c) चंदबरदाई   (d) मतिराम

85. पल्लवन के लेखन में अप्रासंगिक बातों का अनावश्यक विस्तार या उल्लेख _____ ।
(a) कम होना चाहिए   (b) विस्तार से होना चाहिए
(c) होना चाहिए   (d) बिलकुल नहीं होना चाहिए

86. मैथिली भाषा मुख्य रूप से भारत के किस राज्य में बोली जाने वाली भाषा है?
(a) छत्तीसगढ़   (b) उत्तर प्रदेश
(c) बिहार   (d) इनमें से कोई नहीं

87. संस्कृत से पुरानी भाषा कौन सी है?
(a) हिंदी   (b) तमिल
(c) बांग्ला   (d) पंजाबी

88. पश्चिमी और पूर्वी हिन्दी में मौलिक भेद का आधार है।
(a) व्याकरण और उच्चारण में अंतर
(b) भौगोलिक क्षेत्र में अंतर होना
(c) केवल (A)
(d) दोनों (A) और (B)

89. वर्तमान हिन्दी किस लिपि में लिखी जाती है?
(a) खरोष्ठी   (b) मंडारिन
(c) पालि   (d) देवनागरी

90. हिन्दी को राजभाषा का दर्जा कब मिला था?
(a) 14 सितम्बर 1950   (b) 16 सितम्बर 1949
(c) 14 सितम्बर 1949   (d) 16 सितम्बर 1950

91. हिन्दुस्तानी भाषा किसे कहा जाता है?
(a) हिन्दी   (b) उर्दू

(c) दोनों (A) और (B)   (d) इनमे से कोई नहीं

92. हिंदी कौन सी भाषा का शब्द है?
(a) संस्कृत
(b) ईरानी
(c) दोनों (A) और (B)
(d) इनमे से कोई नहीं

93. हिन्दी भाषा की कितनी विख्यात बोलियाँ हैं?
(a) चार
(b) दस
(c) आठ
(d) पाँच

94. निम्नलिखित में से कौन-सा हिन्दी साहित्य का काल-विभाजन नहीं है?
(a) आधुनिक काल
(b) भक्ति काल
(c) रीति काल
(d) संयुक्त काल

95. ब्रजभाषा का विकास किस अपभ्रंश से हुआ?
(a) शौरसेनी
(b) पैशाची
(c) मागधी
(d) अर्द्ध-मागधी

96. भाषाविकासस्य सम्बन्धे किं कथनं निम्नलिखितेषु सत्यम् अस्ति?
(a) भाषाविकासः व्यवहारोऽस्ति यः आवृत्त्या सघन-अभ्यासेन च शिक्ष्यते।
(b) अयं मातृपितृन् वरिष्ठान् च अनुकृत्य शिक्ष्यते।
(c) भाषाशिक्षणं पर्यावरणे आश्रितम् अस्ति।
(d) भाषाशिक्षणं दूरदर्शनकार्यक्रमदर्शनेन, आकाशवाणी कार्यक्रमाणां श्रव्यलेखनश्रवणेन च भवति।

97. भाषावैज्ञानिक मतानुसारं भाषा-अधिग्रहण सन्दर्भे समुचितविकल्पं चिनुत।
कथनम् (A): बालक: यस्मिन् समुदाये वसति तस्यैव भाषां गृह्णाति। यदि समुदायः आंग्लभाषाभाषी अस्ति, तदा बालको ऽ पि तामेव भाषां गृह्लाति।
कारणम् (R): यां भाषां बालकः तस्याः लयसहितं वक्ष्यति, तस्य पालन-पोषण-परिवेशे निहिता अस्ति।
(a) उभे (A) तथा (R) सत्ये स्तः, (R) सम्यक्‌रूपेण (A) इत्यस्य व्याख्यां करौति।
(b) (A) सत्यम् अस्ति, परन्तु (R) असत्यं अस्ति।
(c) उभे (A) तथा (R) सत्ये स्तः, परन्तु (R), (A) इत्यस्य समुचिता व्याख्या नास्ति।
(d) (A) असत्यम् अस्ति, परन्तु (R) सत्यम् अस्ति।

98. संस्कृतभाषाशिक्षणस्य सन्दर्भे भाषाशिक्षणं तीव्रगत्या कथं भवेत्?
(a) भाषां व्यापकरूपेण शृणोतु, वदतु च।
(b) व्यापकरूपेण पठतु, यदा कदा लिखतु च।
(c) सम्बद्धभाषायां यथासम्भवं अधिकाधिकं लिखतु।
(d) निर्धारितपाठ्यक्रमानुसारं पठतु, लिखतु च।

99. अधिकांशतः छात्राः प्रथमवारं आंग्लभाषायाः अनुभवम् विद्यालये कुर्वन्ति। प्रारम्भे निम्नलिखितेषु कतमाः भाषायाः अवसराः सन्ति।

A	B	C	D
आवृत्तिपरका अभिव्यक्ति : यथा शुभकामनाप्रेषणम्, अध्यापकानां निर्देशा : अनुमतिग्रहणम्	अक्षराणां अभिज्ञानाय शिक्षणम्	कथानां, कवितानां च श्रवणम्	अध्यापकेन, कक्षायाः सहपाठिभिश्च वार्तालापः

(a) A + C + D
(b) B + C + D
(c) C + D + B
(d) D + B + A

100. A भागे भाषणकौशलस्य मूल्याङ्कनप्रयोगाः दत्ता सन्ति। B भागे भाषासम्बन्धिता क्षमताः दत्ताः। समुचितं मेलनं कुरुत।

भाग A	भाग B
(i) कथाश्रावणम्	(a) शब्दकोष एवं वर्तनी
(ii) अन्तःशब्द प्रहेलिका	(b) बलाघातः, लयः एवं स्वरपरिवर्तनम्
(iii) पठनम्	(c) श्रवणं, शब्द-अभिज्ञानम्, वर्तनी-स्मरणम्
(iv) श्रुतलेख:	(d) समूह-भावार्थस्य श्रवणम्

(a) (i)-(c), (ii)-(b), (iii)-(a), (iv)-(d)
(b) (i)-(a), (ii)-(d), (iii)-(b), (iv)-(c)
(c) (i)-(d), (ii)-(a), (iii)-(b), (iv)-(c)
(d) (i)-(b), (ii)-(c), (iii)-(a), (iv)-(d)

// स्मार्ट उत्तर पुस्तिका //

सही उत्तर — उन छात्रों का प्रतिशत जिन्होंने प्रश्न का सही उत्तर दिया।

छोड़ दिया — उन छात्रों का प्रतिशत जिन्होंने प्रश्न को छोड़ दिया।

प्रश्न संख्या	उत्तर	सही उत्तर / छोड़ दिया	प्रश्न संख्या	उत्तर	सही उत्तर / छोड़ दिया	प्रश्न संख्या	उत्तर	सही उत्तर / छोड़ दिया
1	D	64.68% / 1.78%	2	B	20.64% / 3.35%	3	D	65.67% / 1.58%
4	B	46.09% / 1.71%	5	C	64.82% / 1.15%	6	A	22.6% / 3.37%
7	A	42.3% / 1.85%	8	B	60.53% / 1.88%	9	D	62.82% / 1.38%
10	B	50.97% / 1.42%	11	D	27.99% / 4.99%	12	A	47.51% / 1.3%
13	A	85.71% / 0.0%	14	B	47.98% / 1.97%	15	C	59.68% / 1.67%
16	A	67.61% / 1.87%	17	C	40.61% / 1.11%	18	C	27.9% / 3.72%
19	D	67.31% / 1.88%	20	B	80.49% / 0.0%	21	A	47.29% / 1.14%
22	A	43.24% / 1.85%	23	A	65.56% / 1.67%	24	B	87.04% / 0.0%
25	C	40.04% / 1.86%	26	B	53.22% / 1.63%	27	A	61.24% / 1.12%
28	B	69.04% / 1.36%	29	C	65.18% / 1.64%	30	D	43.83% / 1.94%
31	C	54.86% / 1.34%	32	C	77.35% / 0.0%	33	B	83.39% / 0.0%
34	B	79.52% / 0.0%	35	B	59.18% / 1.76%	36	B	44.27% / 1.65%
37	D	60.8% / 1.72%	38	B	56.0% / 1.74%	39	D	83.55% / 0.0%
40	C	65.95% / 1.71%	41	C	62.92% / 1.64%	42	B	63.69% / 1.39%
43	A	17.29% / 3.9%	44	D	17.5% / 4.91%	45	B	82.45% / 0.0%
46	B	44.89% / 1.14%	47	A	89.94% / 0.0%	48	A	65.12% / 1.09%
49	B	81.61% / 0.0%	50	D	82.03% / 0.0%	51	A	66.9% / 1.86%
52	C	50.04% / 1.63%	53	A	49.09% / 1.39%	54	C	48.01% / 1.46%
55	C	43.5% / 1.63%	56	B	44.62% / 1.83%	57	C	27.23% / 3.32%
58	B	62.02% / 1.35%	59	B	51.67% / 1.12%	60	A	67.56% / 1.95%
61	B	59.95% / 1.95%	62	C	86.31% / 0.0%	63	C	67.44% / 1.24%
64	A	64.75% / 1.84%	65	B	47.02% / 1.13%	66	B	50.27% / 1.31%
67	D	20.9% / 3.6%	68	C	59.24% / 1.53%	69	D	66.63% / 1.47%

Q	Ans	%	Q	Ans	%	Q	Ans	%
70	D	41.04% / 1.15%	71	A	66.98% / 1.55%	72	D	60.37% / 1.71%
73	B	30.53% / 4.19%	74	C	76.38% / 0.0%	75	C	54.72% / 1.21%
76	B	50.44% / 1.47%	77	B	55.69% / 1.64%	78	A	63.4% / 1.18%
79	A	61.73% / 1.22%	80	A	65.34% / 1.68%	81	C	58.26% / 1.1%
82	B	68.3% / 1.48%	83	B	67.85% / 1.22%	84	D	25.65% / 3.28%
85	D	79.9% / 0.0%	86	C	45.81% / 1.09%	87	B	84.17% / 0.0%
88	D	41.03% / 1.45%	89	D	49.92% / 1.6%	90	C	80.55% / 0.0%
91	C	89.86% / 0.0%	92	A	87.67% / 0.0%	93	C	43.62% / 1.83%
94	D	42.91% / 1.05%	95	A	64.82% / 1.37%	96	C	43.44% / 1.08%
97	A	56.96% / 1.79%	98	A	40.84% / 1.41%	99	A	49.2% / 1.6%
100	C	65.31% / 1.61%						

// संकेत और समाधान //

1(D). ऋतु को गद्यांश के अनुसार 'लड़ने - झगड़ने की' आवाजे सुनाई दी।

2(B). महरी का अर्थ है कामवाली , कही - कही पर इसे नौकरानी भी कहा जाता है ।

3(D). ऋतु का मन घृणा से भर गया, क्योंकि 'सीढ़ियों में कचरा फैल गया था' ।

4(B). सीढ़ी से चढ़कर आते हैं: सरल वाक्य का उदाहरण है, सरल वाक्य- ऐसा वाक्य जिसमें एक ही कर्ता तथा एक ही क्रिया होती है।

5(C). दिए गए अनुच्छेद में घृणा का पर्यायवाची है वितृष्णा (किसी को बुरा समझकर सदा के लिए उससे दूर रहने की प्रेरणा)।

6(A). अनुच्छेद का सन्देश है कि 'स्वच्छता सबका कर्तव्य है ।' स्वच्छता सबका कर्तव्य है - सबको सफाई के बारे में जागरूक होना चाहिए।

7(A). ' दफ्तर-बाजार' शब्द आगत शब्द है। आगत शब्द – जो शब्द दूसरी भाषा से हिंदी भाषा में आए हैं।

8(B). 'संस्कृत से मात्र हिंदी की उत्पत्ति हुई है' कथन संस्कृत के समृद्ध रूप की सार्थकता को व्यक्त नहीं करता।

9(D). गद्यांश के अनुसार, "संस्कृत आधुनिक भारतीय भाषाओं की जननी है। उनका अधिकांश शब्दकोश और अभिव्यक्ति का ढंग संस्कृत की देन है।" इसलिए यह निष्कर्ष निकाला जा सकता है कि यूनानी भाषा की उत्पत्ति संस्कृत से नहीं मानी जा सकती है।

10(B). सर विलियम जोंस ने संस्कृत भाषा की संरचना की प्रशंसा की। सूक्ष्म तत्त्व की बनावट, बनावट, रचना। संरचना किसी स्थूल अथवा सूक्ष्म तत्व या वस्तु की रचना में परिलक्षित होने वाले प्रतिरूप को कहते हैं। 'सम्' उपसर्ग और मूल शब्द 'रचना'।

11(D). गद्यांश के अनुसार, "संस्कृत साहित्य के पतन के काल में भाषा चाहे जितनी पुरानी हो, उसकी बनावट अद्भुत है, यूनानी भाषा के मुकाबले यह अधिक पूर्ण है, लातीनी के मुकाबले अधिक उत्कृष्ट है और दोनों के मुकाबले अधिक परिष्कृत है। पर दोनों के साथ वह इतनी अधिक मिलती-जुलती है कि यह संयोग आकस्मिक नहीं हो सकता। यह साफ पहचाना जा सकता है कि इन सभी भाषाओं का स्रोत एक ही है, जो शायद अब मौजूद नहीं रहा है।" इसलिए यह निष्कर्ष निकाला जा सकता है कि लातीनी-संस्कृत-यूनानी भाषाओं का स्रोत उपलब्ध नहीं है।

12(A). गद्यांश के अनुसार, "संस्कृत काव्य और दर्शन के बहुत से सार्थक और महत्वपूर्ण शब्द, जिनका विदेशी भाषाओं में अनुवाद नहीं किया जा सकता, आज भी हमारी लोक प्रचलित भाषाओं में जीवित हैं।" इसलिए यह निष्कर्ष निकाला जा सकता है कि 'संस्कृत काव्य एवं दर्शन' शब्दों का अनुवाद विदेशी भाषा में नहीं किया जा सकता है।

13(A). 'उत्कृष्ट' का पर्यायवाची शब्द धवल नहीं है।
- धवल- श्वेत, उजला, सफेद, निर्मल, स्वच्छ, साफ, मनोहर, सुन्दर, आकर्षक।
- उत्कृष्ट- उत्तम, उन्नत, श्रेष्ठ, अच्छा, बढ़िया, उम्दा।
- जो शब्द समान अर्थ के कारण किसी दूसरे शब्द की जगह ले लेते हैं उन्हें पर्यायवाची शब्द कहते हैं।

14(B). भारत के मध्यम भाग को गंगा का मैदान कहा जाता है, क्योंकि गंगा यहाँ से होकर गुजरती है।

15(C). गंगा उत्तर भारत की महत्त्वपूर्ण नदी है, क्योंकि गंगा के कारण यह क्षेत्र संपन्न एवं हरा-भरा है।

16(A). गंगा भारतीय संस्कृति का अभिन्न अंग है, क्योंकि अनेक तीर्थ गंगा के किनारे स्थित हैं।

17(C). 'उपजाऊ' का विलोम शब्द बंजर है।

18(C). यह उत्तराखंड, उत्तर प्रदेश, बिहार, झारखंड और पश्चिम बंगाल राज्यों से होकर बहती है। यह एक बाउन्ड्री नदी है, जो भारत और बांग्लादेश से होकर बहती है। नदी की कुल लंबाई 2525 किमी है।

19(D). यदि गंगा न होती तो हमारे देश का एक महत्त्वपूर्ण भाग बंजर तथा रेगिस्तान होता। इसीलिए गंगा उत्तर भारत की सबसे पवित्र व महत्त्वपूर्ण नदी है।

20(B). प्राचीन का समानार्थ पूर्वकालीन, पुराना, भूतकालीन, आदिम, कदीम होगा।

21(A). 'पथ के साथी' महादेवी जी का संस्मरण है जो उन्होंने सन 1956 ई. में लिखा था। महादेवी वर्मा मुख्यतः छायावादी कवयित्री हैं किंतु इन्होंने गद्य साहित्य में के संस्मरण और रेखाचित्र भी लिखें। इनके जीवन संघर्ष को देखते हुए इन्हें आधुनिक मीरा भी कहा जाता है। महादेवी जी की अन्य प्रमुख गद्य कृतियां हैं - अतीत के चलचित्र, मेरा परिवार, स्मृति की रेखाएं आदि।

22(A). "दूसरों की जूतियां", "डॉ. धर्मवीर" की रचना है। डॉ. धर्मवीर अपने विचारोत्तेजक लेखन और मौलिक दृष्टि के लिए जाने जाते थे।धर्मवीर जी की रचनाएं निम्नलिखित हैं: हिंदी की आत्मा', कबीर के आलोचक, दलित चिंतन का विकास, आदि।

23(A). दिए गए विकल्पों में से 'कानन कुसुम' मुकुटधर पाण्डेय की रचना है। इनको छायावाद का जनक भी माना जाता है। इनकी रचनाएँ हैं - पूजाफूल (1916), शैलबाला (1916), लच्छमा (अनूदित उपन्यास, 1917), परिश्रम (निबंध, 1917), हृदयदान (1918), मामा (1918), छायावाद और अन्य निबंध (1983), स्मृतिपुंज (1983), विश्वबोध (1984), छायावाद और श्रेष्ठ निबंध (1984), मेघदूत (छत्तीसगढ़ी अनुवाद, 1984) आदि प्रमुख हैं। भारत सरकार द्वारा इन्हें सन् 1976 में 'पद्म श्री' से नवाजा गया।

24(B). 'साकेत' मैथिलीशरण गुप्त द्वारा रचित महाकाव्य है। इसका प्रथम प्रकाशन सन् 1931 में हुआ था। इसके लिए उन्हें 1932 में मंगलाप्रसाद पारितोषिक प्राप्त हुआ था। साकेत रामकथा पर आधारित है, किन्तु इसके केन्द्र में लक्ष्मण की पत्नी उर्मिला है। साकेत में कवि ने उर्मिला और लक्ष्मण के दाम्पत्य जीवन के हृदयस्पर्शी प्रसंग तथा उर्मिला की विरह दशा का अत्यन्त मार्मिक चित्रण किया है।

25(C). सुभद्रा कुमारी चौहान की रचना 'वीरों का कैसा हो बसंत' है। सुभद्रा कुमारी चौहान हिंदी की प्रमुख कवियित्री हैं। इनके दो कविता संग्रह तथा तीन कथा संग्रह प्रकाशित हुए हैं। इनकी प्रसिद्धि झाँसी की रानी (कविता) के कारण है।

26(B). 'आँसू' के रचनाकार जयशंकर प्रसाद हैं। जयशंकर प्रसाद छायावादी युग के प्रमुख कवि हैं। इनकी अन्य रचनाएँ- कामायनी, झरना, लहर आदि हैं। धर्मवीर भारती- अंधा युग आदि, प्रेमचंद- अमृत, अनाथ लड़की आदि, भारतेन्दु हरिश्चन्द्र- अंधेर नगरी आदि।

27(A). नागार्जुन की पहली हिन्दी रचना 'राम के प्रति' नामक कविता थी, जो 1934 ई. में लाहौर से निकलने वाले साप्ताहिक 'विश्वबन्धु' में छपी थी। नागार्जुन द्वारा रचित और भी बहुत सी कृतियाँ हैं- युगधारा, सतरंगे पंखो वाली, प्यासी पथरी आँखें, तालाब की मधलियां, चन्दना, खिचड़ी विप्लव देखा हमने आदि।

28(B). 'सीढ़ियों पर धूप' को रघुवीर सहाय की प्रथम समर्थ रचना माना जा सकता है, जिसका प्रकाशन 1960 में हुआ था। इसके अलावा आत्महत्या के विरुद्ध, हँसो हँसो जल्दी हँसो (कविता संग्रह), रास्ता इधर से है (कहानी संग्रह) दिल्ली मेरा परदेश और लिखने का कारण (निबंध संग्रह) इनकी प्रमुख कृतियाँ हैं। कविता संग्रह 'लोग भूल गए हैं ' के लिए 1984 में साहित्य अकादमी पुरस्कार से इन्हें सम्मानित भी किया जा चुका है।

29(C). आत्मजयी 1995 में व्यास सम्मान प्राप्त कुँवर नारायण जी की रचना है।

रचना	रचनाकार
उत्तर कबीर	केदारनाथ सिंह
कहीं नहीं वही	अशोक बाजपेयी
संशयात्मा	ज्ञानेंद्रपति

30(D). 'उत्तरा' रचना सूर्यकांत त्रिपाठी निराला जी की नहीं है।। निराला आधुनिक मार्क्सवादी या प्रगतिवादी कवि हैं। इन्हें हिंदी मुक्त छन्द का प्रवर्तक माना जाता है। निराला जी की अन्य प्रमुख कृतियाँ हैं - अनामिका, परिमल, गीतगुंज, कुकुरमुत्ता, अणिमा आदि।

31(C). पृथ्वी, गहाद्रीग, एशिगा जातिवाचक संज्ञा का समूह नहीं है।
जातिवाचक संज्ञा:- जिस शब्द से एक जाति के सभी प्राणियों अथवा वस्तुओं का बोध हो, उसे जातिवाचक संज्ञा कहते हैं। बच्चा, जानवर, नदी, अध्यापक, बाजार, गली, पहाड़, खिड़की, स्कूटर आदि शब्द एक ही प्रकार प्राणी, वस्तु और स्थान का बोध करा रहे हैं। इसलिए ये 'जातिवाचक संज्ञा' हैं।

32(C). जो शब्द पदार्थों की अवस्था, गुण, दोष, धर्म, दशा, स्वभाव आदि का बोध कराते हैं उन्हें भाववाचक संज्ञा कहते हैं। जैसे :- बुढ़ापा, मिठास, बचपन, चढ़ाई, थकावट, मोटापा, मानवता, चतुराई, जवानी, लम्बाई, मित्रता, मुस्कुराहट, अपनापन, परायापन, भूख, पांडित्य, बंधुत्व और प्रभुता। एकमात्र कुरान व्यक्तिवाचक संज्ञा है।

33(B). वाक्य में दूध की मात्रा निश्चित नही है कितना दूध होता है, कितना दूध भिजवाया, इस लिए यह अनिश्चयवाचक सर्वनाम है।
जिस सर्वनाम से किसी निश्चित व्यक्ति या पदार्थ का बोध नहीं होता हो उसे अनिश्चयवाचक सर्वनाम कहते हैं। जैसे : बाहर कोई है।

34(B). 'मैं अपना काम आप करूँगा।' इस वाक्य में अधोरेखित शब्द के सर्वनाम का प्रकार निजवाचक सर्वनाम है।
- 'वह सर्वनाम शब्द जो स्वयं के लिए प्रयोग किया जाता है निजवाचक सर्वनाम कहलाता है।
- जैसे - आप , अपने-आप , स्वत: , खुद , निज , स्वयं आदि प्रमुख निजवाचक सर्वनाम।

35(B). पूर्वकालिक का अर्थ होता है – पहले से हुआ। जब कर्ता एक कार्य को समाप्त करके तुरंत दूसरे काम में लग जाता है तब जो क्रिया पहले ही समाप्त हो जाती है उसे पूर्वकालिक क्रिया कहते हैं। पूर्वकालिक क्रिया को धातु में कर या करके लगाकर बनाया जाता है।
जैसे : पुजारी ने नहाकर पूजा की।
अत: विकल्प (B) सही है।

36(B). 'प्रताप गाड़ी चला रहा है' इसमें सकर्मक क्रिया हैं। जिस क्रिया का फल कर्म पर पड़ता है, उसे सकर्मक क्रिया कहते हैं। जैसे- भावना कहानी पढ़ती है। मोहन फुटबॉल खेलता है। क्रिया के साथ क्या, किसे, किसको शब्द लगाकर प्रश्न करने पर यदि उत्तर की प्राप्ति होती है तो उसे सकर्मक क्रिया कहते हैं।
अत: विकल्प (B) सही है।

37(D). दिए गये वाक्य – 'अरे! तुम इतना जोर से क्यों बोल रहे हो' वाक्य में संबोधन कारक है क्योंकि संज्ञा के जिस रूप से किसी के पुकारने या संकेत करने के भाव का बोध हो, इसकी विभक्ति 'अरे' और 'हे' है। जैसे – हे श्याम! इधर आओ! इसलिए विकल्प (D) संबोधन कारक सही विकल्प

है। अन्य विकल्प असंगत हैं।
- संबोधन कारक की विभक्ति 'अरे', 'हे' आदि है।
- सम्बोधन कारक की पहचान करने के लिए ! यह चिन्ह लगाया जाता है।

38(B). वाणी ने खाना बनाया। - वाक्य में कारक का भेद 'कर्ता कारक' है। संज्ञा या सर्वनाम के जिस रूप से क्रिया (कार्य) के करने वाले का बोध होता है वह 'कर्ता' कारक कहलाता है। जैसे – राम ने रावण को मारा। इसलिए विकल्प (B) 'कर्ता' सही है।
- 'ने' परसर्ग आने पर वाक्य में 'कर्ता कारक' प्रयुक्त हुआ है
- प्रथम विभक्ति 'कर्ता कारक' का विभक्ति चिन्ह 'ने' है
- अध्यापक ने विद्यार्थियों को पढ़ाया। वाक्य में 'अध्यापक' कर्ता है, क्योंकि काम करने वाला अध्यापक है।

39(D). 'ऋषि की गाय बहुत दूध देती है।' वाक्य में रेखांकित शब्द परिमाणबोधक विशेषण का उदाहरण है।

40(C). 'कश्मीरी सेब सिंदूरी लाल होता है।' वाक्य में रेखांकित शब्द विशेषण के प्रविशेषण भेद के अंतर्गत आएगा।

41(C). नीलोत्पलम में कर्मधारय समास है जिसका विग्रह करने पर हमे नीले रंग के सामान शब्द प्राप्त होता है। विकल्प कर्मधारय समास सटीक विकल्प है। अन्य विकल्प असंगत हैं।
जिस तत्पुरुष समास के समस्त पद समान रूप से प्रधान हो, तथा विशेष्य – विशेषण भाव को प्राप्त होते हैं। उनके लिंग, वचन भी समान हो वहां कर्मधारय समास होता है। उपयुक्त विकल्प में कर्मधारय समास है क्योंकि यहां पर दोनों पदों में विशेषण -विशेष्य का प्रयोग हुआ इसलिए सटीक विकल्प कर्मधारय समास है।

42(B). दिए गए विकल्पों में 'कालीमिर्च' शब्द 'कर्मधारय समास' का उदाहरण है। अन्य विकल्प अनुचित उत्तर हैं। इसलिए विकल्प (B) 'कालीमिर्च' इसका उचित उत्तर होगा।
कालीमिर्च – काली है जो मिर्च। यहाँ कर्मधारय समास होगा। अन्य विकल्प गलत उत्तर हैं।
कर्मधारय समास - पहला पद विशेषण और दूसरा पद विशेष्य होता है अथवा इसके पूर्वपद और उत्तर पद में उपमान और उपमेय का संबंध होता है। जैसे - नीलांबर- नील + अंबर

43(A). लोकोक्ति - नौ दिन चले अढ़ाई कोस, लोकोक्ति का अर्थ – काम करने की बहुत धीमी गति।
वाक्य- राजू ने दस महीने में मात्र एक पाठ याद किया। यह तो वही बात हुई – 'नौ दिन चले अढ़ाई कोस'।

44(D). अंधे की लकड़ी' मुहावरे का अर्थ 'एकमात्र सहारा' है। 'स्वावलम्बी होना' इसका गलत भावार्थ है।
- राहुल अपने माता-पिता के लिए अंधे की लकड़ी है।
- मुहावरा का शाब्दिक अर्थ 'अभ्यास' है। मुहावरा शब्द अरबी भाषा का शब्द है। हिन्दी में ऐसे वाक्यांशों को मुहावरा कहा जाता है, जो अपने साधारण अर्थ को छोड़कर विशेष अर्थ को व्यक्त करते हैं।

45(B). 'ट्रान्सलैंग्युजिंग' से तात्पर्य पारंपरिक, सांस्कृतिक रूप से परिभाषित भाषा की सीमाओं को चुनौती देना है।
ट्रान्सलैंग्युजिंग एक कक्षा के भीतर एक से अधिक भाषाओं के उपयोग की एक शैक्षणिक प्रक्रिया को संदर्भित कर सकता है या इसका उपयोग यह वर्णन करने के लिए किया जा सकता है कि द्विभाषी अपने भाषाई संसाधनों का उपयोग अपने आसपास की दुनिया को समझने और बातचीत करने के लिए कैसे करते हैं।

46(B). यदि कोई छात्र 'वेल' और 'उम्म' जैसे शब्दों को चुनता है और उनके बारे में जानना चाहता है। चूंकि एक शिक्षक के रूप में, मुझे पाठ्यक्रम पुस्तक में स्पष्टीकरण नहीं मिल रहा है, मुझे प्रामाणिक बोली जाने वाली भाषा के उपयोग के उदाहरण खोजने चाहिए।
रचनात्मक प्रतिक्रिया के समर्थन से अपने छात्रों का आत्मविश्वास बढ़ाने और "वास्तविक" भाषा का अनुभव करने के लिए प्रामाणिक सामग्री दें।
वास्तविक अंग्रेजी का उपयोग करने के मुख्य लाभ स्पष्ट हैं। प्रामाणिक सामग्री का उपयोग करके, छात्रों को ऐसे शब्दों और निर्माणों का सामना करना पड़ेगा जो वे शायद औपचारिक ईएसएल सामग्री में कभी नहीं देखेंगे। वे नोटों को देखते और हस्तलिखित करते समय संक्षिप्ताक्षर

सीखेंगे, और सही स्वर सुनेंगे, बॉडी लैंग्वेज देखेंगे और सुनते समय देशी वक्ताओं के "उम" का सामना करेंगे।

47(A). व्याकरण में वह शब्द जो दो शब्दों अथवा वाक्यों के बीच में उन्हें जोड़ने के लिए आता है योजक शब्द कहलाता है। परिणामतः, इसलिए, इससे आगे, हाँलाकि आदि हिन्दी भाषा के योजक उपकरण हैं।
संयुक्त होने की अवस्था या भाव को सम्बद्धता कहते हैं। शब्द संपदा का तात्पर्य वह शब्द जिस पर अपना अधिकार है तथा अभिव्यक्ति के समय प्रयोग कर सके। व्यक्ति के अन्दर शब्द संपदा जितनी विपुल होगी अभिव्यक्ति शैली उतनी ही स्पष्ट व सुन्दर होगी।

48(A). 'वाशबैक' शब्द संबंधित है कि किस प्रकार से कोई जाँच परीक्षण कक्षा की शिक्षण सामग्री को प्रभावित करता है।
वॉशबैक सिद्धान्त कक्षाओं के भीतर शिक्षण और सीखने के आकलन के परिणाम को संदर्भित करता है। वॉशबैक सकारात्मक और नकारात्मक दोनों हो सकता है। सकारात्मक वॉशबैक एक परीक्षण के वांछित प्रभावों को संदर्भित करता है, जबकि नकारात्मक वॉशबैक एक परीक्षण के नकारात्मक परिणामों को संदर्भित करता है।

49(B). विविध संदर्भों में स्वाभाविक विमर्श में शामिल किया हुआ संग्रह पाठ्य सामग्रियों का बड़ा सा संग्रह और आँकड़ों का आधार है।
एक कॉर्पस विविध संदर्भों में प्राकृतिक प्रवचन को शामिल करने वाले ग्रंथों का एक बड़ा संग्रह या डेटाबेस है। जब हम भाषा अनुसंधान के लिए इसका उपयोग करते हैं तो हम इसे कॉर्पस (बहुवचन: निगम) कहते हैं। यह कक्षा के निबंध को एक एक छोटा सा संग्रह बनाता है।

50(D). बालोद्यान शिक्षण विधि के जनक फ्रॉबेल हैं।

51(A). कविप्रिया रीति काल के प्रसिद्ध कवि केशव द्वारा लिखा गया ग्रंथ है। अपने इस ग्रंथ में केशव ने 'अलंकार' शब्द को उसी व्यापक अर्थ में ग्रहण किया है, जैसे दण्डी, वामन आदि आचार्यों ने। रसिकप्रिया यह आचार्य केशवदास की प्रसिद्ध रचना है। काव्यशास्त्र में रसविवेचन का प्रमुख स्थान है, इस दृष्टि से केशव ने इस इस ग्रंथ में रस का विशद वर्णन किया है। रसिकप्रिया तथा कविप्रिया 16, 16 प्रकाशों में विभक्त है।
अतः विकल्प (D) सही है।

52(C). प्रेममार्गी कवियों की रचनायें ठेठ अवधी में हैं। प्रेमाश्रयी शाखा के मुस्लिम सूफी कवियों की काव्य-धारा को 'प्रेममार्गी' माना गया, क्योंकि प्रेम से ही प्रभु मिलते हैं, ऐसी उनकी मान्यता थी।
प्रेममार्गी शाखा के कवि और उनकी रचनाएँ,
- मलिक मुहम्मद जायसी : आखिरी कलाम, अखरावट,चित्ररेखा, मसलानामा, कहरनामा,पद्मावत- भाषा ठेठ अवधि
- शेख कुतबन : मृगावती
- मंझन :मधुमालती
- मुल्ला दाऊद : चंदायन (चंदावत)
अतः विकल्प (A) सही है।

53(A). 'पल्लव' के रचयिता सुमित्रानंदन पंत हैं। पल्लव सुमित्रानंदन पंत का तीसरा कविता संग्रह है जो 1928 में प्रकाशित हुआ था। यह हिन्दी साहित्य में छायावादी युग के प्रारंभ का समय था और इसकी लगभग सभी कविताएँ प्रकृति के प्रति प्रेम में डूबी हुई हैं।

54(C). चिंतामणि सन् 1939 में प्रकाशित आचार्य रामचन्द्र शुक्ल द्वारा रचित हिन्दी का निबंधात्मक (समालोचना)ग्रंथ है। इस पुस्तक के तीन भाग हैं। चिंतामणि के प्रमुख निबंध हैं- भाव या मनोविकार, उत्साह, श्रद्धा और भक्ति, करुणा, लज्जा और ग्लानि, घृणा, ईर्ष्या, भय, क्रोध, कविता क्या है, काव्य में लोक मंगल की साधनावस्था।

55(C). राजेन्द्र प्रसाद ने सबसे पहले अपनी आत्मकथा हिन्दी में लिखी। राजेन्द्र प्रसाद भारत के प्रथम राष्ट्रपति एवं महान भारतीय स्वतंत्रता सेनानी थे। वे भारतीय स्वाधीनता आंदोलन के प्रमुख नेताओं में से थे और उन्होंने भारतीय राष्ट्रीय कांग्रेस के अध्यक्ष के रूप में प्रमुख भूमिका निभाई। उन्होंने भारतीय संविधान के निर्माण में भी महत्वपूर्ण योगदान दिया था।

56(B). निर्गुण भक्ति काव्य का प्रमुख कवि कबीरदास है। निर्गुण भक्ति धारा का सबसे बड़ा ग्रंथ गुरु ग्रंथ साहिब है, जिसमें 6 सिख गुरुओं और ,18 हिन्दू संतो की वाणी का संग्रह है। कबीरदास 15वीं सदी के भारतीय रहस्यवादी कवि और संत थे। वे हिन्दी साहित्य के भक्तिकालीन युग में ज्ञानाश्रयी-निर्गुण शाखा की काव्यधारा के प्रवर्तक थे।

57(C). 'निराला के राम तुलसीदास के राम से भिन्न और भवभूति के राम के निकट हैं।' यह कथन हिन्दी आलोचक डॉ. रामविलास शर्मा का है। डॉ. रामविलास शर्मा आधुनिक हिन्दी साहित्य के सुप्रसिद्ध आलोचक, निबंधकार, विचारक एवं कवि थे। व्यवसाय से अंग्रेजी के प्रोफेसर, दिल से हिन्दी के प्रकांड पंडित और महान विचारक, ऋग्वेद और मार्क्स के अध्येता, कवि, आलोचक, इतिहासवेत्ता, भाषाविद, राजनीति-विशारद ये सब विशेषण उन पर समान रूप से लागू होते हैं।

58(B). 'भारत भारती' (काव्य) के रचनाकार मैथिलीशरण गुप्त हैं। राष्ट्रकवि मैथिलीशरण गुप्त हिन्दी के प्रसिद्ध कवि थे। हिन्दी साहित्य के इतिहास में वे खड़ी बोली के प्रथम महत्वपूर्ण कवि हैं। उन्हें साहित्य जगत में 'दद्दा' नाम से सम्बोधित किया जाता था। उनकी कृति भारत-भारती (1912) भारत के स्वतन्त्रता संग्राम के समय में काफी प्रभावशाली सिद्ध हुई थी और और इसी कारण महात्मा गांधी ने उन्हें 'राष्ट्रकवि' की पदवी भी दी थी।

59(B). 'मनुष्य के आचरण के प्रवर्तक भाव या मनोविकार ही होते हैं, बुद्धि नहीं।' यह कथन रामचन्द्र शुक्ल का है। रामचन्द्र शुक्ल हिन्दी आलोचक, निबन्धकार, साहित्येतिहासकार, कोशकार, अनुवादक, कथाकार और कवि थे। उनके द्वारा लिखी गई सर्वाधिक महत्त्वपूर्ण पुस्तक है "हिन्दी साहित्य का इतिहास", जिसके द्वारा आज भी काल निर्धारण एवं पाठ्यक्रम निर्माण में सहायता ली जाती है।

60(A). 'गिला' कहानी के लेखक का नाम मुंशी प्रेमचंद है। मुंशी प्रेमचंद भारत के उपन्यास सम्राट मुंशी प्रेमचंद (जन्म- 31 जुलाई, 1880 - मृत्यु- 8 अक्टूबर, 1936) के युग का विस्तार सन् 1880 से 1936 तक है। यह कालखण्ड भारत के इतिहास में बहुत महत्त्व का है। इस युग में भारत का स्वतंत्रता-संग्राम नई मंज़िलों से गुज़रा।

61(B). सोरठा छंद - यह अर्धसममात्रिक छंद है। यह दोहा छंद के विपरीत होता है। इसमें प्रथम और तृतीय चरण में 11-11 तथा द्वितीय और चतुर्थ चरण में 13-13 मात्राएँ होती हैं।
अतः विकल्प (B) सही है।

62(C). चौपाई छंद - यह एक मात्रिक छंद है। इसमें चार चरण होते हैं। प्रत्येक चरण में16 मात्राएँ होती है। चरण के अंत में गुरु (S) और लघु(।) नहीं होना चाहिए, पर्दों लघु (॥) या दो गुरु (SS) हो सकते हैं।
॥ ॥ SI ॥। ॥SS
"इहि विधि राम सबहिं समुझावा
गुरु पद पदुम हरषि सिर नावा।"
अतः विकल्प (C) सही है।

63(C). महाकवि सूरदास को बाल-प्रकृति तथा बालसुलभ चित्रणों की दृष्टि से विश्व में अद्वितीय माना गया है।

64(A). हिंदी कथा साहित्य को तिलस्मी कहानियों के झुरमुट से निकालकर जीवन के यथार्थ की ओर मोड़कर ले जाने वाले कथाकार मुंशी प्रेमचंद देश ही नहीं, दुनिया में विख्यात हुए और कथा सम्राट कहलाए। प्रेमचंद का नाम असली नाम धनपत राय था।

65(B). माखनलाल चतुर्वेदी सरल भाषा और ओजपूर्ण भावनाओं के अनूठे हिन्दी रचनाकार थे। उन्हें 'एक भारतीय आत्मा' उपनाम से भी जाना जाता था। राष्ट्रीयता माखनलाल चतुर्वेदी के काव्य का कलेवर तथा रहस्यात्मक प्रेम उनकी आत्मा रही। उन्होंने स्वतंत्रता आंदोलन में भी सक्रिय रूप से भाग लिया।

66(B). मैत्रेयी पुष्पा की सद्यःप्रकाशित आत्मकथा 'कस्तूरी कुंडल बसै' में यह सच्चाई हालांकि आत्मकथा का मुख्य उद्देश्य नहीं है। मुख्य मुद्दा तो पुरुषवादी व्यवस्था द्वारा स्त्री पर सदियों से लादी गई गुलामी से मुक्ति और स्त्री सशक्तिकरण ही है। लेकिन अप्रत्यक्ष रूप से आत्मकथा की अन्तर्धारा में यह सच्चाई प्रवहमान नज़र आती है।

67(D). सन् 1954 में प्रकाशित "नयी कविता" पत्रिका के सम्पादक जगदीश गुप्त थे।
बाल कृष्ण भट्ट - प्रदीप पत्रिका
हरिश्चंद्र - हरिश्चन्द्र चन्द्रिका, बालबोधिनी , कविवचन सुधा
प्रताप नारायण मिश्र - प्रताप लहरी

68(C). आनन्द कादम्बिनी भारतेन्दु-युग की साहित्यिक पत्रिका है। आनन्द कादम्बिनी जुलाई 1881 में मिर्ज़ापुर से आरम्भ हुई थी। इसके सम्पादक 'बदरीनारायण चौधरी' 'प्रेमघन' थे।

69(D). राहुल सांकृत्यायन ज्ञानार्जन के लिए जीवन-भर भ्रमण करते रहे। 'मेरी जीवन यात्रा(आत्मकथा)', 'वोल्गा से गंगा' और 'कनैला की कथा' उनकी सर्वोत्तम कृति हैं। राहुल जी लगभग 35 भाषाओं में लिख-पढ़ सकते थे।

70(D). सच्चिदानंद हीरानंद वात्स्यायन 'अज्ञेय' (7 मार्च, 1911 - 4 अप्रैल, 1987) अज्ञेय प्रयोगवाद एवं नई कविता को साहित्य जगत में प्रतिष्ठित करने वाले कवि हैं। अनेक जापानी हाइकु कविताओं को अज्ञेय ने अनूदित किया। 1936-37 में सैनिक और विशाल भारत नामक पत्रिकाओं का संपादन किया। दिनमान साप्ताहिक, नवभारत टाइम्स, अंग्रेजी पत्र वाक् और एवरीमैंस जैसी प्रसिद्ध पत्र-पत्रिकाओं का संपादन किया।

71(A). उपर्युक्त कथन भाषाई कौशल में स्टीवेन्सन का है।
- रूचि- सामान्यतः रुचि का तात्पर्य हमारी पसन्द से होता है। जिस वस्तु में हमारी रुचि होती है, उसमें हमारा ध्यान स्वाभाविक रूप से केन्द्रित हो जाता हैं। यह हमारे मानसिक अनुभवों से सम्बन्ध रखने वाला एक प्रेरक है।
- मैक्डूगल के अनुसार "रुचि दिया हुआ अवधान है और अवधान रुचि का क्रियात्मक रूप है।"
- क्रो एण्ड क्रो के अनुसार "रुचि एक प्रेरक शक्ति, जो हमें किसी व्यक्ति, वस्तु या क्रिया के प्रति ध्यान देने के लिए प्रेरित करती है।"
- रास के अनुसार "जो वस्तु हमारे साथ अत्यधिक सम्बन्धित होती है, उसके प्रति हमारी रुचि होती है।"
- स्टीवेन्सन के अनुसार "शिक्षकों को बालक की रुचि का सदैव ध्यान रखना चाहिए। जब बालक की रूचि पढ़ने की ओर नहीं हों, तो उसे नहीं पढ़ाना चाहिए। इससे उसके विचारों में बाधा पहुँचाती है। पाठ पढ़ाने से पूर्व उन्हें पाठ में बालकों की रूचि पैदा करनी चाहिए।"
इसलिए हम कह सकते हैं कि उपरोक्त कथन स्टीवेन्सन का है।

72(D). आशुभाषण तत्काल बोलने की एक योग्यता है।
'आशुभाषण का अर्थ, भाषण बोलने की शक्ति और आशु का अर्थ तेज़(जल्दी) है अर्थात् किसी विषय पर तत्काल बोलना आशुभाषण कहलाता है।
मौखिक संचार, भाषण ध्वनियों और संकेतों के द्वारा किसी के विचारों और भावनाओं को अभिव्यक्त करने की क्षमता को आशुभाषण कहते हैं।
इसलिए, हम कह सकते है कि आशुभाषण बोलने की योग्यता है।

73(B). खड़ी बोली वह भाषा है जो आम तौर पर आज की मानक हिन्दी का एक पूर्वरूप है। भाषाविज्ञान की दृष्टि से इसे आदर्श (स्टैंडर्ड) हिन्दी, उर्दू तथा हिन्दुस्तानी की आधार स्वरूप बोली होने का गौरव प्राप्त है। किन्तु 'खड़ी बोली' से आपस में मिलते जुलते अनेक अर्थ निकाले जाते हैं। ठेठ हिन्दी, परिनिष्ठित पश्चिमी हिन्दी का एक रूप।
पश्चिमी हिन्दी का विकास शौरसेनी अपभ्रंश से हुआ हे। इसके अन्तर्गत पाँच बोलियाँ हैं - खड़ी बोली, हरियाणी, ब्रज, कन्नौजी और बुंदेली।

74(C). हिन्दी भाषा में 18 बोलियाँ है।
हिंदी को पांच उपभाषाओं में विभक्त किया गया है-
1. पूर्वी हिंदी - बघेली, छत्तीसगढ़ी, अवधी
2. पश्चिमी हिंदी - ब्रजभाषा, खड़ी बोली, बुंदेलखंडी, कन्नौजी, बंगारू
3. बिहारी हिंदी - मैथिलि, मगही, भोजपुरी
4. राजस्थानी हिंदी - मालवी, मेवाती, मारवाड़ी, जयपुरी
5. पहाड़ी हिंदी - कुमाउँनी, गढ़वाली

75(C). बिहारी हिन्दी की बोलियाँ हैं– मगही, भोजपुरी तथा मैथिली।
पश्चिमी बोलियों के नाम हैं खड़ी बोली/कौरवी, ब्रजभाषा, बाँगरू या हरियाणी, बुन्देली तथा कन्नौजी।
पूर्वी हिन्दी की बोलियाँ हैं – अवधी, बघेली और छत्तीसगढ़ी।
राजस्थानी बोलियाँ हैं – पश्चिमी राजस्थानी, पूर्वी राजस्थानी, उत्तरी राजस्थानी तथा दक्षिणी राजस्थानी।

76(B). अर्धमागधी भाषा मागधी और शौरसेनी के बीच के क्षेत्र की भाषा थी। अर्धमागधी से ही पूर्वी हिन्दी अर्थात् अवधी, बघेली, छत्तीसगढ़ी बोलियों का विकास हुआ है। इसके बाद अर्धमागधी का अपभ्रंश रूप विकसित हुआ जिसे क्षेत्रीय अपभ्रंश अर्धमागधी अपभ्रंश के रूप में जाना जाता है। जिससे आर्य भाषा पूर्वी हिंदी का विकास हुआ।

77(B). पश्चिमी हिन्दी की 5 बोलियाँ है।
- पश्चिमी हिन्दी में कन्नौजी, बुंदेली, खड़ी बोली, बांगरू तथा ब्रज बोली को सम्मिलित किया जाता है।
- खड़ी बोली अपने मूल रूप में मेरठ, बिजनौर के आसपास बोली जाती है।
- शौरसेनी अपभ्रंश से विकसित पश्चिमी हिंदी के अन्तर्गत पाँच बोलियाँ आती है-
1. हरियाणवी
2. खड़ी बोली,(कौरवी)
3. ब्रजभाषा
4. कन्नौजी
5. बुन्देली

78(A). सिन्धी भाषा का सम्बन्ध पैशाची से है।
- सिंधी भारत के पश्चिमी हिस्से और मुख्य रूप से सिंध प्रान्त में बोली जाने वाली एक प्रमुख भाषा है।
- यह सिंधी हिंदू समुदाय(समाज) की मातृ-भाषा है।
- सिंधी भाषा सिंध प्रदेश की आधुनिक भारतीय-आर्य भाषा है जिसका सम्बन्ध पैशाची नाम की प्राकृत और व्राचड नाम की अपभ्रंश से जोड़ा जाता है।
- इन दोनों नामों से विदित होता है कि सिंधी के मूल में अनार्य तत्व पहले से विद्यमान थे, भले ही वे आर्य प्रभावों के कारण गौण हो गए हों।
- सिंधी के पश्चिम में बलोची, उत्तर में लहँदी, पूर्व में मारवाड़ी और दक्षिण में गुजराती का क्षेत्र है।
- यह बात उल्लेखनीय है कि इस्लामी शासनकाल में सिन्ध और मुलतान (लहँदीभाषी) एक प्रान्त रहा है और 1843 से 1936 ई. तक सिन्ध, बम्बई प्रांत का एक भाग होने के नाते गुजराती के विशेष सम्पर्क में रहा है।

79(A). कौरवी भाषा का उदय पश्चिमी हिन्दी से हुआ है।
- कौरवी बोली ही खड़ी बोली के नाम से भी जानी जाती है।
- अन्य नाम— बोलचाल की हिन्दुस्तानी, सरहिंदी, वर्नाक्यूलर खड़ी बोली आदि।
- केन्द्र— कुरु जनपद अर्थात् मेरठ– दिल्ली के आसपास का क्षेत्र। खड़ी बोली एक बड़े भूभाग में बोली जाती है। अपने ठेठ रूप में यह मेरठ, बिजनौर, मुरादाबाद, रामपुर, सहारनपुर, देहरादून और अम्बाला ज़िलों में बोली जाती है। इनमें मेरठ की खड़ी बोली आदर्श और मानक मानी जाती है।
- बोलने वालों की संख्या— 1.5 से 2 करोड़
- साहित्य— मूल कौरवी में लोक-साहित्य उपलब्ध है, जिसमें गीत, गीत–नाटक, लोक कथा, गप्प, पहेली आदि हैं।
- विशेषता— आज की हिंदी मूलतः कौरवी पर ही आधारित है।
- नमूना— कोई बादसा था। राब उराके दो राण्यॉ थीं। वो एक रोज़ अपनी रात्री से केने लगा मेरे समान ओर कोइ बादसा है बी? तो बड़ी बोल्ले के राजा तुम समान ओर कोन होगा। छोटी से पुच्छा तो किह्हा कि एक बिजाण सहर हे उसके किल्ले में जितनी तुम्हारी सारी हैसियत है उतनी एक ईंट लगी है। ओ इसने मेरी कुच बात नई रक्खी इसको तम्मार्ती (निर्वासित) करना चाइए। उस्कू तम्मार्ती कर दिया। ओर बड़ी कू सब राज का मालक कर दिया।

80(A). 'रामचरितमानस' अवधी भाषा में गोस्वामी तुलसीदास द्वारा 16वीं सदी में रचित प्रसिद्ध ग्रंथ है। इस ग्रंथ को अवधी साहित्य की एक महान कृति माना जाता है। इसे सामान्यतः 'तुलसी रामायण' या 'तुलसीकृत रामायण' भी कहा जाता है।

81(C). तुलसीदास द्वारा रचित विनय-पत्रिका (1585 ई.) व्यक्तिगत एकांतिक अनुभूतियों की अभिव्यक्ति की दृष्टि से एक अनूठा भक्ति काव्य है। यह ब्रजभाषा में लिखी गई है। इसमें 280 पद हैं तथा शान्त रस की इसमें अधिक प्रधानता है।

82(B). उपर्युक्त पंक्तियाँ 'मीराबाई' द्वारा रचित हैं।
- इस पद में उन्होंने कृष्ण के प्रति अपनी विरह भावना को दर्शाया है।
- मीराबाई कृष्णभक्त कवयित्री थी।
- इनकी प्रसिद्ध रचनायें - 'गीतगोविन्द टीका, नरसी जी का मायरा,

रागगोविन्द आदि हैं।
- शेष विकल्प असंगत हैं।

83(B). 'सौ अजान एक सुजान' के रचानाकार 'बालकृष्ण भट्ट' हैं।
- पं. बालकृष्ण भट्ट हिंदी साहित्य के सफल पत्रकार, उपन्यासकार, नाटककार और निबंधकार थे।
- इन्हे आज की गद्य प्रधान कविताओं का जनक माना जा सकता है।
- वे 'सौ अजान एक सुजान' को एक प्रबंध - कल्पना मानते थे।

84(D). ललित ललाम रीति काल के प्रसिद्ध कवि मतिराम द्वारा रचित ग्रंथ है। मतिराम का जन्म सन 1617 में उत्तर प्रदेश के कानपुर जिले में स्थित तिकवांपुर में हुआ था। 'ललित ललाम' मतिराम जी का तीसरा ग्रंथ है। इस ग्रंथ में लक्षण चंद्रालोक, कुवलयानंद नामक संस्कृत ग्रंथों को आधार बना कर उदाहरण प्रदान किये गए है। इसमें रसराज के भी छंदों का प्रयोग किया गया है।

85(D). पल्लवन के लेखन में अप्रासंगिक बातों का अनावश्यक विस्तार या उल्लेख बिलकुल नहीं होना चाहिए।
पल्लवन के लिए मूल विचारों अथवा भाव के नीचे दबे अन्य सहायक विचारों को समझने की चेष्टा करनी चाहिए। किसी विचार को, भाव को अपनी बौद्धिक क्षमता और ज्ञान से पल्लवित किया जाना ही पल्लवन हैं। किसी निर्धारित विषय जैसे सूत्र-वाक्य, उक्ति या विवेच्य-बिन्दु को उदाहरण, तर्क आदि से पुष्ट करते हुए प्रवाहमयी, सहज अभिव्यक्ति-शैली में मौलिक, सारगर्भित विस्तार देना पल्लवन कहलाता है। इसे विस्तारण, भाव-विस्तारण, भाव-पल्लवन आदि भी कहा जाता है।

86(C). मैथिली मुख्य रूप से भारत के बिहार राज्य और नेपाल के तराई क्षेत्र में बोली जाने वाली भाषा है। यह हिन्द आर्य परिवार की भाषा है। इसका प्रमुख स्रोत संस्कृत भाषा है जिसके शब्द "तत्सम" व "तद्भव" रूप में मैथिली में प्रयुक्त होते हैं। यह भाषा बोलने और सुनने में बहुत ही मोहक लगती है।

87(B). तमिल भाषा को दुनिया की सबसे पुरानी भाषा के रूप में मान्यता प्राप्त है और यह द्रविड़ भाषा परिवार की सबसे पुरानी भाषा है। यह भाषा लगभग 5000 साल पहले भी मौजूद थी। एक सर्वेक्षण के अनुसार प्रतिदिन 1863 समाचार पत्र तमिल भाषा में ही प्रकाशित होते हैं। वर्तमान में तमिल भाषा बोलने वालों की संख्या लगभग 7.7 करोड़ है।

88(D). पश्चिमी और पूर्वी हिन्दी में मौलिक भेद का आधार है- व्याकरण और उच्चारण में अंतर एवं भौगोलिक क्षेत्र में अंतर होना।
पश्चिमी और पूर्वी हिंदी में अंतर:
पश्चिमी हिंदी का विकास शौरसेनी अपभ्रंश से हुआ और पूर्वी हिंदी प्राकृत की परंपरा में है।
पश्चिमी हिंदी के अंतर्गत 5 बोलियाँ आती है – खड़ी बोली, हरियाणवी, ब्रज, कन्नुजी और बुन्देली, जबकि पूर्वी हिंदी की तीन शाखाएँ हैं- अवधि बघेली और छत्तीसगढ़ी।
पश्चिमी और पूर्वी शाखाओं को अलग करके भाषाशास्त्री हिंदी के क्षेत्र को सीमित करते हैंपश्चिमी हिंदी का क्षेत्र मध्य देश है, जिस कारण से यह सम्पूर्ण देश में बोली जाती है।

हिंदी भाषी क्षेत्र		
उपभाषा	क्षेत्र	बोलियाँ
पश्चिमी	हरियाणा, उत्तर प्रदेश	खड़ी बोली, बांगरू, हरियाणवी, ब्रज भाषा, कन्नौजी, बुन्देली
पूर्वी	उत्तर प्रदेश, मध्य प्रदेश	अवधि, बघेली, छत्तीसगढ़ी

89(D). वर्तमान हिन्दी देवनागरी लिपि में लिखी जाती है।
अन्य विकल्प:

खरोष्ठी	यह दाएँ से बाएँ को लिखी जाती थी। सम्राट अशोक ने शाहबाजगढ़ी और मनसेहरा के अभिलेख खरोष्ठी लिपि में ही लिखवाए हैं।
मंडारिन	चीनी असल में एक 'मन्दारिन' नामक भाषा है इसमें एकाक्षरी शब्द या शब्द भाग ही होते हैं और ये चीनी भावचित्र में लिखी जाती है।

पालि	पालि का शाब्दिक अर्थ, पवित्र रचना है। इसको बौद्ध त्रिपिटक की भाषा के रूप में भी जाना जाता है।

90(C). हिंदी को राजभाषा का दर्जा 14 सितम्बर 1949 के दिन मिला था, तब से हर साल यह दिन 'हिंदी दिवस' के तौर पर मनाया जाता है।
जो देश के कार्यालयों व राज-काज में प्रयोग की जाती है, राजभाषा कहलाती है। संविधान की धारा 343(i) के अंतर्गत हिंदी को संघ की राजभाषा के रूप में स्वीकार किया गया है। देवनागरी लिपि को भी मान्यता दी गयी है।

91(C). हिन्दी और उर्दू दोनों को मिलाकर हिन्दुस्तानी भाषा कहा जाता है। हिन्दुस्तानी मानकीकृत हिन्दी और मानकीकृत उर्दू के बोलचाल की भाषा है। इसमें शुद्ध संस्कृत और शुद्ध फ़ारसी-अरबी दोनों के शब्द कम होते हैं और तद्भव शब्द अधिक होते हैं। उच्च हिन्दी भारतीय संघ की राजभाषा है (अनुच्छेद 343, भारतीय संविधान)।

92(A). हिंदी भाषा का इतिहास लगभग एक हजार वर्ष पुराना माना गया है। संस्कृत भारत की सबसे प्राचीन भाषा है, जिसे आर्य भाषा या देवभाषा भी कहा जाता है। हिंदी इसी आर्य भाषा संस्कृत की उत्तराधिकारिणी मानी जाती है, साथ ही ऐसा भी कहा जाता है कि हिंदी का जन्म संस्कृत की ही कोख से हुआ है।

93(C). हिंदी भाषा की 8 प्रमुख बोलियां:
- अवधी
- बघेली
- छत्तीसगढ़ी
- खड़ी बोली
- ब्रजभाषा
- कन्नौजी
- बुंदेली
- हरियाणी

94(D). हिन्दी साहित्य का संयुक्त काल में विभाजन नही किया गया है। हिन्दी साहित्य आदिकाल (650 ई. -1350 ई), पूर्व मध्य काल / भक्ति काल (1350 ई- 1650 ई.), उत्तर मध्य काल (1650 ई. - 1850 ई.), आधुनिक काल (1850 ई. - अब तक) में विभाजित किया गया है।

95(A). आधुनिक भारतीय आर्यभाषाओं पश्चिमी हिन्दी, राजस्थानी तथा गुजराती उपभाषा की बोलियाँ जैसे- ब्रजभाषा, बुंदेली, कन्नौजी, खड़ी बोली, जयपुरी, मेवाती, मालवी इत्यादि का विकास शौरसेनी अपभ्रंश से हुआ है। पूर्वी हिन्दी की बोलियों (अवधी, बघेली, छत्तीसगढ़ी का विकास अर्द्धमागधी अपभ्रंश द्वारा हुआ है।

96(C). भाषाविकासस्य सम्बन्धे भाषाशिक्षणं पर्यावरणे आश्रितम् अस्ति।

97(A). भाषावैज्ञानिक मतानुसारं भाषा-अधिग्रहण सन्दर्भे उभे (A) तथा (R) सत्ये स्तः; (R) सम्यकरूपेण (A) इत्यस्य व्याख्यां करोति।

98(A). संस्कृतभाषाशिक्षणस्य सन्दर्भे भाषाशिक्षणं तीव्रगत्या भाषां व्यापकरूपेण शृणोतु, वदतु च भवेत्।

99(A).

A	C	D
आवृत्तिपरका अभिव्यक्ति : यथा शुभकामनाप्रेषणम्, अध्यापकानां निर्देशा : अनुमतिग्रहणम्	कथानां, कवितानां च श्रवणम्	अध्यापकेन, कक्षायाः सहपाठिभिश्च वार्तालापः

100(C).

भाग A	भाग B
(i) कथाश्रवणम्	(d) समूह-भावार्थस्य श्रवणम्
(ii) अन्तःशब्द प्रहेलिका	(a) शब्दकोष एवं वर्तनी
(iii) पठनम्	(b) बलाघातः; लयः एवं स्वरपरिवर्तनम्
(iv) श्रुतलेखः	(c) श्रवणं, शब्द-अभिज्ञानम्, वर्तनी-

स्मरणम्

स्मरणम्

Ques (1-8): निर्देश: दिए गए गद्यांश को ध्यानपूर्वक पढ़िए तथा पूछे गए प्रश्नों के उत्तर के लिए सही विकल्प का चयन कीजिए।

कर्मों से बहुत कुछ बदला जा सकता है। दुनिया कर्म प्रधान है, कर्म से किस्मत को भी बदला जा सकता है। जरूरत है इसकी शक्ति को पहचानने और इसे पूर्ण निष्ठा और लगन से करने की। सत्य से प्रेरित कार्य व्यक्ति को महान बनाते हैं। ऐसा व्यक्ति सरल, सबल, सशक्त, प्रेमी, दानी, ज्ञानी और कल्याणकारी होता है। कृत्य के बारे में कहावत है कि जैसा बोओगे, वैसा काटोगे। कहते भी हैं कि बोया पेड़ बबूल का तो आम कहाँ से होए। गीता में भी कहा गया है कि इंसान को केवल कर्म का ही अधिकार है, उसके फल के बारे में चिंता करने का नहीं। गीता के अनुसार अपनी किस्मत को बदलने के लिए कर्मठता ही पहला और सबसे बड़ा रास्ता है। किसी दूसरे के साथ पूर्ण रूप से जीने से बेहतर है कि हम अपने कर्म के अनुसार अपूर्ण जिएं। दूसरों के जीवन की उन्नति और सफलता से ईर्ष्या न कर अपने जीवन से नकारात्मक विचारों को दूर कर अपनी आत्मा को उज्ज्वल बनाना चाहिए।

1. गद्यांश में दुनिया के किस रूप का चित्रण हुआ है?
1. धर्म प्रधान
2. कर्म प्रधान
3. जाति प्रधान
4. राजनीति प्रधान

(a) 1   (b) 2
(c) 3   (d) 4

2. 'कर्मठता' शब्द है:
1. विशेषण
2. विशेष्य
3. संज्ञा
4. क्रिया

(a) 1   (b) 2
(c) 3   (d) 4

3. "कर्म से <u>किस्मत</u> को भी बदला जा सकता है" में रेखांकित शब्द के स्थान पर कौन-सा विकल्प उपयुक्त होगा?
1. भाग्यवान
2. भाग्य
3. भाग्यहीन
4. भाग्यशाली

(a) 1   (b) 2
(c) 3   (d) 4

4. यहाँ 'जैसा बोओगे, वैसा काटोगे' से क्या तात्पर्य है?
1. जैसे बीज बोते हैं वैसी ही फसल होती है।
2. जैसे बीज होंगे, वैसे ही फल होंगे।
3. जैसे कर्म होंगे, वैसा ही परिणाम मिलेगा।
4. जैसे कर्म होंगे, वैसा परिणाम नहीं मिलेगा।

(a) 1   (b) 2
(c) 3   (d) 4

5. 'उन्नति' का विलोम शब्द _______ है।
1. अवनति
2. पतन
3. अधोगति
4. संगति

(a) 1   (b) 2
(c) 3   (d) 4

6. गद्यांश के अनुसार अपने अंतर्मन को किस प्रकार प्रकाशित किया जा सकता है?
1. अपने कर्मों की चिंता करके।
2. कर्म की शक्ति को पहचान कर।
3. सभी के प्रति सकारात्मक भाव रखकर।
4. सभी के साथ प्रतिस्पर्धा करके।

(a) 1   (b) 2

(c) 3   (d) 4

7. गद्यांश के अनुसार भाग्य-परिवर्तन के लिए अनिवार्य है:
1. कर्म के प्रति निष्ठा।
2. सफलता के बारे में सोचना।
3. भाग्य के अनुसार जीना।
4. धार्मिक ग्रन्थ का पाठ करना।

(a) 1   (b) 2
(c) 3   (d) 4

8. किसी दूसरे के जीवन के साथ जीने से तात्पर्य है?
1. सुख-दुख में साथ रहना।
2. किसी को अकेला न छोड़ना।
3. दूसरे पर निर्भर होकर जीना।
4. पूर्ण रूप से बेहतर जीवन जीना।

(a) 1   (b) 2
(c) 3   (d) 4

Ques (9-11): निर्देश : गद्यांश को पढ़कर निम्नलिखित प्रश्न में सबसे उचित विकल्प को चुनिए ।

गिजुभाई न केवल बच्चों की क्षमताओं, बौद्धिकता में विश्वास व्यक्त करते है अपितु वे उनकी सर्जनात्मकता में भी अगाध आस्था रखते हैं। उनके अनुसार कुछ हत्याएँ पीनल कोड की धारा के अधीन नहीं आती। उनमें कानूनवेत्ताओं को अपराध जैसी कोई चीज़ें नज़र नहीं आतीं। कानूनवेत्ताओं की न्याय नीति-सम्बन्धी मर्यादाएँ सिर्फ पीनल कोड से बँधी होती हैं। शिक्षाशास्त्रियों के पास राज्य, रूढ़ि अथवा धर्म की कोई सत्ता नहीं है इसलिए जीवन के प्रति जो अपराध होते हैं उनके लिए न कोई पीनल कोड, न कोई उन्हें निंदनीय मानता, न कोई धार्मिक भय है। जीवन के प्रति होने वाला एक ऐसा ही अपराध है - बालक की सृजन-शक्ति की हत्या । ईश्वर ने मनुष्य का सृजन किया और उसे अपनी सृजन-शक्ति प्रदान की । मनुष्य के सृजन की अनंत शक्ति के समान ही अगणित है। साहित्य -एक सृजन है, चित्रकला दूसरा सृजन है, संगीत तीसरा सृजन है और स्थापत्य चौथा सृजन है। इस तरह गिनने बैठा जाए तो मनुष्य के द्वारा बनाई गई अनेकानेक कृतियों को गिनाया जा सकता है। जब शिक्षक या अभिभावक यह तय करते हैं कि बच्चे को क्या करना चाहिए, क्या नहीं करना चाहिए - वस्तुतः इन निर्णयों में ही वे बालक की सृजन-शक्ति का दमन कर देते हैं ।

9. गिजुभाई का किसमें विश्वास नहीं है?
(a) बच्चों की बौद्धिकता में
(b) उनकी क्षमताओं में
(c) उनकी रचनात्मकता में
(d) उनके भविष्य का निर्णय शिक्षकों एवं अभिभावकों द्वारा तय करने में

10. कौन-सा अपराध पीनल कोड की धारा के अधीन नहीं आता है?
(a) धोखाधड़ी करना
(b) चोरी करना
(c) बालक की सृजन-शक्ति का दमन
(d) रिश्वत लेना

11. 'बच्चे क्या करें और क्या न करें' जब शिक्षक और अभिभावक यह तय करते हैं तब:
(a) बच्चे में पढ़ने-लिखने के प्रति रूचि जाग्रत हो जाती है
(b) बच्चे में सृजन-शक्ति का दमन होता है
(c) बच्चे में रचनात्मकता भर जाती है
(d) अभिभावक व बच्चों के सम्बन्धों में प्रगाढ़ता आती है

Ques (12-20): निर्देश : निम्नलिखित गद्यांश को पढ़कर नीचे दिए गए प्रश्नों के उचित विकल्प चुनिए।

मनुष्य अपने जीवन में उम्र के कई पड़ावों से गुजरता है। उम्र का हर पड़ाव खास होता है, लेकिन बचपन अपने आप में ही कुछ अलग होता है। हर चिंता-फिक्र से परे होकर अपनी ही एक दुनिया होती है। अपनी सोच, अपने विचार, अपनी कल्पना शक्ति से बच्चे अपनी एक अलग दुनिया ही गढ़ लेते हैं, जो औरों से कोसों दूर होती है। बच्चों की मासूमियत भरी ये दुनिया बड़ों के लिए भले ही कुछ अटपटी सी होती

है, लेकिन हकीकत में रोमांच और जिज्ञासाओं से भरी होती है। बच्चे अपनी कल्पना से दुनिया की हर चीज को मुट्ठी में कर लेना चाहते हैं। एक बचपन ही होता है, जिसमें सब कुछ संभव होता है।

अक्सर लोग बच्चों की जिज्ञासाओं और उनकी मासूमियत भरी शरारतों से तंग आकर उन्हें डाँट देते हैं, लेकिन अगर देखा जाए, तो बच्चों की ये उम्र ही होती है, जिसमें वह अपनी जिंदगी के सपनों में रंग भरने की कोशिशें करते रहते हैं। हर छोटी चीज को जानने की उनकी ललक वास्तव में उनके सुनहरे भविष्य के निर्माण की आधारशिला होती है। हमें समझना चाहिए कि बच्चे अपनी इन्हीं जिज्ञासाओं से ज्ञान अर्जित करते हैं। बच्चे पुस्तकों से कम, अपने आसपास से अधिक सीखते हैं। अत: हमें उनकी जिज्ञासाओं को दबाने की बजाय उसकी तृप्ति करनी चाहिए।

12. बचपन की एक विशेषता यह है कि उसमे:
- (a) रचनात्मक कार्य करने की प्रवृत्ति नहीं होती।
- (b) हर चीज को जानने की इच्छा होती है।
- (c) प्रतिष्ठा प्राप्त करने की इच्छा होती है।
- (d) महत्त्वाकांक्षाएँ नहीं होतीं।

13. बच्चे सर्वाधिक ज्ञान प्राप्त करते है:
- (a) अपने परिवार से
- (b) अपने आसपास से
- (c) पुस्तकों से
- (d) अपने मित्रों से

14. 'एक बचपन ही होता है, जिसमें सब कुछ संभव होता है।' उपर्युक्त वाक्यांश में संज्ञा शब्द है:
- (a) सब कुछ
- (b) बचपन
- (c) एक
- (d) संभव

15. 'मासूमियत' का आशय है:
- (a) अज्ञान
- (b) भोलापन
- (c) नादानी
- (d) कमज़ोरी

16. बचपन सब अवस्थाओं से विशेष हैं क्योंकि तब हम:
- (a) अपनी बात मनवा लेते हैं।
- (b) सिर्फ खेलते-कूदते हैं।
- (c) प्रसन्न रहते हैं।
- (d) चिंता-मुक्त रहते हैं।

17. 'मनुष्य अपने जीवन में उम्र के अनेक पड़ावों से गुजरता है।' रेखांकित शब्द का तात्पर्य है:
- (a) मोड़ों
- (b) स्थितियों
- (c) अवस्थाओं
- (d) दशाओं

18. 'हकीकत' शब्द है:
- (a) देशज
- (b) आगत
- (c) तत्सम
- (d) तद्भव

19. 'जिज्ञासा' शब्द का अर्थ है:
- (a) जीतने की इच्छा
- (b) प्राप्त करने की इच्छा
- (c) जानने की इच्छा
- (d) जीने की इच्छा

20. बच्चों के द्वारा जिज्ञासा व्यक्त किए जाने पर अभिभावकों को चाहिए कि वे:
- (a) बच्चों को टाल-मटोल से शांत कर दें।
- (b) बच्चों को प्यार से समझा दें।
- (c) बच्चों को डाँट कर चुप करा दें।
- (d) बच्चों पर ध्यान न दें।

21. हिन्दी की पहली कहानी लेखिका है?
- (a) चन्द्रकिरण सौनरेख्सा
- (b) बंगमहिला
- (c) होमवंती देवी
- (d) चन्द्रमुखी औझा

22. "गुलाबी बन्नो" कहानी के लेखक हैं?
- (a) त्रिलोचन
- (b) धर्मवीर भारती
- (c) शमशेर बहादुर सिंह
- (d) कुँवर नारायण

23. "अशोक के फूल" निबन्ध के रचयिता है?
- (a) हजारी प्रसाद द्विवेदी
- (b) गिरिजाकुमार माथुर
- (c) रामचन्द्र शुक्ल
- (d) कुबेरनाथ राय

24. अर्द्धकथानक किस विधा की रचना है?
- (a) उपन्यास
- (b) जीवनी
- (c) नाटक
- (d) आत्मकथा

25. प्रसाद द्वारा रचित इरावती कैसा उपन्यास है?
- (a) सामाजिक
- (b) ऐतिहासिक
- (c) पौराणिक
- (d) यथार्थवादी

26. बनारसी दास चतुर्वेदी की रचना है-
- (a) रेखाचित्र
- (b) सेतुबन्ध
- (c) स्मारिका
- (d) इनमें से कोई नहीं

27. इनमें से जगन्नाथदास "रत्नाकर" की कृति छाँटिये-
- (a) उद्धव शतक
- (b) भ्रमरगीत
- (c) गीतावली
- (d) रश्मिरथी

28. "नीहार" की रचना किसने की है?
- (a) महादेवी वर्मा
- (b) अज्ञेय
- (c) दिनकर
- (d) पन्त

29. "शिवराज भूषण" के रचयिता कवि कौन है?
- (a) घनानन्द
- (b) बिहारी
- (c) पद्माकर
- (d) भूषण

30. इनमें से सूरदास की कृति कौन-सी है?
- (a) कवितावली
- (b) साहित्य लहरी
- (c) गीतावली
- (d) गंगालहरी

31. 'मुझे पानी पीना है।' में किस प्रकार की संज्ञा है?
- (a) जातिवाचक संज्ञा
- (b) द्रव्यवाचक संज्ञा
- (c) भाववाचक संज्ञा
- (d) व्यक्तिवाचक संज्ञा

32. 'क्रिकेट टीम ने वर्ल्ड कप जीता।' में किस प्रकार की संज्ञा है?
- (a) समूहवाचक संज्ञा
- (b) व्यक्तिवाचक संज्ञा
- (c) जातिवाचक संज्ञा
- (d) भाववाचक संज्ञा

33. निम्नलिखित विकल्पों में से कौनसे विकल्प में सभी सर्वनाम पुरुषवाचक हैं ?
- (a) तू, तुम, कौन, यह
- (b) मैं, वे, तू, आप
- (c) मैं, तुम, कौन, यह
- (d) वे, आप, हम, जो

34. "यह पुस्तक वही है जो मेरे पाठ्यक्रम में है।" वाक्य में निश्चयवाचक सर्वनाम है:
- (a) यह
- (b) मेरे
- (c) पुस्तक
- (d) इनमें से कोई नहीं

35. दिए गए किस वाक्य में प्रेरणार्थक क्रिया का प्रयोग हुआ है?
- (a) मैं खाना चाहता हूँ।
- (b) मालिक नौकर से कार साफ करवाता है।
- (c) बच्चा चित्र बना रहा है।
- (d) पड़ोसियों से बराबर मिलते-जुलते रहो।

36. दिए गए किस वाक्य में सकर्मक क्रिया है?
- (a) गीता सितार बजा रही है।
- (b) वह अब तक काफी खेल चुका है।
- (c) पृथ्वी गोल है।
- (d) इनमें से कोई नहीं

37. 'भूखो को भोजन कराओ' वाक्य में कौन सा कारक है?

(a) कर्ता कारक   (b) कर्म कारक
(c) करण कारक   (d) सम्प्रदान कारक

38. 'उससे कोई अपराध नहीं हुआ' वाक्य में कौन सा कारक है?
(a) कर्ता कारक   (b) कर्म कारक
(c) करण कारक   (d) अपादान कारक

39. संज्ञा या सर्वनाम की मात्रा का बोध करने वाले शब्द कौन से विशेषण होते हैं?
(a) संख्यावाचक   (b) सार्वनामिक
(c) तुलनाबोधक   (d) परिमाणवाचक

40. 'कुत्ते के जैसे भौंकों मत' वाक्य में प्रयुक्त विशेषण कौन सा है?
(a) गुणवाचक विशेषण   (b) सम्बन्धवाचक विशेषण
(c) तुलनाबोधक विशेषण   (d) सार्वनामिक विशेषण

41. 'सतसई' शब्द में कौन सा समास है?
(a) तत्पुरुष समास   (b) द्वन्द समास
(c) द्विगु समास   (d) अव्ययीभाव समास

42. निम्न में से कौन सा कर्मधारय समास का उदाहरण है?
(a) राजपुत्र   (b) परमेश्वर
(c) शिवालय   (d) दानवीर

43. Grass on other side always looks greener. इसका हिन्दी अर्थ है:
(a) दूर के ढोल सुहावने लगते हैं।   (b) पेड़ धरती को सुंदर बनाते हैं।
(c) परिवर्तन प्रकृति का नियम है।   (d) जीवन मात्र ही संघर्ष पूर्ण है।

44. 'आटा गीला होना' मुहावरे का अर्थ है:
(a) अप्रासंगिक बातें करना।   (b) कठिनाई में पड़ना।
(c) कठिन परिश्रम करना।   (d) हर प्रकार का अनुभव होना।

45. सलमा पहली कक्षा में पढ़ती है। वह 'किताब' शब्द को 'कतब' लिखती है। सलमा का लिखने का यह तरीका को _____ दर्शाता है:
(a) स्व-वर्तनी   (b) नियंत्रित लेखन
(c) लापरवाही   (d) अज्ञानता

46. सामाजिक अंतःक्रिया से भाषा सीखने का समर्थन _____ ने किया है:
(a) पियाजे   (b) वाइगोत्स्की
(c) चॉम्स्की   (d) स्किनर

47. प्राथमिक स्तर पर पढ़ाते समय आप हिंदी भाषा संबंधी किस पक्ष पर सर्वाधिक बल देंगे?
(a) व्याकरण-ज्ञान   (b) भाषा-ज्ञान
(c) भाषा-प्रयोग   (d) व्याकरणिक नियम

48. हम भाषा के माध्यम से _____ और _____ भी करते हैं:
(a) अनुभव, महसूस   (b) चिंतन, विचरण
(c) सोचते, महसूस   (d) सोचते, विचार

49. हिंदी भाषा सीखने-सिखाने का दायरा इतना बड़ा होना चाहिए कि _____ से उसका नाता न टूटे:
(a) भाषा-प्रयोग   (b) भाषा की परिभाषा
(c) व्याकरण रटने   (d) व्याकरण सीखने

50. बुद्धि-लब्धि परीक्षण में 16 साल के एक बच्चे का स्कोर 75 है, उसकी मानसिक आयु कितनी होगी?
(a) 6 वर्ष   (b) 8 वर्ष
(c) 10 वर्ष   (d) 12 वर्ष

51. हिन्दी के प्रथम सूफी कवि हैं:
(a) मुल्ला दाऊद   (b) जायसी
(c) मुल्ला वजही   (d) कुतुबन

52. अष्टछाप के कवि नहीं है?
(a) कृष्णदास   (b) नन्ददास
(c) तुलसीदास   (d) परमानंद दास

53. 'गोदान' में होरी की बेटी का नाम क्या है?
(a) सिलिया   (b) झुनिया
(c) सोना   (d) धनिया

54. इनमें से कौन भक्तिकाल का कवि नहीं है?
(a) रसखान   (b) नंददास
(c) अमीर खुसरो   (d) नाभादास

55. कालक्रम की दृष्टि से निम्नलिखित पत्रिकाओं का सही अनुक्रम क्या है?
(a) हिन्दी प्रदीप, सुधा, रूपाभ, कृति
(b) सुधा, रूपाभ, कृति, हिन्दी प्रदीप
(c) रूपाभ, कृति, हिन्दी प्रदीप, सुधा
(d) कृति, हिन्दी प्रदीप, सुधा, रूपाभ

56. निम्न में से "उर्वशी" का काव्य रूप क्या है?
(a) खंडकाव्य   (b) महाकाव्य
(c) एकार्थकाव्य   (d) चरितकाव्य

57. "सत्वोद्रेक या हृदय की मुक्तावस्था के लिए किया हुआ शब्द: विधान काव्य है।" यह कथन किसका है?
(a) आनंदवर्धन   (b) आचार्य राम चन्द्र शुक्ल
(c) पंडित जगन्नाथ   (d) आचार्य विश्रथ

58. आदिकाल को "अपभ्रंश काल" किसने कहा है?
(a) महावीर प्रसाद द्विवेदी   (b) डॉ. पृथ्वीनाथ कमल 'कुलश्रेष्ठ'
(c) हजारी प्रसाद द्विवेदी   (d) चंद्रधर शर्मा गुलेरी

59. निर्गुण काव्य धारा के कवि कौन थे?
(a) मीराबाई   (b) कबीरदास
(c) तुलसीदास   (d) सूरदास

60. "हिन्दू जनता की स्वाभाविक आस्था" किस कवि के लिए प्रयुक्त किया गया है?
(a) आचार्य हजारी प्रसाद द्विवेदी   (b) डॉ. गणपति चन्द्र गुप्त
(c) डॉ. रामकुमार वर्मा   (d) आचार्य रामचन्द्र शुक्ल

61. "गणेश शंकर विद्यार्थी" रचित गाँधी की जीवनी है-
(a) बापू   (b) श्री गाँधी
(c) कर्मवीर गाँधी   (d) अकाल पुरूष गाँधी

62. मीराबाई की भक्ति किस भाव की है?
(a) माधुर्य   (b) वात्सल्य
(c) दास्य   (d) सख्य

63. भूषण निम्नलिखित में से किस रस के कवि हैं?
(a) वीभत्स रस   (b) वीर रस
(c) श्रृंगार रस   (d) करुण रस

64. शेखर एक जीवनी भाग 1 का क्या नाम है?
(a) उत्थान   (b) संघर्ष
(c) शशि और शेखर   (d) उषा और ईश्वर

65. गद्य पाठों के शिक्षण का उद्देश्य नहीं है -
(a) भाषा-संरचना की समझ बढ़ाना।

(b) विभिन्न प्रकार को भाषिक प्रयुक्तियों का परिचय देना।
(c) समृद्ध भाषा-प्रयोगों के उदाहरण प्रस्तुत करना।
(d) समस्त गद्य-विधाओं का पूर्ण ज्ञान देना।

66. समृद्ध बाल-साहित्य का सबसे महत्त्वपूर्ण उद्देश्य है:
(a) कल्पनाशक्ति का विकास
(b) सृजनात्मक भाषा-प्रयोग का विकास
(c) नैतिक मूल्यों का विकास
(d) भाषा संरचना का विकास

67. 'तूफानों के बीच' रिपोर्ताज के लेखक हैं?
(a) रांगेय राघव
(b) धर्मवीर भारती
(c) कमलेश्वर
(d) शिवदान सिंह चौहान

68. 'बरवै नायिका भेद' ग्रंथ के रचयिता _____ हैं।
(a) रहीम
(b) केशवदास
(c) घनानंद
(d) इनमें से कोई नहीं

69. हिन्दी में वैज्ञानिक आलोचना का सूत्रपात किसने किया ?
(a) डॉ. शिवदान सिंह चौहान
(b) डॉ. रामस्वरूप चतुर्वेदी
(c) आचार्य रामचन्द्र शुक्ल
(d) पं. महावीर प्रसाद द्विवेदी

70. ''निबन्ध गद्य की कसौटी है,'' यह विचार किसका है ?
(a) रामचन्द्र शुक्ल
(b) हजारीप्रसाद द्विवेदी
(c) महावीरप्रसाद द्विवेदी
(d) शिवदान सिंह चौहान

71. शिक्षिका ने कक्षा IV के विद्यार्थियों को छह-छह के समूह में बाँटा और उन्हें बिना अंत वाली एक लघु कथा दी। उसके बाद उसने कल्पना करने, चर्चा करने, अंतिम रूप देकर कहानी का अंत लिखने के लिए कहा। इस गतिविधि के द्वारा शिक्षिका उनके किस कौशल का विकास कर रही है?
1. नियन्त्रित लेखन
2. निर्देशित लेखन
3. रचनात्मक लेखन
4. उत्पाद लेखन
(a) 1
(b) 2
(c) 3
(d) 4

72. भाषा शिक्षक को विद्यार्थियों में लेखन कौशल का विकास करते हुए आवश्यक रूप से किस पर ध्यान केन्द्रित करना चाहिए?
1. अच्छी लिखावट
2. व्याकरण पक्ष
3. शब्द सीमा
4. विचारों की अभिव्यक्ति
(a) 1
(b) 2
(c) 3
(d) 4

73. हिंदी की आदि जननी कौन सी भाषा है?
(a) अपभ्रंश
(b) पाली
(c) संस्कृत
(d) प्राकृत भाषा

74. भाषा के शुद्ध रूप का ज्ञान कराने वाला शास्त्र क्या कहलाता है?
(a) व्याकरण
(b) उपनिषद
(c) निबन्ध
(d) साहित्य

75. पश्चिमी हिन्दी के अन्तर्गत कौन-सी बोली नहीं आती है?
(a) छत्तीसगढ़ी
(b) कौरवी
(c) बुन्देली
(d) कन्नौज

76. 'बनाफरी' किसकी उपबोली है?
(a) बुन्देली
(b) छत्तीसगढ़ी
(c) बघेली
(d) कन्नौजी

77. हिन्दी भाषा की बोलियाँ है:

(a) 15
(b) 22
(c) 18
(d) 25

78. भारत में सर्वाधिक खड़ी बोली वाली भाषा कौन-सी है?
(a) हिन्दी
(b) संस्कृत
(c) तमिल
(d) उर्दू

79. निमाड़ी भाषा किस क्षेत्र की बोली है?
(a) केरल
(b) उत्तर प्रदेश
(c) मध्य प्रदेश
(d) कर्नाटक

80. हिन्दी की आदि जननी क्या है?
(a) पालि
(b) संस्कृत
(c) अपभ्रंश
(d) प्राकृत

81. भारतीय संविधान में किस भाषा को "राजभाषा" के रूप में स्वीकार किया गया है?
(a) अंग्रेजी
(b) उर्दू
(c) हिन्दी
(d) तमिल

82. आदिकाल के लिए 'वीरगाथा काल' नाम किसने प्रस्तावित किया?
(a) डा. रामकुमार वर्मा
(b) महापंडित राहुल सांकृत्यायन
(c) आचार्य रामचन्द्र शुक्ल
(d) आचार्य हजारीप्रसाद द्विवेदी

83. अष्टछाप के कवि नहीं हैं:
(a) नाभादास
(b) कृष्णदास
(c) परमानन्ददास
(d) नन्ददास

84. 'साकेत' महाकवि मैथिलीशरण गुप्त का लिखा महाकाव्य है जो _______ सर्गों में लिखा गया है।
(a) 12
(b) 14
(c) 16
(d) 18

85. पल्लवन _____ की होनी चाहिए, समास शैली की नहीं। अतः इसमें बातों को विस्तार से लिखने का अभ्यास किया जाना चाहिए।
(a) मुक्तक शैली
(b) व्यास शैली
(c) व्यंजनात्मक शैली
(d) भावुक शैली

86. अपभ्रंश भाषा किस परिवार की भाषा है?
(a) सेमेटिक
(b) आर्य
(c) आग्नेय
(d) द्रविड़

87. हिन्दी आकृति की दृष्टि से निम्नलिखित में से किस प्रकार की भाषा है?
(a) प्रशिलष्ट योगात्मक
(b) आयोगात्मक
(c) शिलष्ट योगात्मक
(d) अश्लिष्ट योगात्मक

88. भाषा-विज्ञान की दृष्टि से 'ऊ' किस प्रकार का स्वर है?
(a) पश्च विवृत
(b) अग्र संवृत
(c) अग्र विवृत
(d) पश्च संवृत

89. छत्तीसगढ़ी किस भाषा की बोली है?
(a) पश्चिमी हिन्दी
(b) राजस्थानी
(c) बिहारी
(d) पूर्वी हिन्दी

90. कौन-सा प्रत्यय हिन्दी भाषा में बहुवचन के रूप में जाना जाता है?
(a) ओं
(b) ए
(c) एँ
(d) औं

91. हिन्दी में समास का अनुशीलन निम्नलिखित में से किसके आधार पर हुआ है?
(a) पालि व्याकरण
(b) अपभ्रंश व्याकरण
(c) संस्कृत व्याकरण
(d) उपरोक्त सभी

92. देवनागरी लिपि का सर्वप्रथम प्रयोग कहाँ हुआ था?
(a) पाणिनि कृत अष्टाध्यायी में
(b) अपभ्रंश साहित्य में
(c) अमीर खुसरो की पुस्तकों में
(d) जयभट्ट के शिलालेख में

93. बघेली बोली किस भाषाई क्षेत्र में बोली जाती है?
(a) तमिलनाडु
(b) छत्तीसगढ़
(c) रीवा
(d) पंजाब

94. यदि किसी व्यक्ति को उच्चतम न्यायालय में कोई जनहित याचिका लगानी हो तो याचिका किस भाषा में लिखी जानी चाहिए?
(a) भाषाओँ में से किसी भी भाषा में
(b) याचिकाकर्ता अपनी मातृ भाषा में
(c) केवल अंग्रेजी में
(d) हिंदी या अंगेजी में

95. हिंदी की मूल आकार भाषा कौन सी है?
(a) वैदिक संस्कृत
(b) लौकिक संस्कृत
(c) दोनों (A) और (B)
(d) इनमे से कोई नहीं

96. कक्षा दो के एक अध्यापक ने अपने विद्यार्थियों से कहा कि वे शब्द संपदा सीखने के लिए अपने घर से पशु व वाहन वाले अपने खिलौने लेकर आएँ। भाषा शिक्षणशास्त्र की दृष्टि से ये खिलौने क्या हैं?
(a) शिक्षण सामग्री
(b) वास्तविक सामग्री (रीयलिया)
(c) वास्तविक वस्तुएँ
(d) प्रदत्त कार्य

97. अधिगम के शुरुआती वर्षों में कौन-सा उद्देश्य तुकबंदियों और शिशुगीतों का नहीं है?
(a) भाषा विकास
(b) मूल्य विकास
(c) कल्पनाशीलता एवं अनुमान
(d) व्याकरणिक क्षमता का विकास

98. कक्षा पाँच के विद्यार्थियों को पाँच के समूह में बाँटा गया और अपनी रुचि का विषय चुनने के लिए कहा गया। बच्चों ने समूह में थीम पर आँकड़ों का संग्रह किया और रिपोर्ट लिखी। भाषा अधिगम की इस गतिविधि को क्या कहेंगे?
(a) प्रदत्त कार्य
(b) समूह कार्य
(c) परियोजना कार्य
(d) सहपाठी कार्य

99. विद्यालयी बच्चों में भारतीय भाषाओं को समुत्रत करने वाले भारत सरकार के कार्यक्रम का नाम बताइए।
(a) भाषा सम्मेलन
(b) एक भारत श्रेष्ठ भारत
(c) आजादी का अमृत महोत्सव
(d) भाषा संगम

100. एक भाषा से अधिक भाषाओं का ज्ञान -
(a) भाषा की कक्षा में अध्यापक के लिए बोझ बन जाता है।
(b) नई कक्षा में अधिगम के दौरान शिक्षार्थियों को समनुरूप बनाता है।
(c) नई भाषा के शिक्षण अधिगम में बहुत सहायक है।
(d) नई भाषा के अधिगम में व्यवधान पैदा करता है।

॥ स्मार्ट उत्तर पुस्तिका ॥

सही उत्तर — उन छात्रों का प्रतिशत जिन्होंने प्रश्न का सही उत्तर दिया।

छोड़ दिया — उन छात्रों का प्रतिशत जिन्होंने प्रश्न को छोड़ दिया।

प्रश्न संख्या	उत्तर	सही उत्तर	छोड़ दिया	प्रश्न संख्या	उत्तर	सही उत्तर	छोड़ दिया	प्रश्न संख्या	उत्तर	सही उत्तर	छोड़ दिया
1	B	78.28%	0.0%	2	C	65.62%	1.9%	3	B	68.95%	1.44%
4	C	48.47%	1.76%	5	A	86.38%	0.0%	6	C	47.32%	1.81%
7	A	79.47%		8	C	85.03%		9	D	84.42%	

प्रश्न संख्या	उत्तर	सही उत्तर	छोड़ दिया	प्रश्न संख्या	उत्तर	सही उत्तर	छोड़ दिया	प्रश्न संख्या	उत्तर	सही उत्तर	छोड़ दिया
			0.0%				0.0%				0.0%
10	C	48.78%	1.76%	11	B	52.27%	1.13%	12	B	61.75%	1.31%
13	B	84.25%	0.0%	14	B	89.66%	0.0%	15	B	50.24%	1.3%
16	D	49.75%	1.58%	17	C	68.47%	1.77%	18	B	51.29%	1.49%
19	C	66.09%	1.17%	20	B	58.63%	1.22%	21	B	68.47%	1.4%
22	B	63.41%	1.79%	23	A	50.78%	1.19%	24	D	59.85%	1.14%
25	B	56.4%	1.66%	26	A	58.57%	1.32%	27	A	53.27%	1.09%
28	A	63.74%	1.16%	29	D	76.5%	0.0%	30	B	59.58%	1.95%
31	B	61.22%	1.25%	32	A	41.31%	1.65%	33	B	41.27%	1.92%
34	A	69.76%	1.73%	35	B	47.19%	1.2%	36	A	78.51%	0.0%
37	B	40.06%	1.72%	38	C	49.49%	1.4%	39	D	78.27%	0.0%
40	C	85.16%	0.0%	41	C	67.92%	1.78%	42	B	88.89%	0.0%
43	A	62.66%	1.14%	44	B	86.19%	0.0%	45	A	55.63%	1.02%
46	B	56.98%	1.1%	47	C	40.43%	1.97%	48	C	56.09%	1.62%
49	A	68.56%	1.32%	50	D	69.15%	1.78%	51	A	66.57%	1.29%
52	C	68.87%	1.04%	53	C	63.72%	1.31%	54	C	68.27%	1.51%
55	A	53.74%	1.3%	56	B	44.19%	1.78%	57	B	54.56%	1.11%
58	D	56.63%	1.77%	59	B	61.18%	1.1%	60	A	60.01%	1.98%
61	B	51.6%	1.97%	62	A	61.21%	1.01%	63	B	42.7%	1.89%
64	A	58.01%	1.14%	65	D	22.91%	3.21%	66	B	58.08%	1.6%
67	A	50.73%	1.2%	68	A	41.0%	1.28%	69	C	79.4%	0.0%
70	A	68.48%	1.75%	71	C	61.74%	1.15%	72	D	11.18%	4.75%
73	C	45.08%	1.07%	74	A	51.65%	1.05%	75	B	10.24%	4.1%
76	A	60.3%	1.12%	77	C	51.8%	1.33%	78	B	80.86%	0.0%
79	C	17.79%	4.5%	80	B	53.69%	1.3%	81	C	45.55%	1.81%
82	C	19.05%	3.43%	83	A	56.66%	1.48%	84	A	50.87%	1.32%
85	B	86.44%	0.0%	86	C	58.31%	1.91%	87	C	46.36%	1.15%
88	D	68.57%	1.01%	89	C	86.01%	0.0%	90	A	58.52%	1.71%
91	C	40.53%	1.27%	92	D	21.62%	4.41%	93	C	12.51%	4.9%
94	C	77.54%	0.0%	95	C	55.92%	1.34%	96	C	57.19%	1.7%
97	D	43.67%	1.76%	98	C	44.48%	1.56%	99	B	56.08%	1.46%
100	C	61.92%	1.4%								

॥ संकेत और समाधान ॥

1(B). गद्यांश में दुनिया के कर्म प्रधान रूप का चित्रण हुआ है। गद्यांश के अनुसार, कर्मों से बहुत कुछ बदला जा सकता है। दुनिया कर्म

प्रधान है, कर्म से किस्मत को भी बदला जा सकता है। जरूरत है इसकी शक्ति को पहचानने और इसे पूर्ण निष्ठा और लगन से करने की।

2(C). 'कर्मठता' शब्द में भाववाचक संज्ञा है।
जिस शब्द से किसी वस्तु अथवा व्यक्ति के गुण, दशा, भाव, व्यापार, धर्म, अवस्था, स्वभाव का बोध होता हैं, उसे भाववाचक संज्ञा कहते है, जैसे- दया, सच्चाई, क्रोध, दरिद्रता, चढ़ाई आदि। अनेक भाववाचक संज्ञाएं व्यक्तिवाचक संज्ञा, जातिवाचक संज्ञा, सर्वनाम, क्रिया, विशेषण, क्रिया विशेषण तथा अव्ययों में प्रत्यय लगाकर बनती है:
- व्यक्तिवाचक संज्ञा से- शिव से शिवत्व, गाँधी से गाँधीवाद।
- जातिवाचक संज्ञा से- लड़का से लड़कपन, मित्र से मित्रता।
- सर्वनाम से- अपना से अपनापन, मम से ममता।
- क्रिया से- सजाना से सजावट, बहना से बहाव।
- विशेषण से- भोला से भोलापन, सरल से सरलता।
- अव्यय से-दूर से दूरी, समीप से सामीप्य।

3(B). उपर्युक्त प्रश्नानुसार रेखांकित शब्द 'किस्मत' के स्थान पर 'भाग्य' शब्द उपयुक्त होगा।

4(C). यहाँ 'जैसा बोओगे, वैसा काटोगे' से तात्पर्य जैसे कर्म होंगे, वैसा ही परिणाम मिलेगा।
गद्यांश के अनुसार, कृत्य के बारे में कहावत है कि जैसा बोओगे, वैसा काटोगे। कहते भी हैं कि बोया पेड़ बबूल का तो आम कहाँ से होए। गीता में भी कहा गया है कि इंसान को केवल कर्म का ही अधिकार है, उसके फल के बारे में चिंता करने का नहीं।

5(A). 'उन्नति' का विलोम शब्द अवनति है।
प्रत्येक शब्द का एक निश्चित अर्थ होता है अर्थ के विपरीत अर्थ देने वाले शब्द को विलोम शब्द कहते हैं। विलोम शब्द को विपरीतार्थक शब्द भी कहते हैं।
जैसे- पतन-उत्थान, अधोगति-उर्ध्वगति, संगति-असंगति

6(C). गद्यांश के अनुसार अपने अंतर्मन को सभी के प्रति सकारात्मक भाव रखकर प्रकाशित किया जा सकता है।

7(A). गद्यांश के अनुसार भाग्य-परिवर्तन के लिए कर्म के प्रति निष्ठा अनिवार्य है।

8(C). किसी दूसरे के जीवन के साथ जीने से तात्पर्य दूसरे पर निर्भर होकर जीना है।
गद्यांश के अनुसार, किसी दूसरे के साथ पूर्ण रूप से जीने से बेहतर है कि हम अपने कर्म के अनुसार अपूर्ण जिएं। दूसरों के जीवन की उन्नति और सफलता से ईर्ष्या न कर अपने जीवन से नकारात्मक विचारों को दूर कर अपनी आत्मा को उज्ज्वल बनाना चाहिए।

9(D). गिजुभाई न केवल बच्चों की क्षमताओं, बौद्धिकता में विश्वास व्यक्त करते हैं, अपितु वे उनकी सर्जनात्मकता में भी अगाध आस्था रखते हैं। किन्तु गिजुभाई का विश्वास बच्चों के भविष्य का निर्णय शिक्षकों एवं अभिभावकों द्वारा तय करने में नहीं है।

10(C). जीवन के प्रति होने वाला एक ऐसा ही अपराध है – बालक की सृजन-शक्ति की हत्या। बालक की सृजन-शक्ति का दमन पीनल कोड की धारा के अधीन नहीं आता है।
गिजुभाई के अनुसार कुछ हत्याएँ पीनल कोड की धारा के अधीन नहीं आती। कानूनवेत्ताओं को अपराध जैसी कोई चीजें नजर नहीं आती। कानूनवेत्ताओं की न्याय नीति-सम्बन्धी मर्यादाएँ सिर्फ पीनल कोड से बँधी होती हैं। शिक्षाशास्त्रियों के पास राज्य, रूढ़ि अथवा धर्म की कोई सत्ता नहीं है, इसलिए जीवन के प्रति जो अपराध होते हैं, उनके लिए न कोई पीनल कोड, न कोई उन्हें निंदनीय मानता, न कोई धार्मिक भय है। जीवन के प्रति होने वाला एक ऐसा ही अपराध है – बालक की सृजन-शक्ति की हत्या।

11(B). "जब शिक्षक या अभिभावक यह तय करते हैं कि बच्चे को क्या करना चाहिए, क्या नहीं करना चाहिए वस्तुतः इन निर्णयों में ही वे बालक की सृजन-शक्ति का दमन कर देते हैं।"
अतः जब शिक्षक और अभिभावक यह तय करते हैं कि बच्चे क्या करें और क्या न करें तब बच्चे में सृजन-शक्ति का दमन होता है।

12(B). गद्यांश के अनुसार, "हर छोटी चीज को जानने बच्चों की ललक (इच्छा) वास्तव में उनके सुनहरे भविष्य के निर्माण की आधारशिला होती है।"

13(B). गद्यांश के अनुसार, बच्चे अपनी जिज्ञासाओं से ज्ञान अर्जित करते हैं। बच्चे पुस्तकों से कम, अपने आसपास से अधिक सीखते हैं।

14(B). उपर्युक्त वाक्यांश में संज्ञा शब्द है: बचपन।

15(B). यहाँ मासूमियत का अर्थ भोलेपन से है।

16(D). गद्यांश के अनुसार, उम्र की विभिन्न अवस्थाओं में से बचपन अवस्था को विशेष बताते हुए उसकी विशेषताओं का वर्णन किया है।

17(C). हम कह सकते हैं कि 'मनुष्य अपने जीवन में उम्र के अनेक पड़ावों से गुजरता है।' रेखांकित शब्द का तात्पर्य है: अवस्थाओं।

18(B). 'हकीकत' शब्द आगत शब्द है।

19(C). 'जिज्ञासा' शब्द का अर्थ जानने की इच्छा है।

20(B). बच्चों के द्वारा जिज्ञासा व्यक्त किए जाने पर अभिभावकों को चाहिए कि वे बच्चों को प्यार से समझा दें।

21(B). हिन्दी की पहली कहानी लेखिका बंगमहिला है।
राजेन्द्र बाला घोष- बंग महिला का असली नाम है।
यह एक स्त्री लेखिका हैं।

22(B). "गुलाबी बन्नो" कहानी के लेखक धर्मवीर भारती हैं।

23(A). "अशोक के फूल" निबन्ध के रचयिता हजारी प्रसाद द्विवेदी हैं।
अशोक वृक्ष और उसके फूलों के माध्यम से भारत के प्राचीन इतिहास, संस्कृति, जीवन दृष्टि, धर्म, संसाधनों तथा विभिन्न जातियों के विषय में जानकारी दी है। उन्होंने इस निबंध में बताया है कि आर्यों का आर्येतर जातियों से संघर्ष हुआ, जो जातियां गर्वीली थी और उन्होंने आर्यों का प्रभुत्व नहीं माना, जैसे दैत्य, असुर, राक्षस, दानव उनसे संघर्ष हुआ और जो शांतिप्रिय जातियां थी जैसे यक्ष- गंधर्व वह आर्यों से मिल गयी।
उन्होंने बताया है कि संस्कृत कवि कालिदास से पूर्व अशोक के वृक्ष एवं फूल तो थे पर महिमामंडित करने वाले कालिदास ही थे।

24(D). अर्द्धकथानक एक आत्मकथा है।
'अर्धकथानक' हिंदी भाषा की पहली आत्मकथा है। यह आत्मकथा सन् 1641 ई. में 'बनारसी दास जैन' द्वारा लिखी गई है। ये संवत् 1643 ई. में उत्पन्न हुए थे। इन्होंने संवत् 1698 ई. तक का अपना जीवन-वृत्त अपनी आत्मकथा में बहुत ही व्यवस्थित तरीके से प्रस्तुत किया है। यह आत्मकथा ब्रजभाषा में है। इस संबंध में हिंदी साहित्य के मूर्धन्य इतिहासकार आचार्य रामचंद्र शुक्ल की टिप्पणी उद्धरणीय है।-"ये जौनपुर के रहने वाले एक जैन जौहरी थे, जो आमेर में भी रहा करते थे।"

25(B). प्रसाद द्वारा रचित इरावती ऐतिहासिक उपन्यास है।
शुंगकालीन ऐतिहासिक पृष्ठभूमि पर लिखा गया यह अधूरा उपन्यास इरावती कौतूहल, जिज्ञासा, रोमांस और मनोरंजन आदि तत्वों के कथात्मक इस्तेमाल की दृष्टि से ही महत्वपूर्ण नहीं है बल्कि मनुष्य की जैविक आवश्यकताओं की निरुद्धि से उत्पन्न विकृतियों और कुण्ठाओं के परिणामों की दृष्टि से भी महत्वपूर्ण है।

26(A). रेखाचित्र 'बनारसी दास चतुर्वेदी' की रचना है।
रेखाचित्र खींचना एक कला है। थोड़ी-सी रेखाओं के द्वारा एक सजीव चित्र बना देना किसी कुशल कलाकार का ही काम हो सकता है। इसका सर्वोत्तम उदाहरण अजन्ता का वह सुप्रसिद्ध चित्र है, जिसमें एक वृद्ध मनुष्य किसी राजा के पास जहाज डूबने या युद्ध में पराजय होने का दुखद संवाद लाया है। उसके चेहरे तथा हाथ की मूक रेखाओं ने बड़ी खूबी के साथ उसके हृदयगत भाव को प्रकट किया है।

27(A). उद्धव शतक जगन्नाथदास "रत्नाकर" की कृति है।
इनकी प्रमुख कृतियाँ हैं- उद्धव शतक, गंगावतरण, वीराष्टक, श्रृंगार लहरी, रत्नाष्टक, कलकाशी, हरिश्चन्द्र, गंगा लहरी, विष्णु लहरी, हिंडोला, समालोचनादर्श, आदि।

28(A). "नीहार" की रचना महादेवी वर्मा ने की है।
नीहार महादेवी वर्मा का पहला कविता-संग्रह है। इसका प्रथम संस्करण सन् 1930 ई. में गाँधी हिन्दी पुस्तक भण्डार, प्रयाग द्वारा प्रकाशित हुआ। इसकी भूमिका अयोध्यासिंह उपाध्याय 'हरिऔध' ने लिखी थी। इस संग्रह में महादेवी वर्मा की 1923 ई. से लेकर 1929 ई. तक के बीच लिखी कुल

47 कविताएँ संग्रहीत हैं।

29(D). "शिवराज भूषण" के रचयिता कवि भूषण है।
शिवराज भूषण, कवि भूषण की प्रसिद्ध रचना है। इसमें कुल 385 पद्य हैं।

30(B). 'साहित्य लहरी' सूरदास की कृति है।
नागरी प्रचारिणी सभा द्वारा प्रकाशित हस्तलिखित पुस्तकों की विवरण तालिका में सूरदास के 16 ग्रन्थों का उल्लेख है। इनमें सूरसागर, सूरसारावली, साहित्य लहरी, नल-दमयन्ती, ब्याहलो के अतिरिक्त दशमस्कंध टीका, नागलीला, भागवत्, गोवर्धन लीला, सूरपचीसी, सूरसागर सार, प्राणप्यारी, आदि ग्रन्थ सम्मिलित हैं।

31(B). दिए गए विकल्पों में से विकल्प (B) द्रव्यवाचक संज्ञा सही उत्तर है। अन्य विकल्प असंगत है। मुझे पानी पीना है।, में द्रव्यवाचक संज्ञा होगी।
- जिस वाक्य में किसी धातु, द्रव या पदार्थ का बोध हो होता है वे वाक्य द्रव्यवाचक संज्ञा के अंतर्गत आते हैं।
- उपर्युक्त वाक्य में पानी शब्द हमें एक द्रव्य का बोध करा रहा है। इसलिए पानी एक द्रव्यवाचक संज्ञा है।

द्रव्यवाचक संज्ञा	जिन संज्ञा शब्दों से किसी धातु, द्रव या पदार्थ का बोध हो, उन्हें द्रव्यवाचक संज्ञा कहते है। जैसे-सोना, लोहा आदि।

32(A). दिए गए विकल्पों में से विकल्प (A) समूहवाचक संज्ञा सही उत्तर है। अन्य विकल्प असंगत है। क्रिकेट टीम ने वर्ल्ड कप जीता।, में समूहवाचक संज्ञा होगी।
- जिस वाक्य में किसी भी व्यक्ति या वस्तु के समूह का बोध होता है वे वाक्य समूहवाचक संज्ञा के अंतर्गत आते हैं।
- जिस प्रकार पुस्तकालय पुस्तकों के एक समूह से बनता है उसी प्रकार टुकड़ी सैनिकों का एक समूह होता है।
- इसके अलावा गुच्छा हमें फलों के समूह के बारे में बताता है एवं भीड़ शब्द हमें लोगों के एक बड़े समूह के बारे में बताता है।

समूहवाचक संज्ञा	जिन संज्ञा शब्दों से किसी भी व्यक्ति या वस्तु के समूह का बोध होता है, उन शब्दों को समूहवाचक या समुदायवाचक संज्ञा कहते हैं। जैसे- भीड़, पुस्तकालय, झुंड, सेना आदि ।

33(B). जो सर्वनाम वक्ता (बोलनेवाले), श्रोता (सुननेवाले) तथा किसी अन्य के लिए प्रयुक्त होता है, उसे पुरूषवाचक सर्वनाम कहते हैं। जैसे- मैं, तू, मुझे, मेरा, वह. यह, उन आदि।

34(A). निश्चयवाचक सर्वनाम के अंतर्गत 'यह' और 'वह' आते हैं। 'यह' निकट के लिए आता है। 'वह' दूर के लिए प्रयुक्त होता है। यानी, जिस सर्वनाम से वक्ता के पास या दूर की किसी वस्तु के निश्चय का बोध होता है, उसे 'निश्चयवाचक सर्वनाम' कहते हैं।

35(B). 'मालिक नौकर से कार साफ करवाता है।' वाक्य प्रेरणार्थक क्रिया' का उदहारण है।
प्रेरणार्थक क्रिया - जब कर्ता स्वयं कार्य का संपादन न कर किसी दूसरे को करने के लिए प्रेरित करे या करवाए उसे प्रेरणार्थक क्रिया कहते हैं।
उपर्युक्त वाक्य में मालिक ने स्वयं कार्य न करके बल्कि अपने नौकर को प्रेरित कर उससे कार साफ करवाता है, इसलिए यहाँ प्रेरणार्थक क्रिया है।

36(A). 'गीता सितार बजा रही है। वाक्य सकर्मक क्रिया' का उदहारण है।
इस वाक्य में गीता जो कि एक 'कर्ता' है और 'बजाना' क्रिया कर रही है, लेकिन इसका प्रभाव सितार पर पड़ रहा है इसलिए यहाँ सकर्मक क्रिया होगी।
सकर्मक क्रिया: उस प्रकार की क्रिया होती है जिसमें कर्ता द्वारा किया गया कार्य किसी अन्य चीज को प्रभावित करता है, तो वहां पर सकर्मक क्रिया होती है।

37(B). वाक्य में क्रिया का प्रभाव या फल जिस शब्द पर पड़ता है, उसे कर्म कारक कहते हैं।
जब विशेषण का प्रयोग संज्ञा के रूप में कर्म कारक की भाँति होता है, तब उसके साथ 'को' का प्रयोग होता है, जैसे- बुरों को कोई नहीं चाहता, भूखों को भोजन कराओ इत्यादि।

38(C). करण का अर्थ है - साधन। संज्ञा का वह रूप जिससे किसी क्रिया के साधन का बोध हो, उसे करण कारक कहते हैं, जैसे - शिकारी ने शेर को बन्दूक से मारा।
साधक के अर्थ में भी करण कारक का प्रयोग होता है, जैसे उससे कोई अपराध नहीं हुआ, मुझसे यह सहन नहीं होता इत्यादि।

39(D). इसका सही उत्तर विकल्प (D)'परिमाणवाचक' विशेषण होगा। अन्य विकल्प सही उत्तर नहीं हैं।
परिमाणवाचक विशेषण: परिमाणवाचक विशेषण ऐसे शब्द होते हैं जो संज्ञा या सर्वनाम की मात्रा का बोध कराते हैं।
जैसे: चार किलो, एक मीटर, दो लीटर, थोड़ा, बहुत आदि।

40(C). 'कुत्ते के जैसे भौंको मत' वाक्य में 'तुलनाबोधक विशेषण' है। अन्य विकल्प असंगत है।
तुलनाबोधक विशेषण: जब वस्तुओं के गुण-दोष की तुलना आपस में की जाये।
उदाहरण: वह राधा से भी ज्यादा सुरीला गाती है।

41(C). 'सतसई' शब्द में द्विगु समास है। अन्य विकल्प असंगत है।
सतसई: सात सौ दोहों का समूह
द्विगु समास: जिस समास का पहला पद संख्यावाची और दूसरा पद कोई संज्ञा हो अर्थात द्विगु समास का पहला पद संख्यावाचक होता है और सम्पूर्ण पद समूह का बोध कराता है।

42(B). 'परमेश्वर' शब्द कर्मधारय समास का उदाहरण है। अन्य विकल्प असंगत है।
कर्मधारय समास: वह समास जिसका पहला पद विशेषण एवं दूसरा पद विशेष्य होता है अथवा पूर्वपद एवं उत्तरपद में उपमान - उपमेय का सम्बन्ध माना जाता है कर्मधारय समास कहलाता है।
जैसे: चरणकमल = कमल के समान चरण
महापुरुष – महान है जो पुरुष

43(A). Grass on other side always looks greener. का अर्थ है- 'दूर के ढोल सुहावने लगते हैं।'

44(B). 'आटा गीला होना' मुहावरे का अर्थ- "कठिनाई में पड़ना" है।

45(A). व्यक्तिगत सामूहिक रूप से कार्य करने के अवसर या प्रोत्साहन दिए जाए। सलमा को ऐसे अवसर प्रदान करने चाहिए कि वह स्वयं उनमें सुधार करे। सलमा पहली कक्षा में पढ़ती है। वह 'किताब' शब्द को 'कतब' लिखती है। सलमा का लिखने का यह तरीका स्व-वर्तनी दर्शाता है।

46(B). सामाजिक अंतःक्रिया से भाषा सीखने का समर्थन वाइगोत्स्की ने किया है। वाइगोत्स्की के अनुसार बच्चों के भाषाई विकास में सामाजिक अंतःक्रिया की महत्त्वपूर्ण भूमिका होती है।

47(C). प्राथमिक स्तर पर पढ़ाते समय हिंदी भाषा संबंधी भाषा प्रयोग पक्ष पर सर्वाधिक बल देना सर्वाधिक है। भाषाई विकास को सुदृढ़ करने के लिए भाषा समृद्ध परिवेश आवश्यक है, किन्तु भाषा समृद्ध परिवेश तभी सफल होगा जब विद्यार्थियों को भाषा प्रयोग के तरह तरह के अवसर प्रदान करने के उचित प्रावधान होंगे।

48(C). हम भाषा के माध्यम से सोचते और महसूस भी करते हैं। भाषा वह साधन है, जिसके द्वारा हम अपने विचारों को अभिव्यक्त करते हैं। प्राकृतिक सौन्दर्य को ज्ञानेन्द्रियों द्वारा महसूस करने पर जो शब्द या वाक्य हमारे मन में उकर के आते हैं, उसे विचार कहते हैं और विचारों की श्रृंखला ही सोच कहलाती है।

49(A). हिंदी भाषा सीखने-सिखाने का दायरा इतना बड़ा होना चाहिए कि भाषा-प्रयोग से उसका नाता न टूटे। भाषाई विकास को सुदृढ़ करने के लिए भाषा समृद्ध परिवेश आवश्यक है, किन्तु भाषा समृद्ध परिवेश तभी सफल होगा जब विद्यार्थियों को भाषा प्रयोग के तरह तरह के अवसर प्रदान करने के उचित प्रावधान होंगे।

50(D). बुद्धि-लब्धि परीक्षण में 16 साल के एक बच्चे का स्कोर 75 है, उसकी मानसिक आयु 12 वर्ष होगी ।

51(A). हिन्दी के प्रथम सूफी कवि मुल्लादाउद हैं। चन्दायन, मुल्ला दाउदकृत हिन्दी का ज्ञात प्रथम सूफी प्रेम काव्य है। इसमें नायक लोर, या लोरिक

और नायिका चाँदा या चंदा की प्रेमकथा वर्णित है। इसकी भाषा ठेठ अवधी है। यह कथा दोहा-चौपाई सैली में वर्णित है।
अतः विकल्प (A) सही है।

52(C). वल्लभाचार्य के पुत्र विट्ठलनाथ द्वारा अष्टछाप की स्थापना 1565 ई. में की थी अष्टछाप पर पुष्टिमार्गी भक्ति का अभाव है। इसमें कुल आठ कवियों का वर्णन है। पहले चार शिष्य वल्लावाचार्य के इस प्रकार हैं- सूरदास, कुम्भनदास, कृष्णदास, परमानंद दास तथा चार शिष्य विट्ठलनाथ, के गोविन्द स्वामी, सन्दास, छतीस्वामी, चतुर्भुज दास।
अतः विकल्प (C) सही है।

53(C). प्रेमचन्द के श्रेष्ठ उपन्यास गोदान 1936 ई. के नायक होरी की दो बेटियां है जिनके नाम क्रमशः सोना और रूपा है। गोदान के अन्य पात्र- धनिया, गोबर, झुनिया, भोला राय साहब, मेहता, मालती खन्ना दातादीन।।
अतः विकल्प (C) सही है।

54(C). भक्तिकाल का आरंभ अधिकांश विद्वान ने 1350 ई. से माना है, किन्तु रामचन्द्र शुक्ल ने भक्तिकाल का आरंभ 1318 ई. से माना है। इस काल को भक्ति का स्वर्ण युग कहा जाता है क्योंकि इस युग में सूरदास, तुलसीदास, संत कबीर, जायसी, रसखान, नंददास, नाभादास आदि कवि हुये है।
अतः विकल्प (C) सही है।

55(A). पत्रिका प्रकाशन सम्पादक प्रकार/स्थान
हिन्दी प्रदीप 1877ई. बालकृष्ण भट्ट प्रयाग
सुधा 1929ई दुलारे लाल लखनऊ
रूपाभ 1938ई. सुमित्रानंदन
कृति 1958ई नरेश मेहता दिल्ली
अतः विकल्प (A) सही है।

56(B). काव्य के तीन मुख्य भेद प्रचलित हैं: महाकाव्य, खण्ड-काव्य और मुक्तक काव्य।
महाकाव्य में मुख्य चरित्र के जीवन को समग्रता में धारण करने के कारण विविधता और विस्तार होता है। महाकाव्य सर्गों में बँधा होता है। सर्ग आठ से अधिक होते हैं। वे न बहुत छोटे न बहुत बड़े होते हैं।
अतः विकल्प (B) सही है।

57(B). आचार्य राम चन्द्र शुक्ल - "सत्वोद्रेक या हृदय की मुक्तावस्था के लिए किया हुआ शब्द: विधान काव्य है।" जिस प्रकार आत्मा की मुक्तावस्था ज्ञान दशा कहलाती है, उसी प्रकार हृदय की मुक्तावस्था रसदशा कहलाती है।
अन्य कथन -
आनंदवर्धन – शब्दार्थ शरीरं तावत् काव्यम्
पंडित जगन्नाथ – रमणीयार्थ प्रतिपादक: शब्द: काव्यम्
अतः विकल्प (B) सही है।

58(D). चन्द्रधर शर्मा गुलेरी और धीरेन्द्र वर्मा ने हिन्दी साहित्य के आदिकाल को अपभ्रंश काल की संज्ञा दी है,आदिकाल के साहित्य में अपभ्रंश भाषा की प्रधानता स्वीकारते हुए उन्होंने इस काल को अपभ्रंश काल कहना अधिक समीचीन समझा है।
अतः विकल्प (D) सही है।

59(B). निर्गुण काव्य धारा के कवि कबीरदास थे। निर्गुण काव्य धारा के कवि ईश्वर के निर्गुण अर्थात निराकार रूप की आराधना करते थे।
कबीरदास सन्त परम्परा के प्रमुख और प्रतिनिधि कवि हैं। इनके जन्म के विषय में प्रामाणित साक्ष्य उपलब्ध नही है। जनश्रुतियों के अनुसार कबीर का जन्म 1398 ई0 में और मृत्यु 1518 ई0 में हुई। कबीर नीरू और नीमा नामक जुलाहा दम्पति को तालाब की किनारे मिले थे।
अतः विकल्प (B) सही है।

60(A). आचार्य हजारी प्रसाद द्विवेदी -1907 से 1979 ई. तक
रचना - हिन्दी साहित्य उद्भव एवं विकास
- आचार्य रामचन्द्र शुक्ल - पराजित हिन्दू जनता की निराशा।
- आचार्य हजारी प्रसाद द्विवेदी - हिन्दू जनता की स्वाभाविक आस्था।
अतः विकल्प (A) सही है।

61(B). "गणेश शंकर विद्यार्थी" रचित गांधी की जीवनी है-"श्री गांधी" है।
गणेश शंकर विद्यार्थी एक ऐसे पत्रकार थे, जिन्होंने अपनी लेखनी की

ताकत से भारत में अंग्रेज़ी शासन की नींद उड़ा दी थी। इस महान स्वतंत्रता सेनानी ने कलम और वाणी के साथ-साथ महात्मा गांधी के अहिंसावादी विचारों और क्रांतिकारियों को समान रूप से समर्थन और सहयोग दिया।

62(A). मीराबाई की भक्ति माधुर्य भाव की थी। मीराबाई के गुरु का नाम रैदास था। मीराबाई की भाषा राजस्थानी मिश्रित ब्रजभाषा है। मीराबाई के स्फुट पद मीराबाई की पदावली नाम से प्रकाशित है।

63(B). "भूषण", "वीर रस" के कवि हैं। भूषण (1613 -1705) रीतिकाल के तीन प्रमुख हिन्दी कवियों में से एक हैं, अन्य दो कवि हैं, बिहारी तथा केशव। 'भूषण' की उपाधि उन्हें चित्रकूट के राजा रूद्रसाह के पुत्र हृदयराम ने प्रदान की थी।

64(A). शेखर एक जीवनी भाग 1 का उत्थान नाम है। शेखर एक जीवनी सच्चिदानन्द हीरानन्द वात्सयायन अज्ञेय का मनोविश्लेषणात्मक उपन्यास है। इसके दो भाग हैं। प्रथम भाग का प्रकाशन 1941 में तथा दूसरे भाग का प्रकाशन 1944 में हुआ। इसमें अज्ञेय ने बालमन पर पड़ने वाले काम, अहम और भय के प्रभाव तथा उसकी प्रकृति पर मनोवैज्ञानिक ढंग से विचार किया है।

65(D). गद्य पाठों के शिक्षण का उद्देश्य भाषा-संरचना की समझ बढ़ाना, विभिन्न प्रकार को भाषिक प्रयुक्तियों का परिचय देना एवं समृद्ध भाषा-प्रयोगों के उदाहरण प्रस्तुत करना है।
गद्य विधा की विशेषताएँ-
- गद्य में उत्कृष्ट एवं परिमार्जित भाषा का प्रयोग होता है।
- गद्य में भावग्रहणता होती है।
- गद्य में विभिन्न भाषा के अनुरूप इसकी भाषा में अंतर होता है। अतः यह समृद्ध भाषा प्रयोग के उदाहरण प्रस्तुत करने में सक्षम है।
- उचित आरोह-अवरोह व विराम का चिन्हों का प्रयोग ही गद्य को वाचन योग्यता प्रदान करता है।
गद्य शिक्षण के उद्देश्य-
- भाषा के प्रति अभिरूची जाग्रत करना।
- शुद्ध वाचन की योग्यता प्रदान करना।
- गद्य लेखकों व गद्य लेखन शैली जैसे- मुहावरे, लोकोक्तियों, सूक्ति के बारे में जानकारी के साथ-साथ भाषिक व लेखन में इनकी प्रयुक्तियों का परिचय देना।
- लेखक के भाव, विचारों को समझकर उसके गुण दोषो का विवेचन एवं आदर्शों को स्वीकार कर अपनी कल्पनाशक्ति एवं रचनात्मकशक्ति का विकास करना।

66(B). बच्चों में सृजनात्मक भाषा-प्रयोग का विकास करना समृद्ध बाल-साहित्य का सबसे महत्त्वपूर्ण उद्देश्य है क्योंकि सृजनात्मकता द्वारा बच्चे अपने विचारों को सुंदर, क्रमबद्ध व रचनात्मक तरीके से प्रकट करते हैं। यह विचारों में मौलिकता अर्थात नवीनता को लाता है तथा विभिन्न सन्दर्भों में भाषा प्रयोग में सफल बनाता है।
जिसमे हित की भावना का निहित हो वही साहित्य है। साहित्य मनुष्य के भावो, विचारो, घटनाओं, अनुभवों की भाव सहित प्रस्तुति है। बाल साहित्य दो शब्दों से मिलकर बना है- बाल और साहित्य अर्थात वैसा साहित्य जो बालको के लिखा गया हो।

67(A). तूफानों के बीच (1941 ई.) रिपोर्ताज के लेखक हैं :-रांगेय राघव। रिपोर्ताज फ्रांसीसी शब्द है, गद्य विधा के रूप में इसका आविर्भाव द्वितीय विश्व युद्ध के आसपास हुआ हिंदी में रिपोर्ताज का जनक शिवदान सिंह चौहान को माना जाता है। रिपोर्ताज के विकास में हंस पत्रिका का सर्वाधिक योगदान है। अर्य रिपोर्ताज हैं :धर्मवीर भारती - युद्ध यात्रा (1972 ई.), कमलेश्वर - क्रांति करते हुए आदमी को देखना, शिवदान सिंह चौहान - लक्ष्मीपुरा , मौत के खिलाफ ज़िन्दगी की लड़ाई।

68(A). रहीम जी बरवै नायिका भेद अवधी भाषा में नायिका-भेद का सर्वोत्तम ग्रन्थ है।
इसमें भिन्न-भिन्न नायिकाओं के केवल उदाहरण दिए गए हैं। मायाशंकर याज्ञिक ने काशीराज पुस्तकालय और कृष्णबिहारी मिश्र पुस्तकालय की हस्त लिखित प्रतियों के आधार पर इसका संपादन किया है।
रहीम ने बरवै छंदों में गोपी-विरह वर्णन भी किया है।

69(C). हिन्दी में वैज्ञानिक आलोचना का सूत्रपात आचार्य रामचंद्र शुक्ल ने किया। व्यंग्यकार डॉ. सुधांशु कुमार ने कहा कि आचार्य रामचंद्र शुक्ल ने हिन्दी

में सर्वप्रथम पाठ आधारित वैज्ञानिक आलोचना का सूत्रपात किया। अपनी 'हिन्दी साहित्य का इतिहास नामक कालजयी आलोचनात्मक पुस्तक में रचनाकार के जीवन और पाठ को समान महत्व दिया।

70(A). "निबन्ध गद्य की कसौटी है," यह विचार रामचन्द्र शुक्ल है।
किसी लेखक का भाषा पर कितना अधिकार है, यह निबंध के द्वारा ही जाना जा सकता है।
निबंध रचयिता के व्यक्तित्व का परिचायक है।

71(C). रचनात्मक लेखन, लेखन का एक रूप है जहां रचनात्मकता कल्पना, रचनात्मकता और नवाचार का उपयोग करके भावनात्मक प्रभाव के साथ मजबूत लिखित दृश्यों के माध्यम से कहानी कहने के लिए अपने उद्देश्य में सबसे आगे है, जैसे कविता लेखन, लघु कहानी लेखन, उपन्यास लेखन।
रचनात्मक लेखन के उदाहरण:
- उपन्यास
- छोटी कहानियाँ
- कविता
- नाटकों
- संस्मरण
- टीवी शो स्क्रिप्ट
- मूवी स्क्रिप्ट
- गीत
- भाषण

इसलिए, यह निष्कर्ष निकाला जा सकता है कि शिक्षक रचनात्मक लेखन का विकास कर रहा है।

72(D). लेखन की प्रक्रिया आम तौर पर अमूर्त विचारों, विचारों, अवधारणाओं को शब्दों में डालने और किसी विशेष भाषा के उचित शब्दों की मदद से कल्पना को वास्तविकता में लाने का एक तरीका है। छात्रों के लेखन कौशल में आमतौर पर उनके अनुभव, परिपक्वता और अभ्यास के साथ स्वाभाविक रूप से सुधार होता है।
लेखन आत्म-अभिव्यंजक और मूल होना चाहिए। इसे ऐसे अद्वितीय विचार बनाने चाहिए जो कल्पनाशील और नवीन हों।
छात्रों के बीच लेखन कौशल विकसित करते समय, एक भाषा शिक्षक को सबसे महत्वपूर्ण रूप से विभिन्न विचारों की अभिव्यक्ति पर ध्यान देना चाहिए:
- यह बच्चों को उनकी कल्पनाओं का उपयोग करके अपने रचनात्मक दिमाग का प्रयोग करने के लिए प्रोत्साहित करेगा।
- यह बच्चों को अपने अनुभवों और विचारों को खूबसूरती से व्यक्त करने और जानकारी को सर्वोत्तम तरीके से व्यक्त करने में मदद करेगा।
- यह रचनात्मक लेखन कौशल विकसित करेगा जो लोगों को आकर्षित करने वाले साहित्य के साधारण अकादमिक या तकनीकी रूप से परे है।

इस प्रकार, यह निष्कर्ष निकाला गया है कि भाषा शिक्षक को विद्यार्थियों में लेखन कौशल का विकास करते हुए आवश्यक रूप से विभिन्न विचारों की अभिव्यक्ति पर ध्यान केन्द्रित करना चाहिए।

73(C). हिंदी की आदि जननी संस्कृत है। संस्कृत, पाली ,प्राकृत भाषा से होती हुई अपभ्रंश तक पहुँचती है। फिर अपभ्रंश,अवहट्ट से गुजरती हुई प्राचीन हिंदी का रूप लेती है। विशुद्धतः हिंदी भाषा के इतिहास का आरम्भ अपभ्रंश से माना जाता है।

74(A). भाषा के शुद्ध और स्थायी रूप को निश्चित करने के लिए नियमबद्ध योजना की आवश्यकता होती है और उस नियमबद्ध योजना को हम व्याकरण कहते हैं। व्याकरण वह शास्त है जिसके द्वारा किसी भी भाषा के शब्दों और वाक्यों के शुद्ध स्वरूपों एवं शुद्ध प्रयोगों का विशद ज्ञान कराया जाता है।

75(A). पश्चिमी हिन्दी के अन्तर्गत छत्तीसगढ़ी बोली नहीं आती है।
- छत्तीसगढ़ी बोली - पूर्वी हिन्दी की बोली है।
- पूर्वी हिन्दी की बोलियाँ- अवधी, बघेली, छत्तीसगढ़ी
- अन्य बोलियाँ पश्चिमी हिन्दी की बोलियाँ है।

76(A). बनाफरी, बुन्देली की एक उपबोली है।
बघेली, छत्तीसगढ़ी, अवधी- पूर्वी हिन्दी की बोलियाँ हैं।
कन्नौजी और बुन्देली पश्चिमी हिंदी की उपबोलियाँ हैं।

77(C). हिन्दी भाषा में 18 बोलियाँ है। हिंदी को पांच उपभाषाओं में विभक्त किया गया है।

78(A). भारत में सर्वाधिक खड़ी बोली वाली भाषा हिन्दी है।
खड़ी बोली वह भाषा है जो मोटे तौर पर आज की मानक हिन्दी का एक पूर्वरूप है। खड़ी बोली से एक तात्पर्य उस बोली से है जिसपर ब्रजभाषा या अवधी आदि की छाप न हो।

79(C). निमाड़ी, मध्य प्रदेश के निमाड़ क्षेत्र की बोली है। यह क्षेत्र मालवा के दक्षिण में महाराष्ट्र से सटा समीवर्ती क्षेत्र है।

80(B). हिन्दी की आदि जननी संस्कृत। वैदिक 'संस्कृत' से हिन्दी भाषा का विकास हुआ है। संस्कृत भाषा के तत्व भारत के सभी भाषाओं में समान रूप से मिलते है।

81(C). संविधान के भाग- 17 के अनुच्छेद 343 के अनुसार संघ की राजभाषा 'हिन्दी' व लिपि 'देवनागरी' है।

82(C). आदिकाल के लिए 'वीरगाथा काल' नाम आचार्य रामचन्द्र शुक्ल ने दिया। आदिकाल को डॉ. रामकुमार वर्मा ने चारण काल, महापण्डित राहुल सांकृत्यायन ने इसे सिद्ध सामन्त काल तथा आचार्य हजारीप्रसाद द्विवेदी ने आदिकाल नाम दिया है।

83(A). 'अष्टछाप' महाप्रभु 8 भक्तिकालीन कवियों का एक समूह था। अष्टछाप के प्रमुख कवि सूरदास, कुम्भनदास, परमानन्ददास, कृष्णदास, नन्ददास, छीतस्वामी, गोविन्द स्वामी एवं चतुर्भुजस्वामी हैं।। अतः अष्टछाप के कवि नाभादास नहीं हैं।

84(A). 'साकेत' महाकवि मैथिलीशरण गुप्त का लिखा महाकाव्य है जो 12 सर्गों में लिखा गया है।
मैथिलीशरण गुप्त ने अपने महाकाव्य के शुरुआती सर्गों में श्रीराम को वनवास का आदेश, अयोध्यावासियों का करुण-रुदन और वनगमन की झांकियां हैं। अंत के सर्गों में लक्ष्मण की पत्नी व राजवधू उर्मिला के वियोग का वर्णन है। साकेत मुख्यत: उर्मिला को केन्द्र में रख कर ही लिखी गयी है।

85(B). पल्लवन व्यास शैली की होनी चाहिए, समास शैली की नहीं। अतः इसमें बातों को विस्तार से लिखने का अभ्यास किया जाना चाहिए।
पल्लवन के लिए मूल विचारों अथवा भाव के नीचे दबे अन्य सहायक विचारों को समझने की चेष्ठा करनी चाहिए। किसी विचार को, भाव को अपनी बौद्धिक क्षमता और ज्ञान से पल्लवित किया जाना ही पल्लवन हैं।

86(B). अपभ्रंश भाषा आर्य परिवार की भाषा है।
अपभ्रंश, आधुनिक भाषाओं के उदय से पहले उत्तर भारत में बोलचाल और साहित्य रचना की सबसे जीवन्त और प्रमुख भाषा है।

87(C). आकृति की दृष्टि से हिन्दी 'शिलष्ट योगात्मक' या 'वियोगात्मक' प्रकार की भाषा है।

88(D). भाषा विज्ञान की दृष्टि से 'उ' तथा 'ऊ' पश्च संवृत का स्वर है।

89(D). छत्तीसगढ़ी, बघेली तथा अवधी बोली उपभाषा 'पूर्व हिन्दी' के अन्तर्गत आती है।

90(A). 'ओ' प्रत्यय हिन्दी भाषा में बहुवचन के रूप में जाना जाता है।

91(C). हिन्दी में समास का अनुशीलन 'संस्कृत व्याकरण' के आधार पर हुआ है।
संस्कृत व्याकरण: संस्कृत में व्याकरण की परम्परा बहुत प्राचीन है। संस्कृत भाषा को शुद्ध रूप में जानने के लिए व्याकरण शास्त्र का अध्ययन किया जाता है।
अपभ्रंश व्याकरण: अपभ्रंश, आधुनिक भाषाओं के उदय से पहले उत्तर भारत में बोलचाल और साहित्य रचना की सबसे जीवन्त और प्रमुख भाषा (समय लगभग छठी से 12वीं शताब्दी)। भाषावैज्ञानिक दृष्टि से अपभ्रंश भारतीय आर्यभाषा के मध्यकाल की अंतिम अवस्था है जो प्राकृत और आधुनिक भाषाओं के बीच की स्थिति है।
पालि व्याकरण: पालि उत्तर भारत, और विशेष रूप से मगध जनपद की एक प्राचीन प्राकृत है। इसे 'मागधी' भी कहते हैं। जैनों की अर्धमागधी की अपेक्षा यह संस्कृत के अधिक निकट है। जैसे संस्कृत की शकुन्तला को पालि में 'सकुन्तला' कहेंगे।

92(D). देवनागरी लिपि का सर्वप्रथम प्रयोग जयभट्ट के शिलालेख में हुआ था।

देवनागरी: एक भारतीय लिपि है जिसमें अनेक भारतीय भाषाएँ तथा कई विदेशी भाषाएँ लिखी जाती हैं। यह बायें से दायें लिखी जाती है। इसकी पहचान एक क्षैतिज रेखा से है जिसे 'शिरोरेखा' कहते हैं। संस्कृत, पालि, हिन्दी, मराठी, कोंकणी, सिन्धी, कश्मीरी, हरियाणवी, बुंदेली भाषा, डोगरी, खस, नेपाल भाषा (तथा अन्य नेपाली भाषाएँ), तमांग भाषा, गढ़वाली, बोडो, अंगिका, मगही, भोजपुरी, नागपुरी, मैथिली, संताली, राजस्थानी भाषा, बघेली आदि भाषाएँ और स्थानीय बोलियाँ भी देवनागरी में लिखी जाती हैं। इसके अतिरिक्त कुछ स्थितियों में गुजराती, पंजाबी, बिष्णुपुरिया मणिपुरी, रोमानी और उर्दू भाषाएँ भी देवनागरी में लिखी जाती हैं। देवनागरी विश्व में सर्वाधिक प्रयुक्त लिपियों में से एक है। यह दक्षिण एशिया की 175 से अधिक भाषाओं को लिखने के लिए प्रयुक्त हो रही है।

देवनागरी लिपि की उत्पत्ति:

ब्रह्मांडीय ध्वनियों के अनुसरण पर रचित होने के कारण यह लिपि,उस (देव) वाणी का दृष्यात्क रूप है। इसकी रचना ब्रह्मांड की ध्वनियों से हुई है। गति सर्वत्र है। गति होगी तो ध्वनि निकलेगी और ध्वनि से शब्द सौर परिवार के प्रमुख, सूर्य के एक ओर से नौ रश्मियां निकलती हैं, और ये चारों और से अलग-अलग निकलती है। इस तरह कुल 36 रश्मियां हो गई। इन 36 रश्मियों के ध्वनन पर भाषा के 36 स्वर बने।

93(C). बघेली बोली रीवा भाषाई क्षेत्र में बोली जाती है।

बघेली या बाघेली बोली, हिन्दी की एक बोली है जो भारत के बघेलखण्ड क्षेत्र में बोली जाती है। बघेले राजपूतों के आधार पर रीवा तथा आसपास का क्षेत्र बघेलखंड कहलाता है और वहाँ की बोली को बघेलखंडी या बघेली कहलाती हैं। इसके अन्य नाम मन्त्राडी, रिवाई, गंगाई, मंडल, केवोत, केवाती बोली, केवानी और नागपुरी हैं।

बघेली बोली का उद्भव अर्ध मागधी अपभ्रंश के ही एक क्षेत्रीय रूप से हुआ है। यद्यपि जनमत इसे अलग बोली मानता है, किंतु भाषा वैज्ञानिक स्तर पर पर यह अवधी की ही उपबोली ज्ञात होती है और इसे दक्षिणी अवधी भी कह सकते हैं।

बघेली बोली के क्षेत्र के अंतर्गत रीवाँ अथवा रीवा, नागोद, शहडोल, सतना, मैहर तथा आसपास का क्षेत्र आता है। इसके अतिरिक्त बघेली बोली महाराष्ट्र, उत्तर प्रदेश और नेपाल में भी बोली जाती है। भारत में इसके बोलने वालों की संख्या 3,96,000 है।

94(C). संसद ने उच्चतम न्यायालय में हिंदी के प्रयोग के लिए कोई व्यवस्था नही की है। इसलिए उच्चतम न्यायालय केवल उन्ही याचिकाओं के सुनता है जो कि अंग्रेजी में हों।

95(C). हिंदी की मूल आकार भाषा के दो रूप वैदिक संस्कृत और लौकिक संस्कृत मिलते हैं। वैदिक संस्कृत का परिनिष्ठित रूप वैदिक साहित्य में मिलता है। वैदिक साहित्य के कालक्रमानुसार चार खण्ड है- संहिता, ब्राह्मण, आरण्यक और उपनिषदं। पुनः संहिताओं की संख्या भी चार है- ऋक्, यजु; साम और अथर्व।

96(B). भाषा शिक्षणशास्त्र की दृष्टि से, ये खिलौने वास्तविक सामग्री (रीयलिया) होते हैं। वाक्यांशों को बनाने वाले शब्दों की संपदा सीखने के लिए, विद्यार्थी अपने घर से लाए गए खिलौनों के नाम और उनकी विशेषताओं के बारे में बात कर सकते हैं।

97(D). अधिगम के शुरुआती वर्षों में व्याकरणिक क्षमता का विकास उद्देश्य तुकबंदियों और शिशुगीतों का नहीं है ।

98(C). भाषा अधिगम की इस गतिविधि को परियोजना कार्य कहेंगे ।

99(D). विद्यालयी बच्चों में भारतीय भाषाओं को समुन्नत करने वाले भारत सरकार के कार्यक्रम का नाम भाषा संगम है।

100(C). एक भाषा से अधिक भाषाओं का ज्ञान नई भाषा के शिक्षण अधिगम में बहुत सहायक है।

9 789355 568533